O homem diante da morte

FUNDAÇÃO EDITORA DA UNESP

Presidente do Conselho Curador
Mário Sérgio Vasconcelos

Diretor-Presidente
Jézio Hernani Bomfim Gutierre

Superintendente Administrativo e Financeiro
William de Souza Agostinho

Conselho Editorial Acadêmico
Danilo Rothberg
Luis Fernando Ayerbe
Marcelo Takeshi Yamashita
Maria Cristina Pereira Lima
Milton Terumitsu Sogabe
Newton La Scala Júnior
Pedro Angelo Pagni
Renata Junqueira de Souza
Sandra Aparecida Ferreira
Valéria dos Santos Guimarães

Editores-Adjuntos
Anderson Nobara
Leandro Rodrigues

PHILIPPE ARIÈS

O homem diante da morte

Tradução
Luiza Ribeiro

© 1977 Editions du Seuil
© 2013 Editora Unesp

Título original: *L'homme devant la mort*

Direitos de publicação reservados à:
Fundação Editora da Unesp (FEU)
Praça da Sé, 108
01001-900 – São Paulo – SP
Tel.: (0x11) 3242-7171
Fax: (0x11) 3242-7172
www.editoraunesp.com.br
www.livrariaunesp.com.br
atendimento.editora@unesp.br

CIP – Brasil. Catalogação na publicação
Sindicato Nacional dos Editores de Livros, RJ

A746h

Ariès, Philippe, 1914-1984
    O homem diante da morte / Philippe Ariès; tradução Luiza Ribeiro.
1. ed. – São Paulo : Editora Unesp, 2014.

    Tradução de: L'homme devant la mort
    ISBN 978-85-393-0535-3

    1. Morte. I. Título.

14-13045
CDD: 306.9
CDU: 30:2-186

Editora afiliada:

A Primerose

in utroque tempore semper una

Sumário

Prefácio   XV

LIVRO I – O TEMPO DOS JAZENTES   I
Primeira parte – Todos morremos   3
I. A morte domada   5
   Quando se sente a morte chegar   6
   Mors repentina   12
   A morte excepcional do santo   16
   O jazente no leito: os ritos familiares da morte   17
   A publicidade   23
   As sobrevivências: a Inglaterra do século XX   24
   A Rússia dos séculos XIX-XX   26
   Os mortos dormem   29
   No jardim florido   32
   A resignação ao inevitável   34
   A morte domada   37

II. *Ad sanctos; apud ecclesiam*   39
   A proteção do santo   39
   O bairro cemiterial. Os mortos intramuros   44
   O cemitério: "grêmio da Igreja"   53
   A sepultura maldita   56
   O direito: proibido enterrar na igreja. A prática: a
     igreja é um cemitério   61
   O adro e o carneiro   68

As grandes valas comuns   75

Os ossários   79

O grande cemitério descoberto   82

Asilo e lugar habitado. Grande praça e lugar
público   83

A igreja substitui o santo. Que igreja?   95

Em que lugar da igreja?   103

Quem na igreja? Quem no cemitério? Um exemplo
de Toulouse   110

Um exemplo inglês   119

Segunda parte – A morte de si mesmo   123

III. A hora da morte. Recordações de uma vida   125

A escatologia, indicadora das mentalidades   125

O último Advento   127

O julgamento no final dos tempos. O livro da
vida   130

O julgamento no fim da vida   139

Os temas macabros   143

A influência da pastoral missionária? Das grandes
mortalidades?   163

Amor apaixonado pela vida   169

A *avaritia* e a natureza morta. O colecionador   175

O fracasso e a morte   181

IV. Garantias para o Além   185

Ritos arcaicos: a absolvição, o luto desmedido, a
remoção do corpo   185

A oração pelos mortos   193

A liturgia antiga: leitura dos nomes   196

O medo da condenação. Purgatório e
expectativa   200

A missa romana: missa dos mortos   203

As orações da homilia   206

Uma sensibilidade monástica: o tesouro da
Igreja   207

Os novos ritos da baixa Idade Média: O papel do
clero   212

O novo cortejo: uma procissão de clérigos e de
pobres   217

O homem diante da morte

O corpo é dali por diante escondido pelo caixão e
   pelo catafalco   221

As missas de enterro   228

Culto na igreja no dia do enterro   231

Cultos nos dias seguintes ao do enterro   236

As fundações de caridade. Sua publicidade   239

As irmandades   243

Garantias sobre o aquém e o além-túmulo. A
   função do testamento. Redistribuição das
   fortunas   249

A riqueza e a morte. Um usufruto   256

Testar = um dever de consciência, um ato
   pessoal   260

O testamento, gênero literário   263

Ainda a morte domada   267

V. Jazentes, orantes e almas   269

O túmulo se torna anônimo   269

A passagem do sarcófago ao ataúde e ao caixão. Os
   enterros "sem cofre" dos pobres   273

Comemoração do ser, localização do corpo   275

A exceção dos santos e dos grandes homens   278

As duas sobrevivências: a terra e o Céu   283

A situação no final do século X   286

O retorno da inscrição funerária   287

Primeiramente, ficha de identidade e oração   288

Interpelação ao passante   290

Longo relato comemorativo e biográfico de virtudes
   heroicas e morais   293

O sentimento de família   306

Tipologia dos túmulos segundo a forma. O túmulo
   com epitáfio   311

O túmulo vertical e mural. O grande
   monumento   312

O túmulo horizontal em chão raso   316

No museu imaginário dos túmulos: o jazente em
   repouso   319

O morto exposto à semelhança do jazente   323

A migração da alma   328

IX

A associação do jazente e do orante: os túmulos com
   dois andares   332
O orante   337
O retorno do retrato. A máscara mortuária. A
   estátua comemorativa   343
Sentido escatológico do jazente e do orante   351
No cemitério: a cruz nos túmulos   353
O cemitério de Marville   361
Os túmulos de fundação: os "quadros"   365
Os túmulos de almas   371
Os ex-votos   379
Capelas e jazigos de família   381
As lições do museu imaginário   387

LIVRO II – A MORTE SE TORNA SELVAGEM   389

Terceira parte – A morte longa e próxima   391

VI. O refluxo   393

Uma mudança discreta   393
Depreciação da *hora mortis*   395
As novas maneiras de morrer: viver com o
   pensamento da morte   397
As devoções populares da boa morte   404
Os efeitos da depreciação da boa morte: a morte
   não natural; a moderação; a morte bela e
   edificante   407
A morte do libertino   414
A morte a prudente distância   415
Debate sobre cemitérios públicos entre católicos e
   protestantes   417
Deslocamento dos cemitérios parisienses. As
   ampliações da igreja pós-tridentina   420
Enfraquecimento do elo igreja-cemitério   423

VII. Vaidades   427

Desejo de simplificação dos funerais e do
   testamento   427
A impessoalidade do luto   430
Convite à melancolia: as vaidades   434

O homem diante da morte

A morte no coração das coisas. O fim da
  avaritia 439
A simplicidade dos túmulos: o caso dos reis e dos
  particulares 441
A reabilitação do cemitério ao ar livre 446
A tentação do nada na literatura 452
A tentação do nada na arte funerária 456
A Natureza confiante e aterradora. A noite da terra:
  o jazigo 459
As sepulturas abandonadas à Natureza 461

VIII. O corpo morto 469
  Dois médicos: Zacchia e Garmann. A vida do
    cadáver 469
  Abertura do corpo e embalsamamento 479
  A anatomia para todos 484
  As dissecações particulares, os raptos de
    cadáveres 487
  Aproximação de Eros e Tânato na Era
    Barroca 491
  A necrofilia do século XVIII 497
  O cemitério de múmias 507
  A múmia dentro de casa 512
  Do cadáver à vida: o Prometeu moderno 517
  O encontro do homem e da natureza segundo
    Sade 520
  A muralha contra a natureza tem dois pontos fracos:
    o amor e a morte 522

IX. O morto-vivo 527
  A morte aparente 527
  Os médicos de 1740. A exacerbação do medo 529
  As precauções dos testadores 532
  O prolongamento até o século XIX 533
  A segunda metade do século XIX: o apaziguamento
    e a incredulidade dos médicos 536
  Os médicos e a morte 537
  Nas origens do Grande Medo da Morte 539

XI

Philippe Ariès

Quarta parte – A morte do outro   543

X. O tempo das belas mortes   545

A doçura narcótica   545

Na França: a família de La Ferronays   549

Alexandrine de Gaïx   576

Na Inglaterra: a família Brontë   578

Na América: as cartas dos emigrantes   597

Na América: os livros de consolação   602

Em direção ao espiritismo   607

Os desencarnados   610

As joias-lembranças   617

As almas do Purgatório   619

A feiticeira de Michelet   625

O desaparecimento das cláusulas piedosas nos
testamentos   628

A revolução do sentimento   631

O retraimento do Mal. O fim do Inferno   633

XI. A visita ao cemitério   637

Os cemitérios na topografia   637

O demônio no cemitério   638

A insalubridade dos cemitérios: médicos e
parlamentares (século XVIII)   642

O radicalismo dos parlamentares: o decreto não
aplicado de 1763   649

As reações ao decreto do Parlamento   652

A remoção dos cemitérios para fora das cidades. Que
cemitérios (1765-1776)?   659

O fechamento do cemitério dos Innocents   664

Um novo estilo de funerais   666

O desinteresse dos parisienses pelos seus
mortos   668

Os modelos dos futuros cemitérios   671

A sórdida realidade dos cemitérios: os mortos no
monturo   676

O concurso do Instituto em 1801   679

Em direção a um culto dos mortos   682

Mortos vitrificados...   690

O decreto do 23 Pradial, ano XII (12 de junho de
1804)   693

XII

O homem diante da morte

A sepultura privada no século XIX   699
A visita ao cemitério   705
O *rural cemetery*. O cemitério construído   716
Retratos e cenas de gênero   723
Paris sem cemitério?   726
A aliança dos positivistas e dos católicos para
    proteger os cemitérios de Paris   730
Os monumentos aos mortos   739
O caso de um cemitério de campo: Minot   744
"Em casa"   750

Quinta parte – A morte invertida   753
XII. A morte invertida   755
Onde a morte se esconde   755
O início da mentira   757
O início da medicalização   760
O progresso da mentira   763
A morte suja   766
A transferência para o hospital   769
A morte de Mélisande   770
Os últimos momentos ainda permaneciam
    tradicionais   773
Funerais muito discretos   775
A indecência do luto   779
A morte excluída   781
O triunfo da medicalização   786
A volta do aviso. O apelo à dignidade. A morte
    hoje   793
A geografia da morte invertida   801
O caso americano   803

Conclusão – Cinco variações sobre quatro temas   811
Referências bibliográficas   829

XIII

Prefácio

Este texto não constitui uma introdução. A verdadeira introdução deste livro apareceu em 1975, na primeira página da *História da morte no Ocidente,* em que eu explicava por que tinha escolhido esse tema, qual tinha sido o meu ponto de partida, como depois eu fora levado de século em século para montante e para jusante, e que dificuldades metodológicas uma pesquisa tão prolongada gerava. Não voltarei ao assunto: remeto o leitor curioso a essa introdução.

Prematuramente publicada, intitulei essa introdução "História de um livro que não tem fim", e era desse livro que ela tratava. Naquela ocasião era-me tão difícil vislumbrar o seu fim, que resolvi publicar rapidamente as primeiras tentativas, os trabalhos de abordagem da minha obra. Nem imaginava que uma feliz circunstância iria logo em seguida me permitir apressar o andamento da pesquisa e chegar ao fim mais cedo do que pensava. Em janeiro de 1976, graças à apresentação do meu amigo O. Ranum, fui admitido por seis meses no Woodrow Wilson International Center for Scholars, e durante esse período pude dedicar todo o meu tempo e toda a minha alma ao meu tema, terminando finalmente um livro em execução há quinze anos.

Sabe-se que existem nos Estados Unidos algumas famosas abadias de Thélême[1] em que os pesquisadores são dispensados de suas ocupações temporais e vivem mergulhados em sua pesquisa, como monges na religião.

---

1 Comunidade mista e aristocrática imaginada por Rabelais em *Gargântua*. Regidos pelo preceito "Fay ce que tu voudras" [Faz o que queres], seus membros cultivam o desabrochar da vida física, intelectual e moral. (N. T.)

Philippe Ariès

O Woodrow Wilson International Center é uma dessas abadias laicas, instalado num castelo fantástico de tijolos vermelhos, cujo estilo neo-Tudor convida ao desligamento do secular e que, para um historiador da morte, possui a particularidade de abrigar um verdadeiro túmulo, o do fundador da Smithsonian Institution! A janela da minha espaçosa cela, parcialmente coberta de videira selvagem, dava para o Mall, o gigantesco tapete verde que cobre o centro de Washington. Ali, o diretor J. Billington, a boa fada da casa, Fran Hunter, os administradores, secretários e bibliotecários asseguram o recolhimento e o conforto dos *Fellows.*

O rigor desse retiro era abrandado pelo calor humano – do qual a América possui o segredo. E não só aquele cultivado pelas amizades sérias, mas também o mais efêmero, dos encontros passageiros. É preciso ter viajado um pouco para apreciar, em seu valor de raridade, essa qualidade de acolhimento. Quando deixei Washington, só me faltava escrever a conclusão – para a qual desejava tornar um pouco de distância –, as notas de referência e os agradecimentos.

Este livro deve muito a amigos e colegas que se interessaram pelas minhas pesquisas e me cederam documentação, indicações de lugares, monumentos, inscrições e textos, referências, recortes de imprensa... Fico-lhes muito grato.

Mlles ou Mmes N. de La Blanchardière, M. Bowker, N. Castan, L. Collodi, M. Czapska, A. Fleury, H. Haberman, C. Hannaway, J.-B. Holt, D. Schnaper, S. Straszewska, M. Wolff-Terroine.

MM. J. Adhemar, G. Adelman, S. Bonnet, P.-H. Butler, Y. Castan, B. Cazes, A. Chastel, P. Chaunu, M. Collart, M. Cordonnier, J. Czapski, P. Dhers, J.-L. Ferrier, P. Flamand, J. Glénisson, J. Godechot, A. Gruys, M. Guillemain, P. Guiral, G.-H. Gy, O. Hannaway, C. Ielinski, Ph. Joutard, M. Lanoire, P. Laslett, I. Lavin, F. Lebrun, G. Liebert, O. Michel, R. Mandrou, M. Mollat, L. Posfay, O. Ranum, D.-E. Stannard, B. Vogler, M. Vovelle.

O manuscrito foi cuidadosamente lido por Annie François.

A essa lista devo acrescentar os nomes de alguns autores que me inspiraram e me informaram de modo especial: F. Cumont, É. Mâle, E. Morin, E. Panofsky, A. Tenenti.

XVI

O homem diante da morte

Como se vê, a estrada foi longa, mas também foram numerosas as mãos compassivas. Agora o livro chegou ao porto, após uma fatigante navegação. Espero que o leitor não se aperceba das incertezas da jornada.

Livro I
O tempo dos jazentes

Primeira parte
Todos morremos

I.
A morte domada

A imagem da morte, que tomaremos como o ponto de partida das nossas análises, é a do período da alta Idade Média; digamos, grosso modo, da morte de Rolando. Mas ela ainda lhe é anterior: é a morte acrônica dos longos períodos da mais antiga história, talvez da Pré-História. Ela também sobreviveu a Rolando, e a encontraremos de novo no lenhador de La Fontaine, nos camponeses de Tolstói e ainda numa velha dama inglesa em pleno século XX. Contudo, a originalidade da alta Idade Média está no fato da aristocracia cavaleiresca ter imposto as imagens das culturas populares e orais a uma sociedade de clérigos letrados, herdeiros e restauradores da Antiguidade erudita. A morte de Rolando tornou-se a morte do santo – mas não a morte excepcional do místico, como a de Galaad[1] ou do rei Méhaigné.[2] O santo medieval foi emprestado pelos clérigos letrados à cultura profana e cavaleiresca, ela própria de origem folclórica.[3]

O interesse dessa literatura e dessa época está, portanto, na clara restituição, em textos acessíveis, da atitude diante da morte característica de uma civilização antiquíssima e prolongada, que remonta às primeiras eras e se extingue sob os nossos olhos. Durante todo o curso deste livro será

---

1 Personagem do ciclo da Távola Redonda. Filho de Lancelote, associa a pureza à coragem e obtém a permissão de contemplar os mistérios do Graal. (N. T.)

2 Pai de Pelles, o detentor do Graal. (N. E.)

3 Le Goff, Culture cléricale et traditions folkloriques dans la civilisation mérovingienne, *Annales ESC,* julho-agosto de 1967, p.780-1.

preciso fazer referência a essa atitude tradicional para se compreender cada uma das mudanças cuja história tentou-se aqui reproduzir.

Quando se sente a morte chegar

Vamos de início nos perguntar muito ingenuamente como morriam os cavaleiros na *Canção de Rolando,* nos romances da Távola Redonda, nos poemas de Tristão...

Eles não morriam de qualquer maneira: a morte era regulamentada por um ritual costumeiro descrito com benevolência. A morte comum, normal, não se apoderava traiçoeiramente da pessoa, mesmo quando era acidental em consequência de ferimento, mesmo quando era causada por uma emoção demasiada, como muitas vezes acontecia.

Sua característica essencial é que ela dava tempo para ser percebida. "Ah, belo e suave senhor, pensais morrer tão cedo? – Sim, responde Gauvain,[4] sabeis que não viverei dois dias." Nem o *"mire"*[5] nem os companheiros, nem os sacerdotes – esses últimos ignorados e ausentes – sabiam tão bem quanto ele. Só o moribundo avaliava o tempo que lhe restava.[6]

O rei Ban sofreu uma queda feia do cavalo. Arruinado, expulso das suas terras e do seu castelo, fugiu com a mulher e o filho. Parou para ver de longe arder seu castelo "que era todo o seu consolo". Não resistiu ao desgosto: "O rei Ban assim refletia. Pôs as mãos diante dos olhos e um desgosto tão grande o invadiu e oprimiu que, não podendo verter lágrimas, o coração o asfixiou e ele desmaiou. Caiu do cavalo de modo tão desastroso...". Naquela época era comum desmaiar, e os rudes guerreiros, tão intrépidos e valentes, desmaiavam em qualquer ocasião. Essa emotividade viril perdurou até o período barroco. Só depois do século XVII tornou-se apropriado ao homem viril controlar suas emoções. Na época romântica, o desmaio era reservado às mulheres, que dele abusaram. Hoje tem exclusivamente significado clínico.

---

4 Personagem do "Ciclo bretão" – sobrinho do rei Artur e seu fiel cavaleiro. (N. T.) Boulanger (org.). *Les Romans de la Table Ronde,* p.443-4.

5 Séc. XII – médico, boticário. (N. T.)

6 Boulanger, op. cit., p.124.

Quando o rei Ban voltou a si, percebeu que saía sangue da boca, do nariz, dos ouvidos. "Olhou para o céu e pronunciou como pôde... Ah, senhor Deus... ajudai-me porque vejo e sei que chegou o meu fim." Eu vejo e sei.

Oliveiros[7] e Turpin[8] sentiram a ansiedade da morte, e ambos se expressaram quase nos mesmos termos. "Rolando sente que a morte se apodera dele. Da cabeça desce para o coração." Ele "sente que o seu tempo terminou".

Ferido por uma arma envenenada, Tristão "sente que a sua vida se perdia, compreendeu que ia morrer."[9]

Os monges piedosos se comportavam da mesma forma que os cavaleiros. Em Saint-Martin-de-Tours, segundo Raoul Glaber, após quatro anos de reclusão, o muito venerável Hervé sentiu que iria muito em breve deixar o mundo, e muitos peregrinos acorreram na esperança de algum milagre. Outro frade, um pouco médico, teve que insistir com os frades dos quais tratava: "Ele sabia de fato que a morte estava próxima".[10] Uma inscrição de 1151, conservada no Musée des Augustins de Toulouse, conta como o grande sacristão de São Paulo de Narbona viu, ele também, que ia morrer: *Mortem sibi instare cernerat tanquam obitus sui precius* [Viu a morte a seu lado e teve assim o pressentimento de sua morte]. Fez o seu testamento no meio dos monges, confessou-se, foi à igreja receber *corpus domini* e ali morreu.

Alguns pressentimentos tinham caráter prodigioso: um deles, especialmente, não enganava: a aparição de uma alma do outro mundo, mesmo que apenas em sonho. A viúva do rei Ban[11] entrara para o convento depois da morte do marido e do misterioso desaparecimento do filho. Anos se passaram. Uma noite viu num belo jardim, em sonho, o filho e os

---

7 Personagem da *Canção de Rolando*, paladino cheio de coragem, opõe a prudência tática à temeridade de seu amigo Rolando. (N. T.)

8 Arcebispo, também personagem da *Canção de Rolando*. (N. E.)

9 Bédier (ed.), *La chanson de Roland*; Id., *Le Roman de Tristan et Yseult*, p.247; Payen, *Les Tristan en vers.*

10 R. Glaber, citado por Duby, *L'An mil*, p.78, 89.

11 Boulanger, op. cit., p.154.

sobrinhos que se acreditava estarem mortos: "Então compreendeu que o Senhor atendera a seu desejo e que ela ia morrer."

Raoul Glaber[12] conta como um monge chamado Gaufier teve uma visão quando rezava na igreja. Viu um bando de homens sérios vestidos de branco, ornados com estolas púrpuras, precedidos por um bispo empunhando a cruz. Esse aproximou-se de um altar e ali celebrou a missa. Explicou ao irmão Gaufier que eles eram religiosos mortos nos combates contra os sarracenos e que se dirigiam para a terra dos bem-aventurados. O preboste do mosteiro a quem o monge contara a visão, "homem de profundo saber", disse-lhe: "Console-se, meu irmão, no Senhor, mas como você viu o que é raramente dado ao homem ver, é preciso que pague o tributo com sua própria carne para que você possa compartilhar o destino daqueles que lhe apareceram." Os mortos estão sempre presentes entre os vivos, em certos lugares e em certos momentos. Mas a sua presença só é sensível aos que vão morrer. Desse modo o monge sabia que o seu fim estava próximo: "Os outros irmãos convocados fizeram-lhe a visita, como era de costume em tais casos. No fim do terceiro dia, ao cair da noite, ele deixou o corpo."

Para falar a verdade, é provável que seja anacrônica a distinção que fazemos aqui dos sinais naturais e das premonições sobrenaturais: naquela época a fronteira entre o natural e o sobrenatural era incerta. Mas nem por isso é menos notável que, na Idade Média, os sinais mais frequentemente invocados para anunciar uma morte próxima fossem sinais que hoje consideraríamos naturais: constatação banal, perceptível pelos sentidos, fatos comuns e familiares da vida diária.

Só mais tarde, nos tempos modernos e contemporâneos, observadores que provavelmente já não acreditavam inteiramente neles ressaltaram o caráter maravilhoso dos pressentimentos considerados daí em diante superstições populares.

---

12 Duby, op. cit., p.76.

Essa reserva aparece desde o início do século XVII, num texto de Gilbert Grimaud[13] que não contesta a realidade das aparições dos defuntos, mas explica por que elas metiam medo: "O que aumenta ainda esse receio é a crença do povo, como se vê também nos escritos de Pierre, abade de Cluny, de que tais aparições são como precursoras da morte daqueles a quem se mostram." Não é a opinião de todos, e muito menos dos homens instruídos: é a crença do povo.

Depois da dicotomia que isolou os *litterati* da sociedade tradicional, os pressentimentos da morte foram equiparados a superstições populares, mesmo por autores que as estimavam poéticas e veneráveis. A esse respeito nada mais significativo do que a maneira como Chateaubriand fala, no *Génie du christianisme* [Gênio do cristianismo], como de um folclore muito bonito: "A morte, tão poética porque toca as coisas imortais, tão misteriosa por causa do seu silêncio, deveria ter mil formas de se anunciar", mas acrescenta: "*para o povo*"; não mais seria possível confessar ingenuamente que as classes instruídas já não percebiam os sinais precursores da morte. De fato, no início do século XIX já não acreditavam em coisas que começavam a achar pitorescas e até fascinantes. Para Chateaubriand, "as mil formas da morte se anunciar" eram todas maravilhosas: "Por vezes um falecimento se fazia prever pelo tilintar de um sino badalando por si mesmo, outras vezes o homem que devia morrer ouvia três pancadas no chão do seu quarto."

Na verdade, esse maravilhoso legado das épocas em que era incerta a fronteira entre o natural e o sobrenatural mascarou, aos observadores românticos, o caráter positivo, muito enraizado na vida cotidiana, da premonição da morte. Mesmo quando acompanhado de prodígios, considerava-se um fenômeno absolutamente natural que a morte se fizesse anunciar.

Um texto italiano de 1490 mostra quanto o reconhecimento franco da morte próxima era espontâneo, natural, estranho ao maravilhoso em sua essência, como, aliás, também o era em relação à piedade cristã. Isso se passou num clima moral muito afastado daquele das canções de gesta, numa

---

13 Grimaud, Liturgie sacrée. In: Durand de Mende, *Rationale divinorum officiorum*, p.290.

cidade comercial da Renascença. Em Spoleto, vivia uma bela moça, jovem e faceira, muito apegada aos prazeres da idade. Mas eis que a doença a dominou. Agarrar-se-ia à vida, inconsciente da sorte que a espera? Hoje nos pareceria cruel, monstruoso, outro tipo de comportamento, e a família, o médico, o padre, conspirariam para mantê-la na ilusão. Mas a *juvencula* do século XV compreendeu imediatamente que ia morrer (*cum cerneret, infelix juvencula, de proxima sibi imminere mortem*). Ela viu a morte próxima. Revoltou-se; contudo a sua revolta não tomou a forma de uma recusa da morte (não pensou nisso), mas de um desafio a Deus. Vestiu-se com as mais belas roupas como no dia de seu casamento e se entregou ao diabo.[14]

Como o sacristão de Narbona, a moça de Spoleto *viu*.

Acontecia que a premonição ia além de um aviso e, até o fim, tudo ocorria de acordo com um calendário previsto pelo próprio moribundo. No início do século XVIII propagavam-se relatos como o seguinte:

> Sua morte [de Madame de Rhert] não é menos surpreendente do que a sua vida. Ela própria mandou preparar as pompas fúnebres, revestir o lar de negro e antecipadamente dizerem-se missas pelo repouso da sua alma [veremos no Capítulo 4 como essa devoção era comum], realizar o seu serviço fúnebre, tudo isso antes de sentir qualquer mal. E quando terminou de dar as ordens necessárias para poupar ao esposo todos os cuidados que lhe seriam atribuídos sem essa previsão, *ela morreu no dia e hora que tinha marcado*.[15]

Nem todo o mundo possuía tanta clarividência, mas todos sabiam, ao menos, que morreriam, e sem dúvida a previsão tomou formas proverbiais que passaram de época para época. "Sentindo sua morte próxima", repete o lavrador de La Fontaine.

Alguns não queriam ver esses sinais e avisos:

Que vous êtes pressante, ô déesse cruelle! (La Fontaine)[16]

---

14 Tenenti, *Il senso della morte e l'amore della vita nel Rinascimento*, p.170.

15 Dunoyer, *Lettres historiques et galantes*, p.300.

16 [Como sois insistentes, oh deusa cruel!] (N. T.)

Moralistas e satiristas encarregavam-se de ridicularizar esses extravagantes que negavam a evidência e distorciam o jogo natural. Esses tornaram-se, sem dúvida, mais frequentes nos séculos XVII e XVIII, e, a julgar por La Fontaine, os trapaceiros eram recrutados principalmente entre os velhos.

Le plus semblable aux morts meurt le plus à regret.[17]

A sociedade do século XVII não se enternecia diante desses velhos (de 50 anos!) e caçoava sem indulgência de um apego à vida que hoje nos pareceria bem compreensível:

La mort avait raison
Allons, vieillard, et sans réplique.[18]

Furtar-se ao aviso da morte era expor-se ao ridículo: mesmo o louco Quixote, menos louco em verdade do que os velhos de La Fontaine, não procuraria fugir à morte nos sonhos em que consumiu a vida. Pelo contrário, os sinais do fim o reconduziram à razão: "Minha sobrinha, disse ele sabiamente, sinto-me próximo da morte."[19]

A crença no aviso da morte atravessou os séculos e sobreviveu por muito tempo na mentalidade popular. Tolstói teve o gênio de reencontrá-la, perseguido como era pela morte e ao mesmo tempo pelo mito do povo. Em seu leito de agonia, numa estação de estrada de ferro no campo, gemia: "E os mujiques? Como morrem então os mujiques?"[20] Pois é! Os mujiques morriam como Rolando, como a jovem possuída de Spoleto ou como o monge de Narbona: todos eles sabiam.

Em *Les Trois Morts* [Os três mortos],[21] um velho postilhão agoniza na cozinha de uma estalagem, perto do grande fogão. Num quarto ao lado

---

17 [O que mais se parece com os mortos é o que mais renitente morre.] (N. T.)
18 [A morte tinha razão. Vamos, velhote, e sem réplica.] (N. T.)
19 Cervantes, *Don Quichotte*, cap.74.
20 Troyat, *Vie de Tolstoi*, p.827.
21 Tolstói, Les Trois Morts. In: *La mort d'Ivan Ilitch et autres contes.*

sucede o mesmo à mulher de um rico homem de negócios. Mas, enquanto a morte se escondia da mulher rica com receio de assustá-la, para, em seguida, encenar um grande espetáculo à maneira romântica, na cozinha o velho postilhão compreendera tudo imediatamente. À mulher que lhe pergunta gentilmente se ele está passando bem, responde: "a morte está aqui, é o que está acontecendo", e ninguém tenta enganá-lo.

O mesmo ocorre com uma velha camponesa francesa, a mãe do senhor Pouget, que teve sua biografia escrita por Jean Guitton. "Em 74, ela apanhou uma *colerine*. Ao fim de quatro dias: chame o senhor pároco. O pároco aparece e quer administrar os sacramentos. Ainda não, senhor pároco, avisá-lo-ei quando for preciso. E dois dias depois: diga ao senhor pároco que me traga a extrema-unção."

Um tio do mesmo senhor Pouget: 96 anos. "Era surdo e cego, rezava sem parar. Certa manhã, disse: não sei o que tenho, sinto-me doente como jamais estive, chame o pároco. Ele veio e lhe administrou todos os sacramentos. Uma hora depois estava morto."[22] J. Guitton comenta: "Vê-se como os Pouget daqueles tempos antigos passavam deste mundo para o outro como gente prática e simples, *observadores dos sinais* [o grifo é meu] e principalmente deles mesmos. Não tinham pressa de morrer, mas quando viam chegar a hora, então sem precipitação nem atraso, exatamente como convinha, morriam cristãos." Mas os não cristãos também morriam de maneira simples.

Mors repentina

Para que a morte assim se anunciasse, ela não podia ser súbita, *repentina*. Quando não não podia ser prevenida, deixava de aparecer como necessidade temível, mas era esperada e aceita de boa ou má vontade. Ela rompia então a ordem do mundo, na qual todos acreditavam, como um instrumento absurdo do acaso, por vezes disfarçado de cólera de Deus. E por essa razão a *mors repentina* era considerada infamante e vergonhosa.

---

22 Guitton, *M. Pouget*, p.14.

Quando Gaheris pereceu envenenado com uma fruta que a rainha Guinevere lhe oferecera em completa inocência, ele foi de fato enterrado "com grandes honras, como convinha a um homem de tanto valor". Mas a sua memória sofreu interdição. "O rei Artur e todos os que estavam na sua corte tiveram tanto desgosto com essa morte *tão feia e tão desagradável* que, entre si, mal falaram a respeito." Quando se conhece a intensidade das demonstrações do luto dessa época, podemos avaliar o sentido desse silêncio, que se parece com o de hoje. Nesse mundo tão familiarizado com a morte, a morte súbita era uma morte feia e desonrosa, aterrorizava, parecia estranha e monstruosa, e dela não se ousava falar.

Hoje, tendo banido a morte da vida cotidiana, ficaríamos, pelo contrário, comovidos por um acidente tão súbito e absurdo, e antes suspenderíamos nessa ocasião extraordinária os interditos habituais. A morte feia e desonrosa na Idade Média não é exclusivamente a morte súbita e absurda como a de Gaheris, mas é também a morte clandestina que não teve testemunhas nem cerimônia, a do viajante na estrada, do afogado no rio, do desconhecido cujo cadáver se descobre à beira de um campo, ou mesmo do vizinho fulminado sem razão. Não importava que ele fosse inocente: a morte súbita marcava-o com uma maldição. Essa é uma crença muito antiga. Virgílio fazia purgar, na zona mais miserável dos infernos, os inocentes cuja morte fora provocada por falsa acusação — e que nós, modernos, desejaríamos reabilitar. Participavam do destino das crianças que choram porque não conheceram a doçura de viver. Sem dúvida, o cristianismo se esforçou em combater a crença que estigmatizava a morte súbita com infâmia; mas o fez com reticência e timidamente. No século XIII, o bispo liturgista de Mende, Guillaume Durand, traiu esse combate. Ele achava que morrer subitamente era "morrer não por causa manifesta, mas pelo simples julgamento de Deus". O morto, entretanto, não devia ser considerado maldito. Por via das dúvidas, ele deveria ser enterrado cristãmente: "No local em que se encontra um homem morto, ele será amortalhado por motivo da dúvida sobre a causa da sua morte."[23] De fato, "o homem justo, seja qual for a hora em que saia da vida, será

---

23 Durand de Mende, op. cit., p.14.

salvo". E no entanto, apesar dessa afirmação de princípio, Guillaume Durand ficou tentado a ceder à opinião dominante. "Se alguém morre subitamente enquanto se dedica aos jogos, como o da pela ou da bola, ele pode ser enterrado no cemitério, porque não se sabia fazer mal a pessoa alguma." Tratava-se apenas de tolerância, e certos canonistas faziam restrições: "Por estar ele se ocupando dos divertimentos deste mundo, alguns dizem que deve ser amortalhado sem o canto dos salmos e sem as outras cerimônias dos mortos."

Em compensação, embora se pudesse discutir a morte súbita de um jogador honesto, já não havia dúvidas no caso de homem morto por malefício. A vítima não podia ser inocentada, ficava necessariamente envilecida pelo "aspecto desonroso" da sua morte. Guillaume Durand a associa àquela do homem que morreu durante um adultério, um roubo ou jogo pagão; isto é, em todos os divertimentos, com exceção dos torneios da cavalaria (nem todos os textos canônicos têm a mesma indulgência com o torneio).[24] Se a reprovação popular que caía sobre as vítimas de um assassínio não lhes proibia sepultura cristã, impunha-lhes, por vezes, o pagamento de uma espécie de multa: os assassinados eram penalizados. Um canonista, Thomassin, escrevendo em 1710, relata que no século XIII os arciprestes da Hungria tinham o costume de "usar um marco de prata por todos os que tinham sido infelizmente assassinados e mortos por gládio, veneno ou por outras vias semelhantes, antes de os deixar enterrar". E acrescenta que foi preciso um concílio em Buda, em 1279, para impor ao clero húngaro que "esse costume não pudesse ser estendido aos que tivessem fortuitamente morrido por queda, incêndio, ruínas ou outros acidentes semelhantes, mas que se lhes dessem sepultura eclesiástica, contanto que antes da morte tivessem dado sinais de arrependimento". E Thomassin, como homem do século XVIII, comentava os costumes da época, em sua opinião, exorbitantes: "Deve-se crer que esse concílio contentou-se em se opor ao progresso dessa exação, porque não acreditava possível aboli-la inteiramente." O preconceito popular ainda persistia no início do século XVII: nas orações fúnebres de Henrique

---

24 Huizinga, *Le Déclin du Moyen Age.*

IV, pregadores consideraram-se obrigados a justificar o rei por causa das circunstâncias infamantes de sua morte sob o cutelo de Ravaillac.

A *fortiori* era a vergonhosa morte dos condenados; até o século XIV lhes era negado inclusive a reconciliação religiosa; deviam ser malditos tanto no outro mundo como neste. Os mendicantes, com o auxílio do papado, conseguiram obter dos poderes temporais o direito de assistir os supliciados: era sempre um deles que acompanhava os condenados até o patíbulo.

Em compensação, numa sociedade fundada nos modelos militares da cavalaria, a suspeita que maculava a morte súbita já não se estendia às nobres vítimas da guerra. Em primeiro lugar, a agonia do cavaleiro caído em combate singular no meio dos seus pares deixava tempo para executar as cerimônias habituais, embora abreviadas. Finalmente, a morte de Rolando, a morte do cavaleiro, era considerada como a morte do santo, tanto pelos clérigos como pelos leigos. Contudo, entre os liturgistas do século XIII, apareceu um espírito diferente que correspondeu a um novo ideal de paz e ordem mais afastado dos modelos da cavalaria. Equipararam alguns casos de morte de cavaleiros às mortes suspeitas das velhas crenças. Para eles, a morte do guerreiro deixara de ser o modelo da boa morte, ou então só o era em certas condições: "O cemitério e o ofício dos mortos", escreve Guillaume Durand, "são concedidos sem objeção ao defensor da justiça e ao guerreiro morto numa guerra cuja *razão fosse condizente com a equidade.*" A restrição é muito grave, poderia ter tido grandes consequências se, nos Estados que surgiam rapidamente nessa época, os soldados das guerras temporais não tivessem gozado do privilégio reservado por Guillaume de Mende aos cruzados – e graças à duradoura cumplicidade da Igreja – até a guerra de 1914.

Foi, contudo, por causa dessa repugnância dos clérigos pela morte violenta que Guillaume Durand, apesar dos progressos de uma mentalidade mais moral e mais razoável, invocava sempre as crenças primitivas da profanação dos lugares sagrados pelos líquidos do corpo humano, sangue ou esperma: "Não se leva para a igreja os que foram assassinados, com receio de que o seu sangue profane o chão do templo de Deus." A missa e o *Libera* eram então rezados na ausência dos despojos do defunto.

A morte excepcional do santo

A morte assim anunciada não era considerada um bem da alma; como propunham os séculos de literatura cristã, desde os padres da Igreja até os humanistas devotos: a morte comum e ideal da alta Idade Média não era uma morte especificamente cristã. Desde que o Cristo ressuscitado triunfou sobre a morte, a morte neste mundo tornou-se a verdadeira morte; e a morte física, acesso à vida eterna. É por essa razão que o cristão se empenha em desejar a morte com alegria, como um renascimento.

Media vita, in morte sumus [vivos, somos mortos] escreve Notter, no século VII. E quando ele acrescenta: *Amarae morti ne tradas nos* [Não nos abandone à morte amarga], a morte amarga é a do pecado e não a morte física do pecador. Esses sentimentos devotos não são, sem dúvida, completamente estranhos à literatura laica medieval, e os encontramos nos poemas da Távola Redonda, no rei Méhaigné, a quem a unção do sangue do Graal restituiu ao mesmo tempo "a visão e o poder do seu corpo", e a saúde da alma.

> O velho rei sentou-se no leito, com os ombros e o peito nus até o umbigo, e levantando as mãos para o céu: belo e doce pai, Jesus Cristo, diz ele, agora que estou perdoado e comunguei, suplico-te vires me buscar porque não podia morrer com maior alegria do que esta: já sou todo rosas e lírios [segundo a velha ideia de que o corpo do santo não sofre os malefícios da decomposição]. Tomou Galaad nos braços, abraçou-o pelos flancos, apertou-o contra o peito e no mesmo instante Nosso Senhor provou que ouvira a oração, porque a alma se desprendeu do corpo.

Do mesmo modo, no dia em que Galaad teve a visão do Graal,[25]

> pôs-se a tremer, e levantando as mãos ao céu: Senhor, eu te dou graças por teres assim atendido ao meu desejo! Vejo aqui o começo e a causa das coisas. E agora te suplico permitires que eu passe desta vida terrestre à celestial.

---

25 Boulanger, op. cit., p.380.

Recebeu humildemente o *corpus domini*... Em seguida veio beijar Parsifal[26] e disse a Bohan: Bohan, dá saudações por mim ao senhor Lancelote, meu pai, quando o vires. Voltou a se ajoelhar diante da mesa de prata e pouco depois sua alma deixava o corpo.

É a morte excepcional e extraordinária de um místico que a aproximação do fim enche de alegria "celestial". Não é a morte secular da gesta ou do romance, a morte comum.

O jazente no leito: os ritos familiares da morte

O moribundo, sentindo próximo o seu fim, tomava as suas disposições. Em um mundo tão impregnado do maravilhoso como o da Távola Redonda, a morte propriamente dita era, pelo contrário, uma coisa muito simples. Quando Lancelote, vencido e perdido, se apercebe, na floresta deserta, que "perdeu até o poder sobre o corpo", acredita que vai morrer, depõe as armas, estende-se prudentemente no chão com os braços em cruz, a cabeça voltada para o Oriente e se põe a rezar. O rei Artur passa por morto: está estendido com os braços em cruz. Tem bastante força, contudo, para apertar o seu pajem contra o peito e, "comprimindo-o tanto, sem o perceber, arrebenta-lhe o coração!" A morte escapa a essa hipérbole sentimental: é sempre descrita em termos cuja simplicidade contrasta com a intensidade emotiva do contexto. Quando Isolda se aproxima de Tristão e o encontra morto, deita-se perto dele e se volta para o Oriente.[27] O arcebispo Turpin espera a morte: "sobre o seu peito, bem no meio, cruzara suas tão belas e brancas mãos."[28] É a atitude ritual dos jazentes: o moribundo, segundo Guillaume Durand, deve ficar deitado de costas para que sua face olhe sempre o céu. O jazente conservou na sua sepultura durante muito tempo a orientação para o leste, para

---

26 Parsifal, herói do último romance inacabado, *Parsifal* ou *O conto do Graal*, escrito por volta de 1180 por Chrétien de Troyes. Símbolo dramático da condição humana. (N. T.)

27 Bédier, op. cit.

28 Boulanger, op. cit., p.350, 455.

Jerusalém. "Deve-se amortalhar o morto de tal modo que a sua cabeça fique voltada para o Ocidente e os pés para o Oriente."[29] Assim colocado, o moribundo podia realizar os últimos atos do cerimonial. Começava por uma triste e discreta evocação das coisas e dos seres que ele amou, por um resumo da sua vida reduzida às imagens essenciais. Rolando "lembra-se de várias coisas." Recorda-se em primeiro lugar "de tantas terras por ele, tão valente, conquistadas", em seguida da doce França, dos homens de sua linhagem, de Carlos Magno, seu senhor que o criou; nenhum pensamento para Aude, sua noiva que, no entanto, cairá morta ao saber-lhe o fim cruel, nem para os pais carnais. Comparemos os últimos pensamentos do cavaleiro medieval aos dos soldados das nossas grandes guerras contemporâneas, que invocavam sempre as mães antes de entregarem a alma. Mas Rolando guardou no limiar da morte a lembrança dos bens possuídos, das terras conquistadas, pranteadas como seres vivos, dos companheiros, dos homens do seu bando, do senhor que o criou e a quem serviu. "Chora e suspira, não pode se conter." O arcebispo Turpin também lamentou deixar o seu senhor: "Como a morte me angustia, nunca mais verei o poderoso Imperador." Nos romances da Távola Redonda, a mulher e as crianças tiveram mais importância, mas os pais sempre foram esquecidos. O coração do rei Ban "ficou tão oprimido ao pensar na mulher e no filho que seus olhos se turvaram, suas veias se romperam e o coração rebentou dentro do seu peito".

Assim esboçado, o pesar medieval em deixar a vida permite perceber a delicada ambiguidade de um sentimento popular e tradicional da morte, que também se manifestou nas expressões das culturas eruditas: *contemptus mundi* da espiritualidade medieval, desligamento socrático ou enrijecimento estoico da Renascença.

Naturalmente que o moribundo se enternecia com a sua vida, com os bens possuídos e com os seres amados. Mas o seu pesar nunca passava de uma intensidade muito fraca em relação ao patético desse tempo. O mesmo acontecerá ainda em outras épocas eloquentes, como a era barroca.

---

29 Durand de Mende, op. cit., p.38.

O desgosto por deixar a vida ficava, portanto, associado à simples aceitação da morte próxima. Estava ligado à familiaridade com a morte, numa relação que permanecerá constante através dos tempos.

Aquiles também não temia a morte, mas sua sombra murmurava para os infernos: "Gostaria mais, como moço do campo, viver a serviço de um fazendeiro pobre que não possuísse grande coisa, do que reinar sobre os mortos..." O apego a uma vida miserável não se separava da familiaridade com uma morte sempre próxima. "Em cuidados e penas... viveu toda a sua vida", diz o camponês da *Dança Macabra*, no século XV.

La mort est souhaitée souvent,
Mais volontiers je la fuisse:
J'aimasse míeux, fut pluie ou vent,
Etre en vígne ou je fuisse.[30]

Mas a saudade não lhe inspirava qualquer gesto de revolta. Foi assim que se manifestou o lenhador de La Fontaine:

Il appelle la mort, elle vient sans tarder.[31]

Mas será apenas para que o ajude a carregar a lenha. O infeliz que

Appelait tous les jours
La mort à son secours[32]

E a despacha quando ela chega.

N'approche pas, O mort! O mort! retire-toí.[33]

---

30 [A morte é muitas vezes desejada / Mas dela fugiria com prazer: / Gostaria mais que fosse chuva ou vento, / Na vinha em que eu estivesse.] (N. T.)
31 [Ele chama a morte, ela vem sem tardar.] (N. T.)
32 [Chamava todos os dias / A morte em seu socorro.] (N. T.)
33 [Não te aproximes, Oh morte! Oh morte! retira-te.] (N. T.)

Philippe Ariès

Ou então a "morte vem curar tudo" ou ainda "antes sofrer que morrer"; duas afirmações na verdade mais complementares do que contraditórias, duas faces do mesmo sentimento: uma não existe sem a outra. Deplorar a perda da vida retira da aceitação da morte o que ela tem de forçado e de retórico nas teorias morais eruditas.

O camponês de La Fontaine bem que gostaria de evitar a morte e, como é um velho tolo, tenta ludibriá-la, mas tão cedo compreende estar realmente próximo do fim, e que não há engano possível, muda de papel, deixa de representar o personagem que fazia questão da vida, e passa também secamente para o lado da morte. De imediato adota o papel clássico do moribundo; reúne os filhos em torno do leito para as últimas recomendações e as últimas despedidas, como fizeram todos os anciães que vira morrer.

> *Mes chers enfants, dit-il, je vais ou sont nos pères,*
> *Adieu promettez-moi de vivre comme frères,*
> *Il prend à tous les mains. Il meurt.*[34]

Morre como o cavaleiro da *Canção*, ou ainda como os camponeses dos confins da Rússia de que fala Soljenítsin: "E eis que agora, indo e vindo na sala do hospital, rememorava a maneira como eles costumavam morrer, esses velhos, no seu canto, lá longe, à beira do rio Korma, tanto os russos como os tártaros ou os udmurtos. Sem fanfarronadas, sem provocar complicações, sem se gabar de não morrer, todos admitiam a morte *pacificamente* [sublinhado pelo autor]. Não só não retardavam o momento de prestar contas, como ainda se preparavam para ele mansamente e, por antecipação, designavam a quem iria o jumento, a quem o potro, a quem o gabão, a quem as botas, e se extinguiam com uma espécie de alívio, como se tivessem apenas que mudar de isbá."[35]

---

34 [Meus filhos queridos, disse, eu vou para onde estão os nossos pais, / Adeus, prometam-me viver como irmãos, / Segura a mão de todos. E morre.] (N. T.)

35 Soljenítsin, *Le pavillon des cancéreux*, p.163-4.

O *homem diante da morte*

A morte do cavaleiro medieval não era menos simples. O barão era destemido, combatia como herói, com força hercúlea e feitos incríveis, mas a sua morte nada tinha de heroico, nem de extraordinário: tinha a banalidade da morte de qualquer um.

Assim, depois de lamentar perder a vida, o moribundo medieval continuava a cumprir os ritos habituais: pedia perdão aos companheiros, despedia-se deles e os recomendava a Deus. Oliveiros pede a Rolando perdão do mal que lhe possa ter feito involuntariamente: "Eu o perdoo aqui e diante de Deus. Ao pronunciar essas palavras, inclinaram-se um para o outro."

Yvain[36] perdoa seu matador, Gauvain, que o golpeou sem o reconhecer: "Belo senhor, foi pela vontade do Salvador e por causa dos meus pecados que vós me matastes, e eu vos perdoo de bom grado."

Gauvain, por sua vez, morto por Lancelote em combate leal, antes da morte pede ao rei Artur: "Nobre tio, estou morrendo, mande mensagem [a Lancelote] que eu o saúdo e lhe peço que venha visitar o meu túmulo quando eu estiver morto."[37]

Em seguida o moribundo recomenda a Deus os sobreviventes que lhe são caros. "Que Deus abençoe Carlos e a doce França, implora Oliveiros, e acima de tudo Rolando, meu companheiro." O rei Ban confia a Deus sua mulher Helena: "Aconselhai a que está sem conselho." Não era de fato a pior desgraça estar privado de conselho, e a pior infelicidade estar só? "Lembrai-vos, Senhor, do meu frágil filho, tão jovem e órfão, porque só vós podeis sustentar os que não têm pai."

No ciclo de Artur, vê-se até aparecer o que mais tarde será um dos principais motivos do testamento: a escolha da sepultura. Não tinha o menor valor para Rolando e os seus companheiros. Mas Gauvain assim se dirige ao rei: "Senhor, eu vos peço mandar-me enterrar na igreja de Saint-Étienne-de-Camalaoth, perto dos meus irmãos [...] e que façais escrever sobre a lápide [...]."

---

36 *Le chevalier au lion* – Personagem do ciclo bretão, tipo de cavaleiro cortês, que por ter preferido a aventura ao amor deve realizar proezas para reconquistar o coração de sua dama. (N. T.)

37 Boulanger, op. cit., 350, 447.

"Meu belo e bondoso senhor, solicita antes de morrer a *Pucelle*,[38] que jamais mentiu [...], eu vos peço que não enterreis o meu corpo neste país." Foi por essa razão que o deitaram numa nave sem vela nem remo.

Depois do seu adeus ao mundo, o moribundo recomendara a alma a Deus. Na *Canção de Rolando* em que ela é amplamente comentada, a oração final compõe-se de duas partes. A primeira é a culpa. "Deus, minha culpa pela tua graça, pelos meus pecados, grandes e pequenos, que pratiquei desde a hora em que nasci até este dia em que me vês aqui abatido" (Rolando). "O arcebispo [Turpin] confessa a própria culpa. Dirige os olhos para o céu, junta as mãos e as eleva. Reza a Deus que lhe dê o Paraíso." "Em alta voz [Oliveiros] diz a sua culpa, de mãos juntas levantadas para o céu, e reza a Deus que lhe dê o Paraíso." É a oração dos penitentes, dos barões a quem Turpin dava absolvição coletiva: "Declarai as vossas culpas."

A segunda parte da oração final é a *commendacio animae*. É uma oração muito antiga da Igreja primitiva, que atravessará os séculos e que deu o seu nome ao conjunto das orações conhecidas até o século XVIII sob a denominação comum de *"recommendaces"*. Pode-se reconhecê-la abreviada nos lábios de Rolando: "Pai verdadeiro, que jamais mentiste, tu que chamaste Lázaro de entre os mortos, tu que salvaste Daniel dos leões, salva-me a alma de todos os perigos, pelos pecados que cometi na minha vida." Quando o rei Ban se dirige a Deus, sua prece é feita com uma oração litúrgica: "Rendo-vos graças, doce Pai, se vos apraz que eu acabe indigente e necessitado, pois vós também sofrestes a pobreza. Senhor, vós que me viestes redimir, não percais em mim a alma que aí pusestes, mas socorrei-me."

Nos *Romances da Távola Redonda,* as disposições relativas aos sobreviventes, a escolha da sepultura, foram mais precisas do que na *Canção de Rolando.* Em compensação, as orações eram mais raramente transcritas. Contentavam-se com indicações como: confessou seus pecados a um monge, recebeu o *Corpus domini.* Duas ausências impressionam: nunca se falava em extrema-unção, reservada aos clérigos, e nenhuma invocação

---

38 Joana d'Arc.

O homem diante da morte

especial era dirigida à Virgem Maria. A *Ave Maria* completa ainda não existia (mas a Virgem apareceu, como protetora contra os perigos da viagem, a um monge de Saint-Germain-l'Auxerrois que conheceu Raoul Glaber).

Assim, tendo o moribundo realizado os atos depois que advertido do seu fim próximo, se deitou com a face para o céu, voltado para o Oriente, as mãos cruzadas sobre o peito, que tinham caráter cerimonial, ritual. Ali reconhecemos a matéria ainda oral do que será mais tarde o testamento medieval, imposto pela Igreja como um sacramento: a profissão de fé, a confissão dos pecados, o perdão dos sobreviventes, as disposições piedosas que lhes diziam respeito, a recomendação da sua alma a Deus, a escolha da sepultura. Tudo se passava como se o testamento devesse formular por escrito e tornar obrigatórias as disposições e as orações que os poetas épicos atribuíam à espontaneidade dos moribundos.

Depois da última oração, só restava esperar pela morte, que agora já não tinha qualquer razão para tardar. Acreditava-se que a vontade humana conseguiria arrancar dela mais alguns instantes.

Assim Tristão resistiu para dar tempo de Isolda chegar. Quando teve que renunciar a essa esperança desabafou: "Não posso segurar a vida por mais tempo. Diz três vezes: Isolda, amiga. Na quarta, entrega a alma." Assim que Oliveiros terminou sua oração: "O coração falha, todo o seu corpo prostrara-se por terra. O conde está morto, não se demora mais."[39] Se a morte retardar, o moribundo a esperará em silêncio, já não se comunicará com o mundo daí por diante: "Diz [suas últimas recomendações, suas últimas orações] e jamais pronuncia qualquer outra palavra."

A publicidade

A simplicidade familiar era uma das duas características necessárias da morte. A outra era sua publicidade: essa persistirá até o fim do século XIX. O moribundo devia ser o centro de uma reunião. Madame de Montespan tinha menos medo de morrer do que de morrer *só*. "Ela se deitava, relata Saint-Simon, com todas as cortinas abertas e muitas velas

---

39 Jonin, op. cit.

no quarto, as suas damas de companhia ao seu redor; todas as vezes que acordava, gostava de as encontrar conversando, faceirando ou comendo, para se certificar de que não tinham adormecido." Mas quando no dia 27 de maio de 1707 sentiu que ia morrer (o aviso) já não teve medo, fez o que tinha de fazer: chamar os empregados "mesmo os mais humildes", pedir-lhes perdão, confessar os pecados e presidir, como era de hábito, a cerimônia da morte.

Os médicos higienistas do fim do século XVIII que participaram dos inquéritos de Vicq d'Azyr[40] e da Academia de Medicina começaram a se queixar da multidão que invadia o quarto dos moribundos. Sem grande êxito, já que, no início do século XX, quando se levava o viático a um doente, qualquer um podia entrar na casa e no quarto do moribundo, mesmo desconhecido da família. Assim aconteceu com a piedosa Madame de la Ferronays; passeando na rua em Ischl nos anos de 1830, ouviu o sino e soube que iam buscar o Santo Sacramento para levá-lo a um jovem padre que ela sabia estar doente. Ainda não ousara visitá-lo por não conhecê-lo, mas o viático "faz-me lá ir *naturalmente* [o grifo é meu]. Ponho-me de joelhos como todo mundo na porta de carruagens enquanto os padres passam, e depois subo e assisto também à recepção do santo viático e da extrema-unção."[41]

Sempre se morria em público. Daí o sentido forte da palavra de Pascal, que se morre só, porque nunca se estava só, fisicamente, no momento da morte. Hoje isso tem apenas um sentido banal, já que na verdade temos todas as chances de morrer na solidão de um quarto de hospital.

As sobrevivências: a Inglaterra do século XX

Contudo, se essa maneira simples e pública de ir embora depois de ter dito adeus a todo mundo se tornou, por um lado, excepcional na nossa época, por outro lado não desapareceu completamente. Tive a surpresa

---

40 Vicq d'Azyr (1748-1794), fundador da Sociedade Real de Medicina, conhecido pelos trabalhos de anatomia comparada. (N. T.)

41 Peter, *Malades et maladies au XVIIIe siècle, Annales ESC,* 1967, p.712; Craven, *Récit d'une souer, Souvenirs de famille*, p.197.

de encontrá-la na literatura de meados do século XX, e não na longínqua e ainda santa Rússia, mas na Inglaterra. Num livro dedicado à psicologia do luto, Lily Pincus começa contando a morte do marido e da sogra. Fritz sofria de câncer adiantado. Soube-o imediatamente. Recusou a operação e os grandes tratamentos heroicos. Assim pôde ficar em casa. "Tive então", escreve sua mulher, "a prodigiosa experiência de uma vida ampliada pela aceitação da morte".

Devia estar entre os 60 e os 70 anos.

> Quando a última noite chegou [o aviso], assegurou-se de que eu também estava consciente como ele e quando lhe pude dar essa certeza, disse com um sorriso: então tudo está bem. Morreu algumas horas mais tarde em completa paz. A enfermeira da noite que comigo cuidava dele felizmente havia saído do quarto... de modo que pude ficar só com Fritz durante aquela última hora cheia de paz, pela qual ficarei sempre plenamente grata.[42]

Na verdade, essa "morte perfeita" traduz uma emoção, uma sensibilidade romântica que não era costume expressar antes do século XIX.

A morte da mãe de Fritz foi, pelo contrário, mais de acordo com o modelo tradicional antigo. Velha dama da era vitoriana, superficial e conformista, um pouco frívola, incapaz de fazer qualquer coisa sozinha, foi atingida por um câncer do estômago, doença penosa que a punha em situações humilhantes para qualquer pessoa, porque já não tinha controle do corpo, ainda que jamais tivesse cessado de ser uma *perfect lady*. Não parecia perceber o que lhe acontecia. O filho se inquietava e se perguntava como ela, que nunca conseguira enfrentar a mínima dificuldade na vida, enfrentaria a morte. Enganava-se. A velha dama, incapaz, soube muito bem tomar o comando da sua própria morte.

> No dia do septuagésimo aniversário, sofreu um ataque e ficou algumas horas inconsciente. Quando voltou a si, pediu que a pusessem sentada no leito, e então, com o mais amável dos sorrisos, olhos brilhantes, pediu para

---

42 Pincus, *Death and the family*, p.4-8.

ver todas as pessoas da casa. Disse adeus a cada um, individualmente, como se estivesse de partida para uma longa viagem, deixou mensagens de agradecimentos para os amigos, parentes, para todos que dela se tinham ocupado. Teve uma lembrança especial para as crianças que a tinham divertido. Depois dessa recepção, que durou perto de uma hora, Fritz e eu ficamos sozinhos ao lado dela, até que nos disse também adeus com muita afeição e murmurou: agora deixem-me dormir.[43]

Mas em pleno século XX um moribundo já não está garantido de que o deixarão dormir. Uma meia hora mais tarde, o médico chega, informa-se, indigna-se da passividade do ambiente, recusa-se a escutar as explicações de Fritz e de sua mulher, segundo as quais a velha senhora fizera as suas últimas despedidas e pedira para deixarem-na em paz. Furioso, precipita--se no quarto da senhora com a seringa na mão, debruça-se sobre a doente para lhe dar uma injeção, quando essa, que parecia inconsciente, "abriu os olhos e com o mesmo sorriso gentil que tivera para nos dizer adeus, pôs os braços em torno de seu pescoço murmurando: 'Obrigada, professor.' As lágrimas saltaram dos olhos do médico e não se falou mais em injeção. Ele se foi, como amigo e aliado, e sua paciente continuou a dormir o sono do qual jamais despertou."[44]

A Rússia dos séculos XIX-XX

A familiaridade pública com a morte se expressa numa fórmula proverbial que já encontramos, emprestada da Sagrada Escritura. Evocando suas lembranças de juventude,[45] P.-H. Simon cita estas palavras de Bellessort – ou o que Bellesort pensava ser uma expressão: "Ainda pareço ouvi-lo, no curso preparatório da escola normal do Liceu Louis Le Grand, lendo--nos Bossuet: 'Nós morremos todos, dizia aquela mulher cuja sabedoria é louvada por Salomão no *Livro dos Reis*'. Com um silêncio deixava cair a

---

43 Ibid.

44 Ibid.

45 Simon, Discours de réception à l'Académie française, *Le Monde,* 20 novembro de 1967.

pesada mão sobre o púlpito e comentava: 'Tinha ideias originais, aquela mulher.'" Esse texto nos mostra que Bossuet ainda sabia o sentido e o peso do "nós morremos" nas mentalidades do seu tempo. Em compensação, Bellessort e seu discípulo, apesar da cultura e boa vontade de ambos, viam nisso apenas banalidade pomposa. Mede-se por essa incompreensão, que já é de ontem, a diferença entre as duas atitudes diante da morte. Quando, no poema de Tristão, Rohalt vem consolar a Rainha Blanchefleur da perda do seu senhor, diz-lhe: "Não devem morrer todos os que nascem? Que Deus receba os mortos e conserve os vivos."[46]

Mais tarde, no *romancero* espanhol do conde de Alarcos, a condessa injustamente condenada à pena fatal pelo esposo pronuncia as palavras e as orações que a preparavam para a morte. Mas antes da lamentação pela perda da vida ("Sofro o luto dos meus filhos, que perdem a minha companhia"), ela repete a fórmula: "Não tenho medo da morte, *pois eu tinha que morrer.*"[47]

Ainda no *romancero*, Durandal, ferido de morte, grita: "Morro nesta batalha. Não lamento ver a minha morte (subentendido: já que todos nós morremos), apesar de ela me chamar cedo. Mas tenho saudades..." (a saudade da vida).

Na nossa era, em *A morte de Ivan Ilitch*, publicada em 1887, Tolstói exuma a velha fórmula dos camponeses russos, para opô-la às condições mais modernas, adotadas dali por diante pelas classes superiores.

Ivan Ilitch estava muito doente. Vinha-lhe a ideia de que poderia ser a morte, mas a mulher, o médico e a família combinavam-se tacitamente para o enganarem sobre a gravidade do seu estado, e o tratavam como se fosse uma criança. "Só Guerassim não mentia." Guerassim era um jovem servo, vindo da zona rural, próximo ainda das origens populares e rurais. "Tudo mostrava que só ele compreendia o que se passava [a morte de Ivan] e não julgava necessário escondê-la. Mas tinha simplesmente pena do seu senhor fraco e descarnado." Não receava mostrar-lhe essa piedade, prestando-lhe com a maior simplicidade os cuidados repugnantes que os

---

46 Bédier, op. cit.
47 Pomes (trad.). *Le Romancero*, p.191.

grandes doentes requerem. Um dia, comovido com a sua dedicação, Ivan Ilitch insistiu para que ele descansasse um pouco e fosse a outro lugar para arejar as ideias. Então Guerassim respondeu-lhe, como Rohalt à Rainha Blanchefleur, "Todos nós morremos. Por que não prestar algum serviço?" E Tolstói comenta: "Expressando assim que esse trabalho não lhe era penoso precisamente porque o realizava para um moribundo, e esperava que ao chegar a sua vez fizessem o mesmo com ele."[48]

A Rússia deve ser um conservatório, porque a fórmula proverbial ressuscitou em uma bela narrativa de Babel, datada de 1920. Numa aldeia judia da região de Odessa, durante o Carnaval, celebram-se seis casamentos ao mesmo tempo; é a festa: come-se, bebe-se, dança-se. Uma viúva, Gaza, de certo modo prostituta, dança, dança com toda a alma, os cabelos soltos, marcando o ritmo com as batidas de um bastão no muro: "*Todos nós somos mortais*, sussurrava Gaza manobrando o bastão." Num outro dia, Gaza entra na casa do secretário do comitê executivo, um homem sério e consciencioso, para a coletivização. Talvez tentasse pervertê-lo, mas vê logo que seria trabalho perdido. Antes de deixá-lo, pergunta-lhe à sua maneira proverbial, por que ele está sempre tão sério: "Por que tens medo da morte... *Alguém jamais viu um mujique recusar-se a morrer?*"[49]

No código selvagem da judia Gaza, o "todos nós morremos" tanto pode ser uma exclamação que traduz alegria de viver na embriaguez da dança, das grandes folias, como um sinal de indiferença pelo amanhã, pela vida do dia-a-dia. Pelo contrário, no mesmo código, o medo da morte designa o espírito de previsão, de organização, um conceito sensato e voluntário do mundo: a modernidade.

Graças à sua familiaridade, a imagem da morte se torna, numa linguagem popular, o símbolo da vida elementar e ingênua.

"A morte", escreve Pascal, "é mais fácil de suportar sem nela pensar do que o pensamento da morte sem perigo." Existem duas maneiras de não pensar na morte: a nossa, a da nossa civilização tecnicista que recusa a morte

---

48 Tolstói, op. cit.

49 Babel, *Contes d'Odessa*, p.84-6. Os países eslavos de tradição bizantina são conservadores. Ver: Ribeyrol, Schnapper, Cérémonies funéraires dans la Yougoslavie orthodoxe, *Archives européennes de sociologie*, XVII, p.220-46.

e a interdita; e a das civilizações tradicionais, que não é uma recusa, mas a impossibilidade de pensar intensamente na morte, porque ela está muito próxima e faz parte, indiscutivelmente, da vida cotidiana.

Os mortos dormem

Segundo Jankélévitch, também a distância entre a morte e a vida não era sentida como um "metábolo radical". Igualmente já não era a transgressão violenta que Georges Bataille comparava à outra transgressão, que é o ato sexual. Não se tinha ideia de uma negatividade absoluta, de uma ruptura diante de um abismo sem memória. Não se sentia também a vertigem e a angústia existenciais, ou pelo menos nem uma nem outra tinham lugar nos estereótipos da morte. Em compensação, não se acreditava numa sobrevivência que fosse a simples continuação da vida deste lado. É digno de nota que o último adeus, tão grave, de Rolando e de Oliveiros não fazia qualquer alusão a algum reencontro celeste; passada a defloração do luto, o outro era rapidamente esquecido. A morte era um trespasse, um *inter-itus*. Melhor do que qualquer historiador, o filósofo Jankélévitch percebeu esse caráter, tão contrário a suas próprias convicções: aquele que trespassou resvala para um mundo "que, segundo ele, não difere deste, aqui debaixo, senão por seu fraquíssimo expoente".

De fato, Oliveiros e Rolando separaram-se como se fossem cair cada um num longo sonho, indefinido. Acreditava-se que os mortos dormiam. Essa crença é antiga e constante. Já no Hades[50] homérico, os defuntos, "povo extinto", "fantasma insensível de humanos esgotados", "dormem na morte". Os infernos de Virgílio são ainda um "reino de simulacros", "sede do sono, das sombras e da noite adormecedora". Ali onde, como no Paraíso dos cristãos, repousam as sombras mais felizes, a luz tem a cor da púrpura, isto é, do crepúsculo."[51]

---

50 Hades, o invisível, Deus grego dos mortos. Reina no Inferno como Zeus no céu e Poseídon no mar. (N. T.)

51 Homero, *Odyssée*; Virgílio, *Enéide*.

Philippe Ariès

No dia dos *Feralia*, dia dos mortos, segundo Ovídio, os romanos sacrificavam a *Tacita*, a deusa muda, um peixe com a boca cosida, alusão ao silêncio que reina entre os Mânes, *locus ille silentiis aptus* [esse lugar votado ao silêncio].[52] Era também o dia das oferendas levadas aos túmulos, porque os mortos, em certos momentos e em certos lugares, saíam do seu sono, como imagens incertas de um sonho, e podiam perturbar os vivos.

Parece, no entanto, que as sombras extenuadas do paganismo são um pouco mais animadas do que os cristãos adormecidos dos primeiros séculos. Sem dúvida, esses também podiam vagar, invisíveis entre os vivos, e sabe-se que apareciam aos que estavam prestes a morrer. Mas o cristianismo antigo talvez tenha exagerado a insensibilidade hipnótica dos mortos até a inconsciência, sem dúvida porque o sono não era senão a espera de um despertar bem-aventurado, no dia da ressurreição da carne.[53]

São Paulo ensinou aos fiéis de Corinto que Cristo morto ressuscitou e que apareceu a mais de duzentos irmãos reunidos: uns ainda vivem, outros adormeceram, *"quidam autem dormierunt"*.

Santo Estevão, o primeiro mártir, morreu lapidado. Os atos dos Apóstolos dizem: *"obdormivit in Domino"*. Nas inscrições, ao lado do *hic jacet*, que muito mais tarde se encontra sob a forma francesa do *ci-gît* [aqui jaz], lê-se frequentemente: dorme, repousa: *hic pausat, hic requiescit, hic dormit, requiescit in isto tumulo*. Santa Radegundes pede que seu corpo seja enterrado na "basílica onde muitas das nossas irmãs também estão inumadas em repouso perfeito ou imperfeito" [*in basilica ubi etiam multae sorores nostrae conditae sunt, in requie sive perfecta sive imperfecta*].[54] Portanto, o repouso podia estar antecipadamente mal assegurado: *requie perfecta sive imperfecta*.

As liturgias medievais e galicanas que seriam substituídas na época carolíngia pela liturgia romana, citam as *nomina pausantium*, convidam a rezar pelos *spiritibus pausantium* [as almas dos que dormem]. A extrema-unção

---

52 Ovídio, *Fastes*, II, 583.

53 Cf. também *infra*, cap.3 e 5.

54 *Actes des Apôtres*, 7, 60; Labbe, *Sacra sancia concilia*, t. V, col. 87; Leclercq, Cabrol, *Dictionnaire d'archéologie chrétienne et de liturgie*, t. XII, col. 28, "Mort"; t. I, col. 479, "Ad sanctos".

reservada aos clérigos, na Idade Média, era chamada *dormientium exitium* [o sacramento da morte dos que dormem].

Nenhum documento explica melhor a crença no sono dos mortos do que a lenda dos sete adormecidos de Éfeso. Foi tão difundida que a encontramos simultaneamente em Gregório de Tours,[55] em Paul Diacre[56] e ainda no século XIII em Jacques de Voragine: os corpos dos sete mártires, vítimas da perseguição de Décio,[57] foram depositados numa gruta murada. Na versão popular eles teriam ali repousado durante trezentos e setenta e sete anos, mas Jacques de Voragine, que lhes conhece a cronologia, ressalta que, fazendo-se o cálculo, não puderam dormir mais de cento e noventa e seis anos! Seja como for, na época de Teodósio, propagou-se uma heresia que negava a ressurreição dos mortos. Então, para confundir os heréticos, Deus quis que os sete mártires ressuscitassem, isto é, ele os despertou: "Os santos levantaram-se e se cumprimentaram, pensando terem dormido apenas uma noite" [cumprimentaram-se como Oliveiros e Rolando o tinham feito antes de adormecerem na morte].

De fato, tinham dormido vários séculos, sem o terem percebido, e aquele que foi até a cidade nada reconheceu da Éfeso do seu tempo! Avisados do prodígio, o imperador, os bispos e o clero se reuniram com a multidão em torno da gruta tumular para ver e ouvir os sete adormecidos. Um deles, inspirado, explicou-lhes então a razão de sua ressurreição:

> Acreditai em nós, foi para vós que Deus nos ressuscitou antes do dia da grande ressurreição... porque estamos realmente ressuscitados e vivemos. *Ora, do mesmo modo que a criança no ventre da mãe vive sem sentir necessidades, também nós estivemos vivendo, repousando, dormindo e não percebendo sensações!* Quando terminou esse discurso, os sete homens inclinaram a cabeça para a terra, adormeceram e entregaram o espírito de acordo com a ordem de Deus.[58]

---

55 Bispo (530-594), escreveu *Historia francorum* (40 volumes) que o fez ser considerado o pai da história da França. (N. T.)

56 Historiador (720-799), autor do hino *ut queant laxis* (que deu origem ao nome das notas musicais) (N. T.)

57 Imperador romano (200-251) – Iª perseguição *sistemática* dos Cristãos. (N. T.)

58 Voragine, *La Légende dorée*, p.12-3.

Seria possível descrever melhor o estado de adormecimento em que os mortos estariam mergulhados?

No Capítulo 5, veremos que essa imagem resistiu aos séculos de repressão pelos *litterati*: ela é encontrada na liturgia e na arte funerária. Também não está ausente dos testamentos. Um pároco de Paris, em 1559, opõe ainda à *umbra mortis* a *placidam ac quietam mansionem*, a morada do repouso. E até os nossos dias, as orações pela intenção dos defuntos serão ditas pelo *repouso* das almas. O repouso é, ao mesmo tempo, a imagem mais antiga, mais popular e mais constante do Além. Essa imagem ainda não desapareceu, apesar da concorrência de outros tipos de representação.

No jardim florido

Se os mortos dormiam, era em geral em jardim florido. "Que Deus receba todas as nossas almas nas santas flores", pede Turpin a Deus diante dos corpos dos barões. Do mesmo modo, Rolando reza para que "em santas flores Ele o faça jazer". Esse último verso contém perfeitamente a dupla representação do estado que seguia à morte: jazer, ou o sono sem sensações; em santas flores, ou no jardim florido. O Paraíso de Turpin e de Rolando (pelo menos essa imagem do Paraíso, porque houve outras) não é muito diferente, com exceção da luz, das "frescas pradarias que os regatos banham" do Eliseu virgiliano, ou ainda do jardim prometido pelo Alcorão aos crentes.

Não havia, pelo contrário, nem jardim nem flores no Hades homérico. O Hades (pelo menos aquele do canto XI da *Odisseia*) ignora também os suplícios que, mais tarde, na *Eneida,* anunciam o Inferno dos cristãos. É maior a distância entre os mundos subterrâneos de Homero e de Virgílio do que entre o de Virgílio e as mais antigas figurações do Além cristão. Dante e a Idade Média não se enganaram a esse respeito.

No Credo, ou antigo cânone romano, o Inferno designa a morada tradicional dos mortos, antes lugar de espera do que de suplício. Os justos ou os resgatados do Antigo Testamento ali esperavam que Cristo viesse depois da morte libertá-los ou despertá-los. Foi mais tarde, quando a ideia do Julgamento prevaleceu, que os infernos se tornaram, para toda uma cultura, o que tinham sido exclusivamente para casos isolados, o reino de Satanás e a morada dos danados.[59]

O *Eucológio*, de Serapião, texto litúrgico greco-egípcio de meados do século IV, contém esta súplica pelos mortos: "Dá repouso ao seu espírito em lugar verdejante e tranquilo."

Nas *Acta Pauli et Theclae*, "o céu onde repousam os justos" é descrito como o "lugar de refrigério, satisfação e alegria".[60] É o *refrigerium*. *Refrigerium* ou *refrigere* empregam-se no lugar de *requies* ou de *requiescere*. *Refrigeret nos qui omnia potes!*, diz uma inscrição marselhesa que talvez date do fim do século II [Dá-nos o refrigério, tu que podes tudo].

Na *Vulgata*, o livro da Sabedoria, chama-se o Paraíso de *refrigerium*: "*Justus, si morte preoccupatus fuerit, in refrigerio erit*" [o justo, após a morte estará no Paraíso, 4, 7-14]. A palavra subsiste sempre com o mesmo sentido no Cânone antigo da nossa missa romana, no *Memento* dos mortos: "*in locum refrigerii, lucis et pacis*", um jardim fresco, luminoso e pacífico. As versões francesas rejeitaram a imagem, porque, segundo os tradutores, nórdicos como nós, franceses, somos, não esperamos do refrigério as mesmas delícias que os orientais ou os do Mediterrâneo! Admito que nas sociedades urbanas de hoje se prefira a insolação ao frescor da sombra. Mas já no tempo de São Luiz, um piedoso recluso da Picardia opunha à "hibernação do obscuro vale" deste mundo, o "monte claro" e o "belo verão" do Paraíso. A associação de frescor e calor, e também a de sombra e luz evocavam ao habitante medieval da cultura de *oïl*, como também ao oriental, a felicidade do verão e do Paraíso.

O Paraíso deixou de ser um jardim fresco e florido quando um cristianismo purificado se opôs a essas representações materiais e as considerou supersticiosas. Essas representações refugiaram-se então entre os negros americanos: os filmes que elas inspiraram mostram o céu como uma verde pastagem ou um campo branco de neve.

A palavra *refrigerium* tem ainda outro sentido. Designava a refeição comemorativa que os primeiros cristãos faziam sobre os túmulos dos

---

59 1559. Archives nationales (AM), minutier central (CM), VIII, 369.

60 Leclercq; Cabrol, op. cit.

mártires e as oferendas que aí depunham. Era assim que Santa Mônica trazia, aos túmulos dos santos, segundo o costume africano, caldo, pão e vinho. Essa devoção, inspirada em costumes pagãos, foi proibida por Santo Ambrósio e substituída por serviços eucarísticos. Foi conservada no cristianismo de origem bizantina, e dela ainda restam traços no folclore francês. É curioso que a mesma palavra signifique ao mesmo tempo morada dos bem-aventurados e a refeição ritual oferecida no seu túmulo.

A atitude do conviva romano, deitado à mesa, é a mesma que a *Vulgata* atribui aos bem-aventurados: *Dico autem vobis quod multi ab oriente et occidente venient et recumbent cum Abraham et Isaac et Jacob in regno coelorum.* As palavras que designam o Paraíso são, portanto, aparentadas aos três conceitos: jardim viçoso, refeição funerária, banquete escatológico.

Mas a iconografia medieval quase não se inclinava para esses símbolos. A partir do século XII preferiu-lhes o trono ou o seio de Abraão. O trono vem, sem dúvida, das imagens orientais, mas foi transposto para uma corte feudal. No Paraíso de Rolando, os mortos estão "recostados". O seio de Abraão é mais frequente. Muitas vezes esse tema ornamentava as fachadas exteriores das igrejas que davam para o cemitério. Os mortos ali enterrados serão, um dia, sustentados como crianças nos joelhos de Abraão. E ainda mais, autores como Honorius de Autun veem no cemitério *ad sanctos* o grêmio da Igreja, ao qual os corpos dos homens são confiados até o último dia e que os mantêm, como Abraão, em seu seio.

A imagem do jardim florido, embora rara, não é contudo completamente desconhecida; reaparece aqui e ali na Renascença, na pintura, onde os bem-aventurados passeiam, dois a dois, na sombra fresca de um maravilhoso pomar. Contudo, a imagem mais difundida e mais constante do Paraíso é, ainda assim, a do *jazente* da arte funerária, o *requiescens*.[61]

A resignação ao inevitável

A prática dos documentos judiciários do fim do século XVIII faz descobrir nas mentalidades populares da época uma mistura de insensibilidade

---

61 Cf. *infra* cap. "Jazentes, orantes e almas". Ver: Ribeyrol, Schnapper, op. cit.

O homem diante da morte

e resignação, familiaridade, publicidade que analisamos de acordo com outras fontes. O que Nicole Castan escreveu da morte, segundo os processos criminais do parlamento de Toulouse, aplica-se tanto à Idade Média como à Rússia camponesa do século XX: "O homem do século XVII expressa menos sensibilidade [do que a nossa] e demonstra no sofrimento [tortura] e na morte, resignação e resistência espantosas: talvez em consequência do formalismo dos autos dos processos, mas jamais um condenado manifesta apego especial à vida ou exclama a sua repugnância pela morte." Não é por falta de meios de expressão: "Note-se [de fato] que sabe-se muito bem reproduzir a fascinação do dinheiro e das riquezas." E apesar desse amor pelas coisas da vida, o criminoso "demonstra, em geral, mais ainda do que medo do Além, confiança neste mundo terreno."

"O moribundo dá a impressão de aceitar a fatalidade."[62]

É interessante comparar a observação de Nicole Castan sobre os suplícios no Languedoc do século XVII com o relato de uma execução no Sul da América no final do século XIX: Paul Bourget conta em *Outre-Mer* [Além-mar] como ele foi, por acaso, testemunha de um fato ocorrido durante a sua viagem aos Estados Unidos, em 1890. Um jovem negro fora condenado à forca. Tinha sido servo de um antigo coronel nortista, Mr. Scott, estabelecido na Geórgia, a quem P. Bourget fora apresentado. Bourget chega à prisão e encontra o prisioneiro comendo: "Só olhava para aquele bandido que ia morrer, que eu tinha visto defender a vida com uma coragem encarniçada e que agora degustava o peixe frito daquela refeição suprema com tão evidente sensualidade." Vestiram então no condenado o "uniforme do suplício", uma camisa nova: "Ele estremece com ligeiro arrepio ao contato do pano fresco. Esse sinal de delicadeza nervosa ainda dava mais valor à coragem que esse rapaz de vinte e seis anos mostrava diante dos preparativos." Seu antigo patrão, Mr. Scott, pede para ficar a sós com ele por alguns instantes para prepará-lo para a morte e cumprir o papel de confessor, típico do monge mendicante do século XVII. Põem-se de joelhos e recitam juntos o Pai Nosso, e Paul Bourget assim

---

62 Castan, *Criminalité et subsistances dans le ressort du Parlement de Toulouse (1690-1730)*, p.315.

comenta a cena: "A coragem tanto física, e quase animal [ele não compreende a resignação imemorial diante da morte] que mostrara comendo com aquele apetite alegre dignificava-se subitamente com um pouco de ideal." Paul Bourget não percebe que não há diferença entre as duas atitudes que ele opõe: esperava a revolta, ou a grande cena sentimental, e constata a indiferença: "pensava na espantosa indiferença com a qual esse mulato deixava a vida, uma vida de que no entanto fazia questão, pois era sensual e enérgico. Dizia-me ainda: Que ironia, em todo o caso, que um homem dessa espécie [...] tenha chegado de saída ao que a filosofia considerava o fruto supremo do seu ensinamento, a resignação ao inevitável."

Diante do patíbulo, Seymour, o condenado, deixou cair o charuto que conservava.

Essa emoção foi o único sinal dado por aquele homem de que ele também tinha que dominar uma impressão. Dominou-a imediatamente [mas seria realmente uma dominação estoica como o imaginam os ocidentais do fim do século?], pois subiu os degraus de madeira sem que os pés descalços tremessem. Sua atitude era tão firme, tão simples, tão perfeitamente digna, mesmo na infâmia do suplício, que o silêncio se fez entre os rudes espectadores.

Logo antes do enforcamento, enquanto lhe envolviam o rosto com um véu negro, o coronel Scott, sempre no papel do monge confessor, fê-lo repetir algumas invocações piedosas: "Senhor, lembrai-vos de mim no vosso reino", repetiu a voz sempre sibilante do mulato. Em seguida, após um silêncio: *"I am all right now"* / [agora estou bem], e com muita firmeza: *"good bye, captain ... good bye everybody..."* / [adeus, capitão... adeus, todos...], o último adeus.[63]

O melhor comentário dessa cena não seria aquele já citado por Nicole Castan: "O moribundo [supliciado] dá a impressão de aceitar a fatalidade"?

---

63 Bourguet, *Outre-Mer*, p.250.

O homem diante da morte

A morte domada

Encontrar a expressão constante, de Homero a Tolstói, de uma mesma atitude global diante da morte não significa que se lhe reconheça uma permanência estrutural estranha às variações propriamente históricas. Muitos outros elementos sobrecarregaram esse fundo elementar e imemorial. Mas ele resistiu às pressões evolutivas durante cerca de dois milênios. Num mundo submetido a mudanças, a atitude tradicional diante da morte aparece como um indício de inércia e continuidade.

Ela está agora tão apegada nos nossos costumes que dificilmente podemos imaginá-la e compreendê-la. A atitude antiga que vê a morte ao mesmo tempo próxima, familiar e diminuída, insensibilizada, opõe-se demais à nossa, onde nos causa tanto medo que nem ousamos dizer-lhe o nome.

É por essa razão que, ao chamarmos essa morte familiar de morte domada, não queremos dizer com isso que antes ela tenha sido selvagem e, em seguida, domesticada. Queremos dizer, pelo contrário, que ela se tornou hoje selvagem, enquanto anteriormente não o era. A morte mais antiga era domada. [64]

---

64 Este capítulo estava terminado quando apareceu *L'Anthropologie la mort*, de V. Thomas.

II.

Ad sanctos; apud ecclesiam

No capítulo anterior constatamos a persistência, durante milênios, de uma atitude quase inalterada diante da morte, que traduzia uma resignação ingênua e espontânea em relação ao destino e à natureza. A essa atitude diante da morte, a essa *de morte*, corresponde uma atitude simétrica diante dos mortos, uma *de mortuis* que expressa a mesma familiaridade indiferente em relação às sepulturas e às ocorrências funerárias. Essa atitude diante dos mortos é específica de um período histórico bem delimitado; aparece nitidamente em torno do século V d. C., muito diferente daquelas que a tinham precedido, e desaparece no final do século XVIII sem deixar traços nos nossos hábitos contemporâneos. A sua duração, longa, mas bem circunscrita, situa-se portanto no interior da continuidade interminável da morte domada.

Ela começa com a aproximação dos vivos e dos mortos, com a penetração dos cemitérios nas cidades ou vilas, entre as habitações dos homens. Termina quando essa promiscuidade já não é tolerada.

A proteção do santo

Apesar da familiaridade com a morte, os antigos temiam a vizinhança dos mortos e os mantinham a distância. Veneravam as sepulturas: em parte porque temiam a volta dos mortos, e o culto que dedicavam aos túmulos e aos manes tinham por finalidade impedir que os defuntos "voltassem" para perturbar os vivos. Os mortos enterrados ou incinerados eram impuros: quando muito próximos, poderiam poluir os vivos. A morada de uns devia ser separada do domínio dos outros para evitar qualquer contato, exceto nos dias de sacrifícios propiciatórios. Era uma regra absoluta. A lei das Doze Tábuas a prescrevia: "Que nenhum morto seja inumado nem incinerado dentro da cidade." O código de Teodoro a retoma, ordenando que se transportem para fora de Constantinopla todos os despojos funerários: "Que todos os corpos encerrados nas urnas ou sarcófagos, sobre o solo, sejam retirados e depositados fora da cidade."

Segundo o comentário do jurisconsulto Paulo: "Nenhum cadáver deve ser depositado na cidade, para que os *sacra* da cidade não sejam maculados." *Ne funestentur:* maculados pela morte, a palavra traduz bem a intolerância dos vivos. *Funestus* que, ao perder sua força, originou a palavra funesto, não significa originariamente qualquer profanação, mas a que é provocada por um cadáver. Provém de *funus*, que significa ao mesmo tempo os funerais, o corpo morto e o homicídio.[1]

Eis a razão por que os cemitérios da Antiguidade eram sempre fora das cidades, ao longo das estradas, como a via Ápia, em Roma: túmulos de família construídos em domínios privados, ou cemitérios coletivos, possuídos e geridos por associações que talvez tenham fornecido aos primeiros cristãos o modelo legal de suas comunidades.[2]

De início, os cristãos seguiram os costumes do tempo e participaram das opiniões correntes em relação aos mortos. Os cristãos foram de início enterrados nas mesmas necrópoles que os pagãos, em seguida ao lado dos pagãos, em cemitérios separados, sempre fora da cidade.

São João Crisóstomo sentia ainda a mesma repulsa dos antigos ao contato com os mortos. Lembra, numa homília, o uso tradicional: "Cuide que nenhum sepulcro seja edificado na cidade. Se depusessem um cadáver no lugar em que dormes e comes, o que não farias? E, no entanto, não te importa depositar os mortos [*animam mortuam*] não onde dormes e

---

1 Citado por Thomassin, *Ancienne et nouvelle discipline de l'Église*, p.543-4; Leclercq, Cabrol, op. cit.

2 Saumagne, Corpus christianorum, *Revue internationale des droits de l'Antiquité*, t.LVII, p.438-78; t.LVIII, p.258-79.

comes, mas sobre os membros do Cristo... Como se pode frequentar as igrejas de Deus, os templos santos, quando ali reina um cheiro horrível?"[3]

Ainda se encontram, no ano 563, traços desse estado de espírito num cânone do Concílio de Braga que interditava qualquer inumação nas basílicas dos santos mártires: "Não se pode recusar às basílicas dos santos mártires esse privilégio que as próprias cidades conservam inviolavelmente, o de não deixar enterrar ninguém em seu recinto."[4]

Entretanto, essa repugnância à proximidade dos mortos logo arrefeceu entre os cristãos antigos, primeiro na África e em seguida em Roma. Tal mudança é notável: traduz uma grande diferença entre a atitude pagã e a nova atitude cristã em relação aos mortos, apesar do reconhecimento comum da morte domada. Daí por diante e durante muito tempo, até o século XVIII, os mortos deixaram de fazer medo aos vivos, e uns e outros coabitaram os mesmos lugares, por trás dos mesmos muros.

Como se passou tão depressa da antiga repugnância à nova familiaridade? Pela fé na ressurreição dos corpos, associada ao culto dos antigos mártires e de seus túmulos.

As coisas poderiam ter acontecido de outro modo: alguns, entre os cristãos antigos, não davam qualquer importância ao lugar da sepultura, para assim melhor mostrarem a ruptura com as superstições pagãs e alegria pela volta a Deus. Pensavam que o culto pagão dos túmulos opunha-se ao dogma fundamental da ressurreição dos corpos. Santo Inácio desejava que os animais nada deixassem subsistir do seu corpo.[5] Os anacoretas do deserto egípcio pediam que seus corpos fossem abandonados sem sepultura e expostos à voracidade dos cães e lobos, ou à caridade do homem que os descobrisse por acaso. "Encontrei", relata um desses monges, "uma caverna, e antes de lá penetrar, bati, como é costume dos irmãos." Sem resposta, entra e vê um irmão sentado e calado. "Estendo-lhe a mão, tomo--lhe o braço, que se desmancha em pó na minha mão. Palpei-lhe o corpo

---

3 São João Crisóstomo, *Opera*, p.71.

4 Thomassin, op. cit.

5 Leclercq, Cabrol, op. cit., *"Ad sanctus"*.

e compreendi que estava morto... Levantei-me então, rezei, recobrindo o corpo com a minha capa, cavei a terra, o enterrei e saí."[6]

Séculos mais tarde, Joinville e São Luiz, regressando da cruzada, fizeram descoberta semelhante na ilha de Lampedusa: penetraram num eremitério abandonado.

> O rei e eu fomos até o fim do jardim e vimos sob a primeira abóbada um oratório caiado de branco e uma cruz de barro vermelho. Entramos sob a segunda abóbada e encontramos dois corpos humanos cuja carne estava completamente apodrecida, as costelas ainda se mantinham ligadas e os ossos das mãos estavam juntos sobre o peito; estavam deitados na direção do oriente, da maneira como se colocam os corpos em terra.[7]

Poderíamos nos dar por satisfeitos com esse mínimo, e é verdade que os monges orientais, herdeiros dos eremitas do deserto, sempre manifestaram desinteresse com relação aos seus restos mortais. O desprezo ascético do corpo vivo e morto, demonstrado pelos cenobitas, não se impôs contudo a todo o povo cristão no Ocidente. Esse tendia a conciliar a nova fé na ressurreição com o culto tradicional dos túmulos. Entretanto, essa conciliação não contribuiu para manter o antigo temor dos mortos; levou, ao contrário, a tal familiaridade que, no século XVIII, beirou a indiferença.

A escatologia cristã popular começou por se acomodar às velhas crenças telúricas. Foi assim que muitos estavam convencidos de que só ressuscitariam, no último dia, aqueles que tivessem recebido sepultura adequada e inviolada: "Não ressuscitará aquele que não tem sepultura." O medo de não ressuscitar traduzia, na linguagem cristã, o medo ancestral de morrer sem sepultura.[8]

Segundo Tertuliano, só os mártires possuíam a virtude do sangue, "a única chave do Paraíso": "Ninguém, ao deixar o corpo, obtém imediatamente

---

6 Meslin, Palanque, *Le Christianisme antique*, p.230.

7 Le Goff, *La civilisation de l'Occident médiéval*, p.239.

8 *Insepultus jaceat, non resurgat. Si quis hunc sepulcrum violaverit partem habeat cum Juda traditore et in die judicii non resurgat* etc. Leclercq, Cabrol, op. cit., t.I., col.486.

o título de habitante junto ao Senhor...".[9] Os mortos esperavam o dia do julgamento, como os adormecidos de Éfeso. Privados ao mesmo tempo do corpo, dos sentidos e da memória, não podiam sentir prazeres nem dores. Só no último dia os "santos" prometidos às beatitudes eternas sairiam das "regiões inferiores" (Tertuliano) para habitar as moradas celestes. Os outros ficariam aniquilados no seu sono eterno: os maus não ressuscitariam. As fórmulas de anátema ameaçavam o maldito com o pior castigo, privavam-no de sua ressurreição: "Ele não ressuscitará no dia do julgamento."[10]

A opinião popular acreditava que uma violação da sepultura comprometia o despertar do defunto, no último dia, e, por conseguinte, a sua vida eterna. "Que jamais em qualquer tempo este sepulcro seja violado, mas conservado até o fim do mundo, para que eu possa *sine impedimento* voltar à vida quando vier aquele que deve julgar os vivos e os mortos."[11]

Por mais que os autores eclesiásticos mais esclarecidos repetissem que o poder de Deus era tão capaz de reconstituir os corpos destruídos como de criá-los, eles não conseguiram, nos primeiros séculos, persuadir a opinião popular: essa possuía um sentimento muito vivo da unidade e da continuidade do ser, e não distinguia a alma do corpo, nem o corpo glorioso do corpo carnal. Portanto, é possível, como sugere Dom Leclercq no artigo *Ad sanctos* do *Dictionnaire d'archéologie chrétienne* [Dicionário da arqueologia cristã], que o temor da violação tenha sido a origem do costume, que irá se generalizar, de enterrar os mortos perto dos túmulos dos mártires: os mártires, os únicos entre os santos (isto é, os crentes) de cujo lugar imediato no Paraíso se estava certo, velariam os corpos e repeliriam os profanadores.

No entanto o enterro *ad sanctos,* perto dos túmulos dos mártires, tinha outro motivo. É certo que o medo da violação, tão vivo nos primeiros séculos, diminuíra havia muito tempo, desde a alta Idade Média. Na verdade, o medo já não tinha motivo econômico: nada, desde aquela época, atraía os saqueadores de sarcófagos, que não mais continham

---

9 Tertuliano, *De resurrectione carnis*, 43, pl.2, col. 856.

10 Leclercq, Cabrol, op. cit., "*Ad sanctus*".

11 Ibid.

preciosidades. Mas também já não havia motivo espiritual. Contanto que os corpos permanecessem sob a guarda do santo venerado e no recinto sagrado da igreja, as mudanças que pudessem vir a sofrer já não tinham importância. De fato, quantas vezes irão eles ser violados, se assim se pode dizer, isto é, retirados pelos próprios clérigos, nem sempre com muitos cuidados, do seu lugar original, mas não profanados, já que permaneciam nas terra da igreja?

O principal motivo do enterro *ad sanctos* foi assegurar a proteção do mártir, não só ao corpo mortal do defunto, mas também ao seu corpo inteiro, para o dia do despertar e do julgamento.

O bairro cemiterial. Os mortos intramuros

Os autores religiosos estavam persuadidos dos efeitos propícios da vizinhança física entre os corpos dos fiéis e do mártir. "Os mártires", explica Máximo de Turim, "nos guardam, a nós que vivemos com os nossos corpos e se encarregam de nós quando tivermos deixado o corpo. Aqui nos impedem de cair no pecado, lá nos protegem do horrível Inferno, *inferni horror*. É por essa razão que nossos ancestrais cuidaram de associar nossos corpos aos ossos dos mártires: o tártaro os teme e nós escapamos ao castigo, o Cristo os ilumina e sua claridade afasta de nós as trevas."[12]

As inscrições funerárias utilizam frequentemente o mesmo vocabulário. Assim é a de um subdiácono: "Aquele cujos ossos repousam neste túmulo, que mereceu ser associado aos sepulcros dos santos: que os furores do tártaro e a crueldade de seus suplícios lhe sejam poupados." Como também a de um rico cristão da Viennoise, em 515: "É sob a proteção dos mártires que se tem de procurar o repouso eterno; o muito santo Vicente, os santos seus companheiros e seus pares velam este lugar e afastam as trevas espargindo a luz da verdadeira luz"[13] [*lumen de lumine vero*].

São Paulino mandou transportar o corpo de seu filho Celsus para perto dos mártires de Aecola, na Espanha: "Enviamo-lo à cidade Complutum

---

12 Máximo de Turim, pl.57, col.427-8.

13 Inscrição gaulesa, Leclercq, Cabrol, op. cit., *"Ad sanctus"*.

para que ele se associe aos mártires pela aliança do túmulo, para que na vizinhança do sangue dos santos ele absorva essa virtude que purifica nossas almas como o fogo". Como se vê aqui, não é apenas uma proteção contra as criaturas do tártaro que os santos propiciam, eles comunicam também ao defunto que lhes está *sociatus* um pouco da sua virtude e, *post mortem*, resgatam os seus pecados.

Inúmeras inscrições do século VI ao VIII repetem as fórmulas: "Quem mereceu estar associado aos sepulcros dos santos repousando na paz e na sociedade dos mártires [*martyribus sociatus*]", foi depositado *ad sanctos, inter--sanctos,* e alguns com maior precisão: "aos pés de São Martinho." Outros tornaram-se tão banais que já não reconhecemos seu sentido mais forte: *in loco sancto, huic sancto loco sepultus.*[14]

Foi assim que os túmulos dos mártires atraíram as sepulturas, e como os mártires tinham sido, em geral, enterrados nas necrópoles comuns fora das cidades, as velhas zonas funerárias pagãs forneceram ao cristianismo seus pontos mais antigos e mais venerados.

Em geral, atribuiu-se a esse costume uma origem africana: de fato, foi na África, de onde passou à Espanha e a Roma, que os arqueólogos descobriram suas primeiras manifestações.

A coincidência dos cemitérios e das igrejas periféricas salta aos olhos do visitante menos prevenido em todas as ruínas recentemente escavadas, onde o antigo lugar foi completamente exumado, onde as cidades modernas não o esconderam.

De início foram construídos alguns *martyria* ou *memoriae* no lugar dos túmulos venerados nos cemitérios *extra muros*. Em seguida, edificou-se uma *basilica* ao lado ou no lugar da capela. Encontraram-se frequentemente justapostas, na origem dos santuários dos bairros, uma pequena capela de plano central, redonda ou poligonal e uma basílica com uma ou várias naves. As basílicas com diversas naves, precedidas de um vasto *atrium*, tinham de fato se tornado necessárias para acolher as numerosas multidões de peregrinos — peregrinos vivos! — atraídos pela celebridade do santo. A "confissão" do santo tinha, portanto, fixado o local da basílica

---

14 Ibid.

numa antiga necrópole. Em seguida, a presença das santas relíquias atraiu não apenas a passagem dos peregrinos, mas a morada definitiva dos mortos. A basílica tornou-se o núcleo do novo cemitério *ad sanctos,* por cima da antiga necrópole mista, ou a seu lado.

As escavações das cidades romanas da África restituem aos nossos olhos esse espetáculo extraordinário: amontoamentos desordenados de sarcófagos de pedra cercam os muros das basílicas, especialmente suas absides, bem junto à confissão. Os túmulos penetram no interior, invadem as naves, ao menos as laterais, como se vê em Tipasa, em Hipona, em Cartago. O espetáculo também é impressionante nas Ampúrias, na Catalunha, onde a necrópole cristã e suas basílicas recobriram as ruínas da cidade grega abandonada há muito tempo: os arqueólogos tiveram que escavar o cemitério cristão para encontrar traços da antiga Neápolis. Agora Neápolis emerge no meio dos sarcófagos cristãos revolvidos.

Encontra-se a mesma situação nas cidades galo-romanas da França, mas já não é visível a olho nu, e é preciso reconstituí-la sob essas aluviões sucessivas da história, das quais as mais recentes, os subúrbios dos séculos XIX e XX, afogaram os últimos traços, ainda aparentes nas "vistas" pintadas ou gravadas do fim do século XVIII. Conhece-se assim o cemitério e a basílica de Saint-Victor, ao lado de Marselha, Saint-Marcel ao lado de Paris, Saint-Seurin ao lado de Bordeaux, Saint-Sernin ao lado de Toulouse, Saint-Hilaire em Poitiers, Saint-Rémi em Reims etc.

A basílica cemiterial destinada aos peregrinos, cercada e invadida pelos mortos, era servida por uma comunidade secular ou regular e tornou-se na maioria dos casos a sede de uma poderosa abadia de monges ou monjas. Nas cidades romanas da África, nas Ampúrias catalã, parece que quarteirões de cristãos pobres agruparam-se em torno das basílicas fora das cidades, embora a sede episcopal, o *episcopium,* tivesse se instalado na própria cidade, por trás dos muros. Na Gália, as abadias constituíram também núcleos de arrabaldes como Saint-Seurin em Toulouse e Saint-Martin em Tours, pouco depois ligadas à cidade e englobadas num recinto posterior. As habitações dos mortos não repeliram as dos vivos.

As basílicas cemiteriais distinguiram-se durante muito tempo da igreja do bispo, da catedral que, no interior dos muros e por vezes pousada em cima deles, não continha um só túmulo. As basílicas, pelo contrário, estavam cheias de mortos, já nem sempre atraídos pelos mártires que tinham sido os primeiros aí venerados, mas pelos mortos que tinham sido enterrados perto deles. Santos mais recentes também substituíram assim, na piedade dos fiéis e na escolha das sepulturas, os titulares das mais antigas relíquias.

Relíquias transportadas serviram por vezes como *martyrium* no lugar do suplício. Foi assim que o rei Childebert[15] mandou edificar uma abadia para guardar a têmpora de São Vicente de Saragoça, que ele próprio trouxera da Espanha com uma cruz de Toledo. Pretendia ser enterrado ali; quis fazer da abadia de Saint Vicent a necrópole de sua dinastia, o mesmo que Saint-Denis fora para os Capetos; São Germano, bispo de Paris, que a tinha consagrado, foi ali inumado: o rei e o santo bispo procuravam, um e outro, a proximidade das relíquias de São Vicente. São Germano não foi enterrado na própria igreja, mas *in porticu*, numa capela contígua à igreja.

O túmulo de São Germano tornou-se por sua vez objeto de grande veneração. No ano 755, o corpo foi transportado para o santuário sob o altar-mor, e a igreja tomou então o título de Saint-Germain, a atual Saint-Germain-des-Prés, tendo São Germano substituído São Vicente. A mesma substituição ocorreu em Paris onde o bispo São Marcelo substituiu São Clemente, um dos primeiros papas, e em Bordeaux, onde o nome da igreja passou do protomártir Estevão para o bispo Saint-Seurin.

Quando nas igrejas catedrais se fundaram as comunidades de cônegos, esses tiveram, como os bispos, suas sepulturas nas abadias dos bairros. Portanto, as cidades cristãs galo-romanas apresentavam no início da Idade Média dois centros de vida cristã, a catedral e o santuário cemiterial; aqui a sede da administração episcopal e de numeroso clero, ali os túmulos dos santos e a multidão dos peregrinos. Essa dualidade não deixava de apresentar alguma rivalidade.

Houve um momento em que desapareceu a distinção entre o bairro onde se enterravam os mortos desde tempos imemoriais, e a cidade,

---

15 Rei de Paris no século VI, filho de Clóvis. (N. T.)

sempre interdita às sepulturas. O desenvolvimento dos bairros novos em torno da basílica cemiterial já mostrava uma grande alteração: os mortos, primeiros ocupantes, não tinham impedido os vivos de se instalarem ao lado deles. Portanto, observava-se nesse o momento, em seus primórdios, o enfraquecimento da repulsa que os mortos inspiravam na Antiguidade. A penetração dos mortos para o interior dos muros, no coração das cidades, significa o abandono completo da antiga interdição e a sua substituição por uma atitude nova de indiferença ou de familiaridade. Daí por diante os mortos deixaram completamente, e por muito tempo, de fazer medo.

Podemos imaginar como a interdição foi transformada pelo exemplo de Arras.[16] Saint-Vaast, bispo de Arras, morreu em 540. Escolhera ser enterrado num oratório de tábuas, nas margens do Crinchon, segundo a regra que impunha: "que nenhum defunto deveria repousar dentro dos muros de uma cidade." Mas, no momento do transporte, os carregadores não conseguiram remover o corpo, subitamente tornado pesado demais, como se se recusasse a mexer. O arcipreste apressou-se em constatar a intervenção sobrenatural e pediu ao santo que ordenasse "que sejas transportado para o lugar em que há muito tempo nós [isto é, o clero] te preparamos". E imediatamente o corpo tornou-se leve e os transportadores puderam sem esforço levá-lo "à sepultura que convinha ao servidor de Deus, na igreja, no lado direito do altar onde ele próprio ministrava o ofício, de sua cátedra pontifícia". Compreende-se o que se esconde sob esse aspecto maravilhoso: o clero da catedral recusava-se a se deixar despojar, em proveito de uma comunidade estrangeira, de um corpo venerável, do prestígio e das vantagens que caberiam à igreja. Mas para contornar assim a interdição tradicional, era preciso que ela já estivesse enfraquecida.

A mesma aventura quase aconteceu com São Germano. O clero parisiense obtivera que dedicassem a esse santo uma igreja na cidade. Aí já se venerava uma relíquia do santo bispo, para a qual Santo Elói tinha previsto um relicário magnífico. Mas projetava-se, naturalmente, ir mais além e transportar um dia para esse lugar, bem perto dos santuários episcopais,

---

16 Salin, *La civilisation mérovingienne*, v.2, p.35.

o corpo inteiro do santo. Esse dia nunca chegou e São Germano permaneceu na abadia da margem esquerda onde fora enterrado quando morreu. O clero de Paris fracassou onde o de Arras tivera êxito, provavelmente por falta de apoios temporais suficientes: a nova dinastia carolíngia era menos apegada à cidade e a seus cultos do que os merovíngios a Paris.

O corpo do santo, tendo entrado *in ambitus murorum*, deveria por sua vez atrair os túmulos dos mortos e as estações dos peregrinos. As diferenças de destino funerário entre a igreja catedral e a igreja cemiterial deveriam então desaparecer. Assim, os mortos já misturados aos habitantes dos bairros suburbanos pobres foram introduzidos no coração histórico das cidades: daí por diante já não houve em parte alguma igreja que não recebesse sepulturas em seus muros e que não fosse ligada a um cemitério. A relação osmótica entre a igreja e o cemitério ficou definitivamente estabelecida.

O fenômeno atingiu não só as novas igrejas paroquiais da cidade episcopal, como também as igrejas rurais.

Os cemitérios bárbaros ou merovíngios foram encontrados, como seria de esperar, distantes das vilas e das localidades habitadas, sempre em pleno campo. Ainda hoje é possível observar em Civaux, por exemplo, alinhamentos imensos de sarcófagos monolíticos em uma ou duas localidades.

Ora, observa-se, a partir do século VII, uma mudança análoga à que trouxe os mortos para o interior das cidades. Esses cemitérios de campo aberto foram abandonados, cobertos pela vegetação e esquecidos, ou então, só serviam ocasionalmente (em tempo de peste). Nesse caso, uma capela tardia, dedicada, às vezes a São Miguel, se juntava ao lugar funerário. Em compensação, é a época em que o cemitério aparece em torno da igreja. Hoje, a exumação de sarcófagos idênticos aos descobertos no campo ocorre, frequentemente, ao lado da igreja, sob seus muros ou no interior: tanto podem ter sido transportados da necrópole merovíngia e novamente utilizados, como terem continuado a ser fabricados com o mesmo modelo, destinando-os daí por diante ao recinto eclesiástico.

Lê-se muito bem nas escavações de Civaux essa substituição dos lugares: já liberaram em torno da igreja um cemitério importante, afastado muitas centenas de metros da necrópole merovíngia, situada em pleno campo.

A mesma relação igreja-cemitério foi estabelecida em Châtenay-sous-Bagneux, graças aos documentos do século XVIII, porque ela já não é visível sob as habitações contemporâneas.[17] A necrópole galo-romana e merovíngia só foi completamente abandonada no final da Idade Média. Em 1729, estava a ponto de desaparecer; "o local foi em seguida completamente cultivado e só subsiste o nome de um lugar, o chamado Grande Cemitério". A persistência do nome e mesmo a manutenção do lugar, apesar de serem raras ali as inumações (talvez em caso de peste), também se explicam pelas funções não funerárias do cemitério, que estudaremos mais adiante. O cemitério afastado foi em seguida substituído pela igreja e seu adro: encontraram-se na parte mais antiga da igreja, no coro, quinze sarcófagos de gesso moldado, "incontestavelmente merovíngios". R. Dauvergne acredita que eles provieram do Grande Cemitério, mas supõe que a sua reaplicação na igreja date dos séculos XII-XIII: de fato, encontraram-se nesses túmulos móveis funerários daquela época. Pode-se, no entanto, supor serem reaplicações mais antigas.

Por exemplo, em Châtenay, em uma época indeterminada, entre os séculos VIII e XII, preferiu-se ser enterrado na igreja, ou junto à igreja, a sê-lo em cemitério isolado em pleno campo.

Em Guiry-en-Vexin, exumaram-se em torno da alameda do castelo cerca de trezentos sarcófagos e sepulturas em pleno chão: o mobiliário funerário permite datar essa necrópole como pertencente aos séculos V e VI. Na mesma comuna, mas em pleno campo, descobriu-se recentemente um cemitério do século VII: 47 sepulturas, 10 fossas contendo ossadas de 250 corpos.

Em Guiry, como em Châtenay, é bem provável que o cemitério da igreja tenha substituído os cemitérios em pleno campo. Ali se encontraram vários túmulos de pedras reunidas apresentando caracteres merovíngios.[18] Outro

---

17 Dauvergne, Fouilles archéologiques à Châtenay-sous-Bagneux, *Mémoires des sociétés d'histoire de Paris et d'Ile-de-France*, p.241-70.

18 Siral, *Guide historique de Guiry-en-Vexin.*

exemplo é o de Minot-en-Châtillonnais, estudado por F. Zonabend e analisado no fim do Capítulo 11 deste livro, "A visita ao cemitério".

A data de transferência é em geral difícil de determinar e pode variar de uma localidade para outra, mas é regra geral que numa região rural se tenha enterrado de início, longe das habitações, em espaço descoberto e que, em seguida, no século VIII o mais tardar, se tenha enterrado na igreja ou em torno dela.

Sem dúvida, o papel aqui determinante de fixação deve ser atribuído menos aos mártires e aos santos bispos das cidades e dos seus bairros do que aos senhores fundadores. Nas regiões pagãs conquistadas pelos antigos cristãos e convertidas em massa, como a Germânia carolíngia, o abandono dos cemitérios pagãos e o enterro na igreja ou perto da igreja foram impostos à força: "Ordenamos que os corpos dos saxões cristãos sejam levados *ad cimeteria ecclesiae et non ad tumulos paganorum.*"[19]

No Baixo Império, o grande proprietário galo-romano às vezes se fazia enterrar no seu domínio. Um deles, da região vienense, mandou gravar esta inscrição datada de 515: "Penthagothus, deixando esta frágil existência, não quis solicitar um lugar de sepultura [num cemitério público]; confiou o seu corpo a esta terra que lhe pertence." Mas o costume de enterro *ad sanctos* tornara-se de tal modo generalizado, que, quando o morto não ia até o santo, era o santo que devia ir ao morto. Foi assim que Penthagothus depositou no seu túmulo as relíquias de mártires, segundo prática atestada em outras *memoriae* merovíngias e carolíngias: "é sob a proteção dos mártires, proclama, que se deve procurar o repouso eterno; o muito santo Vicente, os santos seus companheiros e seus iguais [quanto mais numerosos os santos, melhor a proteção] velam este *domus*". Domus: o túmulo também é um templo, um lugar sagrado onde se pode celebrar a liturgia: mais tarde se dirá uma capela.[20]

Ainda no século IX, o bispo Jonas de Orléans censura os que se fazem pagar para permitir o enterro dos mortos *in agris suis.*[21] O *ager* tumular

---

19 *Monumenta germaniae historica,* Hanover, 1875-1889, Leges V, Capitula de partibus Saxoniae, (22), ano 77, p.43.

20 Leclercq, Cabrol, op. cit., "Ad sanctus".

21 Lesne, *Histoire de la propriété ecclésiastique en France,* t.3, p.122-9.

do grande proprietário torna-se então *locum publicum et ecclesiasticum*, e o monumento funerário familiar torna-se igreja natural ou paroquial, ou mesmo colegial ou abacial. Essa é a origem da capela subterrânea de Saint-Maximin, em Provence: as sepulturas que a tradição lendária atribuiu mais tarde a Maria Madalena eram as sepulturas de uma família. O mesmo aconteceu a alguns quilômetros de Saint-Maximin, à *memoria* de Gayolle: outra capela de família.

Muitas vezes essas sepulturas de família devem ter sido a origem de paróquias rurais. O senhor mantinha na sua vila um capelão, e o oratório onde ele celebrava bem podia ter sido também a *memoria* do senhor.

Em Guiry-en-Vexin, um auto do século XVI, mas que se referia a documentos antigos, indica que os senhores de Guiry "tendo, a exemplo de Clóvis, abraçado o cristianismo [...], começaram por construir uma pequena igreja ou capela que dedicaram a Deus sob a invocação do apóstolo Santo André; sabe-se que um Gabriel de Guiry foi ali enterrado em 818". Portanto, essa igreja serviu de local de sepultura para seus fundadores e seus sucessores. O caso era frequente: é por essa razão que os textos canônicos reconhecem aos fundadores laicos os mesmos direitos excepcionais ao enterro eclesiástico que concede aos padres e religiosos, como veremos mais adiante. Essas capelas funerárias nem sempre se transformaram em igrejas paroquiais, mas foram sempre objeto de culto: ali celebrava-se a missa sobre as relíquias santas lá depositadas. É o caso da *memoria* subterrânea do abade Mellebaude. É verdade que ela não se encontrava *in agris,* mas num velho cemitério *extra muros,* às portas de Poitiers. O seu primeiro inventor, padre de La Croix, pensou reconhecer ali um monumento à memória de um mártir. Sem dúvida enganava-se, porque na realidade se tratava do túmulo de um abade do fim do século VII. Mas o seu erro é perfeitamente compreensível, porque nada é mais parecido com a *memoria* de um mártir do que aquele túmulo. O futuro defunto associou relíquias de santos à sua sepultura; concebeu o seu hipogeu como figura da *spelunca,* da gruta do Santo Sepulcro e finalmente fez da sua sepultura um oratório consagrado à cruz de Cristo, com um altar para celebração da missa.

A *memoria* do abade tornou-se assim uma espécie de *martyrium,* mas além disso, como todas as igrejas, umas após outras, um lugar de enterro *ad sanctos.* "Fiéis cavaram fossas no solo que fecharam com o auxílio de lajes recortadas em pedras tomadas do próprio edifício. Ali introduziram enormes sarcófagos que ainda se veem no lugar nessa cripta, não hesitaram [por volta dos séculos IX e X?] em derrubar um muro ou quebrar o degrau de um santuário."[22]

Enterro *ad sanctos,* povoamento dos arrabaldes em torno das basílicas cemiteriais, penetração das sepulturas nas cidades e vilas, entre as habitações: essas foram as diversas etapas de uma evolução que aproxima os vivos e os mortos, anteriormente mantidos à distância.

O cemitério: "grêmio da Igreja"

Foi uma evolução da prática, mas também da doutrina e do direito: uma nova concepção explícita do aspecto sagrado dos mortos substituiu a da Antiguidade. Os autores medievais perceberam muito depressa que os seus costumes funerários se opunham aos dos Antigos. Durante muito tempo, acreditou-se que os pagãos não tinham reservado espaço especial para as sepulturas. Se, por um lado, Humbert de Bourgogne[23] estava bem certo de que diferentemente dos animais, os homens sempre se preocuparam em enterrar os mortos, por outro lado acreditava que os pagãos os enterravam em qualquer lugar "na casa ou no jardim, num campo ou em outros lugares semelhantes". Um cônego de Mans, do início do século XIII, fala em "lugares solitários" [*quaedam solitaria loca*]. Os antigos autores, e ainda Sauval no século XVII, tendiam a confundir os cemitérios pagãos, naqueles lugares onde seus túmulos se alinhavam ao longo das grandes estradas, fora das portas das cidades, com os *solitaria loca.* Assim Sauval reconhecia que: "Enquanto Paris esteve sujeita aos Romanos [...], os que morriam eram sempre enterrados ao longo dos grandes caminhos." Deve-se lembrar que nessas épocas as estradas eram lugares sinistros, frequentados por populações errantes e perigosas de vagabundos e soldados; "antes desse cemitério [o Les Innocents: isto é, há muito tempo], era

---

22 Eygun, Levillain, *Hypogée des Dunes à Poitiers.*

23 Burgundus, *Maxima bibliotheca veterum patrum,* t.15, p.527.

permitido aos pais e mães de família de se fazerem enterrar, eles próprios e os seus, nas suas adegas, jardins, vias e caminhos", talvez para fugirem dos "grandes caminhos".[24]

Essa ideia de que os Antigos enterravam os mortos nas suas propriedades persistiu até o século XVIII, e foi por imitação do que se acreditava ser um costume antigo que se recomendaram as sepulturas particulares. Na Idade Média essa forma de inumação parecia condenável.

Humbert de Bourgogne opunha aos pagãos enterrados em qualquer parte, os cristãos enterrados exclusivamente "em lugares venerados públicos, destinados a esse uso e consagrados para essa finalidade".[25] Os heréticos eram censurados por recusar o caráter de *locum publicum et ecclesiasticum* dos cemitérios; os vaudois[26] e os hussitas[27] acreditavam "que não importava a terra em que se amortalhavam os mortos, fosse sagrada ou profana".[28] A reunião dos corpos cristãos em torno das relíquias dos santos e das igrejas construídas sobre essas relíquias tornara-se um traço específico da civilização cristã. Um autor do século XVI reconheceu "que os cemitérios não são simples sepulturas e reservatórios de corpos mortos, mas antes lugares santos ou sagrados, destinados à oração pelas almas dos trespassados que ali repousam": lugares santos e sagrados, públicos e frequentados; e não impuros e solitários.

Portanto, a oposição antiga entre o morto e o sagrado mais se invertera do que se apagara: o corpo morto de um cristão criava por si só um espaço, senão completamente sagrado, pelo menos religioso, segundo o *distinguo* de Durand de Mende no século XIII. Um autor eclesiástico do século XVIII não podia deixar de se impressionar pela diferença entre

---

24 Chedeville (ed.), *Liber controversiarium Sancti Vincentii Cenomannensis ou Second cartulaire de l'abbaye Saint-Vincent du Mans*, Paris, Klincksieck, 1968; *Antiquos patres ad vitandam urbium frequentiam quaedam solitaria loca elegisse, ubi ad honorem Dei fidelium corpora honeste potuissent sepeliri*, n.37, p.45; Sauval, *Histoire et recherches des antiquités de la Ville de Paris*, v.I, p.359.

25 Burgundus, op. cit.

26 Membros pertencentes a uma seita cristã fundada em Lyon, em 1179, por Pierre Valdo. (N. T.)

27 Partidários das doutrinas religiosas de Jean Hus. (N. T.)

28 Aeneas Sylvius, *De Origine Boem* apud Spondes, *Les cimetières sacrés*, p.144.

os sentimentos cristãos e a crença na impureza dos mortos comum aos judeus e aos romanos. Ele se sentiu obrigado a explicá-lo através da doutrina: "Essa imaginação [do romano] era bem perdoável já que a lei de Moisés levava os homens a temer fortemente as poluições do contato com os mortos."

Desde que o filho de Deus não só santificou como crucificou a própria morte, e também a de seus seguidores, tanto pela sua ressurreição como pela esperança que nos dá, fazendo habitar nos nossos corpos mortais o seu espírito vivificador que é a fonte da imortalidade, os túmulos dos que tinham morrido por ele foram considerados fontes de vida e de santidade. Foram assim colocados nas igrejas ou se construíram basílicas para guardá-los.[29]

Santo Agostinho manifestava certa frieza em relação a devoções, das quais vislumbrava alguma filiação às magias funerárias africanas: insistiu muito no fato de que as honras devidas aos mortos serviam principalmente para consolo dos vivos: só as orações tinham verdadeira ação propiciadora. Mas essas reservas foram depressa esquecidas na Idade Média: acreditava-se, como São Julião, que as orações dos vivos eram mais eficazes quando ditas perto dos túmulos dos mártires: "A proximidade das *memoria* dos mártires é tão proveitosa aos defuntos que recomendando-se à proteção dos mártires aquele que repousa na sua vizinhança, o efeito da oração fica aumentado."[30]

O *Elucidarium*, mais detalhado, retorna não sem dificuldades e reservas aos princípios de Santo Agostinho. Obra de Honorius d'Autun, datada do fim do século XI ou do início do século XII, foi lido e praticado até o fim da Idade Média. "Em nada prejudica aos justos não serem enterrados no cemitério da igreja, porque o mundo inteiro é o templo de Deus, consagrado pelo sangue do Cristo. Seja qual for a sorte do corpo, os justos permanecerão sempre no seio da Igreja." Tendo dito isso por respeito aos Padres da Igreja, o autor admite também a crença e a prática comuns e se

---

29 Thomassin, op. cit.
30 Gannal, *Les cimetières de Paris*, t.I.

esforça por justificá-las: "Portanto é proveitoso ser enterrado nos lugares consagrados pela sepultura de certos santos. Os que ainda estão sofrendo penas beneficiam-se das orações que fazem por eles os justos enterrados ao lado deles, e também das orações que fazem os seus familiares quando visitam esses lugares e a quem os túmulos fazem lembrar os defuntos."[31] Nota-se que as intercessões dos mortos são colocadas no mesmo plano que as orações dos vivos, umas e outras sendo sugeridas, ou até mesmo impostas pela aproximação física das sepulturas.

Segundo Honorius d'Autun, a vizinhança dos santos não assegura qualquer proteção aos maus. Pelo contrário, "em nada os beneficia. Chega-lhes a ser nocivo estarem unidos pela sepultura aos que estão tão longe pelo mérito. Lê-se que são numerosos os que o demônio desenterrou e lançou longe dos lugares consagrados". Essa última frase faz alusão a fatos milagrosos contados por Gregório o Grande e constantemente repetidos em seguida. Os cadáveres dos maus maculam a igreja e o cemitério, como outrora os cadáveres, como tais, maculavam o solo das cidades. O cemitério é assim o dormitório dos mortos e, segundo Honorius d'Autun, o grêmio da Igreja [*ecclesiae gremium*] onde ela aquece as almas dos mortos segundo a carne para os restituir à vida eterna, da mesma forma pela qual faz nascer os mortos para o mundo através do batismo.

A sepultura maldita

Portanto, aqui também a situação se inverteu em relação à Antiguidade, ou pelo menos à ideia que dela se tinha. É a sepultura solitária que causa horror. Não é impossível que antigos hábitos de enterrar *in agris suis* ainda tenham persistido: vimos que Jonas de Orléans os denunciava no século IX. Em 1128, o bispo de Saint-Brieuc ainda proibia inumar ao pé das encruzilhadas. Mas esses casos tornaram-se excepcionais e suspeitos.

---

31 *L'Elucidarium et les Lucidaires, Mélanges d'archéologie et d'histoire des Écoles françaises d'Athênes et de Rome*, n.180.

Só os malditos eram abandonados nos campos ou, como se diria mais tarde, no monturo.

Si je muir, je vous fais savoir
Plus ne veuil en atre gesir
Faites moi au chans enfouir.[32]

Os excomungados, como os supliciados que não foram reclamados pelas famílias, ou que o senhor justiceiro não quis restituir, apodrecem sem ser enterrados, simplesmente recobertos com blocos de pedra para não incomodarem a vizinhança: *inblocati.*[33]

Manfred, filho natural do imperador Frederico II, inimigo do Papa, pereceu excomungado na batalha de Benevento em 1266. Dante nos conta que ele foi enterrado no próprio lugar: "na cabeça da ponte, perto de Benevento, sob a proteção de um monte de pedras"; cada soldado jogara uma pedra sobre o seu corpo.[34] Mas o papa Clemente IV não tolerou que esse corpo maldito permanecesse no interior do reino da Sicília, que era um feudo da Igreja, equiparado portanto a uma terra bendita. Foi por essa razão, segundo uma tradição retomada por Dante, que seus ossos foram exumados durante a noite: "e agora as chuvas os banham e o vento os agita fora do reino, ao longo do Verde onde ele (o Papa) os fez depositar, com todas as tochas apagadas".

Alain Chartier chama *"faulx âtre"* [falso adro], isto é, falso cemitério, o lugar onde se lançavam os corpos dos malditos:

C'est à la maníêre de faulx âtre
Et y gect-on les corps maudits.

---

32 [Se eu morrer, eu vos faço saber / Não quero mais jazer no adro / Façam-me enterrar no campo.] (N. T.)

33 Lesne, op. cit.; Morice, *Mémoires pour servir de preuves à l'histoire civile et ecclésiastique de Bretagne*, p. 559; Fauveyn apud Godefroy, *Dictionnaire de l'Ancien français*, para a palavra "Aître"; veja a palavra *Imblocatus* em Ducange, *Glossarium mediae et infimae latinitatis*.

34 Dante, *La Divine Comédie*, t.3, p.127.

J'en y recongneus plus de quatre,
Là sont espars, noirs et pourris,
Sur terre, sans estre enfouys.[35]

Esse depósito terrível coincidia por vezes com o patíbulo. Os corpos dos suplicados permaneciam pendurados e expostos durante meses ou até mesmo anos.

Foi desse modo que no dia 12 de novembro de 1411, Colinet de Puiseux foi decapitado, esquartejado, cada um dos seus quatro membros suspenso a uma das portas principais de Paris e o corpo, ou o que dele restava, "foi posto dentro de um saco no patíbulo".[36] Ora, foi somente no dia 16 de setembro de 1413, *quase dois anos* depois, que o "corpo do traidor Colinet de Puiseux foi retirado do patíbulo e os seus membros, das portas. Contudo, era mais digno ser queimado e dado aos cães do que ser depositado em terra bendita; mas os Armagnacs agiam à sua vontade". Portanto, segundo o *Bourgeois de Paris,* dever-se-ia queimá-lo, ou ainda deixá-lo apodrecer ao pé do patíbulo, presa dos pássaros e dos cães.

Um belíssimo texto de 1804 nos descreve um patíbulo. Apesar da data tardia, pode-se admitir que as disposições que evoca não mudaram quase desde o fim da Idade Média. É o *Manuscript trouvé à Saragosse*, de J. Potocki.[37] O herói do romance, depois de aventuras noturnas fantásticas, desperta sob o patíbulo. "Os cadáveres de dois irmãos de Zata [bandidos suplicados] não estavam pendurados. Estavam deitados a meu lado [desprendiam-se os enforcados, ou eles caíam por si mesmos e os deixavam apodrecer ao pé do patíbulo...]. Eu repousava sobre pedaços de cordas, destroços de rodas [instrumentos de suplício?], restos de carcaças humanas e sobre os horríveis andrajos que a podridão separara dos

---

35 [É uma espécie de falso adro / E ali se lançam os corpos malditos. / Ali reconheci mais de quatro, / Lá estão espalhados, negros e podres, / Sobre a terra, sem ser enterrados.] (N. T.)

36 Tuetey (ed.), *Journal d'un bourgeois de Paris au Moyen Âge*, 12 nov. 1411, p.17 e 15 set. 1413, p.44; Chartier, apud Saint Palaye, *Dictionnaire d'ancien français*, para a palavra "Aître".

37 Potocki, *Manuscrit trouvé à Saragosse*, p.51.

corpos." Em cima, presos ao patíbulo, "os cadáveres hediondos agitados pelo vento, balançavam-se em movimentos extraordinários, enquanto horríveis abutres os puxavam de todos os lados para arrancar-lhes pedaços da carne." Esses enforcados assemelhavam-se bastante aos de Villon.

O espaço em torno dos patíbulos era fechado por uma cerca. O recinto do patíbulo devia servir também de depósito de imundícies: os despojos dos supliciados ficavam assim recobertos de sujeira. O "falso adro" de Alain Chartier poderia, portanto, ficar em torno de um patíbulo. Em todo caso, a aproximação sinistra entre o patíbulo, a descarga das imundícies e as indústrias insalubres e nauseantes foi feita por Louis Chevalier a propósito de Montfaucon.[38]

Entretanto, os corpos dos criminosos podiam, a princípio, ser inumados em terra benta; a Igreja o admitia porque Deus não condena duas vezes pela mesma razão: o supliciado já tinha pagado. Mas essa recomendação permaneceu teórica até a época dos mendicantes e das confrarias. Os homens da Idade Média e do início dos tempos modernos não aceitavam que a morte parasse o curso da justiça e de sua ação. Perseguiam a morte até o tribunal, quando se tratava de um suicida, cujo cadáver era alcançado fora do cemitério: ainda na Bretanha do início deste século, conta G. Le Bras,[39] existiam cemitérios reservados aos suicidas, onde o caixão era passado por cima de um muro sem aberturas.

Quando se tratava de um supliciado, esforçava-se por deixá-lo apodrecer ou queimavam-no e dispersavam as cinzas, às quais se juntavam por vezes as peças do processo ou das obras criminais: "As cinzas, que lançaram ao vento, ao ar, à água", disse Agrippa d'Aubigné sobre os protestantes condenados à fogueira. Quando os leprosos souberam que Isolda fora condenada pelo rei Marc a ser queimada viva por adultério, pediram que a infeliz lhe fosse antes entregue, porque eles saberiam proceder melhor do que o fogo: "Majestade, se desejais lançar vossa esposa nesse braseiro, é de boa justiça, mas muito rápida. Esse grande fogo a queimará depressa, e o *forte vento terá dispersado as suas cinzas*."

---

38 Chevalier, *Classes laborieuses et classes dangereuses à Paris*.
39 Indicação dada oralmente ao autor por G. Le Bras.

A morte já não interrompe a vingança nem a justiça. Goneval mata Ganelon, o pérfido inimigo do seu senhor, Tristão. Ele "o desmembra inteiramente (como a um animal de caça) e se retira levando a cabeça decepada". O resto do corpo despedaçado é abandonado aos animais. Ele a pendura pelos cabelos na entrada da cabana de folhagem onde dormiam Tristão e Isolda para que se alegrassem ao despertar.

Nesses casos, o homem da Idade Média interditava ao seu inimigo ou ao inimigo da sociedade, a sepultura *ad sanctos* que os teólogos teriam tolerado ou mesmo prescrito. Inversamente, acontecia de reclamá-la para os seus e a Igreja recusá-la, porque o defunto não estava em boas graças com ela: ele tinha morrido sem testamento, excomungado etc. (séculos XIII--XIV) Então a família do defunto assim excluído o substituía, quando isso era possível, para reparar-lhe os erros e reconciliá-lo: por vezes a operação exigia certo tempo, e cita-se o caso de um prelado excomungado que esperou oitenta anos numa urna de chumbo, provisoriamente depositado num castelo, pelo direito de repousar para sempre em terra santa. Quando não era possível levantar a condenação canônica, a família tentava forçar o acesso do *locus publicus et ecclesiasticus.* Em vez de enterrados, os ataúdes eram, como se dizia, por vezes depositados *sobre* as árvores do cemitério (estranho espetáculo!); eram inumados clandestinamente; mas os demônios, ou os anjos, nem sempre os deixavam usufruir tranquilamente o lugar usurpado no local santo que poluíam: desenterravam-nos à noite e eles próprios os expulsavam, ou então provocavam fenômenos insólitos que avisavam o clero a respeito da fraude. Existem fórmulas de petição em branco para solicitar à autoridade eclesiástica o direito de exumar um cadáver e repeli-lo para fora do cemitério ou da igreja.

Em todos esses casos, em nome da vingança privada, da justiça do senhor ou da Igreja, queria-se tirar às vítimas e aos culpados as vantagens que a inumação necessariamente proporcionaria *apud memorias martyrum.* A Igreja, por outro lado, esforçava-se por reservar os lugares consagrados exclusivamente aos que morriam em boas graças com ela.

O homem diante da morte

O direito: proibido enterrar na igreja.
A prática: a igreja é um cemitério

Os autores espirituais e o direito eclesiástico, rompendo com a tradição antiga, prescrevendo o depósito dos mortos perto dos santuários frequentados pelos vivos, afirmavam o caráter favorável de uma vizinhança considerada pelos antigos como nefasta. O sentimento sagrado que os mortos inspiravam mudara de sentido. Mas em que medida o sagrado teria sobrevivido à familiaridade do cotidiano?

Se por um lado havia, sem dúvida, acordo entre o direito e a prática sobre a utilidade da sepultura *ad sanctos,* por outro lado havia divergência conforme se tratasse do cemitério ao lado da igreja, ou do enterramento no interior da igreja.

Os concílios, nos seus decretos, persistiram durante séculos distinguindo a igreja do espaço consagrado em torno dela. Enquanto impunham a obrigação de enterrar ao lado da igreja, não paravam de reiterar a proibição de enterrar no seu interior, sob a reserva de algumas exceções em favor dos padres, bispos, monges e alguns leigos privilegiados: exceções que se tornaram imediatamente a regra.

Em 563, o Concílio de Braga interditou o enterro nas igrejas e só permitiu que se pusessem as sepulturas perto dos muros da igreja, mas do lado de fora.[40] Essa foi a regra que os textos jurídicos nunca deixariam de afirmar até o século XVIII, mesmo quando, sob pressão dos costumes, tiveram que permitir derrogações.

Portanto, tornamos a encontrar a repetição monótona desses preceitos nos concílios da Idade Média: "que nenhum morto seja enterrado na igreja" (Mayence, 813). "Segundo as instruções dos Padres da Igreja e os ensinamentos dos milagres [sem dúvida os corpos dos maus, não reconciliados, expulsos miraculosamente da igreja que poluíam, relatos de Gregório o Grande], nós interdizemos e ordenamos que de agora em diante [*deinceps*] nenhum leigo seja enterrado na igreja" (Tribur, 895).

---

40 Thomassin, op. cit.

"Nós interdizemos que qualquer pessoa seja enterrada na igreja" (pseudoconcílio de Nantes, 900).

O liturgista Durand de Mende vivia no século XIII, numa época em que as igrejas eram necrópoles: tentou, contudo, preservar o coro que nunca deixara de ser o lugar mais procurado, de início por conter a confissão do santo, em seguida pelas próprias razões da sua vã interdição: "Nenhum corpo deveria ser enterrado perto do altar onde o corpo e o sangue do Senhor são preparados ou oferecidos, a menos que fossem os corpos dos Santos Padres."[41] Durand de Mende estava apenas retomando a proibição do pseudoconcílio de Nantes de enterrar "perto do altar, onde o corpo e o sangue do Senhor são feitos [*conficiuntur*]." As proibições dos concílios estavam recheadas de exceções: os bispos e abades, os padres, os *fideles laïci* com a permissão do bispo, do pároco ou do *rector* (Mayence, 813). Quem são esses fiéis? Nós os encontramos um pouco acima das igrejas rurais onde tinham os seus túmulos: "senhores das *villae* e patronos das igrejas e suas esposas por quem a honra dessas igrejas tinha crescido." Os fundadores benfeitores da igreja, a começar pelos reis, eram equiparados aos padres ungidos pelo Senhor, os quais eram por sua vez equiparados aos mártires e aos santos: esses corpos consagrados não poluíam; muito pelo contrário, podiam acompanhar o corpo e o sangue do Homem-Deus sobre o altar.

Depois da longa Idade Média, os concílios da Contrarreforma tentaram, por sua vez, reagir contra o retorno inveterado ao espírito e à regra do direito antigo; lembram o princípio: *in ecclesiis vero nulli deinceps sepeliantur* [que ninguém seja doravante enterrado nas igrejas]. Eles denunciam a que ponto se torna escandaloso que as derrogações a esse princípio sejam privilégio de nascimento, do poder e da riqueza, em vez de serem reservadas à piedade e ao mérito: "Que essa honra não seja dada por dinheiro em vez de o ser pelo Espírito Santo." Entretanto, os bispos admitiam que a inumação na igreja fosse uma honra; não deviam portanto se espantar, naqueles tempos em que os homens tinham tanta ambição de renome como de riqueza, se a procuravam com tanta insistência.

---

41 Durand de Mende, op. cit., t.5, cap.5, p.12.

O Concílio de Rouen (1581) classificou em três categorias os fiéis que podiam reivindicar sepultura na igreja.

1º "Os consagrados a Deus, em especial os homens", a rigor os religiosos, "porque o seu corpo é muito especialmente o templo do Cristo e do Espírito Santo";

2º "Os que receberam honras e dignidades da Igreja (os clérigos ordenados) como no século (os grandes) porque eles são os ministros de Deus e os instrumentos do Espírito Santo";

3º "Além disso, (as duas primeiras categorias são de direito, esta é uma escolha) aqueles que por nobreza, ações e méritos se distinguiram no serviço de Deus e da coisa pública."

Todos os demais se destinam ao cemitério.

O Concílio de Reims (1683) distinguiu também as mesmas categorias, mas as definiu de acordo com características mais tradicionais:

1º Duas categorias de direito, os padres e os patronos das igrejas já reconhecidos na Idade Média;

2º "Aqueles que por nobreza, exemplo e méritos, prestaram serviços a Deus e à religião"; esses só são admitidos, conforme costume antigo, com a permissão do bispo.[42]

Os demais são enterrados no cemitério que "outrora os mais ilustres não desprezavam".

A longa sequência desses textos, quando tomados à letra, faria crer que a sepultura nas igrejas não passava de uma exceção mais ou menos rara, mas uma exceção. A repetição dos textos dos séculos V ao XVIII, durante mais de mil anos, com tão poucas variantes, nos permite compreender como essas proibições eram pouco respeitadas. Em 1581, os Santos Padres prescreviam: *in eeclesiis nulli deinceps sepeliantur. Deinceps*, doravante. Mas os Padres de 895 já reclamavam: *ut deinceps nullus in ecclesia sepeliantur*, porque desde aquela época a regra não era observada, e no fim do século VIII o bispo Teodulfo de Orléans denunciava o costume como um abuso já antigo: "É costume antigo neste país enterrar os mortos nas igrejas."

---

42 Thomassin, op. cit.

Pergunta-se então se a disposição canônica jamais foi realmente observada. Desde o início da prática dos enterros *ad sanctos,* os túmulos tinham invadido o interior das igrejas, a começar pelas basílicas cemiteriais. As igrejas da África romana nos séculos IV e V foram pavimentadas, pelo menos parcialmente, nas suas naves laterais pelos túmulos em mosaico, com um epitáfio e a imagem do defunto.[43] Em Damous el Karita, em Cartago, as tampas dos túmulos formam o lajedo da basílica. Nos Alyscamps de Arles, a igreja de Saint-Honorat foi construída sobre uma camada de sarcófagos, e os muros repousando diretamente em cima deles, sem fundações. Fica bem evidente que os enterramentos nas igrejas foram contemporâneos dos textos que os interditavam: as proibições canônicas não lhes impediram uma duradoura extensão em toda a cristandade ocidental.

Porque de fato nunca se deixou, pelo menos até o fim do século XVIII, de enterrar nas igrejas. No século XVII, elas eram pavimentadas com túmulos, o chão era formado de pedras tumulares como os das basílicas da África romana. Em geral, nas igrejas francesas já não se vislumbra, sob o solo inteiramente reconstituído nos séculos XVIII e XIX, o cerrado tabuleiro de damas de túmulos lisos, embora ainda existam onde o zelo dos restauradores laicos ou eclesiásticos não se tenha manifestado demasiadamente (Châlons-sur-Marne, por exemplo) ou em pequenos burgos pobres e afastados. Existem, portanto, onde não grassaram, como na França ou na Áustria, as depurações sucessivas do clero nos séculos XVII e XVIII, na Itália católica ou na Holanda calvinista.

Em Harlem, Saint-Bavon conservou intato seu lajeado do século XVII que é inteiramente formado de pedras tumulares. O espetáculo é impressionante, porque nos mostra o que em outros lugares desapareceu ou foi alterado: toda a superfície da igreja é um cemitério em compartimentos: os fiéis andam sempre em cima de túmulos. Essas grandes lajes não são cimentadas. Cada uma delas tem no meio uma cavidade que servia para guardar a alavanca do coveiro. Eram em geral numeradas (algarismos árabes do século XVII, posteriores à Reforma), como hoje o plano de um

---

43 Picard, *La Carthage de saint Augustin,* p.204-5, 210.

cemitério; essa preocupação com a localização do espaço devia ser, aliás, muito nova e prova uma organização racional do subsolo, que não existia em épocas anteriores. Mas mostra também a que ponto se tinha tomado o hábito de dedicar às sepulturas *todo* o solo da igreja. Algumas dessas lajes trazem também um monograma, data, armas, algumas delas bastante eloquentes, como os instrumentos de sapateiro, símbolos macabros, cabeças de mortos, esqueletos, ampulhetas. São raras as mais ricamente ornadas, sempre com motivos heráldicos.

A Holanda calvinista conservou até nossos dias a aparência das igrejas antigas com o chão lajeado de túmulos. Entretanto, esse costume de enterrar na igreja não devia agradar aos protestantes, além de parecer acusar superstição papista. Portanto, tal costume devia estar bem enraizado nos hábitos para sobreviver.

A pintura holandesa descreveu cenas de funerais como um espetáculo familiar. E. de Witte nos mostra um enterro de 1655: o préstito fúnebre entra na igreja e dirige-se para o coro.[44] Entrementes o coveiro e seu ajudante preparam a cova. Levantavam a pedra esculpida que fechava o túmulo. Não descobre uma "cave", como se dizia na França do século XVII, isto é, uma cova cimentada feita por pedreiro, mas diretamente a terra. Os coveiros já tinham cavado a cova algum tempo antes, sem a fecharem e, como sabemos, algumas covas ficavam assim abertas durante vários dias, apenas cobertas com um pouco de terra e de tábuas de madeira. A terra retirada e amontoada ao lado contém uma mistura de ossos, crânios e restos das sepulturas mais antigas. Esse era o espetáculo familiar de uma igreja protestante em meados do século XVII!

A prática constante, desde a Antiguidade cristã até ao século XVIII foi, portanto, certamente a de enterrar nas igrejas, verdadeiras necrópoles; e se os padres conciliares mantinham coletivamente nos seus estatutos uma posição jurídica intransigente, os mesmos pontífices piedosos, agindo pessoalmente, eram os primeiros a esquecê-la nos seus atos pastorais.

No século IX, os búlgaros escreveram ao papa Nicolau II para lhe perguntar se era permitido amortalhar cristãos na igreja. O papa respondeu,

---

44 Museu Boijmans Van Beuningen, Roterdã.

referindo-se a Gregório o Grande, que se poderia muito bem enterrar os que não tivessem cometido pecados mortais [*gravia peccata*]. A justificativa que ele dá é a do *Elucidarium* de Honorius (e não a garantia da salvação graças à vizinhança dos mártires): a vista do túmulo convida os familiares do defunto a se lembrarem dele e a recomendá-lo a Deus cada vez que visitam o lugar santo. "Segundo os textos desses dois papas (Gregório e Nicolau)", comenta um autor do século XVIII (Thomassin), "bastava aos laicos na Itália terem tido uma vida cristã e morrido no caminho da salvação para tornarem úteis e salutares as sepulturas que tinham escolhido na igreja", apesar das proibições canônicas.

No fim da Idade Média, Gerson admitia muito simplesmente o direito de compra, por meio de *temporalia,* de "lugares seguros e honrosos para sepultura" nas igrejas. O defunto testemunhava assim uma "previdência piedosa e bom coração."[45]

O único efeito das proibições canônicas foi, portanto, submeter a inumação habitual nas igrejas ao pagamento de um direito, ao mesmo tempo que mantinha um princípio.

O enterro, como os sacramentos ou os sacramentais, não podia ser vendido. Mas as derrogações, no geral, podiam ser compradas: essa foi mais ou menos a origem dos direitos de sepultura percebidos pelos párocos e equiparados de início a oferendas, depois exigidos como direitos e designados sob o termo ambíguo e um tanto vergonhoso de "costumes louváveis" [*laudabiles consuetudines*]. Foi pelo menos assim que os canonistas dos séculos XVII e XVIII os explicavam. No seu livro sobre a *ancienne et nouvelle discipline de l'Église* (1725) [A antiga e a nova disciplina da Igreja], o jurista Thomassin intitula o capítulo que dedica aos direitos de sepultura, "Das oferendas para as sepulturas depois do ano mil, e da simonia que com isso se pode cometer": "Nunca se teria obrigado a Igreja", escreve ele,

a reiterar tão frequentemente os decretos que interditam a exigência pelas sepulturas, se os fiéis tivessem todos consentido em ser inumados nos

---

45 Thomassin, op. cit.; Gerson, *Opera*, t.2, p.440.

cemitérios públicos, para ali esperarem a ressurreição comum a todos e talvez mesmo mais gloriosa para aqueles que menos tivessem se preocupado com essa glória vã e ridícula, que procura se distinguir até mesmo pelo lugar da sepultura.

Essa é a opinião de um padre esclarecido do século das Luzes, estranho às mentalidades medievais e populares. "Era aparentemente," continua ele,

> por um lugar mais honroso do que nos cemitérios comuns [isto é, por um lugar na igreja] que se exigia alguma coisa. As sepulturas eram gratuitas nos cemitérios, os ricos queriam se distinguir fazendo-se inumar nas igrejas, concederam-lhes essa regalia graças às suas orações e às suas liberalidades, e finalmente exigiram-se essas liberalidades como dívidas.[46]

A gradação das tarifas do cemitério para a igreja marca nitidamente que entre uma e outra só havia diferença de honraria. Na realidade, a mentalidade comum à Idade Média e ao início dos tempos modernos distingue mal a diferença entre o enterramento na igreja e ao lado dela. Havia apenas hierarquia de honrarias e devoções, desde a confissão do santo ou o altar-mor, até o final do cemitério; e essa continuidade não era interrompida pelo muro físico da igreja. Tudo se passava como se o muro não os separasse, e como se contasse apenas a distância até o centro espiritual do conjunto eclesiástico, *tumulatio in ecclesiam* ou *sepelitio apud martyrum memorias* [inumação na igreja ou perto da *memoria* dos mártires]; empregam-se as duas expressões com o mesmo sentido.

Também ficamos menos surpreendidos pela pouca atenção prestada às ordens canônicas (era coisa corrente) do que pela constância e tenacidade com que as autoridades eclesiásticas mantiveram durante um milênio uma regra jamais observada. Os decretos conciliares preservaram uma concepção teórica do sagrado em contradição com a prática; num mundo que já não a compreendia, prolongavam a repugnância tradicional à

---

46 Ibid.

mistura do sagrado do templo com a corrupção dos mortos. Esse contato já não provocava profanação nem poluição.

Os laicos, e até mesmo os clérigos, no seu comportamento pessoal, tinham se tornado estrangeiros ao conceito do sagrado sempre contido no direito. Estavam todos ingenuamente persuadidos, apesar dos textos canônicos, de que não havia qualquer intolerância do sagrado à vizinhança dos mortos, nem à presença familiar dos vivos. A fronteira mental entre o sagrado e o profano permaneceu imprecisa até as reformas dos séculos XVI e XVII: o profano era invadido pelo sobrenatural e o sagrado penetrava-se de naturalismo.

O adro e o carneiro

Ainda se pode reconhecer a estreita relação entre o cemitério e a igreja nas palavras que os designam e a ambiguidade do seu emprego.

Para estabelecer um cemitério, construía-se uma igreja. Num diploma de 870, Luís, o Germânico lembra que seus pais mandaram construir uma igreja "para que naquele local houvesse um cemitério para os mortos."[47] A basílica de Notre-Dame de Tours foi fundada para sepultura dos pobres. O cemitério parisiense de Champeaux é o enorme cemitério da pequenina igreja paroquial des Saints-Innocents embora, nesse caso, o território da paróquia não tenha ultrapassado os muros do cemitério. As palavras *ecclesia* e *cimeterium* são praticamente sinônimos. Ducange chama *cimeterium* "uma igreja em que os corpos de defuntos são inumados".[48]

Entretanto, embora se construísse uma igreja para dela fazer um cemitério, hesitava-se em transformar um cemitério em igreja, pelas razões de direito que conhecemos. "Se mortos foram enterrados antes que a igreja já tivesse sido consagrada, que ela não seja consagrada."[49] No caso de

---

47 *Ecclesia ut ibi cimeterium esse mortuorum*, apud Lesne, op. cit.

48 Ducange, *Ecclesia in qua humantur corpora defunctorum.*

49 *Nullo tumulorum vestigio apparente, ecclesiae reverentia conserveretur. Ubi vero hoc pro multitudine cadaverum difficile est facere, locus ille coemeterium et polyandrium iuibeatur*, ablato inde altare, *et constituto sacrificium Deo valeat offeri.* Bernard, *La Sépulture en droit canonique*, p.20-1.

O *homem diante da morte*

haver número excessivo de túmulos, o Concílio de Tribur (895) propôs até mesmo que se retirasse o altar, se esse já tivesse sido instalado. É por essa razão que as necrópoles merovíngias foram abandonadas, por falta de igreja na localidade, em proveito da igreja mais próxima.

A função cemiterial começava no interior da igreja, aquém dos seus muros, e continuava além deles, no espaço que constituía os *passus ecclesiastici, in circuitu ecclesiae*. Portanto, o termo "igreja" não designava apenas o edifício, mas todo esse espaço. É assim que os costumes de Hainaut definem as "igrejas paroquiais", *"assavoir la nef, clocher et chimitier"*[50] [a saber: a nave, o campanário e o cemitério]. O cemitério propriamente dito, no sentido restrito, era portanto simplesmente o pátio da igreja: *atrium id est cimeterium* (comentários do decreto de Gratien). *Aître et charnier* [adro e carneiro] são os termos mais antigos para designar o cemitério na língua falada. A palavra cemitério pertenceu, por muito tempo, primordialmente à língua erudita dos clérigos: uma palavra grega latinizada. Turpin insiste que Rolando toque a trombeta para que o rei e suas hostes venham vingá--los, chorá-los e "enterrá-los... em *aîtres de musters*."[51] Um cronista relata: *"si prist en force et l'aître et l'église de la ville"* (tomou força o adro e a igreja da cidade). Tanto que se dizia adro de Saint-Maclou, como igreja de Saint--Maclou. Em francês a palavra foi substituída por cemitério desde o século XVII, mas permaneceu em inglês, alemão e holandês [*churchyard, kirckhof, kerkhoif*].[52]

A parte do *atrium*, onde se enterrava preferencialmente, foi de início a parte semicircular que cercava a abadia: *in: exhedris ecclesiae*. Tinha antes contido os túmulos venerados que ainda não se ousava colocar no coro, *in cancello*. Os corpos de São Martinho de Tours e o de São Germano em

---

50 Em 1059, um concílio romano fixa em 60 passos *per circuitum* para as igrejas principais e a 30 passos para as capelas as *confina cemeteriorum*. Lesne, op. cit.; Le Bras, "Asile", *Dictionnaire d'histoire et géographie écclesiastiques*.

51 Jonin, op. cit., p.132.

52 *Dictionnaire de l'ancien français*, "Aitre"; Enlart, *Manuel d'archéologie médiévale*, "Címetiêre", p.909-10; Duparc, "Le Cimetière séparé des vivants", *Bulletin philologique et historique du Comité des travaux historiques et scientifiques*, p.483-509.

Paris ali repousaram em capelas, antes de serem transferidos para o santuário sob o altar-mor.

A outra zona privilegiada era o "vestíbulo", o *paradisum* ou adro. Ali foi colocado o primeiro laico a ser inumado na igreja, o imperador Constantino. O *paradisum* era o *impluvium sub stillicidio*, isto é, sob as águas da chuva, que tinham absorvido o sagrado da igreja ao escorrerem pelo teto e contra os muros: *quod et impluvium dicebatur area ante ecclesiam quae dicebatur paradisus*. Dizia-se em francês sob as goteiras:

Un sarkeu fist appareiller
A mettre empres sa mort sun cors
Suz la gutiere de defors.[53]

No sudoeste da França, onde Constantino era frequentemente representado a cavalo na fachada ocidental, acima do "vestíbulo", dizia-se também "sob o Constantino de Roma que está situado no lado direito da igreja".

Afora esses lugares privilegiados, em torno da igreja, enterrava-se *in atrio*, no pátio que mais tarde se tornaria o cemitério propriamente dito. Nota-se que um dos mais antigos nomes que designavam o cemitério não tem o sentido religioso de repouso, de sono, nem sentido realista de enterrar, muito simplesmente, o pátio da igreja.

Um segundo termo foi empregado como sinônimo de adro: o *carneiro*. Um e outro são igualmente empregados na *Canção de Rolando*. Quando Carlos Magno e seu exército chegam ao local onde jazem os corpos de Rolando e de seus companheiros, eles os apanham: *"Ad un carner sempres les unt portet."* [A um carneiro sempre eles foram levados.] *"A pieuz agus font les charners ouvrir."* [Para augúrios piedosos fazem abrir os carneiros.] *"Après que les tuez* (de Formigny, em 1450) *aient esté mis en terre en de grands charniers."* [Depois de mortos foram enterrados em grandes carneiros.][54]

---

53 [Um sarcófago mandou preparar / Onde pôr após sua morte o seu corpo / Sob a goteira de fora.] (N. T.) Ducange, op. cit.,"*Stillicidium*", "*Paradisum*"; Roman de Rou apud. Viollet-le-Duc, *Dictionnaire raisonné de l'architecture française*, p.23.

54 Jonin, op. cit., p.212 ; Formigny, *Histoire de Charles VII*, apud *Dictionnaire de l'ancien français*, "Charnier".

No fim da Idade Média, parece que o emprego do termo *charnier* foi muito disseminado e substituído pelo termo *aitre*; esse só permaneceu diante do nome próprio de um santo, que se tornou nome de lugar: adro de Notre-Dame, adro de Saint-Maclou.

Segundo Furetière, provinha de *carnarium*, "que se encontra em Plauto com o mesmo significado." *Caro*, do latim clássico, passou para a língua clerical com diversos sentidos: o verbo se fez carne, o pecado da carne, a carne é fraca. Na língua vulgar, o mesmo *caro* deu palavras que significam carne, mas também no baixo latim, *carona*, carniça.

O carneiro designa em Rabelais o quarto onde se conserva o toucinho, como em Plauto. R.-J. Bernard o encontra ainda no século XIX no Gévaudan, onde "ele estava frequentemente situado na proximidade do quarto do dono da casa."[55] Hoje o termo *"carnier"* designa a bolsa dos caçadores. Ora, no francês antigo, o mesmo termo significa também o lugar bento onde repousam os mortos: *carnarium* ou *carnetum*, no latim dos clérigos. Acabamos de citá-lo na *Canção de Rolando*, sem qualquer intenção de denegri-lo. Não há dúvida de que o hábito comum adotou um termo popular e grosseiro como o *"vieille carne"* do francês atual para designar o que não tinha nome nas línguas nobres, com exceção do vocábulo grego, demasiado erudito ainda, de cemitério. Evolução paralela àquela que deu a palavra *tête* [cabeça] a partir do baixo latim *testa*, o cântaro!

Aqui, no entanto, não se trata da substituição de uma palavra por outra, mas de uma criação que responde a um conceito novo, o de cemitério. E é essa emergência que é interessante. Entre os romanos, o *tumulus*, o *sepulcrum*, o *monumentum*, mais tarde a *tumba*, tinham sentido maior do que o espaço ocupado pelos túmulos. Quase se poderia dizer que não havia cemitério, só havia túmulos mais ou menos justapostos.

Pelo contrário, na mentalidade medieval, é o cemitério que tem significado. No início da Idade Média, o túmulo tornado anônimo já não o tem. O que importa é o espaço público e fechado das sepulturas. Daí a necessidade de lhe dar um nome.

---

55 Bernard, *Annales ESC*, n.I, p.1454.

O termo *charnier* conservou o sentido geral de cemitério, mas no fim da Idade Média passou a designar também uma parte desse cemitério, local tão específico que foi tomado pelo todo: o ossário, mas também as galerias onde os ossos eram ao mesmo tempo depositados e expostos. Essa evolução está ligada à forma tomada pelo recinto eclesiástico, o *atrium*, fechado pelos muros.

Do mesmo modo como enterravam *sub stillicidio*, enterrava-se *in porticu* (em francês *préau*) [claustro]: sob telheiros ou galerias [*préau*] junto ao muro da igreja, sob os nichos ou *enfeux* [jazigos funerários em igreja] que se sucediam como arcadas cavadas no muro. Os pórticos continuavam ao longo dos muros que fechavam o adro e lhe davam o aspecto de claustro (que servia também de cemitério aos monges e aos cônegos). Os cemitérios antigos se pareciam perfeitamente com os claustros: uma galeria ao longo da igreja, ou várias galerias abobadadas rodeando um pátio fechado.

Por volta do século XIV, surgiu o hábito de retirar da terra os ossos mais ou menos dessecados das velhas sepulturas, a fim de dar lugar para as novas, e de amontoá-los nas águas-furtadas das galerias ou sobre os recontros das abóbadas, quando existiam. Por vezes ficavam ali escondidos (foi assim que em 1812 descobriu-se em Paris, sobre as abóbadas de uma igreja secularizada, por ocasião da sua destruição, no lugar hoje ocupado pelo atual Collège de France, uma grande quantidade de ossadas), mas em geral ficavam expostos.[56]

Chamaram-se carneiros a essas galerias e ossários que eram ali sobrepostos: "o lugar nos muros da igreja que contém os ossos dos mortos."[57] "Ali no cemitério dos Innocents, segundo Guillaume le Breton, em seu *Paris sous Charles VI* [Paris sob Carlos VI], existe um cemitério muito grande cercado pelas casas chamadas carneiros, onde se amontoam os ossos."[58]

O *Trésor* de Ranconnet-Nicot, datado de 1606, assim define o carneiro: "O lugar onde se põem os ossos dos falecidos, *ossuaria*." Ou ainda, segundo Richelet: *ossium conditorium*, "o depósito dos ossos", "um lugar

---

56 Igreja de São Bento.

57 Crônica de Marigny, *In carnario qui locus intra septa ecclesiae illius ossa continent mortuorum.*

58 le Breton, Description de Paris sous Charles VI. In: Leroux de Liney, Tisserand, *Histoire générale de Paris*, p.198.

num cemitério [e nesse caso já não mais todo o cemitério] onde se arrumam e se põem em fila os ossos dos mortos [por essa razão se diz, os carneiros dos Saints-Innocents]".

Segundo esses textos, carneiro designa o ossário acima da galeria. Designa também a própria galeria. Nos Innocents, a cada arcada de uma galeria correspondia um espaço coberto que se chamava carneiro. Cada carneiro era como uma capela e o nome do seu fundador era gravado no muro: "Este carneiro foi feito e dado à igreja pelo amor de Deus no ano de 1395. Orai pelos falecidos." "Armand Estable mandou fazer do restante de seus bens este carneiro para abrigar os ossos dos falecidos." Do mesmo modo, Sauval, no século XVII: "O que há de mais extraordinário nesse cemitério (dos Innocents) é o túmulo de Nicolas Flamel e de Pernelle, sua mulher, que fica perto da porta ao lado da rua Saint-Denis sob os carneiros." Testadores, nos séculos XVI e XVII, pediam para serem enterrados "sob os carneiros."[59]

Finalmente, último episódio dessa evolução semântica, no século XVII o sentido de ossário desapareceu da boa linguagem, senão dos dicionários, e a palavra carneiro já não designa senão a galeria em torno da igreja e do seu pátio. Tornou-se rapidamente arcaica e foi então que a palavra cemitério, vinda do latim eclesiástico e já empregada desde o século XVI, se impôs definitivamente na língua falada.

Pelo menos foi essa a evolução semântica francesa. Em inglês, o emprego do termo *cemetery* na língua corrente aparece ainda mais tardiamente. No uso corrente, *churchyard* ou *graveyard* só foram substituídos por *cemetery* no século XIX e para designar, por oposição, outra forma de cemitério, o *rural cemetery*.[60]

As palavras não traem os fatos: o cemitério medieval é de fato ao mesmo tempo adro e carneiro.

Aître [adro]: pequeno pátio retangular, sendo que um dos lados coincide com o muro da igreja. Por suas dimensões exíguas, distingue-se

---

59 Sauval, op. cit., t.I, p.359; Dufour, Le Cimetière des Innocents, In: Hoffbauer, *Paris à travers les âge*, t.2, p.I-28 (citações de Roland de Virlays, *Dictionnaire d'architecture* e do abade Villain).

60 Veja *infra*, cap.I0, "A visita ao cemitério".

tanto do cemitério moderno como da zona funerária extensa por vezes mal definida da Antiguidade. Quando um cemitério medieval sucede a um cemitério galo-romano ou merovíngio, só lhe ocupa uma pequena parte: o cemitério se restringe, fechando-se por trás do recinto eclesiástico.[61] Não imaginamos hoje (e isso também era surpreendente na época) como meio milênio de mortos parisienses puderam se amontoar no pequeno quadrilátero, apenas pouco maior do que a atual praça dos Saints-Innocents, entre as ruas Saint-Denis, da Ferronnerie, da Lingerie (que ainda existem) e a rua Aux Fers. Eram esses os antigos limites da igreja dos Saints-Innocents e do seu cemitério – e aqui, mais de uma vez, o cemitério é muito maior do que a igreja.

Charnier [carneiro]: o pátio ou adro é cercado de carneiros, ao mesmo tempo galerias cobertas, capelas funerárias e ossários. O cemitério dos Saints-Innocents, segundo Corrozet, "contém LXXX arcadas e carneiros sob os muros da igreja", isto é, em torno de toda a igreja.[62] O cemitério dos Innocents desapareceu, mas existem ainda carneiros na Bretanha, em Rouen, em Blois, em Monfort-l'Amaury etc. Os espaços cobertos pelos carneiros eram capelas funerárias quase tão procuradas para sepultura como o interior das igrejas. Nos Innocents, nas capelas de Orgemont e de Villeroy, dois carneiros cresciam para o lado do pátio; no século XVIII, o preço da inumação era 28 libras. Sob o pequeno carneiro (lado menor), o preço era ainda mais elevado por causa da grande frequência de sepulturas nesse lugar, onde os corpos não podiam se consumir rapidamente: para levantar a pedra de cada túmulo, 25 libras, e não sendo preciso levantá-la, 20 libras. Nos grandes carneiros (os dois lados maiores), para levantar a pedra de um túmulo, 18 libras e 15 libras sem levantá-la. Em outra

---

61 "Portanto, a região que cerca a igreja de Saint-Gervais (em Paris) poderia, na Antiguidade e na época merovíngía, ser um vasto cemitério que sobreviveu, reduzindo-se até a Idade Média." Secularizado por ocasião da criação da paróquia de Saint-Jean-en-Grève, subsiste no lugar do Velho Cemitério Saint-Jean ou *platea veteris cimeterii.* Troïekoufoff. *Les Anciennes Églises suburbaines de Paris (IV-X siècle)*, p.198.

62 Dufour, La Danse macabre des Saints-Innocents de Paris, In: Hoffbauer, op. cit, t.2, p.29.

parte, mas não nas grandes valas comuns, em torno do adro, 5 e 3 libras (sem dúvida compreendendo também o fornecimento do esquife). Sabemos o preço de um enterro na igreja de Saint-Louis-en-l'Ile em 1697; o pagamento ao coveiro é de 12 libras, às quais será preciso acrescentar as 6 libras de direitos paroquiais do pagamento ao pároco; portanto 12 e 18 libras, quantia comparável à dos grandes carneiros dos Innocents .

As grandes valas comuns

Acima das galerias, as valetas abertas ficavam cheias de crânios e ossos dessecados, amontoados ao ar livre e visíveis do cemitério.

No espaço entre os carneiros — raramente com árvores, mas frequentemente invadidos pelo capim, a tal ponto que o pároco e a comunidade disputavam a pastagem e, por vezes, as frutas — alguns túmulos aparentes, muito espaçados, alguns monumentos de uso litúrgico, cruz, altar, púlpito, lanterna dos mortos, que deixavam descoberta e nua a maior parte do pátio interior. Era ali que se enterravam os mortos pobres, os que não pagavam direitos elevados de inumação na igreja ou sob os carneiros. Amontoavam-nos nas grandes valas comuns, verdadeiros poços de 9 metros de profundidade, de 5 a 6 metros de superfície, contendo de 1.200 a 1.500 cadáveres, as menores de 600 a 700. Sempre havia uma aberta, por vezes duas. Ao fim de alguns anos (ou de alguns meses), quando elas ficavam cheias, fechavam-nas e cavavam outras ao lado, na parte do adro que estivesse há mais tempo sem escavações. As valas eram apenas recobertas de terra quando eram fechadas e, como se dizia, os lobos nos invernos frios, não tinham dificuldade em desenterrar os cadáveres (nem os lobos nem os ladrões, que abasteciam, no século XVIII, os amadores de dissecação). O uso dessas valas talvez não remonte a antes do século XV, e sem dúvida (trata-se de uma hipótese) tornou-se habitual por ocasião das epidemias de peste que devastaram as cidades já hipertrofiadas pelo impulso demográfico do século XIII. Desde o tempo de Glaber, cavavam essas valas por ocasião das grandes fomes: "Como não se podia enterrar em separado cada cadáver, por causa do grande número de mortos, as boas almas tementes a Deus construíram em diversos lugares carneiros onde se depositavam mais de quinhentos cadáveres." O *Bourgeois de Paris* conta, em outubro de 1418: "Morreram tantas pessoas em tão pouco tempo que foi preciso cavar nos cemitérios parisienses grandes valas, em cada uma das quais se punham 30 a 40 pessoas *amontoadas como se fossem toucinho*, apenas com um pouco de terra espalhada por cima." Fala também mais adiante das grandes valas, cada uma das quais recebia cerca de seiscentas pessoas: "Foi preciso novamente cavar grandes valas, cinco nos Innocents, quatro na Trinité e em outros lugares."[63]

Sauval também acredita que o cemitério da Trinité date da grande peste negra de 1348: "Em 1348 havia em Paris tanta gente que os cemitérios regurgitavam corpos mortos. Foi o que obrigou Philippe de Valois a ordenar ao preboste dos mercadores que procurassem fora da cidade algum lugar para cavar mais outras, e foi assim que ocupou um grande jardim da rua Saint-Denis, contíguo ao Trinité, que negociou com os religiosos."[64]

Depois das epidemias de 1544, 1545, 1548 e 1553, as autoridades do Châtelet se esforçaram por encontrar "alguns cemitérios separados e a certa distância", mais longe do que a rua Saint-Denis "para neles inumar e amortalhar os corpos dos que daqui por diante morrerão de peste, e aqueles que por pobreza são habitualmente expostos ao público, sem sepultura".

> No cemitério do hospital da Trinité não se enterrariam doravante os corpos das pessoas mortas no Hôtel-Dieu[65] da cidade; assim seria usado e destinado o citado cemitério da Trinité para acréscimo, morada e comodidade das pobres crianças alimentadas e mantidas no dito hospital. Em lugar do cemitério será tomado espaço capaz e suficiente na ilha Macquerelle, sendo limitado pelo rio Sena [...]

---

63 Lasteyrie, Un enterrement à Paris en 1697, *Bulletin de la société d'histoire de Paris et de l'Ile-de-France*, Paris, t.4, p.146-50.

64 *Journal d'un bourgeois de Paris au Moyen Âge*, (out-nov 1418), p.116; Sauval, op. cit., t.2, p.557.

65 Sinônimo de hospital em muitas cidades da França. (N. T.)

O homem diante da morte

"Mas tendo ocorrido que a cidade um ano depois (1555) tivesse objetado que seria de temer que aqueles que transportassem os corpos os lançassem ao rio para simplificar a tarefa, não se foi além disso."[66]

Finalmente, essas grandes valas de que os textos falam principalmente a respeito de epidemias já não eram reservadas apenas a tempos de grande mortalidade. Tornaram-se, desde pelo menos o século XV e até o final do século XVIII, a forma habitual de sepultura dos pobres e dos defuntos de condição modesta. Em 1763, um comissário-examinador do Châtelet, encarregado de um inquérito sobre os cemitérios de Paris, descrevia assim no seu relatório o cemitério dos Innocents:

> Observemos também que existe atualmente, a cerca de seis metros da Torre chamada Notre-Dame-des-Bois, do lado do setentrião, uma vala comum que o coveiro nos disse ter sido aberta durante o último mês de janeiro, de cerca de 4,5 metros por 5,5 metros, e com cerca de 6 metros de profundidade coberta *não exatamente* por diversas tábuas; a citada vala podia conter 600 a 700 corpos e nela havia atualmente 500. Acrescentou que durante o corrente mês de maio seria aberta outra, sem nos poder indicar o lugar preciso, *não tendo conservado qualquer noção da ordem dessas aberturas*. O que acarreta, por vezes, que na ocasião das escavações se encontrem corpos ainda não consumidos, parando-se para enchê-las de novas inumações ou para cobri-las e se dirigir alhures.

Essas grandes valas não eram cavadas exclusivamente nos velhos cemitérios que datavam da Idade Média. Num cemitério completamente novo que a administração de Saint-Sulpice criara em 1746, na rua de Bagneux, um comissário, no curso do mesmo inquérito, encontrou uma vala de 4,5 por 4,5 metros de largura e 5,5 metros de profundidade "coberta com uma grade de ferro e que podia conter quinhentos cadáveres".

Tudo se passa como se os hábitos adotados para enterrar com rapidez os pestilentos dos séculos XIII e XIV nas cidades tivessem sido

---

66 Tisserand, *Les îles du fief de Saint-Germain-de-Prés et la question des cimetières*, *Bulletin Soc. hist. Paris*, t.4, p.112-31.

conservados para enterrar todos os que não pagavam os direitos de sepultura nas igrejas e nos carneiros.[67]

As grandes valas justificavam o nome de "come-carne" que lhes davam nos Innocents, mas que muitos outros cemitérios também mereciam. "Nesse cemitério, existem tantas ossadas de falecidos que é uma coisa inacreditável", dizia Corrozet, mas isso é devido à sua virtude especial: "a terra dele [cemitério] é tão putrefaciente que um corpo humano ali é consumido em nove dias". Atribuía-se também aos Alyscamps de Arles a mesma propriedade, que se considerava sobrenatural. Quando os testadores, por vezes bispos, que não se podiam mandar inumar nos Innocents, pediam que se pusesse um pouco dessa terra nos seus caixões, era sem dúvida por causa da qualidade maravilhosa que ela possuía. As ossadas expostas nos carneiros provinham dessas valas. Havia duas operações sucessivas, uma referente ao cadáver inteiro, a outra relativa apenas aos ossos depois da consumação da carne. Sabe-se que a prática de sepultura dupla é conhecida em outras culturas, em Madagascar, por exemplo, mas neste caso não tem o mesmo sentido religioso.

Convém citar um caso especial no sul da França, diferente do costume geral dos carneiros. Encontram-se nas pequenas igrejas romanas da Catalunha cavidades preparadas nos muros, abrindo para o exterior. Destinavam-se a receber ossos e eram fechadas por um epitáfio. Ainda é possível vê-las hoje. Manifestamente esses túmulos eram uma espécie de segunda sepultura ou sepultura de ossos, porque o corpo não poderia entrar inteiro nessas cavidades. O esqueleto fora desmontado. Seriam essas sepulturas reservadas a personagens importantes, após consumação de suas carnes ou destruição dessas carnes por fervura, por exemplo? Essa prática pode ter se desenvolvido onde as interdições canônicas de enterrar na igreja foram mais respeitadas: teriam então enterrado o mais perto possível do muro, ou, ainda melhor, no muro. Pelo contrário, o uso dos ossários na França não mediterrânea corresponde a ideias diferentes. Foi um fenômeno de massa que se expandiu por volta de meados da Idade Média, nos séculos XIV e XV, no final da pressão urbana, quando os

---

67 BN, Manuscritos franceses (Ms. fr.), Papiers Joly de Fleury, 1207.

espaços estreitos dos adros não puderam absorver os restos de uma população crescente e periodicamente exposta às mais fortes mortalidades epidêmicas. Fez-se lugar exumando-se os ossos e transportando-os para onde era possível, isto é, nos celeiros, sobre os recontros das abóbadas.

Essa prática ainda era seguida no fim do século XIX nos cemitérios bretões onde, nos conta Anatole Le Braz, ao final de cinco anos levavam-se ao carneiro os ossos do último ocupante, para deixar lugar livre. O coveiro de Penvenan tinha "lavrado seis vezes toda a extensão do cemitério", isto é, "tinha depositado sucessivamente no mesmo buraco até seis mortos". Cumpria o seu ofício como todos os seus antecessores, os coveiros dos séculos XVI e XVII, cujos contratos passados com as administrações foram conservados pelos arquivos notariais: o de Saint-Maclou de Rouen recebe, em 27 de outubro de 1527, 3 libras "por ter preparado o cemitério e por ter arrumado os ossos dos falecidos na galeria".[68]

"Dificilmente se encontraria um coveiro mais competente", continua Anatole Le Braz. "Continuava vendo claro, como em pleno dia, nas valas que havia entulhado. A terra úmida do cemitério era, a seus olhos, transparente como água." O reitor pediu-lhe que enterrasse um de seus paroquianos, ou antes "que lhe cavasse o buraco onde o grande Ropertz fora enterrado, havia cinco anos". Mas o coveiro conhece muito bem o seu cemitério e seus habitantes: "Nesse canto aí, veja bem, os cadáveres conservam-se por muito tempo. Conheço bem o meu Ropertz. A esta hora os vermes mal começaram a lhe trabalhar as entranhas."

Os ossários

O traço mais extraordinário do carneiro é a exposição dos ossos.

Durante muito tempo, sem dúvida até por volta do século XVII, os ossos afloravam ao solo, misturados a pedras e seixos. Um vitral da sacristia de Saint-Denis (1338), hoje desaparecido, ilustrava as obras de misericórdia de São Luiz, entre as quais o enterramento dos mortos.

---

68 Le Braz, *La légende de la Mort chez les Bretons armoricains*, t.I, p.313; Pillet, *L'Aître de Saint-Maclou*.

Contudo, não é um enterro que lá se vê, mas a coleta dos ossos: São Luiz enche um saco de crânios e tíbias; seus companheiros, que o ajudam a segurar o saco, tapam o nariz e a boca. Em quadros de Carpaccio, o cemitério está juncado de destroços de esqueletos ou mesmo de pedaços de múmias, meio enterradas.

No tempo de Pantagruel, os crânios e os ossos se espalham por toda a parte e servem aos *"guenoulx des Innocents pour rechauffer le cul"* [aos andrajos dos Innocents para esquentar seus traseiros]. Alimentam a reflexão de um Hamlet. Pintores e gravadores os mostram no interior ou ao lado das igrejas, misturados com a terra remexida.

Entretanto, desde o século XV e talvez antes, organizou-se e ordenou--se nas cidades essa enorme massa de ossadas, perpetuamente devolvidas pela terra. Foram então expostas artisticamente em lugares visíveis, acima das galerias dos carneiros, no pórtico da igreja, ou ainda numa pequena capela destinada a essa função, ao lado da igreja.

Ainda existem algumas: uma na fronteira franco-luxemburguesa, e os ossários bretões. Esses últimos não têm um nome especificamente bretão, eram chamados "granal". "Granal", isto é, o carneiro da *Canção de Rolando*, o *charnier*: são de fato a sobrevivência estranha e tardia dos carneiros do final da Idade Média e do início dos tempos modernos:

> Por trás das grades da série de janelas altas da nave, misturadas aos destroços das tábuas dos caixões, as ossadas ficavam empilhadas aos montes: acontecia ultrapassarem as bordas, e no apoio exterior da janela podia-se roçar em fileiras de crânios cobertos de musgo, que seguem com os seus olhos vazios as idas e vindas dos passantes.[69]

Parece que uma noite, por volta de 1800, "um rapaz bêbado levou para casa uma cabeça de morto que tirara do carneiro; sóbrio, ficou aterrorizado". Essa é a história crua. Dela surgiu a lenda: o rapaz bêbado pensou estar roubando a touca de linho fino de uma morta que dançava no cemitério e de que ele tentara apoderar-se. Voltando para casa, guardou-a no

---

69 Le Braz, op. cit.

armário e no dia seguinte, "no lugar da touca branca de linho fino havia uma cabeça de morto, e na cabeça restos de cabelos, longos e macios cabelos, provando que a cabeça era de uma moça". Ao jovem nada mais restava fazer, decreta o reitor consultado, do que "levá-la de volta ao carneiro de Pommerie, de onde provinha."[70]

Os costumes funerários bretões nos dão uma chave para compreender o significado das exposições de ossos desde meados da Idade Média até o século XVIII, e mais tarde ainda que na Bretanha, em Nápoles e em Roma. No século XIX, as movimentações macabras e a transferência dos ossos para lugares de exposição foram interditadas pela lei. No entanto, foram toleradas pela administração no Oeste Bretão, onde persistiram até à guerra de 1914. Mas, sentimento novo, a família bretã, desde então atingida pela preocupação moderna de particularizar o túmulo, preferiu uma espécie de pequeno ossário individual, "a caixa de crânio", ao anonimato tradicional do carneiro. Essas caixas eram perfuradas com uma abertura, em geral em forma de coração, que permitia ver-se o crânio, do mesmo modo que, nos relicários, fazia-se um orifício para se ver o santo.[71] Essas caixas com crânios não existiam exclusivamente no Oeste; encontram-se outras, também da mesma época, no carneiro de Marville (Meuse).

Um hino bretão chama os fiéis a contemplar os ossos amontoados nos carneiros:[72]

Venons au charnier, chrétiens, voyons *les ossements*
De nos frères [...]
Voyons *l'état pitoyable où ils sont réduits [...]*
Vous les voyez, cassés, émiettés [...]
Écoutez done leur enseignement, écoutez-le-bien [...][73]

---

70 Ibid., p.286.

71 Ducrocq, "De la variété des usages funéraires dans l'Ouest de la France", memória lida no dia 18 de abril, 22º *Congrés des Sociétés savantes*.

72 Le Braz, op. cit.

73 [Venhamos ao carneiro, cristãos, *vejamos* as ossadas / Dos nossos irmãos [...] / *Vejamos* o estado lastimável a que estão reduzidos / Vocês os veem, quebrados, em migalhas [...] / Escutem-lhes portanto o ensinamento, escutem-no bem [...]] (N. T.)

É preciso *ver*. Os carneiros eram lugares de exposição, feitos para serem vistos. Sem dúvida, no início não passavam de um depósito ao acaso, onde se procurava desvencilhar dos ossos exumados somente para desocupar espaço, e não havia preocupação especial em mostrá-los, mas, em seguida, a partir do século XIV, sob influência de uma sensibilidade orientada para o macabro, quis-se, ao contrário, tirar partido disso: dispuseram-se os ossos e os crânios de tal maneira a formarem em torno do pátio da igreja uma decoração para a vida cotidiana desses tempos sensuais.

O grande cemitério descoberto

O adro-carneiro persistiu até o fim do século XVIII. Mas existia outro tipo de cemitério. Um historiador de sepulturas medievais, A. Bernard, observou que, a partir do século XII, podemos observar o surgimento de cemitérios mais vastos. Na mesma época, deixou-se de amontoar sarcófagos e começou-se até mesmo a abandonar os sarcófagos de pedra. Foi também a época das lanternas dos mortos.

Assim, ao lado dos adros com pequenos pátios fechados pelos carneiros, existiam então cemitérios maiores, a ponto de Gabriel Le Bras ter podido escrever: "os antigos cemitérios têm por vezes uma extensão *imensa*" [o grifo é nosso].[74]

Esses grandes cemitérios encontravam-se na vizinhança de igrejas e no interior de recinto eclesiástico. Reconhecemo-los no século XVII em desenhos das cidades de Gaignières (Notre-Dame-D'Évreux, Saint--Étienne de Beauvais, a abadia de Saint-Amand em Rouen).[75]

Perto de Saint-Savin-sur-Gartempe no vilarejo d'Antigny, ao lado da igreja, uma praça de grandes dimensões recobre hoje o antigo cemitério onde os sarcófagos de pedra dos séculos XII-XIII foram exumados e expostos; no meio, uma cruz-altar: um exemplo desse outro tipo de cemitério medieval.

---

74 Bernard, op. cit.; Le Bras, *Dictionnaire d'histoire et géographie écclesiastiques*, "Asile"; Duparc, op. cit., p.483-509.

75 Gaignières, *Répertoire Bouchot*, n.5186 (cathédrale d'Évreux), n.5650 (Saint--Étienne de Beauvais), n.5879 (Saint-Amand de Rouen).

O plano dessas praças já não é geométrico e retangular como o dos carneiros: vagamente oval, de forma frouxa e irregular. Já não havia galerias aparentes ou carneiros. O cemitério é, às vezes, fechado, mas então por muro baixo rodeado de árvores como uma cerca, com grandes portas ou grandes brechas por onde podiam passar charretes. Esse muro delimita um vasto espaço descoberto: se o desenhista de Gaignières não tivesse escrito o termo, não se poderia adivinhar que se trata de um cemitério. No entanto, olhando mais de perto, percebem-se algumas cruzes e pequenos retângulos, que marcam a localização das grandes valas comuns acima descritas. Essas cruzes são os únicos ornamentos da grande superfície nua. Por vezes só existe uma, monumental, erigida sobre um pedestal: uma cruz triunfal. Noutros lugares se veem cinco. No cemitério dos Innocents, havia quinze. Encontravam-se outras semelhantes em todos os cemitérios, mas pouco numerosas, isoladas, distanciadas umas das outras: nada que lembrasse as cruzes próximas dos nossos cemitérios atuais. No Grande Claustro, ou claustro dos cônegos de Vauvert, "no cemitério que fica à esquerda, entrando no claustro, veem-se muitas cruzes, tanto de pedra como de madeira".

As cruzes eram doações. Umas com fins litúrgicos, como as grandes cruzes triunfais, cruzes de calvários bretões. Outras são menores, pouco numerosas, e marcam a localização de sepulturas, ou então servem de referência: são erigidas pelas famílias enterradas ao redor.

Asilo e lugar habitado. Grande praça e lugar público

O cemitério medieval não era apenas o lugar onde se enterrava. O próprio termo *cimeterium* designava também, como ressaltou G. Le Bras, um local onde se tinha deixado de enterrar,[76] onde às vezes jamais se tinha enterrado, mas que assegurava uma função comum a todos os cemitérios, incluindo aqueles onde se continuava a enterrar: o cemitério era, como a igreja, o centro da vida social. Ocupava o lugar do foro. Na Idade Média e até durante o século XVII, correspondia tanto à ideia de praça pública

---

76 Le Bras, op. cit.; Duparc, op. cit.

como à ideia, que hoje é exclusiva, de espaço reservado aos mortos. A palavra tinha então dois sentidos, dos quais apenas um subsistiu desde o século XVII até os nossos dias.

Essa dupla função se explica pelo privilégio do direito de asilo, com os mesmos motivos que o enterramento *ad sanctos*. O santo padroeiro concedia aos vivos que o honravam uma proteção temporal, como aos mortos que lhe confiavam o corpo uma segurança espiritual. O exercício de poderes laicos parava diante do muro da igreja e do seu *atrium*. No interior desses muros, os vivos encontravam-se como os mortos, na paz de Deus: *omnino sunt (cimeteria) in pace Domini.*

O primeiro sentido não funerário da palavra cemitério foi, portanto, o de um lugar de asilo em torno da igreja. Por essa razão é definido por Ducange: "Asilo em torno da igreja". E o sentido passou do latim eclesiástico para o francês. Se o dicionário de Richelet não dá ao cemitério uma definição literal de asilo tão nítida quanto o glossário de Ducange, reconhece-lhe bem a função nos seus comentários: "Os cemitérios sempre se disseminaram como lugares de asilo". Um historiador contemporâneo constata que, na Bretanha, "cemitério tomou rapidamente o sentido de refúgio, asilo."[77]

Uma anedota, recolhida pelos bolandistas,[78] permite ilustrar esse papel de asilo:

> Na Inglaterra, durante uma guerra particular, o partido inimigo chegou a uma vila e se apressou a pilhar até mesmo o que os habitantes tinham depositado para salvaguarda nas igrejas e cemitérios. Nesses últimos, as vestes, sacos e até mesmo cofres estavam pendurados nos galhos das árvores. Os bandidos sobem às árvores, mas pela intercessão do santo patrono da igreja os ramos quebram-se, eles caem e as suas quedas e dos objetos suspensos esmagam os companheiros que os esperavam embaixo das árvores.[79]

---

77 Lesne, op. cit., t.3; Oange, op. cit.,"*Cimeterium*".

78 Grupo de jesuítas fundado por Jean Bolland na primeira metade do século XVII. [N. E.]

79 Prevost, *L'Église et les campagnes au Moyen Age*, p.50-1. Em Minot-en-Châtillonais, existiam no cemitério e junto à igreja abrigos onde os habitantes depositavam os

Já vimos que se costumava pendurar assim nas árvores os caixões dos excomungados. Também "penduravam" nas árvores os enforcados: árvores para todo serviço, do tempo passado!

Nessas condições, compreende-se que a função de asilo tenha por vezes predominado sobre a função de inumação. Nada impedia, o que nos parece absurdo, criar cemitérios onde não se enterrava, ou onde podia até ser proibido enterrar. Nesse caso, um espaço necessariamente fechado por muros, e em geral próximo a uma capela ou oratório, era bento *sub priori immunitatis* (um espaço era bento principalmente para imunidade). Ducange dá um exemplo de cemitério interditado aos mortos e destinado à segurança dos vivos: *ad refugium tantum vivorum, non ad sepulturam mortuorum* (para refúgio dos vivos e não para sepultura dos mortos). Por essa fundação, o bispo de Redon não queria privar os monges, dois quais a paróquia dependia, dos direitos de sepultura, sem contudo privar os habitantes da região de um local de refúgio.[80]

A função de asilo transformou o cemitério, por vezes, num local de residência, sempre num lugar público de encontro, continuando-se a enterrar ali ou não.

Refugiados que tinham pedido asilo ao cemitério lá se instalavam e se recusavam a deixá-lo. Alguns se contentavam com as câmaras por cima dos carneiros. Outros ali construíam habitações, prolongando assim uma ocupação que as autoridades eclesiásticas tinham querido temporária. Não que os clérigos tenham achado escandaloso que se vivesse num cemitério, mas porque queriam controlar o seu uso.

Um concílio normando de 1080 pede que os refugiados sejam expulsos depois do fim da guerra (*de atrio exire congantus*),[81] mas estipula que os mais antigos poderão ali permanecer.

Assim os cemitérios foram ocupados por casas construídas por cima dos carneiros, umas habitadas por padres, outras alugadas a laicos. É por essa razão que o *cimeterium* tomou o sentido de lugar habitado ao lado da

---

objetos em caso de necessidade. Foram suprimidos no século XVII. Veja adiante Capítulo 2 e Zonabend, Les morts et les vivants, *Études Rurales*, n.52.

80 Ducange, op. cit., *"Cimeterium"*.

81 Lesne, op. cit.

igreja: *"locus seu vicus* (bairro, aglomeração) *forte prope ecclesiam constitutus"*.[82] É possível que as ilhotas de habitações tenham invadido a superfície do cemitério a ponto de já não deixarem lugar para as sepulturas; no entanto, a ilhota habitada permanece sempre um cemitério, seus habitantes reivindicam o privilégio, aliás contestado, de direito de asilo, e mesmo em seguida, o termo permanece: a praça do Velho Cemitério Saint-Jean.

No início do século XIII um tribunal eclesiástico (que corresponde à diocese) examinava se o costume da região permitia aos senhores, *domini vilarum,* exigir *census customas et alia servitia,* dos habitantes do cemitério [censos (imposto pago pelo possuidor da terra ao senhor do feudo), costumes e outras servitudes]. Em Sélestat, no século XIII, foi estabelecido que os habitantes do cemitério gozassem de imunidade.[83]

Portanto, habitava-se no cemitério sem por isso ficar de qualquer modo impressionado pelo espetáculo dos enterros, pela vizinhança das grandes valas comuns, deixadas abertas até ficarem cheias.

Os residentes não eram os únicos a frequentar o cemitério sem prestar atenção à vista e aos odores das valas e dos ossários. O cemitério servia de foro, de grande praça e de passeio público, onde todos os habitantes da comunidade podiam se encontrar, se reunir, passear; para seus assuntos espirituais e temporais, para diversões e amores. Os autores medievais tinham consciência do caráter público do cemitério: opunham o *locus publicus* do seu tempo aos *loci solitarii* dos túmulos pagãos.

Segundo as palavras de um historiador de direitos funerários da Idade Média, Bernard, o cemitério era o "lugar mais barulhento, mais agitado, mais turbulento, mais comercial da aglomeração rural ou urbana". A igreja era a "casa comum";[84] o cemitério, o espaço aberto, igualmente comum, em épocas em que não havia outros lugares públicos senão a rua, nenhum outro lugar de encontro, a tal ponto que as casas eram em geral pequenas e superpovoadas.

---

82 Ducange, op. cit.

83 Chedeville (ed.), op. cit., n.153.

84 "Essa atividade profana parecia natural aos homens desse tempo porque o santuário era a casa comum", Dumas, L'Église au pouvoir des laïques. In: Fliche, Martín, *Histoire de l'Église*, p.268.

O homem diante da morte

No adro, no pátio da igreja, o povo se reunia para todas as manifestações regulares que a igreja podia conter: pregação, procissão, distribuição de sacramentos.

Em 1429, "o irmão Richard pregou durante toda uma semana nos Innocents, todos os dias das 5 da manhã até as 10 ou 11 horas diante de um auditório de 5 a 6 mil pessoas". Cinco a seis mil pessoas no estreito espaço de um cemitério! "Pregava do alto de um estrado de perto de 3 metros de altura, com as costas voltadas para os carneiros defronte da Charronerie, no lugar da dança macabra."[85]

Algumas igrejas, como a de Guérande e a catedral de Viena, conservam um púlpito de pedra tomado da fachada do monumento e voltado para o exterior, para o antigo cemitério hoje desaparecido. Na segunda metade do século XVIII, as pesquisas assinalam que o coveiro dos Innocents morava numa pequena casa que ainda se chamava de púlpito. Segundo os planos, parece que anteriormente a "casa do guarda" apoiava-se no ângulo de um corredor que dava a volta à igreja dos Innocents e a separava do cemitério propriamente dito. Essa casa foi, em seguida, transformada em escritório e aumentada: escritório de Saint-Germain. Teve-se então que transferir a casa do guarda para o lado do púlpito, no centro do cemitério.

A procissão de Ramos realizava-se no cemitério: a grande cruz triunfal [*hosannière*] lhe deve o seu apelido, que nesse dia fazia as vezes de altar portátil, e a mesa de pedra que eventualmente lhe era acrescentada sustentava o evangelho durante o canto da Paixão. Na base de uma dessas cruzes, representou-se a entrada do Cristo em Jerusalém.

Ainda hoje, nos campos da França, o dia de Ramos é uma festa dos mortos: colocam-se flores nos túmulos juntamente com os ramos bentos. Será que esse costume vem simplesmente do fato da procissão de Ramos se realizar no adro da igreja, adro que servia também às sepulturas? Na Idade Média, os mortos eram assim associados pelos vivos à liturgia pascal por serem ao mesmo tempo constantemente pisados por eles e expostos à sua piedade. A frequentação dos mortos no cemitério, em geral, deixava os vivos mais familiarizados com eles, tornando-os muitas

---

85 Tuetey, op. cit.

vezes indiferentes, salvo nos momentos culminantes de uma religião de salvação, que reanimava a lembrança dos mortos na memória da comunidade e no próprio lugar das sepulturas.[86]

Nos dias de peregrinação, o cemitério servia de estação para o cortejo. "Doze mil crianças reúnem-se no cemitério dos Innocents para acompanhar a procissão de Nossa Senhora com círios, para dar graças a Deus pela Vitória de Formigny".[87]

Ali se reuniam igualmente toda espécie de cortejos civis e militares durante a Liga:[88] em 1588, "às 9 horas da noite, encontravam-se no cemitério dos Innocents vários coronéis e capitães de diversos bairros em número de onze companhias".

Entre seus habitantes vivos, o cemitério contava por vezes com alguns especiais; mulheres eremitas se faziam ali encerrar em reclusão: "Na quinta-feira, dia 11 de outubro [1442], a reclusa dos Innocents, chamada Jeanne la Vairière, foi instalada pelo bispo Denis Desmoulins numa casinha nova, foi feito um belo sermão diante dela e de uma grande multidão vinda para a cerimônia". De outra reclusa "encerrada" em 1418 conservou-se o epitáfio:

En ce lieu gist soeur Aliz la Bourgotte
A son vivant recluse très dévote,
Rendue à Dieu femme de bonne vie.
En cet hostel voulust être asservie
Ou a régné humblement et longtemps
Et demeuré bien quarante-six ans.[89]

---

86 Vallance, *Old Crosses and Lynchgates*, p.13.

87 Corrozet, apud Dufour, op. cit.

88 ou Santa Liga: confederação de católicos franceses que teve papel essencial nas guerras de religião em França depois de 1576. (N. T.)

89 [Neste lugar jaz a irmã Aliz la Bourgotte / Em vida, reclusa muito devota, / Entregue a Deus, mulher de vida limpa. / Nesta casa quis ficar escravizada / Onde reinou humildemente e por muito tempo / E permaneceu bem 46 anos.] (N. T.)

O homem diante da morte

A área de reclusão, onde elas ficavam muradas, dava ao mesmo tempo para a igreja e para o cemitério. Em Saint-Savin (Baixos Pirineus), cujo cemitério servia a um vale inteiro dos Pirineus, uma janela se abria também para a igreja: a lenda a atribui aos carolas. Não seria antes uma comunicação da reclusão com a igreja?

Eventualmente, as eremitas piedosas viviam ao lado das reclusas à força: mulheres de má vida – ou criminosas – que a justiça condenara a ali serem muradas para sempre. Assim se vê em 1485, no cemitério dos Innocents, "numa pequena casa que lhe devia ser preparada", uma mulher que matara o marido e cuja pena de morte tinha sido assim comutada. Encerravam-se as mulheres na reclusão por outros delitos, como também nos conventos ou no hospital geral, por falta de prisões.

Entre as manifestações propriamente religiosas e as atividades profanas, a justiça ocupava então um lugar intermediário. Expressão essencial do poder – muito mais do que em nossos Estados modernos – e ao mesmo tempo meio popular de participação na vida pública – função hoje apagada –, a justiça tinha simultaneamente alguma coisa de sagrado e de profano. Mesmo temporal, ela era exercida na igreja, ou ainda no cemitério, por conta do ar livre.

Na época carolíngia, o conde, o centurião (oficial da guarda cívica) e o vigário ali realizavam suas audiências [*placita*]. A praça do tribunal encontrava-se ao pé da cruz triunfal. Ainda no século XV, Joana d'Arc foi julgada (por um tribunal da Igreja) no cemitério de Saint-Ouen em Rouen.

Quando o processo de inquisição substituiu os ordálios e os duelos judiciais, os interrogatórios e as torturas realizaram-se no interior dos auditórios. Contudo, a sentença devia ser pronunciada publicamente, sobre um estrado de pedra construído para esse efeito, num canto, se não do cemitério, pelo menos da praça que o prolongava, e dele separada apenas por uma cerca. Até mesmo os atos de direito privado deviam não só passar pelo tabelião – ou pelo pároco – na presença de algumas testemunhas ou signatários, mas serem levados ao conhecimento de todos. Na Idade Média, numa civilização do visível, o ato jurídico constituía espetáculo, exercido no recinto eclesiástico; na época carolíngia, os livramentos se realizavam na igreja perto do altar, e as trocas, donativos e vendas, no adro, onde a comunidade se reunia habitualmente. A maioria dessas operações era estranha às funções de inumação; uma delas, no entanto, mobilizava os mortos em seu simbolismo dramático: costumes (como os de Hainaut) previam que uma viúva podia se subtrair às dívidas da comunidade familiar por uma cerimônia durante a qual depositavam, no túmulo do marido, seu cinto, chaves, bolsa. Nos séculos XII-XIII, também era assim, no cemitério, que a cerimônia inspirada nos funerais celebrava a morte civil dos leprosos.

Nos tempos modernos, os atos privados passaram do cemitério aos gabinetes do tabelião do mesmo modo que a instrução da justiça passou para as salas do tribunal. Mas também deviam ser lidos publicamente no cemitério diante da comunidade dos habitantes que ali se reuniam em geral a após a missa solene. Ali a justiça deliberava, elegia seus síndicos, seu tesoureiro e seus oficiais. No século XIX a maioria das atribuições passou para a Prefeitura, que sediava o Conselho Municipal. No conservatório bretão, algumas de suas funções de informação persistiram, em especial a proclamação dos atos de direito privado, como mostra este extrato de um conto recolhido por A. Le Braz: "Tendo a missa terminado, o secretário da prefeitura pregava a homília do alto dos degraus do cemitério [isto é, do calvário ou da cruz], lia às pessoas reunidas na praça as novas leis; eram publicadas, em nome do tabelião, as vendas que deveriam se realizar durante a semana". Os oradores "subiam à cruz". De fato, o pedestal da cruz "que, em certos lugares tomava, aliás, a forma de um púlpito [para os sermões] servia quase sempre de tribuna pública. Era de cima deles que os oradores profanos [e outrora pregadores] dirigiam-se assim ao povo". Por essa razão *subir à cruz* é sinônimo de arengar".[90]

Nada surpreendente que nesse local popular, equipamentos coletivos tenham sido instalados e frequentados pela comunidade dos habitantes. Um documento do fim do século XII trata da construção de um forno senhorial no cemitério.[91] Sete séculos mais tarde, lendas bretãs

---

90 Le Braz, op. cit., t.I, p.123.
91 Chedeville (ed.), op. cit., n.285.

lembravam sempre a presença do forno senhorial no cemitério. No forno do cemitério de Lanrivoiré mostravam-se pães em forma de pedra: pães milagrosamente transformados em pedra porque o senhor que tomava conta da cozedura no cemitério recusara-se a dar um pedaço a um pobre.[92]

A proximidade do forno de pão e das valas onde os mortos estavam superficialmente inumados e de onde eram periodicamente exumados, ossários onde eles estavam indefinidamente expostos, tem qualquer coisa de surpreendente que hoje nos repugna: deixou insensíveis os habitantes desde a Idade Média até o fim dos tempos modernos.

O direito de asilo fez do cemitério, ao mesmo tempo que um lugar público de reunião, um lugar de mercado e de feira. Os mercadores ali gozavam das concessões de imunidade, aproveitavam do concurso dos fregueses atraídos pelas manifestações religiosas, judiciárias ou municipais. Os dias de peregrinação eram também dias de feira.

Certos textos reconhecem aos habitantes do cemitério o direito de ali manter uma loja, e Ducange cita um deles para ilustrar as definições que dá ao termo *cimeterium*: "Os homens do cemitério de Jay vendiam vinho ou cerveja no cemitério". Ao longo dos carneiros instalavam-se lojas e mercadorias. Os sínodos do século XV quiseram proibir as atividades profanas (Nantes em 1405, Angers em 1423)[93] e as atividades judiciárias naquele local: proibiam os juízes seculares (mas não os tribunais eclesiásticos) de realizar audiências no cemitério e de ali proclamar sentenças. Proibiam que se fizesse dali um lugar de feira ou de mercado, que vendessem ou até mesmo só expusessem pão, aves, peixes e outras coisas. Havia uma única exceção para a cera, matéria-prima nobre dos círios, obra preciosa da mãe abelha, como cantava a liturgia pascal: *apis mater eduxii*. Proibiam os operários e os segadores de se reunirem ali e se oferecerem por ocasião da contratação de serviços.

Essas interdições dos concílios respondem às mesmas preocupações que as interdições de inumar nas igrejas: elas pretendiam proteger os lugares bentos dos mercadores, como também proteger o santuário

---

92 Le Braz, op. cit., t.I, p.259.
93 Bernard, op. cit.

dos cadáveres. Conseguiram, em certos casos, no século XVI, retirar do recinto eclesiástico a sede da justiça ou a praça do mercado. Mas uma e outra permaneceram assim mesmo grudadas ao cemitério, com se tivessem sido separadas a contragosto. Os pavilhões da feira de Saint--Germain eram contíguos ao cemitério Saint-Sulpice, o mercado de Champeaux (pavilhões do mercado de Paris), vizinho do cemitério dos Saints-Innocents.

Em conjunto, as interdições conciliares foram ineficazes. Na realidade, nenhuma consideração teórica, nenhuma autoridade jurídica ou moral impediu a igreja e o cemitério de servirem de local de reunião para toda a comunidade, tanto que toda essa última sentiu necessidade de se reunir periodicamente para se administrar diretamente e também para ter a sensação de vida em comum.

Tornando-se a sede de uma assembleia cujas deliberações permaneciam públicas, mas que dali em diante seria, por lei, mais isolada da massa dos eleitores, a nova casa comum, a prefeitura, perdeu o caráter popular da igreja e do cemitério. Não foi consequência de secularização. O positivismo não delirava ao fazer da prefeitura o templo laico: a Igreja tinha representado perfeitamente esse papel durante séculos. O motivo estava antes no progresso das formas burocráticas na vida pública e na administração; o desaparecimento do sentimento global de comunidade vivida. Anteriormente, a comunidade manifestava com festas sua consciência coletiva, liberava por meio de diversões o excesso de suas forças jovens no próprio lugar onde realizava as reuniões religiosas, judiciais, políticas, comerciais: no cemitério.

O cemitério era o lugar de passeio, de encontro e de regozijo. Fazia as vezes de alameda de passeio. Assim permaneceu na Bretanha de Anatole Le Braz: "Jovem, foi sob os olmos e os teixos do cemitério que ele marcará encontros, depois das vésperas, com a donzela da qual terá 'desejo' e que esperará, nos dias de perdão, que ele a convide para passear ou dançar".[94]

As condenações dos sínodos, repetidas inutilmente durante séculos, informam-nos, portanto, que os cemitérios sempre serviram para os

---

94 Le Braz, op. cit., t.I, p35.

prazeres e para as diversões que, por sua vez, acompanhavam os mercados e as feiras.

Em 1231, o Concílio de Rouen, "sob pena de excomunhão, proibia danças [*choreas*] no cemitério ou na igreja". Proibição que se encontra quase inalterada em 1405: interdição a qualquer pessoa de dançar no cemitério, de ali realizar qualquer espécie de diversão; proibição aos mímicos, aos malabaristas, aos teatros de máscaras, aos músicos populares e aos charlatães de ali praticarem seus ofícios suspeitos.[95] O cemitério dos Innocents era, nos séculos XVII e XVIII, uma espécie de galeria comercial, os basbaques ali passeavam como nas galerias do palácio da Cité, onde também se encontravam livrarias, mercearias, comerciantes de roupas brancas. Lugares igualmente públicos, o palácio de justiça e a igreja também atraíam as lojas e os fregueses. Dois dos quatro carneiros deviam o nome ao comércio que ali se realizava: o carneiro dos comerciantes de roupas brancas e o carneiro dos escrivães (isto é, dos escrivães públicos). "Sob as abóbadas de cerca de 3 metros de largura encontra-se uma dupla série de lojas de escrivães, comerciantes de roupa branca, livreiros e revendedores de modas." Berthaud citava:

Les cinq cents badineries
Que l'on voit sous les galeries.[96]

"No meio dessa multidão, acontecia uma inumação, abria-se um túmulo, retiravam-se cadáveres ainda não completamente consumidos onde, mesmo nos invernos muito frios, o solo do cemitério exalava odores mefíticos." Esse texto de 1657 mostra que essa promiscuidade já nem sempre era muito apreciada. Os flanadores divertiam-se com o pitoresco dos pequenos ofícios: "Levei-o aos carneiros dos Saints-Innocents onde lhe mostrei os ilustres secretários daquela região, fi-lo ouvir a leitura de uma carta de elevado estilo desses senhores. Fi-lo considerar uma

---

95 Bernard, op. cit.

96 [As quinhentas ninharias / que se viam sob as galerias.] (N. T.) Dufour In: Hoffbauer, op. cit.; Berthaud, *La Ville de Paris en vers burlesques*, apud Raunié, *Épitaphier du vieux Paris. Histoire générale de Paris.*

empregada que fez alterar uma nota para majorar os preços do que comprara para o patrão."[97]

"É nos carneiros e ao longo dos pilares que se encontram certos escrivães que são bem conhecidos por aqueles que não sabem escrever."

Esses passeios eram muitas vezes mal frequentados. Já em 1186, segundo Guillaume le Breton, o cemitério dos Saints-Innocents era conhecido como lugar de prostituição [*meritricabatur in illo*]. Foi por essa razão que Felipe, o Belo mandou consolidar a sua cerca destruída. No tempo de Rabelais, os Innocents não tinham melhor reputação: "Era uma boa cidade [Paris] para viver, mas não para morrer", por causa dos "andrajosos, mendigos, piolhentos" que perambulavam noite e dia pelo seu cemitério.

Nós os encontramos ainda no século XVIII: "Os pobres ali se instalavam, provocavam imundícies, doenças e contágios, e se entregavam a toda espécie de excessos". "Os ladrões estavam tão seguros de ali encontrar asilo de noite, como tolos e inocentes de dia, segundo um antigo jogo de palavras."[98]

Naquela época em que a ronda e a polícia controlavam mal e esporadicamente as classes perigosas, os miseráveis procuravam refúgio e proveito nos lugares públicos, igrejas e cemitérios, onde se tinham instalado tabernas e lojas.

Mercado, lugar de anúncios, leilões, proclamações e sentenças, espaço destinado às reuniões da comunidade, local de passeio, de diversões de maus encontros e ofícios maldosos, o cemitério era simplesmente a grande praça. Da praça, tinha a função: o lugar público por excelência, o centro da vida coletiva. Da praça tinha também as formas, as duas formas conhecidas do urbanismo medieval e do início dos tempos modernos: o campo de feira e o pátio quadrado.

Foi, sem dúvida, a instalação do mercado que provocou, a partir dos séculos XII e XIII, a ampliação de certos cemitérios, acima mencionados,

---

97 Berthaud, op. cit.

98 Berhaud, op. cit.; Fougère (ed.) *Journal d'un voyage à Paris*, p.46; Bernard, op. cit.; Dufour In: Hoffbauer, op. cit.

de acordo com A. Bernard e G. Le Bras: pareciam-se então com as grandes encruzilhadas das cidades da Idade Média, dominadas ao centro por uma cruz monumental: cruz triunfal, cruz das encruzilhadas.

Terá sido o carneiro ou o claustro que serviu de modelo para a praça quadrada ou retangular, flanqueada de galerias comerciais, a Plaza Mayor de Espanha, a Place des Voges ou as galerias do Palais em Paris? Os habitantes das cidades, grandes ou pequenas, do século XVI ao XVIII, gostaram de encerrar a sua vida pública nesses espaços fechados, entre os quais, alguns como os Innocents, eram cemitérios. Depois da sua destruição, o cemitério dos Innocents foi substituído como lugar de perambulação e de prazeres por outro pátio retangular, o do Palais-Royal. As galerias do Palais-Royal serão, por sua vez, substituídas no século XIX pelos grandes bulevares, sinal de uma transformação do homem das cidades e de sua sociabilidade. A preferência é dada ao espaço aberto e linear do bulevar onde se instalam os "terraços" dos cafés, em detrimento do espaço fechado e quadrado. Talvez reste alguma coisa do gosto antigo nas passagens cobertas do urbanismo do século XIX.

Nas vilas, nas pequenas aglomerações semirrurais, semiurbanas, do século XVII, a praça do bailio [Place de la Baillie] ou o pavilhão do mercado [les Halles] prolongou o cemitério vizinho. Acabaram por se separar, quando uma evolução desigual, começada no fim do século XVI em certos lugares, sem caráter de generalidade, separará o cemitério da igreja, como veremos no Capítulo 6 deste livro, o "Refluxo". Também terá por efeito enfraquecer o papel laico do cemitério, quando não era sustentado por uma poderosa tradição como em Paris, nos Innocents. Então, a função de lugar público passou do cemitério para a praça vizinha. Mas durante muito tempo, antes de ficar isolado, o cemitério foi a grande praça pública.

A igreja substitui o santo. Que igreja?

Muito do que foi dito sobre o cemitério e seu caráter público aplica--se também à igreja. Eram ao mesmo tempo casa dos mortos e casa dos vivos. Foram assim de início, graças à devoção, às relíquias dos santos e à *memoria*. Em seguida, a partir do século XII, permaneceram próximos, mas a piedade mudou de motivação. O mesmo sentimento que gerava atração pelos sarcófagos das primeiras eras cristãs para os *martyria* sempre impeliu os homens da baixa Idade Média a escolher sepultura na igreja ou ao lado dela. Contudo, já não era a memória de determinado santo que se procurava, era a própria igreja, por ali se celebrarem as missas; e o lugar mais apreciado era o altar, não a confissão do santo, mas a mesa do sacrifício eucarístico.

O enterramento *apud ecclesiam* substituiu o enterramento *ad sanctos*.

Essa mudança foi ainda mais notável porque na época em que ela se efetuava, a devoção aos santos experimentou um novo fervor. J. Le Goff distinguiu duas tendências na história do culto dos santos.[99] A primeira, durante a alta Idade Média, manifestada pelas primeiras hagiografias fabulosas; a outra, a partir do século XIII, com a Lenda Dourada e os maravilhosos contos de uma arte apreciadora do pitoresco folclórico. O primeiro período coincide com o êxito do enterramento *ad sanctos*; a segunda não teve efeitos diretos sobre os costumes funerários e não influenciou a atitude para com os mortos. Atendo-se à leitura dos testamentos, não se suspeitaria a popularidade do folclore dos santos no final da Idade Média. Um único aspecto dessa devoção ali aparece: a peregrinação após a morte.

Nesse caso, o testador pede que, em seu lugar, um mercenário faça, para repouso de sua alma, a peregrinação aonde ele não pudera ir enquanto vivo e para a qual fixa o objetivo e o preço: o costume queria que o montante fosse pago ao peregrino por ocasião do seu regresso, confiando num certificado elaborado pelo clero da igreja visitada. Um testamento de 1411, de um procurador do Parlamento de Paris, prevê

uma viagem e peregrinação que seria feita pela senhora minha companheira e esposa e eu a Notre-Dame-de-Boulogne-sur-Mer e ainda a Notre-Dame de Montfort, a Saint-Cosme e Saint-Damien de Lusarches. Pelo que me foi dado entender que a senhora companheira tinha a devoção de fazer uma

---

99 Le Goff, Culture cléricale... In: *Analles ESC*, op. cit.

O homem diante da morte

viagem a Santiago na Galiza e embora ela nada me tenha dito nem declarado e que eu não tivesse consentido, desejo todavia que lá se mande mensageiros, certo que trará carta de certificado dessa peregrinação.

Le Braz cita peregrinações póstumas desse gênero na Bretanha do século XIX.[100]

Portanto, continua-se a rezar sobre o túmulo de um santo perto das relíquias veneradas, mas já não há tanta preocupação em se enterrar ao lado delas. Essa segunda época do culto folclórico dos santos não penetra tanto na sensibilidade religiosa como a primeira. Sem dúvida, ela já se acompanha de uma reação clerical de desconfiança e começa a parecer suspeita. Um secretário da rainha Isabel, cônego em muitas igrejas, prevê no seu testamento de 1403, caso ele morresse longe de casa, como deveriam dispor então do seu corpo. Suas preferências variavam de acordo com o título da igreja da localidade de sua morte. Pede em primeiro lugar o coro, e, se não for possível, a nave diante da imagem de Nossa Senhora. Contudo, se a igreja da localidade de sua morte for dedicada a outro santo que não a Virgem, o testador renuncia a postular vizinhança do altar-mor, coro, ou capela do santo; esse precursor das reformas pede que seja enterrado então na nave diante do crucifixo. Portanto, na ordem das preferências: o coro, a imagem da Virgem e o crucifixo passam antes do santo.[101] Outros menos minuciosos deixaram de procurar para o corpo morto a proteção de um santo que não fosse Nossa Senhora ou o padroeiro de sua confraria. Daí por diante a igreja passou à frente de outras considerações. Ela é a imagem que o testador muito naturalmente associa a seu corpo. Assim se manifesta um conselheiro do Parlamento de Toulouse, em 1648: "Dou a minha alma a Deus, deixo o meu corpo na igreja dos Agostinhos [e não à terra] e na sepultura dos meus".

Esse deslocamento da piedade em nada muda a atitude diante dos mortos nem suas manifestações: *a igreja apenas substituiu o santo*. Escolhe-se

---

100 Jean du Berry, 24 de agosto 1411. In: Tuetey, *Testaments enregistrés au Parlement de Paris, sous le règne de Charles VI*, n.282.

101 Tuetey, op. cit., n.105.

a igreja como anteriormente se escolhia o santo. A diferença é grande para a história do sentimento religioso; é bem pequena para a história do sentimento da morte.

O problema tornou-se, pois, o de saber qual o motivo que ditaria a escolha de uma igreja, de certo lugar numa igreja, ou de um cemitério. Os testamentos permitem responder a essas perguntas: a escolha da sepultura é uma das suas razões de ser. Mas os testadores também não ignoraram certas indicações do direito canônico.

De início, a igreja cemiterial era aquela de uma abadia venerada pelas suas relíquias ou seus túmulos. O santo se desvaneceu, em seguida, diante da abadia: o costume quis que se enterrasse num mosteiro. É essa a única informação precisa que Rolando apresenta quando deseja que Carlos Magno possa encontrar-lhe o corpo morto e os dos companheiros.

Interesses materiais não desprezíveis entraram igualmente em jogo, porque o defunto foi pouco depois colocado na obrigação de prever, no seu testamento, os legados em favor da abadia que tivesse escolhido. Foi por essa razão que os bispos pretenderam retirar o monopólio dos enterramentos das abadias e até mesmo reservar esse direito ao cemitério da sua sé – de início previsto fora dos muros e, em seguida, ligado a uma paróquia ou à igreja episcopal. "A sepultura dos mortos deve ser celebrada na localidade onde o bispo tem sede." Se o cemitério episcopal é muito afastado da localidade da morte, a inumação se fará numa comunidade de cônegos, de monges, ou monjas, a fim de aproveitar a intercessão das rezas dos religiosos. É somente quando nenhuma dessas duas eventualidades pode ser mantida que os Padres do Concílio de Tribur, em 859, autorizam o enterro no mesmo lugar, no antigo oratório que se transformou em igreja paroquial, onde o defunto pagava dízimo. O enterramento na igreja rural só ocorreu quando se renunciou a imposição do cemitério episcopal. Nos Pirineus, conservou-se a lembrança do tempo em que se vinha, de toda a extensão de um vale, enterrar os mortos num cemitério como o de Saint-Savin (perto de Pau).

E, no entanto, o direito reconhece muito bem a cada um a liberdade de escolher o local de sua sepultura. Alguma incerteza, porém, pesava sobre o caso da mulher casada. Segundo o decreto de Gratien, "a mulher deve

O homem diante da morte

seguir o marido na vida e na morte". Pelo contrário, segundo um decreto de Urbano II: a morte emancipa a mulher do marido.

Surgiu a questão de saber o que adviria do defunto quando não pudera expressar a sua vontade. O direito prescreve então que seja inumado ao lado dos pais (*in majorum suorum sepulcris jacet*). No caso sempre significativo da mulher casada, ela seria enterrada com o marido ou no lugar por ele designado ou ainda perto dos próprios ancestrais.

Podia-se temer que as famílias reivindicassem precedentes para dispor de sua sepultura como de uma posse transmissível por sucessão. Essa foi a razão para se recomendar a escolha da igreja paroquial. Assim diz Hincmar: "Nenhum cristão deve impor a sua sepultura como se a tivesse por herança [*hereditario jure*]; mas sejam enterrados na igreja paroquial nos lugares designados pelos sacerdotes [os bispos]."[102] Essa incerteza do costume explica-se pela preocupação de não privar a paróquia dos direitos funerários. Ela devia receber sempre uma "justa parte", fixada pelo costume, por vezes após longos processos, quando um dos paroquianos tivesse escolhido sepultura em outra igreja. Além disso, a partir do século XVII, pelo menos, os corpos podiam ser apresentados à igreja paroquial antes de serem transportados àquela da sepultura. Enfim, se a inumação ocorria em outra parte, o coveiro da paróquia seria citado diante dos registros (séculos XVII-XVIII). A legislação eclesiástica hesitou, desse modo, quanto à preferência entre a família e a paróquia.

A prática reflete a mesma hesitação que o direito. De início, os cavaleiros da *Canção de Rolando*, e ainda os dos romances da Távola Redonda não se preocupavam com a sepultura familiar; nem Rolando, nem Oliveiros manifestaram o menor desejo de repousar perto dos pais, em quem jamais pensaram antes de morrer. Os cavaleiros da Távola Redonda desejavam ser enterrados na abadia de Calaamoth, junto aos companheiros de armas.

A partir do século XV, a maioria dos testadores quer ser enterrada na igreja ou no cemitério onde os membros da família já receberam sepultura, *perto do marido, da mulher, por vezes dos filhos* já mortos, seja na igreja – "na igreja de Monsieur Saint Eustache, no lugar onde estão

---

102 Lesne, op. cit., t.3, p.122-9.

minha muito querida companheira e esposa e os meus filhos, que Deus tenha as suas almas" (1411); dois esposos pedem, no testamento, que sejam enterrados próximos um do outro na igreja de Saint Médéric, sua paróquia (1663) –, seja no cemitério – a viúva de um comerciante, "no cemitério da igreja de Saint Gervais, sua paróquia, no lugar e local onde o seu defunto marido foi posto em sepultura (1604); um paroquiano de Saint--Jean-en-Grève, "no cemitério dos Saints-Innocents no lugar onde estão inumados e enterrados sua mulher e seus filhos falecidos" (1609); um mestre sapateiro da paróquia de Saint-Martial "deseja que seu corpo morto seja inumado e enterrado no cemitério dos Saints-Innocents perto do local onde está sepultada sua defunta mulher e seus filhos" (1654).[103]

Perto dos pais e do esposo ao mesmo tempo, tanto na igreja como no cemitério: "na igreja abacial de Saint-Sernin (Toulouse) e na sepultura onde estão amortalhados nossos avô, avó, pai, mãe, irmão, irmã e minhas duas mulheres" (1600); "na igreja de Saint-Étienne-du-Mont, no local onde estão enterrados seus pais e seu marido e em torno dos filhos" (1644). *Perto dos pais, sem referência ao esposo:* um conselheiro do duque de Orléans, paroquiano de Saint-Nicolas-des-Champs, "no cemitério dos Saints--Innocents, no lugar onde estão enterrados seus pais, mães e irmãos"; "na igreja de [Saint-Séverin], na sepultura dos seus ancestrais" (1690); "no pátio da igreja de Saint Germain-le-Vieil onde estão as minhas duas irmãs" (1787).[104] Os últimos testadores teriam sido celibatários? Todavia as viúvas preferem decididamente a sepultura dos pais à dos esposos: "na igreja Saint Jacques-de-la-Boucherie, sua paróquia, no local onde está enterrada sua defunta mãe" (1661); "escolheu [sua sepultura] no cemitério da igreja dos Saints-Innocents em Paris, perto do local onde foram sepultados seu pai e sua mãe" (1407).

Um testamento hológrafo de 1657 mostra a mesma hesitação entre a sepultura do cônjuge e a dos pais: "Ordeno que a minha sepultura seja no lugar e local onde minha mulher desejar ser enterrada". O defunto, nesse

---

103 Tuetey, op. cit., n.282; Archives nationales ("AN"), Minutier central ("MC"), XXVI, 24 (1604); LI, 112 (1609); LXXV, 87 (1654).

104 Archives départementales ("AD") da Haute Garonne, Testaments séparés 11.808, n.19; MC, LXXV, 54 (1644); 372 (1690); OXIX, 355 (1787).

O homem diante da morte

caso, será, pois, enterrado no lugar fixado pelo sobrevivente, exceto se circunstâncias se opuserem a essa vontade, de tal modo que seria então no "cemitério, no local onde meu pai, minha mãe e antigos parentes estão enterrados".[105]

A igreja é, pois, quase sempre escolhida por uma razão de família, para se ser enterrado perto dos pais, ou, mais frequentemente, perto do esposo e dos filhos. O hábito generalizou-se a partir do século XV e expressa bem os progressos de um sentimento de sobrevivência à morte; talvez, aliás, tenha sido no momento da morte que ele começou a se impor à consciência lúcida: se a família representava então um papel fraco no tempo banal da vida cotidiana, nas horas de crise, quando um perigo excepcional ameaçava a honra ou a vida, ela recuperava o seu império e impunha uma última solidariedade até depois da morte. A família venceu assim as fraternidades guerreiras que uniam nos seus cemitérios os cavaleiros da Távola Redonda, porque para eles a verdadeira família eram os companheiros. Acomodou-se, ao contrário, às fraternidades de ofício, porque esposos e filhos repousavam juntos na capela da confraria.

Acontecia, contudo, o testador preferir outra vizinhança que não aquela da família, em especial quando era celibatário; a atração dos pais parece menos forte do que a dos esposos e filhos no caso do homem casado. Ele escolhia em outro círculo, um tio, por exemplo, que tivesse sido seu benfeitor, espécie de pai adotivo como aquele mercador de tapetes em 1659, que quis repousar "sob o túmulo do finado senhor de la Vigne, seu tio". Escolhia também um amigo; esse foi o sonho de Jean Regnier:

Aux Jacobins eslis la terre
En laquelle veuil estre mis,
Pour ce qu'aux Jacobins d'Aucerre
Gisent plusieurs de mes amis.[106]

---

105 MC, LXXVIII (1661); Tuetey, op. cit., n.217 (1407); MC, LXXV, 94 (1657).
106 [Nos Jacobinos escolhi a terra / Na qual desejo ser posto, / Porque nos Jacobinos d'Aucerre / Jazem muitos dos meus amigos.] (N. T.) MC, LXXV, 97 (1659); Régnier In: Mary (org.), *Anthologie poétique française, Moyen Age*, t.2, p.201.

Na verdade, o amigo carnal era também primo ou parente afastado. É um pouco como o "irmão" nas sociedades arcaicas. Isso aparece nos testamentos como o do presidente do Parlamento de Paris de 1413: escolheu sepultura numa capela onde repousam "o finado seu pai e outros amigos". Eram muito frequente, do século XV ao XVIII, fundações piedosas serem destinadas à salvação da própria alma, bem como da de sua mulher "conjuntamente unidos, e de todos os amigos".[107]

Um notário, em 1574, escolheu "perto das sepulturas do finado mestre François Bastoneau [também notário] seu primo e bom amigo". A amizade não era apenas, como entre adultos do nosso tempo, um prazer da vida de relações, ela era o que continua sendo para as crianças e os adolescentes, mas já não para o adulto: um elo sólido comparável ao amor, tão forte que por vezes resiste também à morte. Observavam-na em todas as condições, mesmo as mais humildes. A mulher que alugava as cadeiras da igreja de Saint-Jean-en-Grève era, em 1642, a viúva de um soldado do regimento do Piemonte; ela quer que o seu corpo seja enterrado "no pequeno cemitério próximo da igreja de Saint-Jean [um bom lugar] ao lado da sepultura da mulher de Jacques Labbé, sua boa amiga".[108]

À família, aos amigos carnais, pode-se preferir no século XVII o amigo espiritual, o confessor. Não se contentam em beneficiá-lo com algum legado, como era costume; querem ainda repousar sob a sua sombra, como aquele médico parisiense num testamento hológrafo de 1651: seu corpo morto será inumado na igreja de Saint-Médard, "próximo do confessionário do senhor Cardos". Aqui o confessor do século XVII substituiu o santo da alta Idade Média: enquanto vivo, foi venerado como santo.

Acontece, finalmente, criados desejarem permanecer após a morte perto dos patrões: "O mais perto possível do túmulo do finado senhor Pierre de Moussey e de sua mulher, enquanto vivos burgueses de Paris, que foram seus patrão e patroa, que Deus os absolva" (século XVI). "Na igreja de Saint Croix-de-la-Bretonnière, perto da sepultura da filha de

---

107 Tuetey, op. cit., n.323.

108 MC, VIII, 328 (1574), apud. Fleury, *Le testament dans la coutume de Paris au XVIᵉ siècle*, p.81-8.

seu senhor" (1644). Mais frequentemente os patrões são os executores testamenteiros de seus criados, lhes deixando a escolha da sepultura.[109]

Às solidariedades terrestres, familiares ou mais tradicionais, preferir-se-á em certos casos, mais numerosos nos séculos XVII e XVIII, a família espiritual, a paróquia: efeito do Concílio de Trento que queria restituir à paróquia a função que ela tinha (ou teria) perdido na Idade Média e principalmente nos séculos XIV e XV: "Desejo e quero que o meu corpo seja inumado na igreja de Monsenhor Saint-Jean-en-Grève, minha paróquia".

Testadores engenhosos combinavam a paróquia e outra igreja de sua escolha: "Quer e pretende que o seu corpo morto seja inumado e enterrado na igreja colegial de Monsenhor Saint Médéric em Paris no coro dessa que é a sua paróquia, na sepultura onde o finado honrado homem Thibault, senhor seu marido, foi enterrado". Era uma viúva que se tornara depois da morte do marido "uma das velhotas frequentadoras da capela de Saint-Étienne-et-André". Devia, contudo, ter devoção especial pela igreja de São João, pois acrescentou: "Quer e pretende que, antes do seu enterro, o corpo seja levado à igreja de Saint-Jean-en-Grève onde será rezado um ofício completo, ao qual enterro e cortejo assistirão os párocos, vigários, padres e clérigos do coro de São João, os senhores cônegos e capelães ordinários da mencionada igreja de Saint Médéric", isto é, os clérigos das duas igrejas (1606).[110]

Todavia, a restauração paroquial da Contrarreforma não eliminou, pelo menos até à segunda metade do século XVIII, o apego tradicional às comunidades religiosas (dominicanos, carmelitas etc.), como veremos mais adiante com a ajuda de documentos de Toulouse.

Em que lugar da igreja?

Uma vez escolhida a igreja, por razões de família ou piedade, surge a questão de fixar o local em que se pedia para ser enterrado: na própria igreja ou no cemitério e, principalmente, em que exato lugar.

---

109 MC, LXXV, 76 (1651); XVI siècle: Fleury, op. cit.
110 MO, XXVI, 25 (1606). Médéric = Merry.

Embora alguns deixem a escolha ao executor testamenteiro, a maioria se esforça por descrever pontos de referência fáceis de reconhecer, podendo, assim, situar melhor o local desejado. Tratava-se, em geral, de determinar o local em que se encontrava a sepultura familiar, ao lado da qual o testador queria ser inumado. Quase sempre ela não era visível. Até o fim do século XVIII não havia se generalizado o costume de sempre assinalar por meio de uma inscrição o lugar exato da sepultura: o hábito de amontoar os corpos, de sobrepô-los, de mudá-los, não permitia, aliás, generalizar essa prática, reservada tão somente a alguns túmulos. Não havia cadastro de subsolo funerário. Desse modo, os obituários onde os monges da Idade Média inscreviam os aniversários dos defuntos benfeitores do convento designavam vagamente o local das sepulturas: aniversário de C. A., cônego de Limoges, "que está enterrado no nosso claustro contra o muro ou um pilar".[111] Era preciso, por isso, que o testador desse as coordenadas de um local que só ele conhecia: no convento dos dominicanos, na capela onde foram inumados a mulher, a irmã, a mulher de seu pai: "a qual capela fica à direita de quem vai da nave para o coro" (1407). Na igreja dos frades mínimos de Saint-François-de-Blois, "no lugar em que ela disse ter mostrado a sua prima que guardava os registros" (século XVI); "entre o pilar onde se encontra o altar da Anunciação e o que fica embaixo, contra o qual se acha o banco de Pierre Feuillet" (1608); "na nave da grande igreja de Paris, do lado direito... no lugar que mostrei a meu irmão"; "Em Saint-Denis, diante da imagem da Virgem"; "perto do lugar onde se senta o senhor Decano de Paris nos domingos de manhã, na procissão ordinária" (10 de agosto de 1612); "na igreja de Saint-Nicolas-des-Champs... no quinto pilar" (1669); "na igreja dos padres carmelitas da praça Maubert, na sepultura de seus antepassados que se encontra na capela de São José, sob um grande túmulo [a presença "de um grande túmulo", que certamente comportava uma inscrição, não era, pois, suficiente para assegurar a referência da sepultura] que termina

---

111 *Anniversarium G. A. canonici lemovicensis qui est sepultus in claustro nostro in pariete* SIVE *in pila claustri. Obituaire de Solignac,* Limoges, Archives départementales, H. 9180 bis (comunicado por J.-L. Lemaitre).

no escabelo que sustenta o balaústre do altar da capela, tirante do lado direito"(1661).[112]

Nem sempre se podia ficar certo de ser enterrado exatamente no lugar assim designado, mesmo se o pároco e os fabricantes tivessem dado (ou cedido) o seu acordo: sepulturas mais recentes e não ainda "consumidas" poderiam ainda estar ocupando o solo. Desse modo, pedia-se mais uma vizinhança do que um lugar muito exato: "na igreja do Val-des-Écoliers, no local *ou próximo* ao da finada senhora sua mulher" (1401); "nos Innocents, perto do local onde foram sepultados seu pai e sua mãe ou em outro lugar perto deste" (1407); "o mais próximo possível do túmulo [...]" (século XVI); "a sepultura de meus citados pai e mãe que fica perto do muro da igreja, do lado esquerdo de quem entra" (1404).[113] Encontra-se pela pena dos testadores ou de clérigos que redigiam os testamentos expressões como: *perto do lugar onde está enterrado...*, *perto da capela* – em inglês, *beneath*. Essa aproximação é o caso mais frequente, mas tem exceções: alguns são bastante precisos: "no lugar e local onde" (1657), "no mesmo lugar onde está enterrada a senhora minha mãe" (1652).

Um testador do século XV esforçou-se muito em determinar, como geômetra que era, o local de sua sepultura: "na cruz obtida por dois traços, ligando-se de um lado o crucifixo à imagem de Nossa Senhora, e por outro lado os altares de São Sebastião e de São Domingos" (1416).[114]

A localização mais procurada e mais dispendiosa era o coro, perto do altar onde se diz a missa, onde o padre recita o *confiteor*. Essa é, sem dúvida, a razão do enterramento *apud ecclesiam*: o sacrifício da missa em preferência à proteção dos santos. "Seu corpo ele quer que o depositem na igreja de la Terne, que é da ordem dos Celestinos na diocese de Limoges, e que fique dentro do coro da dita igreja, bem perto [isto é, muito perto] do grande altar, do lado chegado ao muro" (1400). Um médico de Carlos VI: *in choro dictae ecclesie ante magnum altare* (1410). "No coro da igreja dos frades Mínimos de Saint-François à Bois, perto do altar-mor" (século XV). "No

---

112 Tuetey, op. cit., n.211 (1407); Fleury, op cit.; MC, III, 507 (1608); XVI, 30 (1612); LXXV, 146 (1669); LXXVI, 112 (661).

113 Tuetey, op. cit., 61 (1401); 217 (1407); 132 (1404).

114 MC, LXXV, 94 (1657); LXXV, 80 (1652); Tuetey, op. cit., 337 (1416).

coro do Hôtel-Dieu dessa cidade de Paris" (1662). Um mestre de petições: "ser levado à igreja de Boulay e ser enterrado no coro da dita igreja" (1669).

Ocorria que nem sempre se dizia a missa paroquial no altar-mor, por essa razão este testador queria ser inumado "na igreja de Saint Merry na capela onde se diz a missa paroquial" (1413). No século XVIII, esse altar era o do Santíssimo Sacramento; "sob este túmulo repousa o corpo do senhor Claude d'Aubray, em vida cavaleiro", morto a 31 de maio de 1609 com 83 anos de idade, "tendo na terra completa e singular devoção pelo precioso corpo de N. S., desejou no dia da sua morte ser posto e sepultado perto do Santíssimo Sacramento a fim de obter misericórdia pelas orações dos fiéis que se prosternam e se aproximam desse santo e venerável sacramento e ressuscitar com eles em glória".[115]

Depois do coro, o lugar mais procurado era a capela da Virgem ou a sua "imagem". A família da viúva de Guillaume des Bordes, camareiro, morto em Nicópolis tinha sua sepultura "na igreja do priorato de Saint-Didier na citada Brugères, na capela de Nossa Senhora" (1416). Podia-se ser enterrado diante da capela e não dentro dela: desse modo a viúva, em primeiras núpcias, de um burguês de Paris, "atualmente mulher de um cirurgião do rei", "deseja que seu corpo morto seja enterrado na igreja de Saint Jacques-de-la-Boucherie, sua paróquia, diante da capela da Virgem Santa, no local onde está enterrada sua finada mãe" (um caso de preferência pelos pais em vez do esposo) (1661). Este outro testador: "na igreja abacial de Saint-Sernin perto da capela de Nossa Senhora" (1600).

Escolhe-se também ser amortalhado diante da imagem de Nossa Senhora como esse vinhateiro: "na igreja do dito Montreuil no mesmo lugar onde sua querida mulher está enterrada, que é diante da imagem da Virgem" (1628). Ou ainda "de frente para a imagem de Nossa Senhora que está na citada igreja". Um secretário do rei: "Quero e pretendo que meu corpo seja enterrado na igreja de Saint-Jean-en-Grève, minha paróquia, de que fui segundo fabriqueiro quando o marquês d'Estrées era o

---

115 Tuetey, op. cit., 264 (1410); 55 (1400); 323 (1413); MO, LXXV, 117 (1662); LXXV, 142 (1669); Épitaphier de Paris, op. cit.

primeiro [uma bela promoção!] e diante da imagem da Virgem, no lugar da capela [...] onde a finada Madame Damond, minha mulher, foi enterrada" (1661).

Havia também uma imagem de Nossa Senhora nos cemitérios, nos Innocents: "Nesse cemitério, em vez de um montículo, há um pequeno torreão com uma imagem de Nossa Senhora talhada na pedra, muito bem feita; um homem mandou fazer esse torreão sobre a sua sepultura porque em vida ele se vangloriava de que os cães não urinariam sobre a sua sepultura". No século XVI, escolhia-se a sepultura "diante da imagem da Bela Senhora", "ao lado da imagem de Nossa Senhora", nos Innocents. Em 1621, "no cemitério dos Saints-Innocents diante da capela da Virgem Maria no dito lugar"; "no cemitério dos Saints-Innocents, diante da capela da Virgem Maria que fica no centro do cemitério".[116]

Os outros santos eram muito mais raramente designados: ainda eram por vezes venerados como patronos das confrarias a que a capela fora dedicada: a mulher de um jardineiro: "na igreja de Saint Gervais, diante da capela de Santo Eutrópio" (1604); um procurador do Châtelet, na capela de São José, em 1661, época do desenvolvimento da devoção a São José como patrono da boa morte. Pela mesma razão se escolhia a capela da Ressurreição, em 1647.

Depois do coro, da capela ou da imagem da Virgem, o crucifixo encontra-se como local de eleição de sepultura, a partir do século XV e ainda no século XVII. Um pároco em 1402 determinou com precisão que fazia questão de ficar *ante crucifixum et ymaginem beate Marie*. Também se podia ter a sorte do crucifixo ficar no coro: "sob o crucifixo do coro" (1690). De modo geral, o crucifixo era suspenso entre a nave e o coro. Um burguês de Paris, de 1660, "deseja que seu corpo morto seja enterrado na igreja Saint-Germain-de-l'Auxerrois, sua paróquia, aos pés do crucifixo". O crucifixo podia estar também no local do banco da obra. Os fiéis, sem dúvida antigos fabriqueiros, o escolhiam para sua última etapa. Um padeiro e sua mulher, "na igreja da Madeleine diante da fábrica da dita

---

116 Tuetey, op. cit., 337 (1416); MO, LXXVIII (1661). AD Haute-Garonne, 11808, no 19 (1600); MO, UI, 533 (1628); 532 (621).

igreja" (1560); "em Saint Médéric, minha paróquia, diante do púlpito dos fundadores onde estão meus pais e mães" (1649).[117]

Vimos acima que as cruzes serviam de referência nos cemitérios. Os testadores as indicavam com frequência como referência topográfica para designar o lugar da sepultura: "entre a cruz e o olmo do cemitério da igreja de Saint-Gervais", pedem um comerciante de Paris e sua mulher (1602).

Enfim, uma das localizações frequentes era, no século XVII, o banco que a família tinha na igreja. Pedia-se que o corpo repousasse perto do lugar onde, em vida, assistia-se à missa, "na nave perto do banco da família situado na parte baixa da igreja contra um dos pilares da torre do lado da pia batismal" (1662); um sargento do Châtelet e sua mulher "na igreja de Saint-Nicolas-des-Champs, sua paróquia, diante do seu banco na citada igreja" (1669). Uma família faz contrato em 1607 com a fábrica da igreja a fim de "pôr uma sepultura diante do dito banco para se fazer inumar, ele, sua mulher e seus filhos"; um outro, "na igreja de Saint-Jean-en-Grève, sua paróquia, perto do seu banco" (1628-1670).[118]

Fato curioso, os protestantes parisienses, sob o regime do Édito de Nantes, participavam da mesma devoção em relação ao lugar onde, em vida, seguiam a liturgia: Anne Gaignot, mulher de Nicolau I de Rambouillet, morta em 1684, pediu que fosse enterrada ao lado do templo de Charenton, no velho cemitério, perto de seus pais e mães "diante do lugar que ela ocupava no templo".[119]

Encontram-se nos testamentos outras designações que são mais excepcionais e menos significativas: "sob a pia de água benta" (1404), *prope piscinam* (1660).[120]

De modo geral fica-se impressionado pelo fato das escolhas de sepulturas mais disseminadas do século XV ao XVII serem principalmente ditadas pela devoção à missa e ao Cristo crucificado.

---

117 MC, XXVI, 24 (1604); Tuetey, op. cit., 80 (1402); MO, LXXV, 372 (690); 109 (1660); AD Seine-et-Oise, paróquia de Saint-Julien, in Fleury, op. cit. (20 de maio de 1560), MO, LXXV, 78 (1649).

118 MC, III, 516 (1622); LXXV, 146 (1669); XXVI, 26 (1607); III, 533 (1628).

119 Magne, *La fin trouble de Tallement des Réaux*, p.342.

120 Tuetey, op. cit., 122 (1404); MC, LXXV, 142 (1660).

O homem diante da morte

A escolha do lugar assim designado pelos testadores ficava subordinada à aprovação do clero e da fábrica da igreja. Tratava-se quase sempre de questão de dinheiro, mas os testadores mais avisados previam destinações alternativas, que também são interessantes para se compreender a relação psicológica entre o enterramento na igreja e no cemitério: "na igreja de Saint-Eustache; se os fabriqueiros não o consentirem, na sepultura dos pobres nos Innocents" (1641); "na igreja des Minimes [...] Suplicando ao pároco de Saint-Médéric, seu muito honrado pastor, que conceda essa disposição" (1648); "na igreja paroquial na qual o citado testador será baixado à sepultura se for facilmente exequível; se não, no cemitério" (1590); "na igreja do Hôtel-Dieu [...] se isso for possível, ou de outra maneira na igreja ou cemitério que a senhora Marg. Picard, minha sobrinha, escolherá" (1662); "na igreja dos religiosos capuchinhos [...] suplicando-lhes que o aceitem de bom grado" (1669); "na capela de Notre-Dame-des-Suffrages du Taur (em Toulouse) se o senhor reitor da dita igreja concordar; se não, no cemitério da dita paróquia" (1678).

Não se decidem pelo cemitério senão na falta da igreja. Todavia, certos testadores escolhiam voluntariamente o cemitério por humildade. Claude de l'Estoile, escudeiro, senhor de Soussy, "confessando-se grande pecador, não deseja ser enterrado na igreja, reconhecendo-se indigno, mas somente no cemitério da sua paróquia" (1652). No cemitério significava, muitas vezes, na parte nobre, nos carneiros: "Laure de Mahault deseja que seu corpo seja enterrado no cemitério ao lado do carneiro da igreja de Saint-Jean, sua paróquia" (1660); "sob os carneiros da paróquia Saint-Cosme" (1667). Isso também queria dizer na vala comum: um advogado do Châtelet, em 1406, "na grande vala dos pobres"; Geneviève de Quatrelivres, em 1539, "na vala dos pobres no cemitério dos Saints-Innocents", como seu pai.[121] Ver-se-á (na terceira parte deste livro) que a inumação nos cemitérios das pessoas gradas, sempre excepcional, irá se tornar mais frequente na segunda metade do século XVIII, sinal de uma

---

121 MC, LXXV, 46 (1641), 66 (1648); XLIX, 179 (1590); LXXV, 117 (1660), 137, (1667), Tuetey, 185 (1406): AN, Y 86, F9 68 n.V9 (1539), apud Fleury, op. cit.

mudança que anuncia o abandono do costume das sepulturas dentro das igrejas.[122]

Quem na igreja? Quem no cemitério?
Um exemplo de Toulouse

Parece, segundo o que acabamos de ver, que do século XV ao XVIII, o lugar desejado para a sepultura era a igreja. É isso que diz Furetière, no verbete do seu dicionário para a palavra "cemitério": "Outrora ninguém era enterrado nas igrejas, mas nos cemitérios. Hoje estes estão reservados quase que exclusivamente para o povo".

Mas quem era o povo? Vejamos como se distribuíam as sepulturas. Isso é possível graças aos registros paroquiais que acusam o lugar de cada sepultura, mesmo que não tenha sido feita na paróquia.

Escolhi os registros de três paróquias de Toulouse, durante os últimos anos do século XVIII, no conjunto de carneiros do século XVII e XVIII; uma delas é Saint-Étienne, a catedral, no coração da cidade medieval, onde os nobres, os oficiais, os capitães, os mercadores ricos ainda residiam em maior número do que em qualquer outra parte; em seguida, a Dalbade em pleno bairro de artífices, de profissionais do ofício, mas também de funcionários do Parlamento; enfim, menos popular do que a Dalbade, menos aristocrática que Saint-Étienne, a abadia de Daurade ocupava um lugar à parte.[123]

Os registros permitem separar as sepulturas da igreja daquelas do cemitério. Primeiramente, vamos considerar o caso das sepulturas de paroquianos fora das respectivas paróquias. A questão só tem sentido para as sepulturas na igreja: porque os inumados no cemitério eram todos da paróquia.

O Quadro I, na próxima página, mostra o número elevado de enterros fora da paróquia. Não me surpreenderia se fosse mais elevado em Toulouse

---

122 Os testamentos parisienses são objeto de um estudo quantitativo sistemático por P. Chaunu e seus discípulos. Cf. Chaunu, Mourir à Paris, *Anales ESC*, 1976, p.29-50.

123 Arquivos da cidade de Toulouse, registros paroquiais.

do que em Paris, após uma leitura não exaustiva de testamentos parisienses da mesma época. Em Paris, o enterro fora da paróquia não era recomendado, salvo quando se tratava de uma sepultura de família.

De uma paróquia para a outra, podemos observar grandes diferenças: 62% dos enterros na Dalbade realizam-se na paróquia (igreja e claustros), contra 11% na Daurade. Na paróquia mais popular, mais de metade dos enterros se realizava na igreja paroquial. Nas paróquias menos populares, cedia-se mais ao prestígio de outros santuários. A primeira etapa do enterro, na igreja, que era sinal de certa promoção social, fazia-se na própria paróquia.

Que igrejas os testadores preferiram às respectivas paróquias? A resposta está no Quadro I. Essencialmente, os conventos de mendicantes (franciscanos, dominicanos, carmelitas, agostinhos): a metade das sepulturas de Saint-Étienne, 80% das sepulturas da Daurade. Na Daurade, um terço das sepulturas era para os dominicanos, e um terço para os franciscanos. As ordens mendicantes são as grandes especialistas da morte – assistem aos enterros – e do pós-morte – presidem às vigílias, procuram ser encarregados dos túmulos e rezam pelas almas. Desde o fim da Idade Média, o cordão de São Francisco substituiu as medalhas de São Bento que se encontravam nos túmulos do século XII. Trata-se de um fenômeno absolutamente generalizado, até à segunda metade do século XVIII.

Comparemos agora, para cada paróquia, o número de enterros na igreja (seja qual for) e no cemitério.

QUADRO I. Enterros em igrejas fora da paróquia. Para cada igreja, porcentagem do total das sepulturas nas igrejas.

em %	Daurade 1699	Dalbade 1705	Saint-Étienne 1692
Franciscanos	33,5	17	11
Dominicanos	33,5		12
Carmelitas	4	13	15,5
Igreja paroquial	11,5	62	27,7
Grandes Agostinhos			12

QUADRO II. Distribuição social dos enterros nas igrejas e nos cemitérios (em porcentagem).

Comparar com as indicações fornecidas por A. Fleury segundo o cartório VIII de Paris no século XVI: 60% nas igrejas, 40% nos cemitérios.

% do número total de sepulturas da paróquia			Nobres e togados[124]	Mestres de ofício + comerciantes[125]	Compa- nheiros + desconhecidos
Saint- -Étienne 1692	Igreja		64	38	51	10
	Cemitério Saint-Sauver	36	0	33	46 + 20 (crianças) = 66
Daurade 1698	Igreja		48	20	60	6
	Cemitério des Comtes	21	0	60	30
	Cemi- tério de Toussaint	31	0	34	50
Daurade 1699	Igreja		37	20	68	12
	Cemitério des Comtes	26	12 (crianças)	60	17
	Cemi- tério de Toussaint	37	0	26	54 + 18 (crianças) = 72
Dalbade 1705	Igreja		49	9	59 + 9 = 68[126]	13
	Cemitério		51	6 (crianças)	48	46

---

124 Porcentagem das sepulturas, seja na igreja seja no cemitério.

125 Ibidem.

126 9% = comerciantes; 68% = mestres + comerciantes.

O homem diante da morte

QUADRO III. *Proporção de crianças no conjunto das sepulturas (em porcentagem).*

Paróquia		Dalbade 1705	Daurade 1699	Saint-Étienne
Até 10 anos	Igrejas	36	57	32
	Cemitérios	67	62,5	48
Até 1 ano	Igrejas	10	18	4
	Cemitério	25,5	19	39

O cemitério é sempre paroquial. Mas existem, em certas paróquias, várias categorias de cemitério.

Na Dalbade encontramos a simples associação da igreja e do cemitério, como a analisamos nas páginas precedentes. Em compensação, na catedral e na Daurade, a situação é mais complexa, porque essas duas igrejas são a sede de comunidades de cônegos e de monges, e também por causa de sua grande antiguidade, do remanejamento de suas dependências e de sua vizinhança.

Em Saint-Étienne, o mais antigo cemitério é o claustro. No século XVII ainda era chamado "o cemitério do claustro", mas em geral mais simplesmente "o claustro" ou o *"petit préau"* [pequeno claustro]. De fato, a sepultura era ali tão cara e requestada quanto no interior da igreja. Não existe, portanto, qualquer diferença social entre as duas populações de mortos. Eis por que eu as misturei na mesma categoria de sepulturas de igreja. Entre 23 sepulturas dessa categoria, apenas 9 estavam localizadas na nave, as outras no claustro. O caso é interessante porque mostra que, em certas circunstâncias, como em Orleans e, sem dúvida, na Inglaterra, o adro ou o claustro conservaram a função de cemitério ao ar livre, nobre e venerável. Para isso, era preciso que fossem antigos e deles excluíssem os pobres.

A situação é praticamente a mesma na antiga abadia beneditina da Daurade. Conforme costumes muito antigos, aqui conservados e em geral ignorados (exceto no sul da França?), nunca se enterra na nave nem no coro: os 11% das sepulturas que equiparei às sepulturas de igreja eram, na realidade, *sub stillicidio* [sob as goteiras] ou *in porticu* [sob o pórtico], para voltar a palavras antigas que ainda tinham o seu sentido no século VII: "no pórtico dessa igreja", "diante da porta dessa igreja", "no convento da nossa igreja" (o claustro?), "no corredor dessa igreja", "no claustro", "na entrada da igreja". Digno de nota é que os padres que guardam os registros jamais empregavam o termo cemitério para designar o local dessas sepulturas ao ar livre.

Voltemos agora aos cemitérios propriamente ditos de Saint-Étienne e da Daurade. O cemitério onde, no século XVII, se enterravam os paroquianos de Saint-Étienne não é contíguo à igreja, chega mesmo a ser separado dela em toda a espessura, primeiro pela muralha, e em seguida pela avenida que a substituiu. Chama-se cemitério de Saint-Sauveur, nome da pequena igreja ou capela que foi construída no recinto e sem a qual não poderia existir. Não há cemitério sem igreja, não existe cemitério fisicamente separado da igreja. Assim, o cemitério de Champeaux era um anexo da pequena igreja dos Saints-Innocents. A diferença está em que Saint-Sauveur não é uma paróquia, como os Saints-Innocents. É um anexo da catedral. O cemitério de Saint-Sauveur data de uma época em que o cemitério começava a se desligar da igreja. Veremos outros exemplos em Paris, no Capítulo 6, "O Refluxo". Ele foi criado para servir de cemitério à paróquia de Saint-Étienne.

A paróquia da Daurade tem dois cemitérios (além do claustro e do adro da abadia), um muito antigo e muito venerado que se chamava o cemitério des Comtes, o outro muito mais recente e destinado aos pobres, o cemitério de Toussaint. Este podia ser contemporâneo do cemitério de Saint-Sauveur. Os dois cemitérios estavam dentro do recinto da abadia. O des Comtes à entrada da igreja e ao lado. Prolongava, sem solução de continuidade, a zona cemiterial do adro: os condes de Toulouse tinham ali a sua sepultura. Um sarcófago do início do século VI, dito da rainha Pédauque, hoje no museu dos Agostinhos e, sem dúvida, túmulo de Ragnachilde, tinha seu lugar, segundo descrição antiga, "na parte exterior do muro da igreja da Daurade, perto do cemitério des Comtes" (talvez num jazigo).

O outro cemitério estava situado em torno da abside da Daurade. O nome dá a entender que ele era posterior à celebração da festa dos Mortos, o dia depois de Todos-os-Santos, na época em que se tornou popular.

O caso de muitos cemitérios para uma mesma paróquia não é excepcional nos séculos XVI e XVII. Em Paris, Saint-Jean-en-Grève tinha um

O homem diante da morte

"cemitério novo" e um "cemitério verde". O cemitério novo era o mais cotado. Segundo um contrato assinado em 1624 com os fabriqueiros, o coveiro "não poderá cobrar para as citadas valas do citado cemitério novo mais do que 20 soldos e do citado cemitério verde, mais de 12 soldos, tanto para a abertura das ditas valas e seu arranjo, como para baixar e enterrar os corpos. [127] Demos, como elementos de comparação, as condições fixadas no mesmo documento para "as valas que serão feitas na igreja, ali onde não há túmulos a levantar, não poderá receber mais de 40 soldos e onde houver túmulos a levantar, 60 soldos". Portanto, 12 soldos no cemitério menos valorizado, 20 soldos no outro cemitério, 40 na igreja quando não havia túmulo e 60 quando havia túmulo, isto é, um monumento.

Havia, portanto, na Daurade, como em Saint-Jean-en-Grève, uma categoria intermediária entre a igreja e o cemitério mais comum. Não existia essa categoria em Saint-Étienne nem na Dalbade.

Isso dito, examinemos os dados do Quadro II e a princípio os da primeira coluna: a proporção, para cada uma das três paróquias de enterramentos nas igrejas (sejam quais forem, inclusive conventos) e nos cemitérios.

De modo geral, fica-se impressionado com a importância das sepulturas nas igrejas, fato que confirma nossas análises precedentes. A proporção das igrejas fica em geral em torno e acima da metade, nunca abaixo de um terço (do total das sepulturas). Essa proporção elevada prova que, no fim do século XVII, cerca de metade da população das cidades, pelo menos mais de um terço, era enterrada nas igrejas. Quer dizer que o privilégio já não era reservado à nobreza e ao clero, mas a uma parte considerável das classes médias.

A paróquia aristocrática de Saint-Étienne comporta mais enterramentos nas igrejas (64%) do que no cemitério (36%). É bastante surpreendente que a proporção aqui registrada seja tão próxima da que A. Fleury encontrou em Paris do século XVI, segundo os testamentos de uma categoria abastada, a do cartório VIII: 60% nas igrejas e 40% nos

---

127 MC, III, 522 (1624).

cemitérios. Podemos considerá-la uma característica durável das paróquias ricas e nobres.

Na Dalbade, as sepulturas estão distribuídas entre as igrejas e o cemitério.

Na Daurade, a situação variou durante dois anos consecutivos. Em 1698, a proporção foi a mesma do que na Dalbade (em 1705). Em 1699, ocorria exatamente o inverso da de Saint-Étienne em 1692: 63% nos cemitérios e 37% nas igrejas.

Passemos agora às três outras colunas do Quadro II que nos dão uma ideia da distribuição de acordo com a condição.

Distingui – muito grosseiramente – três categorias: em primeiro lugar, os nobres de espada e de toga, os capitães, os grandes e pequenos oficiais de justiça (em conjunto: conselheiros do parlamento, advogados, capitães, subdelegados, senescais, controladores de impostos), o clero, os médicos: as pessoas gradas. Em seguida os comerciantes e os mestres de ofícios. Enfim, os operários, os garçons, os criados, gente modesta e os desconhecidos.

Não falta ambiguidade à categoria intermediária. Certos comerciantes têm o mesmo gênero de vida que os oficiais de justiça. Alguns mestres mal se distinguem dos profissionais do ofício da categoria inferior.

Embora bastante sumária, essa classificação dá uma ideia satisfatória da distribuição das condições.

Um primeiro fato salta aos olhos. Não existem pessoas gradas da primeira categoria, no cemitério, exceto alguns de seus filhos: 12% do cemitério des Comtes e 6% do cemitério da Dalbade são de crianças. Adiante voltaremos a esse ponto.

A proporção de pessoas gradas nas igrejas é maior em Saint-Étienne (38% do total das sepulturas), ainda é notável na Daurade (20%) e é fraca na Dalbade (9%). Incluindo-se os comerciantes na primeira categoria, obter-se-iam 49% em Saint-Étienne e 18% na Dalbade. O sentido geral da comparação não se alteraria. Os nobres, as pessoas gradas, os ricos, nas igrejas, isso é certo. Aqueles que em testamento tivessem escolhido por piedade e simplicidade o cemitério e a vala comum não apareciam nas estatísticas sumárias dos anos de Toulouse aqui comentadas. Não devemos, no entanto, esquecer que esses nunca deixaram de existir do século XV ao XVIII.

O homem diante da morte

Mas a lição mais interessante desses dados refere-se à proporção das sepulturas da gente mais modesta nas igrejas. São, em média, em torno de dez por cento, o que não é desprezível. Ali encontramos empregados em transportes, fornecedores de pedra, mulheres de operários, soldados de ronda, cocheiros, entregadores de pão e alguns outros cuja profissão o padre não cita. A filha de um cozinheiro da paróquia de Saint-Étienne será enterrada nos dominicanos. Filhos de operários fabricantes de tecidos, de soldados da Dalbade são enterrados nos franciscanos. Recordemos o que se acabou de dizer sobre o apego às ordens mendicantes. Suas igrejas compreendiam capelas de confrarias. Provavelmente, é graças à filiação a confrarias que essa gente modesta, suas mulheres e filhos tiveram sepulturas no interior de igrejas.

Naturalmente, embora tivessem sepultura, não tinham necessariamente túmulos visíveis nem epitáfios.

Mas a maioria das sepulturas nas igrejas provinha da segunda categoria, entre 50 e 70%: 51% em Saint-Étienne, 60 ou 68% na Daurade, 68% na Dalbade; mercadores, mestres de ofício, com suas mulheres e filhos, mestre alfaiate, tapeceiro, pintor-vidraceiro, fabricante de meias, sapateiro, padeiro, fabricante de tecido, boticário, peruqueiro, forneiro (de pão), estalajadeiro, pedreiro, tintureiro, ordenança, cuteleiro, carpinteiro, fabricante de velas, tosador de panos, fabricante de sarjas, fabricante de esporas... Esses também deviam, em geral, pertencer a confrarias: observa-se que os sapateiros vão de preferência para os carmelitas, os alfaiates para Saint-Étienne e os comerciantes para os franciscanos.

Desse modo, as sepulturas nas igrejas parecem-nos compostas de quase todos os nobres, togados, pequenos e grandes funcionários e, para mais de metade, de grande parte da burguesia dos ofícios.

Observemos agora a composição social dos cemitérios.

O cemitério de Saint-Sauveur, da paróquia da catedral, contém 66% de gente modesta e pobres e 33% da categoria intermediária. A gente modesta é constituída de desconhecidos de passagem, mortos sem deixar bens nem lugares nem nomes, crianças achadas, soldados da ronda, rapazes de todos os ofícios, lacaios, transportadores de carga, carregadores de cadeirinhas.

Os mestres de ofício enterrados no cemitério aparentemente mal se distinguem dos outros artífices da segunda categoria inumados nas igrejas.

No cemitério da Dalbade, contam-se tantos mestres de ofício da segunda categoria como gente modesta. Enquanto que em Saint-Sauveur, na paróquia da catedral, existem duas vezes mais gente modesta do que mestres de ofício.

Seria possível inferir que quanto mais aristocrática a paróquia, mais o cemitério é uma reserva das classes inferiores, e quanto mais a paróquia é popular, menos forte é a oposição entre a igreja e o cemitério, ambos igualmente frequentados pela burguesia dos ofícios?

O caso dos dois cemitérios da Daurade é interessante a esse respeito porque caracteriza a atitude da burguesia artesanal. O cemitério des Comtes, o mais antigo e prestigiado, contém mais da metade (60%) de defuntos da segunda categoria. Pelo contrário, o cemitério de Toussaint está povoado principalmente pela categoria popular: 50% em 1698, 72% em 1699. O cemitério des Comtes deve ser um anexo da igreja com o que no século XVIII se chamarão "sepulturas particulares", enquanto que o Toussaint é composto, principalmente, de grandes valas para os pobres.

A conclusão que se impõe é a importância social da burguesia dos ofícios. Suas camadas superiores invadem as igrejas, ao lado da nobreza, do clero, dos togados e comerciantes; os mestres artesanais mais humildes, pelo contrário, distinguem-se mal de seus companheiros e a gente humilde dos cemitérios. O limite de condição social e de prestígio que separava a igreja do cemitério passava no interior da própria burguesia de ofícios, e não entre a nobreza e a burguesia de ofícios, ou entre essa e os mais pobres.

Porém, existia outro fator de distribuição, além da condição social, entre a igreja e o cemitério: era a idade, e a idade da infância. O cemitério não era destinado apenas aos pobres, mas também aos mais jovens; é o que se percebe da leitura do Quadro III, que dá a proporção das crianças no conjunto das sepulturas, nas igrejas e nos cemitérios.

De modo geral, essa proporção é enorme, o que não surpreenderá os especialistas em demografia. Sendo então a mortalidade infantil muito elevada, ela aparece não só no conjunto das sepulturas, mas também nas sepulturas da igreja, das pessoas gradas, onde se esperaria mortalidade menor: 36% dos defuntos da Dalbade, 32% de Saint-Étienne e 57% da Daurade tinham menos de dez anos. Representavam um terço das sepulturas anuais nas igrejas, porém mais de metade das sepulturas nos cemitérios (exceto em Saint-Sauveur, 48%). Observa-se que, embora a proporção das crianças de menos de 10 anos seja mais elevada no cemitério, ainda assim é importante nas igrejas.

Em compensação, e o fenômeno é notável, as crianças pequenas, com menos de 1 ano, estão quase todas no cemitério. Já vimos que as únicas sepulturas de nobres e de pessoas gradas no cemitério são as de criancinhas: 12% no cemitério des Comtes, 6% no cemitério da Dalbade. Devia acontecer o mesmo com as burguesias de ofício e uma grande parte das sepulturas de cemitério dessa categoria era realmente de seus filhos muito pequenos. Desse modo as criancinhas das melhores famílias acabavam no cemitério. Entre um quarto e um terço das sepulturas do cemitério podiam ser as de crianças com menos de 1 ano. O cemitério era o destino delas, mesmo que os pais nobres, burgueses, pequeno-burgueses tivessem escolhido a igreja para si mesmos e suas famílias. O cemitério era o lugar dos pobres e também das criancinhas.

Porém, não de todos; pelo menos naquele fim de século XVII em que a mentalidade mudava, como sabemos, 10% da Dalbade e 18% da Daurade são de crianças afinal enterradas na igreja, sem dúvida, ao lado de pais e irmãos. O dia virá, um século e meio depois, em que é a criança morta que será representada com mais amor na arte funerária dos grandes cemitérios urbanos da Itália, da França e da América! Que mudança!

Um exemplo inglês

De modo geral, pode-se admitir que na França do Antigo Regime, do século XVI ao XVIII, a maioria das escolhas de sepultura, registradas nos testamentos, referia-se às igrejas em detrimento dos cemitérios.

Nas pequenas cidades do século XVIII, as sepulturas burguesas da igreja pareceram aumentar ainda, o que se vê pelo número crescente de túmulos e epitáfios.

Em compensação, nas paróquias rurais, parece que, sem dúvida, a sepultura na igreja sempre foi reservada a um menor número de privilegiados: a família dos senhores, alguns lavradores e habitantes que viviam burguesamente e também os párocos – quando esses não escolhiam ser enterrados ao pé da cruz triunfal, que para eles fora o lugar habitual no final do século XVIII e no século XIX.

Supõe-se que a situação não devia ser muito diferente nos outros países da Europa ocidental; as pequenas diferenças, quando existiam, tornavam-se então significativas.

Uma publicação inglesa dos testamentos de Lincolnshire no início do século XVI, feita em 1914, provavelmente com finalidade genealógica, permite-nos avaliar sumariamente essas semelhanças e diferenças.[128] Dos 224 testamentos, 34 não contêm cláusulas piedosas: são, sem dúvida, modificações de testamento anterior e se referem exclusivamente à repartição dos bens. Restam 190 testamentos, todos contendo escolha de sepultura.

O parágrafo que corresponde aos legados *ad pias causas* está, por vezes, em latim. Embora existam certos costumes especiais como o donativo de um animal do rebanho, sob o nome de *mortuary,* tanto o espírito como a letra são os mesmos que na França. Vejamos algumas amostras. "Eu [...] desejo ser enterrado no *churchyard* de Todos os Santos de Multon. Lego como *mortuary* o que o direito manda. No grande altar desta igreja XX d. [20 dinheiros]. Na nossa igreja catedral de Lincoln (*mother*) IV d. [4 dinheiros]. Na igreja de Multon, para as novas cadeiras III s. IIII d. [3 xelins e 4 dinheiros]. Para as três luminárias da dita igreja, IX d. [9 dinheiros]. Para a luminária da lanterna que é levada adiante do Santíssimo Sacramento na visita aos doentes II d. [2 dinheiros]" (1513).[129]

"Eu [...] quero ser enterrado no *churchyard* de Todos os Santos de Fosdyke com o *mortuary* fixado pelo costume. No grande altar da citada igreja para os dízimos e oferendas esquecidas, XII d. [12 dinheiros]. No altar de Nossa Senhora da citada igreja, III d. [3 dinheiros]. No altar de São Nicolau, IIII [4 dinheiros]. Na confraria [*Glylde*] de Nossa Senhora

---

128 Foster, *Lincoln Wills.*
129 Ibid., p.54.

de Fosdyke, III s. IIII d. [3 xelins e 4 dinheiros]. Na confraria de Santa Cruz (*rode*) de Boston, III s. IIII d. [3 xelins e 4 dinheiros], para que os carregadores façam o seu dever por ocasião do meu enterro. Na nossa igreja mãe de Lincoln, III d. [4 dinheiros]. Em Santa Catarina de Lincoln, III d. [3 dinheiros]. Um donativo tomado de um *grene* para manutenção de duas velas renovadas duas vezes por ano, uma de uma libra de cera diante de Nossa Senhora da Misericórdia, a outra de meia libra de cera para a missa solene, que serão acesas todos os dias de festa perpetuamente."[130]

Em outros testamentos (Yorkshire) encontramos, além disso, as quatro ordens mendicantes dos testamentos franceses.

As eleições de sepultura designam a igreja ou o cemitério. Quando designam a igreja é, em geral, sem exatidão: *my body to be berged in the parish church of the appostilles petur* [Pedro] *and pall* [Paulo] *of W*. Mas quando existem, as localizações são as mesmas que na França, com as mesmas preferências, em especial pelo coro, o Santíssimo Sacramento, a cruz: no corpo, ou na parte superior do coro diante do Santíssimo Sacramento, diante de *Corpus Christi* na capela de Nossa Senhora, diante da imagem de Nossa Senhora, diante do crucifixo, no meio da nave diante do crucifixo.

Finalmente, encontram-se nesses testamentos ingleses, e tão raramente quanto na França, as intenções de desprendimento e humildade: "onde agradar a Deus todo-poderoso", "na igreja ou no *churchyard* à disposição do meu executor testamenteiro".

Encontram-se, pois, grandes semelhanças. A comparação deixa perceber uma diferença significativa na distribuição entre a igreja e o cemitério: 46% dos testadores escolheram o cemitério, sem que o testamento os situe em outra categoria socioeconômica que não seja a de muitos que escolheram a igreja.

Não há designação de lugar particular, salvo "diante do pórtico da igreja", no adro.

Na França, a proporção comparável de escolha de cemitério seria muito mais baixa entre os testadores. Parece, portanto, que o *churchyard* inglês não tenha sido tão completamente abandonado durante os tempos modernos

---

130 Ibid., p.558.

pelas pessoas gradas como o adro e os carneiros franceses, que se transformaram em sepulturas de pobres. Talvez seja essa uma das razões pela qual a imagem poética do cemitério romântico nasceria na Inglaterra no tempo de Thomas Gray.

Isso não impede que, no condado de Lincoln, 54% das sepulturas fossem instaladas nas igrejas, como ocorria no continente.

Desse modo vimos, neste capítulo, os costumes de sepultura se estenderem a toda a cristandade latina e ali persistirem durante um bom milênio, com pequenas diferenças regionais. São caracterizados pelo amontoamento dos corpos em pequenos espaços, em especial nas igrejas que faziam função de cemitério, ao lado dos cemitérios ao ar livre, pelo constante remanejamento dos ossos e sua transferência da terra para os carneiros e enfim, pela presença cotidiana dos vivos no meio dos mortos.

Segunda parte
A morte de si mesmo

III.
A hora da morte. Recordações de uma vida

A escatologia, indicadora das mentalidades

Até a era do progresso científico, os homens admitiram uma continuação depois da morte. Pode ser constatada desde as primeiras sepulturas com oferendas do período musteriano[1] e, ainda hoje, em pleno período de ceticismo científico, aparecem modos enfraquecidos de continuidade ou de recusas teimosas de aniquilamento imediato. As ideias de continuação constituem um fundo comum a todas as religiões antigas e ao cristianismo.

O cristianismo encampou as considerações tradicionais do bom senso e dos filósofos estoicos sobre a mortificação do homem desde o seu nascimento: "Ao nascer começamos a morrer e o fim começa na origem" (Manlius), lugar-comum que se encontra tanto em São Bernardo e Pierre de Bérulle, como em Montaigne. Do mesmo modo retomou a ideia muito antiga de sobrevivência num mundo terrestre triste e cinzento e a ideia mais recente, menos popular e mais rigorosa, de julgamento moral.[2]

Ele recuperou, enfim, as esperanças das religiões de salvação, submetendo a salvação do homem à encarnação e à redenção do Cristo. Desse

---

1 Período pré-histórico do paleolítico médio (N. T.)
2 Montaigne, *Essais*, I, 19; Jankélévitch, *La Mort*, p.174.

modo, no cristianismo paulino, a vida é a morte no pecado, e a morte física é o acesso à vida eterna.

Não há grande engano em resumir nessas simples linhas a escatologia cristã, herdeira das mais antigas crenças. Todavia, no interior dessa muito ampla definição, há lugar para muitas mudanças: as ideias que os cristãos fizeram da morte e da imortalidade variaram durante o curso do tempo. Que sentido se deve reconhecer nessas variações? Elas parecerão secundárias a um teólogo, filósofo ou a um simples e piedoso crente que, tanto um como outro, tendem a despojar a fé e reconduzi-la aos seus fundamentos. Para o historiador, ao contrário, parecerão cheias de sentido, porque podemos reconhecer nelas sinais visíveis das mudanças, tanto mais profundas quanto imperceptíveis, da ideia que o homem, e não necessariamente o cristão, fez do seu destino.

O historiador deve aprender a linguagem escondida das religiões durante essas longas eras banhadas de imortalidade. Sob a fórmula dos doutores, sob as lendas da fé popular, deve encontrar os arquétipos de civilização que eles traduzem em um único código inteligível. Esse tipo de abordagem requer que nos desvencilhemos de certos hábitos de pensamento.

Imaginamos a sociedade medieval dominada pela Igreja ou, o que vem a dar na mesma, reagindo contra ela por heresias, ou por um naturalismo primitivo. É verdade que o mundo vivia então à sombra da Igreja, mas isso não significava adesão total e convicta a todos os dogmas cristãos. Significava antes o reconhecimento de uma linguagem comum, de um mesmo sistema de comunicação e de compreensão. Os desejos e os fantasmas, saídos do fundo do ser, eram expressos num sistema de sinais, e esses sinais eram fornecidos por léxicos cristãos. Mas, e eis o que é importante para nós, a época escolhia espontaneamente certos sinais, em detrimento de outros mantidos sob reserva ou em projeto, porque traduziam melhor as tendências profundas do comportamento coletivo.

Se nos ativermos aos léxicos e aos repertórios, logo encontramos quase todos os temas da escatologia tradicional: nossa curiosidade histórica da variação fica rapidamente decepcionada. Em relação às tradições pagãs e às egípcias em particular, o Evangelho de Mateus já continha toda a concepção medieval do Além, do Juízo Final, do Inferno. O antiquíssimo

Apocalipse de Paulo descrevia um Paraíso e um Inferno ricos de suplícios.[3] Santo Agostinho e os primeiros padres da Igreja desenvolveram um conceito quase definitivo da salvação. É por isso que os livros dos historiadores das ideias dão ao leitor, talvez muito preocupado com as mudanças, uma impressão monótona de imobilidade.

Os repertórios dos autores sábios ficaram completos muito rapidamente. Mas, na realidade, apenas uma parte era utilizada; e é essa, escolhida pela prática coletiva, que devemos tentar determinar, apesar dos riscos de erro e as armadilhas desse gênero de pesquisas. Na verdade, tudo se passa então como se a parte assim escolhida fosse a única conhecida, a única viva, enfim, a única significativa.

Vamos aplicar esse método às representações do Juízo Final.

O último Advento

No nosso Ocidente, a primeira representação do fim dos tempos não é o Juízo Final.

Lembremos, em primeiro lugar, o que foi dito no Capítulo I deste livro a propósito dos cristãos do primeiro milênio: depois da morte, como os sete adormecidos de Éfeso, eles repousavam esperando o dia da volta do Cristo. Sua representação do final dos tempos era, portanto, a de um Cristo glorioso, tal como subiu aos céus no dia da Ascensão, ou então como o descreve o visionário do Apocalipse: "sentado num trono, erguido no céu e dali presidindo", cercado na sua majestade por uma glória: "um arco-íris envolvia o trono"; rodeado pelos quatro "vivos" alados, os quatro evangelistas, e pelos "24 anciãos".

Essa imaginação extraordinária é muito frequente na época românica, em Moissac, em Chartres (portão real). Descobria o céu e os personagens divinos ou as criaturas sobrenaturais que o habitavam. Os homens da alta Idade Média esperavam a volta do Cristo sem temer o Juízo. Eis porque

---

3 Ntedika, *L'Évocation de l'au-delà dans les prières pour les morts*, p.55-6. Uma tese espanhola inédita (Madri) foi dedicada à morte em Tertuliano, por Salvador Vicastillo (1977).

seu conceito do fim dos tempos se inspirava no Apocalipse e passava em silêncio pela cena dramática da Ressurreição e do Juízo, consignada no Evangelho de São Mateus.

Quando excepcionalmente ocorreu à arte funerária a ideia de figurar o Juízo, avalia-se como este era pouco temível e sempre considerado na perspectiva única da volta do Cristo e do despertar dos justos, saídos do sono para entrarem na luz. O bispo Agilbert foi enterrado em 680 num sarcófago da capela chamada cripta de Jouarre.[4] Num lado menor do sarcófago foi esculpido o Cristo glorioso cercado pelos quatro evangelistas: é a imagem tradicional que a arte românica repetirá. Do lado maior, veem-se os eleitos, com os braços levantados, aclamando o Cristo Volto. Veem-se apenas os eleitos e não os condenados. Nenhuma alusão às maldições anunciadas por São Mateus. Foi, sem dúvida, porque elas não se referiam aos "santos", e eram considerados "santos" todos os crentes que dormiam na paz da Igreja, confiados à terra da Igreja. De fato, a Vulgata, chamava *sancti* àqueles que os tradutores modernos designam pelo nome de crentes ou de fiéis.

Os santos nada tinham a temer das severidades do Juízo. O Apocalipse, num texto que é a origem do milenarismo,[5] o diz expressamente daqueles que tinham ressuscitado uma primeira vez: "A segunda morte não tem poder sobre eles."[6]

Talvez, aliás, os danados não fossem tão visíveis como os eleitos, porque eles tinham menos existência, seja por não terem ressuscitado, seja por não terem recebido o corpo glorioso dos eleitos. Não se deve interpretar nesse sentido a versão da Vulgata: "Ressuscitaremos todos, mas nem todos serão mudados",[7] versão hoje rejeitada?

O tema do Juízo Final encontra-se novamente no século XI, associado não mais a um sarcófago, mas a uma pia batismal. A mais antiga

---

4 Hubert, *Les Cryptes de Jouarre.*
5 Doutrina do Milenium, segundo a qual o Messias reinaria mil anos sobre a terra antes do dia do Juízo Final. (N. T.)
6 *Apocalypse*, 20, 5-6.
7 *Bible de Jérusalém*, I Cor. 15, 51-52. A tradução atual é: "Não morremos todos, mas todos seremos transformados".

O homem diante da morte

pia assim ilustrada encontra-se em Neer Hespin, perto de Landen, na Bélgica. Outra, atribuída como a precedente às oficinas de Tournai, foi recuperada em Châlons-sur-Marne.[8] Não pode ser posterior a 1150: os ressuscitados saem nus do sarcófago. Aparecem aos pares, marido e mulher enlaçados. O anjo sopra numa trombeta soberba de marfim. É o fim dos tempos, mas, como em Jouarre, não existe juízo. A associação entre batismo e ressurreição sem julgamento tem um sentido claro: aos batizados é assegurada a ressurreição e a salvação eterna que ela implica.

Outro testemunho confirma o da iconografia. Em epitáfios cristãos do primeiro século, reconhecem-se fragmentos de uma antiga oração que a Igreja talvez tenha herdado da sinagoga, anterior, portanto, ao terceiro século, que subsistiu na prática religiosa até os nossos dias.[9] Colhemo-la nos lábios de Rolando moribundo.[10] Fazia parte das orações de recomendação da alma do defunto a Deus, que o francês dos séculos XVI e XVII designava comumente nos testamentos com o nome de *"recommendaces"*. Ainda há pouco tempo era encontrada nos missais em uso antes da reforma de Paulo VI.[11]

A oração judaica para os dias de jejum teria se tornado, portanto, a mais antiga oração cristã para os mortos. Ei-la aqui:

> Libera Senhor a alma do teu servo, como liberaste Enoque e Elias da morte comum a todos, como livraste Noé do dilúvio, Abraão fazendo-o sair da cidade de Ur, Jó de seus sofrimentos, Isaac das mãos do seu pai Abraão, Ló da chama de Sodoma, Moisés da mão do Faraó, o rei do Egito, Daniel da caverna dos leões, os três jovens hebreus da fornalha, Suzana de uma falsa acusação, Davi das mãos de Saul e de Golias, São Pedro e São Paulo de suas prisões, a virgem bem-aventurada Santa Tecla de três horríveis suplícios.

---

8 Dupont, La Salle du Trésor de la cathédrale de Châlons-sur-Marne, *Bulletin des monuments historiques de la France*, p.183, 192-3.

9 Mâle, *La fin du paganisme en Gaule*, p.245-6.

10 Ver *Supra*, Capítulo I.

11 Feder, *Missel romain*, p.1623-4.

Essa oração era tão familiar que os primeiros talhadores de pedra cristãos de Arles nela se inspiraram para decorar seus sarcófagos. Ora – e a observação já foi feita por J. Lestocquoy – os precedentes invocados para inclinar a misericórdia do Senhor não se referem aos pecadores, mas aos justos submetidos a provações: Abraão, Jó, Daniel e, para terminar, os santos apóstolos e uma mártir bem-aventurada, de virgindade consagrada, Tecla.

Desse modo, quando o cristão da baixa Idade Média recitava na hora da morte, como Rolando, a *commendacio animae*, pensava nas triunfantes intervenções de Deus para pôr fim às provações dos santos. Rolando também tinha *battu sa coulpe* [batido no peito a sua culpa], o que talvez fosse o início de uma nova sensibilidade. Mas a *commendacio animae* não suscitava o remorso do pecado, nem clamava perdão para o pecador, como se este já tivesse sido perdoado. Ela o associava aos santos e os tormentos da agonia às provas sofridas pelos santos.

O julgamento no final dos tempos. O livro da vida

A partir do século XII, durante cerca de quatro séculos, a iconografia desenrola o filme do final dos tempos na tela dos portais decorados com cenas sagradas; as variantes do grande drama escatológico que deixa transparecer, na sua linguagem religiosa, as inquietações novas do homem na descoberta do seu destino.

Os primeiros juízos finais, os do século XII, são constituídos pela superposição de duas cenas, uma muito antiga, outra muito recente.

A mais antiga é a que acabamos de evocar: o Cristo do Apocalipse em sua majestade. É o fim da descontinuidade da criação provocada pela falta de Adão, é o aniquilamento das particularidades de uma história provisória, nas mesmas dimensões inimagináveis da transcendência: o fulgor dessa luz já não deixa lugar para a história da humanidade e ainda menos para a biografia particular de cada homem.

No século XII, a cena apocalíptica subsiste, mas não cobre senão parte do portal, a parte superior. Em Beaulieu, no início do século XII, os anjos que soam a trombeta, as criaturas sobrenaturais e um Cristo gigantesco, que estende os braços imensos, cobrem ainda a maior superfície e deixam pouco espaço a outros elementos e a outros símbolos. Um pouco mais tarde ainda, em Sainte-Foy de Conques (1130-1150), o Cristo no oval semeado de estrelas, que flutua nas nuvens do espaço, é sempre o do Apocalipse. Mas em Beaulieu, e mais ainda em Conques, sob a representação tradicional do segundo Advento, aparece uma iconografia nova inspirada no Evangelho de São Mateus, 25: o Juízo do último dia e a separação dos justos e dos danados. Essa iconografia reproduz essencialmente três operações: a ressurreição dos corpos, os atos do julgamento e a separação dos justos que vão para o céu e dos malditos que são precipitados no fogo eterno.

A colocação do grande drama fez-se lentamente, como se a ideia que se tornaria clássica nos séculos XII-XIII do Juízo Final encontrasse certas resistências. Em Beaulieu, os mortos saem dos túmulos – talvez pela primeira vez, pelo menos nessa escala –, ainda que discretamente. Nada evoca o ato de julgar; como se vê no sarcófago de Jouarre e na pia de Châlons-sur-Marne, os mortos, logo que ressuscitados, pertencem ao céu, sem sofrer qualquer exame. São sempre destinados à salvação como os santos da Vulgata. É verdade que os condenados já não estão absolutamente ausentes. Bem procurados, são descobertos sobre uma das duas faixas de monstros que cobrem a verga da porta. Entre esses monstros, Mâle reconheceu a besta de sete cabeças do Apocalipse.[12] Alguns entre eles devoram homens que devem ser os condenados. Não se pode evitar ficar impressionado pelo caráter quase clandestino da introdução do inferno e de seus suplícios. Nesse momento, as criaturas infernais mal se distinguem da fauna fabulosa que a arte românica recebeu do Oriente, multiplicada com fins tanto decorativos quanto simbólicos.

Em Autun, que é posterior a Conques, o Juízo Final é bem figurado, mas ali o destino dos mortos se define desde o momento da ressurreição: uns vão diretamente ao Paraíso e os outros para o Inferno. Pergunta-se, então, qual a razão de ser das operações de julgamento que, entretanto, se realizam ao lado. Aqui, temos a impressão que duas concepções diferentes se justapõem.

---

12 Mâle, *L'Art religieux du XII⁰ siècle*.

Em Sainte-Foy de Conques, não é possível se enganar sobre o sentido da cena, as inscrições o determinam: sobre o nimbo da cruz de Cristo, lê-se *Judex*. O mesmo *Judex* foi inscrito por Suger em Saint-Denis. Num outro lugar, o escultor gravou as palavras que constam do Evangelho de São Mateus: "Venham a mim os benditos de meu pai, o reino dos céus lhes pertence. Longe de mim os malditos [...]"[13] O Inferno e o Paraíso têm cada qual sua legenda epigráfica. Vê-se surgir a cena da instrução judiciária que precede e prepara a sentença: a célebre pesagem das almas pelo arcanjo São Miguel. O paraíso herdado do Apocalipse ocupa apenas um lugar igual ao do Inferno. E enfim, coisa notável, o Inferno traga também homens de Igreja, monges identificados pela *corona*, isto é, a grande tonsura. Portanto, está terminada a antiga equiparação dos crentes a santos. Nenhum, entre o povo de Deus, está seguro da salvação, nem mesmo os que preferiram a solidão dos claustros ao mundo profano.

Assim, no século XII, fixou-se uma iconografia que sobrepõe o Evangelho de São Mateus ao Apocalipse de São João, prende um ao outro e liga o segundo Advento de Cristo ao Juízo Final.

No século XIII, a inspiração apocalíptica desvaneceu-se, só restam lembranças relegadas às abóbadas. A ideia do julgamento prevaleceu. Representa-se um tribunal de justiça: o Cristo cercado de anjos portadores de estandartes, sentado no trono do juiz; o ninho oval de glória que o isolava desapareceu. Está rodeado por sua corte: os doze apóstolos, raramente representados imediatamente a seu lado (em Laon), mais frequentemente alinhados à direita e à esquerda nos diversos desdobramentos do portal.

Duas ações assumem, então, importância considerável: uma é a pesagem das almas que passa ao centro da composição, cena que suscita preocupação e inquietude: debruçados sobre os balcões do céu, nas abóbadas do portal, os anjos contemplam. Cada vida chega aos pratos da balança. Cada pesagem retém, assim, a atenção dos mundos celestial e infernal.

---

13 Mateus, 25, 34-41.

O *homem diante da morte*

Já não se trata de evitar um exame cujo resultado não se conhece de antemão. A importância do exame fica ainda acentuada a ponto de, por vezes, ser necessário duplicá-lo. Os eleitos e os condenados são nitidamente designados pela balança de São Miguel, mas como se essa operação não fosse suficiente, são novamente separados pelo gládio do arcanjo Gabriel.

Contudo, o julgamento nem sempre segue a escolha da balança. Intercessores mediam e representam um papel que o texto de São Mateus não previra, o papel conjunto do advogado [*patronus*] e o do suplicante [*advocare deum*], que fazem apelo à piedade, isto é, à graça do juiz supremo. O juiz tanto é aquele que concede a graça ao culpado como aquele que o condena, e cabe a alguns de seus familiares incliná-lo ao perdão. Aqui esse papel pertence à mãe e ao discípulo, que o assistiam ao pé da cruz: a Virgem e São João Evangelista. De início, aparecem discretamente no portal de Autun, bem ao alto do tímpano, de cada lado da grande auréola que cerca o Cristo. No século XIII tornaram-se os principais atores, e sua importância é igual à do Arcanjo que pesa as almas. Estão de joelhos de mãos postas, de um lado e de outro do Cristo, a quem imploram.

O rei preside a sua corte e, como convém, sua principal missão é de exercer a justiça.

A descida apocalíptica do céu sobre a terra transformou-se num tribunal de justiça, o que, aos olhos dos contemporâneos, nada lhe tirava de sua majestade, porque o tribunal era o modelo das solenidades supremas, a imagem e o símbolo da grandeza, da mesma forma que a justiça era a manifestação mais pura do poder.

Esse desvio da escatologia em proveito de um aparelho judiciário, por mais pomposo que seja, nos surpreende, a nós modernos que nos tornamos tão indiferentes e céticos em relação à justiça e à magistratura. O indivíduo sujeito à justiça atualmente dela foge em atitude muito diferente dos chicaneiros irredutíveis, seus antepassados. A importância que se reconhece à justiça na vida cotidiana e na moral espontânea é um dos fatores psicológicos que separam e opõem as mentalidades antiga e moderna.

Essa sensibilidade à noção e às manifestações da justiça data realmente da baixa Idade Média, e durará durante o Antigo Regime da França. A vida humana aparece como um longo processo, em que cada ação é sancionada por um ato de justiça ou, pelo menos, de pessoas de justiça. A própria instituição pública é concebida de acordo com o modelo dos tribunais de justiça, e cada comunidade de oficiais de polícia e de finanças é organizada como um tribunal com um presidente, conselheiros, um promotor e um escrivão.

Um texto do século XIV mostra até que ponto o recurso ao juiz, nas formas legais, era natural, como um reflexo: a mulher do Conde de Alarcos, de Castela, acaba de saber que o marido vai matá-la para poder desposar a infanta de Castela. Ela faz a sua oração, diz o seu adeus. Tem a alma em paz, não procura vingança, mas convoca seus matadores diante do juiz divino. A justiça, na verdade, deve ser restabelecida e, coisa curiosa, não será desencadeada pela intervenção espontânea do juiz onisciente: cabe à vítima inocente a ele dirigir-se e reclamar o seu direito:

> *Je vous pardonne, bon comte, pour l'amour que j'ai pour vous,*
> *Mais ne pardonne le roi ni ne pardonne l'infante,*
> *Et les ajourne tous deux à paraître en justice au haut tribunal de*
> *Dieu dans trente jours de délai.*[14]

Não se pode deixar de admirar essa mulher que, na hora de morrer, cristãmente, conserva bastante sangue-frio para lançar uma citação em tão boa forma.

Existe uma relação entre essa concepção judiciária do mundo e a nova ideia da vida como biografia. Cada momento da vida será um dia pesado numa audiência solene, na presença de todas as potestades do Céu e do Inferno. A criatura encarregada dessa pesagem, o Arcanjo *signifer*, tornou-se o popular patrono dos mortos: não se deve tardar em conquistar-lhe as boas graças. Reza-se a ele como mais tarde se levarão "confeitos" aos juízes. "Que ele os introduza na santa luz".[15]

---

14 [Perdoo-vos, meu bom conde, pelo amor que vos tenho. / Mas não perdoo ao rei nem perdoo à infanta; / E os cito a ambos a comparecer à justiça do alto tribunal de / Deus dentro do prazo de trinta dias.] (N. T.) Pomes (trad.), op. cit., p.111.

15 São Miguel é frequentemente venerado nos lugares altos da igreja. Numa capela de São Miguel em Saint-Aignan-sur-Cher, dois fragmentos de afrescos o representam: um, o combate com o dragão; outro, a pesagem das almas.

Mas como o instrutor angélico terá conhecimento dos atos que deve avaliar? É porque estão registrados num livro por outro anjo, semiescrivão, semicontabilista.

O símbolo do livro é antigo na Escritura. Pode-se encontrá-lo na visão de Daniel (XI, 1): "Naquele tempo, levantar-se-á Miguel, *princeps magnus*, que permanece diante das gerações do teu povo. Virá então um tempo como jamais houve desde o nascimento das nações. Mas nesse tempo, teu povo será salvo: todos aqueles cujo nome tiver sido escrito no livro". E ainda no Apocalipse (V, 1): "Percebi, na mão direita daquele que preside no trono, um livro escrito *recto verso*, autenticado com sete selos". Esse livro é o rolo que o Cristo de Jouarre tem na mão, diante dos eleitos que o aclamam. Continha os nomes e era aberto no final dos tempos. Mas, na época de Jouarre, servia de modelo a outro *liber vitae*, livro real onde, desta vez, estavam inscritos os nomes dos benfeitores da Igreja que se liam durante as orações gálicas da oferenda: o recenseamento dos santos. No portal de Conques, um anjo mantém aberto esse mesmo livro de Daniel ou do Apocalipse, que é designado pela inscrição: *signatur liber vitae*. Contém os habitantes da *terra viventium*, como diz o *Lauda Sion* da Festa do Corpo de Deus, que assim designa o Paraíso.

Esse é o sentido primeiro do *liber vitae*, que vai contudo mudar no século XIII. O livro já não é o *census* da Igreja universal, tornou-se o registro em que se acham inscritos os negócios dos homens. A palavra registro aparece, aliás, em francês no século XIII. É o sinal de uma mentalidade nova. As ações de cada homem não se perdem no espaço ilimitado da transcendência, ou ainda, em outras palavras, no destino coletivo da espécie. Ei-los de agora em diante individualizados. A vida já não se resume exclusivamente a um sopro [*anima, spiritus*], a uma energia [*virtus*]. É composta de uma soma de pensamentos, palavras, ações, ou como se diz num velho *Confiteor* do século VII:[16] *peccavi in cogitatione et in locutione et in opere*, uma soma de fatos que se podem detalhar e resumir num livro.

O livro é, portanto, ao mesmo tempo a história de um homem, sua biografia, e um livro de contas (ou razão) com duas colunas, de um lado o

---

16 *Confiteor* de Chrodegang de Metz (morto em 766).

Mal e do outro o Bem. O novo espírito contábil dos homens de negócios que começam então a descobrir o seu mundo próprio – que se tornou o nosso – aplica-se ao conteúdo da vida como à mercadoria ou ao dinheiro.

Foi assim que o livro conservou o seu lugar nos símbolos da vida moral até pleno século XVIII, enquanto que a Balança foi cada vez menos representada e São José ou o Anjo da Guarda tomaram o lugar do Arcanjo *signifer* ou psicopompo.

Um século depois do portal de Conques, onde o sentido ainda é o do Apocalipse, os autores franciscanos do *Dies irae* o fazem levar diante do juiz no aterrador estrépito do fim do mundo; e é um livro de contabilidade.

Liber scriptus proferetur
In quo totum continetur
Unde mundus judicetur.

Coisa muito curiosa e significativa, o livro que de início fora dos elei-tos vai se tornar dos condenados.

Ainda um século depois do *Dies irae*, um quadro de J. Albergno, de mea-dos do século XIV, mostra o Cristo-juiz no seu trono, tendo sobre os joelhos o livro aberto onde está escrito: *Chiunque scrixi so questo libro sara danadi* [quem estiver inscrito neste livro será danado]. Embora reserva-do aos danados, é um livro que serve para recapitular a humanidade. Mais extraordinárias são as almas representadas embaixo do Cristo-juiz sob a forma de esqueletos. Cada uma tem nas mãos o seu próprio livro e expres-sam por gestos como essa leitura as apavora.

Em Albi, no fim do século XV ou princípios do século XVI, no grande afresco do Juízo Final, no fundo do coro, encontram-se os mesmos folhe-tos individuais que os ressuscitados, nus, trazem suspensos ao pescoço à guisa de única vestimenta, como peça de identidade.[17]

Mais adiante veremos que, nas *artes moriendi* do século XV, o drama se passa no quarto do moribundo. Deus ou o diabo consultam um livro à cabeceira do agonizante. Mas dir-se-ia que o diabo retém o livro ou o

---

17 Tenenti, op. cit., fig.40 e p.443.

cartaz em seu poder, que agita com veemência para reclamar o que lhe é devido.[18]

A arte barroca provençal do século XVII e XVIII conservou o livro: em Antibes, o Tempo, um ancião, levanta o sudário que cobre o corpo de um jovem e ao mesmo tempo mostra um livro; em Salon, na igreja de Saint-Michel, patrono dos mortos, um retábulo do século XVIII contém, entre os clássicos instrumentos macabros, um livro aberto onde se pode ler: *liber scriptus profect* [...]. Existirá uma relação entre esse livro e o das vaidades?[19]

No fim da Idade Média, nos séculos XIV e XV, as contas são mantidas pelos que delas aproveitam, pelos diabos, certos de que o mal deveria predominar. Concepção sinistra de um Inferno superpovoado, salvo intervenção gratuita da misericórdia divina.

Depois da reforma tridentina, restabeleceu-se o equilíbrio que esteve comprometido na era macabra. A contabilidade abandonada ao diabo no final da Idade Média já não satisfazia o devoto ou o moralista da época clássica. Os tratados de preparação para a morte apareciam constantemente. Em um deles, *Miroir de l'âme du pecheur et du juste pendant la vie et à l'heure de la mort* [Espelho da alma do pecador e do justo durante a vida e na hora da morte], de 1736, cada homem possui dois livros, um para o bem mantido pelo anjo da guarda (que retomou uma das funções de São Miguel), o outro para o mal, mantido por um demônio.

A imagem da má morte é assim comentada:

O anjo da guarda, aflito, o abandona [o moribundo], deixando cair o livro onde se encontram apagadas todas as boas obras ali escritas, porque tudo o que o moribundo fizera de bem não tem mérito para o céu. À esquerda, vê-se o demônio que lhe apresenta um livro contendo toda a *história* da sua má

---

18 Id., *La vie et la mort à travers l'art du XVᵉ siècle*, fig.17 e p.103.

19 Vovelle, La mort et l'au-delà en Provence d'après les autels des âmes du Purgatoire, *Cahier des Annales*, n.29.

vida [sublinhei o termo "história", confissão significativa de uma concepção biográfica da vida].[20]

Na imagem da boa morte ocorre o contrário: "O anjo da guarda, com expressão feliz, mostra um livro onde estão escritas as virtudes, boas obras, jejuns, orações, mortificações do moribundo etc. O diabo, confuso, retira-se e se lança no Inferno com o seu livro, onde nada está escrito, porque os pecados foram resgatados por uma penitência sincera".[21]

O grande livro coletivo do portal de Conques tornou-se, no século XVIII, uma carteira individual, uma espécie de passaporte, de registro criminal, que é preciso apresentar às portas da eternidade.

Realmente, o livro contém a história inteira de uma vida, mas está redigido para servir apenas uma vez: no momento em que as contas serão fechadas, onde o ativo e o passivo serão comparados, onde o balanço será determinado. O termo *bilan* [balanço] provém, na linguagem do século XVI, do italiano *balancia*. A etimologia sublinha a relação entre o simbolismo do livro e o da pesagem. Portanto, concebe-se, pelo menos desde o século XII, que existe um instante crítico. Na antiga mentalidade tradicional, uma vida cotidiana imóvel misturava e confundia todas as biografias individuais. No tempo da iconografia do Julgamento, cada biografia já não aparece dissolvida numa longa duração uniforme, mas precipitada no instante que a recapitula e a singulariza: *Dies illa*. É a partir desse atalho que ela deve ser avaliada e reconstituída.

A consciência da vida longa passa, portanto, pelo tempo de um instante. É digno de nota que esse instante não seja o da morte, mas que se situe após a morte e, na primeira versão cristã, é levado para o fim do mundo, que a crença milenarista considerava próximo.

Encontra-se aqui a recusa inveterada de equiparar o fim do ser à dissolução física. Imaginava-se um prolongamento, que nem sempre ia até

---

20 Viret (ed.), *Miroir de l'âme du pêcheur et du juste pendant la vie et à l'heúre de la mort. Méthode chrétienne pour finir saintement la vie*, p.15. O privilégio é de 1736.

21 Ibid., p.35.

O homem diante da morte

à imortalidade do bem-aventurado, mas que proporcionava pelo menos um espaço intermediário entre a morte e a conclusão definitiva da vida.

O julgamento no fim da vida

Desde o século XIV, o tema do Juízo Final não foi de todo abandonado: pode-se encontrá-lo nos séculos XV e XVI na pintura de Van Eyck ou de J. Bosch, e no século XVIII ainda aqui e ali (Assis, Dijon). Ele sobrevive, mas perdeu popularidade e já não é verdadeiramente sob essa forma que se imagina desde então o derradeiro fim do homem. A ideia do julgamento separou-se então da ideia de ressurreição.

A ressurreição da carne não foi esquecida; a iconografia e a epigrafia funerárias, tanto protestantes como católicas, fazem-lhe constante referência. Mas ela se separou do grande drama cósmico e se colocou no destino pessoal de cada homem. O cristão ainda afirmava por vezes sobre a pedra de seu túmulo que ressuscitaria um dia; que esse dia fosse o do segundo Advento ou o do fim do mundo, já não lhe interessava. O essencial era então a certeza da própria ressurreição, último ato da sua vida, de uma vida que o obsedava a ponto de torná-lo indiferente ao porvir da criação. Essa afirmação da individualidade opunha a atitude dos séculos XIV-XV, ainda mais do que a dos séculos XII-XIII, às mentalidades tradicionais. O futuro sobrenatural, apaziguado, desembaraçado do clima dramático do julgamento onde se situa dali em diante a ressurreição, pode parecer um retorno à concepção confiante do primeiro cristianismo; a aproximação é superficial e enganadora, porque, apesar das afirmações da epigrafia funerária, o temor do julgamento não deixou de se sobrepor à confiança na ressurreição.

A separação da Ressurreição e do Julgamento tem outra consequência mais evidente. O intervalo consentido entre o Julgamento, conclusão definitiva da vida e a morte física desapareceu, e foi um grande acontecimento. Enquanto esse intervalo existiu, o morto não estava completamente morto, o balanço da sua vida não estava fechado, sobrevivia em parte na sua sombra. Meio vivo, meio morto, tinha sempre o recurso de "retornar", reclamar aos homens da terra assistência, sacrifícios ou orações que lhe faltavam. Consentia-se uma trégua que os bem-aventurados intercessores ou os fiéis piedosos podiam aproveitar. Ainda havia tempo para que os efeitos longínquos das obras de benemerência realizadas durante a vida se fizessem sentir.

Dali em diante o destino da alma imortal será decidido no próprio momento da morte física. Cada vez haverá menos possibilidade de almas de outro mundo e suas manifestações. Em compensação, a crença no purgatório, lugar de espera, durante muito tempo reservada aos sábios, teólogos ou poetas, tornar-se-á realmente popular, mas não antes de meados do século XVIII, vindo então substituir as velhas imagens do sono e do repouso.

O drama abandonou os espaços do Além. Aproximou-se, e se realiza agora no próprio quarto do doente, em torno de sua cama.

Em consequência, a iconografia do Juízo Final foi substituída no século XV por uma iconografia nova de gravuras em madeira, difundida pela imprensa: imagens individuais sobre as quais cada um meditava em sua casa. Esses livros são tratados sobre a maneira de morrer bem: *artes moriendi*. Cada página do texto foi ilustrada com uma imagem para que os *laici*, isto é, aqueles que não sabiam ler, pudessem perceber o sentido tão bem como os *litterati*.[22]

Essa iconografia, embora nova, nos reconduz ao modelo arcaico do jazente no leito, doente, que as cenas do Juízo Final tinham escondido: o leito era, como vimos, o lugar imemorial da morte. Assim permaneceu até que deixou de ser o leito, símbolo do amor e do repouso, para se tornar hoje esse material tecnológico de hospital, reservado aos grandes doentes.

De fato, sempre se morria no leito, fosse de morte "natural", isto é, como se acreditava, sem doença e sem sofrimento, ou a morte mais frequente por acidente, "de *puta*, febre, ou *apostema*, ou outras doenças graves, dolorosas e prolongadas".[23] A morte súbita, *improvisa*, era excepcional e muito temida; mesmo as feridas graves e os acidentes brutais davam tempo para uma agonia ritual no leito.

---

22 A. Tenenti, *La Vie...*, op. cit., p.98-9.
23 Ibid., p.108.

O homem diante da morte

O quarto deveria, no entanto, tomar um novo sentido na iconografia macabra. Já não era o lugar de um acontecimento quase banal, apenas mais solene do que os outros; tornava-se teatro de um drama onde se decidia pela última vez o destino do moribundo, onde toda a sua vida, paixões e apegos eram novamente postos em causa. O doente vai morrer. Pelo menos o sabemos pelo texto onde se diz que está crucificado pelo sofrimento. Quase não dá essa impressão nas imagens em que o corpo não se mostra muito emagrecido, onde ainda conserva suas forças. Segundo o costume, o quarto está cheio de gente, porque sempre se morre em público. Mas os assistentes nada veem do que se passa, e por sua vez o moribundo não os vê. Não por estar inconsciente: o seu olhar fixa com atenção bravia o espetáculo extraordinário que só ele percebe, de seres sobrenaturais que invadiram o quarto e se comprimem à sua cabeceira. De um lado a Trindade, a Virgem, toda a corte celeste, o Anjo da guarda; do outro, Satanás e o exército monstruoso dos demônios. A grande reunião do fim dos tempos se realiza no quarto do doente. A corte celeste está lá, sem dúvida, mas já não tem as aparências de um tribunal de justiça. São Miguel já não pesa na balança o bem e o mal. Foi substituído pelo Anjo da Guarda, mais enfermeiro espiritual e diretor de consciência do que advogado ou auxiliar de justiça.

Entretanto, representações mais antigas da morte no leito ainda conservam a encenação desde então clássica do julgamento, tratado no estilo dos Mistérios. É o caso de uma ilustração da Oração dos Mortos, de um saltério de 1340.[24] O acusado reclama o recurso ao intercessor: "Pus em vós minha esperança, Virgem Maria, Mãe de Deus: Salvai a minha alma do acabrunhamento e do inferno onde a morte é amarga". Satanás, por trás do leito reclama-lhe a alma: "Exijo a minha parte/ Pela justiça segundo o direito/ A alma que se separa deste corpo! Que está cheia de grande imundície". A Virgem descobre o seio, o Cristo mostra as suas chagas e transmite ao Pai a oração de Maria. E Deus concede a sua graça: "Se existem razões para que teu pedido seja concedido plenamente, o Amor me comove por ser honesto, Negar não posso simplesmente."

---

24 *Manuscrits à peinture du XIIIe au XVIe siècle,* Catálogo da exposição, n.115.

Nas *artes moriendi*, A Virgem e o Cristo crucificado estão sempre presentes; todavia, quando o moribundo exala a alma num último sopro, o Pai não levanta o gládio nem a mão justiceira, mas o dardo misericordioso da morte que abrevia os sofrimentos físicos e as provas espirituais. Acontece então que Deus passa a ser menos juiz no tribunal do que árbitro de uma luta entre as forças do Bem e do Mal, cujo prêmio seria a alma do moribundo.

A. Tenenti, na sua análise da iconografia das *artes moriendi*, pensa que o próprio moribundo assiste ao seu drama mais como testemunha do que como ator: "Um combate entre duas sociedades sobrenaturais em que o fiel tem fraca possibilidade de escolher, mas nenhum meio de se esquivar. Em torno do leito, uma luta sem piedade, uma tropa diabólica de um lado, legião celeste do outro".

Esse aspecto surge realmente de certas imagens: é possível interpretar assim os desenhos à pena que ilustram o poema, "Espelho da Morte", num manuscrito datado de c.1460.[25] Um representa a luta do diabo e do moribundo; outros, a intervenção de um anjo bom, a crucifixão, instrumento da salvação; o último, finalmente, o combate entre o Anjo e Satanás à cabeceira do moribundo.

Existia, portanto, a ideia de uma confrontação entre as forças do Bem e do Mal. Mas ela não parece dominar na *ars* publicada por A. Tenenti. Parece-me, ao contrário, que a liberdade do homem é ali respeitada e que se Deus parece ter abandonado os atributos da Justiça é porque o próprio homem se tornou seu juiz. O Céu e o Inferno já não lutam, como no "Espelho da Morte" de Avignon, mas assistem à última prova proposta ao moribundo e cujo desfecho determinará o sentido de toda a sua vida. São eles os espectadores e as testemunhas. É o moribundo que nesse instante tem o poder de tudo ganhar ou tudo perder: "A salvação do homem é estabelecida no seu final". Já não convém, pois, examinar a biografia do moribundo como era de hábito no tribunal das almas, no último dia do mundo. Ainda é cedo demais para esse balanço definitivo, porque a biografia ainda não está fechada e deve receber modificações retroativas. Não se poderia, pois, avaliar globalmente senão depois de sua conclusão. Esta

---

25 Ibid., n.303; Tenenti, *La Vie...*, op. cit., p.55.

depende do desfecho da última prova que o moribundo deve sofrer *in hora mortis,* no quarto em que ele vai entregar a alma. Cabe-lhe vencer com o auxílio do seu anjo e dos seus antecessores; e ele será salvo, ou irá ceder às seduções dos diabos e estará perdido.

A última prova substituiu o Juízo Final. Jogo terrível, e é em termos de jogo e de prêmios que fala Savonarola: "Homem, o diabo joga xadrez contigo e se esforça por te apanhar e te dar xeque-mate neste ponto (a morte). Mantém-te, portanto, pronto, pensa bem nessa jogada porque, se ganhares neste ponto, terá ganho todo o resto, mas se perderes, o que tiveres feito de nada valerá".[26]

Esse risco tem alguma coisa de aterrador e a partir daí podemos compreender que o medo do Além tenha se apoderado de populações que ainda não tinham receio da morte. Esse medo do Além se manifestava, sem dúvida, pela representação dos suplícios do inferno. A associação entre o momento da morte e o momento da decisão suprema corria o risco de estender à própria morte o medo suscitado por uma eternidade infeliz. Será que assim se deve interpretar o macabro?

Os temas macabros

Os temas macabros aparecem na literatura assim como na iconografia mais ou menos ao mesmo tempo que as *artes moriendi.*

Costumam-se chamar "macabras" (por extensão, a partir das danças macabras) as representações realistas do corpo humano durante a sua decomposição. O macabro medieval, que tanto perturbou os historiadores desde Michelet, começa depois da morte e vai até o esqueleto dessecado, *la morte secca,* frequente no século XVII e ainda no século XVIII; não pertence à iconografia característica do século XIV ao século XVI. Ela é dominada pelas imagens repugnantes da corrupção: "Oh! Carniça que já não és homem".[27]

---

26 Tenenti, ibid.

27 Nesson, Vigile des Morts, Paraphrase sur Job. In: *Anthologie poétique française du Moyen Age,* t.2, p.184.

Temos perfeitamente a impressão, ao folhear os autores, ao contemplar obras de arte, de que aparece um sentimento novo. A iconografia macabra é contemporânea das *artes moriendi*: ela expressa, entretanto, uma mensagem diferente – embora menos diferente do que querem os historiadores, impressionados pela originalidade dos temas.

Não é, por certo, difícil encontrar antecedentes. A ameaça da morte e a fragilidade da vida já tinham inspirado os artistas romanos que modelavam um esqueleto no bronze da taça de beber ou o desenhavam no mosaico de uma casa: *carpe diem*. Teriam sido cristãos insensíveis a esse sentimento, quando a sua religião se baseava na promessa da salvação? É por essa razão que se encontra aqui e ali a figura da morte sob a forma de um cavaleiro do Apocalipse. Sobre um capitel da Notre-Dame de Paris e no portal do Último Juízo de Amiens, uma mulher com os olhos vendados rapta um cadáver que leva na garupa do seu cavalo. Em outro lugar, o cavaleiro segura nas mãos a balança do julgamento ou o arco que mata. Mas essas ilustrações são pouco numerosas, discretas, marginais, comentam sem muita insistência os lugares-comuns da *humana mortalitas*.

Seria mais explícita a literatura antiga do cristianismo? A reflexão sobre a vaidade da vida terrestre, o *contemptus mundi*, é constante. Suscita imagens que serão retomadas pelos grandes poetas macabros.

Foi desse modo que Odon de Cluny, no século XI, revelou a fisiologia humana em termos semelhantes aos de P. de Nesson: "Considerai o que se esconde nas narinas, na garganta, no ventre: sujidades em toda a parte [...]" Mas, para falar a verdade, tratava-se menos de nos preparar para a morte do que de nos desviar do comércio com as mulheres, pois o moralista continua: "Nós que temos repugnância em tocar apenas com o dedo vômitos ou estrume, como podemos desejar apertar nos braços o próprio saco de excrementos?"[28]

Do mesmo modo os poetas latinos do século XII já celebravam a melancolia das grandezas desaparecidas: "Onde se encontra agora a Babilônia triunfante, onde estão Nabucodonosor o terrível, e o poder de Dário [...]? [...] eles apodrecem [...]. Onde estão aqueles que nos precederam

---

28 Huizinga, op. cit., p.144.

neste mundo? Ide ao cemitério e contemplai-os. Já não passam de cinzas e vermes, suas carnes apodreceram [...]". E mais tarde, Jacopone de Todi: "Dize-me, onde está Salomão, outrora tão nobre, onde está Sansão, o guerreiro invencível?"[29]

Nos claustros, os monges, por demais tentados pelo século, eram lembrados sem cessar das vaidades do poder, da riqueza, da beleza. Pouco depois, antes da grande eclosão macabra, outros monges, os mendicantes, sairão dos claustros e difundirão, com grande apoio de imagens, temas que irão impressionar ao vivo as massas urbanas. Mas os temas desses pregadores já se tornaram os mesmos que os dos poetas macabros, e pertencem a essa cultura aparentemente nova.

Podemos perfeitamente desprezar esses raros e pouco expressivos antecessores das vozes macabras dos séculos XIV e XV. De fato, a imagem que a Idade Média, anterior ao século XIV, nos dá da destruição universal é de natureza totalmente diferente: é a poeira ou o pó – não a corrupção fervilhante de vermes.

Na linguagem da Vulgata e da antiga liturgia da Quaresma, as noções de pó e cinza confundem-se. O termo *cinis* tem sentido ambíguo. Designa a poeira dos caminhos com a qual os penitentes se cobriam em sinal de luto e de humildade, como se vestiam de sacos ou de crina [*in cinere et in cilicio, sacum et cinerem sternere*]. Designa também o pó da decomposição: "Lembra-te homem, que tu és *pulvis* e que retornará *in pulverem*", diz o celebrante ao impor as cinzas, na primeira quarta-feira da Quaresma. Mas as cinzas também significam o produto da decomposição pelo fogo, que é então uma purificação.

Esse movimento do pó e das cinzas, constituindo a Natureza ou a Matéria, por suas camadas desfeitas e refeitas sem cessar, propõe uma imagem da destruição bem próxima da imagem da morte tradicional do "todos nós morremos".

A imagem nova da morte patética e individual do julgamento particular, das *artes moriendi,* deverá corresponder a uma nova figura da destruição.

---

29 Ibid., p.142.

As mais antigas representações dos temas macabros são interessantes porque, em algumas delas, a continuidade com o Juízo Final ou particular ainda é sensível. Por exemplo, no grande afresco do Campo Santo de Pisa, cuja data se pode localizar em torno de 1350, toda a metade superior, celeste, representa o combate dos anjos e demônios que disputam as almas dos defuntos. Os anjos levam os eleitos para o Céu, os demônios precipitam os condenados no Inferno. Habituados à iconografia do Juízo, não nos sentimos deslocados. Em compensação, na metade inferior, procuramos em vão as tradicionais imagens da ressurreição. Em seu lugar, uma mulher envolta em longos véus, com os cabelos soltos, sobrevoa o mundo e golpeia com sua foice a juventude de um pátio de amores, que nem de longe a esperava, e despreza um pátio dos milagres que clama por ela. Estranha personagem que tem um pouco de anjo, porquanto voa e tem corpo antropomórfico, mas também de diabo e de bestialidade, pois tem asas de morcego. De fato, fica-se frequentemente tentado a retirar a neutralidade da morte, anexando-a ao mundo diabólico:

Vieille ombre da la terre, ainçois ombre d'enfer (Ronsard)[30]

Mas também é considerada dócil executora da vontade de Deus, sua boa executante: "Sou de Deus a isso cometida".[31] É assim também que ela aparece no Juízo Final de Van Eyck, onde cobre o mundo com o corpo, como a Virgem de misericórdia cobre a humanidade com seu manto; os abismos infernais abrem-se sob as suas gigantescas pernas. Mas aqui a morte perdeu a forma viva de mulher que tinha em Pisa.[32]

Em Pisa, sob os golpes da sua foice, os corpos dos homens atingidos jazem por terra, de olhos fechados, e anjos e demônios vêm colher as almas por eles exaladas. A cena do último suspiro substituiu a da Ressurreição, a dos corpos reanimados saindo da terra. A passagem do Juízo

---

30 [Velha sombra da terra, antes sombra do inferno.] (N. T.)
31 Michault, op. cit.
32 Metropolitan Museum, Nova Iorque.

Final no momento decisivo da morte individual, que já pudemos observar nas *artes moriendi*, ainda é bem perceptível aqui.

Mas existe outra cena ao lado da morte universal. Um bando de cavaleiros cai pasmado diante do espetáculo apavorante de três ataúdes abertos. Os mortos que ali jazem estão cada qual num grau de decomposição diferente, segundo as etapas conhecidas há muito tempo pelos chineses. O primeiro conservou intato o rosto, e pareceria semelhante aos jazentes que a morte abateu mas ainda não alterou, se o ventre já não estivesse inflado pelos gases. O segundo está desfigurado, putrefato, mas ainda recoberto de retalhos de carne. O terceiro está reduzido ao estado de múmia.[33]

O cadáver semidecomposto irá se tornar o tipo mais frequente de representação da morte: o trespassado. Por volta de 1320 já se pode vê-lo nos muros da basílica inferior de Assis, obra de um discípulo de Giotto: traz uma coroa derrisória e São Francisco o aponta. É o principal figurante da iconografia macabra do século XIV ao XVI. Sigamo-lo por um momento.

Encontramo-lo, sem dúvida, sobre os túmulos e dele não se poderia dizer, mesmo hoje, muito mais do que os admiráveis comentários já realizados por É. Mâle e E. Panofsky.[34] Contudo, os túmulos que esses autores analisaram são sepulturas de grandes personagens e de grande arte, onde o trespassado ocupa um dos andares de um monumento que, em geral, comporta dois: no de baixo, o jazente ou o trespassado que o substitui, e em cima o bem-aventurado no paraíso (voltaremos a essa iconografia no Capítulo 5). Por exemplo, o túmulo do cardeal Lagrange, no museu de Avignon, o do cônego Yver na Notre-Dame de Paris (ver também em Gaignières, o túmulo de Pierre d'Ailly; bispo de Cambrai).[35] Bastará lembrar que essas obras são tão portentosas que podem iludir quanto à sua generalidade. São, na realidade, pouco numerosas e não expressam, por si só, uma grande corrente de sensibilidade.

---

33 Baltrusaitis, *Le Moyen Âge fantastique.*

34 Mâle, op. cit.; Panofsky, *Tomb Sculpture.*

35 Adhémar, Les tombeaux de la collection Gaignières, *Gazette des Beaux Arts,* t.I, p.343-4.

Existem, porém, túmulos mais banais onde os sinais cadavéricos são também aparentes, mas sem as formas repugnantes da decomposição. O jazente está envolvido numa mortalha que lhe deixa a cabeça descoberta e um pé descalço. E esse tipo parece frequente em Dijon (túmulo de Joseph Germain no museu de Dijon, 1424; túmulos de dois fundadores de uma capela de São João, Dijon). Reconhece-se o cadáver pela saliência da mandíbula descarnada. As mulheres têm os cabelos desordenadamente espalhados. Os pés descalços ultrapassam a mortalha. É o cadáver exatamente como vai ser enterrado, se tiver esperado um pouco pelo enterro. Hoje ainda, aos nossos olhos tão fatigados, o espetáculo no chão de uma igreja de Dijon é impressionante.

Fato estranho, esses trespassados nem sempre ficam na posição realista dos jazentes. Sobre outra lápide tumular em Dijon (São Miguel, 1521), os dois trespassados, em vez de estarem deitados lado a lado, estão de joelhos, um de cada lado de um Cristo majestoso. Tomaram o lugar dos orantes no céu e não mais representam o de jazentes.

Sobre um túmulo na região da Lorena, do século XVI, proveniente de um espaço descoberto de um cemitério (trata-se de uma lápide encimada por uma cruz), uma múmia está sentada com a cabeça nas mãos (Nancy, Musée Lorrain), mas o escultor e o seu cliente sentiram alguma relutância em mostrar os sinais de decomposição e o trespassado permanece discreto. Ficamos impressionados hoje por essa discrição ter sido ultrapassada e substituída por um expressionismo macabro. Mas não nos devemos iludir com a raridade desses casos. Fazendo uma estatística dos túmulos do século XIV ao XVI, podemos perceber que os trespassados aí aparecem tardiamente em relação ao resto da iconografia macabra e, em seguida, que eles são pouco numerosos e até mesmo completamente ausentes de grandes províncias da cristandade, como a Itália (antes da invasão do esqueleto no século XVII), a Espanha e a França mediterrânea. Concentram-se na França do Norte e do Oeste, na Flandres, Borgonha, Lorena, Alemanha e Inglaterra. Essa distribuição geográfica coincide quase com a da ocultação do morto (ver Capítulo 4): a iconografia macabra existe onde o rosto foi escondido. Não existe onde o rosto permaneceu descoberto.

Os trespassados não fazem parte da Vulgata funerária do final da Idade Média, constituem apenas um episódio marginal e efêmero. Essa observação restritiva nada retira ao fato de, nos séculos XV e XVI, o tema do trespassado mais ou menos decomposto ter conseguido se impor aos fabricantes de túmulos, apesar do seu tradicionalismo, não só nas obras eloquentes da grande arte, mas ainda sobre as lajes banais como as de Dijon ou das igrejas holandesas.

Entretanto, a arte funerária é a menos macabra das artes dessa época lúgubre. Os temas macabros são mais francos e mais frequentes nas outras formas de expressão, em particular nas cenas não realistas, nas alegorias que mostram coisas que não se veem. É assim que o trespassado, personificação da morte, como no afresco franciscano de 1320 em Assis, penetra sem que ninguém o perceba no quarto do moribundo. É mais comum ele estar ausente das *artes moriendi* que comentamos, onde tudo se passava sem conhecimento dos assistentes, entre as forças do Céu e do Inferno, e o livre arbítrio do moribundo. Mas na *Arte del bene morir* [Arte do bem morrer], de Savonarola, por volta de 1497, ei-lo sentado aos pés da cama. Em outra arte italiana de 1513, aparece no momento em que atravessa a porta do quarto.[36]

O morto trespassado é ainda mais frequente nas *artes moriendi* do que nos túmulos. Seu domínio favorito é a ilustração dos livros de horas destinados aos devotos laicos, em especial o ofício dos mortos – e isto é uma indicação das relações entre a iconografia macabra e a pregação, em especial dos mendicantes.

A passagem para os livros de horas não nos faz deixar o quarto do moribundo. Numa miniatura das Horas de Rohan, a morte entra no quarto, com um caixão no ombro, para grande susto do doente diante desse aviso inequívoco.

Contudo, nos livros de horas, ela prefere o cemitério; as cenas de cemitério tornam-se muito frequentes e variadas. Algumas, entre as mais belas, são compromissos entre a morte no leito das *artes moriendi* e o enterro do morto. Por exemplo, a famosa miniatura das Horas de Rohan (cerca de 1420) chamada

---

36 Domenico Capranico, 1513; Tenenti, *Il Senso...*, op. cit., grav.19, p.192-3.

a "Morte do cristão". O agonizante já não fica no leito. Foi transportado, numa antecipação surrealista, para o cemitério e está deitado na terra, uma terra onde os ossos e os crânios se misturavam ao capim como em todos os cemitérios. Está sobre uma bela mortalha azul com brocado de ouro, em que será amortalhado: era costume, como sabemos, enterrar certos defuntos envoltos em tecidos preciosos. A segunda diferença com as *artes moriendi* consiste no fato de o corpo estar inteiramente nu – um véu transparente nada esconde do seu ventre – em vez de estar afundado sob os lençóis, e esse nu já é um cadáver, mas um cadáver antes da decomposição, como os dos túmulos de Dijon.

Fora essas pequenas exceções, reconhecem-se ali os temas clássicos das *artes moriendi* e dos julgamentos: o agonizante expira, a alma é disputada por São Miguel e Satanás. O papel de lutador cósmico do arcanjo está associado ao do psicopompo. Deus Pai, dessa vez só, sem a sua corte, contempla o moribundo e o perdoa. Percebe-se, nessa composição, o desejo de levar a iconografia tradicional para aspectos mais impressionantes da morte: o cadáver e o cemitério.

Como é no leito que se morre, essa morte no cemitério não é muito frequente. Encontra-se bem mais tarde numa curiosa reprodução por Gaignières do túmulo do prior de Saint-Wandrille, morto em 1542, no convento dos Celestinos de Marcoussis.[37] O original era uma pintura onde o jazente, em vestes sacerdotais, a cabeça numa almofada, se acha diretamente estendido no chão do cemitério; a morte, uma múmia, está a seu lado, armada com uma almofada com a qual o golpeou ou vai golpear. É porque o cemitério se tornou então o reino da morte: ela reina ali sob a forma de uma múmia armada de foice ou de dardo. Aqui ela está sentada num túmulo como se fosse um trono; com uma mão segura o dardo como se fosse um cetro, e com a outra, um crânio como um globo imperial. Ali, ela se ergue com um impulso ardente acima de um túmulo aberto: a lápide afastada deixa ver o rosto do trespassado. Mas essa múmia de pele bem conservada, exceto no ventre aberto à altura das entranhas, e de cabeça caricata, é a morte rainha do cemitério ou o morto que saiu da cova?

---

37 Gaignières, op. cit.

O homem diante da morte

Ainda ali, de pé e conquistadora, a morte brandindo seu estilete ameaça o cadáver que jaz a seus pés sobre a tampa do sarcófago e acaba de se decompor. Cena espantosa: os dois cadáveres superpostos são idênticos, mas um está deitado e inanimado, o outro de pé e alerta. Onde as duas múmias não estão justapostas, não se sabe se trata-se de um fantasma, duplicata de todo homem, figura de seu destino subterrâneo ou de uma personificação da força que aniquila todos os seres vivos.[38]

Quanto às danças macabras, elas não são miniaturas do livro de horas; não nos fazem deixar o cemitério aonde o ofício dos mortos nos trouxe, porque são decorações de cemitério: afrescos cobrindo os muros dos carneiros ou ainda capitéis das colunas das galerias.

Discutiu-se a respeito do sentido de "macabro". Parece-me o mesmo que o "macabeu" da língua popular atual, conservatório de expressões antigas. Não é surpreendente, aliás, que se tenha dado, por volta do século XIV, ao "corpo morto" (quase não se usava o termo cadáver) o nome dos santos Macabeus: esses já eram há muito tempo venerados como patronos dos mortos, porque eram considerados, com ou sem razão, inventores das orações de intercessão pelos mortos. Sem dúvida, a festa desses santos foi substituída pela comemoração do dia 2 de novembro, mas demorou muito para desaparecer, e a sua lembrança ainda permaneceu por muito tempo em manifestações piedosas. É assim que, em Nantes, um quadro de Rubens destinado ao altar dos trespassados representa Judas Macabeu rezando pelos mortos; em Veneza, na Scuola Grande dei Carmini, duas telas de meados do século XVIII descrevem em detalhe os suplícios dos Macabeus.

A dança macabra é uma ronda sem fim, em que se alternam um morto e um vivo. Os mortos conduzem o jogo e são os únicos a dançar. Cada par é formado por uma múmia nua, putrefata, assexuada, muito animada e por um homem ou uma mulher, vestido segundo a própria condição, estupefato. A morte estende a mão para o vivo que vai arrastar, mas que ainda não se submeteu. A arte reside no contraste entre o ritmo dos mortos e a paralisia dos vivos. O objetivo moral é ao mesmo tempo lembrar a

---

38 Atelier de Memling, museu de Strasburgo; Tenenti, *La Vie...*, op. cit., p.8-10,

incerteza da hora da morte e a igualdade dos homens diante dela. Todas as idades e todos os estados desfilam numa ordem que é a da hierarquia social, tal como dela se tinha consciência: esse simbolismo da hierarquia torna-se hoje fonte de informação para o historiador social.[39]

Nas danças anteriores ao século XVI, as únicas que consideraremos neste capítulo, o encontro do homem e da morte não é brutal. O gesto da morte é quase suave: "É preciso que sobre vós a mão eu ponha". Ela avisa mais do que golpeia:

Approchez-vous, je vous actens...
Il vous faut ennuyt tréspasser...
A demain vous aient adjourner...[40]

Convida a futura vítima a olhá-la, e a visão lhe servirá de aviso:

Marchand, regardez par-deçà...
Usurier de semi déréglez
Venez tost et me regardes.[41]

A morte acompanha sua citação ("Ao grande juiz é preciso vir") com uma mistura de ironia e de piedade:

Car se Dieu qui est merveilleux
N'a perdu de vous, tout perdez,[42]

diz ela ao usuário. E ao médico:

---

39 Saugnieux, *Les Danses macabres de France et d'Espagne*; Id.,La danse macabre des remmes. In: Mary (org.) op. cit., t.2, p.353-5; Dubruck, *The Theme of Death in French Poetry.*

40 [Aproximai-vos, eu vos espero... / É preciso à noite trespassar... / Para amanhã vos está marcado...] (N. T.)

41 [Comerciante, olhe para mim... / Usurário de sentimentos desregrados; / Vinde todos e contemplai-me.] (N. T.)

42 [Porque se Deus que é maravilhoso. / Não vos perdeu! Vós tudo perdeis.] (N. T.)

Bon mire est qui se scet guérir.[43]

É. Mâle acreditava que, em Chaise-Dieu, a morte escondia o rosto para não amedrontar a criancinha que ia levar!

Em todo o caso falava ao infeliz camponês uma linguagem que é ao mesmo tempo a da necessidade e da compaixão:

> *Laboureur qui en soing et painne*
> *Avez vescu tout votre temps,*
> *Mourir faut, c'est chose certaine...*
> *De mort deves estre contens*
> *Car de grant soussy vous délivre...*[44]

Os vivos não esperam por esse encontro. Esboçam com a mão ou a cabeça um gesto de recuo, de negação, mas não vão além desse reflexo de surpresa e não deixam aparecer angústia profunda nem revolta. Apenas um desgosto atenuado pela resignação, mais desgosto entre os ricos, mais resignação entre os pobres: questão de dosagem.

> *Pour Dieu qu'on me vas quérir*
> *Médecin et apothicaire,*[45]

reclama a mulherzinha que tem "marido com tão bons negócios". Pelo contrário a mulher da aldeia aceita sua sorte:

> *Je prens la mort vaille que vaille*
> *Bien gré et en patience...*[46]

---

43 [Bom "mire" é quem se sabe curar.] (N. T.)

44 [Lavrador que em cuidados e penas! / Viveste todo teu tempo! / Morrer é preciso, é coisa certa... / Com a morte deves ficar contente, / Já que de grandes cuidados ela te libera...] (N. T.)

45 [Por Deus, que me vão chamar, / Médico e boticário.] (N. T.)

46 [Aceito a morte valha o que valer / De boa vontade e com paciência...] (N. T.)

É curioso ver aqui transparecer, sob as figuras da mortalidade, desejos horrendos, o antigo sentimento de submissão ao destino com bonomia.

Outras cenas parecem antes desenvolvimentos dos simples encontros da dança porque ilustram também a igualdade diante da morte e o *memento mori*. Por exemplo, a múmia ou o esqueleto entra numa sala onde se reúnem príncipes e prelados, ou se aproxima de um banquete alegre – o banquete da vida – para bater por trás num dos convivas, como numa gravura de Stradan. Aqui a ênfase está no caráter súbito, mais do que nas artes e nas danças. A morte já não concede prazo, já não avisa, apodera-se à traição: é a *mors improvisa,* a morte mais temida, exceto pelos novos humanistas erasmianos e reformadores protestantes e católicos. Mas essa morte súbita raramente é figurada: na economia, afinal consoladora, das danças que foram muito populares, de início nos muros dos carneiros, depois nas séries desenhadas das gravuras sobre madeira, o terrível condutor do jogo dá uma ligeira trégua.

O "triunfo da morte" é outro tema contemporâneo, se não mais antigo, das artes e das danças, igualmente muito difundido. O tema é diferente, já não se trata da defrontação pessoal do homem com a morte, mas a ilustração do poder coletivo da morte: a morte, múmia ou esqueleto, de pé, com sua arma-emblema na mão, conduz uma carreta enorme e lenta, puxada por bois. Reconhece-se ali a pesada máquina das festas, inspirada na mitologia e destinada às grandes entradas dos príncipes nas suas boas cidades, um príncipe cujos emblemas seriam crânios e ossos. A carreta podia também provir de um préstito de enterro principesco e levar a "representação" de cera ou de madeira de um corpo ornado para as exéquias, semelhante ao corpo real, ou ainda o caixão coberto com pano mortuário. No universo fantástico de Bruegel, transforma-se na carreta irrisória onde os coveiros amontoavam os ossos para transportá-los de um lugar para outro da igreja e dos carneiros.

Mas seja qual for a aparência, a carreta da morte é uma máquina de guerra, uma máquina destruidora que esmaga sob suas rodas – e até mesmo só com a sua sombra fatal – uma população numerosa de todas as idades e de todas as condições. É assim que a descreve P. Michault:

O homem diante da morte

Je suis la Mort de nature ennemye,
Qui tout finallement consomme,
Annihilant en tous humains la vie,
Réduis en terre et en cendre tout homme.
Je suis la mort qui dure me surnomme,
Pour ce qu'il faut que maine tout à fin...
Sur ce boeuf cy qui s'en va pas à pas
Assise suis et ne haste point,
Mais sans courir je mets à grief trespas
Les plus bruians quand mon dur dart les poinct.[47]

Trata-se, pois, de uma figura de destino cego, oposto em aparência ao individualismo das artes e das danças. Todavia, não nos iludamos, o espírito dessa alegoria está mais afastado do "Todos nós morremos" primitivo e tradicional do que as danças. No "todos nós morremos", o homem sabia que ia morrer e tinha tempo de se resignar. A morte dos triunfos não previne:

Je picque et poinct quand je connais mon point
Sans aviser qui a assez vescu...[48]

Aliás, as vítimas que ela deitou por terra na sua corrida lenta não desconfiavam de nada: foram arrebatadas durante o sono da inconsciência.

Também já não se encontra, no discurso dos triunfos, a mistura de ironia e bonomia das danças. Traduz um sentimento incontestavelmente diverso, já aparente no Campo Santo de Pisa, que irá se desenvolvendo e se acentuando em seguida, a vontade de expressar não tanto a igualdade

---

47 [Sou a morte de natureza inimiga, / Que tudo finalmente consome, / Aniquilando em todos os humanos a vida, / Reduz a terra e cinza todos os homens, / Eu sou a morte que me chamo dura, / Por ter que levar tudo até o fim, / Sobre este boi aqui que avança passo a passo, / Sentada estou e não o apresso, / Mas sem correr submeto a graves mortes, / Os mais ruidosos quando o meu dardo duro os golpeia.] (N. T.)

48 [Espeto e golpeio quando conheço o meu ponto; / Sem avisar quem já viveu bastante...] (N. T.) Michault, Raisons de Dame Atropos. In: Mary, op. cit., t.2, p.323-9.

das condições e a necessidade, com o absurdo da morte e sua perversidade: a morte do triunfo segue em frente a ela, como uma cega. Ela também atende, nas suas hecatombes, os mais miseráveis, mendigos, estropiados, que lhe suplicam pôr um termo a seus males, e também os jovens desesperados, que correm para se expor aos seus golpes, mas chegam tarde demais. Ela abandona os vivos na beira da estrada, e não diminui a sua marcha para esperar pelos outros. Comparemos essa alusão ao desespero com a condenação do suicídio das artes, e poderemos sentir a diferença.

Partimos de fontes iconográficas. Poderíamos também, perfeitamente, ter partido de fontes literárias. Algumas, que já encontramos, falam a mesma linguagem que as imagens e podem lhes ter servido de comentários, como P. Michault serve para ilustrar o triunfo da morte, ou o versificador anônimo serve às danças.

É assim ainda que P. de Nesson diz:

Et lors que tu trespasseras
Dès le jour que mort tu seras
Ton orde char commencera
A prendre pugnaise pueur...[49]

O que acontecerá ao homem "carniça", "saco de excrementos", quando:

L'on t'enfoyra dans la terre
Et couvrira d'une grant pierre
Afin que jamais veu ne soyes?[50]

Ninguém vai querer saber da sua companhia:

---

49 [E quando trespassares, / Desde o dia em que morto estiveres, / Tua carreta de excrementos começará, / A ficar com fedor pungente.] (N. T.)

50 [Te enfiarem na terra, / E cobrirem com uma grande pedra, / Para que jamais sejas visto.] (N. T.)

Qui te tenra lors cornpaignée?[51]

Também encontramos muitos desses textos entre os pregadores, com pressa de converter os vivos fazendo-lhes medo, mostrando-lhes a vaidade da vida e inspirando-lhes o horror da morte. Uns e outros, porém, pouco acrescentam às lições de iconografia.

Alguns, contudo, poetas, como o próprio P. de Nesson, não hesitaram em estabelecer uma relação nova entre a decomposição do corpo depois da morte e as manifestações habituais da vida. Para ele, a podridão que se apodera dos cadáveres não vem da terra:

Les vers qui en terre demeurent
N'y atoucheraient, jaqu'ilz puissant.[52]

Ela sai do interior do homem:

Car les vers d'elle-même [de la charogne] issuent sortent
Qui la decirent et la dévorent.[53]

Ela já ali estava desde a origem. O homem nasceu como morrerá, na "infecção":

O très orde conception
O vil, nourri d'infection
Dans le ventre avant ta naissance.[54]

As matérias e os líquidos da podridão escondem-se sob a pele:

---

51 [Quem te fará então companhia?] (N. T.) Nesson. In: Mary. op. cit., p.183-6; Deschamps, Ballade des signes de la mort. In: ibid., p.151.

52 [Os vermes que na terra permanecem, / Não lhes tocariam, se é que podiam.] (N. T.)

53 [Pois os vermes de que dela própria [a carniça] saem, / Que a dilaceram e a devoram.] (N. T.)

54 [Oh muito imunda concepção / Oh vil, nutrido de infecção / No ventre antes de nasceres.] (N. T.)

Job compère chair à vesture
Car vestement est mis dessure
Le corps affin qu'on ne la voie[55]

Se o víssemos! E cabe aos poetas e aos pregadores fazer os moralistas verem:

N'est que toute ordure
Mor, crachats et pourritures
Fiente puant et corrompue.
Prens garde ès oeuvres naturelles...
Tu verras que chascun conduit
Puante matière produit
Hors du corps continuellement.[56]

Reconhece-se aí "a morte intravital" de V. Jankélévitch. Procura-se "a morte nas profundezas da vida."

Por conseguinte, a doença, a velhice e a morte não passam de erupções da podridão interior, para fora do invólucro corporal. Não é preciso recorrer a elementos estranhos, a espíritos e animais que circulam para explicar a doença; ela está sempre presente. A concepção, a morte, a velhice e a doença misturam suas imagens que comovem e atraem, muito mais ainda do que assustam.

Aquele repugnante sexagenário de E. Deschamps:

Je deviens courbe et bossus,
J'oy trè dur, ma vie décline...[57]

---

55 [Job compara carne à veste, / Pois a veste é posta em cima, / Do corpo para que não se o veja.] (N. T.)

56 [É feito só de imundície / Morte, escarro e podridão / Excrementos fétidos e corrompidos. / Toma cuidado com as obras naturais, / Verás que cada um conduz, / Matéria pestilenta jogada / Para fora do corpo continuadamente.] (N. T.)

57 [Torno-me curvo e corcunda / Ouço muito mal, minha vida declina...] (N. T.)

deixa os odores da putrefação atravessarem-lhe o corpo: a velhice e a morte chegam quando o invólucro carnal já não é bastante forte para contê-las:

Mes dens sont longs, faibles, agus,
Jaunes, flairant comme santine...[58]

São os sinais da morte. E o moribundo de Villon, que "morre de dor":

Son fiel se crève sur son cuer
Puis sue, Dieu scet quel sueur![59]

Do mesmo modo, Ronsard sentiu e disse como a doença está misturada à vida, como o mal e a morte estão dentro da própria pessoa:

J'ay varié ma vie en devidant la trame
Que Clothon me filait entre malade et sain,
Maintenant la santé je logeais en mon âme,
Tantost la maladie, extrême fléau de l'âme.[60]

Essa doença, ele a conhece, é a gota!

La goutte ja vieillard me bourrela les veines.[61]

Morreu com 61 anos, a idade do ancião de Deschamps, mas sentira desde os 30 as marcas da doença e da velhice, e nelas ele se prolonga, complacente:

---

58 [Meus dentes estão longos, fracos, pontiagudos, / Amarelos, cheirando a fossa...] (N. T.)

59 [O seu fel arrebenta sobre o seu coração, / Depois sua, Deus sabe que suor!] (N. T.)

60 [Variei a vida desenrolando a trama, / Que Cloton [uma das parcas] me fiava entre doente e sadio, / Agora abrigava saúde na minha alma, / Por vezes a doença, extremo flagelo da alma.] (N. T.)

61 [A gota, eu já velho, me atormentava as veias.] (N. T.)

159

J'ay les yeux tout battus, la face toute pâle,
Le chef grison et chauve, et je n'ay que trente ans.[62]

Descreve as crises de insônia:

Mais ne pouvais dormir, c'est bien de mes malheurs
Le plus grand qui ma vie et chagrine et despite...
Seize heures pour le moins, je meurs, les yeux ouverts,
Me tournant, me virant de droict et de travers
Sur l'un, sur s'autre flanc, je tempête, je crie,...
Miséricorde! Ô Dieu! Dieu ne me consume
A faute de dormir...
Vieille ombre de la terre, ainçois ombre d'enfer,
Tu m'as ouvert les yeux d'une chaine de fer,
Me consumant au lict, navré de mille pointes...
Meschantes nuits d'hiver, nuits filles de Cocyte,
N'approchez de mon lit, ou bien tournez plus vite.[63]

Tomava ópio, no entanto, mas o ópio o embrutecia sem lhe restituir o sono:

Heureux, cent fois heureux, animaux qui dormez...
Sans manger du pavot qui tous les sens assomme.
J'en ay mangé, j'en ay bu, de son jus oublieux,
En salade, cuit, cru, et toutefois le somme

---

62. [Tenho os olhos muito abatidos, o rosto muito pálido, / A cabeça grisalha e calva, e só tenho trinta anos.] (N. T.)

63. [Mas não podia dormir, é bem uma das minhas desgraças / A maior que minha vida desgosta e humilha... / Dezesseis horas pelo menos, eu morro de olhos abertos, / Virando-me, voltando-me a direito e atravessado / Sobre um lado sobre o outro, esbravejo, grito... / Misericórdia! Oh Deus! Deus, não me consuma / Por falta de sono... / Velha sombra da terra, antes sombra do Inferno / Abriste-me os olhos com uma corrente de ferro, / Consumindo-me na cama dilacerado por mil agulhas... / Malvadas noites de inverno, noites filhas de Cocyto [rio dos enfermos], / Não se aproximem do meu leito, ou então virem-se mais depressa.] (N. T.)

O homem diante da morte

Ne vient par sa froideur s'asseoir dessus mes yeux.[64]

Suas enfermidades o condenam a um estado de magreza que anuncia o fim:

Je n'ay plus que les os, un squelette je semble
Décharné, dénusdé, dépoulpé,
Que le trait de la mort sans pardon a frappé!...[65]

Então, o doente acabrunhado chama pela morte; e não é a queixa em forma de provérbio do pobre lenhador:

J'appelle en vain le jour, et la mort je supplie...
Donne-moi (ô mort) tes présents en ces jours que la brume
Fait les plus courts de l'an, ou de ton rameau teint
Dans le ruisseau d'oubli, dessus mon front estreint
Endors mes pauvres yeux, mes gouttes et mon rume...
Pour chasser mes douleurs, ameine moy la mort.
Ha mort! Le port commun de tous le comfort
Viens enterrer mes maux, je t'en prie à mains jointes.[66]

Mas a morte não responde: sobre a sua carreta não vê nem escuta os que por ela clamam:

---

64 [Felizes, cem vezes felizes, animais que dormis.../ Sem comer papoula que todos os sentidos arrasa. / Dela comi, e bebi o seu suco oblívio, / Em salada, cozido, crua e contudo o sono, / Não vem com a sua frieza pousar sobre os meus olhos.] (N. T.)

65 [Já não tenho senão ossos, um esqueleto pareço / Descarnado, desnudado, despolpado, / Que a marca da morte sem perdão golpeou!] (N. T.)

66 [Chamo em vão o dia, e à morte suplico... / Dá-me (oh morte) teus presentes nestes dias que a bruma / Faz os mais curtos do ano, ou com o teu ramo tinto; / No riacho do esquecimento, passa sobre a minha fronte, / Adormece meus pobres olhos, minha gota e o meu reumatismo... / Para afugentar minhas dores, traze-me a morte. / Ah morte! Porto comum, de todo conforto / Vem enterrar meus males, eu te peço de mãos juntas.] (N. T.)

161

Mais elle fait la sourde et ne veut pas venir.[67]

lá dizia Michault em "Le passe-temps":

Mort requiert, mais mort le refuse.[68]

Vem então a tentação do suicídio, uma das últimas tentações das *artes moriendi*: "Mata-te a ti mesmo" sugere ali o diabo ao doente que já levantava o punhal para se matar.[69]

A velhice e as saudades da juventude perdida inclinavam a bela mulher do armeiro ao mesmo exemplo:

Ha! Vieillesse félonne et fière,
Pourquoy m'as si tost abattue!
Qui me tient que je ne me fière
Et qu'à ce coup je ne me tue?[70]

O desespero nem sempre vai ao suicídio. Manifesta-se, no caso menos dramático, por um estupor que paralisa a memória e inibe a vontade:

Tant est sy fort qu'ils perdent souvenance
Par quoi mémoire est hors de sa vigueur
Et Dieu est mis souvent en oubliance.[71]

A morte já não alivia; mesmo ao doente que sofre, ela impõe a angústia:

---

67 [Mas ela se faz de surda e não quer vir.] (N. T.) Ronsard, Derniers vers, *Oeuvres complètes*, v.18, p.176.

68 [A morte requer, mas a morte o recusa] (N. T.)

69 Tenenti, *La Vie...*, op. cit., p.99.

70 [Ah! velhice pérfida e arrogante, / Por que tão cedo me abateste! / Quem me conterá, que não confio em mim; / E que com este golpe não me mate?] (N. T.) Villon, Les Regrets de la belle Heaumiére. *Le Testament*, p.82-5.

71 [É tão forte que perdem a lembrança / Porque a memória está fora do seu vigor / E Deus é em geral posto em esquecimento.] (N. T.) Michault, op. cit., t.2, p.328.

Car quand ils sont serrez entre mes mains
[É a morte triunfante que fala]
Le pas mortel par sa dure rigueur
Lui donne angoisse et extrême langueur.[72]

No entanto, mesmo quando não vai até o suicídio, essa angústia pode provocar o desespero e a revolta contra Deus. O desespero toma a forma de um pacto diabólico.

A influência da pastoral missionária? Das grandes mortalidades?

É impressionante que as fontes literárias deem ênfase à decomposição tanto durante a vida como depois da morte: os líquidos sórdidos do corpo, os sinais horrendos da doença, o desespero.

Temos a clara impressão de que alguma coisa de brutal intervém então na lenta evolução do modelo tradicional da morte no leito, que subsistia sempre nas *artes moriendi*. Um clima de angústia parece ter se instalado, a ponto de se chegar a preferir a morte súbita, tão temível, à morte anunciada e ritual.

Como interpretar esses documentos, como situá-los nas longas séries que começam com a Ressurreição da carne e o Juízo?

Uma primeira ideia sugere que a evocação dos horrores da decomposição foi um meio dos monges mendicantes comoverem e converterem as populações laicas, especialmente as urbanas.

Era, como se sabe, o tempo em que a Igreja não se satisfazia tanto com o ideal de perfeição dos claustros e se propunha a conquistar homens que tinham, de certa forma, abandonado anteriormente, relegando-os a uma espécie de folclore pagão-cristão, com a condição que se evitassem as heresias doutrinárias ou morais por demais espalhafatosas. Os agentes

---

72 [Pois quando eles estão seguros nas minhas mãos / O passo mortal por sua dura rigidez / Lhe dá angústia e extremo langor.] (N. T.)

dessa conquista, os mendicantes, procuraram impressionar as imaginações com imagens fortes como aquelas da morte.

E ainda era preciso que essa linguagem fosse compreendida, que os ouvintes respondessem aos estímulos. Hoje teriam rejeitado essas imagens com repugnância. Antes do século XIV, como também depois do século XVI, poderiam ter sido recebidas com indiferença por essas pessoas, que já estavam muito familiarizadas com as imagens da morte para que se comovessem. Os homens da Igreja sempre procuraram amedrontar; medo do Inferno, mais do que da morte. Só o conseguiram parcialmente. Nos séculos XIV a XVI tudo se passa como se os levassem mais a sério, mas não à letra: os pregadores falavam da morte para fazer pensar no Inferno. Os fiéis não pensavam forçosamente no Inferno, mas ficaram então mais impressionados com as imagens da morte.

Do século XIV ao XVI, se por um lado a antiga familiaridade com a morte não se fazia mais presente nas formas comuns da vida cotidiana, ela foi parcialmente reprimida para onde as representações da morte tornavam a encontrar força e novidade. Por que essa novidade?

É tentador fazer um paralelo entre o êxito dos temas macabros com as grandes mortalidades causadas pela peste, com as grandes crises demográficas dos séculos XIV e XV, que teriam despovoado certas regiões, provocando regressão das culturas e uma crise econômica generalizada. A maioria dos historiadores reconheceu e reconhece ainda um caráter de catástrofe no final da Idade Média. "Nenhuma outra época", escreve Huizinga, "deu tanta ênfase e dramaticidade à ideia da morte". As grandes epidemias devem ter deixado lembranças marcantes na memória coletiva. Pierre Michault faz a morte enumerar todos os seus "instrumentos": idade, guerra, doença, "minha leal serva", fome e mortalidade, "minha muito boa camareira".

Os triunfos da Morte de Pisa e de Lorenzetti são contemporâneos das grandes pestes do meio do século. O esqueleto de Assis talvez seja anterior. Entretanto, nem sempre é sob a forma realista do cadáver ou da descrição da morte que a desordem provocada pelo choque da epidemia aparece. M. Meiss mostrou que em Florença, no último terço do século XIV, os mendicantes foram levados a idealizar as representações religiosas tradicionais, de preferência a sobrecarregá-las com detalhes realistas, a exaltar o papel da Igreja e das ordens de São Francisco e de São Domingos, ressaltando por meio de estilo arcaizante e abstrato os aspectos hieráticos do sagrado e da transcendência: um retorno aos moldes bizantinos e ao espírito românico, passando por cima das tendências anedóticas do século XIII. Por conseguinte, foi por meio de símbolos que dali em diante se evocou a peste para conjurá-la: o símbolo de São Sebastião golpeado pelas flechas, tal como a humanidade pela epidemia. Mais tarde, em compensação, nos séculos XVI e XVII, não se hesitará em mostrar os homens morrendo na rua, cadáveres amontoados em carretas, abertura de grandes valas.[73] Mas o período propriamente macabro já tinha passado, embora as pestes continuassem sempre.

Por mais tentadora que seja, a relação entre o macabro e as pestes não é, portanto, completamente convincente. Tanto que a grande crise do final da Idade Média é por vezes posta em duvida pelos historiadores de hoje. Eis o que a respeito disse J. Heers:

> Ao que parece os historiadores pecaram por pessimismo, muitas vezes exagerado e injustificado... Tratava-se de verificar a famosa hipótese de uma catástrofe ou pelo menos de um grave retraimento econômico no final da Idade Média, ideia dominante que desde H. Pirenne, pelo menos [...] marcou todos os historiadores da economia medieval. Essa concepção se impunha de forma tão firme, era aceita como tão evidente, que naturalmente era impossível escrever o menor trabalho sobre esse período sem a ela aderir; todo estudo da história econômica deveria partir desse ponto. [E não somente de história econômica!] Contudo, já há mais de vinte anos, autores mais avisados e mais bem informados [...] mostravam que esse declínio foi realmente muito desigual para o conjunto do mundo ocidental; falavam antes de mutação do que de catástrofes. [...] No início, a ideia de um retraimento catastrófico era, sem dúvida, devedora de certas tendências que agora é preciso rejeitar. Assim, uma fé excessiva em certas testemunhas da época,

---

73 Lieferinxz, *La Peste,* Walters Gallery, Baltimore; Perrier, chamado le Bourguignon, *La Peste à Athènes,* museu de Dijon.

homens da Igreja em geral um pouco habituados a manipular os números, naturalmente inclinados a aumentar perdas e dificuldades, a apresentar uma imagem deformada, romanceada, a lamentar as desgraças de uma humanidade que eles veem atingida pela cólera de Deus, a dar crédito então a uma espécie de lenda negra do seu tempo.[74]

Existe outra fonte de informação que precisamos considerar e que nos inclina a uma versão menos negra do que a da tradição histórica: os testamentos.

Antoinette Fleury dedicou sua tese (manuscrita) da École des Chartes[75] ao estudo dos testamentos parisienses do século XVI. Durante todo o tempo de sua pesquisa viveu na intimidade desses textos. Por essa razão suas impressões ingênuas têm o valor de um testemunho. Ora, eis o que ela escreveu a propósito das cláusulas relativas aos enterros:

> Vimos, pelo cortejo fúnebre, longa procissão com luzes, e pelas solenidades da igreja para onde as crianças eram convidadas, a *ideia bastante consoladora que se fazia da morte nessa época* [o grifo é meu]. Para que a cerimônia tivesse mais um ar de festa, era costume servir uma refeição ou algum alimento aos presentes.

Sem dúvida, alguns anos mais tarde, o atual conservador do *minutier*[76] central, mais conhecedor das tendências e dos modos da historiografia do que a jovem documentalista, não teria ousado expressar com essa simplicidade suas impressões imediatas de pesquisador. Teria introduzido reservas e arrependimentos e hesitado em decorar com um ar de festa a ideia da morte em plena era macabra.

Podemos contestar que se trata do século XVI e que o ápice macabro já passara, que um novo impulso demográfico e econômico tinha reprimido os fantasmas macabros. Na realidade, as representações macabras

---

74 Heers, *Annales de démographie historique,* p.44; Fleury, op. cit.

75 Escola instituída para preparar especialistas em documentos antigos. (N. T.)

76 Na França, local destinado ao depósito dos arquivos de cartórios com mais de 125 anos. (N. T.)

continuaram ainda durante muito tempo no século XV, especialmente nos túmulos. "A morte foi a companheira da Renascença", constata J. Delumeau.[77] Seria surpreendente se sensibilidades traumatizadas do século XV tivessem recuperado tão depressa "um ar de festa" no século XVI.

Por outro lado, não existe grande diferença de tom entre os testamentos do século XV e os do século XVI. Temos oportunidade um pouco maior de encontrar no século XV palavras como "carniça" ou "cadáver" em lugar de "corpo". Em compensação, as alusões às refeições funerárias são mais frequentes no século XV; porém, é mais comum sua aparição em tom de proibição, já num espírito de reforma.

Convém, portanto, admitir que a panóplia macabra dos artistas, poetas e pregadores não era utilizada por quaisquer homens, quando pensavam na própria morte. Não é por culpa da literatura: os testamentos holográficos são enganadores, abundam em desenvolvimentos sobre as vicissitudes da condição humana, sobre os perigos que ameaçam a alma, sobre a vaidade de um corpo destinado ao pó. Nada mais que metáforas antigas, não havia necessidade de imagens demasiado expressivas. "Ideia consoladora", diz Fleury. Diria antes, o que não a contradiz: ideia natural, familiar.

É que a morte dos macabros não é uma descrição realista da morte. Huizinga, vítima de sua visão negra, enganava-se quando escrevia: "A emoção petrificava-se na representação realista da morte hedionda e ameaçadora". Nenhum realismo, em verdade! A época era, no entanto, ávida de semelhanças. Teremos ocasião, nos dois capítulos seguintes, de descrever com algum detalhe a vontade que se manifesta a partir do século XIII, de reproduzir os traços do modelo. Veremos então como essa pesquisa de exatidão conduz simplesmente à utilização das máscaras mortuárias. É, sem dúvida, o caso das estátuas de terracota datadas do início do século XVI que se encontravam outrora dispostas em torno do coro de Saint-Sernin de Toulouse e que se encontram hoje no Musée des Augustins. Os historiadores as interpretaram durante muito tempo como Sibilas; mas antigamente o povo as chamava de "múmias dos

---

77 Delumeau, *La Civilisation de la Renaissance*, p.386.

condes", e admite-se hoje que elas representem os condes da família de Saint-Gilles, benfeitores da abadia.[78]

Em todos esses casos os traços cadavéricos não eram reproduzidos para amedrontar, como um *memento mori*; recorria-se a eles como a uma fotografia instantânea e exata do personagem. As caretas que, em nossa opinião de homens de hoje, desfiguram o rosto do defunto e onde lemos a morte, não impressionavam os contemporâneos, que nelas viam apenas a realidade viva. Assim, em pleno período macabro, servia-se da morte exclusivamente para fortalecer a ilusão da vida, confundida com a semelhança. Como se houvesse dois domínios bem separados: de um lado, o dos efeitos macabros em que a morte apavorava e, do outro, o dos retratos onde a morte iludia.

Não só não existe relação, como há até mesmo oposição entre a inspiração macabra e a visão direta e física da morte.

Analisaremos no capítulo seguinte uma grande mudança no costume funerário que deve se situar nos séculos XII e XIII. Antes, o morto era exposto e transportado do seu leito à sepultura com o rosto descoberto. Em seguida, o rosto fica escondido, salvo nas regiões mediterrâneas, e jamais será exposto, mesmo se o espetáculo pudesse evocar as emoções que justamente a arte macabra queria suscitar. Portanto, a partir do século XIII — e sem que tenha havido arrependimento, mesmo na época macabra — recuava-se diante da visão do cadáver. Escondeu-se o morto à vista, não só envolvendo-o da cabeça aos pés num sudário cosido, mas também não permitindo que se adivinhassem as suas formas humanas, fechando-o numa caixa de madeira e recobrindo-a com uma tapeçaria mortuária.[79]

Na verdade, se estivermos atentos a essas indicações, constatamos que a arte macabra praticamente nunca representa o agonizante vivo e desfigurado, nem o cadáver intato ou quase intato: em diversos túmulos

---

78 Mesplée, *La Sculpture baroque de Saint-Serin*, Catálogo da exposição, Musée des Augustins, 1952.

79 Aconteceu na Inglaterra do final do século XVI que o caixão de chumbo tenha permitido conservar também a "forma geral do corpo". É uma estranha exceção a uma regra geral e que pode ser interpretada como uma espécie de recusa. Stone, *The Crisis of aristocracy*. Oxford: Clarendon Press, 1965, Capítulo 8.

borguinhões, citados acima, alguns são vítimas dos "triunfos da morte", outros são belos mortos, e constituem exceções que não contradizem a generalidade das observações.

Os moribundos das *artes moriendi* não têm os traços alterados. Nem o pintor nem o escultor quiseram evocar a doença e a morte transparecendo na vida, que, pelo contrário, fascinavam o poeta. Aceitava-se evocar esses traços no simbolismo das palavras. Recusava-se *mostrá-los* no realismo dos fatos.

O que a arte macabra mostrava era precisamente o *que não se via,* o que se passava debaixo da terra, o trabalho escondido da decomposição, e não o resultado de uma observação, mas o produto da imaginação.

Aqui estamos nós, portanto, levados por pinceladas sucessivas a constatar uma descontinuidade entre a arte macabra e as misérias da vida, ou o medo da morte.

Amor apaixonado pela vida

Do seu lado, A. Tenenti nos propõe uma relação menos simples que leva em consideração a complexidade aqui inferida.

Ele parte da observação de que, no final da Idade Média, a morte já não é o trespasse ou passagem, mas fim de decomposição. O fato físico da morte substituiu as imagens do Julgamento. "Durante séculos o cristianismo não sentiu necessidade de representar a miséria do corpo." Então por que aparece essa necessidade?

"Só podia nascer do horror e das saudades que a fé excluía."[80] Como diz Jankélévitch: a fé termina na vida eterna, mas a morte continua.

Assim, a imagem macabra se torna o sinal de que o homem se defronta com novas exigências de que toma consciência: "As exigências seculares, o apego aos bens terrestres (que adquirem mais importância do que antes) nunca teriam dado aos homens a fé em si mesmos, se uma experiência íntima não os tivesse desligado da orientação religiosa."[81]

---

80 Tenenti, *Il Senso...*, op. cit., p.430.

81 Id., *La vie...*, op. cit., p.38.

Essa experiência íntima é a "morte intravital" de que fala Jankélévitch. O sentimento da presença da morte na vida suscitou duas respostas: de um lado, o ascetismo cristão; de outro, um humanismo ainda cristão, mas já engajado na vida da secularização. No início da Renascença, a consciência coletiva

> encontrou-se fortemente polarizada pela realidade alucinante da morte. Uns [místicos como Suso, pregadores como São Vicente Ferrer] levados e impelidos a se destruírem na contemplação da putrefação e no aniquilamento físico, tiraram daí consequências totalmente antiterrestres. Encontravam-se, assim, na condição espiritual mais apta a deixá-los surdos às exigências da cultura moderna [que começava a nascer] e à sensibilidade laica. Os outros, pelo contrário, [Petrarca, Salviati] defrontando na dor a consideração do seu destino orgânico, de sua transformação física, foram conduzidos a afirmar o amor da vida e a proclamar o valor primordial da existência terrestre.[82]

Portanto, dali em diante aparecerá em alguns "uma vontade absoluta de impor a vida como valor autônomo", vontade que podia ir até à negação da alma e da sobrevivência.

De todo modo "o homem pretendia possuir na própria maneira de agir uma base suficiente para a sua salvação eterna [...] Em vez de uma passagem rapidamente decorrida, a vida parecia como um período sempre suficiente para construir a própria salvação". Forma-se então um ideal de vida plena, que o medo do Além já não ameaça. A arte de bem morrer, "era, no fundo, um sentido novo do tempo, do valor do corpo como organismo vivo. Restabelecia um ideal de vida ativa que já não tinha o seu centro de gravidade fora da vida terrestre".[83] Já não expressa apenas, como antes, o impulso para a vida ultraterrestre, mas um apego cada vez mais exclusivo a uma vida somente humana. No final da evolução, os sinais macabros desaparecem. "Os aspectos bizarros dos primeiros contatos desapareceram depressa e persistiram o aspecto e o sentimento humanos

---

82 Id., *Il Senso...*, op. cit., p.165.
83 Ibid., p.48-79, 81.

da morte".[84] Os humanistas do século XV substituíram os sinais macabros por uma presença interior da morte: sentiam-se sempre prestes a morrer.[85]

Em resumo, para A. Tenenti, a consciência aguda da mortalidade humana nos séculos XIV e XV traduzia "uma transformação do esquema cristão" e o início do movimento de secularização que caracterizaria a época moderna. "Os que anteriormente eram cristãos reconheceram-se mortais: exilaram-se do céu, porque já não tinham a força de acreditar nele de forma coerente."[86]

As análises de A. Tenenti são muito sedutoras, mas não me dão inteira satisfação: não aceitarei a oposição entre o cristianismo medieval voltado para o Além, onde a vida terrestre é a antecâmara da eternidade, e a Renascença voltada para o dia presente, onde a morte nem sempre é o início de uma vida. Se houve uma ruptura profunda, foi antes entre a alta e a baixa Idade Média; se há cristianismo, é uma linguagem comum, um sistema comum de referência, mas a sociedade não era mais cristã na Idade Média do que na Renascença, e sem dúvida não o era menos que no século XVIII. Se a Renascença marca uma mudança de sensibilidade, essa não poderia ser interpretada como início de uma secularização, ou, pelo menos, não mais do que os outros movimentos intelectuais da Idade Média. Não seguirei, portanto, A. Tenenti nessa direção, que é contrária a toda concepção aqui defendida do movimento da história.

Em compensação, o que ele diz da vida plena, do valor da vida terrestre, nos põe no caminho que eu acredito ser o certo, com a condição que o amor pela vida não seja considerado como próprio da Renascença, porque ele é também um das características específicas da baixa Idade Média.

Esclareçamos o assunto antes de tentar ir mais longe. O macabro não é a expressão de uma experiência especialmente forte da morte numa época de grande mortalidade e de grande crise econômica. Não é apenas um meio para os pregadores provocarem o medo da condenação e de levarem

---

84 Id., *La vie...*, op. cit., p.38.

85 Id., *Il Senso...*, op. cit., p.48-79.

86 Ibid., p.52; Id., *La vie...*, p.38.

ao desprezo do mundo e à conversão. As imagens da morte e da decomposição não significam nem o medo da morte nem do Além – mesmo que tenham sido utilizadas para esse fim. São o sinal de um amor apaixonado pelo mundo terrestre, e de uma consciência dolorosa do fracasso a que cada vida humana está condenada – é o que precisamos ver agora.

Para compreender esse amor apaixonado pelos seres e coisas da vida, voltemos à última prova das *artes moriendi* de que depende a sorte eterna do moribundo e vejamos que apegos profundos ela expressa.[87] A prova consiste em duas séries de tentações, de gêneros diferentes. Na primeira série, o moribundo é solicitado a interpretar sua vida no sentido do desespero ou da satisfação. O diabo mostra-lhe todas as suas más ações. "Eis aqui os teus pecados, mataste, fornicaste." Ele também despojara os pobres, recusara dar esmola, acumulara riquezas mal adquiridas. Mas todas essas faltas não são evocadas e figuradas a fim de acusá-lo e de fazer pender a balança do Julgamento para o lado do Inferno. O anjo da guarda não opõe a essa miserável biografia as boas obras que ele poderia ter feito; exorta-o apenas à confiança na misericórdia divina, de que cita exemplos: o bom ladrão, Maria Madalena, a renegação de São Pedro. A *bona inspiracio* do anjo permitirá ao moribundo rejeitar a contemplação mórbida de sua vida e de seus crimes? Ou será abandonado ao desespero para onde já o levam seus sofrimentos físicos? Ele irá se livrar de "penitências indiscretas" que irão até o suicídio? À sua cabeceira, um diabo o aponta, golpeando-se a si próprio com um punhal e lhe diz: "Tu te suicidaste".

O moribundo pode também considerar essa mesma vida com segurança, mas a "vã glória" daquele que, dessa vez, tem demasiada confiança no homem não lhe valerá mais do que o desespero: o demônio apresenta todas as coroas da satisfação de si mesmo [*gloriare, coronam meruisti, exalta te ipsum...*].

Nessa primeira série de tentações, a vida é apresentada ao moribundo já não como objeto de um julgamento, mas como a última oportunidade de comprovar a sua fé.

---

87 Id., *La Vie...*, op. cit., p.98-120.

O homem diante da morte

Na segunda série, o diabo expõe ao olhar do moribundo tudo o que a morte ameaça arrebatar-lhe, o que ele possuiu e amou na vida e deseja reter, que não se resolveu a abandonar. *Omnia temporalia*, acumuladas [*congregara*] com tanto esforço, cuidados e ternura, que são ao mesmo tempo seres humanos, mulher, filhos, amigos muito queridos e também: "todas as outras coisas desejáveis deste mundo", objetos de prazer, fontes de proveitos. O amor dos objetos não é considerado de modo diverso daquele atribuído aos homens. Um e outro pertencem à *avaritia*, que não é o desejo de acumular ou a repugnância de gastar, que chamamos avareza, mas o amor apaixonado e ávido pela vida, tanto pelos seres como pelas coisas – e mesmo dos seres que hoje consideramos que merecem um apego ilimitado, mulher, filho. A *avaritia* é "apego excessivo às *temporalia*, às coisas exteriores, para com os cônjuges e amigos carnais ou riquezas materiais e às outras coisas que os homens amaram demasiado durante a vida".

Dois séculos antes, São Bernardo também opunha duas categorias de seres humanos: os *vani* ou *avari*, aos *simplices* ou *devoti*. Os *vani*, opostos aos humildes, procuravam a vã glória deles mesmos; os *avari*, ao contrário dos que se consagravam a Deus, gostavam da vida e do mundo. A Igreja condenava com a *avaritia* tanto o amor pelas criaturas como pelas coisas, porque um e outro afastavam igualmente de Deus.

Sem dúvida, o comum dos cristãos furtava-se a tais renúncias, mas o gozador participava da psicologia do asceta ou do moralista e não estabelecia diferença entre os bens e as criaturas. Essas eram possuídas como coisas que era preciso conservar: "Favorece os teus amigos"; as coisas eram amadas como amigos: "Cuida do teu tesouro". O moribundo detém o olhar sobre a grande e bela casa que a magia do diabo faz surgir ao pé do seu leito, a adega cheia de tonéis de vinho, a estrebaria fornecida de cavalos. Também poderia se enternecer com a família em torno do seu leito e que ele vai deixar, mas poderíamos dizer que confia menos nela do que nas belas coisas. Ocorre-lhe desconfiar daquelas lágrimas hipócritas, suspeita que lhe cobicem a herança e, finalmente, num acesso de cólera e desespero, os afugenta a pontapés.

É preciso deixar casas, pomares e jardins no momento da morte, e essa é a tentação da *avaritia*: o homem sentia dilatar dentro de si seu louco amor pela vida e até agarrava-se menos a ela, ao fato biológico de viver, do que às coisas acumuladas enquanto viveu. O cavaleiro da alta Idade Média morria ingenuamente como Lázaro. O homem da baixa Idade Média e do início dos tempos modernos ficava tentado a morrer como o mau rico.

Não queria se separar dos seus bens e desejava levá-los com ele. Certamente, a Igreja o avisava que, por não renunciar a eles, iria para o Inferno, mas afinal havia alguma coisa de consolador nessa ameaça, já que a condenação, se por um lado o expunha às torturas, não o privaria de seu tesouro: o mau rico da parábola no portal de Moissac (século XII) conservava a bolsa em torno do pescoço, imitado por todos os avaros que o sucederão nos Infernos dos últimos Julgamentos. Num quadro de J. Bosch,[88] que poderia servir de ilustração a um *ars moriendi,* o demônio levanta com esforço, de tão pesado que é, um grande saco de moedas de ouro e o deposita sobre o leito do agonizante, para que esse o tenha ao alcance da mão no momento da morte. Não correrá o risco de esquecê-lo! Quem entre nós sentiria hoje qualquer veleidade de levar para a morte um pacote de ações valorizadas, o carro tão desejado, uma joia magnífica? O homem da Idade Média não podia se resignar a abandonar suas riquezas nem mesmo para morrer: reclamava-as, queria senti-las, segurá-las.

A verdade é que, por certo, o homem nunca amou tanto a vida como nesse final da Idade Média. A história da arte nos traz uma prova indireta. O amor pela vida manifestou-se por um apego apaixonado pelas coisas, que resistia ao aniquilamento da morte e que mudou a visão do mundo e da natureza. Inclinou o homem a dar um valor novo à representação dessas coisas e comunicou-lhe uma espécie de vida. Nasceu uma nova arte que se chama "natureza morta" nas línguas latinas, e *still-life* ou *still-leven* nas línguas nórdicas. C. Sterling nos põe de sobreaviso contra a "poesia fácil que o romantismo moderno lhes atribui [a esses termos] interpretando-os como vida silenciosa". Significam mais secamente o modelo que não se move. Mas o mesmo autor comenta que os contemporâneos designavam um artista de 1649 como "um pintor muito bom de retratos

_____
88 J. Bosch, museu de Boston.

O homem diante da morte

e da vida silenciosa": como traduzir de outra maneira que não como vida silenciosa, e como afastar a vontade ou o instinto de produzir imagens?

A *avaritia* e a natureza morta. O colecionador

Segundo acredito, existe uma relação que merece ser considerada, entre a *avaritia* e a natureza morta. O observador menos avisado fica impressionado pela diferença de representação dos objetos entre o período que precede o século XIII e o que lhe segue, nos séculos XIV e XV.

Até o século XIII, o objeto quase nunca é considerado como fonte de vida, mas como um sinal, o desenho concluído de um movimento. Essa designação é verdadeira no que se refere a obras que à primeira vista parecem contradizer essa tese, por exemplo, num grande afresco das Bodas de Caná em que os objetos, sobre a mesa, estão no primeiro plano e têm importância. Pelo assunto, já seria uma natureza morta, mas então de Cézanne ou de Picasso, e não de um miniaturista do século XIV, de um pintor do século XVII ou ainda de Chardin.

Trata-se de um grande afresco do século XII, na igreja de Brinay:[89] sobre a toalha do banquete nupcial encontram-se em linha horizontal, um ao lado do outro, sete pratos de barro, em forma de taça, de modelo simples e belo. Alguns contêm grandes peixes rígidos que os ultrapassam. Não têm sombra e mostram-se ao mesmo tempo de perfil e de costas. Vemos assim o fundo das taças que normalmente deveriam repousar na mesa, mas vemos apenas três quartos, como se a taça tivesse sido levantada e um pouco inclinada para o fundo do afresco. Sabe-se que o artista carolíngio e românico dispunha a pintura numa perspectiva diferente daquela do espectador e lhe mostrava o que ele não podia ver, como devia ver. O efeito da horizontalidade das sete taças justapostas é acentuado pelas sete grandes pregas paralelas da toalha, ao cair. Esses objetos, essas taças e esses peixes prefiguram a outra mesa, a da última Ceia. Não têm peso nem densidade, e sem que com isso sua beleza em

---

89 Michel, *Fresques romanes des églises de France*, p.69.

conjunto perca alguma coisa, nenhum deles retém a atenção nem a desvia da composição inteira.

De forma geral, os objetos ficam assim, frequentemente situados numa ordem que não responde à sua própria necessidade, mas que é inspirada pelas hierarquias metafísicas ou outras preocupações simbólicas, místicas. Olhemos, por exemplo, as cortinas, muito frequentes na iluminura carolíngia e românica, por causa do seu papel litúrgico. Pertenciam, pelo menos na época carolíngia, ao mobiliário do santuário. Escondiam aos olhos profanos as coisas santas, que eram abertas ou fechadas como as portas da iconóstase nas igrejas de rito oriental. Numa miniatura do século XI, vê-se a cortina aberta para permitir à Santa Radegonda a aproximação ao altar. A cortina tornou-se inseparável do sacrário que deve ser velado ou descoberto. É feita de tecido leve e plissado que flutua ao menor sopro. A virtuosidade dos ilustradores nada deixa a invejar à ciência ilusionista de seus sucessores, os pintores de lençóis e panos das Anunciações ou das Natividades do século XV. Mas toda a arte de drapear ou de preguear uma cortina é destinada a fazer esquecer a finalidade do objeto e a lhe dar outra função. Acontece-lhe ficar pendurada e fechada como num sacramentário carolíngio onde separa São Gregório arrebatado pelo Espírito Santo do resto do mundo. Um monge do *scriptorium* a levanta apenas o necessário para ouvir as palavras do santo. Muitas vezes a cortina está retraída, presa a um pórtico, amarrada a seus suportes, que separam os personagens sagrados dos emblemas divinos que os encimam, como a mão de Deus. É mantida por grandes nós: dois personagens que parecem pertencer à arquitetura do pórtico estendem os braços para apanhar as suas pontas. Esses panos não estão imóveis, são agitados por um vento que não vem deste mundo, e que é bastante forte para enrolar em torno da coluna a cortina do santuário onde reza Santa Radegonda.[90]

A partir do século XIV, os objetos vão ser representados de outra maneira. Não que tenham deixado de constituir sinais: o linho e o livro não são menos simbólicos do que na época românica, mas a relação entre

---

90 *Manuscrits à peinture du VII° au XII° siècle*, Catálogo da exposição, BN, 1954, n.222 e grav.23.

O sinal e o significado mudou: a pureza é um atributo do lírio, tanto quanto o lírio é o símbolo da pureza. As coisas materiais invadiram o mundo abstrato dos símbolos. Cada uma adquiriu peso novo, garantia de autonomia. Serão representadas por elas mesmas, não por intenção de realismo, mas por amor e contemplação. O realismo, as aparências enganadoras e o ilusionismo serão talvez os efeitos da relação direta que se estabeleceu entre o objeto e o espectador.

Tudo se passa como se, dali por diante, em cada pintura com personagens, o artista tivesse introduzido uma ou várias "naturezas mortas". Duas características essenciais da natureza morta aparecem desde o final do século XIV, e se afirmam nos séculos XV e XVI: a densidade própria do objeto e a ordem na qual os objetos são agrupados, em geral no interior de um espaço fechado. Uma das *Anunciações* do Mestre de Flémale na primeira metade do século XV proporciona um bom exemplo. As coisas adquirem ali uma compacidade que não tinham no mundo aéreo, percorrido de arabescos, da alta Idade Média.[91] Contemplamos o grande pano com franjas. Que diferença entre esse pano imóvel que pende com todo o seu peso, e os véus leves agitados pelo vento irreal dos pintores românicos! Sinal de pureza é, em primeiro lugar, o belo linho de boa casa, que custou caro, mas talvez um belo linho bem conservado esteja ligado a certa ideia de honestidade da mulher, do seu interior, da sua família. O mesmo se diria de outros objetos: do jarro de cobre, do vaso de flores, do tampo poligonal da mesa; uma sombra ligeira os modela e os situa num espaço espesso onde, tanto pior para "o romantismo" da expressão, vivem como seres.

No interior da tela, os objetos estão organizados em subconjuntos, e é tentador considerá-los separadamente da composição geral. Por isso essa *Anunciação* pode se decompor em três pequenas naturezas mortas: a primeira é constituída por um nicho, o jarro com alça e com bico vertente que está suspenso e que serve como fonte para abluções, e enfim a toalha e o porta-toalhas esculpido e giratório. A segunda compreende a mesa em que estão pousados um livro de horas e seu estojo de pano, um castiçal

---

91 Maitre de Flémalle, *Annonciation*, Bruxelas, museu de Belas-Artes.

de cobre cuja vela acaba de ser espevitada, pois ainda fumega, um vaso de faiança oriental onde mergulha um lírio emblemático. A terceira é formada pelo grande banco de madeira, a chaminé, a janela e seus postigos. Aqui a natureza morta está prestes a se desprender do tema, como os nichos cheios de livros do tríptico da *Anunciação* de Aix.

Esses elementos de natureza morta, tão bem acentuados no século XV, aparecem com timidez, mas já com intenção, na miniatura francesa e na pintura desde o final do século XIV. Num manuscrito de 1336, do processo de Robert D'Artois, a longa banqueta de madeira que fecha o espaço reservado ao Tribunal, no primeiro plano do desenho, prepara os bancos das Anunciações flamengas. Em uma *Natividade das Pequenas Horas* de Jean de Berry, um pote d'água está pousado ao lado da Virgem deitada, e São José sentado numa cadeira de palha trançada. Numa outra Natividade da mesma época, vê-se no primeiro plano uma pequena mesa baixa, semelhante a um escabelo, onde estão pousados uma tigela, uma colher, um cantil (como se verá durante muito tempo nas cerâmicas populares) e uma xícara, tudo de terracota.[92]

Que museu da vida cotidiana se poderia formar com o auxílio das pinturas onde se aproveitaram todas as ocasiões para representar os objetos com amor! Objetos preciosos: no século XV, taças de ourivesaria cheias de moedas de ouro, que os magos oferecem ao Menino Jesus, encantado com todas essas riquezas, ou que o diabo oferece, dessa vez em vão, ao Cristo no deserto (esta última cena vai se tornando menos frequente, como se a iconografia da época preferisse a ostentação da Epifânia, o luxo de Maria Madalena à indiferença ou ao desprezo do Cristo tentado); peças suntuosas que ornam a mesa dos grandes senhores e onde se reconhece uma das célebres joias da coleção do duque de Berry (*Très Riches Heures*); joias dos retratos flamengos de mulheres ou mesmo de homem, os colares de Memling e de Petrus Christi, dignos, por sua precisão, de um catálogo de ourives; tapetes orientais, espelhos, lustres; objetos mais simples, mas por vezes ornados, como os objetos de mesa que decoram a

---

92 *Manuscrits à peinture du VIIe au XIIe siècle*, Catálogo da exposição, BN, 1954, n.110, grav.21; n.182, grav.21.

O homem diante da morte

Ceia de Thierri Bouts, tigelas de sopa das Virgens com o Menino, cubas e bacias onde são banhados os recém-nascidos dos nascimentos santos; livros amontoados nos nichos de profetas ou no eremitério de São Jerônimo; livros de horas lidos pela Virgem ou pelos modelos dos retratos; rolos de papéis e de livros de contas (Gossaert, Filadélfia), objetos comuns e rústicos, caça-moscas e simples louça de barro. Os objetos mais humildes beneficiaram-se da atenção desde então prestada aos mais ricos. Saíam do anonimato de suas finalidades para se tornarem formas delicadas e belas, não importando sua substância ou sua simplicidade.

Essa arte, tanto "gótica", flamenga, como italiana, celebrava nas coisas simples o sinal de um conforto doméstico sem o qual a pobreza evangélica não podia passar sem transtorno. Como os monges em suas celas, a Sagrada Família tinha direito, em seu despojamento, à companhia de alguns objetos. Desse modo multiplicaram-se em torno dos personagens e encheram os espaços das salas onde o artista se fechara com eles, como para melhor agrupá-los: aposentos da Térence des Ducs, pequenos demais para os personagens e as coisas que contêm, e os cômodos das Natividades.

Podemos dizer que, na segunda metade do século XV, os objetos enchiam demais as cenas de personagens; portanto, foi preciso que eles fossem separados e se transformassem em temas de pintura por si mesmos. Assim nasceu a natureza morta propriamente dita.

A primeira natureza morta "independente e inteiramente desprovida de qualquer caráter religioso simbólico",[93] "a primeira em data [...] na pintura ocidental desde a Antiguidade, a corresponder à concepção moderna desse gênero de pintura" seria a porta de um armário de farmácia. Representa outro armário por um truque de ilusão e, embaixo, livros, garrafas; num cantil, Panofsky decifrou a inscrição alemã: *Für Zamme* (para dor de dentes).

Dali por diante e por mais de dois séculos, não só as coisas, mas também sua representação pictórica pertencerão ao cenário familiar da vida.

---

93 Sterling, *La Nature morte*, Catálogo da exposição, Orangerie des Tuileries, 1952, p.8.

O amor que se dedica a elas deu origem a uma arte que nelas buscava temas e inspiração.

Hoje compreendemos com dificuldade a intensidade da relação antiga entre os homens e as coisas. Contudo, ela subsiste sempre no colecionador que alimenta pelos objetos de sua coleção uma paixão real, que gosta de contemplá-los. Essa paixão nem sempre é, aliás, desinteressada; mesmo que os objetos tomados isoladamente possam não ter valor, o fato de tê-los reunido numa série rara lhe dá esse valor. Um colecionador é, portanto, necessariamente um especulador. Ora, contemplação e especulação que caracterizam a psicologia do colecionador também são traços específicos do protocapitalista, tal como surge na segunda metade da Idade Média e na Renascença. Muito antes do capitalismo, as coisas ainda não mereciam ser vistas nem conservadas, nem desejadas. Por essa razão a alta Idade Média permaneceu indiferente. Embora o comércio nunca tenha abandonado o Ocidente, e que nunca se tenham deixado de realizar feiras e mercados, a riqueza não aparecia como posse das coisas, era confundida com o poder sobre os homens – como a pobreza com a solidão. Dessa forma, o moribundo da canção de gesta não pensa como o da *ars* no seu tesouro, mas no seu senhor, nos seus pares, nos seus homens.

Para se impor ao desejo do moribundo, foi preciso que os bens materiais se tivessem tornado ao mesmo tempo menos raros e mais procurados, que tivessem adquirido um valor de uso e de troca.

Excessivamente à frente na evolução capitalista, a atitude de especulação foi mantida, mas a tendência à contemplação desapareceu, e já não existe elo sensual entre o homem e suas riquezas. O carro dá um bom exemplo disso. Apesar do seu enorme poder sobre o sonho, o carro, uma vez adquirido, já não alimenta por muito tempo a contemplação. O objeto do sentimento atual já não é esse carro em especial, mas o modelo mais recente que o substituiu no desejo. Ou ainda, ama-se menos esse carro do que a série, a marca a que pertence e que ganha todos os prêmios. Nossas civilizações industriais já não reconhecem uma alma nas coisas, "que se apega à nossa alma e a obriga a amá-la". As coisas transformaram--se em meios de produção ou objetos de consumo, a serem devorados. Já não constituem um "tesouro".

O amor de Harpagão por seu cofrezinho seria hoje um sinal de sub-desenvolvimento, de atraso econômico. Os bens já não poderiam ser designados pelas palavras densas do latim: *substantia, facultates.*

Poderíamos dizer de uma civilização, que assim esvaziou o sentido das coisas, que é materialista? A baixa Idade Média, até o início dos tempos modernos, que era materialista. O declínio das crenças religiosas, dos diversos tipos de moral idealistas e normativos, não leva à descoberta de um mundo mais material. Os sábios e os filósofos podem reivindicar o conhecimento da matéria, e o homem comum na sua vida cotidiana já não acredita nem na matéria nem em Deus. O homem da Idade Média acreditava, ao mesmo tempo, na matéria e em Deus, na vida e na morte, no gozo das coisas e na renúncia a elas. O erro dos historiadores foi tentar opor noções atribuindo-as a épocas diferentes, quando essas noções eram realmente contemporâneas e, aliás, tão complementares como opostas.

O fracasso e a morte

Huizinga tinha compreendido perfeitamente a relação entre o amor apaixonado pela vida e as imagens da morte. Os temas macabros já não constituíam um convite piedoso à conversão: "É verdadeiramente piedoso o pensamento que se apega tanto ao lado terrestre da morte? Não seria antes reação contra a excessiva sensualidade?" Mas ainda há outro motivo que Huizinga também adivinhou: "O sentimento de desilusão e desânimo", e aqui talvez cheguemos ao âmago das coisas.

Para compreender bem o sentido que o fim da Idade Média deu a essa noção de desilusão ou fracasso, é preciso recuar, deixar de lado por um momento os documentos do passado e a problemática dos historiadores, e nos interrogarmos a nós mesmos, homens do século XX.

Todos os homens de hoje experimentaram nalgum momento da vida o sentimento mais ou menos forte, mais ou menos confessado ou reprimido, de fracasso: fracasso familiar e fracasso profissional. A vontade de promoção impõe a todos não parar numa etapa, procurar mais adiante novos e mais difíceis alvos. O fracasso é tanto mais frequente e ressentido quanto o êxito é desejado e jamais satisfatório, sempre remetido para mais longe. Porém, chega um dia em que o homem já não aguenta o ritmo de suas ambições progressivas, caminha menos depressa que seu desejo, cada vez menos depressa, e descobre que seu modelo se torna inacessível. Então sente que sua vida fracassou.

Essa provação é reservada ao sexo masculino: as mulheres talvez a conheçam menos, protegidas como são pela ausência de ambição e por seu estatuto inferior.

A provação chega, em geral, em torno dos 40 anos e tende, cada vez mais, a se confundir com as dificuldades do adolescente no acesso ao mundo dos adultos, dificuldades que podem levar ao alcoolismo, às drogas, ao suicídio. Todavia, nas nossas sociedades industriais, a idade da provação é sempre anterior à grande decadência da velhice e da morte. Um dia o homem descobre que é um fracassado: nunca se vê como um morto. Não associa sua amargura à morte. O homem da baixa Idade Média, sim.

Será esse sentimento de fracasso um traço permanente da condição humana? Talvez sob a forma de uma insuficiência metafísica que se estende pela vida toda, mas não sob a forma da percepção pontual e súbita de um choque brutal.

Os tempos frios e lentos da morte domada não conheceram esse choque. Cada um se dirigia para um destino que não podia nem desejava alterar. Foi assim durante muito tempo, quando a riqueza era rara. Cada vida de pobre foi sempre um destino imposto, sobre o qual ele não tinha poder.

Pelo contrário, a partir do século XII, entre os ricos, os letrados e os poderosos vemos elevar-se a ideia de que cada um possui uma biografia pessoal. Essa biografia era constituída de início apenas de atos bons ou maus, submetidos a julgamento global: o de *ser*. Em seguida, também foi constituída de coisas, de animais, de pessoas apaixonadamente amadas e também de uma reputação: de *possuir*. No final da Idade Média, a consciência de si mesmo e da sua biografia confundiu-se com o amor pela vida. A morte já não era apenas a conclusão do ser, mas uma separação do possuir: é preciso deixar casas, pomares e jardins.

Em plena saúde, em plena juventude, o gozo das coisas ficou alterado pela visão da morte. Então a morte deixou de ser balanço, liquidação de contas, julgamento, ou ainda sono, para se tornar carniça e podridão, não

O homem diante da morte

mais o fim da vida e o último suspiro, mas a morte física, sofrimento e decomposição.

Os pregadores mendicantes compartilhavam da sensibilidade de seus contemporâneos mesmo quando eles a exploravam com fins religiosos. É por essa razão que a imagem religiosa da morte também mudou nesse momento. Já não era efeito do pecado original, morte do Cristo na cruz, correspondência teológica dos clérigos com a resignação ao destino dos laicos. Tornou-se o corpo sangrento descido da cruz, *Pietá*, imagens novas e emocionantes, correspondência teológica da morte física, da separação dolorosa, da decomposição universal dos macabros.

Deslizou-se, assim, ao mesmo tempo, tanto nas representações religiosas como nas atitudes naturais, de *uma consciência de morte e condensação de uma vida para uma consciência de morte e amor desesperado dessa vida*. A morte macabra assume o seu sentido verdadeiro quando a situamos na última etapa de uma relação entre a morte e a individualidade, movimento lento que começa no século XII e que atinge o seu ápice no século XV; ápice que jamais será alcançado novamente.

IV.
Garantias para o Além

Ritos arcaicos: a absolvição, o luto desmedido, a remoção do corpo

No primeiro capítulo dedicado à morte domada, vimos Rolando e seus companheiros morrerem. Antes de partirem para o combate dos cruzados, sem esperança de volta, receberam a absolvição que lhes foi dada na forma de uma bênção:

Ben sunt asols et quites de lur pecchez
E l'arceveque de Dieu les ad seignez.[1]

Absolvidos e abençoados, durante a vida, ainda o serão mais uma vez, e poderiam ser ainda muitas vezes depois da morte. Quando Carlos Magno e seu exército chegam a Roncesvales, "ali, onde foi a batalha", "os franceses desmontam dos cavalos", e se realiza então a descida ao túmulo ou ao carneiro [*carner*]. "A todos os seus amigos que encontraram mortos, também os levaram a um *carner* logo em seguida."

---

1 [Bem *absolvidos* estão e livres dos seus pecados / E o arcebispo de Deus os *abençoou.*] (N. T.) Jonin (org.), op. cit., verso 1140.

185

Philippe Ariès

Essa descida à terra (enterramento) se fez "com grandes honras", e o essencial dessas honras foram a segunda absolvição e a bênção solenes, acompanhadas de um incensamento:

Sis sunt asols et seignez de part Dieu.[2]

Os termos *asols* e *seignez* [absolvidos e abençoados] são exatamente os mesmos que o arcebispo Turpin empregou para absolver e abençoar seus companheiros destinados à morte. Para o poeta é a mesma cerimônia que se repete com o vivo e com o morto. O costume posterior reservará a denominação sacramental de "absolvição" [*absolution*] para a bênção do vivo e a denominação erudita de *absoute* para a bênção do morto – para remarcar a diferença. Observemos de passagem que o termo *absoute* não pertence à língua francesa corrente, nunca é empregado nos testamentos do século XV ao XVIII. Acho que só entrou no vocabulário comum no século XIX: "No exército [de Rolando] há bispos e abades numerosos, monges, cônegos, padres tonsurados [*proveirs coronez*]; dão-lhes da parte de Deus a absolvição e a bênção. Queimam a mirra e o tomilho, os incensam zelosamente (animadamente) e em seguida os enterram com grandes honras."

Dois dos gestos da *absoute* são bem descritos: a bênção, que é o gesto de absolvição em nome de Deus, e o incensamento com as mesmas substâncias que serviam para embalsamar o corpo.[3]

Falta a esse relato a recitação ou o canto de certos textos que não eram, então, parte essencial da cerimônia.

Essa cena muito antiga encontra-se mais tarde, sem grandes alterações, em duas séries iconográficas: a morte da Virgem e a deposição no túmulo dos santos. A primeira série refere-se à cerimônia com o vivo, a segunda à cerimônia com os mortos. A morte da Virgem é representada desde o fim da Idade Média. A Virgem "jaz doente no leito". Segura na mão uma vela, costume posterior, que nos antigos textos não era mencionado. Em

---

2 [Foram *absolvidos* e abençoados da parte de Deus.] (N. T.)
3 Ibid., versos 2951-2960.

O *homem diante da morte*

torno do leito da moribunda, comprime-se a multidão habitual dos assistentes onde os apóstolos representam o clero: um (que pode ter óculos) lê ou canta os textos de um livro, por vezes seguro por um acólito. Outro segura a bacia de água benta e o hissope, e outro, afinal, o turíbulo. Foram lidos os salmos, as *recommendaces*, deu-se a absolvição à moribunda, que é aspergida com água benta. Essa aspersão é feita juntamente com o sinal da cruz. Incensou-se o corpo quando ainda vivo ou o turíbulo está ali para recomeçar a operação depois do último suspiro? Muito antes dessa iconografia tardia, a liturgia visigótica deixa entrever uma grande concorrência de pessoas na casa, que recebiam o beijo de paz do moribundo e rezavam durante a agonia, em torno de uma cruz portátil.

A deposição no túmulo dos santos aparece muito mais cedo do que a morte da Virgem, em Saint-Hilaire de Poitiers, por exemplo. A série é inumerável. A unidade é assegurada enquanto o túmulo é um sarcófago, colocado no chão ou parcialmente enterrado: o corpo envolvido por um lençol (sudário), mas sempre com o rosto descoberto, é depositado *sobre* o sarcófago aberto; encontra-se o mesmo clero (o celebrante, os que carregam o livro, a bacia de água benta e o hissope, o turíbulo, por vezes o que traz a cruz e o que leva os círios); terminada a cerimônia, o corpo é baixado ao fundo do sarcófago, que será então tampado.

A aspersão da água benta não se destina somente ao corpo; estende-se ao túmulo. Nas liturgias visigóticas, existem orações especiais para essa intenção: são os exorcismos, destinados a preservar a sepultura dos ataques do demônio.[4]

Assim, a absolvição penitencial teria servido, se a nossa hipótese estiver correta, de modelo para a cerimônia sob o túmulo. A água benta e o incenso ficaram associados às coisas da morte. Até os nossos dias, os visitantes dos mortos eram convidados a homenageá-los, aspergindo-os com água benta. Embora o cristianismo tenha abolido o costume antigo de depositar objetos nos túmulos para aplacar os defuntos, encontram-se por vezes em sepulturas medievais, até o século XIII, medalhas profiláticas e turíbulos de cerâmica contendo carvões, como prescreve o

---

4 Ntekida, op. cit., p.68-9.

liturgista Durand de Mende: "Deposita-se o corpo no túmulo ou na vala onde, em certos lugares, se põe água benta e carvões com incenso."[5]

Essa cerimônia muito simples (a *absoute* e as orações que a acompanhavam, seguiam e precediam) era então a única em que o clero intervinha para uma ação religiosa que tinha por fim resgatar os pecados do defunto; era repetida muitas vezes, como se a repetição aumentasse sua eficácia. Essa observação parece contradizer os documentos litúrgicos dos séculos V ao VII, que preveem uma missa especial. Segundo os textos da cavalaria, a missa era excepcional e, de qualquer modo, não era celebrada de corpo presente, nem associada ao trajeto do corpo entre o local da morte e o da sepultura.

Outra manifestação importante era a do luto.

O moribundo, como já vimos, lamentava perder a vida apenas na medida necessária; conservava até o final a calma e a simplicidade. Mas, se a morte estava realmente domada, o luto dos sobreviventes era selvagem ou devia parecê-lo. Tão logo se constatava a morte, em torno dela se rompiam as cenas mais violentas de desespero. Quando "Rolando vê que seu amigo [Oliveiros] está morto e que jaz com o rosto em terra", desmaia, "contra o seu peito ele o comprime, estreitamente abraçado". Não pode se separar dele. Quando Carlos Magno descobre em Roncesvales o campo de batalha, "não pode conter as lágrimas [...] Sobre a relva verde vê seu sobrinho que ali jaz. Quem se espantaria se ele estremece de dor? Desce do cavalo e para lá corre". Abraça o corpo, segura-o entre as mãos, "desfalece sobre ele, a tal ponto a angústia o oprime". Alguns instantes depois, desmaia pela segunda vez. Voltando a si, entrega-se a grandes gesticulações de dor. Diante de todo o exército, diante de cem mil franceses, dos quais não há "um único que não chore violentamente" e "que não caia por terra, desfalecido", o imperador puxa com força as barbas brancas com as mãos, arranca os cabelos. Que cena histérica de todos esses valentes que choram, jogam-se por terra e desmaiam, arrancam a barba e os cabelos, rasgam as vestes![6]

---

5 Durand de Mende, op. cit., t.5, cap.5, p.38.

6 Jonin (org.), op. cit., verso 2875-6.

O homem diante da morte

Quando o rei Artur encontra os cadáveres dos seus barões, comporta-se como Carlos Magno em Roncesvales,

cai do cavalo ao chão, desmaiado. Bate as palmas das mãos uma contra a outra [é o gesto ritual dos pranteadores], gritando que já tinha vivido bastante pois via os melhores de sua linhagem mortos [eu queria não existir mais, gritava Carlos Magno]. Retira o elmo do morto e, depois de o ter contemplado longamente, beija-lhe os olhos e a boca, que estava gelada.

(sem dúvida, naquela época havia o costume de se beijar na boca). Correu em seguida para outro cadáver "jazente e frio", "tomou-o nos braços, apertou-o tão estreitamente contra si que o teria matado se ele ainda estivesse vivo" (conhecem-se casos em que um abraço demasiado forte deixava como morto um dos abraçados). "A tal ponto que ele desmaiou de novo e ficou mais tempo desfalecido do que seria preciso para andar meia légua a pé." E enquanto "abraçava e beijava o corpo sanguinolento [...] sabiam que não havia quem não se maravilhasse com o seu luto". Quando Gauvin reconheceu seu irmão morto, "as pernas dobraram-se, o coração falhou, caiu como morto [...] Por muito tempo permaneceu assim; levantando-se, por fim, correu a Gaheriet, o apertou contra si, e o beijo que lhe deu causou tanta dor que tornou a cair desfalecido sobre o morto".

Era costume interromper por um tempo essas grandes manifestações de luto para exprimir o pesar pelo desaparecido, como veremos, mas as lamentações podiam recomeçar logo depois. Foi esse o caso de Gauvin que, depois de ter recitado a lamentação dos mortos "foi até eles [...], abraçando-os, desmaiou ligeiramente e muitas vezes, a tal ponto que por fim os barões tiveram muito medo de vê-lo expirar sob os seus olhos". Morre-se de tristeza.

Cabe aos presentes interromper essas manifestações entusiásticas do dono do luto: "Majestade imperador", diz Geoffroi d'Anjou a Carlos Magno, "não vos entregueis assim inteiramente a esse desgosto..." Disseram os barões ao rei Artur, "Majestade, somos de opinião que o levem daqui e o deitem em qualquer quarto, longe de todos, até que os irmãos sejam enterrados, porque morrerá de dor, sem dúvida, se permanecer perto deles". Para falar a verdade, era raro que se fosse obrigado a essas medidas de isolamento. A lamentação perto do corpo e uma gesticulação que nos parece hoje histérica, mórbida, bastavam em geral para desafogar a dor, e tornar suportável o fato da separação.

Quanto tempo durava esse grande luto? Algumas horas, o tempo da vigília, por vezes do enterro. Um mês no máximo, nos grandes casos; quando Gauvin comunicou ao rei Artur a morte de Yvain e de seus companheiros, "o rei pôs-se a chorar amargamente e durante um mês teve um desgosto tão grande que por pouco não enlouqueceu".

Os gestos de dor eram interrompidos pelo elogio do defunto, segundo ato da cena do luto. Cabe ao senhor do luto dizer o adeus. "O imperador Carlos volta a si do desmaio [...] Olha para o chão, vê seu sobrinho jazente. Muito suavemente começa a lamentá-lo." Essa deploração é também chamada lamentação [*plainte*] – *le planctus*: "Carlos o lamenta por fé e por amor [...]" O início do elogio é difícil, é entrecortado de desfalecimentos; em seguida, tomado o impulso, o orador fúnebre resiste enquanto recita uns cinquenta versos: "Amigo Rolando, que Deus tenha piedade de ti [...], quem conduzirá os meus exércitos?" A lamentação termina afinal como começou, por uma oração: "Que tua alma seja levada ao paraíso."[7]

Da mesma forma, quando o rei Artur recebeu o último suspiro de Gauvin, desmaiou várias vezes sobre o corpo, arrancou a barba, arranhou o rosto – como convinha – e depois gritou seu grande desgosto: "Ah! Rei fraco e infeliz. Ah, Artur, bem podes dizer que foste também despojado de amigos carnais como a árvore de suas folhas quando a geada chega". Na verdade, a lamentação se faz sobre o sobrevivente que o defunto deixou desamparado e desarmado.[8]

Como se vê, as cenas de luto, os gestos e lamentações assemelham-se. Sucedem-se como obrigações habituais, isso é certo, mas não se apresentam como ritos. Pretendem expressar sentimentos pessoais. A ênfase está na espontaneidade do comportamento. Há certa diferença com relação ao recurso às pranteadoras mercenárias da Antiguidade (que, aliás,

---

7 Boulanger (org.), op. cit., p.418-9.
8 Ibid., p.444.

O homem diante da morte

continuou durante a Idade Média e ainda depois, nas culturas mediterrâneas). Os amigos, senhores e vassalos do defunto executam, eles mesmos, o ofício do pranto.

Embora o luto e o adeus não pertençam à parte religiosa dos funerais, a Igreja os admite. Não era assim originariamente: os padres da Igreja se opunham às lamentações tradicionais; São João Crisóstomo indignava-se contra os cristãos que "contratavam mulheres pagãs como pranteadoras, para tornar o luto mais intenso, atiçar o fogo do sofrimento, sem escutar São Paulo [...]" Chegou mesmo a ameaçar de excomunhão os que recrutassem pranteadoras profissionais.[9]

Condenava-se nessa prática menos o seu caráter mercenário do que o excesso que ela manifestava, pois se descarregava em cima de outros a expressão de uma dor que pessoalmente não se sentia, mas que era preciso manter muito intensa a qualquer preço e alimentar com estardalhaço: o luto devia, por princípio, passar da conta. Os cânones do patriarcado de Alexandria reprovavam também essas intenções: "Os que sofreram luto devem se manter na igreja, nos mosteiros, em casa, silenciosos, calmos e dignos, como devem ser os que acreditam na Ressurreição." Essas práticas ainda eram condenadas na Sicília de Frederico II sob o nome de *reputationes*, secamente definidas por Ducange: *cantus et soni qui propter defunctos celebrantur* (cantos que são celebrados sobre os defuntos).[10] Na Espanha do século XIV pareciam permitidos, tendo em vista túmulos onde estão pintados grupos de pranteadoras em transe.

Originariamente, portanto, e por muito tempo, a Igreja condenou os ritos de *planctus* na medida em que respondiam ao desejo dos sobreviventes de acalmar o morto. Na poesia de cavalaria, vê-se bem que o sentido mudou. O luto tem por fim – subentendido na Antiguidade pagã – descarregar o sofrimento dos sobreviventes. Como se poderia persistir vivendo privado de um ser tão amado, tão precioso? Mas à força de tanto se perguntar eis que o enlutado já se habituara!

---

9 Patrologie grecque, LVII, 374.

10 Martino, *Morte e pianto rituale nel mondo antico*, p.32.

Depois da primeira *absoute,* no momento da morte, e após as grandes deplorações, o corpo era tirado e levado ao local da inumação.

Antes era envolvido em tecido precioso, quando se tratava de grande senhor ou de clérigo venerável. Assim o rei Artur fez "amortalhar Monsenhor Gauvin em lençóis de seda trabalhada com ouro e pedrarias". Uma vez amortalhado, o corpo era colocado sobre uma padiola ou caixão, rapidamente preparado para a circunstância, e transportado a um lugar próximo ao da inumação.

> Quinze dias antes de maio, Lancelote sentiu chegar-lhe o fim. Pediu ao bispo e ao eremita seus companheiros [com os quais vivia em solidão havia quatro anos, rezando, jejuando e velando] que lhe transportassem o corpo à Joyeuse Garde [...] Em seguida, expirou. Então, os dois sábios fizeram um caixão, onde deitaram o morto, e o levaram com grande dificuldade ao castelo;

pequeno cortejo bem simples de dois homens conduzindo o caixão.

Aconteceu o corpo ter sido acompanhado com as maiores honras: o rei Artur mandou colocar Monsenhor Gauvin

> muito depressa num caixão; depois do que ordenou a dez de seus cavaleiros que levassem o corpo a Saint-Étienne de Calaamoth e o colocassem no túmulo de Gaheriet. E assim se foi o bom cavaleiro, acompanhado pelo rei, por uma multidão de senhores e pela arraia miúda, todos chorando e gritando suas lamentações. [...] Assim foram até *três léguas* da cidade; em seguida o rei e seu séquito voltaram com o povo, enquanto os dez cavaleiros continuavam o seu caminho.[11]

Dez cavaleiros, sem padre nem monge: o cortejo é laico, composto de companheiros do defunto.

Por vezes, quando era preciso transportar o corpo mais longe, embalsamavam-no e embalavam-no em sacos de couro: Carlos Magno, "diante de seus olhos os fez abrir todos os três" [Rolando, Oliveiros e Turpin].

---

11 Boulanger (org.), op. cit., p.447, 461.

Recolheu os seus corações num "pano mortuário" e em seguida tomaram os corpos dos três barões e os colocaram, bem lavados com aromas e vinho, "em couros de veado"!

Da mesma forma o gigante Morholt, morto por Tristão em combate leal, depois de embalsamado, "jazia morto, cosido num couro de veado". O fardo macabro foi enviado à sua filha Isolda, a loura, que o abriu e retirou do crânio o pedaço da espada mortífera, que ainda estava ali espetado.[12]

Em Roncesvales, Carlos Magno mandou chamar três cavaleiros e confiou-lhes os três corpos enrolados em peles e lhes disse: "Em três carretas, levai-os". Assim foram eles levados, sempre sem padres ou monges, até a Gironda, até Blaye, onde Carlos os fez colocar "em sarcófagos brancos".

Do mesmo modo, quando Aude a bela, "partiu para o seu fim" golpeada de morte pelo desaparecimento do seu noivo Rolando, "Carlos vê que ela está morta. Manda imediatamente chamar quatro condessas. Levam-na a um mosteiro de monjas. Toda a noite, até à aurora, a velam, e ao longo de um altar suavemente a enterrram."[13]

Assim, nessas épocas remotas, a cerimônia propriamente religiosa estava reduzida à absolvição, uma vez no corpo vivo, outra vez no corpo morto, no local da morte, e ainda uma terceira vez sobre o túmulo. Não havia missas ou, se as havia, passavam despercebidas.

As outras manifestações, o luto e o cortejo, eram somente de laicos, sem participação de eclesiásticos (salvo se o defunto fosse clérigo), reservadas aos próximos e aos pares do morto, que aproveitavam a ocasião para lamentá-lo, louvá-lo e prestar-lhe grandes homenagens.

A oração pelos mortos

Se nos ritos dos funerais a parte da Igreja era limitada, qual era a parte dos mortos na liturgia da Igreja, antes da unificação carolíngia? Aqui

---

12 Bédier, op. cit.; Payen, op. cit.

13 Jonin (org.), op cit., versos 2970 e 3725.

tocamos num ponto capital e muito difícil da nossa história: a oração pelos mortos.

A dificuldade provém da independência da liturgia em relação ao pensamento escatológico. Além disso, os próprios textos litúrgicos não devem ser tomados à letra, porque o sentido enfraquecido e banalizado que tacitamente lhes atribuíam os fiéis daquele tempo não nos são visíveis, senão em comparação com outras fontes, por exemplo, literárias e iconográficas. Acrescentemos ainda que os historiadores da liturgia e padres da Igreja são, à revelia, solicitados pela evolução posterior das ideias presentes apenas em germe nos seus textos, e eles se inclinam a lhes atribuir excessiva importância: faltas veniais de perspectiva que levam ao erro o historiador que utiliza formulações religiosas não por elas mesmas, mas como indicadoras de mentalidade.

Na tradição pagã, traziam-se oferendas aos mortos para aplacá-los e impedi-los de voltar à casa dos vivos. As intervenções dos vivos não se destinavam a melhorar a estada no mundo atenuado dos infernos.

Já a tradição judaica nem conhecia essas práticas. O primeiro texto judeu que a Igreja considerou como origem das orações pelos mortos é o relato dos funerais dos Macabeus, que data apenas do século I a.C. A crítica moderna distingue nesse relato duas partes: uma, antiga, em que a cerimônia era destinada a expiar o pecado de idolatria cometido pelos mortos: encontraram-se sobre seus corpos amuletos pagãos. A outra, que seria um acréscimo, faz entrever a ideia de ressurreição: ressuscitarão apenas aqueles que forem liberados dos seus pecados. Era essa a razão por que os sobreviventes suplicavam ao Senhor.

A preocupação com a sobrevivência do defunto e a necessidade de facilitá-la por meio de ritos religiosos existiam, pelo contrário, nas religiões de salvação; como os mistérios dionisíacos, o pitagorismo, os cultos helenísticos de Mithra e de Isis.

É certo que, originariamente, a Igreja primitiva interditou as práticas funerárias matizadas de paganismo, fossem as grandes lamentações dos pranteadores, como vimos acima, fossem as oferendas sobre os túmulos que Santa Mônica ainda praticava, antes de tomar conhecimento da interdição por Santo Ambrósio: o *refrigerium*. A Igreja substituiu as refeições

O homem diante da morte

funerárias pela eucaristia celebrada nos altares situados no cemitério: ainda se podem ver, no cemitério cristão de Tebessa, no meio dos túmulos que eram, como vimos, *ad sanctos*.

Já se trataria de intercessão pelos mortos? No pensamento dos bispos integristas,[14] essas missas eram ações de graças a Deus por ocasião da morte dos justos, santos mártires, cristãos falecidos na comunhão da Igreja e enterrados ao lado dos mártires. Efetivamente, na piedade comum que dera continuidade à tradição pagã antiga, as missas cemiteriais foram associadas ao mesmo tempo ao culto dos mártires e à memória dos mortos menos veneráveis, a ponto de persistir durante muito tempo um equívoco entre a oração em honra dos santos e a oração de intercessão pela salvação dos mortos mais comuns; equívoco que conhecemos graças ao trabalho realizado por Santo Agostinho para desfazê-lo.

Portanto, nas escrituras não existe qualquer fundamento, no Antigo ou no Novo Testamento (salvo o texto contestado dos Macabeus), de intercessão dos vivos pelos mortos.

Como sugere J. Ntekida, essa prática cristã se origina na tradição pagã. Sua primeira forma é uma *comemoração*, mais do que uma intercessão. Por que, de fato, haveria intercessão, já que os sobreviventes não tinham qualquer razão para se inquietarem pela salvação dos seus mortos?[15] Esses, como dissemos no Capítulo I, estavam salvos. Contudo, não iam diretamente para o Paraíso; admitia-se que só os santos mártires e confessores tinham o privilégio de gozar com prioridade da visão beatífica, imediatamente após a morte. Tertuliano informa que o seio de Abraão não era o Céu nem o Inferno [*subliorem tamen inferis*], mas o *refrigerium* do cânone romano, o *interim refrigerium*. Ali as almas dos justos esperavam pela ressurreição no final do mundo, *consummatio rerum*.

Sem dúvida, os autores eruditos, desde o final do século V, já não admitiam essa concepção, e acreditavam na entrada direta no Paraíso (ou na rejeição no Inferno). Sugerimos, porém, que a ideia primitiva de um espaço de espera poderia estar na origem do Purgatório, tempo de espera

---

14 Católicos que seguem a doutrina integrista contra toda evolução. (N. T.)

15 Ntekida, op. cit.

num fogo não mais de suplício, mas de purificação. Pode ter havido, na crença banal, uma confusão entre a ideia antiga de *refrigerium, requies*, seio de Abraão, e a ideia nova do Purgatório.

Porque, apesar da censura dos autores eruditos, a massa dos fiéis permanece apegada à ideia tradicional de espera que constituía ainda a mais antiga aluvião da liturgia dos funerais (antes das reformas de Paulo VI). A alma (ou o ser) do defunto, ao menos na liturgia, ainda não estava ameaçada pelo demônio; no dia da morte e do seu aniversário, a liturgia previa uma cerimônia religiosa que consistia numa missa, em que o homem pecador reconhecia sua impotência mas afirmava a sua fé, dava graças a Deus e constatava a entrada do defunto no repouso ou no sono da espera feliz.

A liturgia antiga: leitura dos nomes

Essa concepção, que se pode chamar de popular, da continuidade entre o paganismo e o cristianismo, entre o Aquém e o Além, sem drama nem ruptura, é novamente encontrada não só nas orações fúnebres, mas também na liturgia dominical.

Antes de Carlos Magno, isto é, antes da introdução da liturgia romana, a missa na Gália compreendia, depois das leituras, uma longa cerimônia que desapareceu, e da qual não restam senão traços indecifráveis. Até às reformas de Paulo VI, essa cerimônia se situava no lugar ocupado pelas orações particulares do padre, chamadas de ofertório.

Depois do Evangelho, que nessa época não era seguido pelo Credo, começava uma série de ritos: a recitação das orações de litanias que o novo *ordo* de Paulo VI restaurou sob o nome de orações dos fiéis. Em seguida, depois do afastamento dos catecúmenos – ou melhor, nessa época chamados penitentes – havia canto dos salmos, *sonus* e tripla *alleluia*, que acompanhava a procissão das oferendas. Os ofertantes levavam solenemente a um dos altares não só as oblatas, pão e vinho destinados à eucaristia, mas todos os tipos de donativos em espécie, que ficavam na Igreja. Essa cerimônia, a que o povo devia estar muito apegado, poderia não ter tido a mesma amplitude em Roma. Terminava com um prefácio e uma coleta.

O homem diante da morte

Em seguida, vinha outra cerimônia que interessa mais diretamente aos nossos propósitos: a leitura dos nomes, também chamados de dípticos.[16] Os dípticos eram originariamente tabuletas de marfim, esculpidas e gravadas, oferecidas como comunicações pelos cônsules no dia da sua instalação. Os cristãos inscreveram em placas idênticas, ou em antigos dípticos consulares, a lista dos nomes que se liam depois da procissão das oferendas, "do alto do púlpito". Esta lista continha

os nomes dos ofertantes, dos magistrados superiores, dos clérigos da primeira categoria da mesma comunhão, dos santos mártires ou confessores e finalmente os dos fiéis mortos na fé da Igreja, a fim de marcar por essa reunião de pessoas o elo estreito de comunhão e amor que une em conjunto todos os membros da Igreja triunfante, sofredora e militante.

Um tratado mais recente, falsamente atribuído a Alcuíno, assim fala dos dípticos: "O uso antigo era, como ainda é na Igreja romana, recitar imediatamente os nomes dos defuntos [não exclusivamente dos defuntos] inscritos nos dípticos, isto é, nas tabuletas." Os dípticos eram depositados no altar, ou então as listas eram inscritas no próprio altar, ou ainda copiadas na margem dos sacramentários.

Liam-se as *nomina* em voz alta [*distincte vocata*]. Podemos fazer uma ideia dessa longa recitação por um extrato de uma liturgia moçárabe.[17] O bispo é rodeado de padres, diáconos, clérigos, e o povo, que depositou as oferendas, junta-se em torno do altar ou da chancela.

Depois das orações pela igreja, um padre [*presbyter*] diz: "O sacrifício [*oblationem*] é oferecido ao Senhor Deus pelo nosso bispo [*sacerdos*], o *Papa Romensis*, e os outros (a hierarquia inteira), por eles, por todo o clero e pelos povos [*plebibus*] que foram confiados à Igreja e pela fraternidade universal". Importância da ideia de *universa fraternitas*. "Do mesmo modo o sacrifício também foi oferecido por todos os padres, diáconos, clérigos, pelo povo dos assistentes [*circumstantes*], em honra dos santos [tradição

---

16 Leclercq, Cabrol, op. cit., t.4, artigo "Diptyques".

17 Migne, *Patrologiae cursus completus, series latina* (PL), LXXXV, 114-5.

do culto dos mártires e confessores, evocação da Igreja triunfante], por eles e pelos seus." Seguia-se então a lista dos laicos que tinham trazido suas oferendas: são os benfeitores da Igreja, e todos deviam fazer questão de inscrever o nome nessa lista perpétua, equiparada ao livro da vida onde Deus e seu anjo inscreviam os nomes dos eleitos. Depois do padre, o coro recomeçava: "Oferecem o sacrifício por eles e pela fraternidade universal".

Essa primeira lista é a da *universa fraternitas* dos vivos, desde o papa de Roma, os bispos, os reis, os senhores, até os ofertantes e o povo anônimo.

A segunda lista, mais venerável, a dos santos, é lida pelo próprio bispo e não mais pelo padre. O bispo diz, *Dicat sacerdos*: "Lembrando os bem-aventurados apóstolos e mártires" (ocorria remontar-se mais longe no Antigo Testamento, até Adão); segue a enumeração dos santos, como no *Communicantes* do cânone romano.

E o coro responde: "E de todos os mártires".

A terceira lista, também lida pelo bispo, é a dos mortos: esses não são citados depois dos vivos da primeira lista, mas depois dos santos da segunda: eles os acompanham. O bispo diz: "Que seja a mesma coisa para as almas dos que repousam [*spiritibus pausantium*], Hilário, Atanásio..."

E o coro conclui: "E por todos os que repousam".

Essas três listas – dos vivos, dos santos, e dos mortos – são, portanto, lidas em série, de um só lance, interrompidas apenas por três curtas intervenções do coro. Após essa recitação, que tem um caráter de repetição de litania, como as orações pela Igreja que a precederam, o bispo canta uma coleta solene: a *Oratio post nomina*, que pede a Deus inscrever [*ascribe*] os nomes dos vivos e dos mortos entre os eleitos: "Desde agora, inscreve-nos na tua eterna proteção, para que não sejamos confundidos no dia em que vieres julgar o mundo. Amém".

Os eleitos são inscritos numa lista de espera, e assim se asseguram de que não serão confundidos no dia do Juízo Final: mas ainda será preciso esperar até esse dia.

O padre conclui: "Porque tu és a vida dos vivos, a saúde dos doentes [isso é dito pelos vivos], o repouso de todos os fiéis defuntos [isso pelos mortos], nos séculos dos séculos".

O homem diante da morte

Nas *orationes post nomina*, as liturgias galicana e moçárabe enfatizam a solidariedade dos vivos e dos mortos: a *universa fraternitas*. Elas pedem de uma só vez a saúde do corpo e da alma para os vivos e o repouso para os mortos: "Concedendo pelo mistério desse dia a salvação da alma e do corpo aos vivos, a felicidade da renovação eterna [*reparatio*] aos defuntos" [*Tribuens per hoc et vivis anime corporisque salutem, et defunctis eterne reparationis felicitatem*]. "Que a absolvição dos pecados seja obtida graças à intercessão do mártir, ao mesmo tempo para os vivos e para os mortos." [*Ut preces hujus martyrii tam viventibus quam defunctis donetur indulgentia criminum.*]

"Que a salvação seja concedida aos vivos, e o repouso aos mortos." A salvação é proposta aos vivos, ou seja, a segurança da vida eterna, "o repouso, aos mortos, na espera do final dos tempos".

Em algumas fórmulas, a *salus* ou a *vita* são pedidas para os *offerentes*, e a *requies* para os defuntos, manifestando bem a crença numa zona de espera. Outras fórmulas confundem, pelo contrário, a *requies* e o Paraíso: "Conduz ao repouso dos eleitos as almas dos que dormem, cujos nomes foram comemorados".

Acontece, enfim, mais ainda raramente, que o Além apareça sob uma luz menos confiante: "Que jamais sejamos entregues aos suplícios eternos [...] Que não sofram as queimaduras das chamas".[18] Observemos bem que, por medo do Inferno, esses *offerentes* pensam neles e na própria salvação em primeiro lugar.

De uma forma geral, os mortos não são considerados como separados dos vivos, pertencem ao mesmo *phylum ininterrompu*, e os apelos à misericórdia divina estendem-se à série completa daqueles cujos *nomina* foram lidos. Essa lista de nomes é o anuário da Igreja universal, duplicata terrestre do original mantido por Deus no Paraíso, *Liber vitae, Pagina coeli* ou *Litterae coelestiae*: "Inscrevendo assim os nomes [*vocabula*] dos ofertantes no livro da vida". "Inscritos esses nomes na página do céu." "Que sejam considerados dignos dos arquivos celestes [*litteris coelestibus*]."[19] Reconhece-se aí a lista em rolo que os eleitos seguram sobre o sarcófago de Jouarre

---

18 PL, LXXXV, 175, 195, 209, 221, 224-225; PL, LXXXV, 224.

19 Ibid.

(lembrança do *volumen* que os mortos dos sarcófagos romanos tinham na mão?) É, aliás, na iconografia de Jouarre que a liturgia galicana ou moçárabe faz pensar. Ainda não se trata da oração dos vivos para salvar a alma de certos mortos. A procissão do povo de Deus, *universa fraternitas*, desfila à leitura das *nomina* na liturgia dominical, como entre o céu e a terra *in die judicii*, nas mais antigas imagens. As liturgias anteriores a Carlo Magno conduzem-nos portanto ao modelo da nossa primeira parte, o "Todos nós morremos": afirmação de um destino coletivo, simbolizado pelas longas séries de *nomina* (como as genealogias bíblicas), indiferente à ideia de destino particular.

O medo da condenação. Purgatório e expectativa

Mudanças importantes vão intervir nas versões litúrgicas desse modelo, que expressam na linguagem da Igreja uma nova concepção do destino.

Já os textos visigóticos deixavam, por vezes, transparecer uma crença – se não de todo nova, ao menos a ponto de se tornar mais difundida e afirmada – nos riscos da vida futura. Sente-se que a confiança primordial está alterada: o povo de Deus está menos seguro da misericórdia divina, e aumenta o receio de ser abandonado para sempre ao poder de Satanás.

O antigo sentimento de confiança, na verdade, não excluía o temor ao diabo. A vida do santo era uma luta contra o diabo, mas uma luta vitoriosa. Dali por diante, e talvez sob a influência do pensamento agostiniano, o próprio santo, Santa Mônica, por exemplo, tem cada vez mais possibilidade de ser condenado; por conseguinte, os vivos temem cada vez mais pela sua salvação. Já sob Gregório o Grande, no início do século VII, o diabo disputa a alma do monge Teodoro, em agonia, e arrasta o corpo de outro monge para fora da igreja onde tinha sido enterrado apesar da sua impenitência final.

Também o dia do Juízo Final aparece mais temível em certos textos visigóticos:[20] "Arranca as almas dos repousantes do suplício eterno." "Que sejam libertos das cadeias do Tártaro." "Que sejam liberados de

---

20 Ntekida, op. cit., p.133.

O homem diante da morte

todas as dores e sofrimentos do Inferno." "Que ela seja arrancada às prisões do Inferno [*ergastulis*]." "Que lhes seja concedido escapar ao castigo do Juízo, aos ardores do fogo." Vemos então aparecer as imagens terríveis que vão invadir a liturgia dos funerais até os nossos dias: a missa fúnebre romana pertence ainda ao fundo mais antigo de confiança e de ação de graças, com o Réquiem [*Requiem aeternam dona eis Domine*]. Do mesmo fundo provêm também as antífonas como *In Paradisum* e o *Subvenite*. Em compensação, as orações da *absoute*, que é, como vimos, a única cerimônia religiosa antiga celebrada em presença do corpo e sobre o corpo – o *Libera* –, se prendem a essa segunda camada, já discretamente presente nos textos visigóticos:

> Não abras processo para teu servidor [...] que a graça lhe permita escapar ao castigo da justiça [...]. Livra-me, Senhor, da morte eterna [...]. Tremo e temo quando chega a inspeção das contas [*discussio*], quando a cólera for se manifestar. Dia de cólera, aquele dia.

É o espírito da primeira parte do *Dies Irae*, que evoca o Juízo, sem que subsistam a esperança e a confiança que o franciscano do século XIII tinha introduzido na segunda parte: "Lembrai-vos, bom Jesus, que eu sou a causa da tua vinda". Tudo se passa como se a *absoute* romana tivesse retido das orações visigóticas as fórmulas mais sombrias, mais desesperadas.

Dessa forma a *absoute*, afastando-se do modelo inicial da absolvição ao qual ainda era fiel na *Canção de Rolando*, torna-se um exorcismo. Essa evolução, se nos restringirmos aos textos, parece, no entanto, bem anterior à redação da *Canção de Rolando*, mas a liturgia, inspirada pelos clérigos, estava adiantada em relação aos costumes dos laicos, como estava atrasada em relação ao pensamento dos teólogos. Difundia-se, portanto, a ideia de que a condenação era provável. Ideia de clérigos, ideia de monges. Termina numa situação tão intolerável que foi preciso encontrar um remédio para ela.

Ao mesmo tempo que a condenação se tornava um risco mais ameaçador, descobriam-se e desenvolviam-se meios de preveni-la, na esperança de comover a misericórdia divina, mesmo depois da morte. É a ideia, se não completamente nova, pelo menos anteriormente negligenciada, da intercessão dos vivos pelos mortos. Mas para imaginar que se fosse bem-sucedido em modificar pela oração a condição dos mortos, era preciso sair da alternativa da salvação incerta e do Inferno provável. E isso não ocorreu sem esforço e talvez sem uma transformação profunda da mentalidade. Durante muito tempo hesitou-se entre a impossibilidade de mudar o Julgamento de Deus e a impossibilidade de abrandar o destino dos condenados. Autores imaginaram a *mitigatio* [abrandamento] das penas do Inferno. Por exemplo, elas podiam ser suspensas nos domingos, mas sem que se pusesse em dúvida sua eternidade. Os teólogos abandonaram essas especulações que persistiram, contudo, nas crenças populares.

Só se poderia aderir à intercessão dos vivos se os defuntos não fossem imediatamente entregues aos suplícios do Inferno. Admitiu-se então, e Gregório o Grande parece ter representado um papel importante na formação desse pensamento, que os *non valde mali* [absolutamente maus] e os *non valde boni* [absolutamente bons] eram entregues depois da morte a um fogo que não era o do suplício eterno, mas o do *purgatio*: é a ideia e o termo do Purgatório, mas na época de Gregório o Grande e de Isidoro de Sevilha, é preciso evitar atribuir-lhe a representação exata da teologia dos séculos XIII-XIV e de Dante. Ainda no início do século XVII, os preâmbulos dos testamentos só conheciam a Corte Celeste e o Inferno, e foi somente em meados desse século que o termo "Purgatório" se tornou habitual. Até a catequização pós-tridentina, e apesar de vários séculos de teologia, ficou-se preso à velha alternativa: Inferno ou Paraíso. E, contudo, desde há muito tempo os cristãos admitiam forçosamente a existência de um espaço intermediário, probatório, nem Inferno nem Paraíso, onde suas orações, suas obras e as indulgências ganhas podiam intervir em favor dos que ali vegetavam. Esse espaço devia conter tanto velhas crenças pagãs como visões da sensibilidade monástica medieval: ao mesmo tempo, lugar onde vagavam sombras insatisfeitas (limbos) e lugar onde o pecador, graças à sua expiação, podia escapar à morte eterna. Os mortos não estavam todos reagrupados no recinto guardado e organizado de Dante, nem entregues às chamas purificadoras e localizadas dos retábulos dos séculos XVIII-XIX. Ficavam, então, no local dos seus pecados ou no de sua morte, e apareciam aos vivos, pelo menos em sonho, para lhes pedir missas e orações.

E não é menos verdadeiro que a ideia de um espaço intermediário entre Inferno e Paraíso se impôs à prática cristã latina — sem que por isso chegasse, antes do século XVII, a confundir a velha representação do Além.

Essa mudança deve ter sido facilitada pela crença primitiva num período feliz de espera antes de entrar no Paraíso, no dia do Juízo: *refrigerium, requies, dormitio, sinus Abraham*. Crença, sem dúvida, abandonada desde cedo pelos sábios, mas que persistiu por tempo relativamente longo na representação comum. É nesse espaço que se instala o futuro Purgatório dos teólogos, o tempo da intercessão e do perdão. Essa evolução foi apressada, porque à ideia de resgate possível se veio juntar a ideia vizinha, mas diferente, de tarifa.

Se o destino funerário escapou à alternativa do tudo ou nada, do Paraíso ou Inferno, foi porque cada vida humana já não era vista como um elo do Destino, mas como uma soma de elementos graduados, bons, menos bons, maus, menos maus, fazendo jus a uma apreciação diferenciada, e resgatáveis enquanto tarifáveis. Sem dúvida, não é por acaso que a intercessão em favor dos defuntos apareceu ao mesmo tempo que os penitenciais, em que cada pecado era avaliado e a pena fixada em consequência. As indulgências, as missas e orações de intercessão foram para os mortos do século IX o que as penitências tarifadas eram para os vivos: passou-se do destino coletivo para o destino particular.

A missa romana: missa dos mortos

É possível que essa vontade mais frequente de interceder pelos mortos seja a principal razão das grandes mudanças que interferiram na estrutura da missa no século IX. Pode-se dizer, de forma geral, o seguinte: até Carlos Magno, a missa galicana, visigótica, era a oferenda da humanidade universal, desde a Criação e Encarnação, sem se fazer diferença, senão formal e classificatória, entre vivos e mortos, santos canonizados e outros defuntos. Depois de Carlos Magno, a missa, todas as missas tornaram-se missa de mortos, em favor de certos mortos, e também missas votivas em intenção de certos vivos, esses e aqueles sendo escolhidos com exclusão de outros. Isso é o que veremos a seguir.

O acontecimento importante é a substituição imposta por Carlos Magno e aceita pelos clérigos da liturgia galicana pela liturgia romana, apesar de certas resistências locais.

A liturgia romana, que sobreviveu até a *ordo* de Paulo VI, era bem diferente da que ela substituiu. Conservava um vocabulário que testemunha a persistência das noções muito antigas de *refrigerium*, de *requies*, e as concepções sombrias e inquietas das fórmulas moçárabes não eram ali conservadas (salvo no *Libera,* mas em que época?). A procissão solene das oferendas não foi bem estabelecida e a leitura dos nomes não se fazia da mesma maneira. O que as representava tinha sido retirado dos ritos da oferenda, das oblatas e transportado ao interior do cânone, isto é, de uma oração que apresentava uma forte unidade, desde o prefácio [*Immolatio*] até o *Pater.* O que hoje chamamos de cânone romano é constituído pelas orações consagradoras que comemoram, comentam e renovam a instituição da Ceia, às quais se vêm juntar as orações que na liturgia moçárabe e galicana (e talvez, também, na liturgia romana mais antiga) eram pronunciadas no fim da procissão das oferendas. A *Oratio super oblata*, o segredo da missa romana, poderia ser o vestígio de um rito semelhante que tivesse desaparecido. Passando para o cânone, as orações que acompanhavam a leitura dos *nomina* mudaram de caráter. Não foram apenas deslocadas, mas também divididas, e cada uma das partes recebeu tamanho tratamento que é difícil para um leitor ou ouvinte não prevenido adivinhar a continuidade que as unia nas outras liturgias. Separaram-se as listas dos santos, a dos ofertantes e a dos mortos, que eram lidas em seguida na Gália e na Espanha. A lista dos santos foi, por sua vez, dividida em duas partes, uma situada antes da consagração (*communicantes*), a outra depois (*nobis quoque peccatoribus*). Sinal da importância crescente reconhecida à intercessão dos santos.

A lista dos ofertantes também foi desdobrada; dali por diante distinguem-se os clérigos dos laicos com maior rigor.

Mas a maior mudança foi o destino reservado aos nomes dos defuntos. Foram separados dos nomes dos vivos. Já não aparecem como presos ao interior de uma mesma genealogia. A morte pôs as almas dos defuntos numa situação especial que lhes vale esse lugar à parte. Se a liturgia romana permanece fiel à antiga noção de *requies*, a colocação à parte do *Memento* dos mortos expressa uma atitude diferente e nova, que não se encontra, senão em vestígios, nas liturgias galicana e moçárabe. A solidariedade espontânea dos vivos e dos mortos foi substituída pela solicitude em relação às almas ameaçadas. O vocabulário anterior permaneceu, mas é utilizado com outro espírito e com outra finalidade; o Memento *dos mortos tornou-se uma oração de intercessão.*

Tornou-se também uma oração particular. Nos dípticos, os nomes, que eram numerosos, representavam a comunidade inteira. Nos *Memento* que os substituem — e o fato é válido tanto para os vivos como para os mortos — os nomes não são os de todos os fiéis dos quais a Igreja conserva a lembrança, mas apenas de um ou dois defuntos escolhidos para a circunstância, especialmente designados ao celebrante e aceitos por ele.

Um *Memento* do século X põe na boca do padre essa oração muito pessoal: "De N... e de todos os cristãos os quais, porque eles o temiam, confessaram-se a mim pecador, e me deram suas esmolas, de todos os meus parentes e de todos aqueles por quem eu rezo".[21]

Nos textos, o lugar dos nomes está indicado pelas palavras *illi* e *illae*, que indicam o caráter limitativo da enumeração e dão mais precisão ao caráter pessoal da escolha que os antigos *nomina* — lista indefinida de nomes.

Enfim, essa oração particular tornou-se uma oração privada. Os nomes dos *ill.* e *ill.*, beneficiários da oração do padre, já não são proclamados numa espécie de litania. Mais tarde nem mesmo chegarão a ser pronunciados em voz baixa, como o resto do cânone: atingindo o lugar do *ill.*, o padre se cala e respeita uma pausa, durante a qual ele pensa nos defuntos que lhe foram recomendados. Trata-se, a rigor, não apenas de uma oração privada, mas de uma oração mental.

---

21 Jungmann (trad.), *Missarum Solemnia*, t.3, p.24, 77; ver também t.1 e t.2.

Philippe Ariès

As orações da homilia

Eis-nos longe das grandes leituras galicanas. E, no entanto, elas não desapareceram completamente com a adoção da liturgia romana.

As cerimônias suprimidas subsistiram, mas à margem da missa ou em certas ocasiões, como a oferenda na missa dos mortos (até os nossos dias no Sudoeste da França) e a distribuição do pão bento (a procissão das oferendas). Os *nomina* foram sempre lidos, não mais do altar, mas do púlpito, no que se chamava de orações da homilia. Depois do sermão, dos anúncios e informações úteis à vida da comunidade, o padre lia em francês, ou numa outra língua vernácula, mas não em latim, os nomes dos benfeitores da Igreja, vivos e mortos. Nesta hora em que escrevo ainda ouço a voz do padre recitando, do alto do púlpito, na missa solene de antigamente: "Rezemos, meus irmãos, pelas famílias tal e tal etc." Dizia-se um *Pater* [Pai Nosso]. Em seguida, o padre recomendava: "E agora que já rezamos pelos vivos, rezaremos igualmente pelos mortos". Tal e tal e dizia-se um *De profundis*. As listas eram longas, e por essa razão o padre as recitava a toda pressa, engolindo a metade dos nomes. No Antigo Regime da França, os doadores impunham aos vigários dizer seus nomes nas orações da homilia, em certos dias ou em certas festas.

Essas recitações, por vezes intermináveis, nos dão uma ideia do que podia ser a leitura – sem dúvida monótona – dos dípticos e nos fazem perceber a diferença em relação às intenções particulares dos *Memento*. Mandar dizer uma missa para determinada pessoa era uma coisa; fazer ler-lhe o nome na homilia era outra, socialmente mais honorífica.

O sentido novo dado ao *Memento* dos mortos pela liturgia romana fazia de todas as missas, missas pelos mortos; o que não era o caso no tempo dos dípticos. É por essa razão que em Roma, originariamente, o seu uso não era geral: não era recitado nas missas dominicais e festivas.

O *Memento* estava ausente no sacramentário que o papa Adriano enviou a Carlos Magno como modelo da missa romana. Outro sacramentário florentino do século XI estipula, a propósito do *Memento*: "Não é dito no domingo e nos dias de grande festa".

Nesse caso, os mortos eram simplesmente retirados da genealogia eclesiástica, tal como era proclamada nos dípticos ou, mais tarde, nas orações da homília, o que já não era reconhecível nos *Memento* do cânone. Eram retirados, não por indiferença, mas, pelo contrário, porque as orações especiais em sua intenção tinham tomado um significado novo e mais forte. As numerosas missas da semana durante a alta Idade Média (que não existiam na Igreja mais antiga) tinham se tornado missas pelos mortos. A presença do *Memento* podia então alterar o caráter festivo da cerimônia dominical.

A *Alleluia* deixou de ser cantada nas missas dos mortos no século IX na França. Estariam os mortos começando a provocar tristezas, a fazer medo? Em todo caso, está fora de dúvida que dali por diante os mortos se tornaram um grupo à parte e já não se confundem com todo o povo de Deus. Entretanto, ficar-se-á tão sensível às necessidades de suas almas ameaçadas que irá, finalmente, se renunciar a afastá-las da missa de domingo, em que os sufrágios têm tanto valor; e o uso de celebrar em suas intenções impõe-se no século X a ponto de já não se conceber um ato religioso do qual os mortos tivessem sido excluídos.

Uma sensibilidade monástica: o tesouro da Igreja

É bem possível que os laicos da alta Idade Média, quanto ao que lhes diz respeito, estivessem mais apegados à concepção dos dípticos do que à oração silenciosa, ou até mesmo muda, do padre nos *Memento*. É por essa razão que as orações da homília sobreviveram ao abandono da liturgia galicana, à margem da missa latina dos padres, só deixando de ser populares no século XX.

Em contrapartida, a vontade que isolou o *Memento* dos mortos para fazer dele uma oração de intercessão provém da sensibilidade dos clérigos e dos monges, numa época em que tinham se separado dos laicos e se organizado numa sociedade à parte.

A transformação das orações públicas de oferendas em orações particulares de intercessão deve ser associada ao aumento da importância da missa privada na vida monástica e no culto.

Sabe-se que na Igreja antiga só havia uma missa: a do bispo e da comunidade. Nas paróquias rurais, fundadas em seguida, o padre e seus ministros cantavam sem o bispo a *missa solemnis* do bispo: salvo pequenos detalhes de protocolo, nada mudara. Essa era a situação das igrejas orientais que permaneceu até os nossos dias. No ocidente latino, em circunstâncias cuja história, muito obscura, está fora do alcance do nosso tema, adotou-se o hábito de dizer durante a semana e sem assistentes (ou pelo menos com a assistência, em princípio, de um ministro) uma missa não cantada, por um lado simplificada, mas por outro lado sobrecarregada de orações pessoais, por vezes improvisadas. Essas missas eram consideradas como diferentes da *missa solemnis*; chamavam-na *missae privatae, speciales, peculiares*.[22]

Não somente se dizia a missa todos os dias, como cada padre tentava celebrar várias a cada dia, para acumular os méritos super-rogatórios e aumentar o seu poder de intercessão. O Papa Leão III (795-816) chegava a celebrar nove missas no mesmo dia. Alcuíno contentava-se com três (a Trindade?). No século XII, Honorius d'Autun pretendia ainda que a celebração de uma missa por dia fosse a regra, mas que seria permitido dizer três ou quatro. Essa multiplicação de missas permitia aumentar o tesouro da Igreja e estender o seu benefício a maior número de almas. Esse período que se estende do século IX ao XI foi um período de exploração das indulgências, como o dos séculos XIV ao XVI. Entre os dois, houve uma reordenação eclesiástica: a partir do século XIII os concílios limitaram a celebração a uma única missa por dia, exceto no dia de Natal.

Essas missas eram missas dos mortos. Não é por acaso que o nome de Gregório o Grande se encontra ligado, por um lado, ao cânone romano, ao qual deu forma definitiva (e onde, talvez, tenha inserido o atual *Memento* dos mortos), e, por outro lado, às devoções destinadas especialmente a interceder pelos defuntos (um gregoriano = um trintanário[23]). O mesmo Papa Gregório mostra também, nas histórias que conta de monges possuídos ou danados, o quanto o diabo era poderoso e temido numa comunidade regular como aquela de que era o abade, e como cada monge tinha necessidade de orações antes e depois da morte, para dele escapar postumamente.

---

22 Jungmann, op. cit.

23 Trinta missas rezadas por um defunto. (N. T.)

O homem diante da morte

Dali por diante, ou seja, desde o século XI, como os monges recebiam quase sempre o sacramento do sacerdócio, as missas com *Memento* dos mortos, isto é, missas em intenção dos mortos, sucediam-se sem interrupção em muitos oratórios ou igrejas de mosteiro. Em Cluny assim acontecia dia e noite. No início do século XI, Raoul Glaber conta como um monge de Cluny, de volta de uma peregrinação à Terra Santa, foi milagrosamente reconhecido por um eremita siciliano: este lhe confiou que soubera por revelação divina como as missas contínuas oferecidas em Cluny para os defuntos eram agradáveis a Deus e proveitosas às almas assim resgatadas. Também foi em Cluny que se originou uma festa especial consagrada ao resgate dos mortos. Parece que as iniciativas locais atribuíram um dia do ano a todos os defuntos, isto é, a todos que não tinham, como os clérigos e os monges, a segurança do socorro de seus irmãos, os esquecidos, na sua maioria laicos. Esses dias de mortos ocorriam em datas diferentes, conforme os lugares: 26 de janeiro, 17 de dezembro (Santo Inácio), na segunda-feira de Pentecostes, e mais frequentemente no dia dos santos Macabeus. Na catedral de Rouen, ainda no século XVIII, o altar de uma capela, decorado por um retábulo de Rubens, era consagrado aos santos Macabeus. Finalmente o dia 2 de novembro, escolhido por Odilon de Cluny em 1408, foi preferido e acabou se propagando por toda a cristandade latina, mas só no século XIII: sinal ao mesmo tempo da origem monástica do sentimento e da longa indiferença das massas por essa atitude individualista diante dos mortos.

Então, como as celebrações de missas se multiplicaram, foi preciso aumentar o número de altares.[24] É uma tendência que se constata por toda a parte, desde o século VIII. No interior de Saint-Pierre, no século VIII e durante a primeira parte do século IX, "os oratórios multiplicam-se; pequena capela com abside cruzada na espessura de um muro ou de um suporte (pilar) da basílica, altar protegido por uma cancela e uma *pergula*", o oratório trazia o nome do santo que ali era venerado. O papa que o tinha construído "para ganhar um lugar conveniente no céu" se fez enterrar ao

---

24 Jungamnn, op. cit., t.I, p.267, 273.

pé do altar;[25] Benoît d'Aniane dotou igualmente de quatro altares a igreja de Saint-Sauver, que ele construiu em 782. A igreja abacial de Centula, terminada em 798, dispunha de onze. O plano de reconstrução da igreja abacial de Saint-Gall, traçado em 820, previa dezessete altares.

Esses altares, que continham relíquias veneradas, eram dispostos contra o muro ou contra um pilar, *sem modificar o plano do edifício*. Ainda podemos imaginar essa disposição – que, aliás, a evolução da arquitetura a partir do século XIV fez desaparecer (capelas laterais) – nas igrejas da Alemanha renana, onde ela foi conservada até o século XVII; é assim que em Trèves se podem ver altares com retábulo simplesmente encostados a um pilar.

Em Cluny, Saint-Gall e em todos os mosteiros esses altares eram ocupados ao mesmo tempo ou sucessivamente pelos celebrantes que entoavam as missas (porque tinham dificuldade de ler, como prescreviam os costumes de Cluny, *in secretum*, isto é, falando a meia-voz); a segunda missa começava antes da primeira terminar e assim por diante (missas encaixadas).

Portanto, foi nesses ambientes monásticos e regulares (cônegos) que se desenvolveu, a partir dos séculos VIII-IX, o sentimento, ainda desconhecido, da missa dos laicos, de incerteza e de angústia diante da morte, ou antes, diante do Além. Era para escapar da condenação eterna que se entrava nos mosteiros, e também – porque essa não era a função primitiva dos monges ou dos eremitas – porque ali se celebrava a missa, o maior número de missas possível, uma reforçando a outra, e cada qual contribuindo para a salvação das almas. Formou-se então entre as abadias e as igrejas uma rede de assistência mútua às almas. São Bonifácio escrevia ao abade Optat: "Para que a união de uma caridade fraternal se estabeleça regularmente entre nós, que se diga uma oração comum pelos vivos, e que orações e *missarum solemnia* sejam celebradas pelos falecidos deste século, quando nos comunicamos reciprocamente os nomes dos nossos defuntos". Existiam, portanto, entre as comunidades regulares, associações para a permuta dos nomes dos respectivos defuntos, a fim de constituir

---

25 Picard, Étude sur l'emplacement des tombes des papes du IIIe au Xe siècle, *Mélanges d'archéologie et d'histoire*, t.81.

O homem diante da morte

um fundo comum de orações e de missas a que cada um recorreria no momento em que lhe conviesse e encontraria seu benefício espiritual. Situação que G. Le Bras descreveu com felicidade: no século VIII,

a teologia das permutas sobrenaturais suprimia todas as fronteiras administrativas [e biológicas]. Romanos e celtas descreviam os reinos do Além e calculavam o peso dos pecados [era também, como dissemos, o tempo da redação dos penitenciais], justificavam a cooperação para o resgate pelas orações mútuas e missas privadas. O dogma da comunhão dos santos concretizava-se na intenção particular do Santo Sacrifício, da penitência do vigário, em toda essa exploração dos méritos super-rogatórios que deviam levar às indulgências e à teoria do tesouro da Igreja [...] Todo o Ocidente cobriu-se dessas colônias monásticas de suplicantes.

E, segundo Jungman:

Os bispos e os abades presentes no concílio de Attigny [762] assumiram, entre outros compromissos, o de dizer cem missas para cada um dos participantes que viesse a morrer. Uma confraternidade contratada no ano 800 entre Saint-Gall e Reichenau estipulava, entre outras coisas, que cada padre diria três missas por intenção de um monge defunto no dia que se seguisse ao anúncio de sua morte, e outra no trigésimo dia; que, no início de cada mês, depois da missa conventual dos mortos, cada padre diria ainda uma missa; e finalmente, que em cada ano, no dia 14 de novembro [uma dessas festas locais dos mortos, de que falávamos acima], haveria uma comemoração de todos os defuntos, com três missas novamente a serem ditas por um padre.[26]

Ainda durante muito tempo, as abadias da Idade Média, confederadas com o mesmo objetivo, fizeram circular um documento, a lista dos mortos, em que cada comunidade apunha por sua vez os nomes dos

---

26 *Monumenta Germaniae historica. Epistolae selectae*, I, 232-233; Jungmann, op. cit., t.I, p.269; G. Le Bras, *Études de sociologie religieuse*, t.2, p.418.

próprios defuntos, seguidos de uma nota biográfica, propondo-os às orações perpétuas das outras comunidades. Foi preciso, por conseguinte, manter a contabilidade das orações prometidas não apenas aos confrades, mas ainda aos benfeitores laicos que pretenderam em seguida obter os mesmos favores. Devia-se, portanto, saber a cada dia por quem celebrar a missa: esse foi o papel dos registros chamados "obituários".

Vemos, assim, a formação de um culto original dos mortos, entre os séculos VIII e X, limitado às abadias, catedrais, colegiadas e redes de filiação que elas tinham formado: sociedade dentro da sociedade, com uma sensibilidade própria.

Os novos ritos da baixa Idade Média: O papel do clero

Por volta do século XI, ao fim de uma longa alta Idade Média, aparecem, portanto, duas atitudes distintas diante do pós-morte. Uma, tradicional, comum à grande massa dos laicos, permanece fiel à imagem de um *phylum continu* de vivos e mortos, unidos na terra e na eternidade, evocadas aos domingos nas orações da homilia. A outra, pelo contrário, própria a uma sociedade fechada de monges e padres, que manifesta uma psicologia nova, mais individualista.

A partir do século XIII, tudo se passa como se os traços de mentalidade, até então desenvolvidos nos claustros como numa estufa, ganhassem o mundo aberto dos laicos. A morte vai ser "clericalizada" durante muito tempo. É uma grande mudança, talvez a maior antes das secularizações do século XX.

Como já dissemos, os ritos da morte da alta Idade Média eram dominados pelo luto dos sobreviventes e pelas homenagens que prestavam ao defunto (elogio e cortejo). Os ritos eram civis e a Igreja não intervinha senão para absolver: absolvição antes da morte e *absoute* póstuma, aparentemente mal diferenciadas no início. A partir de meados do século XIII, ocorreram mudanças que devemos agora analisar e interpretar.

Em primeiro lugar, a vigília e o luto. Observadores do século XVIII ficavam impressionados com operações que sempre existiram, mas que

O homem diante da morte

tinham tomado, no ritual funerário dos monges, um caráter habitual e solene: a *lavatio corporis* (que o viajante Moléon[27] descreve).

> No meio de uma capela espaçosa e muito comprida [em Cluny], onde se entra do claustro para o capítulo, está o lavatório, que é uma peça de 6 ou 7 pés, cavada cerca de 7 ou 8 polegadas de profundidade, com um travesseiro de pedra formando uma peça só com a bacia e um orifício do lado dos pés, por onde se escoava a água depois de lavar o morto [...]. Veem-se ainda nas catedrais de Lyon e Rouen uma bacia ou pedra lavatória onde os cônegos eram lavados depois da morte.

Moléon ressalta, aliás, que o rito existia também entre os laicos, mas não em todos os lugares com o mesmo caráter costumeiro:

> Ainda se lavam atualmente os mortos, não só nas velhas ordens monásticas [...], mas também os laicos o fazem, comumente, nos países bascos, na diocese de Bayonne e outras, como em Avranches na Baixa Normandia. Talvez tenha sido por causa desse antigo hábito que, em algumas paróquias rurais, permaneceu a cerimônia supersticiosa de lançar fora da casa, onde acaba de expirar alguém, toda a água que ali se encontra: naturalmente que naquele tempo era preciso despejá-la, pois teria servido para lavar o corpo de um defunto. Em todo o Vivarais, os parentes mais próximos e os filhos casados consideram um dever levar até o rio os corpos de seus pais ou parentes, falecidos, apenas de camisa, para os banhar e lavar antes de os amortalhar.[28]

Não é improvável que a cerimônia de lavagem do corpo e o despejo das águas poluídas, recebida de um velho fundo pagão, tenha sido renovada por imitação daquilo em que ela se tinha transformado nos ritos dos monges. A influência monástica é comprovada nesse hábito de expor os mortos sobre a cinza ou a palha, "No meio dessa grande enfermeira [de Cluny]", continua Moléon,

---

27 Moléon, *Voyages liturgiques en France*, p.151-2.

28 Van Gennep, *Manuel du folklore français contemporain*, t.2, p.674-5.

ainda existe uma pequena depressão de cerca de 6 pés de comprimento por 2,5 ou 3 polegadas de largura. Era ali que se depositavam, sobre cinzas, os religiosos em situação extrema. Ainda são colocados agora [por volta de 1718], mas só depois de mortos [...]. Também se nota a mesma ocorrência para os laicos em diversos rituais antigos. Foi somente o horror que se tem pela penitência e pela humilhação [já!] que fez cessar essa santa prática.

Sabemos que os laicos também se faziam expor, se não sobre a cinza, sobre a palha. Textos de 1742 nos falam de mortos reanimados *in extremis*, um deles depois de ter estado "durante algumas horas sobre a palha". "Faz doze ou treze anos que uma mulher qualquer [...] foi julgada morta e colocada sobre a palha com uma vela aos seus pés, conforme o costume."[29]

Vimos por outro lado, que na *Canção de Rolando* ou nos romances da Távola Redonda, o luto selvagem correspondia à morte domada. Na baixa Idade Média, já não parece tão legítimo nem tão usual perder o controle de si mesmo para chorar os mortos. Nos lugares onde as manifestações tradicionais da dor subsistiam, como na Espanha dos séculos XIV e XV, sua aparência de espontaneidade e de dor se atenuaram. O Cid do *Romancero* prevê no seu testamento uma derrogação às regras das exéquias.

J'ordonne, pour me pleurer,
Qu'on ne loue point de pleureuses,
Ceux de Chimène suffisent,
Sans autres pleurs achetés.[30]

O *Romancero* admite que a espontaneidade não seja habitual, que o uso é o *planctus* ritual, com profissionais. Já não se procura a ilusão do natural, como na *Canção de Rolando* ou de Artur – aliás, é bem possível que essas grandes declamações tenham, também elas, participado de um ritual, e

---

29 Ibid., p.715-6. Numeroso túmulos ingleses e holandeses dos séculos XVI e XVII mostram os corpos expostos em um tapete de palha.

30 [Ordeno que, para me chorar / Não se contratem pranteadoras, / As de Ximena bastam, / Sem precisar de lágrimas compradas.] (N. T.) Pommes, op. cit., p.102.

que na realidade também fossem, por vezes, deixadas aos mercenários; mas na obra de arte e de imaginação, a espontaneidade era afetada.

Cid só faz exceção em favor de Ximena, amante e esposa sem par. O que era comum no tempo de Carlos Magno tornava-se excepcional no final da Idade Média. Ximena fez, portanto, o elogio fúnebre, bastante friamente, aliás, sem grandes entusiasmos: contenta-se em desmaiar no final da sua longa tirada.

Se modèle de noblesse
Ne put parler plus longtemps.
Elle tomba sur le corps
En pâmoison, comme morte.[31]

Temos outro testemunho do novo comportamento diante da morte, contemporâneo de Cid, mas no meio humanista de Florença; é relatado por A. Tenenti.[32] O chanceler de Florença, Salutati, refletia sobre a morte. Sob a influência da Antiguidade estoica e da tradição patrística, via na morte o fim dos males e o acesso a um mundo melhor. Censurava-se por chorar a morte de um amigo, porque assim esquecia as leis da natureza e os princípios da filosofia que nos desviam de sentir saudades tanto das pessoas como dos bens, uns e outros igualmente corruptíveis. Nessas considerações da época, encontramos uma retórica sábia, mas também um sentimento comum que equiparava os homens vivos às coisas igualmente amadas: *omnia temporalia*. Admitamos que havia nisso muita literatura. Ora, num dia de maio de 1400, já não se trata de literatura: Salutati perde seu próprio filho. Compreende a vaidade dos argumentos que antes tinha adiantado nas suas cartas de consolação, quando um correspondente, Ugolino Caccini, o trata então como ele próprio tratava os amigos aflitos: acusa-o de se entregar à dor e exorta-o a se conformar com a vontade de Deus. Salutati justifica-se em termos que nos revelam o

---

31 [Esse modelo de nobreza / Não pôde falar por mais tempo. / Caiu sobre o corpo / Em desmaio, como morta.] (N. T.)

32 Tenenti, *Il Senso...*, op. cit., p.55-8.

aspecto novo do luto. Responde que pode agora perfeitamente confessar seu desespero, porque no momento da morte do filho não cedeu à dor: deu ao filho a última bênção sem verter uma lágrima, viu-o desaparecer *immotis affectibus*, e enfim acompanhou-o ao túmulo sem lamentação.

Segundo penso, seria errado atribuir essa atitude ao estoicismo, por mais influente que tenha sido sobre o pensamento humanista. Salutati comportou-se como era costume entre as pessoas de sua condição. Ele contesta apenas a retórica das consolações; diz que, mesmo que a alma não morra e o corpo ressuscite, "o composto harmonioso que faz de Pedro seu filho, ficou destruído para sempre". Só lhe resta voltar-se para Deus, fonte de consolação: *Converti me igitur ad fontem consolationis*. Mas não contesta a legitimidade do domínio de si mesmo no momento da morte e das exéquias.[33]

As convenções sociais já não tendiam a expressar a violência da dor; inclinavam-se, dali por diante, para a dignidade e para o autocontrole.

O que não se queria dizer por palavras ou gestos, era dado a entender então pelo vestuário e a sua cor, conforme um simbolismo caro ao final da Idade Média. Teria então o preto prevalecido definitivamente? Em todo caso, o tecido que envolve o corpo podia ser vistoso como ouro. Um testador de 1410 pede que seu corpo seja coberto com tecido do qual se fará depois uma casula.[34] No século XIV, os amigos do morto ofereciam nas exéquias tecidos de ouro e círios, como hoje oferecemos flores. Anteriormente usavam vermelho, verde, azul, a cor de suas melhores vestes, que punham para homenagear o morto. No século XII, Baudry, abade de Bourgueil, assinalava como raridade estranha que os espanhóis se vestissem de preto por ocasião da morte dos seus próximos. Segundo Quicherat, a primeira menção de luto solene teria sido o da corte da Inglaterra na morte de João o Bom. Luiz XII, na morte de Ana da Bretanha, vestiu-se de preto e obrigou a corte a fazer o mesmo.

Na Paris de 1400, um oficial de justiça (dos que têm direito de ficar com o confisco) desculpa-se por não trazer a veste riscada, insígnia de

---

33 Ibid.

34 Tuetey, op. cit., 233 (1410).

seu cargo, mas uma "veste *simples* que vestiu porque o pai de sua mulher falecera e ele tinha que entrar então em serviço".[35] Veste simples, certamente preta.

Embora o uso do preto fosse geral no século XVI, ele ainda não se impusera aos próprios reis, nem aos príncipes da Igreja. O preto tem dois sentidos: o caráter sombrio da morte, que se desenvolve com a iconografia macabra, mas principalmente a ritualização mais antiga do luto; a roupa preta expressa o luto e dispensa a gesticulação mais pessoal e mais dramática.

O novo cortejo: uma procissão de clérigos e de pobres

Assim, não existe mais lugar em torno do morto para as grandes e longas deplorações de antigamente; ninguém mais declama em voz forte as saudades e os elogios, como outrora. A família e os amigos, então silenciosos e calmos, deixaram de ser os principais atores de uma ação da qual se retirara a dramaticidade. Os principais papéis são, dali por diante, reservados aos padres e, em especial, aos monges mendicantes, ou ainda a personagens semelhantes aos monges, laicos com funções religiosas, como os das ordens terceiras ou confrades – isto é, novos especialistas da morte.

Desde o último suspiro, o morto não pertence nem aos seus pares, companheiros ou à família, mas à Igreja.

A leitura do ofício dos mortos substituiu as antigas lamentações. A vigília tornou-se uma cerimônia eclesiástica que começa em casa, continuando por vezes na igreja, e na qual são retomadas a recitação das Horas dos mortos, orações de recomendação da alma: as *Recommendaces*.

Depois da vigília começa uma cerimônia que iria tomar parte considerável no simbolismo dos funerais: o cortejo. Na velha poesia medieval, como já vimos, o corpo era acompanhado até o lugar da sepultura pelos amigos

---

35 Autrand, Offices et Officiers royaux sous Charles VI, *Revue d'histoire*, dez. 1969, p.336.

Philippe Ariès

e parentes: última manifestação de um luto finalmente mitigado, onde as honras prestadas predominam sobre a saudade, ato discreto de laicos.

Na baixa Idade Média, e mais especialmente depois do estabelecimento das ordens mendicantes, essa cerimônia mudou de natureza. O pequeno grupo de acompanhantes transformou-se numa procissão eclesiástica solene. Naturalmente, os parentes e amigos não foram afastados; sabemos que eram convidados para um dos serviços, e estamos certos de que eles participavam dos cortejos reais, cujo protocolo é conhecido, e onde o lugar de cada um é bem estabelecido. Mas nos cortejos comuns são tão discretos que se chega a duvidar da sua presença. Apagaram-se diante de novos oficiantes, que ocupam todo o espaço. Em primeiro lugar, são os padres e os monges que frequentemente levam o corpo. Padres da paróquia, pobres "padres habituais", monges mendicantes, "os quatro mendicantes" (carmelitas, agostinhos, capuchinhos e dominicanos) cuja presença é quase obrigatória em todas as exéquias urbanas. Segue-se a eles um número variável, de acordo com a riqueza e a generosidade do defunto, de pobres e de crianças de instituições, crianças achadas. Essas estão vestidas de roupa de luto semelhante à cogula dos penitentes meridionais, cujo capucho cobre o rosto. Conduzem círios e tochas, e recebem, além da roupa, uma esmola como retribuição de sua presença. Elas substituíram ao mesmo tempo os companheiros do morto e os pranteadores mercenários. Por vezes são substituídas pelos membros da confraria a que o defunto pertencia, ou de uma confraria que garante o enterro dos pobres.

A procissão solene do cortejo tornou-se, desde o século XIII, a imagem simbólica da morte e dos funerais. Antes, era a descida ao túmulo que fazia esse papel, quando o corpo era depositado no sarcófago e os padres pronunciavam a *absoute,* representação que continuou frequente na Itália e na Espanha até a Renascença. Na França, na Borgonha, na iconografia, a representação da *absoute* foi substituída pela do cortejo, considerado desde então o momento mais significativo de toda a cerimônia. Um cortejo assim figura no túmulo de um cidadão de São Luiz, atestando que o uso já estava bem estabelecido desde o século XIII. Essa prescrição tradicional foi reproduzida muitas vezes na arte funerária até a Renascença.

O homem diante da morte

Basta citar os túmulos célebres de Felipe Pot, no Louvre, ou o dos duques de Borgonha, em Dijon.

A ordem e a composição do cortejo não eram confiados ao costume ou ao clero. Eram fixados pelo próprio morto no seu testamento, e era considerado honroso reunir em torno do corpo o maior número possível de padres e de pobres. Um testamento de 1202 prevê 101 *presbyteri pauperes*, os pobres "padres habituais" dos séculos XVI-XVII, proletariado de padres sem benefícios, mantidos pelas obras da morte, missas e fundações.

Os testamentos dos séculos XVI e XVII comprovam a grande importância que os contemporâneos atribuíam à prescrição dos cortejos. Tratavam-na com convicção e detalhes. Eis alguns exemplos: um vinhateiro de Montreuil, em 1628, pede que seu corpo seja levado "no dia do enterro por seis religiosos da Ave Maria".[36] Em 1647, outro, mais humilde, "deseja que o cortejo seja feito com o repique de sinos, paramentos comuns [jogo de tapeçarias de luto em casa e na igreja], que haja dúzia e meia de tochas de uma libra cada uma, uma dúzia de velas [levadas pelos pobres], e que os religiosos das quatro ordens mendicantes assistam ao cortejo, como é costume"; em 1590: "Além dos padres habituais da citada paróquia, serão também chamados outros dez das quatro ordens mendicantes, que levarão o citado corpo, e a cada uma dessas ordens serão distribuídos 20 soldos depois do serviço cumprido";[37] outro "quer que os padres habituais assistam ao seu enterro e serviço [...], que o corpo seja levado por quatro desses padres da paróquia".

Os padres adquiriram o monopólio – remunerado – do transporte do corpo. O número de pobres nem sempre era fixado adiantadamente: ajuntavam-se para o cortejo todos os que se encontravam no local e que assistiam em ocasiões dessa natureza: "Que um pequeno *blanc* [moeda] seja dado em honra de Deus no dia do seu óbito a toda pessoa que em nome de Deus o queira lastimar".[38] "Na hora em que quiserem pôr o

---

36 MC, III, 533 (1628).
37 MC, LXXV, 63 (1647); XLIX, 179 (1590); Tuetey, op. cit., 105 (1403).
38 Ibid.

corpo na terra, sejam dados e esmolados aos pobres, em honra e pelo amor de Deus e das sete obras de misericórdia, 7 francos."

Um século e meio mais tarde, a formulação quase não mudou: "Desejo que seja dado, no dia do meu enterro, um soldo a todos os pobres que se encontrarem à saída do meu enterro" (1650).[39] "Quero que no dia da minha morte os pobres da paróquia [não quaisquer pessoas] sejam chamados, aos quais peço lhes seja dada a soma de 100 libras."

Dava-se a esmola a todos os pobres da paróquia; vestiam-se alguns. "Que se vista uma dezena de pobres que assistirão ao citado cortejo, e cada um com uma roupa e um chapéu de pano do material costumeiro" (Trata-se ainda da roupa de luto habitual) (1611).[40]

A companhia do Santíssimo Sacramento quis aproveitar essa reunião de pobres para ensinar-lhes catecismo: "Tomou-se então a resolução de pedir aos senhores párocos não mais tolerarem que se desse esmola quando se realizavam enterros, senão depois de uma catequese aos pobres que se encontravam habitualmente ali para receber caridade" (1633).[41]

Um século mais tarde, o número de pobres não diminuiu, e é ainda significativo da condição do testador: precederão o cortejo, em 1712, "30 homens pobres e 30 mulheres pobres, a quem serão dadas 4 *aulnes*[42] de tecido para vesti-los [em lugar da veste de luto, faz-se esmola com uma roupa simples]. Levarão todos em suas mãos um terço [devoção nova] e um círio, de um lado do caixão, e irão devotamente e na mesma ordem ao local da minha sepultura".[43]

Além dos pobres da paróquia e dos pobres "padres habituais", encontravam-se no cortejo os pequenos pensionistas dos hospitais de crianças assistidas, das crianças achadas ou abandonadas. Em Paris, são as crianças do Espírito Santo, da Trindade, as "crianças vermelhas". Com as quatro ordens mendicantes, tornaram-se os especialistas da morte. Não havia enterro que se prezasse sem sua delegação. Sua necessária presença deveria

---

39 MC, LXXV, 75 (1650)

40 MC, III, 490 (1611).

41 Comte de Voyer d'Argenson, *Annales de la compagnie du Saint-Sacrement*.

42 Antiga vara francesa medindo 1,188 m. (N. T.)

43 MC, CXIX, .355 (1769).

O homem diante da morte

garantir aos hospitais alguns recursos, conforme averiguamos a partir deste testamento: "Ao hospital da Piedade, do bairro de Saint-Victor, a soma de 300 libras, paga uma vez para que quinze meninos e outras tantas meninas assistam ao meu enterro".[44]

As crianças assim convocadas também podiam vir das escolas de caridade com o professor. Lega "às crianças pobres 30 libras para que elas assistam ao seu cortejo": uma escola de caridade. Num memorando de despesas do "serviço, cortejo e enterro" em 1697, lê-se como despesa banal: "Para as crianças da escola, 4 libras".[45]

Foi assim que o cortejo se tornou, a partir do século XIII, uma procissão de padres, monges, portadores de círios, indigentes, figurantes contrafeitos e solenes; e assim permaneceu até o século XVIII. A dignidade religiosa ou o canto dos salmos substituíram as lamentações e os gestos de luto. Além disso, a importância dessa procissão, a quantidade de esmolas e donativos que ali eram investidos, testemunhavam a generosidade e a riqueza do defunto, ao mesmo tempo que intercediam em seu favor junto à Corte celeste.

O ajuntamento de pobres nos funerais era a última obra de misericórdia do defunto.

O corpo é dali por diante escondido pelo caixão e pelo catafalco

Por volta do século XII, ao mesmo tempo que a vigília, o luto e o cortejo se tornaram cerimônias da Igreja, organizadas e dirigidas por homens da Igreja, ocorreu uma coisa que poderá parecer insignificante, mas que torna manifesta uma mudança profunda do homem diante da morte: o corpo morto, antes objeto familiar e figura do sono, possui daí por diante um tal poder que se torna insuportável à vista. Foi, e por séculos, retirado aos olhares, escondido numa caixa sob um monumento, onde não é mais

---

44 MC, LXXV, 78 (1652); XVII, 30 (1612); LXXV, 80 (1652); Lasteyrie, op. cit., p.146-50.
45 Ibid.

visível. A ocultação do morto é um grande acontecimento cultural, que é preciso agora analisar, porque também está carregado, como o conjunto das coisas da morte, de um simbolismo principalmente eclesiástico.

Durante a alta Idade Média, já dissemos acima, o corpo, depois da morte e após as expressões de luto e de pesar, era estendido sobre um tecido precioso, lençóis de ouro, tecido tinto de cores ricas, vermelho, azul, verde; ou, mais simplesmente, sobre um sudário, isto é, um pano de linho, um lençol. Depois o corpo e o lençol eram colocados numa padiola ou caixão, exposto durante algum tempo diante da porta da casa, e em seguida transportado ao local da inumação, após algumas paradas, previstas em geral pelos costumes da época. O caixão era enfim depositado sobre a cuba aberta do sarcófago. Os padres cantavam de novo o *Libera*, com incensamento e aspersões de água benta: uma última absolvição ou *absoute*. *Assim o corpo e o rosto ficavam visíveis até o fechamento definitivo do sarcófago*, e apareciam acima do túmulo, no caixão, como no leito no momento da morte.

Esse era o costume que pudemos reconstituir a partir de antigas epopeias e, mais tarde, também a partir de imagens do século XV e do século XVI, na Itália e na Espanha, onde se mantivera a tradição de deixar o rosto descoberto, concordando com o fato de depositar os mortos em sarcófagos.

Muitas pinturas do século XV mostram o corpo estendido sobre o caixão durante o cortejo. Em Santa Maria del Popolo, em Roma, na capela da família Mellini, em um túmulo do final do século XV, de P. Mellini (morto em 1843), figura um sarcófago aberto sobre o qual repousa o corpo: como ele se mantém sobre o vazio da cuba? Observando bem, percebe-se que está pousando sobre um leito de madeira: o realismo do escultor o levou a reproduzir as cabeças de três cavilhas que, em cada canto, juntavam os dois lados do leito. Tratava-se, portanto, exatamente de um móvel de madeira, independente do sarcófago de pedra e colocado por cima, um caixão cujas alças tinham sido retiradas. É uma sorte que esse detalhe seja visível no túmulo de P. Mellini. Em geral, está escondido pelo colchão e pelo lençol que, depois da *absoute*, é cruzado por cima e mantido pelas duas pontas pelos assistentes encarregados de baixá-lo dentro do sarcófago.

O homem diante da morte

Na mesma igreja, outro túmulo do início do século XVI, do cardeal Bernard Lonati, apresenta uma disposição um pouco diferente, mas muito frequente na Itália. O caixão de madeira não repousa sobre a cuba descoberta, mas sobre a tampa invertida, com o lado arqueado mantido em posição horizontal por cima da cuba por meio de vigamentos. Embora decoradas, essas peças de madeira não são muito bonitas e o artista não tinha qualquer razão para inventar um amontoamento tão estranho. A montagem reproduz a estranha realidade dos funerais, a tripla superposição da cuba do sarcófago, da tampa invertida e finalmente do caixão e do corpo. A cerimônia tradicional da deposição no túmulo conduzia a erigir o corpo descoberto acima do catafalco constituído com elementos materiais do túmulo: tendência a uma encenação que se desenvolverá com o "catafalco", mas que continua respeitando o costume do corpo descoberto.

Mas, como vimos, desde o século XII, na cristandade latina — exceto nos países mediterrâneos onde o costume antigo persistiu até os nossos dias — a visão do rosto descoberto do morto se tornou insuportável. Pouco tempo depois da morte e no próprio local, o corpo do defunto era completamente cosido na mortalha, da cabeça aos pés, de tal modo que nada do que ele fora ficava à mostra, e em seguida era frequentemente fechado numa caixa de madeira ou *cercueil* [caixão], termo francês proveniente de sarcófago, *sarceu*.

No século XIV, a colocação no caixão se fazia em casa: uma miniatura do ofício dos mortos, num livro de Horas, nos mostra a morte, com o caixão no ombro, penetrando no quarto do doente. Esse último só sairá do quarto quando fechado no fundo do caixão, pregado, escondido aos olhares.

Os mais pobres, que não podiam pagar o carpinteiro, eram levados ao cemitério num caixão comum, destinado exclusivamente ao transporte. Os coveiros retiravam o corpo do caixão, enfiavam-no na terra e recuperavam o caixão. Alguns testadores, preocupados com a indiferença dos seus herdeiros, exigiam ser enterrados no próprio caixão. Mas, pobres ou ricos, eram sempre escondidos nas mortalhas. Uma gravura em madeira representa as religiosas do Hôtel-Dieu muito atarefadas a coser os mortos.

Essa escamoteação não se realizou sem resistência. Os países mediterrâneos aceitaram bem o uso de caixões de madeira, mas rejeitaram a ideia de esconder o rosto, deixando os caixões abertos até o momento da inumação, como na Itália e na Provença (França) ainda no início do século XX, ou, mais raramente, fechando apenas metade da tampa do caixão, para que a parte superior do corpo e o rosto permanecessem visíveis. É assim que um afresco do século XV na basílica de São Petrônio, na Bolonha, nos mostra o busto de um santo no fundo do caixão de madeira fechado apenas pela metade, como um *casket* da Califórnia de hoje, isso porque a América conservou vestígios de origem mediterrânea da rejeição arcaica de cobrir o rosto.

A ocultação do corpo aos olhares não foi uma decisão simples. Não traduz uma vontade de anonimato. Realmente, nos funerais dos grandes senhores, temporais e espirituais, o corpo escondido no caixão logo foi substituído por sua figura em madeira ou cera, por vezes exposta sobre um leito de exibição (caso dos reis da França), e sempre depositada em cima do caixão (como nos túmulos italianos do século XV, onde se veem jazentes estendidos em cima do sarcófago). Essa estátua do morto é designada por uma palavra muito significativa: *representação*. Para essa representação, os artesãos de imagens procuravam a semelhança mais exata, e a obtinham (pelo menos no século XV) graças à máscara que tiravam do defunto imediatamente após a morte. Os rostos das representações tornaram-se máscaras mortuárias.

Expostas no caixão, em casa, durante o cortejo, na igreja, tinham, como o jazente, as mãos postas. Por vezes permaneciam expostas na igreja depois dos funerais, servindo de transição entre o morto que representavam exatamente e a representação definitiva do jazente no túmulo. Na abadia de Westminster foram conservadas e ainda hoje podem ser vistas desde a cabeça de Eduardo III, morto em 1377, até a rainha Elisabeth I. Essas *efígies reais* eram consideradas bastante veneráveis para serem dignas de substituição. A da rainha Elisabeth foi refeita em 1760. Essas estátuas funerárias de madeira, e em seguida de cera (séculos XVII-XVIII), permaneceram em uso mesmo depois de já não serem carregadas durante os funerais. A última efígie que serviu a um enterro foi a do duque e da duquesa de Buckingham

O homem diante da morte

mortos em 1735 e 1793 (a da duquesa foi feita quando ainda viva). As efígies de cera de Guilherme III e da rainha Maria II, mortos um em 1702 e a outra em 1694, foram colocadas em Westminster em 1725, e imediatamente muito admiradas e visitadas. Já não se trata, aliás, de jazentes, mas, como a rainha Ana, de majestades sentadas em seus tronos.[46]

As representações tiveram outra posteridade, que permaneceu mais conforme às suas origens. Na Igreja romana, os santos foram expostos à veneração dos fiéis, até os nossos dias, sob a forma de uma efígie de madeira e de cera, semelhante àquelas que, nos séculos XIV ao XVII, eram levadas nos funerais principescos e que mostravam o defunto na atitude ideal do jazente repousando, de mãos postas. Pretendiam perpetuar a imagem fugidia do santo no momento em que acabava de morrer, e em que recebia as últimas homenagens ou o último adeus dos seus próximos.

Um quadro anônimo da pinacoteca do Vaticano, do final do século XV ou início do século XVI, mostra o túmulo de Santa Bárbara. Esse monumento cúbico seria banal, se não fosse coberto pela "representação verdadeira" da Santa, como se dizia na França daquela época, que procura dar semelhança e ilusão de realidade pela roupa e pela cor. Uma luminária de lâmpadas a óleo constitui o terceiro e último andar desse monumento. A disposição do túmulo inspira-se no cerimonial dos funerais principescos.[47]

Desde o século XVI, pelo menos, a devoção dos peregrinos não se dirige exclusivamente aos túmulos e relicários onde os restos dos santos estão escondidos ou guardados dentro de cofres, mas a uma imagem que os representa no leito de morte, como se a vida tivesse acabado de deixá-los, dando a ilusão de incorruptibilidade. As igrejas de Roma estão cheias desses mortos quase vivos, "as representações". (Não são, aliás, as únicas; basta lembrar de *Santa Teresa do Menino Jesus*, em Lisieux.)

As estátuas de madeira ou de cera ficaram reservadas aos enterros dos príncipes temporais e espirituais. Os senhores menos grados sempre passaram sem elas. Mas certas práticas persistentes deixam adivinhar a necessidade de expor um retrato do defunto sobre o caixão. Na Espanha,

---

46 Giesey, *The Royal Funeral Ceremony in Renaissance France.*
47 Pinacoteca do Vaticano, n.288.

onde se tinha repugnância em enterrar os mortos, caixões de madeira suspensos aos muros das igrejas deixavam ver, do lado visível, uma pintura do defunto jazente, como teria sido sua representação. Talvez seja a mesma lembrança que inspirava senhores poloneses dos séculos XVII e XVIII a fazer reproduzir seus traços sobre o caixão, retratos que eram vistos somente durante os funerais, e em seguida escondidos na terra.

Mas, na verdade, esses casos de persistência da representação são raros. De modo geral, não havia retratos nos caixões e, quando existiam, faziam parte de uma decoração efêmera de circunstância, logo em seguida inumada.[48]

A recusa de ver o corpo morto não constituía recusa da individualidade física, mas recusa da morte carnal do corpo: estranha repugnância em plena época macabra, em que se multiplicavam as imagens da decomposição! Prova de que a arte mostra, por vezes, o que o homem não quer realmente ver.

Coisa curiosa, a palavra "representação" sobreviveu à exposição das efígies sobre os caixões: permaneceu até o século XVII para designar, de forma geral, o que chamamos hoje de catafalco.

Em seguida, o caixão nu tornou-se objeto da mesma recusa que o corpo nu, e foi preciso, por sua vez, cobri-lo e dissimulá-lo. Durante o cortejo, como antigamente acontecia com o corpo, o caixão era recoberto com um tecido, o *pallium* ou *poële* [pano mortuário].[49] Era, por vezes, um tecido precioso, brocado de ouro, que o testador destinava em seguida a servir de casula aos padres da sua capela; depois apareceu o ornamento negro bordado de motivos macabros, trazendo as armas do defunto ou da confraria, ou ainda as iniciais do defunto.

Durante a baixa Idade Média, tornou-se mais frequente o uso, sem dúvida muito antigo embora raro, de apresentar o corpo na igreja por meio de um ofício, como veremos mais adiante. A partir daí o pano mortuário sozinho já não bastava para disfarçar o caixão: ele desapareceu sob um catafalco, réplica do que havia antigamente sustentado a efígie, ou representação, nos funerais principescos.

---

48 Caso dos caixões poloneses do século XVIII, em que o retrato do morto era pintado sobre um dos lados exteriores.

49 Nova York, museu dos Claustros. Num túmulo espanhol do século XIV, um baixo-relevo representa o padre estendendo o *pallium*.

Os testadores do século XV ao XVII chamavam esse catafalco também de representação, ou capela, porque era cercado de numerosas luminárias, com a capela de um santo. O termo francês *catafalque*, tomado nesse sentido, apareceu muito mais tarde.

Destaca-se sempre o aspecto monumental do catafalco. Desde o século XIV, suas dimensões, embora ainda modestas, ultrapassam aquelas do caixão. Iluminado por círios e tochas, recoberto de brocados, impressiona a imaginação. No século XVII, os jesuítas, grandes promotores da era barroca, dele farão uma enorme máquina de ópera, construída em torno de um tema e de uma ação, animada com personagens agitados, que comenta dores dos fins últimos: *castrum doloris*, um verdadeiro castelo. Mas as dimensões mais impressionantes e as intenções mais acentuadas não mudavam o sentido do cerimonial. Atentemos ao seguinte: o tempo mais digno de nota dessa história não é o que sobrecarregou de ornamentos o catafalco no século XVII, mas o que inventou esconder o rosto descoberto sob o sudário no caixão, e o caixão sob a catafalco, nos séculos XIII e XIV. Isso foi uma evolução considerável dos costumes mortuários. Nem os pregadores macabros, nem os oradores da Contrarreforma, por mais que evoquem nos seus sermões fúnebres as realidades hediondas da morte, não conseguirão jamais levantar o cenário de teatro que esconde, há poucos séculos, a nudez do cadáver, outrora tão familiar, aos seus ouvintes. Por muito tempo, tornou-se inconveniente mostrar os rostos dos mortos e, no entanto, sua presença se fez sempre necessária, porque assim o quiseram os seus testamentos e porque servem à conversão dos vivos. É assim que, dali por diante, são "representados" pelo aparelho simbólico desse catafalco, que substitui, afinal, o corpo suprimido. E é ainda ele que toma o lugar do corpo quando este está ausente, por ocasião de cerimônias de aniversário principalmente. Um testamento de 1559 prevê que em "final de ano" terá lugar uma cerimônia, como no dia do seu enterro, "sem nada diminuir, exceto que só haverá seis tochas de 1,5 libra por peça, e os quatro círios da *representação*".[50]

---

50 MC, VIII, 36.9 (1559).

A Revolução e os Estados dos séculos XIX e XX laicizaram o catafalco, mas o conservaram: a igreja foi escamoteada, a *castrum doloris* permaneceu nas cerimônias públicas, civis ou militares. O catafalco, ornado e iluminado, substituiu dali por diante, por si só, as mais antigas imagens da morte: a *absoute* no leito do moribundo, o acompanhamento e o cortejo dos pranteadores, a descida ao túmulo e a última *absoute*.

As missas de enterro

A prioridade do catafalco sobre as outras imagens da morte se deve à importância exorbitante tomada dali por diante pelas cerimônias solenes e comuns que se realizam na igreja. Os ritos antigos dos funerais, que se contentavam em acompanhar o corpo do leito ao túmulo, sem outra forma de cerimônia senão as duas *absoutes* da morte e da sepultura, foram suplantados, a partir dos séculos XII e XIII, por uma quantidade fantástica de missas e serviços prescritos pelos defuntos nos seus testamentos. Durante meio milênio, do século XII ao XVIII, a morte foi essencialmente oportunidade de missas. O que devia impressionar o visitante de uma igreja era então menos a escavação do solo pelos coveiros que a sequência ininterrupta das missas rezadas de manhã, em todos os altares, por padres, dos quais essa era muitas vezes a única renda, e a presença, dali por diante frequente, nas cerimônias da manhã e nos ofícios da noite, do catafalco iluminado.

Quase sempre as missas de intercessão começavam antes da morte, desde o início da agonia: "Que lhes apraza [aos executores testamenteiros] quando ele estiver *in agonia mortis*, e se for possível, solicite ao mosteiro dos Agostinhos da dita cidade de Paris mandar dizer cinco missas de *quinque plagie* [as cinco chagas de Cristo], cinco *Beata Maria*, cinco de *Cruce* e além disso fazer pedir a Deus pelos religiosos do citado mosteiro para sua citada pobre alma" (1532).[51] "Ela pede a suas filhas e noras que, quando estiver em agonia de morte, mandem emissário à igreja de Notre-Dame-de-la-Mercy para mandar dizer missa no altar privilegiado da dita igreja"

---

51 MC, VIII, 343 (1532).

(1648).[52] "Querendo a citada testadora [...] que sejam ditas por ocasião da sua agonia sete missas em honra da morte e da paixão de Nosso Salvador" (1655).[53] "Deseja que quando estiver em agonia sejam ditas em sua intenção trinta missas nos Padres Carmelitas Descalços, trinta nos Padres Agostinhos do Pont-Neuf, trinta nos Franciscanos, trinta nos Dominicanos", isto é, nos quatro Mendicantes. Pode-se pensar que se tentava assim atingir rapidamente o Soberano Juiz antes que fosse tarde demais ("ao mesmo tempo que Deus terá disposto da minha alma" – 1650).[54] Mas essas missas de agonia eram apenas o início de uma série: "Mil missas o mais cedo possível, e que sejam começadas mesmo antes que ele esteja na agonia da morte" (1660).[55]

Em outros casos, a celebração dessa série de missas começava no momento mesmo da morte, e não antes: "No momento da separação da alma do seu corpo, o citado testador pede à sua querida mulher [...] mandar dizer e celebrar três missas em honra da Santíssima Trindade [a escolha do número três] nos altares privilegiados de Saint Médéric, Sainte-Croix-de-la-Bretonnerie e dos Blancs-Manteaux, a primeira do Espírito Santo, a segunda de *Beata* e a terceira de *Requiem,* pela remissão de seus pecados e pela salvação da sua pobre alma" (1646).[56] Nesse caso, o número de missas era limitado a três por igreja, pelo fato de terem de ser rezadas no altar privilegiado. Usualmente, os testadores procuravam um efeito de acumulação. Acontecia de o número não ser fixado de antemão: fariam pelo melhor e o máximo: "Que no dia do seu enterro se digam e celebrem em sua intenção, na igreja de Saint Médéric, tantas missas de *Requiem* quantas for possível e conforme houver padres na sacristia da igreja" (1652).[57] A partir do dia da morte "todas as missas e orações do citado convento [dos Mínimos, onde seu irmão é frade]

---

52 MC, LXXV, 66 (1648).

53 Ibid., 82 (1655).

54 Ibid., 74 (1650).

55 Ibid., 109 (1660).

56 Ibid., 62 (1646).

57 Ibid., 78 (1652).

que estiverem livres serão ditas em intenção e para o repouso da alma do citado testador” (1641).[58]

Era mais comum preverem-se trinta, cem e mil missas: trinta missas ou o gregoriano; em lembrança de seu longínquo fundador, o papa da morte, Gregório o Grande, dizia-se também “uma trintena de São Gregório”. “Logo que o meu corpo esteja em terra, que sejam ditas 33 missas baixas [idade de Cristo]”, três por dia; três da Natividade, três da Circuncisão, três da Paixão, três da Ascensão, três de Pentecostes, três da Trindade etc. “O mais cedo que for possível”, precaução que se dirige ao mesmo tempo ao Soberano Juiz e ao clero da paróquia, suspeito de negligência (1606).[59]

Cem missas: “No dia de sua morte ou no dia seguinte, em duas igrejas”, ou seja, cinquenta missas por dia e por igreja (1667). “No dia do falecimento, se for possível, ou no dia seguinte [por causa da acumulação nas igrejas], um gregoriano de 33 missas e, além disso, cem missas de *Requiem*, o mais cedo possível” (1650).[60]

O mesmo testador podia prever várias séries de cem missas cada uma, uma nos Capuchinhos, a outra nos Franciscanos etc. Um testador de 1780 prescrevia ainda 310 missas concentradas no dia do seu enterro e no dia seguinte.[61]

Mil era número habitual; “que no dia das minhas exéquias e no dia seguinte [estamos em 1394; encontraremos a mesma preocupação com a acumulação em 1780] façam-se dizer e celebrar mil missas por capelães pobres [padres que vivem dos rendimentos de capelas, isto é, de fundações piedosas, em geral funerárias] e que se as mendigue pelas igrejas de Paris [500 missas por dia!], e que a cada capelão seja entregue por sua missa 11 soldos.”[62] Chega-se, em alguns casos raros, a 10 mil missas; por exemplo, para Simon Colbert, clérigo conselheiro no Parlamento de Paris em 1650.[63]

---

58 Ibid., 46 (1641).

59 Ibid., 89 (1606).

60 Ibid., 137 (1667), 72 (1650).

61 MC, CXIX, 355 (1780).

62 Tuetey, op. cit., 131 (1394).

63 MC, LXXV, 72 (1650).

O homem diante da morte

Por fim, havia o anual, ou seja, 360 missas, cuja distribuição dá uma ideia rara das duas preocupações contraditórias do testador: uma preocupação de continuidade, que o levava a espalhar as missas pelo tempo, e uma preocupação de acumulação, que o impelia a reagrupá-las no menor tempo possível. Certos anuais estendiam-se por todo o ano, outros eram mais concentrados: "Que tenha terminado nos três primeiros meses depois da sua morte." O testador especificava que devia ser rezado por "quatro padres a cada dia" (4 x 90 = 360).

Essa duração de três meses parece ser um prazo habitual. Outro testador de 1661 pede três anuais de missas "durante os três primeiros meses, a saber: doze missas por dia, em dois conventos, onde suas filhas são religiosas."[64] Outro ainda pede que o anual seja rezado "no altar mais próximo da minha sepultura" (1418).[65]

Os gregorianos também eram distribuídos: 33 na oitava (1628),[66] três por dia (1606)[67], ou ainda de acordo com uma contabilidade mais complicada (1582):[68] cinco missas durante quatro dias (20) e treze no quinto dia, o que faz um total significativo de 33. Pode-se dizer que a boa medida habitual era o gregoriano e um cento de missas – e, além disso, com frequência, um anual.

Culto na igreja no dia do enterro

Assim, cada vez que uma vida chegava ao fim, uma série regular de missas baixas começava, seja no início da agonia, seja imediatamente após o falecimento, durante dias, semanas, meses, ano. Essas missas se sucediam sem relação com os ritos dos funerais, que se desenvolveram, por sua vez, sob o nome de *serviço*. As antigas liturgias previam uma missa solene (a missa de *Requiem* na liturgia romana) que precederia o sepultamento; mas essa prática foi sem dúvida reservada aos clérigos e a alguns

---

64 MC, LXXV, 137 (1667), III (1661).

65 Tuetey, op. cit., 356 (1418).

66 MC, III, 533 (1628).

67 MC, XXVI, 25 (1606).

68 MC, VIII, 343 (1582).

poucos laicos importantes. O uso comum não impunha qualquer cerimônia na igreja antes da *absoute* da descida ao túmulo. A partir do século XIII, o costume muda. No dia do enterro, quase sempre no dia seguinte ao do falecimento, toma-se o hábito de celebrar um serviço que termina sobre o túmulo por uma última *absoute*. Até o século XVI, o serviço não se acha ligado à presença do corpo, que só chega para a inumação. Todavia, torna-se mais frequente o hábito, nos testamentos, de pedir que o corpo seja levado à igreja, no dia do enterro. No século XVII, a presença do corpo tornou-se a regra. A importância tomada pelo serviço, com ou sem o corpo, explica o papel da "representação" no cerimonial da morte do fim da Idade Média até os nossos dias.

O serviço solene no grande altar não interrompia a celebração das missas, que se sucediam apressadamente nos outros altares da igreja com as mesmas intenções. Certo testador pedia cem missas "imediatamente depois da minha morte, a saber, em todas as capelas de Saint-Pierre-aux--boeufs, durante o serviço quando meu corpo será posto na terra, e as restantes nos dias seguintes sem intervalo" (1658).[69]

Prática constante que se encontra em 1812, num testamento sem dúvida retardatário e insólito: "Desejo que na manhã do meu enterro sejam ditas seis missas de hora em hora."[70]

A entrada do corpo na igreja se fazia muitas vezes ao som do canto da *Salve Regina* ou do *Vexilla Regis*: "Logo que o seu corpo tiver entrado na dita igreja de Madalena, se for de manhã antes que se comece a última missa, e se for de tarde, antes que se comecem as vésperas dos mortos, que seja devotamente cantada a *Salve Regina* com os versículos e orações habituais."[71] Se o enterro se realiza à tarde, não há missa, e o serviço se reduz à vigília dos falecidos.

Esse testador de 1545[72] ordena que seu corpo chegue em procissão à Sainte-Chapelle, onde será enterrado: com o porta-cruz à frente, cercado por dois porta-círios, em seguida o caixão, rodeado por quatro

---

69 MC, LXXV, 101 (1658).
70 Ibid., 989 e 603 (1812).
71 Ibid.
72 VIII, 383, 292 (1545).

O homem diante da morte

porta-círios e seguido de uma procissão de mais doze círios. À chegada à igreja, os doze círios do préstito serão colocados, seis no altar e seis diante das relíquias. Era esse o costume na Sainte-Chapelle.

E permanecerão os ditos doze círios acesos nos ditos lugares durante as vigílias, ao fim das quais serão levados dos ditos lugares *para conduzir o corpo até que seja posto em sepultura*, e depois os círios serão reconduzidos aos seus lugares diante das santas relíquias e ao grande altar para servirem acesos durante o resto do serviço, a saber, as laudes, antífona *Salva-nos, recommendaces*, procissão [da oferenda] e missa de *Requiem*. Quer e ordena o dito testador que durante a mesma antífona *Salva-nos* e missas de *Requiem* fiquem acesos ao alto, diante das santas relíquias, seis velas de cera, outras tantas sobre o altar dos dois lados da cabeça de Monsenhor São Luiz e uma para levar a oferenda, presa a uma moeda de prata branca, um pão honesto e uma galheta de vinho, assim como é costume fazer no serviço de um trespassado.

Aqui o enterro realizava-se no meio das Horas, entre as vésperas e as laudes, que eram seguidas de uma missa de *Requiem*.

Nesse caso havia apenas uma missa. Do mesmo modo, em 1520: "Se a comodidade o permitir, o corpo repousará na igreja enquanto se celebra a missa dos mortos, ao final da qual será inumado nos locais preparados com as solenidades e *Recommendaces* habituais na Igreja Católica."[73] De fato, o costume não estava fixado. Por vezes havia apenas uma missa, outras vezes — e durante muito tempo foi o caso mais frequente — havia várias missas, em geral três.

Em 1559, o serviço de um padre, pároco de Saint-Pierre-des-Arcis, desenvolve-se conforme uma regra um pouco diferente:[74] "Que meu serviço seja completo e dito em voz alta [cantado] e que: 1) As vésperas sejam cantadas com nove salmos e nove lições, de acordo com a nota do ofício dos Trespassados; 2) Laudes, *Recommendaces* [como no caso precedente, mas o sepultamento ainda não ocorreu]; 3) Quatro missas

---

73 AN 535, n.683 (1520).
74 MC, VIII, 369 (1559).

cantadas [no caso precedente só havia uma; no século XVI, o costume pedia três]: uma missa solene do bendito Espírito Santo, a segunda de Nossa Senhora, a terceira dos Anjos [essa não é usual, e o testador a acrescentou], a quarta dos Trespassados com a prosa dos Trespassados; 4) No final do dito serviço *Libera me Domine*, *De profundis*, e em seguida a *Salve Regina* [cantada duas vezes; uma vez no início, à entrada do corpo, e outra vez no final], versículos e orações habituais [é a *absoute* seguida de inumação]."[75]

No início do século XVII, fixa-se o costume no cerimonial: um cônego parisiense assim o indica por meio de um testamento de 1612:[76]

1. "Que no *dia da minha morte* seja dito um serviço, a saber: vésperas, vigílias de nove lições; no final das quais, o *Libera* inteiro, em seguida as laudes dos Trespassados." É o ofício dos mortos, recitado na igreja. Podemos observar o deslocamento da casa para a igreja (ou sua repetição na igreja, mais solenemente, com iluminação mais rica).

2. "*No dia seguinte de manhã* [sempre sem a presença do corpo] serão celebradas e cantadas as duas missas solenes do Espírito Santo e de *Beata*".

3. As *Recommendaces*.

4. A chegada do préstito à Notre-Dame. A parada diante da imagem do Crucifixo e o canto do "versículo inteiro *Creator omnium rerum* [...]." Nesse caso particular, a cerimônia terminará aí, porque o cônego deseja ser enterrado numa outra igreja vizinha, Saint-Denys-du-Pas.

5. "Durante a recitação do *Libera* [como uma *absoute*] meu corpo será levado à igreja de Saint-Denys-du-Pas, para estar presente durante a última missa", a missa *pro defunctis*. Esta ocorria na sequência de duas outras missas previstas no parágrafo 2 e o corpo devia, portanto, chegar entre a segunda (de *Beata*) e a terceira (*Requiem*) missa do serviço.

---

75 Ibid.
76 MC, XVI, 30 (1612).

6. *A absoute e a sepultura:* "terminada a dita missa, cantando-se o responso e o versículo do *Domine non secundum peccata nostra*, o salmo *Miserere mei Deus*, e em seguida o *De profundis* em música, as rezas e orações do costume, meu corpo será levado ao local da sepultura". Também foi previsto que o serviço não pudesse ser feito de manhã: "Se o meu préstito e enterro não puderem ser feitos da manhã, e for necessário fazê-lo depois das completas, meus confrades de Saint-Denys dirão, à uma hora da tarde, vigílias e laudes, e depois das completas meu préstito e enterro como acima."

E muitos outros testamentos prescrevem os respectivos serviços por esse modelo de três missas.[77] Pode-se admitir que o corpo chegue em geral entre a segunda missa, de *Beata*, e a terceira, de *Requiem*. "Na última delas será feita a oferenda do pão, vinho e dinheiro" (a oferenda, aliás, ficou em uso até os nossos dias na França meridional). O corpo é em seguida enterrado com o canto do *Libera* e da *Salve Regina*. Uma primeira *absoute*. "Assim que o seu corpo for enterrado, sejam ditas 33 missas, e ao fim de cada uma das missas irão os padres que as tiverem celebrado lançar água benta sobre a sepultura da dita testadora, e dirão uma *Salve Regina: De Profundis* e orações de costume." Outras *absoutes*.

O ritual de 1614 se propôs a simplificar a liturgia dos funerais.[78] O ofício dos mortos perdeu sua importância e o serviço ficou limitado a uma única missa, a de *Requiem*; as duas outras, do Espírito Santo e de Nossa Senhora, foram abandonadas. Isso já ocorria algumas vezes no século XVI, mas durante toda a primeira metade do século XVII muitos testadores permaneceram fiéis ao trio tradicional, assim como às vigílias, *Recommendaces* e laudes.

No fim do século XVII, o costume estabelece definitivamente "que seja dita uma missa solene de corpo presente". Mas seja qual for o número das missas, das *Recommendaces* e dos salmos, é preciso constatar a prioridade dada ao culto, quer dizer, à missa – entre todas as demais missas – rezada

---

77 MC, XXVI, 25 (1606).
78 Gy, Les funérailles d'après le rituel de 1614, *La Maison-Dieu*, v.44.

na presença do corpo e precedendo imediatamente o sepultamento. Fica-se impressionado, na leitura dos testamentos, com a relativa supressão da *absoute* e da cerimônia da descida ao túmulo. A partir daí, o ato principal dos funerais acontece na igreja, quando, diante da representação ilumina-da, sucedem-se missas solenes do culto e as missas comuns da intercessão.

Cultos nos dias seguintes ao do enterro

O serviço do dia do enterro era repetido várias vezes, já agora sem o corpo presente, mas diante da representação, e compreendia cada vez uma *absoute* sobre o túmulo. Um testamento de 1628, de um vinhateiro de Montreuil, prevê o culto do dia do enterro com laudes, *Recommendaces*, três missas solenes e *Libera*.[79]

O mesmo culto recomeçaria no dia seguinte ao do enterro, também com "*Libera* e *De Profundis* sobre o túmulo".

Um testador de 1644 estipula: "Nos três dias subsequentes [ao do seu falecimento] três serviços; em cada um, três vigílias, três missas [...] Outro serviço no dia da oitava."[80] O culto da oitava era habitual como o do aniversário, chamado missa de ano. Compreendia o ofício dos mortos, as missas solenes, a *absoute* com aspersão de água benta sobre o túmulo, *De Profundis*, *Libera*, orações "do costume", *Salve Regina*. Por ocasião do aniversário, como acontecia também no dia do enterro, os pobres recebe-riam esmolas. Sempre apressados, certos testadores adiantavam a data do aniversário. "Missa de fim de um ano que quero que se realize três dias depois do meu falecimento" (1600).[81]

Com a missa de ano e os anuais, terminava-se o ciclo das missas enco-mendadas de antemão e pagas à vista, "missas a varejo", segundo a expressão de M. Vovelle.[82]

---

79 MC, III, 533 (1628), LXXV, 54 (1644); Archives départementales de la Haute--Garonne, 3E, 11.808 (1600).
80 Ibid.
81 Ibid.
82 Vovelle, op. cit., p.119.

Começava em seguida um novo ciclo, este perpétuo: as missas de fundação. O testador legava então à fábrica, ao convento, ao hospital ou à irmandade uma terra (casa, campos, vinhedo), capital em espécie, renda de um capital colocado a render, ou comércio (uma lojinha no Palais) a cargo da igreja, do convento ou da comunidade hospitalar, para fazerem celebrar perpetuamente ofícios e missas encomendadas com precisão.

A capela [em inglês *chantry*] é um dos tipos de fundação mais antigos, mais significativos e mais ricos de interpretações históricas. Este testamento de 1399 permite-nos bem analisar o fenômeno: "Quero e ordeno que a capela que mandei começar a edificar na igreja de Saint Ypolite de Beauvais seja completada e acabada [o testador fala, certamente, da construção: sem dúvida, uma capela lateral, edificada entre os contrafortes da nave, como houve muitas no século XIV e como antes não havia, exceto no de ambulatório e no braço do transepto no século XIII. A mudança é importante.], bem e convenientemente guarnecida de livros, cálices e ornamentos para realizar o serviço e outras coisas necessárias à dita capela [livros legados por certos testadores ficavam acorrentados à capela]."[83] Mas a palavra "capela" tinha dois sentidos; um, que acabamos de ver, de edifício físico, e outro de fundação de missas:

> Que a dita capela seja fundada com 60 libras par.[84] de renda [...] das 60 lp. haverá 50 lp. para o capelão que será ordenado para servir a essa capela [muitos padres não beneficiários viviam de rendas dessa espécie; no século XVII, chamavam-nos "padres *habitués* (habituais)"]. O capelão terá que dizer a missa todos os dias na dita capela para rezar pelas minha alma, do meu pai, da minha mãe, dos meus irmãos e irmãs, dos meus outros amigos e benfeitores. E as outras 10 lp. serão para manter a capela [sem dúvida as luminárias, as vestes litúrgicas e sua manutenção...] [...] Idem, quero e ordeno que a dita capela seja para minha apresentação, dos meus herdeiros, sucessores, havendo causa.

---

83 Tuetey, op. cit., 45 (1399), 337 (1416); MO, XXVI, 44 (1612).

84 Libras parisis = moeda cunhada em Paris. (N. T.)

Neste outro testamento de 1416, o único sentido observado é o da fundação perpétua de missas:

> Quero e ordeno que uma capela seja fundada na dita igreja paroquial e priorado de Saint Didier [...] de 100 lp. de renda anual e perpétua [...] em tais condições que dois religiosos da abadia de Saint Florent [...] terão que dizer ou mandar dizer a cada dia, perpetuamente, a saber: no domingo, missa do dia; terça e quinta, missa do Espírito Santo; na segunda, quarta e sexta, missa dos mortos, e sábado, missa da Anunciação; as missas serão rezadas na dita capela pela salvação e remédio das almas do meu muito respeitável senhor e marido, do meu querido e bem-amado filho, e com isso, ainda, um aniversário solene todos os anos [...] ao qual 13º dia do acima dito meu muito respeitável senhor [...] passou da vida à morte.

Durante todo o século XVI e a primeira metade do século XVII, testadores fundaram capelas ou mantiveram capelas fundadas por seus pais. Em 1612, Jean Sablez, senhor de Noyers, senhor ordinário da Câmara das Contas, diz no seu testamento que tem uma capela (diz: "na minha capela") na igreja de Noyers, local onde ele é senhor; sua mulher já está ali enterrada, e ele pede para ser ali inumado. Essa capela é, portanto, não apenas local consagrado à celebração de missas de fundação, mas ainda local de sepultura. O testador deseja transferir para a capela de seu senhorio, de Noyers, a capela de sua mãe, quer dizer, as missas de fundação de sua mãe:

> Quero que a missa de fundação que a finada senhora minha mãe ordenou pelo seu testamento seja celebrada na igreja de Saint Gervais e Portais, em Gisors, na *capela que ela ali tem*, e ali seja celebrada durante trinta anos a partir do dia de seu falecimento, e, nos termos seguintes, no dito local ou na igreja de Notre-Dame de Noyers, na *minha capela*, perpetuamente, à escolha e opção dos meus herdeiros, à sua melhor comodidade e salvação, e por eles paga cada ano, se eu não tiver provido para isso em vida.

Muitos testadores e herdeiros talvez tardassem a executar os compromissos assumidos!

Nas missas matinais habituais, o senhor de Noyers acrescenta uma oração noturna: "Idem, eu fundo, para a salvação da minha alma e da de minha mulher, uma *Salve Regina* e oração em honra de Deus e da Virgem Maria seja dita, celebrada e cantada na minha capela baixa (?) na igreja de Notre-Dame de Noyers uma hora antes do pôr do sol, nos mesmos dias em que tiverem morrido."

No século XV, fundar uma capela significava construí-la materialmente e mandar dizer nela todos os dias uma missa por um padre nomeado.

No século XVII, a expressão designa ainda missas diárias, sem designar, necessariamente, a nomeação do capelão. Todavia, cada vez mais, ela significa lugar de sepultura.[85]

Naturalmente, a capela, que equivalia a uma missa comum por dia, mais uma missa solene no dia do *obit*, não era a fundação mais disseminada. O mínimo admitido era o culto aniversário, o *obit*. Eram frequentes essas fundações de importância média, como a desse vinheiro de Montreuil em 1628: seis meses de *Requiem* por ano, no dia de Todos-os-Santos, no dia de Natal, no dia da Candelária, no dia de Páscoa, no dia de Pentecostes, no dia de Nossa Senhora da Misericórdia.[86] Ainda mais,

que seja dita nessa igreja, também perpetuamente, todos os dias (?) no final das Vésperas, a Paixão de Nosso Senhor diante da Imagem de Nossa Senhora, paixão que será tocada enquanto for dita. E para isso o dito testador deu e legou à dita igreja de Montreuil a soma de 400 libras, que serão colocadas para a constituição de rendas pelo dito tesoureiro da igreja em proveito da obra e fábrica da igreja...

As fundações de caridade. Sua publicidade

A essas fundações de missas, muito numerosas, é preciso acrescentar as fundações de caridade: donativo a um hospital para um leito, para a

---

85 Cf. *infra*, Capítulo 5.
86 MC, III, 533 (1628).

manutenção ou o dote de uma moça pobre, com o encargo de celebrar um *obit*.[87] As doações às abadias, aos conventos e aos colégios eram frequentes e elevadas nos séculos XII-XIII. É possível que após uma situação estacionária, ou mesmo um pequeno declínio, elas tenham tornado a se elevar no século XVII, o que explicaria o desenvolvimento, nessa época, de estabelecimentos de caridade e de hospitais. Eis, entre muitos outros, dois exemplos de fundação; o primeiro na região parisiense, em 1667, de uma pequena escola de moças:

> Dou e lego perpetuamente, para cada ano, no dia de São Martinho, 100 libras de renda para serem dadas a uma mulher ou moça capaz de instruir as moças da aldeia de Puteaux na leitura e de ensinar-lhes o catecismo. A qual será escolhida pelo meu testamenteiro executivo enquanto for vivo, e depois da sua morte, pelos vigários, tesoureiros da igreja e principais habitantes da aldeia;[88]

o segundo em Toulouse, em 1678, de uma espécie de *béguinage* (comunidade de monjas sem voto):

> Quero que depois da morte do meu herdeiro, o pároco de Taur tenha uso e gozo da minha casa durante toda a sua vida, e depois dele quero que seja habitada por cinco moças pobres ou viúvas, em honra das cinco chagas de NSJC [...] escolhidas pelos senhores reitores do Taur sucessivamente, para sempre, assistidos pelos senhores de primeiro bailio ou oficiais das irmandades do Santíssimo Sacramento de Nossa Senhora do Sufrágio, de Sant'Anna e da obra.[89]

Via-se longe porque a fundação da comunidade de religiosas sem voto devia esperar a morte do herdeiro e depois a do pároco de Taur. Mas comprometia-se, sem pestanejar, por um tempo que se julgava inalterado, como um presente indefinidamente prolongado.

---

87 Sobre a Inglaterra, cf.: Jordan, *Philanthropy in England, 1480-1660.*

88 MC, LXXV, 137 (1667).

89 Haute-Garonne, op. cit. (1678).

Desde os séculos XIII-XIV, e até ao século XVIII, os testadores ficaram preocupados pelo temor de que o clero, as fábricas e os destinatários dos seus donativos não cumprissem exatamente suas obrigações. Por essa razão, afixavam publicamente na igreja os termos do contrato, o donativo que tinham feito e o detalhe muito exato das missas, cultos, orações devidas. "Quero e ordeno que seja feito um quadro de cobre no qual será escrito o seu nome, sobrenome, o título do dito testador, o dia e ano do seu falecimento e a missa que perpetuamente será dita pelas almas de seus finados pai, mãe, amigos, parentes e benfeitores na dita igreja" (1400);[90]

> ordena que seja posto um quadro de bronze trazendo a fundação do falecido senhor meu, St. Jehan, meu primeiro marido, no local mais próximo de onde está enterrado e a minha, se aprouver às damas das Filhas de Deus aceitar segundo o artigo que traz a soma de III^c Ll que lhes é dada para um culto perpétuo todos os anos no dia da minha morte (1560).[91]

Os quadros de fundação são muito frequentes até o século XVII. Fizeram as vezes de túmulos, razão pela qual os estudarei mais detalhadamente no capítulo seguinte, sob o nome de "túmulos de almas".

Havia dois outros meios, além da placa mural de fundação, para lembrar as intenções do fundador. Um era uma associação às orações da homilia – cuja importância sentimental vimos no início deste capítulo: "Quando as ditas seis missas se disserem, os ditos tesoureiros da igreja terão de mandá-las dizer na homilia da dita igreja" (1628).[92]

Outro meio era uma inscrição num registro, no molde dos obituários, mantido pelo pároco e que o comprometia. Trazia o sugestivo nome de *marteloyge*, "e que seja [essa fundação] registrada no *marteloyge* da dita igreja ou priorado *para lembrança*", diz um testador de 1416.[93]

O museu de Cavaillon conserva uma série de "donativos", ou seja, "quadros" de madeira pintada (e não de pedra ou de metal) de 1622 até meados

---

90 Tuetey, op. cit., 55 (1400).
91 MC, LIV, 48 (1560).
92 MC, III, 5333 (1628).
93 Tuetey, op. cit., 337 (1416).

do século XIX. Eles provêm do antigo hospital, em cuja capela se encontra o museu. Cada donativo traz o nome do doador e montante da doação. A essa série junta-se o que se assemelha a um *marteloyge*, um calendário no estilo do século XVIII, em dois quadros (cada um representando seis meses), onde está indicado, diante de cada dia, o nome do respectivo benfeitor. Os padres o deviam consultar diariamente na sacristia antes de dizer a missa.

Essas fundações, como já dissemos, representavam um capital considerável, desviado de atividades econômicas e dedicado à salvação das almas, à perpetuação da lembrança e também à caridade e à assistência. Asseguravam razoavelmente um serviço hoje entregue ao Estado.

Essa prática é quase constante do século XII ao XVIII, com a exceção de que o excesso de liberalidade dos doadores do século XII já não se encontra nos testadores do século XVII, mais equilibrados, mais razoáveis e principalmente mais respeitosos dos direitos dos seus herdeiros. Mas o fundo de vontade, de intenção, permanece o mesmo.

Em compensação, surge uma mutação por volta de 1740-1760, que Michel Vovelle analisou com a argúcia desejável.[94]

> Findas as missas de fundação, que se tornam mais raras, substituídas pelas "missas a varejo", [...] os testadores, mesmo os mais ricos, preferiram fazer pagar, em centenas ou mesmo milheiros de missas garantidas [as comunidades religiosas, esmagadas de obrigações, obtinham da autoridade eclesiástica uma "redução" de missas, espécie de "bancarrota espiritual"], a eternidade virtual, mas ilusória, de cultos perpétuos que seus ancestrais tinham fundado.

Deixemos de lado as motivações profundas desse fenômeno muito importante. Ele marca um ponto final à longa história começada nos séculos XII-XIII e que nos levou à deposição no túmulo do corpo descoberto, às acumulações de missas e cultos e à ocultação do corpo no fundo do esquife e do catafalco.

---

94 Vovelle, op. cit., p.114-5.

O homem diante da morte

As irmandades

Todas essas mudanças relegaram a segundo plano os familiares laicos do defunto, a dar o primeiro lugar aos eclesiásticos, padres, monges, ou a esses representantes de Deus que são os pobres. O adeus dos vivos em torno do túmulo é apagado, se não substituído, por uma massa de missas e de orações no altar, uma *clericalização da morte*. Ora, é na mesma época, a partir do século XIV, que se formam associações de laicos para ajudar os padres e os monges no culto dos mortos.

Vimos que filiações de benfeitores laicos associam-se a conventos para se beneficiarem de orações por muito tempo reservadas aos monges. Essas filiações nunca foram interrompidas, como mostra este testamento de 1667, que ordena:

após a minha morte chegada, queiram dar aviso aos veneráveis Padres Cartuxos de Paris e enviar-lhes cartas de filiação e de participação que obtive [sem dúvida mediante pecúnia] do R. P. geral da Grande Cartuxa para nossa família, a fim de que lhe apraza rezar as orações do costume nessa sua casa e dar aviso as outras casas para a salvação e repouso da minha alma [como no tempo das "listas dos mortos"], tendo grande confiança na oração de pessoas tão santas e que amei de amor cordial durante a minha vida.[95]

Mas as irmandades dos séculos XIV ao XVIII diferiam tanto das ordens terceiras ou filiações monásticas quanto das irmandades de ofícios e dos escritórios de administração, que M. Agulhon chamou de irmandades-instituições. No entanto, todas as associações funcionais dos últimos séculos do Antigo Regime da França têm uma espécie de repetição religiosa, que é de fato uma irmandade.

As irmandades, que serviram de modelo a todas as formas novas de piedade (devoção ao Santíssimo Sacramento, por exemplo), são sociedades de laicos voluntários. Como escreve Agulhon, "sociedades das quais ninguém é membro por sua função, idade ou ofício, mas apenas

---

95 MC, LXXV, 137 (1667).

porque quis".[96] Presididas e administradas por laicos (mesmo que, por vezes, alguns eclesiásticos delas participem a título pessoal), opõem-se ao mundo dos clérigos, e sua importância nos assuntos relativos à morte pode parecer uma contradição do que foi dito acima sobre a colonização eclesiástica da morte. Uma desforra dos laicos? Ou antes, um mimetismo clerical dos laicos, sob a cogula dos penitentes? As irmandades dedicam--se às obras de misericórdia, de onde vem o nome de *charités* [caridades] que elas têm no norte e no oeste da França. Suas finalidades são afixadas nos retábulos dos altares das capelas que elas possuíam nas igrejas paroquiais ou outras, muitas das quais foram conservadas até nós. Sua análise é muito significativa, tanto pelos elementos emprestados da tradição escriturária, como por aquele, novo, que elas acrescentaram e que, justamente, refere-se à morte.

A iconografia das Obras de Misericórdia provém da parábola do Juízo Final no Evangelho de Mateus, fonte principal, como vimos no Capítulo 3, da escatologia da baixa Idade Média. "Quando o Filho do Homem vier em sua majestade sentar-se no trono no meio das nações reunidas, separará as ovelhas dos bodes." Às ovelhas, colocadas à sua direita, o rei dirá: "Vinde, ovelhas de meu Pai, tomai posse do reino que vos foi preparado desde a origem do Mundo. Tive fome e me destes de comer, tive sede e me destes de beber; era um estrangeiro [*hospes*] e me acolhestes, nu e me vestistes, doente e me visitastes, prisioneiro [*in carcere*] e viestes me ver".[97] As primeiras representações do Juízo Final tinham deixado "em branco" essas cenas comoventes a tal ponto que a iconografia ainda se sustentava no grande sopro do final dos tempos. As irmandades vão destacá-las do vasto afresco escatológico e organizá-las à parte, numa sequência de cenas familiares em que os mendigos recebem pão, vinho e roupas, em que os peregrinos errantes são abrigados, cuidados e visitados nos albergues. Entre os miseráveis assim socorridos, reconhece-se o Cristo. Mas o artista não ousou, entretanto, pôr o Cristo por trás das grades das prisões ou nas salas de tortura. Mas se a promiscuidade dos condenados

---

96 Agulhon, *Penitents et Francs-Maçons dans l'ancienne Provence*, p.86.
97 Mateus, 25, 34-7.

O *homem diante da morte*

lhe é poupada, ele está sempre presente ao lado do bom homem que dá dinheiro ao carrasco para suavizar a tortura, ou que dá de beber e de comer aos condenados no pelourinho. Essas imagens, vivas e pitorescas, eram vistas nos retábulos dos altares e nos vitrais das capelas. Nenhuma outra iconografia foi mais popular.[98]

As obras de misericórdia de Mateus eram em seis. Ora, eis que nas representações das irmandades do final da Idade Média, elas crescem em mais uma unidade nova, e essa devia ser muito cara ao coração dos homens para que eles a acrescentassem assim ao texto sagrado: *mortuus sepellitur*. O ato de enterrar os mortos é colocado no mesmo nível de caridade que alimentar os famintos, abrigar os peregrinos, vestir os nus, visitar os doentes e os encarcerados. O Evangelho, contudo, é muito discreto em relação aos ritos funerários. Quando Jesus encontra cortejos de pranteadoras que acompanham os mortos para fora da aldeia ao som das flautas, ele nada diz. Deixou, inclusive, escapar aquela frase enigmática, que bem se pode interpretar como uma condenação das pompas fúnebres: "Deixem os mortos enterrarem os mortos". Tudo se passa como se a baixa Idade Média tivesse reintegrado o culto dos mortos a um Evangelho que suportava mal esse silêncio.

O *mortuus sepellitur* ainda está ausente da lista de obras de misericórdia no *Speculum Ecclesiae* de Honorius d'Autun. É mencionado na *Rationale divinorum officiorum* do liturgista e teólogo Jean Beleth. Sua aparição na iconografia é contemporânea à das irmandades: é encontrado no século XIV nos baixos-relevos de Giotto no Campanário de Florença. A partir do século XV, sua representação tornou-se comum.[99]

Acontece que, entre todas as obras de misericórdia, o culto dos mortos tornou-se a principal finalidade das irmandades. Seus santos protetores são geralmente escolhidos entre os santos "profiláticos", protetores contra a peste e as epidemias: São Sebastião, São Roque, São Gonçalo.

A irmandade responde a três motivações. A primeira é uma segurança para o Além: os defuntos ficam garantidos pelas orações dos seus

---

98 Réau, *Iconographie de l'art chrétien*, t.2, v.2, p.759-760.
99 Ibid.

confrades, e muitas vezes são enterrados no jazigo da irmandade, sob o chão da capela onde se realizam os cultos para o repouso de suas almas. O pano mortuário [*pallium*] da irmandade cobre o caixão, e os irmãos participam do préstito ao lado do clero e das quatro ordens mendicantes (ou em seu lugar). A irmandade manterá, no futuro, serviços e orações cuja execução, segundo se suspeita, a fábrica ou os conventos negligenciam e esquecem.

O segundo motivo é a assistência aos pobres, cuja indigência os priva de qualquer meio material de atrair os intercessores espirituais. A sensibilidade da época quase não se comove com as grandes mortalidades, mas não tolera que os mortos sejam abandonados sem oração. Nas comunidades rurais, até mesmo os pobres estavam garantidos da presença dos vizinhos e amigos no seu cortejo, conforme costumes muito antigos. Mas nas cidades, cujo desenvolvimento foi tão grande na baixa Idade Média, o pobre ou o solitário (é a mesma coisa) já não dispunha, nas liturgias da morte, da antiga solidariedade do grupo, conservada no campo, nem da nova assistência dos dispensadores de indulgências e de méritos, padres, monges e pobres da paróquia (uma "ordem" de pobres diferente do miserável solitário). O pobre era enterrado onde morria, nem sempre em terra da igreja, pelo menos antes do século XVI. Foi por essa razão que as irmandades se encarregaram de amortalhá-lo com suas orações. Em Roma, a irmandade *della Orazione* e *della Morte* foi fundada em 1560, com a finalidade de enterrar no cemitério da sua capela os cadáveres encontrados ao abandono no campo, ou retirados do Tibre. Os confrades substituíam-se, então, à fortuna inexistente do defunto.

Na França, a companhia do Santíssimo Sacramento, em 1633, preocupava-se não apenas com o enterro dos pobres, mas também em assisti-los no momento da morte: "Deseja assisti-los na hora da morte, mais do que eles costumavam ser assistidos em vida". Isso acontecia, naturalmente, nas grandes cidades. Não há dúvida que anteriormente os pobres recebiam os últimos sacramentos, mas a companhia julgava que não era suficiente:

A companhia soube que, depois de todos os mendigos terem recebido a extrema-unção, ninguém se dava ao cuidado de ajudá-los na agonia, e os deixavam morrer sem lhes dizer a menor palavra de consolo. Ela ficou comovida com essa informação, vendo esses pobres tão abandonados numa ocasião em que tinham tanta necessidade de assistência espiritual.[100]

Sem dúvida, não estavam abandonados à solidão: ainda tinham amigos carnais, mas não amigos espirituais. "Portanto, [a companhia] encarregou confrades para se entenderem com os párocos das paróquias para onde o maior número de mendigos se retirava. Mas, como se viu, essa boa vontade não foi acompanhada de grandes êxitos."

Finalmente, a terceira razão de ser da irmandade era assegurar o culto das pompas fúnebres da paróquia. Em muitos lugares, as fábricas entregaram-lhes a organização das exéquias e, em especial, dos cortejos:

> As irmandades de penitentes eram, portanto, encarregadas, no Antigo Regime da França, de fato, se não de direito, de uma verdadeira função pública [...] Depois [do seu desaparecimento] [...] ficou-se por vezes em dificuldades para assegurar o culto das pompas fúnebres. Essa dificuldade será até um dos principais argumentos que, durante o Consulado, os partidários do restabelecimento das irmandades ressaltarão.[101]

Na Normandia, segundo M. Bée, as caridades continuarão ainda a cumprir sua missão tradicional, e as municipalidades conservaram até hoje o monopólio das pompas fúnebres.

Foi assim que em pouco tempo as irmandades tornaram-se instituições da morte, e assim permaneceram por muito tempo. Seu desenvolvimento no século XIV está ligado às mudanças que fizeram aos funerais e aos cultos para os defuntos, o caráter de solenidade religiosa e de acontecimento eclesiástico. E, no entanto, a imagem da morte que os quadros das irmandades conservam não é a do culto na igreja, com o corpo

---

100 *Annales de la compagnie du Saint-Sacrement*, p.43.
101 Agulhon, op. cit.

presente, embora encerrado na sua "representação". É, pelo contrário, a cena muito antiga da deposição no túmulo: os irmãos transportam o morto, por vezes num ataúde, outras vezes simplesmente cosido num sudário (uma "serapilheira"), com a cruz e a água benta, e o levam à cova de um carneiro.

Sem dúvida isso acontece porque esses quadros mostram um enterro de caridade, o de um pobre, que não é apresentado na igreja: a deposição no túmulo já não é, para ele, dissimulada por todas as cerimônias religiosas que em outras ocasiões a mascaravam. O cortejo, tal como era assegurado pelos confrades, confundia-se com a inumação.

Na concepção das irmandades, a imagem do túmulo, da deposição no túmulo, conservou uma importância que se perdera entre os clérigos e os monges — mesmo quando não se tratava de um enterro de caridade. Um retábulo de irmandade do início do século XVI, conservado no museu de Amsterdã, mostra, no pátio do cemitério, uma cova revestida de alvenaria — rara na época — e o coveiro que desloca a lápide por meio de um rolo. Essa imagem arcaica da morte, conservada pela irmandade, mostra até que ponto ela permanecia presa à reunião do cortejo em torno do túmulo.

Seria porque os confrades eram laicos, um pouco desqualificados em relação à tendência geral à clericalização dos funerais? Ou seria por fidelidade às formas antigas, ainda praticadas no campo? Nesse caso, é preciso notar, simultaneamente, o papel "desenraizante" das reformas eclesiásticas e a persistência, entre os laicos piedosos — antes do Concílio de Trento —, de uma religião tão reticente em relação aos padres quanto influenciada por eles e conservadora do passado. Contudo, não se deveria dar demasiada importância a essa permanência do túmulo num costume funerário que, geralmente, o mascara.

As irmandades participam também da solenidade dos grandes funerais. Elas se acrescentam, então (no Midi, de M. Vovelle), às quatro ordens mendicantes; substituem-nas, por vezes (na Normandia, de M. Bée). A veste dos confrades — que no Midi se transformou na cogula dos penitentes — era a roupa de luto com que os participantes dos cortejos se revestiam, como se vê nos túmulos de Felipe Pot, no Louvre, ou dos duques de Bourgogne, em Dijon: uma espécie de costume clerical que faz deles, apesar do seu laicato afirmado e independente, espécie de monges, como os membros de uma ordem terceira. Também por essa razão lhes é atribuído um lugar oficial, na igreja ou fora dela.

Sob a pressão dessas devoções novas, novas pelo menos para a massa dos laicos, a topografia das igrejas mudou no século XIV; um espaço especial foi então dedicado às missas e aos cultos de intercessão. Nas antigas abadias carolíngias, havia altares suplementares distribuídos diante dos pilares (assim aconteceu na Notre-Dame de Paris antes da grande limpeza dos cônegos no século XVIII). Longe de ser geral, é possível que essa prática tenha se limitado às abadias, às catedrais e colegiadas.

A partir do século XIV, foi preciso reservar um lugar a todos os capelães e padres habituais, que deviam a seus credores somas importantes de missas, laudes e vigílias, *Recommendaces* e *Libera*. Foram construídas, nos flancos das naves, capelas especiais para esse fim, seja pelas famílias, como já vimos, seja pelas irmandades; dali por diante quase não havia igrejas sem capelas laterais: essas eram muitas vezes destinadas ao uso funerário, como sepulturas de família ou como cemitérios de irmandade.

Garantias sobre o aquém e o além-túmulo. A função do testamento. Redistribuição das fortunas

Ao leitor que seguiu o nosso histórico dos ritos funerários desde os séculos XII-XIII não lhe deve ter escapado a impressão de "já visto" e de "já ouvido". Tudo se passa, de fato, como se as massas urbanas dos séculos XIII ao XVIII reproduzissem, com alguns séculos de intervalo, as práticas e as concepções dos monges carolíngios: orações pelos mortos, que são a origem das funções perpétuas, as séries de "missas a varejo",[102] talvez de cortejos processionais, filiações às preces, listas de mortos e obituários que serviram de modelo ou de prefiguração às irmandades.

Certa concepção da morte, diferente daquela da Igreja antiga, amadureceu e se desenvolveu entre os monges na época carolíngia. Traduzia um pensamento religioso sábio, o de Santo Agostinho e São Gregório o

---

102 Vovelle, op. cit.

Grande. Não atingiu imediatamente o mundo dos laicos, cavaleiros ou camponeses. Estes se mantinham fiéis ao conceito tradicional, pagão-cristão, imemorável. A partir dos séculos XII-XIII, e, sem dúvida, graças à influência dos monges mendicantes nas novas cidades, as massas laicas foram por sua vez conquistadas pelas ideias vindas das velhas abadias, relativas às orações de intercessão, ao tesouro da Igreja, à comunhão dos santos e ao poder dos Intercessores.

Mas, se as massas laicas se abriram então a essas ideias, foi porque já estavam prontas para recebê-las: anteriormente era grande demais a distância entre a mentalidade dessas massas e a das sociedades monásticas, ilhotas da cultura escrita, precursoras da modernidade. Nos meios urbanos dos séculos XIII-XIV, pelo contrário, as duas mentalidades tinham se aproximado. Acabamos de estudar um dos meios dessa aproximação: a irmandade. O outro é o testamento. O testamento permitiu que cada fiel – mesmo, a rigor, sem família nem irmandade – obtivesse as vantagens que as mútuas de orações garantiam a seus filiados da alta Idade Média.

Quando reapareceu no uso corrente no século XII, o testamento deixou de ser o que era na Antiguidade romana e o que voltará a ser no final do século XVIII: apenas um ato de direito privado destinado a regulamentar a transmissão dos bens. Era em primeiro lugar um ato religioso, imposto pela Igreja, mesmo aos mais desprovidos. Considerando um sacramental, como a água benta, a Igreja impôs-lhe o uso, tornando-o obrigatório sob pena de excomunhão: aquele que morria sem testar não podia, em princípio, ser enterrado na igreja nem no cemitério. O redator, o conservador dos testamentos, tanto podia ser o pároco como o notário. Embora só no século XVI o notário tenha definitivamente prevalecido, os negócios de testamentos ainda permanecerão da competência dos tribunais da Igreja por muito tempo.

Portanto, no fim da vida, o fiel confessa a sua fé, reconhece os pecados e os resgata por um ato público, escrito *ad pias causas*. Reciprocamente a Igreja, por obrigação do testamento, controla a reconciliação do pecador e toma da sua herança um dízimo da morte, que ao mesmo tempo alimenta sua riqueza material e seu tesouro espiritual.

O homem diante da morte

É por essa razão que o testamento compreende, até meados do século XVIII pelo menos, duas partes igualmente importantes: as cláusulas pias em primeiro lugar e, em seguida, a distribuição da herança. As primeiras sucedem-se numa ordem imutável, e essa ordem ainda é a mesma que a dos gestos e palavra de Rolando na hora da morte. Como se, antes de ser escrito, o testamento – ou a sua parte piedosa – tivesse sido oral:

> Considerando eles [os dois testadores: um padeiro parisiense e sua mulher, em 1560] que breves são os dias de toda humana criatura e que lhes convém morrer, não sabem quando nem como, não querendo passar deste mundo para o outro sem testamento, mas enquanto os sentidos e a razão governam seus pensamentos [os notários tinham uma forma mais corrente: "considerando que nada existe mais certo do que a morte, e menos certo que a hora dela e, por essa razão, pensando no fim da vida, não querendo passar deste mundo sem testamento" (1413, um presidente do Parlamento)], fizeram o seu testamento em nome do Padre, do Filho e do Espírito Santo, na forma e maneira que se segue.[103]

Em primeiro lugar está a declaração de fé que parafraseia o *Confiteor* e evoca a Corte Celeste como ela se reúne à cabeceira do moribundo, no seu quarto, ou no céu cósmico no dia do fim do mundo.

"E, primeiramente, recomendo a minha alma a Deus, meu criador, à muito doce e gloriosa Virgem Maria, sua mãe, a Monsenhor São Miguel, o arcanjo, a Monsenhores São Pedro e São Paulo e a toda a bendita corte do Paraíso" (1394).

> E primeiramente, como bons e verdadeiros católicos [estamos em 1560, depois da Reforma], recomendaram e recomendam suas almas quando elas partirem do corpo, a Deus nosso Salvador e ao Redentor Jesus Cristo, à bendita Virgem Maria, ao Senhor São Miguel, anjo e arcanjo, aos Senhores São Pedro e São Paulo, ao Senhor São João o Evangelista [o João intercessor do Juízo Final era o Evangelista; irá se realizar uma transferência ao Batista no

---

103 MC, VIII, 451 (1560); Tuetey, 523 (1413), 131 (1394).

texto definitivo – e hoje abandonado – do *Confiteor*], ao Senhor São Nicolau, à senhora Santa Maria Madalena e a toda a Corte Celeste do Paraíso.

Vêm, em seguida, a reparação dos erros e o perdão das injúrias: "Da mesma forma, quer e tenciona que suas dívidas sejam pagas e seus erros, se algum houver, sejam reparados e corrigidos por seu executor". O vinhateiro de Montreuil de 1628 emprega "errosfeitos" [*tortsfaits*], escrito numa só palavra, como Jean Régnier em meados do século XV:

Je veuil que mes debtes se payent
Premièrement et mes tortsfaiz.[104]

"Perdoo de todo coração a todos os que me fizeram algum mal e desprazer, rezando a Deus que lhes perdoe as faltas, como peço também a todos que recebam de mim alguma injúria, protesto ou danos, de me quererem perdoar pelo amor de Deus."[105]

Depois, a escolha da sepultura, de que já demos vários exemplos. Enfim, as prescrições relativas ao cortejo, luminárias e cultos, fundações caritativas, distribuições de esmolas, obrigações de "aqui jaz" e quadros.

Era nesse ponto que intervinham os legados piedosos, que deram ao testamento, da Idade Média ao século XVIII, o seu sentido profundo.

É preciso lembrar o que foi dito no capítulo precedente acerca do amor intenso à vida e às coisas da vida, do homem da baixa Idade Média e da Renascença, e da influência desse amor sobre o moribundo.

O moribundo encontrava-se em dificuldades que não nos são fáceis de compreender hoje, e que o testamento vai permitir superar. Essas dificuldades se relacionam ao seu igual apego às coisas do aquém e do Além. Os comentadores modernos tendem hoje a opor os dois sentimentos, por si inconciliáveis, seguindo assim o exemplo da pregação cristã tradicional. Mas, na existência cotidiana, os dois sentimentos coexistiam e até mesmo

---

104 [Quero que as minhas dívidas sejam pagas / Primeiramente e os meus errosfeitos.] (N. T.)
105 MC, III, 533 (1628).

pareciam se conformar um ao outro. Atualmente constatamos, pelo contrário, que se enfraqueceram mutuamente.

A alternativa do moribundo medieval era a seguinte: ou não deixar de usufruir as *temporalia*, homens e coisas, e perder a alma, como lhe diziam os homens da Igreja e toda a tradição cristã, ou então a elas renunciar e ganhar a salvação eterna: *temporalia aut aeterna?*

O testamento foi, portanto, o meio religioso e quase sacramental de ganhar as *aeterna* sem perder completamente as *temporalia*; ou seja, de associar as riquezas à obra da salvação. É, de certa maneira, um contrato de segurança concluído entre o indivíduo mortal e Deus, por intermédio da Igreja: um contrato com duas finalidades; de início, um "passaporte para o céu", segundo a palavra de Jacques Le Goff.[106] Dessa maneira, o contrato garantia os bens eternos, mas os prêmios eram pagos em moeda temporal, graças aos legados piedosos.

O testamento é também um "salvo-conduto na terra". A esse título legitimava e autorizava o gozo — de outra maneira, suspeito — dos bens adquiridos durante a vida, das *temporalia*. Os prêmios dessa segunda garantia eram então pagos em moeda espiritual: contrapartida espiritual dos legados piedosos, missas, fundações caritativas.

Desse modo, o testamento permitia, em certo sentido, uma opção sobre as *aeterna*; em outro, reabilitava as *temporalia*.

O primeiro sentido é o mais conhecido. Os historiadores ressaltaram a amplitude das transferências de bens durante a Idade Média e muito tempo depois.

Nos casos mais antigos, as devoluções eram feitas antes da morte, quando barões ou mercadores ricos abandonavam todos os seus bens para se fechar num mosteiro e ali morrer — ficando o mosteiro, em geral, como o principal beneficiário dessa conversão. Permaneceu por muito tempo o costume de vestir o hábito monástico antes de morrer, direito que a filiação a uma ordem terceira dava ao novo recruta, garantindo-lhe as orações dos monges e a sepultura na igreja do convento.

---

106 Le Goff, op. cit., p.240.

Os despojamentos completos e os retiros antecipados, bastante comuns nos séculos XII-XIII, tornaram-se mais raros a partir do século XV; num mundo já mais urbanizado e mais sedentário, o velho (de 50 anos!) ficava tentado a conservar por mais tempo sua atividade econômica e a gestão de seus bens. Mas as devoluções *post-mortem* por testamento permaneceram numerosas e ainda consideráveis. Só uma parte do patrimônio chegava aos herdeiros; a outra parte era previamente tomada pela Igreja e pelas fundações piedosas. Escreve Le Goff,

> Se não se tem com clareza no espírito a obsessão da salvação e o medo do Inferno que animavam os homens da Idade Média, nunca se compreenderá sua mentalidade, e ficar-se-á estupefato diante desse despojamento de todo o esforço de uma vida cúpida, despojamento do poder, despojamento da riqueza que provoca uma extraordinária mobilidade das fortunas e mostra, mesmo *in extremis*, quanto os mais ávidos dos bens terrestres da Idade Média acabam desprezando sempre o mundo [mas, eu chamaria a atenção, para poder desprezar o mundo não teria sido preciso amá-lo antes com paixão – tal como hoje a rejeição da sociedade de consumo está à frente daqueles que ela beneficiou e, pelo contrário, escandaliza aqueles que ainda esperam suas vantagens?], e esse traço de mentalidade que contraria a acumulação das fortunas contribui para afastar os homens da Idade Média das condições materiais e psicológicas do capitalismo.

Por sua vez, J. Heers vê na enormidade dos donativos uma das razões da ruína econômica da nobreza do século XIV.[107] O nobre "empobrece seus herdeiros pelas suas fundações piedosas e caritativas: legados aos pobres, aos hospitais, às igrejas e ordens religiosas, missas pelo repouso da alma que se contam às centenas e milhares". J. Heers vê nesse comportamento menos um traço de mentalidade global do que um caráter de classe: "A recusa a economizar e a considerar o futuro dos seus é um sinal de mentalidade de classe, que parece atrasada neste mundo de negócios". Mas os comerciantes não tinham os mesmos hábitos? Um texto

---

107 Heers, *L'Occident aux XI*-XV* siècles*, p.96.

O homem diante da morte

de Sapori, frequentemente citado, a propósito dos Bardi, comerciantes de Florença, ressalta "o contraste dramático entre a vida cotidiana desses homens audaciosos e tenazes, criadores de fortunas imensas, e o terror em que se encontravam do castigo eterno, por terem acumulado riquezas por meios duvidosos". Em 1300, um comerciante de Metz lega às igrejas mais de metade do seu capital. J. Lestoquoy constatou a mesma generosidade nos comerciantes e banqueiros de Arras e da Flandres nos séculos XIII e XIV.[108] Podemos reconhecer, nessa redistribuição dos rendimentos, um costume muito generalizado das sociedades pré-industriais desenvolvidas, em que a riqueza era entesourada? Evergetismo[109] ou liturgias nas sociedades antigas, fundações religiosas e caritativas no Ocidente cristão dos séculos XIII ao XVII? A questão foi bem apresentada por P. Veyne:

> As sociedades pré-industriais caracterizam-se por desvios que não imaginamos na escala dos rendimentos individuais e pela ausência de oportunidades de investimento, com exceção de alguns profissionais especializados ou decididos a aceitar riscos. Até o século passado, o capital mundial consistia principalmente em terras cultivadas e casas; os instrumentos de produção, arados, barcos ou teares ocupavam apenas lugar reduzido nesse inventário. Foi depois da Revolução Industrial que o excedente anual pôde ser investido em capital produtivo, máquinas, estradas de ferro. Anteriormente esse excedente, mesmo nas civilizações bastante primitivas, tomava habitualmente a forma de edifícios públicos e religiosos.[110]

e, acrescentarei eu, de tesouros, coleções de ourivesaria e de objetos de arte, e, para os menos ricos, belos objetos; enfim, para os homens da igreja e os togados, educação e belas-letras.

---

108 Schneider, *La Ville de Metz aux XIIIe et XIVe siècles*; Lestocquoy, *Les Villes de Flandre et d'Italie*.

109 Na Grécia antiga, costume de certos cidadãos de prestar serviços à cidade, que recebiam do Estado o título de "evergeta" (benfeitor). (N. T.)

110 Veyne, *Annales ESC*, 1969, p.805. Paul Veyne retomou toda a questão num belo livro publicado depois da redação deste capítulo.

Antigamente, quando não consumiam suas rendas, os ricos as entesoura-vam; mas, naturalmente, todo tesouro deve ser algum dia "desentesourado"; nesse dia hesitava-se menos do que o faríamos hoje em empregá-lo na cons-trução de um templo ou uma igreja [ou em uma fundação piedosa], porque nada havia a perder. Evergetas e fundadores de obras piedosas ou caritativas representaram um tipo de *homo economicus* muito disseminado antes da Revo-lução Industrial e do qual não sobrevivem mais do que raros representantes, os mais opulentos da espécie, os emires do Kuwait, ou os milionários ameri-canos que fundam hospitais e museus de arte moderna.

P. Veyne admite que a "cidade antiga se manteve [sobre as bases do evergetismo] durante cinco séculos". Deve-se reconhecer uma função tão fundamental à redistribuição de parte das fortunas pelas doações testamentárias na Idade Média e ainda, embora mais modestas e melhor proporcionadas ao patrimônio, nos séculos XVI e XVII. J. Lestoquoy obser-vou em Arras uma redução da generosidade testamentária no século XVI e, em contrapartida, um retorno à situação medieval no século XVII. É somente a partir de meados do século XVIII que se observará, com M. Vovelle, uma queda dos legados *ad pias causas*. No século XVII, e ainda no século XVIII, nos países católicos ou protestantes, toda a assistência pública repousava sobre as fundações piedosas: os administradores e administradoras dos hospitais dos Países Baixos bem mereceram que seus retratos passassem à posteridade.[111]

A riqueza e a morte. Um usufruto

Contudo, existe uma diferença importante entre evergetismo antigo e evergetismo medieval e moderno. De fato, se é necessário que todo tesouro um dia seja "desentesourado", o momento do "desentesoura-mento" não é indiferente. Durante a Antiguidade, esse momento dependia

---

111 No hospital de Cavaillon (hoje museu), uma coleção de quadros de fundação ("os donativos") mostra que as doações seguem do século XVII a meados do XIX, com apenas uma breve interrupção durante a Revolução.

dos imprevistos da carreira do doador. Na Idade Média e durante toda a época moderna, coincidiu com o momento da morte, ou com a convicção de que esse momento estava próximo. Estabeleceu-se então uma correlação, desconhecida da Antiguidade, e também das nossas culturas industriais, entre as atitudes diante da riqueza e diante da morte. Essa correlação é sem dúvida uma das principais originalidades dessa sociedade, que continuou tão semelhante a si mesma desde a metade da Idade Média até o último terço do século XVII.

Max Weber opôs o pré-capitalista ávido de gozo ao capitalista que não tira partido imediato da riqueza, mas que considera a acumulação dos lucros como um fim em si mesmo. Porém, interpreta mal a relação que se estabelece, nos dois casos, entre a riqueza e a morte. Escreve: "Que um ser humano possa escolher para tarefa, para finalidade única da vida, a ideia de descer ao túmulo carregado de ouro e de riqueza somente se explica, para ele [o homem capitalista], pela intervenção de um instinto perverso, a *auri sacra fames*."[112]

Mas, na verdade, é exatamente o contrário: é o homem pré-capitalista que quer "descer ao túmulo carregado de ouro e riqueza" e guardar seu tesouro *in aeternum*, porque tem fome desse tesouro e não pode se desapegar dele sem uma conversão violenta. Aceitava de bom grado morrer, mas não se decidia a "deixar casas, pomares e jardins".

Em compensação, desde o pai Grandet,[113] que representa ainda a *avaritia* tradicional, existem poucos exemplos de um homem de negócios do século XIX ou do século XX que manifeste, na hora da morte, tal apego a suas empresas, carteira de valores, estrebaria de cavalos de corrida, a suas casas de campo ou a seus barcos! A concepção contemporânea da riqueza não deixa para a morte o lugar que lhe foi reconhecido desde a Idade Média até o século XVIII; sem dúvida por ser menos hedonista e visceral, mais metafísica e moral.

Para o homem medieval, a *avaritia* era uma paixão devastadora, porque o expunha, a ele, cristão, à condenação eterna, mas também porque a ideia

---

112 Weber, *L'Éthique protestante et l'esprit du capitalisme*, p.75
113 Personagem da obra de ficção *Eugénie Grandet*, de H. de Balzac. (N. E.)

de perder suas riquezas na hora da morte o levava ao suplício. Eis a razão pela qual ele segurou a vara de salvação que a Igreja lhe estendia; a ocasião da morte foi, portanto, escolhida para realizar através do testamento a função econômica exercida, em outras sociedades, pelo donativo ou pelas liturgias curiais. Em troca dos seus legados, obtinha a segurança dos bens eternos, ao mesmo tempo que – e este é o segundo aspecto dos testamentos – as *temporalia* eram reabilitadas e a *avaritia* retroativamente justificada.

Por sua vez, A. Vauchez chegou a conclusões muito próximas.[114] "O rico, isto é, o poderoso, está especialmente bem colocado para assegurar a sua salvação." Homens poderão jejuar ou realizar peregrinações em seu lugar. Beneficia-se de uma "comutação penitencial" inacessível ao pobre.

> [Ele] pode, por meio de donativos, fundações piedosas e esmolas, adquirir sem cessar novos méritos aos olhos de Deus. A riqueza, longe de ser uma maldição, aparece antes como uma via de acesso privilegiada à santidade [...]. O ideal ascético, que prevalece nos meios monásticos, exalta a capacidade de renúncia, sinal sensível da conversão. Mas quem pode renunciar, senão aquele que possui? O pobre só tem por recurso rezar pelo seu benfeitor. [...] Essa espiritualidade não prevê para o rico generoso uma recompensa apenas no outro mundo. *Ela lhe assegura desde aqui na terra*" [o grifo é nosso].

Muitos documentos toscanos em favor dos mosteiros começam pelas seguintes palavras: "Aquele que der aos lugares santos [...] receberá o cêntuplo nesta vida." É por essa razão que os cruzados deviam obter a vitória, o saque, sinais de eleição divina: "Vinde pois, apressai-vos em obter a *recompensa dupla* [o grifo é nosso] que vos é devida, a terra dos vivos é aquela em que o mel, o leite e todos os alimentos se encontram em abundância" (carta coletiva dos bispos do Ocidente sobre o tema da Cruzada).

No início do século XIV, um dos mais ricos burgueses de Arras, Baude Crespin, terminou os seus dias na abadia de Saint-Vaast, da qual

---

114 Vauchez, Richesse spirituelle et matérielle du Moyen Age, *Annales ESC*, 1970, p.1566-73.

era benfeitor. Seu epitáfio, relatado pelo necrológio, diz que embora ele fosse um bom monge, não foi um monge como os outros: "Jamais verão outros iguais". Efetivamente, a sua humildade era tanto mais meritória e admirável quanto ele fora, não muito tempo antes, rico e poderoso. "Dele vivia em grande honra mais gente do que de outros cem."[115]

Na abadia de Longpont, num túmulo do século XIII reproduzido por Gaignières, lia-se este epitáfio: "Deixou como por milagre filhos, amigos e posses [*omnia temporalia* das *artes moriendis*] e perseverou naqueles lugares, monge na piedade da ordem, de grande fervor e grande religião, e entregou a Deus o seu espírito santa e alegremente."[116]

Felix avaritia! Pois a grandeza da falta permitira a grandeza da reparação, já que era a causa de conversões tão exemplares e de transferências tão benéficas. Como os homens da Igreja podiam ir até o fim de suas ideias e condenar sem apelação as coisas que, afinal, chegavam às suas granjas e aos seus celeiros, e se transformavam em tesouro espiritual de orações e de missas? Condenavam-nas; exceto, porém, a reparação e a redistribuição. Aliás, eles também, no próprio coração do *contemptus mundi,* amavam as coisas, e a arte religiosa da baixa Idade Média, a das Anunciações, Visitações, Nascimento da Virgem, *Pietás* e Crucificações, alimentou-se desse amor, unido ao de Deus.

Convém, entretanto, precaver-se contra o fato de que seu destino último, igrejas e hospitais, não era, como alguma malícia "voltairiana" supõria, a única justificação dos bens terrestres. Surge na literatura testamentária uma tese que, em certas condições, suprime os escrúpulos e legitima determinado uso dos bens deste mundo.

Ela já se mostra aceita nos testamentos do século XIV: "Os bens que Deus meu criador me *enviou e emprestou,* quero ordenar e distribuir, por meio de testamento ou de última vontade, do modo que se segue" (1314). "Queremos e desejamos distribuir e ordenar de mim e de meus bens, que

---

115 Lestocquoy, op. cit., p.200.
116 Gaignières, op. cit., "Tombeaux", BN Estampes, B. 2518, Grégoire Vidame de Plaisance: Adhémar, op. cit., n.122.

monsenhor Jesus Cristo me *emprestou,* em proveito e salvação da minha alma" (1399).

"Querendo distribuir para honra e reverência de Deus, *bens e coisas a si emprestadas* neste mundo pelo seu doce Salvador J. C." (1401).[117]

"Providenciar salvação e remédio para sua alma e dispor e ordenar de si mesmo [sua sepultura] e de seus bens, que Deus lhe deu e administrou" (1413).[118]

Encontra-se novamente esse argumento inalterado nos testamentos do século XVII, mas com a ideia nova e importante de que essa devolução voluntária é necessária à boa harmonia entre os sobreviventes: "Não desejando morrer e partir deste mundo sem ter posto em ordem os meus negócios e ter disposto dos bens que aprouve a Deus me emprestar" (1612).[119]

"Quis providenciar [...] a disposição de alguns bens temporais que aprouve a Deus lhe emprestar neste mundo passageiro e mortal" (1648).[120]

"Desejando dispor em proveito de seus filhos dos bens que aprouve a Deus lhe dar, e por esse meio alimentar paz, amizade e concórdia entre os seus filhos" (1652):[121] paz, amizade e concórdia que teriam pouca probabilidade de serem conservadas de outra forma!

Testar = um dever de consciência, um ato pessoal

Assim, a disposição dos seus bens não apenas *ad pias causas,* mas entre os herdeiros, tornara-se um dever de consciência. No século XVIII, essa obrigação moral prevalece até sobre as esmolas e fundações piedosas que iam saindo de moda, ou pelo menos deixando de ser o objetivo principal do testamento. Esse desvio é importante e merece ser observado.

---

117 Tuetey, op. cit., 61 (1401).
118 Ibid., 323 (1413).
119 AN, MC, XVI, 30 (1612).
120 AN, MC, LXXV, 66 (1648).
121 Ibid., 78 (1652).

Um autor piedoso de 1736[122] escreve no primeiro capítulo de um *Méthode chrétienne pour finir saintement sa vie*, isto é, uma arte de bem-morrer no século XVIII: "Que faz um doente que se vê em perigo de morte? Manda chamar um confessor e um notário". Um e outro são igualmente necessários: eis o que parece extraordinário para um manual de bem-morrer que ensina o desapego e o desprezo do mundo. Ele explica: "Um confessor para pôr em ordem os negócios da sua consciência, um notário para fazer o testamento". Com a ajuda desses dois personagens, o doente deve fazer três coisas: a primeira é confessar-se, a segunda comungar. "A terceira coisa que um moribundo faz para se preparar a comparecer ao Julgamento de Deus é pôr na melhor ordem possível seus negócios temporais, examinar se tudo se acha em bom estado e dispor de todos os seus bens." Notemos: não se trata de uma precaução humana, de um ato de prudência e de sabedoria mundana, como hoje o contrato de um seguro de vida, mas antes de um ato *religioso*, embora não sacramental; de sua realização depende também a salvação eterna. Trata-se mesmo de um exercício de preparação para a morte numa época em que a nova pastoral da Contrarreforma quer que o homem não espere a hora da morte para se converter, mas que se prepare para a morte durante toda a vida. "É o que deve fazer enquanto tem saúde aquele que quiser se dispor bem para morrer. Embora seja um ponto dos mais essenciais à preparação para a morte, é, contudo, habitualmente o mais negligenciado."

Nesses meados do século XVIII, as esmolas e as fundações de missas deixaram de ser o objetivo piedoso essencial do testamento. São mantidas, mas num lugar que não é tão absoluto. O autor espiritual contenta-se em recomendar ao doente que não esqueça sua salvação pessoal ao pensar demais nos seus próximos: "Cuidai afinal de que no vosso testamento, pensando nos outros [isto é, esforçando-se por distribuir com equidade os bens entre os herdeiros], não vos esqueçais de vós mesmos [isto é, da vossa salvação, resgatando os pecados], lembrando-vos dos pobres e de outras obras pias", e sem excessos, razoavelmente, isto é, "segundo vossas capacidades". É preciso, aliás, evitar nos legados piedosos as intenções

---

122 *Miroir de l'âme du pécheur et du juste. Méthode chrétienne: pour finir secrètement sa vie.*

secretas de prestígio, estranhas à humildade cristã e suscetíveis de lesar os direitos legítimos da família. Não dar qualquer coisa a qualquer um: "Principalmente, observar as regras da justiça sem escutar a voz da carne e do sangue [não dar demais a um favorito], nem do respeito humano [nenhuma fundação de prestígio]".

Enquanto ato religioso, o objetivo principal do testamento resvalou do evergetismo ao governo da família, e ao mesmo tempo tornou-se um ato de previdência e prudência que se faz na previsão da morte, mas da morte possível, não da morte verdadeira [*non in articulo mortis*].[123]

Essa obrigação não ficava reservada aos ricos. Mesmo a gente modesta, se não os pobres, tinham o dever de dispor de quaisquer bens que possuíssem. É assim que, em 1649, "uma empregada doméstica [...] não desejando ser surpreendida [pela morte] sem ter posto em ordem suas pequenas coisas [sua cama, suas roupas]."[124]

Não existe a ideia de não valorizar as coisas e bens, deles se desinteressar. Tornamos a encontrar nos testamentos traços do mesmo amor ambíguo da vida que tínhamos percebido na cabeceira do doente das *artes moriendi*, ou nos temas macabros. O amor da vida, amor de si mesmo.

Ato religioso, quase sacramental, seria possível que o testamento fosse um ato pessoal? Não deveria imitar a rigidez da liturgia e se submeter à convenção do gênero? Michel Vovelle pergunta-se, referindo-se aos séculos XVII-XVIII, se a "fórmula notarial é um estereótipo congelado e maciço [...] ou indício sensível das mutações mentais, tanto do notário como de seus clientes".[125] Depois de um estudo em série, Vovelle pensa que as manifestações pessoais são muito raras, mesmo nos testamentos hológrafos, mas por essa razão não se poderia falar de estereótipos; percebe-se, pelo contrário, uma "efervescência" de redações de atos judiciais: "[...] existem quase tantas fórmulas como tabeliães". Embora o testamento dos séculos XVII-XVIII não seja uma confissão tão íntima quanto o desejaria nossa sede atual de confidências e de análise, a variedade das

---

123 Ver *infra*, Capítulo 7.
124 MC, LXXV, 69 (1649).
125 Vovelle, op. cit., p.56.

fórmulas implica certa liberdade. Essa liberdade parcial permitia que os movimentos espontâneos da sensibilidade aflorassem, apesar da couraça das convenções. É o caso, também, dos livros de razão. Em vez de testemunhos que acusam sua individualidade – como os "jornais", do século XVIII aos nossos dias –, os testamentos trazem uma multidão de pequenos modelos, e cada um desses pequenos modelos representa uma amostra estatística significativa.

O testamento, gênero literário

A nós historiadores, ocorre ser possível utilizar os testamentos como documentos reveladores das mentalidades e de suas mudanças. Também podemos ir mais longe e considerar o reaparecimento do testamento e seu desenvolvimento na Idade Média como um fato cultural. O testamento medieval não foi apenas o ato religioso, ao mesmo tempo voluntário e imposto pela Igreja, que analisamos. Nos séculos XIV e XV, forneceu suas formas já tradicionais à arte poética, tornou-se um gênero literário. Apesar de sua aparência convencional, foi escolhido pelo poeta para expressar seus sentimentos diante da vida breve e da morte certa, como o romancista do século XVIII escolherá a carta: o escritor reteve, dos meios de comunicação do seu tempo, o mais espontâneo, o mais próximo da manifestação pessoal. Os autores da Idade Média não "trapacearam"; conservaram o molde convencional do testamento e respeitaram o estilo dos tabeliães, mas as limitações do costume não os impediram de fazer desses testamentos os poemas mais pessoais e mais diretos de sua época, a primeira confissão, semiespontânea, semiextorquida, do homem diante da morte, e da imagem de uma vida que a morte lhe devolve: imagem perturbadora, feita de desejos e nostalgias, emoções antigas, saudades e de esperanças.

Encontramos nesses poemas todas as partes que analisamos nos testamentos.

On dit que tout bon chrétien
Quand a son trespassement

Si doit on disposer du sien
Et faire aucun testament.[126]

Assim parafraseia Jean Régnier (1392-1468) na prisão.[127]

Por sua vez, Villon, numa situação apenas um pouco mais confortável, aborda o preâmbulo tradicional:

Et puis que départir me fault
Et du retour ne suis certain,
(Je ne suis homme sans desfault
Ne qu'autre d'assier ne d'estain
Vivre aux humains est incertain
Et après mort n'y a relaz,
Je m'en vais em païs loingtain)
Si establis ces présens laiz.[128]

Encontramos em Jean Régnier a confissão de fé, o apelo aos intercessores da Corte Celeste, a recomendação da alma:

En la foy de Dieu vueil mourir
Qui pour moi souffrit passion...
Sainctz et sainctes vueil requérir
Tous et toutes ensemblement
Qu'il leur plaise de acquérir
A mon âme son sauvement.[129]

---

126 [Diz-se que todo bom cristão / Quando do seu passamento / Deve dispor do que é seu / E não fazer qualquer testamento.] (N. T.)

127 Régnier, In: Mary, op. cit., t.2, p.201.

128 [E já que partir é preciso / E da volta não estou certo / (Não sou homem sem defeito / Nem como outro de aço e estanho / O viver para os homens é incerto / E depois da morte não há descanso / Eu me vou para pais longínquo) / Aqui estabeleço os presentes versos.] (N. T.)

129 [Na fé de Deus quero morrer / Que por mim sofreu paixão... / A santos e santas quero pedir / A todos e todas conjuntamente / Que lhes apraza conseguir / Para a minha alma salvação.] (N. T.)

Temas que Villon retoma à sua maneira:

Et cecy le commencement:
Au nom de Dieu, Père éternel,
Et du fils que Vierge parit,
Dieu au Per e coéternel
Ensemble le saint Esperit
Qui sauva ce qu'Adam périt
Et du pery pare les cieux [...]¹³⁰

Premier je donne ma pauvre âme
A la benoîte Trinité
Et la commande à Notre Dame
Chambre de la divinité
Priant toute la charité
Des dignes Ordres des cieux,
Que par eulx soit ce don porté
*Devant le Trône précieux*¹³¹
[A ascensão da alma].

Passa-se em seguida à confissão das faltas, à reparação dos erros, ao perdão das injúrias:

A tout le monde mercy crie...
Pour Dieu qu'il me soit pardonné
Je vueil que mes debtes se payent

---

130 [E isto é o começo: / Em nome de Deus, Pai eterno, / E do Filho que a Virgem pariu / Deus com o Pai coeterno / Junto com o Espírito Santo / Que salvou o que Adão perdeu / E do perdido orna os céus [...]] (N. T.)

131 [Primeiro dou a minha pobre alma / A bendita Trindade / E a recomendo a Nossa Senhora / Câmara da divindade / Pedindo toda a caridade / Das dignas Ordens dos céus / Que por eles seja esse dom levado / Diante do trono precioso.] (N. T.)

Premièrement et mes tors faiz (Villon)[132]

Cada um designa o local de sua sepultura:

Aux Jacobins eslis la terre
En laquelle cercueil est mis [...] (Régnier).[133]

Item mon corps j'ordonne et laisse
A nostre grant mère la terre (Villon)[134]

"Minha alma a Deus, meu corpo à terra" é uma forma clássica. Ele acrescenta, também, segundo o costume:

Item j'ordonne à Sainte Avoye
Et non ailleurs à ma sépulture.[135]

Especifica-se, por fim, o cortejo e os serviços religiosos:

Item au moustier je vueil estre
Porté par quatre laboureurs [...]
Et quant est de mon luminaire
Je n'en veuil en rien deviser,
L'exécuteur le pourra faire
Tel qu'il luy plaira adviser
Il me suffira d'une messe
De Requiem haute chantée;
Au coeur me ferait grande Iyesse
Si estre pouvait deschantée...
Et encore trop bien je vouldraye

---

132 [A todo mundo grita graças... / Por Deus que me seja perdoado / Quero que as minhas dívidas sejam pagas / Primeiramente e as faltas que fiz.] (N. T.)

133 [Nos dominicanos escolho a terra / Na qual o caixão é posto [...]] (N. T.)

134 [Da mesma forma meu corpo ordeno e deixo / A nossa grande mãe a terra.] (N. T.)

135 [Da mesma forma ordeno em Sainte Avoye / E não alhures a minha sepultura.] (N. T.)

Qu'à tous chantres qui chanteront
Qu'on leur donnast or ou monnaye
De quoy bonne chière feront [...] (Villon).[136]

Talvez a continuação longínqua dessa literatura nos séculos XVI, XVII e XVIII deva ser procurada no que M. Vovelle chama, com um pouco de ironia, "o belo testamento", o trecho de coragem escrito no crepúsculo da vida, para a edificação própria e dos seus.

Apesar de todas as convenções que sofre, o testador expressa, desde meados da Idade Média, um sentimento próximo daquele das *artes moriendi*: a consciência de si mesmo, a responsabilidade de seu destino, o direito e o dever de dispor de si, de sua alma, de seu corpo, dos seus bens, a importância atribuída às últimas vontades.

Ainda a morte domada

Eis aí, sem dúvida, a morte de si mesmo, somente de si mesmo, somente diante de Deus, com sua única biografia, seu único capital de obras e de orações, isto é, com os atos e fervores da própria vida, com o amor vergonhoso das coisas daqui da terra e suas garantias para o Além. Sistema complexo que o homem teceu em torno de si para melhor viver e melhor sobreviver.

Esse individualismo do aquém e do Além parece afastar o homem da resignação confiante ou fatigada das eras imemoriais. E é verdade que ele caminha nesse sentido, mas a prática do testamento mostra-nos que ele não ultrapassa certo limite, e que não rompe completamente com os antigos hábitos. O testamento reproduz por escrito os ritos orais da morte de outrora. Fazendo-os entrar no mundo da escrita e do direito, retira um

---

136 [Da mesma forma no mosteiro quero ficar / Levado por quatro pranteadores [...] / E quanto à minha luminária / Não quero de nada conversar, / O executor o poderá fazer / Como lhe aprouver resolver / Uma missa me bastará / De Réquiem solene cantada / Ao coração me faria grande júbilo / Se ser pudesse... E ainda muito quereria / Que a todos os cantores que cantarão / Que lhes dessem ouro ou moeda / Da qual boa refeição farão [...]] (N. T.)

pouco do seu caráter litúrgico, coletivo, habitual – poderia quase dizer folclórico. Personaliza-se. Mas não completamente. O velho espírito dos ritos orais não desapareceu. Por essa razão o testamento é estranho aos sentimentos macabros e às formas excessivamente passionais do amor pela vida e de pesar pela morte.

É notável que as alusões ao purgatório só apareçam no testamento mais tarde (um pouco antes de meados do século XVII). Se, através dos testamentos, a morte é particularizada e personalizada, se ela é também a morte de si mesmo, ainda assim permanece a morte imemorial, em público, do jazente no leito.

V.
Jazentes, orantes e almas

O túmulo se torna anônimo

Os fragmentos arqueológicos e epigráficos das sepulturas romanas dos primeiros séculos da nossa era abundam nos museus, campos de escavações e nos muros ou nas paredes das igrejas de origem paleocristã: repetem à saciedade as mesmas fórmulas cuja banalidade torna-se hoje instrutiva para nós.

Observamos de início que, num cemitério antigo, pagão ou cristão, o túmulo é um objeto destinado a marcar o lugar exato em que o corpo foi depositado: seja o envoltório mineral do corpo ou das cinzas (sarcófago), seja um edifício que recobre uma sala onde os corpos são conservados. Não existem túmulos sem cadáveres; nem cadáveres sem túmulos.

Sobre o túmulo, uma inscrição bem visível, mais ou menos longa, mais ou menos abreviada, indica o nome do defunto, situação da família, por vezes seu estado ou profissão, idade, data da morte, elo com o parente encarregado da sepultura. Essas inscrições são inumeráveis. Seu conjunto constitui uma das fontes da história romana. Essas indicações são frequentemente acompanhadas de um retrato: o marido e a mulher, por vezes ligados pelo gesto do casamento, os filhos mortos, o homem trabalhando, no seu ateliê, na sua tenda, ou simplesmente o busto ou a cabeça do defunto numa concha ou num medalhão (*imago clipeata*). Em resumo, o túmulo visível deve dizer simultaneamente onde está e a quem pertence o corpo, e finalmente lembrar a imagem física do defunto, símbolo de sua personalidade.

Se o túmulo designava o local necessariamente exato do culto funerário é porque também tinha por objetivo transmitir às gerações seguintes a lembrança do defunto. Daí o seu nome de *monumentum*, de *memoria*: o túmulo é um memorial. A sobrevivência do morto não devia ser apenas assegurada no plano escatológico por oferendas e sacrifícios; dependia também do renome que era mantido na terra, fosse pelo túmulo com os seus *signa* e suas inscrições, fosse pelos elogios dos escrivães.

Sem dúvida, existiam muitas sepulturas miseráveis sem inscrições nem retratos, que nada tinham a transmitir; são assim, anônimas, as urnas enterradas no cemitério de *Isola sacro*, na embocadura do Tibre. Mas infere-se, pela história dos colégios funerários e cultos misteriosos, o desejo dos mais pobres, mesmo de escravos, de escapar desse anonimato que é a verdadeira morte, completa e definitiva. Nas catacumbas, os humildes *loculi,* ou alvéolos destinados a receber corpos, eram fechados com placas que frequentemente traziam breves inscrições e alguns símbolos de imortalidade.[1]

Percorrendo as ruínas desses cemitérios, mesmo o mais superficial observador contemporâneo tem, contudo, a impressão que uma mesma atitude mental reúne e mantém juntos os três fenômenos que observamos aqui: uma coincidência rigorosa entre o túmulo aparente e o local onde o corpo foi depositado, uma vontade de definir por uma inscrição e um retrato a personalidade viva do defunto, e enfim a necessidade de perpetuar a lembrança dessa personalidade, associando a imortalidade escatológica à comemoração terrena.[2]

Ora, a partir do século V aproximadamente, essa unidade cultural vai se romper: as inscrições, assim como os retratos, desaparecem; os túmulos

---

1 "Os cadáveres dos escravos e dos pobres que não puderam encontrar algumas moedas para sua pira e para sua sepultura eram jogados no monturo; nada de religioso cercava o passamento, e o aparato dos funerais era a única solenização possível". Veyne, op.cit., p.291.

2 Panofsky analisou bem os dois objetivos, comemorativo e escatológico, da arte funerária.

tornam-se anônimos. Regressão da escrita, poderíamos dizer; não se escreve mais porque já não existe ninguém para gravar nem para ler, e essa indiferença à escrita seria aceita sem repugnância por todos os túmulos, mesmo os ilustres, salvo, talvez, os dos santos. Não há dúvida de que uma civilização oral deixa sempre maior lugar para o anonimato. É digno de nota, porém, que esse anonimato das sepulturas tenha persistido nas culturas do Ano Mil, quando a escrita já tinha tomado um lugar não desprezível. Esse fenômeno já impressionava os arqueólogos eruditos do século XVIII, como o abade Lebeuf, que observou a propósito da reconstrução, em 1746, do claustro da abadia de Sainte-Geneviève, em Paris: "Remexeram então todas as terras do adro e ali encontraram grande número de esquifes de pedra com esqueletos, mas *nenhuma inscrição* (o grifo é meu)."[3] Tudo que antigamente marcava a personalidade do defunto, como as insígnias do ofício, tão frequentes nas lápides da Gália Romana, desapareceu: subsiste, por vezes, o nome pintado em vermelhão, e depois, mais tarde, gravado numa placa de cobre, mas no interior do sarcófago. Só ficam visíveis, nos séculos VIII-IX, uma decoração floral ou abstrata, cenas ou sinais religiosos; para usar as expressões de Panofsky, a tendência escatológica prevaleceu sobre a vontade comemorativa — ao menos na massa, porque, como veremos, a antiga relação entre as duas imortalidades, celeste e terrestre, persistiu nos casos excepcionais dos reis ou dos santos, objetos de veneração pública.

Tomemos o exemplo de uma das numerosas acumulações de sarcófagos que se descobrem ao acaso nas escavações do urbanismo contemporâneo: sob o pórtico da igreja abacial de Souillac.[4] Os túmulos são *sarceus* de pedra, empilhados uns por cima dos outros numa altura de três pavimentos. Alguns, os mais antigos, insinuavam-se sob a entrada atual do pórtico da torre e invadiam um pouco pelo interior da nave. Reencontram-se, nas fotografias das escavações, as imagens de superposições de sarcófagos que apresentam as ruínas romanas da África, da Espanha ou da Gália. Esse

---

3 Lebeuf, *Histoire de la ville et de tout le diocese de Paris*, t.I, p.241.

4 Labrousse, Les fouilles de la Tour Porche carolingienne de Souillac, *Bulletin monumental*, n.CLIX.

cemitério é, contudo, mais de sete séculos posterior! As camadas mais baixas são, sem dúvida, muito antigas, muito anteriores à construção atual; mas outras, aparentemente idênticas, que as encimam e nelas estão imbricadas, são muito mais recentes. Pode-se datá-las, graças às formas – como o plano em trapézio – ou à presença de um alvéolo no lugar da cabeça, que caracterizam uma época posterior; ou graças aos objetos encontrados no interior – como vasos com furos que continham carvão,[5] pias de água benta de terracota, frequentes no final do século XII e, principalmente, no século XIII, e peças de vestuário (esmoleiras etc.). Foi dessa forma que os arqueólogos puderam situar o cemitério de Souillac entre os séculos XIII e XV. Mas como esse amontoamento de esquifes monolíticos se assemelha aos dos séculos VI ao VIII! Os arqueólogos garantem a predominância do século XIII, admitindo, no entanto, "que é [...] possível que as últimas inumações remontem somente ao século XV".

Essa incerteza se prende ao fato de que, sem considerar alguns raros objetos e alguns traços morfológicos, nada dá a essas sepulturas uma personalidade ou uma data. Perfeitamente anônimas, sabe-se, contudo, que não eram de pobres desconhecidos; sua origem modesta não poderia ser sustentada senão em caso de esquifes construídos no local, isto é, constituídos de lajes de pedra justapostas que se encontraram ao lado dos esquifes monolíticos. As sepulturas *sub portico* ou *sub stillicidio* eram tão procuradas e tão prestigiadas como as do interior da igreja, e, no entanto, nada, absolutamente nada, indica a origem, o nome, a qualidade, a idade, a época do defunto. Portanto, de fato conservou-se a prática do esquife monolítico, herança longínqua da Antiguidade romana, mas despojando-o de qualquer traço distintivo, reduzindo-o a uma cuba de pedra acrônica. O autor, arqueólogo, conclui: "Fazer-se enterrar na porta da abadia era certamente um privilégio procurado, e os que dele se beneficiavam deviam dispor de consideração e riqueza, mas essa riqueza não foi empregada em suas sepulturas". Realmente, quem sabe se alguns deles não fizeram exigir na própria abadia, longe do local de sua sepultura, algum monumento hoje desaparecido, túmulo plano, jazente ou com

---

5 Espécies de defumadores ou turíbulos de cerâmica. (N. A.)

quadro mural? Ainda assim, os homens da baixa Idade Média, dos séculos XIII ao XV, nos aparecem sempre indiferentes ao invólucro do corpo e sem nenhuma preocupação de autenticá-lo. No exemplo de Souillac, o túmulo monolítico, sarcófago antigo, foi utilizado durante toda a Idade Média, até o século XV, talvez. O caso, raro na França, mais frequente na Itália, não é geral.

A passagem do sarcófago ao ataúde e ao caixão. Os enterros "sem cofre" dos pobres

Outro fenômeno que é preciso associar ao desaparecimento da epígrafe funerária é a separação geográfica entre o monumento funerário, quando existe, e o invólucro do corpo, o local exato da inumação. O abandono do sarcófago de pedra é um sinal dessa evolução. Nos casos raros de grandes personagens venerados a exemplo dos santos, o sarcófago de pedra foi substituído, desde o século XIII, pelo ataúde de chumbo, tão inalterável quanto a pedra. Observamos que ele apresentava então a mesma nudez, que, porém, não estava ligada ao material, já que os túmulos de chumbo dos Habsburgos do século XVIII, nos Capuchinhos de Viena, estão cobertos de ornatos e inscrições.

A partir do século XIII, o novo ataúde passa a ser, mais frequentemente, de madeira. Foi uma grande mudança a que não se prestou a devida atenção. Empregaram-se duas palavras para designar esse sarcófago de madeira ou, como se dizia, "de tábuas": *cercueil* e *bière* (ataúde e caixão, respectivamente).

O *cercueil* é a mesma palavra que designa o sarcófago: *sarceu*. Furetière o define, no seu dicionário, como "cofre de chumbo próprio para transportar os mortos". Reconhece-se a persistência da noção de transporte. Mas acrescenta: "Quando é de madeira é chamado caixão."

Mas *bière* (caixão) não é outra coisa que *civière* (padiola), é a mesma palavra. *Cercueil* e *bière* designaram, indiferentemente, a liteira que serve para transportar o corpo até o local da inumação. Esse sentido primitivo persistirá nos enterros de "caridade" ou dos "pobres", que eram então "sem cofre". Isso significava que o corpo cosido numa serapilheira, ou pano grosseiro, era levado ao cemitério sobre um caixão comum, isto é, sobre uma padiola, depois retirado da padiola e lançado na fossa. O caixão era depois trazido para a igreja. Ainda são vistos hoje nas pequenas igrejas rurais da Inglaterra.

Mais tarde, *cercueil* e *bière* designaram, como no nosso costume contemporâneo, o cofre no qual o corpo era definitivamente inumado.

Na crônica de Monstrelet, "o coração e o corpo do bom Duque foram postos cada um por si, em *sercus* plano, coberto de um caixão de madeira da Irlanda".

No século XVII, Richelet define *bière* em seu dicionário como "uma espécie de cofre de madeira ou de chumbo".[6]

No final desta análise dos termos sarcófagos, *bière* e *cercueil*, duas observações se impõem:

1. A importância que o caixão ou o ataúde tomaram parece contemporânea da importância tomada pelo transporte do corpo; é aí que o cortejo torna-se de fato episódio essencial da cerimônia dos funerais.

2. O encerramento do corpo dentro do ataúde, como vimos no Capítulo 4, é uma consequência psicológica do desaparecimento do sarcófago, e esse desaparecimento, por sua vez, tornou a própria noção de túmulo mais imprecisa. Na Antiguidade, de fato, só havia dois tipos de túmulo: o sarcófago, ou sua pobre imitação, e o alvéolo do cemitério comum. Enquanto isso, o corpo que foi depositado no sarcófago ou cofre de pedra era simplesmente amortalhado, isto é, envolvido num pano ou sudário. Quando o costume do sarcófago de pedra foi abandonado, o corpo amortalhado poderia ter sido depositado diretamente na terra, sem invólucro protetor – é, aliás, esse costume antigo que persiste até hoje nos países do Islã – mas, na realidade, tudo ocorre como se o Ocidente medieval tivesse repugnância por esse despojamento. Foi então que o caixão, que servia de transporte, foi transformado em cofre de madeira, fechado,

---

6 Monstrelet, *Chroniques*, livro 1, p.96; Sauval, op. cit., t.I, p.376.

destinado à inumação, o *sarceu*. A operação respondia, ao mesmo tempo, à nova necessidade de esconder o corpo e o rosto do morto aos olhos dos vivos. O ataúde tornou-se, então, o substituto do túmulo, um túmulo tão anônimo quanto o de pedra, e também corruptível: estava destinado a uma destruição rápida e desejada debaixo da terra. Enterrar sem ataúde tornou-se equivalente a uma privação de túmulo; o papel representado antes pelo sarcófago era, dali por diante, transferido ao ataúde. Com exceção dos países do Islã, uma sepultura sem ataúde era uma sepultura vergonhosa, no mínimo uma sepultura de pobres.

A passagem do sarcófago ao caixão acentuou ainda mais o anonimato da sepultura e a indiferença em relação ao seu lugar exato. Esse aspecto da cultura que, como vimos, caracteriza o período que vai do fim da Antiguidade cristã aos séculos XI-XII, parece introduzir um hiato na continuidade – talvez muitas vezes milenar – do culto dos mortos.

Comemoração do ser, localização do corpo

Vamos ver agora que essa atitude não parou de regredir na cristandade latina desde o século XII, de início entre os ricos e os poderosos. Persistiu, entretanto, até o século XVIII, ao menos entre os pobres que, de início, privados do caixão por indigência, também o serão dos túmulos comemorativos. Uma das grandes diferenças entre os ricos ou menos pobres e os verdadeiros pobres está no fato dos primeiros terem cada vez mais frequentemente túmulos individuais visíveis, marcando a lembrança de seus corpos e os outros nada terem.

Os corpos dos pobres – e também das criancinhas dos ricos, que são como pobres – serão lançados nas grandes valas comuns, cosidos em serapilheiras. Os homens caridosos do século XIV ao XVII, penalizados com o abandono dos pobres mortos, numa sociedade já relativamente urbanizada, procuraram remediar o que lhes parecia o efeito mais cruel dessa derrelição, isto é, a ausência de socorro pela Igreja: não suportavam que os afogados, os acidentados e anônimos fossem assim deixados no monturo como os animais, os supliciados ou os excomungados. Organizaram-se então em irmandades, para assegurar-lhes sepultura em terra da Igreja, com as orações da Igreja, sem com isso se comover com o anonimato das sepulturas de caridade que, em compensação, irá se tornar insuportável dois séculos mais tarde.

No fundo, a necessidade de dar publicidade à própria sepultura e à dos seus não era sentida no início dos tempos modernos como um imperativo. A sepultura em terra da Igreja era um dever de caridade em relação aos pobres, a quem as circunstâncias a tinham recusado (*miserere*); a personalização e a publicidade dessa sepultura ainda constituíam luxo espiritual. Sem dúvida esse costume se disseminava entre as camadas mais numerosas da população, em especial entre os mestres artesãos das cidades, mas sua ausência ainda não era considerada como uma frustração insuportável.

Aliás, entre os ricos e os poderosos, a necessidade de se perpetuar num monumento visível permaneceu por muito tempo discreta. Ainda nos séculos XVI e XVIII, muitos mortos, conquanto nobres, não tinham deixado expresso, no testamento, o desejo de um túmulo visível, e aqueles que estipulavam um túmulo visível não insistiam para que coincidisse precisamente com o lugar de depósito do corpo: bastava-lhes uma simples proximidade. Para eles, o *túmulo não era o envoltório do corpo.*

Admitia-se que essa primeira morada do cadáver fosse provisória, e ninguém ignorava que, cedo ou tarde, seus ossos, uma vez secos, seriam transportados em carneiros, "juntos num monte de cambulhada", como disse Villon.

Serão necessárias, então, "grandes lentes"

Pour mettre à part aux Innocents
Les gens de bien des deshonnêtes[7]

E também os ricos dos pobres, os poderosos dos miseráveis:

---

7 [Para pôr separados os Inocentes / A gente de bem dos desonestos.] (N. T.)

O homem diante da morte

Quand je considère ces testes
Entassés en ces charniers
Tous furent maistres de requestes
Au moins de la chambre aux deniers,
Ou tous furent porte pannier
Autant puis l'un que l'autre dire
Car d'évesques ou lanterniers
Je n'y cognais rien à redire.[8]

A ideia moderna da "concessão perpétua" era completamente estranha à mentalidade dessa época plurissecular.

Se a comemoração do ser e a localização do corpo não estavam necessariamente reunidas no mesmo lugar, como num túmulo antigo, ou como nos nossos cemitérios contemporâneos, não eram também completamente separadas, já que deviam ser vizinhas no mesmo recinto eclesiástico. Além disso, era sempre possível ter vários túmulos para um só corpo, seja porque esse estivesse desmembrado (túmulo de carne, túmulo de entranhas, túmulo de coração, túmulo de ossos), seja porque a comemoração prevalecesse completamente em relação ao local e fosse celebrada em diversos lugares, sem privilégio especial daquela da sepultura física.

Visto de Sirius (ou de hoje), esse tipo de evolução poderia parecer o início de um desprendimento do homem, liberado das velhas superstições pagãs, em relação a despojos que já nada significavam, já que privados de vida. De qualquer maneira, essa atitude era a mesma do agnóstico científico ou do reformador cristão em nossas culturas contemporâneas. Além disso, vamos assistir, a partir do século XI, ao reaparecimento da individualidade da sepultura e a seu corolário, um retorno à valorização positiva do cadáver. Trata-se de um movimento longo e descontínuo, que

---

8 [Quando considero essas cabeças / Amontoadas nesses carneiros / Todos foram mestres de requisições / Pelo menos da Câmara de finanças, / Ou todos foram carregadores / Tanto de um como de outro dizer, / Porque de bispos e lanterneiros / Não tenho nada a reclamar.] (N. T.) F. Villon, *Le Testament,* publ. por A. Longnon, Paris, La Cité des Livres, 1930, p.138 e seg.

pode parecer, em certo sentido, como uma volta ao paganismo romano, e que, no entanto, culminará afinal no culto dos mortos e dos túmulos do século XIX e da primeira metade do século XX.

Dizemos isso nesse momento apenas para anunciar a tendência e indicar o sentido ainda imperceptível do movimento. Mas serão precisos séculos e revoluções culturais para atingir esse *terminus ad quem* do século XIX. Na época em que nos colocamos aqui, em meados da Idade Média, o que nos deve impressionar, pelo contrário, são a dificuldade e a lentidão com que foi abandonado o anonimato da alta Idade Média.

A exceção dos santos e dos grandes homens

Para falar a verdade, durante a alta Idade Média, a identificação das sepulturas e a comemoração dos defuntos não tinham desaparecido tão completamente como afirmamos. Havia algumas ilustres exceções: os santos e os grandes veneráveis.

Os santos eram todos taumaturgos e intercessores, e o povo devia ter contato direto com as relíquias, tocá-las, a fim de receber o fluxo mágico que emitiam. Por essa razão, os seus túmulos coincidiam necessariamente com os corpos – e, de fato, havia tantos túmulos e relicários quantos fossem os fragmentos dos corpos; assim, se o túmulo do bispo mártir de Toulouse, Saint Sernin, estava na confissão da abadia que lhe fora consagrada fora da cidade de Toulouse, uma parte do seu corpo também está exposta num sarcófago imitado do estilo antigo do século XII, na abadia de Saint-Hilaire-de-l'Aude, onde se pode ainda hoje admirá-lo. Os corpos dos confessores, mártires e evangelizadores da Gália cristã foram, assim, objeto de um culto tátil que não parou: eu mesmo vi, em 1944, em Saint--Étienne-du-Mont, em Paris, os fiéis tocarem o cofre de Santa Genoveva.

Esses túmulos eram, em geral, sarcófagos de pedra, com ou sem inscrições comemorativas, sendo a notoriedade pública do santo ou a iconografia que exercia o papel de identificação.

A pretendida cripta de Jouarre permite-nos perceber essa vontade mista de comemoração e silêncio. Está consagrada a Saint Adon, fundador da abadia (em 630) e aos santos, abadessas e bispo de sua família. É o único vestígio de uma igreja cemiterial onde as sepulturas se acumulavam *ad sanctos,* em torno dos túmulos dos venerados fundadores colocados sobre uma espécie de estrado, hoje desaparecido, que ocupava uma das partes baixas do edifício. Na parte mais antiga subsistem ainda os sarcófagos mais antigos, que datam da época merovíngia. O de Saint Adon, irmão de Saint Omer, discípulo do grande missionário irlandês Saint Colomban, está completamente nu, sem qualquer inscrição ou decoração. O de sua prima Sainte Théodechilde, primeira abadessa da comunidade de mulheres, encontra-se, pelo contrário, ornado com uma magnífica inscrição, em belíssimas letras: *"Hoc Membra Post Ultima Teguntur Fata Sepulchro Beatae"* [Este sepulcro encerra os últimos restos da bem-aventurada Théodechilde]. "Virgem sem mácula, de nobre estirpe, deslumbrante de méritos..." Uma nota biográfica: "Madre deste mosteiro, ensinou a suas filhas, virgens consagradas ao Senhor, a correr para o Cristo..." E a inscrição termina pela proclamação da beatitude celeste: *"Haec Demu(m) Exultat Paradisi Triumpho"* [Morta, ela exulta finalmente na glória do Paraíso].[9]

Os dois outros, de sua prima Sainte Agilberte e de seu irmão Saint Agilbert, bispo de Dorchester e depois de Paris, estão cobertos de esculturas, mas *sem* inscrição: o de Saint Agilbert é ilustrado com a cena da *Parousie*, comentada no Capítulo 3 deste livro.

Assim, entre os sarcófagos de superfície, visíveis, dos santos fundadores, um único traz uma inscrição, dois estão sem inscrição, mas esculpidos, e outro é completamente nu. Não se pode, evidentemente, afirmar que não havia, originalmente, inscrições afixadas nos muros acima dos sarcófagos anônimos. Em todo o caso, elas desapareceram, e ninguém se preocupou em conservá-las ou restabelecê-las. A qualidade gráfica da inscrição de Sainte Théodechilde e a beleza formal das esculturas são de tal ordem que é difícil, diante dessas obras-primas, sustentar a impotência dos escribas ou dos artistas como causa do processo em direção do anonimato e da nudez dos sarcófagos.[10]

---

9 Christ, *Les Cryptes mérovingiennes de Jouarre;* Hubert, op. cit.

10 Os sarcófagos foram abertos em 1627, na presença da rainha Maria de Médici: "Quando se abriram os caixões, as duas santas abadessas apareceram ainda de corpo inteiro, vestidas de religiosas e de uma espécie de manto de tela de ouro do

Outro exemplo é dado pelas sepulturas dos papas dos séculos III ao X, minuciosamente estudadas por Jean Charles-Picard.[11] Esses túmulos *ad sanctos* são constituídos seja por um simples sarcófago de superfície (*sursum*), sobreposto por uma inscrição conservada, como nesse caso, por um oratório numa igreja (Saint-Pierre). Esse oratório consiste de uma absídíola, um altar que contém as relíquias do santo *ad quem* o papa quis ser inumado, e um sarcófago, do qual Jean Charles-Picard supõe que podem ter sido enterradas apenas três quartos, de modo a deixar a tampa aparente. Aqui aparecem, portanto, dois casos: ou o papa é um santo canonizado, ou então não foi considerado como santo no momento da sua morte, mas sentiu, apesar de tudo, a necessidade de mandar erigir ainda em vida um túmulo visível e público (alguns desses túmulos foram posteriormente transferidos, porque já não eram bastante visíveis nos seus primitivos locais). Jean Charles--Picard vê nessa escolha do local e na forma da sepultura uma afirmação da autoridade pontifical. A *Memoria* de Mellebaude, no hipogeu das Dunes de Poitiers, não é essencialmente diferente desse modelo pontifical romano.

É impressionante, em especial no caso dos papas, a vontade de comemoração. A esse respeito, é instrutiva a inscrição funerária de São Gregório o Grande, muitas vezes reproduzida, inclusive na nota da *Légende dorée* [Legenda áurea] consagrada ao grande papa:

A. *Suspice, Terra, tuo Corpus de Corpore Sumptum*
Recebe, oh Terra, este corpo tirado do teu corpo

B. *Reddere Quod Valeas, Vivificante Deo.*
Que deverás restituir, quando Deus o fizer reviver.

C. *Spiritus Astra Petit, Leti Nil Supra Nocebunt,*
Sua alma ganha os astros [o céu], a morte nada pode contra.

---

qual só restavam fios de ouro e um agrafe, igualmente de ouro, que Mme. Jeanne de Lorraine (abadessa) deu de presente à rainha Maria de Médici [...] Puseram-se os três corpos santos em cofres e as suas cabeças nos relicários de prata dourada, feitos expressamente para esse fim". Christ, op. cit., p.20-1.

11 Picard, *Étude sur l'emplacement...*, op. cit.

D. *Cui Vitae Alterius Mors Magis Ipsa Vita Est.*
Aquele para quem a morte desta vida é a verdadeira vida.

E. *Pontificis Summi Hoc Clauduntur Membra Sepulchro*
Neste sepulcro está encerrado o corpo do Soberano Pontífice.

F. *Qui Innumeris Semper Vivit Ubique Bonis*
Que por seus inumeráveis benefícios vive sempre e por toda a parte.

Cada frase (A, B... F) desse texto expressa um tema interessante e significativo:

1. O tema do *Ubi sunt:* o retorno do corpo à terra (A). Mas esse tema é apenas indicado, sem insistência. O desenvolvimento da ideia se faz, antes, no sentido oposto.
2. De fato, imediatamente, o tema do retorno à terra é corrigido pelo da ressurreição prometida: *vivificante Deo* (B).
3. O tema da migração da alma ao céu (C) é oposto ao de retorno provisório do corpo à terra. Velha ideia, frequente nas inscrições cristãs como esta (século XI): *"Clauditur hoc tumulo Bernardi corpus in atro ipsius"* (este negro túmulo encerra o corpo de Bernardi) – referindo-se ao corpo – *"et anima deerat superna per astra"* (enquanto que a sua alma partiu para os astros, o mundo lá de cima) – referindo-se à alma.[12]
4. O tema paulino da morte vencida, vida mais verdadeira do que a vida terrestre, lugar-comum da escatologia tradicional (D); mas como o retorno à terra, também é, se não atenuado, pelo menos ampliado pela conclusão gloriosa da inscrição. Essa (F) vem depois da autenticação da sepultura (E) – de quem se trata?
5. *Qui innumeris semper vivit ubique bonis* (F). Um piedoso tradutor do final do século XIV[13] recuou diante do *vivit*, desviou-se: "cujos

---

12 Toulouse, Musée des Augustins, n.818.
13 O abade Roze, tradutor de *La Légende dorée*, publicada em Paris em 1900. Texto retomado pelas edições Garnier em 1967. Nota consagrada a São Gregório no tomo II da edição Garnier, p.231.

benefícios universais estão em toda a parte e sempre proclamados". Efetivamente, não foram apenas proclamados. Fazem viver o morto na terra como sua alma usufrui a vida no céu, *ad astra*.[14]

Eis, enfim, um túmulo posterior, do início do século XII, também de um grande personagem eclesiástico, Begon, que foi abade de Conques de 1087 a 1107. Ele foi, igualmente, acompanhado de uma inscrição, que diz:

1. A autenticação da sepultura: *Hic est abbas situs* [...] *denomine Bego vocatus* (Aqui se encontra o abade [...] de nome Begon). Não há data, e essa omissão é significativa: ainda não estamos na era histórica.
2. O elogio: um sábio teólogo (*divina lege peritus*), um santo homem (*vir Domino gratus*), um benfeitor da abadia: mandara construir o claustro.
3. Consequência dupla de sua virtude e de sua eficácia, o renome aqui na terra (*per secula*) e a vida eterna no céu (*in aeternum*): *Hic est laudandus per secula. Vir venerandus vivat in aeternum Regem laudando superum.*

Aqui a inscrição faz parte do túmulo, e é tão preciosa quanto ele. Trata-se de túmulo mural, um baixo-relevo que enquadra a inscrição, colocado sob um jazigo, no exterior da igreja, contra o muro sul do transepto (o lado mais procurado já pelos primeiros papas na primeira igreja de Saint-Pierre). A origem desse tipo de túmulo, muito antigo, é o sarcófago sob um *arcosolium*. Mas aqui já não existe sarcófago – o que não quer dizer que nunca tenha havido. Hoje temos a impressão, no entanto, de que aquilo que conta aqui é menos o corpo por si mesmo no sarcófago do

---

14 *Mens videt ostra*, diz uma outra inscrição – talvez contemporânea daquela de Gregório – exposta em Toulouse, de um certo Nymphius, autoridade na sua cidade. Mas essa imortalidade celeste, obtida pela *sancta fides* que dispersa as trevas, é acompanhada de uma imortalidade terrestre devida à fama (*fama*): "A fama (*fama*) justa levou-te aos astros (*ad astra*) e deu-te um lugar nas mais altas regiões do céu. Serás imortal (*immortalis* eris)", sem que se saiba bem de qual das duas imortalidades se trata, "porque o louvor manterá viva tua glória nas futuras gerações (*per venturas populos*)". É o *gloriam quaerere* da Antiguidade clássica que Salústio demonstrava em cabeçalho da sua obra, Catilina. Toulouse, Musée des Augustins, n.197.

que a placa comemorativa, isto é, o baixo-relevo sob o qual o corpo podia ter sido depositado, sem que isso tenha importância capital.

Esse baixo-relevo, sem dúvida encomendado pelo próprio Begon, representa o colóquio sagrado do abade no céu, e sua assunção. O Cristo está no meio, entre Begon e uma santa, que deve ser Sainte Foy, a padroeira do mosteiro. Dois anjos também estão representados: um coroa a santa, o outro estende as mãos sobre a cabeça tonsurada de Begon. Podemos observar que a inscrição faz o papel de um retrato que não é, aliás, o do homem da terra, mas a imagem de um *beatus*, de um santo, vivendo dali por diante numa eternidade bem-aventurada na corte celeste, louvando o Senhor (*Regem laudando*). Begon não é um santo canonizado, mas, como os papas não canonizados, é assim mesmo um verdadeiro *beatus*, um predestinado, assegurado, ao mesmo tempo, da salvação eterna e da fama terrestre. Não sendo um santo taumaturgo, um milagroso, já não é preciso expor-lhe o corpo ao contato dos outros. Por essa razão, ninguém se preocupará, em casos como o seu, com a localização exata do corpo, ao que se poderá ficar até mesmo indiferente. Em compensação, o personagem é importante, digno de renome, daí a necessidade de um tú-mulo comemorativo que se manterá, e que oportunamente será refeito, se o tempo o deteriorar: são frequentes os exemplos de túmulos veneráveis muito antigos, refeitos nos séculos XII e XIII.

As duas sobrevivências: a terra e o Céu

Com ou sem inscrições, com ou sem efígies, os túmulos que se man-tiveram até a alta Idade Média, respondem, portanto, a uma preocupação em *fazer memória*. Expressam a convicção de que existe uma correspon-dência entre a eternidade celeste e o renome terrestre, convicção talvez restrita então a alguns super-homens, mas que foi em seguida estendida e se tornará um dos traços da baixa Idade Média... para depois ressurgir nos séculos XIX-XX com os positivistas e românticos ao mesmo tempo. *La Vie de Saint Alexis* [A vida de Saint Alexis] reconhece que a eternidade do céu é "a glória mais durável", que um interesse bem intencionado convida a preferir a um renome exclusivamente mundano, mas ela não é de outra natureza. No céu, na *Chanson de Roland*, os bem-aventurados são os *gloriosos*.[15]

O santo nem sempre é de origem clerical: já foi mostrado[16] como Rolando se tornou um modelo de santo laico que se impôs ao mundo dos clérigos e à espiritualidade cristã. O santo feudal domina o ciclo arturiano. Trocas complexas entre culturas profanas e eclesiásticas conduziram, no século XI, a concepções da piedade e da santidade, em que se misturam valores que hoje consideramos propriamente religiosos e outros que nos parecem, antes, pertencer à terra e ao mundo. Até o século XVI pelo menos, a distinção é difícil. Encontramos aqui, sob outra forma, a ambiguidade das *aeterna* e das *temporalia* que descobrimos nos testamentos, nas *artes moriendi* e nos temas macabros. O mito da cruzada reanimou e exaltou a aproximação da cavalaria entre imortalidade e glória: "Ver-se-á agora quais são [os futuros cruzados] os que desejam ganhar o louvor do mundo e o de Deus, porque poderão obter um e outro lealmente".[17] "A honra e serviços prestados a Deus" não iam sem a "honra e a glória adquiridas para a eternidade". Os cruzados mortos "ganhariam o paraíso [...] e adquiririam um renome eterno, como tinham feito Rolando e os doze pares que morreram em Roncesvales a serviço de Deus".[18]

Os discípulos ascetas do *contemptus mundi* não escapavam ao contágio do culto cavaleiresco da glória. O autor de *Ubi sunt*, que poderia ter servido de modelo a Villon, concorda que nada resta aqui na terra dos homens ilustres de antanho. Mas tudo depende da origem da notoriedade! Os grandes escritores cristãos escapam a essa erosão do tempo porque eles possuem a "glória durável"! Assim, São Gregório o Grande, que "vive sempre e em toda a parte", como já o anunciava seu epitáfio, ainda é lido, diz Bernard de Cluny, "longe dos sucessos mundanos", na solidão dos retiros e dos claustros. "Sua glória [terrestre] não terá fim através dos séculos, o mundo cantará seus louvores e sua glória permanece

---

15 Malkiel, *L'idée de la gloire dans la tradition occidentale*. p.98; Jonin, op. cit., verso 2899.

16 Le Goff, *Culture cléricale...*, op. cit.

17 *Chant de croisades* (provençal) de Aimeric de Perguilhar apud Malkiel, op. cit., p.113.

18 *Récits de croisades* (provençal) conhecidos sob o nome de *Labran conquista d'Ultra Mar* apud Malkiel, op. cit., p.114.

e permanecerá. A pena de ouro e de fogo não morrerá e os tesouros que suas páginas encerram serão recolhidos pela posteridade."[19]

Essa relação entre as duas sobrevivências, a da escatologia e a da memória, vai durar muito tempo: atravessando a Renascença e os Tempos Modernos, permanecerá ainda perceptível no culto positivista dos mortos ilustres do século XIX. Nas nossas sociedades industriais, as duas sobrevivências foram simultaneamente abandonadas, como se fossem solidárias. E, entretanto, hoje nós as julgaríamos antes opostas; os militantes laicos e racionalistas do século XIX desejavam substituir uma pela outra, e sua opinião nos influencia sempre. Os homens da Idade Média, os da Renascença, bem como os da Antiguidade, as consideravam, pelo contrário, complementares.

Autores da Renascença elaboraram a teoria dessa ambiguidade perfeitamente consciente. Conhecemos alguns deles graças a A. Tenenti.[20] Porretane faz o dominicano Giambatista falar sobre o Paraíso. Segundo este último, a felicidade do Paraíso tem duas causas. A primeira é evidente: a visão beatífica, o face a face com Deus; mas a segunda é mais surpreendente para nós: a lembrança do benefício feito na terra, isto é, o renome, porque dificilmente se concebia que um benefício feito pudesse ter ficado completamente em segredo. É uma causa secundária (*praemium accidentale*), mas conta. Para o auditório laico do dominicano, as coisas são ainda mais simples: "o homem deve tentar tudo no mundo para conquistar honra, glória e renome que o tornem digno do céu e o levem, assim, a usufruir a paz eterna". "A maior felicidade será, pois", como escrevia outro humanista, G. Conversano, "ser célebre e dignificado neste mundo, e usufruir em seguida, no outro, a beatitude eterna".

A divisa do duque Frederico de Montefeltre, que ainda se pode ler nas marchetarias de seu *studiolo* de Urbino, expressa, num breve resumo, a mesma fé na passagem necessária da glória terrestre para a imortalidade celeste: *Virtutibus itur ad astra* (por ações gloriosas se vai ao céu). A fórmula não deixa de lembrar o epitáfio de Gregório o Grande; os próprios papas

---

19 Bernard de Cluny, apud Malkiel, op. cit., p.142.
20 Tenenti, *Il Senso...*, op. cit., p.21-47.

deviam também se impor pelas suas virtudes e seu prestígio, com eles queriam que seus túmulos o testemunhassem às gerações futuras.

Essa dificuldade de separar a sobrevivência sobrenatural do renome adquirido durante a vida terrestre provém da ausência de barreira entre o mundo do aquém e o do Além. A morte não separava completamente nem abolia totalmente. O pensamento racional e científico, como as reformas religiosas, protestante e católica, tentará, a partir do século XVI, dissociar as duas sobrevivências. Não terá êxito imediato: o barroco mediterrâneo conservou em plena Contrarreforma alguma coisa das antigas comunicações, de um lado e de outro da morte. Do mesmo modo, no puritanismo, o êxito terrestre permaneceu ligado à ideia de predestinação. Nas festas da grande Revolução Francesa, nos debates sobre os funerais e os cemitérios do Diretório e do Consulado, subsiste ainda um pouco desse elo, que se desfaz somente agora, em pleno século XX. Na prática comum, nos séculos XVI, XVII e mesmo XVIII, a comemoração do vivo não está separada da salvação de sua alma e é, na verdade, o primeiro sentido do túmulo.

A situação no final do século X

Eis, portanto, a situação que podemos imaginar, com base nas análises precedentes, no final da alta Idade Média, por volta dos séculos X-XI: o túmulo visível perdeu sua função escatológica em proveito do enterramento *ad sanctos*. Já não é necessário para a salvação do morto nem para a paz dos sobreviventes que o invólucro do corpo seja exposto publicamente, nem mesmo que seu lugar exato seja indicado. A única condição importante é o enterramento *ad sanctos*. Consequentemente os túmulos públicos e autenticados por inscrições desapareceram, salvo no caso dos santos (quando os monumentos deviam, então, coincidir com a localização do corpo) e no dos personagens mais ou menos equiparados aos santos (que nos mosaicos dos séculos VI-VII tinham auréola quadrada, e não redonda, e cujo monumento não coincide necessariamente com o corpo). São casos excepcionais.

Havia, assim, duas categorias de pessoas: uma compreendia a quase totalidade da população, para quem uma fé absoluta na sobrevivência prevalecia sobre a lembrança do corpo (confiado aos santos) e da vida terrestre, mas que tinha pouco a dizer e nada tinha feito de extraordinário. A outra compreendia os raríssimos indivíduos que tinham uma mensagem a proclamar; aqueles mesmos que eram representados com uma auréola redonda ou quadrada. Aqueles da primeira categoria não tinham túmulos, mas tinham confessado sua fé e sua certeza exigindo a sepultura *ad sanctos*. Os outros tinham direito aos túmulos que expressavam também a mesma crença escatológica, mas que, além disso, asseguravam a comemoração dos seus méritos excepcionais. Nesse último caso, o túmulo visível correspondia ao mesmo tempo a um ato escatológico e a uma vontade de comemoração.

Essa situação, que acabamos de resumir, poderia ter durado pelo menos tanto tempo quanto o enterro *ad sanctos* ou nas igrejas. Os progressos do materialismo, da secularização, do agnosticismo (seja qual for o nome que se dê a esse fenômeno da modernidade) teriam podido, nos séculos XIX-XX, substituir a velha crença na sobrevivência e manter, embora por outras razões, o anonimato das sepulturas comuns. Nesse caso, não teríamos tido, no século XIX, um culto de túmulos e cemitérios, e não teríamos hoje problemas administrativos de consumação dos corpos.

Mas as coisas não se passaram assim. A partir do século XI começa, pelo contrário, esse novo período longo e contínuo, durante o qual o costume do túmulo visível, e muitas vezes dissociado do corpo, torna-se mais frequente. A vontade de comemoração estende-se então dos grandes personagens ao mais comum dos mortais que, muito discretamente e muito progressivamente, procura sair do anonimato ao mesmo tempo que, entretanto, lhe repugna ultrapassar um certo limiar de ostentação, de presença realista – cujo limite será variável de acordo com as épocas.

O retorno da inscrição funerária

O primeiro fenômeno considerável e cheio de significado foi o retorno geral da inscrição funerária, que coincide aproximadamente com o desaparecimento do sarcófago anônimo, substituído pelo caixão de chumbo ou somente pelo amortalhamento, isto é, o enterro do corpo envolvido apenas no sudário. É no cemitério parisiense de Saint-Marcel[21] que se observa, por volta do século XII, o ressurgimento dessas inscrições desaparecidas desde a época paleocristã. Foi atribuído "ao renascimento do gosto antigo pelos epitáfios". Mas, como iremos ver, é somente no século XV, e principalmente no século XVI, que o estilo epigráfico imita voluntariamente o da Antiguidade. Os primeiros epitáfios medievais manifestam espontaneamente uma necessidade nova de afirmar sua identidade na morte, movimento quase contemporâneo do desenvolvimento da iconografia do Juízo Final e da obrigação religiosa de testar. Esse uso não se estendeu de uma só vez, esbarrou em resistências; o túmulo do século XII de um grande senhor eclesiástico como o abade de La Bussière, em Borgonha, observado por Gaignières,[22] ainda está marcado exclusivamente com o sinal de quatro cajados esmagando dois dragões, cujo simbolismo é, aliás, mais imperioso que o epitáfio. E muito tempo depois, quando o epitáfio se tornou frequente e começa a tagarelar, essa concisão arcaica foi mantida em certos túmulos, em especial de monges e de abades. Apesar dessa reserva, não é menos verdade que, em alguns séculos, se iria do silêncio anônimo a uma retórica biográfica, exata, mas por vezes abundante, ou até mesmo redundante, da breve nota de estado civil à história de uma vida, de uma discreta constatação de identidade à expressão de uma solidariedade familiar.

Primeiramente, ficha de identidade e oração

Os epitáfios mais antigos (os epitáfios comuns, não estou falando daqueles dos papas ou dos santos, que conservaram por mais tempo o estilo de epígrafe romana) são reduzidos a uma curta declaração de identidade e, por vezes, a uma palavra de elogio. Essa é, naturalmente, reservada a personagens importantes. É o caso dos bispos de Châlons, do

---

21 *Les anciennes églises suburbaines de Paris du IVe au Xe siecle, Mémoires de la Fédération des sociétés d'histoire de Paris*, 1960, p.151.

22 Gaignières, "Tombeaux", *Répertoire Bouchot*, B. 6950; Adhémar, op. cit., p.35-7 (túmulo do primeiro abade de Ardenne). A atribuição desses túmulos sem inscrição devia ser conhecida pela tradição oral no mosteiro.

século X ao século XII, enterrados na respectiva catedral, em 998 (*Hic jacet Gibuinis bonus epis*) ou ainda, em 1247 (*Fridus I Epis*);[23] de um abade de Citeaux de 1083 (*Hic jacet Bartholomeus quondam abbas loci istius*).[24]

Pouco depois juntava-se a data da morte ao nome (o ano e, também, por vezes, o mês e o dia), como numa laje conservada no museu de Colmar 22[25] (*Anno Domini MCXX, XI Kalendas Martii Obiit bone memorie Burcard miles de Gebbiswill* [...] *Fundator loci istius*), numa pequena pedra embutida no muro exterior da igreja de Auvillars, em Tarn-et-Garonne (*N. Marcii incarnationis MCCXXXVI obiit Reverendus Pater Delesmus Capellanus hujus ecclesiae*). É tudo.

Os primeiros esboços terminaram em certo estilo epigráfico que se encontrará ainda no século XIV e mesmo depois, apesar da concorrência de fórmulas mais redundantes inspiradas por outras motivações. Nos séculos XII e XIII, o epitáfio é quase sempre em latim: *Hic jacet N*, seguido da função (*miles, rector, capellanus, cantor, prior claustralis* etc.) *obiit* e terminado por uma fórmula que pode ter algumas variantes: *Hic requiescit, Hic situs est, Hic est sepultura, Ista sepultura est, Hic sunt in fossa corporis ossa, In hoc tumulo, Clauditur corpus* (mais raro e mais precioso).

No século XIV, essa formulação persiste, mais frequentemente em francês (o latim voltará com força no fim do século XV e no século XVI), e dá toda espécie de variações em torno do *Cy-gist* [Aqui jaz]: "Aqui jaz a venerável e discreta pessoa N que faleceu no ano da graça"; "Aqui jaz nobre e prudente cavaleiro"; "Aqui jaz sapateiro burguês de Paris"; "Aqui jaz taberneiro burguês de Paris". Tinham como conclusão um acréscimo piedoso em francês ou em latim: *"Qui migravit ad Dominum"* (1352), ou *"Anima gaudeat in Christo tempore perpetuo"* (1639), *"Anima ejus requiescat in pace"* (banal), "Deus tenha sua alma, Amém", "Deus por sua graça lhe conceda perdão dos pecados, Amém", "Deus tenha sua alma, Amém", "Rezemos a Deus que dele se lembre" etc.

---

23 Gaignières, "Tombeaux", *Répertoire Bouchot*, B. 6696, 6698.

24 Ibid., B. 2273; Adhémar, op. cit., p.11, n.2.

25 Colmar, museu de Unterlinden, pedra tumular do cavaleiro Burchard de Guiberschwihr, fundador da abadia de Marbach, catálogo 1964, p.24, n.7.

Philippe Ariès

Interpelação ao passante

Até o século XIV, o epitáfio comum era composto, portanto, de duas partes. Uma, a mais antiga, é uma nota de identidade que contém o nome, a função – acompanhada, por vezes, de uma breve palavra de elogio – e a data da morte. Na maioria das vezes, termina sem informar a idade nem a data de nascimento. A segunda parte, frequente no século XIV, é uma oração a Deus pela alma do defunto: a salvação da alma do cristão enterrado *ad sanctos* já não está tão segura quanto o era nos períodos precedentes e na alta Idade Média. A oração é inspirada por uma preocupação contemporânea do julgamento particular e das fundações testamentárias.

Essa oração aparece, de início, como a prece anônima da Igreja. Mas redigida quase sempre em pedra e em cobre, no solo e nos muros, destina-se a ser rezada por qualquer um: solicita um diálogo entre o autor defunto e aquele que a lê. Na realidade, uma comunicação se estabelece nos dois sentidos; em direção ao morto, para o repouso de sua alma, e a partir do morto, para a edificação dos vivos. A inscrição torna-se, então, uma lição e um apelo. Desde o século XII aconteceu, ainda que raramente, que os epitáfios das sepulturas eclesiásticas – redigidos, portanto, por clérigos, às vezes pelo próprio defunto – tenham sido formulados como um convite piedoso aos sobreviventes a compreenderem melhor, por uma coisa vista, a grande lição paulina da morte. É a antiquíssima tradição do *contemptus mundi* e do *memento mori*, que temos demasiada tendência a limitar às épocas "macabras" do final da Idade Média.

Também o escritor-defunto interpela diretamente o sobrevivente. Um cônego de Saint-Étienne de Toulouse, morto em 1177, o chama *lector* e lhe diz: "Se queres ver o que fui outrora, e não o que sou agora, tu te enganas, ó leitor que desdenhas viver segundo o Cristo. A morte é para ti uma vantagem, se ao morrer entrares na felicidade da vida eterna".[26]

Existia antigamente no claustro de Saint-Victor, em Paris, uma inscrição quase contemporânea de um médico do rei Luís VI, morto entre 1130 e 1138, que expressa o mesmo sentimento: segundo o mesmo processo,

---

26 Toulouse, Musée des Augustins.

interpelando diretamente o passante (*qui transis*), confessa a vaidade da medicina aos olhos de Deus, desejando, todavia, que ela seja a medicina de sua alma, e acrescenta: "O que nós fomos, tu o és agora, e o que somos, tu o serás". É tudo, e é banal.[27]

Nesses dois textos do século XII, como se notará, o defunto, ou quem escreve por ele, não solicita as orações do passante. Ele é apenas convidado a meditar sobre a morte e a se converter.

O tema persistiu. Nós o encontramos, entre outras vezes, no cemitério de Saint-Sulpice, num túmulo de 1545, assinalado por Sauval.[28] Trata-se de um estudante frisão de 23 anos, morto em Paris, longe de sua pátria. "O que eu fui, esta minha efígie como jazente o mostra. O que sou — ao que eu saiba, a poeira dispersa te ensinará." Depois de uma confissão de fé que resume a doutrina (sobre o pecado original, a encarnação, a ressureição dos corpos), ele convida o passante a se converter: "Para que tu te mortifiques e Deus te vivifique".

Encontrar-se-á, mas de modo menos desenvolvido, esse mesmo apelo à conversão nas inscrições do século XVII.

No século XIV, aparece outro tema. O morto não se dirige ao vivo exclusivamente para convertê-lo, mas, antes, para dele obter uma oração de intercessão, graças à qual pretende escapar à condenação ou aos suplícios do Purgatório. Daí esse epitáfio-mural de um Montmorency, morto em 1387, e enterrado na igreja da Taverny:

Bonnes gens que parcy passés,
De Dieu prier ne vous lassés
Pour l'âme du corps que repose cy dessous.[29]

(Observemos o cuidado em distinguir a alma do corpo, o que constitui fato novo nesse gênero de literatura nos séculos XIII e XIV). Vem em seguida a nota do estado civil, acompanhada do curto elogio tradicional:

---

27 Raunié, op. cit.
28 Sauval, op. cit., t.I, p.415.
29 [Boa gente que por aqui passais, / Não vos canseis de rezar a Deus / Pela alma do corpo que repousa aqui embaixo.] (N. T.)

Homme fut de grant dévocion
Bouchard du Ru si fut son nom
Là trespassa comme l'on scet
MCCCIII^{xx} et sept, 25 jour d'otobre,
Prions Dieu que de lui se remembre. Amen![30]

Essa ficha de identidade do fim do século XIV ainda não dá a idade do defunto.

Mas quem é, então, esse passante? Homens do século XX, preservemo-nos aqui de um grande contrassenso. O passante não é, como ficaríamos tentados a imaginar de acordo com a nossa própria prática, um parente, um amigo, um familiar do defunto, que o conheceu, que lamenta a sua morte, chora por ele e vem visitar seu túmulo. Esse sentimento é absolutamente desconhecido até o fim do século XVIII. O interlocutor do morto é realmente um passante ("que por aqui passais", *qui transis*), um estranho que atravessa o cemitério ou entra na igreja para fazer suas devoções, ou porque é o seu caminho ou porque a igreja e o cemitério são lugares públicos e de encontro. É por essa razão que os testadores procuram para suas sepulturas os locais ao mesmo tempo mais sagrados e mais frequentados. É assim que em Saint-André-des-Arts, em Paris, encontramos este epitáfio de um velho, morto com 83 anos em 1609: "Desejou que no dia de seu falecimento fosse posto em sepultura perto do Santíssimo Sacramento" (a capela do Santíssimo Sacramento, a grande devoção da Contrarreforma). Certamente tivera em vida, como ele próprio lembra, "uma inteira e singular devoção pelo precioso corpo de N. S.", mas tinha ainda outra razão: "a fim de obter misericórdia pelas orações dos fiéis que se prostram e se aproximam desse Muito Santo e Venerável Sacramento e ressuscitar com eles em glória."[31]

---

30 [Homem foi de grande devoção / Bouchard du Ru foi o seu nome / Ali trespassou como se sabe / MCCCIII^{xx} e sete, 25º dia de outubro / Peçamos a Deus que dele se lembre. Amém!] (N. T.)

31 Raunié, op. cit., t.I.

O homem diante da morte

"Diante do crucifixo", nota Sauval, "encontrei [em Saint-Jean-en--Grève, em Paris] o epitáfio que se segue: Para, passante, aqui repousa um homem nobre [morto em 1575]. Passante, reza por ele".[32]

Aqui o passante é um devoto. Pode ser apenas um perambulante e um curioso:

O toy passant, qui marche sur leurs cendres
Ne t'ébahis...
Voys passant, je te prie, la noble sépulture.[33]

Devem-se, a esse passante indiferente, algumas explicações por certas particularidades do túmulo ou da vida do defunto, e lhes são então dirigidas essas palavras não apenas para solicitar orações, mas para contar-lhe uma história, uma biografia, supondo que ele se interesse por ela, que seja capaz de guardá-la na memória e reproduzi-la; assim se inicia o circuito da fama.

Nos séculos XIII e XIV, o epitáfio já nem sempre tem a extrema concisão dos de meados da Idade Média; torna-se mais longo e mais explícito, embora sem exagero, como o do bispo de Amiens, Évrard de Fouilloy, morto em 1222, cujo túmulo na catedral de Amiens é uma das obras--primas da arte funerária medieval:

"Ele alimentou o seu povo. Ele estabeleceu as bases deste edifício." "A cidade foi confiada aos seus cuidados." "Aqui repousa Eduardo, cujo renome esparge o perfume do nardo." "Ele teve piedade das viúvas aflitas. Foi o guardião dos abandonados. Foi cordeiro com os mansos, leão com os grandes, licorne com os soberbos."

Longo relato comemorativo e biográfico de virtudes heroicas e morais

Neste texto, mais desenvolvido do que de hábito, pois se trata de um grande e venerado personagem, encontra-se ao mesmo tempo a tradição

---

32 Saint-Jean-em-Grève; Sauval, op. cit.

33 [Oh tu, passante, / que caminhas sobre suas cinzas / Não te espantes... / Olha, passante, eu te peço, para a nobre sepultura.] (N. T.)

da epigrafia paleocristã e o uso de fórmulas de elogio que se tornarão depois correntes. É essa tendência à eloquência e ao longo desenvolvimento que caracteriza a epigrafia mais aparente dos séculos do período pré-revolucionário, do século XV ao XVIII. (Estudaremos, na terceira parte, e num outro contexto, a tendência simultânea à simplicidade, que se manifesta nos dois extremos da escala social, junto aos poderosos ávidos de humildade e entre os pequenos artesãos ou lavradores, que timidamente entram no ciclo da morte escrita.) No século XIV, essa eloquência toma a forma de exortação piedosa, espécie de paráfrase das orações pelos mortos. O latim é mais redundante e palrador, o francês mais raro e principalmente mais conciso. Citarei esta inscrição de um Montmorency na igreja de Taverny:

"Aqui está enterrado (*tegitur et sepelitur*) o cavaleiro Philippe,[34] que, como se sabe (*pro ut asserituri*), é famoso por sua honestidade (*probitatus*). Abre-lhe o céu, Juiz que decides (*diceris*) da conservação de todas as coisas, e a este ser miserável (*miseri*) digna-te conceder a tua misericórdia, ó Rei que és pai [...]" Não se trata aqui de um clérigo nem de personagem ilustre, mas de um cavaleiro (*miles*) dado como exemplo por sua *probitas*. Na verdade, o prolongamento da inscrição depende primeiramente das virtudes mais extraordinárias, que são, então, atributos da santidade ou da nobreza.

Ocasionalmente a partir do século XIV, e constantemente no século XV, outro caráter original aparece na epigrafia funerária: à data da morte, que é de uso antigo, acrescenta-se a idade do defunto. A partir do século XVI, essa prática se generalizou – salvo em alguns túmulos de artesãos muito recentemente "promovidos" a mortos visíveis e falantes. Corresponde a uma concepção mais estatística da vida humana, definida mais pela duração do que por sua atividade, concepção típica das nossas civilizações burocráticas e técnicas.

Finalmente, a partir do século XV, um último traço vem completar a ficha de identidade dos séculos XIII-XIV: ela já não é apenas individual. No século XV, e principalmente nos séculos XVI e XVII, torna-se

---

34 O nome grego de Philippe foi introduzido na França por Arme de Kiev. (N. A.)

comum a toda a família; associa ao primeiro que morrer seu cônjuge e filhos, ou, quando é jovem, seus pais. Trata-se de um fenômeno novo e extraordinário, que consiste em afirmar assim publicamente sobre um túmulo visível uma relação familiar, até então negligenciada nesse momento supremo da verdade. As inscrições tornam-se, cada vez mais, coletivas; eis aqui um exemplo tomado de uma pedra embutida no muro exterior de Notre-Dame de Dijon; traz gravada uma inscrição, sem dúvida a pedido da mãe, última sobrevivente de uma família dizimada por algumas pestes: "Aqui embaixo jazem N, que trespassou no dia 27 do mês de outubro de 1428", sua mulher, que morreu no dia 28 de junho de 1439, e, entre essas duas datas extremas, dois filhos arrebatados em setembro e outubro de 1428, pelo mesmo mal que levou o pai, e depois outra filha em 1437, sem contar "vários de seus filhos", cujo detalhe não se impunha. E a lista – sem comentários biográficos – termina pela invocação banal: "Deus tenha as suas almas, Amém".

Todos os elementos formais da literatura epigráfica estão daí por diante reunidos: a ficha de identidade, a interpelação do passante, a fórmula piedosa e em seguida o desenvolvimento retórico e a inclusão da família. Esses elementos vão se desenvolver amplamente nos séculos XVI e XVII.

A exortação piedosa, antigamente reduzida a algumas palavras ou a algumas linhas, torna-se, no século XVI, o relato edificante da vida do defunto. No convento dos Grands Augustins de Paris, Anne de Marle dá o exemplo de uma boa morte numa idade ainda jovem:[35]

> Morte importuna [...] anunciou-lhe a partida da sua vida [começa com uma dança macabra!] No ano de sua idade apenas oito e vinte [a idade aparece com um elemento importante do relado que se torna biográfico] / Além de sem respeito ao lugar de onde ela veio / E desprezando a glória que se tem / Neste mundo terreno [glória legítima que dá às pompas fúnebres a sua razão de ser] essa Anne ordenou / Que seu corpo fosse posto entre os pobres [eis o ato de humildade notável que convém registrar em

35 Raunié, op. cit.

Philippe Ariès

material imperecível] / Nessa cova [ela não estava, portanto, enterrada no local do epitáfio, colocado na cabeceira da igreja, mas na vala dos pobres, no cemitério. Aqui termina o relato piedoso e exemplar. Agora começa a interpelação ao passante, que toma o aspecto de sermão um pouco familiar]. Ora, rezemos, queridos amigos / Que a alma seja posta entre os pobres / Que bem-aventurados são cantados na Igreja.

Anne de Marle morreu a 9 de junho de 1529.

Nos séculos XVI e XVII – como podemos ver através desse exemplo, escolhido entre muitos outros – o epitáfio torna-se o relato de uma história, por vezes curta, quando o defunto é jovem, por vezes longa, quando morreu velho e célebre.

Nos séculos XVI, XVII e no início do século XVIII, o epitáfio é, com muita frequência, um verdadeiro relato biográfico para a glória do defunto, que se assemelha à referência de um dicionário de celebridades, mostrando, de preferência, o destaque das citações militares, pois as notas já não são reservadas somente aos homens da Igreja (esses, pelo contrário, tornam-se cada vez mais discretos nesse período da Contrarreforma); são muitas vezes consagradas às ações brilhantes, e aos grandes serviços dos homens de guerra. Os únicos clérigos que seguem essa moda secular de literatura funerária são também soldados, os cavaleiros de Malta. É preciso, então, imaginar as inscrições que cobrem o chão e os muros das igrejas e dos carneiros como páginas de um dicionário de biografias ilustres, uma espécie de *Who's who* [Quem é quem],[36] expostas à leitura dos passantes. Os guias de viagem impressos os assinalam, aliás, como curiosidade a visitar.

Maltratados pela vida, alguns encontravam ali a ocasião de corrigir, por um protesto solene, as injustiças da sorte. É assim que Pierre Le Maistre (1562) diz, em Saint-André-des-Arts, em Paris:[37]

---

36 Espécie de enciclopédia britânica, publicada pela primeira vez em meados do século XIX, que contém nomes e breves descrições de importantes personagens da cultura, política e ciências. Na primeira metade do século XX, figurar no *Who's who* era considerado motivo de prestígio, sendo que muitos cobiçavam uma citação.

37 Raunié, op. cit.

O homem diante da morte

Dessoubs l'ombre sacré de cette pierre dure,
Vois, passant, je te prye, la noble sépulture
D'un serviteur de Dieu, de Justice et de Foy,
Notaire et secrétaire et greffier d'un grand Roi [...] [38]

Só encontrara ingratidão:

[...] *Et pour tout son labeur n'a conquis en tous biens*
Qu'un éternel oubly pour luy et pour les siens,
Qu'un éternel oubly, une vaine espérance,
Et qu'une mort enfin pour toute récompense. [39]

Mas a injustiça dos grandes não pôde apagar o brilho de uma reputação que se devia exclusivamente às suas virtudes, mesmo que essas não fossem devidamente reconhecidas pelos seus patrões. Guarda para si "o nome de homem de bem". Permanece para sempre:

[...] *Riche de cette gloire*
Qui grave dans le ciel à jamais sa mémoire,
Riche de ce beau nom qui surmonte l'effort
Désormais du Tombeau, du Temps et de la Mort. [40]

O defunto pretende uma glória que os homens lhe recusaram em vida, mas que a virtude e a reputação dessa virtude lhe asseguram depois da morte, e que seu epitáfio testemunha publicamente.

---

38 [Debaixo da sombra sagrada desta pedra dura, / Vê, passante, eu te peço a nobre sepultura / De um servidor de Deus, da Justiça e da Fé, / Notário, secretário e escrivão de um grande Rei [...]] (N. T.)

39 [E por todo o seu trabalho não conquistou entre todos os bens / Senão um esquecimento eterno por ele e pelos seus, / Um esquecimento eterno, uma vã esperança, / E uma morte enfim por toda recompensa.] (N. T.)

40 [[...] Rico dessa glória / Que grava no céu para sempre sua memória, / Rico desse belo nome que supera o esforço / No futuro do Túmulo, do Tempo e da Morte.] (N. T.)

Esse tipo de inscrição amarga é raro. Em contrapartida, o epitáfio heroico é muito frequente, em especial no século XVII, por causa das numerosas mortes na guerra, sob Luís XIII e Luís XIV, e nas batalhas contra os turcos. O chão da igreja de Saint-Jean de La Valette está coberto de citações da ordem da cruzada! Apesar das provações da Revolução e das restaurações arqueológicas e eclesiásticas, os muros de nossas igrejas francesas ainda conservaram algumas. Os locais de epitáfio estão cheios; era a glória da nobreza e da nação francesa, primeiro esboço individual dos monumentos aos mortos da guerra.

Na igreja do convento dos Celestinos, em 1601, a capela de São Martinho foi concedida a Marguerite Hurault (a família dos castelães de Cheverny) para ali mandar enterrar seus pais "e ali fazer todos os epitáfios e melhoramentos que a dita senhora considerar oportunos".[41] Por ocasião da sua morte, o marido observou "que na citada capela de São Martinho não havia qualquer epitáfio, efígies, armas, nem outros sinais e marcas de honra", de sua família, "e tendo desejado remediar a situação e prestar testemunho visível [...]", mandou colocar uma inscrição que resume a história da família: "Em honra e memória da família dos senhores de Rostang, de Alleyre e de Guyenne, e de suas alianças, citadas no oratório desta capela, antepassados dos [...]". Segue-se longa enumeração de alianças desde o reinado de Francisco I, uma espécie de genealogia desenvolvida com comentários e que, apesar de tudo, é incompleta: "Havendo ali ainda muitas outras pessoas de grande consideração deste reino, que são parentes próximos do citado senhor e senhora de Rostang, Robertet e Hurault."

No mesmo convento, na capela de Gesvres,[42] o epitáfio do túmulo de Léon Potier, duque de Gesvres, par de França,[43] morto no dia 9 de dezembro de 1704, é constituído de três partes. A primeira é a ficha de identidade do defunto, muito completa, pois compreende os nomes de seus ascendentes: terceiro filho de René, duque de Tresnes, e de Madame Marguerite de

---

41 Id., t.2, p.364-5.

42 Ibid.

43 Os pares de França eram conselheiros reais escolhidos pelos monarcas.

O homem diante da morte

Luxembourg. A segunda parte é o relato de suas ações brilhantes: dizem-nos que em 1665 teve dois cavalos mortos debaixo dele em Nordlingue, que foi feito prisioneiro, que "encontrou o meio de escapar [...], de se reunir à sua companhia e voltar ao posto". Citam-se os seus regimentos, suas patentes, capitão da guarda dos corpos, tenente-general – "Serviu depois em todas as ocasiões". Uma verdadeira nota necrológica de jornal oficial. A terceira parte é consagrada à fundação da capela da família nos Celestinos; nós a utilizaremos mais adiante.

Os jovens de Gesvres mortos em combate têm direito a um túmulo *sem aqui jaz* (foram enterrados no próprio local, ou então não se encontraram os seus corpos), com uma inscrição em sua honra: "Em louvor de Deus dos exércitos [já!] e à memória do marquês de Gesvres. Passante, tens diante dos olhos a figura de um gentil-homem cuja vida foi tão aprimorada que é impossível que sua morte não fosse gloriosa". História dos seus feitos de armas, combates de que participou:

em disputas do céu ofendido [os Huguenotes] e para vingança da realeza desprezada [as revoltas] [...]. Esse homem valoroso morreu de armas na mão [...], carregado de louvores de sua pátria e coberto com a terra dos inimigos [por ter sido amortalhado sob as ruínas de um bastião minado em Thionville]. Passante, um grande guerreiro poderia ter sepultura mais honrosa? Se tu és francês [esse apelo ao patriotismo francês tem um tom perfeitamente contemporâneo, comparável ao dos séculos XIX e XX!], verte lágrimas por um cavaleiro que deu todo o seu sangue pela grandeza do Estado e que morreu aos 32 anos, com 32 ferimentos [maravilhosa coincidência!]. É o que ele pede, piedade, já que, aliás, está contente com o seu destino [...]. Rezarás pela sua alma, se a tua for sensível às belas ações.

Morreu em 1643, mas o epitáfio deve ter sido composto mais tarde, na segunda metade do século, por seu filho, fundador da capela e do mausoléu da família. Este mandou acrescentar os epitáfios de dois filhos: um, François, cavaleiro de Malta, foi a Malta na idade de 17 anos para ali preparar suas caravánas [...]. Foi um dos primeiros a subir ao assalto, quando os cristãos se tornaram senhores da cidade de Caron, tendo sido na tomada dessa praça importante que encontrou morte gloriosa para sua memória [...]. Encontraram-lhe o corpo entre os mortos, tendo ainda na mão a espada enfiada no corpo de um oficial turco estendido a seu lado. Teve a recompensa que sempre desejou, morrer pela fé de Jesus Cristo, o que ocorreu no ano de 1685, com 21 anos.

O outro filho era Louis "que, a exemplo dos seus ilustres antepassados, passou a curta vida a serviço das armas, e por fim sacrificou-se feliz, servindo ao seu Rei". O epitáfio relata suas campanhas, as ações "em que deu provas de valor heroico e de experiência consumada", e a morte no ataque de Oberkirch: "Foi ferido por dois tiros de mosquete, devido aos quais morreu no dia 18 de abril de 1689, com a idade de 28 anos. Como sempre se conduzira com muita prudência e piedade, entregou a alma com a disposição de um verdadeiro cristão e com total resignação à vontade do Criador, mas lamentado por todos".

Esses grandes feitos de armas foram sem dúvida os que a epigrafia funerária melhor celebrou na França belicosa dos séculos XVI e XVII. Mas as inscrições comemorativas perpetuavam também, embora mais discretamente, existências mais modestas: carreiras diplomáticas, conhecimento das *boni artes,* erudição *in utroque jure*; as igrejas de Roma estão cheias delas, que vão do século XV ao XVIII. Algumas são muito longas, como as dos gentis-homens franceses. Muitas são mais concisas. O acaso permite, por vezes, observar, numa igreja francesa que sobreviveu aos iconoclastas, alguma inscrição que devia ser banal em seu tempo, de um oficial de justiça orgulhoso de sua carreira, como esta, na igreja de Saint-Nicolas de Marville (Meuse), sobre um pilar do coro:

> Aqui jaz honrado senhor [...] de Goray, escudeiro preboste para Suas Altezas Sereníssimas de Marville, o qual depois de ter servido fielmente ao falecido imperador Carlos V e a Felipe seu filho, rei das Espanhas, pelo espaço de trinta anos, em belos e honrosos cargos, tanto nas viagens à África e nas guerras dos Países Baixos, como em outras partes, escolhem esta cidade

O homem diante da morte

[de Marville] para retiro dos seus avançados anos, onde morreu no dia 11 de novembro de 1609, tendo deixado para a irmandade do Santo Rosário a soma de mil francos. Rezem a Deus por ele.

Junto ao muro da igreja de Saint-Ayoul em Provins, eis o elogio póstumo de um artesão, escultor e marceneiro ebanista, realizado pela família e por seu companheiro:

Aqui jaz o honorável Pierre Blosset, natural da cidade de Amiens, em vida Mᵉ [mestre] escultor de madeira, pedra e mármore, que pouco tempo antes da sua morte fez todas essas belas obras que veem [sempre a solicitação ao passante, ao visitante curioso, como também ao devoto] nesta igreja e em outros lugares. Tendo em seguida N. Senhor o chamado na idade de 51 anos, no dia 25 de janeiro de 1663, para recompensá-lo com a felicidade dos bem-aventurados [e o Purgatório?], vistos os cuidados que ele prestou durante o curso de sua vida à decoração dos templos. Ele vos suplica, passante [desta vez, o curioso é convidado a orar pelos mortos], considerando estes belos edifícios, a se lembrar dele em suas orações, pelo menos dizer-lhe um *Requiescat in pace*.

Desse modo, a fidelidade de um modesto oficial de justiça, a consciência profissional e o talento de um bom artesão, quase tanto quanto a coragem e a santidade, mereceram em pouco tempo a inscrição nesse quadro de honra espontâneo, que os epitáfios constituíam no chão e nos muros das igrejas.

E eis que aparece também, em pleno século XVI, a honestidade conjugal. Por ser sempre exigida das mulheres, não lhes tinha valido até então glória póstuma. A felicidade conjugal inspira essa inscrição a esposos felizes em 1559 (Saint-André-des-Arts):

Celuy qui fut d'un coeur net et entire
Repose ici, maistre Mathieu Chartier [...]
Jehane Brunon pour femme il épouza
Qui chastement près de luy reposa,

Et cinquante ans [uma duração excepcional!] *l'un à l'autre fidelles,*
Eurent un lict sans noises ny querelles[44]

e dita este epitáfio a um marido, em homenagem a sua mulher enterrada na mesma época na *Ave Maria:*

Ici pour dernière Maison
En repos le corps mort habite
De Mary de Tison
Attendant qu'il ressuscite.[45]

E enfim a nota biográfica e o elogio da virtude doméstica:

D' Augoumois, du lieu de Faiolle
Vint en Bourbonnais mary prendre [precisão geográfica]
Qui jamais en faict ne parolle
Rien cognut en elle à reprendre.
En ce lit de soit vit descendre
Un seul fils [encontra-se ainda com bastante frequência nas inscrições do século XVI a indicação insistente de filho único], *beau, sain et prospère,*
Qu'elle laissa en âge tendre
A Pierre de Chambrod son père[46]

As inscrições não existiam apenas sobre os túmulos de pedra ou de cobre; ou antes, existem túmulos em lugares outros que não igrejas e

---

44 [Aquele que foi de coração limpo e inteiro / Repousa aqui, mestre Mathieu Chartier [...] / Jehane Brunon por mulher desposou / Que castamente perto dele descansou, / E cinquenta anos um ao outro fiéis, / Tiveram um leito sem discórdia nem disputas.] (N. T.)

45 [Aqui por última morada / Em repouso, o corpo morto habita / De Mary de Tison / Esperando que ela ressuscite.] (N. T.)

46 [D'Augoumois, da localidade de Faiolle / Vem ao Bourbonnais tomar marido / Que jamais em fatos ou palavras / Nada conheceu nela a censura. / Nesse leito dela própria viu descer / Um só filho, belo, são e próspero, / Que ela deixou em tenra idade / A Pierre Chambrod seu pai.] (N. T.)

O homem diante da morte

cemitérios, feitos de outro material, mais espiritual que os materiais duros; não mais gravados, mas impressos ou simplesmente escritos para o próprio, chamados também de *tombeaux* [túmulos]. Compor o seu próprio epitáfio era uma maneira de meditar sobre a morte no século XVI: "Fechei [o pequeno epitáfio que me fiz] numa das gavetas da grande escrivaninha do meu gabinete", relata Pierre de l'Estoile no seu diário, "onde está o papel do meu falecido pai e o meu [o papel? Trata-se do testamento?] e as revoluções do meu planeta [acreditava-se seriamente em astrologia]."

O epitáfio do mesmo l'Estoile é um exercício religioso, enfeitado com um jogo de palavras sobre Stella-l'Estoile (*Anima ad coelum, stellarum domum*); talvez se destinasse, um dia, à gravura.

Outros epitáfios eram reservados à publicação, como uma das formas clássicas de elogio póstumo. É por essa razão que são chamados "túmulos literários". Em 1619, os jesuítas de Pont-à-Mousson publicaram um "túmulo" composto de obras latinas e de algumas obras francesas em memória de um jovem professor da ordem, morto enquanto pensionista dessa comunidade. O livro intitula-se: *Lachrymae convicti* [de um pensionista] *Mussipontani in obitu nobilissimi adulescentis F. Claudii Hureau.*

Era um bom discípulo: ganhava todos os prêmios [*proemia*],

> Tão numerosos como os prêmios pouco antes recebidos no meio dos jovens discípulos de Pallas, tão numerosos como as guirlandas reservadas à tua fronte erudita, eis que, triunfante entre os seres do alto graças a uma santa morte [*superos inter sancta nunc morte triumphans*], tu possuis prêmios eternos da alma não vencida. Por que, crianças [*pueri*, também os jovens de hoje], limitar vossa habilidade às honras humanas [todavia legítimas e necessárias]? Preludiai pelos vossos prêmios a visão de Deus.[47]

A salvação eterna não é incompatível com a glória mundana. Muitas vezes são associadas, mas não caminham necessariamente uma ao lado da outra; a literatura epigráfica dos séculos XVI e XVII mostra bem, ao mesmo tempo, a persistência da antiga correlação e um início de separação dos

---

47 Marmier, Sur quelques vers de Lazare de Selve, *Revue du XVIIᵉ siècle*, n.92, p.144-5.

dois domínios. Separação que abre – ou entreabre – talvez a porta à secularização contemporânea... A celebridade já não é a via infalível da imortalidade na terra e no céu: sabe-se muitíssimo bem que, por vezes, a trombeta da fama, contudo levantada nos grandes túmulos da época (século XVI – início do XVII), soa ou se cala fora de hora. Todavia, a confiança na autenticidade da glória mundana é ainda de tal ordem que esses erros dos vigários humanos, encarregados de proclamar o bem e a honra, não condenam ao esquecimento os que foram golpeados pelo seu injusto silêncio. A reputação de um homem de bem se impõe, apesar de tudo, e começa-se mesmo a duvidar do avanço do julgamento daqueles que até então tinham sido admitidos como seus "definidores" incontestes. "A celebridade e a fama" impõem-se por si mesmas, sem o socorro da eloquência dos homens – salvo a da epigrafia. Mas trata-se, então, do que se poderia chamar um *antiepitáfio*.

Um quadro de 1559, de Saint-André-des-Arts, expressa claramente esse orgulho na humilhação ou na humildade:

O toy, passant, qui marches sur les cendres [dos esposos Chartier]
Ne t'esbahis ne voyant icy pendre
Des grands piliers de marbre parien
Élabourez d'ouvrage phrygien,
Si tu ne voys icy grand rang de colonnes.
Tels vains honneurs sont bons pour les personnes
De qui la mort efface le renom
Et faict périr la gloire avec le nom.
Mais non de ceux dont les vertus suprêmes
Après la mort les tont vivre d'eulx-mesmes.
Voire et je veulx encore t'advertir
Qu'on ne debvrait un tombeau leur bastir
Faict d'art humain, puisque la renommée
Leur sert icy d'une tombe animée [isto é, com efígies].[48]

---

48 [Oh tu, passante, que caminhas sobre as cinzas / Não te espantes, não vendo aqui
  pender / Dos grandes pilares de mármore de Paros / Elaborados de trabalhos frígios,

O homem diante da morte

Ao mesmo tempo que os méritos e as celebridades se expandem sobre as paredes dos locais fúnebres, como nas páginas de um livro de ouro, insinua-se a ideia de que a verdadeira glória é oposta a essa demonstração. No século XVII, a convicção torna-se bastante forte para que se recusem comentários palradores e indiscretos: prefere-se o silêncio simples do nome. Não é exatamente a verdadeira humildade da valsa dos pobres, ou pelo menos não é assim que ela é interpretada pelos sobreviventes. Um florentino do século XVII pedira no seu testamento [*suprema voluntas*] que somente seu nome figurasse sobre o túmulo (no chão). Mas seu herdeiro, por piedade [*pius*], não teve coragem, e erigiu-lhe, apesar disso, um belo busto que subsiste ainda em San Salvatore del Monte com a inscrição, onde confessa sua incapacidade de seguir o testador em sua máxima humildade, que ignorava ingenuamente o quanto era inútil, já que era célebre mesmo sem o saber: "Ele ignora [*nescius*] que, para obter *fama e glória*, seu nome bastava, ou então nada mais seria suficiente, *nihil satis*".

Portanto, não há dúvida: do século XV ao XVII, vemos se afirmar a vontade do defunto ou de seus herdeiros e parentes de aproveitar o túmulo para impor à posteridade a lembrança de sua vida e de atos gloriosos ou modestos. Essa vontade aparece nas longas inscrições que já comentamos. Mas aparece também nos epitáfios simples e breves, em muito maior número do que os precedentes (quase todos desapareceram porque não interessavam aos genealogistas, nem aos historiadores, nem aos artistas). Esses epitáfios permaneceram fiéis, do século XVI ao XVIII, à aridez medieval. Todavia, uma palavra volta muitas vezes, o termo *mémoire*: "À perpétua memória de..." "À eterna memória de..." Sem dúvida, a palavra não é nova. Assim como *monumentum*, ela pertence à língua da epigrafia funerária romana. Mas o cristianismo, tomando-a para si, desviou-a para um sentido escatológico: a memória designava o túmulo dos mártires, ou então evocava a alma miserável. A epigrafia do século XVII não aboliu

---

/ Se não vês aqui grande renque de colunas. / Tais honras vãs são boas para as pessoas / De quem a morte apaga a fama / E faz perecer a glória com o nome. / Mas não daqueles *cujas virtudes supremas, / Após a morte os fazem viver por eles mesmos.* / Na verdade quero ainda te advertir / Que não se devia túmulo construir-lhes / Feito de arte humana, já que o renome / Lhes serve aqui de túmulo animado.] (N. T.) Raunié, op. cit.

o sentido místico; ela ressuscitou o sentido romano, e a expressão "à memória de" não convida apenas à oração, mas à lembrança, à lembrança de uma vida com suas características e seus atos; uma biografia.

Essa lembrança não é apenas uma vontade do defunto, é também solicitada pelos sobreviventes.

O sentimento de família

Nos séculos XV e XVI e no início do século XVII, a redação dos atos perpetuáveis da vida de cada um era encomendada só pelo testador. Refletira longamente sobre isso, e por vezes compusera ele próprio seu epitáfio, no silêncio de seu gabinete. No século XVII, esse encargo é cada vez mais frequentemente assegurado pela piedade da família. É, em especial, o caso que acabamos de assinalar mais acima, de todos os jovens gentis-homens vítimas das guerras de Luís XII e de Luís XIV.

Por outro lado, já pudemos constatá-lo, as virtudes santas, guerreiras ou simplesmente públicas já não eram as únicas a assegurar o direito à imortalidade terrena prometida pelos epitáfios. Já não era necessário realizar ações heroicas para subsistir na memória dos homens. Fenômeno considerável, a afeição da família, o amor conjugal, paterno e filial começava a substituir, no mundo evoluído dos autores epigráficos, os nobres méritos oficiais.

O fato de guardar a lembrança, nascido na Idade Média a partir do dever religioso de conservar feitos santos e voltados à imortalidade terrestre e celeste, estendido em seguida aos atos heroicos da vida pública, atingiu dali em diante a vida cotidiana; é a expressão de um sentimento novo, o sentimento de família. Estabeleceu-se uma correlação entre esse sentimento e o desejo de perpetuar a memória da família.

Muitas vezes as inscrições são consagradas à ilustração de uma determinada família. Mas de uma maneira mais geral e mais significativa, a família conquistou um lugar no epitáfio segundo um costume antigo redescoberto no século XV. As inscrições desse tipo são compostas de duas partes – por vezes colocadas em dois lugares distintos do túmulo, principalmente nos séculos XVI e XVII –: uma consagrada ao elogio, ao

O homem diante da morte

relato, à nota biográfica do defunto; a outra ao sobrevivente que inspirou o epitáfio e "colocou" [*posuit*] o monumento. Assim os longos relatos das campanhas dos jovens Rostang, citados acima, são seguidos dessa assinatura: "Seu pai mandou colocar este mármore que servirá à posteridade de um monumento eterno à virtude de tão digno filho e à dor de um pai tão generoso". O "túmulo" de Mathieu Chartier e de Jehane Brunon, consagrado ao elogio da virtude conjugal e do casamento feliz, foi redigido e colocado pelos seus filhos:

> *Leurs filles et petits-fils pleins de douleur amère*
> *En larmoyant ont basti ce tombeau*
> *Et honoré de ce présent tableau*[49]

Na falta de descendentes naturais, é ao criado que cabe a missão de transmitir a memória. Citei acima o epitáfio de um escultor ebanista de Amiens, enterrado em Provins. Sobrevivera aos filhos e já devia ser viúvo quando morreu. Então quem teve o cuidado de mandar executar o epitáfio e o túmulo? A inscrição nos informa: "Feito por Pierre Godot, seu aprendiz".

Por fim, fato notável e que mostra bem a colonização do túmulo pelo sentimento de família, as próprias crianças, ou pessoas muito jovens, têm direito ao elogio e à saudade dos pais, gravados sobre a pedra nobre e dura. Pai e mãe sentem a necessidade de fixar num material imperecível sua tristeza e preocupação em perpetuar a memória do pequeno desaparecido. Eis aqui um exemplo parisiense extraído de um registro de epitáfios:

> A Anna Gastelleria, que a morte arrebatou dos seus olhos desde a primeira infância, mas não da sua lembrança [*non ex memoria*], os pais em lágrimas, presos a triste dever, erigiram este monumento. *Vixit annos VI menses IV dies XIV. Obiit Kalendas Junii MDXCI.* A paz para os sobreviventes. O repouso para os defuntos.

---

49 [Suas filhas e netos cheios de amarga dor / Chorando construíram este túmulo / E o honraram com o presente quadro.] (N. T.) Ibid.

Em Roma ainda podemos ler *in situ* muitos epitáfios do mesmo gênero e da mesma época, em especial na igreja de Aracoeli. "Michel Corniactus, nobre polonês, jovem de grande esperança, morto aos 19 anos em 1594." A inscrição termina pela menção de que seus dois irmãos germanos tinham erigido o monumento. Ainda em Aracoeli, ilustrando um magnífico retrato, há essa outra inscrição muito bela, e que dá uma ideia da atitude diante da idade, pois ela é consagrada a um jovem de 29 anos, mas não casado.

A Flaminius Capelletus, *juvenis*, muito instruído [*lectissimus*] na prática [*disciplinae*] das letras e das ciências [*boni artes*], admirado e venerado por todos pela beleza do seu rosto [a beleza corporal tornou-se um dos elementos da memória póstuma], sua retidão [*judicii praestantantias*], a seriedade e ao mesmo tempo a elegância de sua palavra, ele que na flor da idade e da fama foi arrebatado [*ereptus*: arrebatado pela morte, fórmula usual, herdada do vocabulário macabro dos séculos XIV-XV] ao amor de seus pais [literalmente, ao abraço: *complexu*], muito duramente na idade de 29 anos [um *juvenis* de 29 anos vivia há muito tempo a vida dos adultos, mas não estava casado, é por essa razão, como vamos ver, que sua nota necrológica lapidar não é devida à esposa, mas aos pais], no ano da salvação 1604.

Esse é o primeiro epitáfio consagrado ao defunto. É imediatamente seguido pelo segundo, onde se trata dos sobreviventes, de sua situação, de seu luto:

Seu pai M. C., senador da cidade, a seu filho amado, doravante muito deplorado [*desideratissimo*: aparecimento da noção muito contemporânea de saudades – "saudades eternas"], e a P. P., sua esposa muito piedosa, que acompanhou seu filho quatro anos depois,[50] privado da visão dessas cabeças muito queridas [*luce carissimorum capitum orbatus*], no luto dedicou este túmulo.

---

50 O autor da inscrição matou dois coelhos de uma cajadada só, de acordo com um processo habitual nesse tempo de fraca longevidade média: a esposa morreu pouco tempo depois do filho, mas, ainda assim, quatro anos depois, não tinham

O homem diante da morte

Esse mesmo ano de 1604 foi também o da morte de Charlotte de Beaudoin, de 19 anos de idade. Seu pai, mestre das Águas e Florestas, quis ser enterrado no mesmo lugar que ela, na igreja de Saint Sulpice-de-Favière, na Ile-de-France. Mandou gravar no túmulo um soneto do gênero desses poemas que os franceses chamam de *tombeau* e os ingleses de *elegy*, escritos por ocasião de mortes notáveis:

Reçoy, reçoy mon Coeur ce don de moy ton Père
Ie te l'ay desdié, o mes chastes Amours,
Depuys que ce grand Dieu a retranché le cours
De ton ioly printemps par une mort amère.

Reçoy ma doulce amour les regrets que ta Mère
Souspire incessament et iette nuycts et iours
Pour toy nostre soulas réconfort et secours
Par le doux entretien de ta présance chère,

Ton âme est devant Dieu, pry le por nous, mon coeur,
Qu'il ayt pitié de nous et de nostre langueur
Tant qu'un mesme tombeau nous tienne renfermez.

Ie faictz veu d'en bastir un digne à ton amour
Affin qu'après la mort nous y facions seiour
Avecques toy mon coeur qui nous a tant aimez.[51]

---

terminado a arrumação do túmulo nem gravado a inscrição, o que nos mostra que, embora por vezes demorassem muito tempo, não esqueciam. (N. A.)

51 [Recebe, recebe meu coração esse dom de mim teu Pai / Eu to dedico, Os meus castos Amores, / Depois que esse grande Deus cortou o curso / De tua linda primavera por uma morte amarga. / Recebe meu doce amor as saudades que tua mãe / Suspira incessantemente e lança noite e dia / Por ti nosso alívio, reconforto e socorro / Pela doce conversa de tua presença querida, / Tua alma está perante Deus, reza a ele por nós, meu coração, / Que ele tenha pena de nós e do nosso langor, Até que um mesmo túmulo nos mantenha fechados. / Faço votos de construir um digno do teu amor / A fim de que depois da morte nós ali façamos uma estada / Contigo, meu coração, que tanto nos amou.] (N. T.) Comunicado por Paul Flamand.

Na vida cotidiana, os redatores de epitáfios não davam prova de originalidade, como acontecia nos textos mais pessoais e mais literários que escolhemos. O mesmo que ocorre com as inscrições acontece com os testamentos, constituem uma mistura complexa de personalidade e de convenção. Mais comumente, utilizavam uma fórmula banal. Numa pequena igreja de York, sobre um túmulo recentemente restaurado, assim como a igreja, após as destruições da última guerra, observei esta inscrição em latim, que é completamente banal, mas tem a vantagem de recapitular em algumas linhas as invenções sucessivas do sentimento do século XIII ao século XVII.

Dominus [*Lord*, eu suponho] *Gulielmus Sheffield*, cavaleiro [colocou-se no cabeçalho do epitáfio, mas ele não é o morto, apenas o dedicador, que afinal de contas tornou-se quase tão importante quanto o defunto], cuidou de erigir este túmulo às suas custas [*suis sumptibus*, isso merece também ser solenemente registrado], não por vã glória [afirmação da humildade cristã e da orgulhosa simplicidade, segundo a qual o monumento nada acrescenta à glória devida somente ao nome; apesar de tudo, não julgava supérfluo ter túmulo e estátua], mas para lembrar a nossa própria condição mortal [o tradicional *memento mori*, desde o século XII, pelo menos] e também em memória de [eis, afinal, a apresentação da defunta, com a nova menção: *in memoriam*, no lugar do "aqui jaz" memória do defunto na lembrança dos seus próximos, de sua família, que substitui a vã glória, isto é, a glória oficial, histórica] minha muito querida esposa Lady Elisabeth, filha e herdeira de Jean Darnley de Kikhurst, *in agro Thor*. Ela morreu em 31 de julho de 1633, com 55 anos. *Requiescat in pace*.

Esse epitáfio do norte da Inglaterra nos servirá aqui de conclusão provisória. Resume a passagem do estado civil individual, constituído definitivamente no momento da morte, para a história de uma vida de início santa ou heroica, em seguida cada vez mais comum, e finalmente à saudade dos sobreviventes e mais especialmente da família. Após deixar de ser anônima, a morte nos epitáfios tornou-se familiar, para em seguida se tornar pessoal e biográfica. Mas cada uma dessas etapas foi muito longa, e nunca aboliu completamente os costumes anteriores.

O homem diante da morte

Tipologia dos túmulos segundo a forma.
O túmulo com epitáfio

Por necessidade de exposição, separamos o epitáfio do seu suporte, o túmulo, ou da ausência de suporte, quando o epitáfio por si só fazia as vezes de túmulo. O que era possível à custa de um artifício, é preciso confessar, já não é no que se refere à efígie, à representação ou ao retrato do defunto. Mais ainda do que o epitáfio, a efígie – ou sua ausência – faz parte do túmulo inteiro; é, aliás, o que torna tão decepcionantes as esculturas funerárias dos museus quando separadas de sua arquitetura e do seu ambiente.

A volta do retrato na prática fúnebre é um acontecimento cultural tão importante quanto a do epitáfio. É preciso recolocá-lo na evolução do conjunto do túmulo.

As formas dos túmulos medieval e moderno, do século XI ao XVII (o túmulo dentro ou ao lado da igreja), obedecem a constrangimentos de espaço muito constantes e muito simples, que é preciso conhecer para se compreender a iconografia que virá ali se inserir. Essas formas se resumem a três grandes tipos. O primeiro é o que se poderá chamar o *túmulo-epitáfio*: uma pequena placa de cerca de 20/30 x 40/50 centímetros, inteiramente ocupada pela inscrição, sem outro sinal. Esse tipo de túmulo é muito antigo, nós o observamos no muro exterior da igreja de Auvillard já no século XII. É frequente e ainda visível hoje nas igrejas catalãs (Catalunha francesa), nos muros interiores e exteriores. Por vezes, fecham, como a porta de um cofre forte, uma pequena cavidade conseguida no muro exterior da igreja (é então visto e lido do exterior), uma espécie de *loculus* onde eram depositados os ossos dessecados do defunto, após a transferência da primeira sepultura provisória. Muito antigos, portanto, esses pequenos "aqui jaz" só deixam de ser de uso comum no fim do século XVIII; são gravados na pedra ou no cobre, fixados sobre os muros ou sobre os pilares das igrejas, das capelas, das galerias dos carneiros, sem outra alteração significativa senão a língua, o estilo, o comprimento do epitáfio e os caracteres da grafia. A história do túmulo-epitáfio confunde-se com a da própria inscrição; acabamos de falar dela e de tentar perceber o desenvolvimento de um sentimento em direção à personalização solitária, e em seguida à identificação com a família.

Os dois outros tipos morfológicos de túmulos vão nos deter por mais tempo, pois é ali que reaparecerá o retrato do defunto. Um é vertical e mural; o outro é horizontal, estendido no chão.

O túmulo vertical e mural. O grande monumento

O túmulo vertical e mural é o sucessor direto dos túmulos paleocristãos reservados aos defuntos veneráveis – os papas, por exemplo. É uma espécie de sarcófago (por vezes, um sarcófago mais antigo, reutilizado) sem inscrição nem retrato (o sarcófago dos séculos III e IV tinha ambos), colocado contra o muro (apenas três das quatro faces eram decoradas), tendo *na parte de cima* uma inscrição (nem sempre conservada), e sendo que o conjunto de sarcófago e inscrição era colocado sob um arco, num *arcosolium*, conforme se dizia. O sarcófago era por vezes situado perto de um altar, o túmulo-oratório, que sem dúvida serviu ainda de modelo ao hipogeu das Dunas de Mellebaude em Poitiers, no século VIII, e aos santuários de mártires em que o sarcófago do santo estava unido ao altar. Essa última disposição não foi reproduzida por muito tempo; pelo contrário, os sarcófagos dos mártires foram antes separados do altar, para serem descidos à cripta numa "confissão", ou então se colocavam as relíquias em cofres, ao longo da abside ou do deambulatório.

Portanto, a disposição sob o *arcosolium* é a mais frequente. No caso da abadessa de Jouarre ou dos duques da primeira casa de Borgonha em Cîteaux, a inscrição, gravada sobre o sarcófago (em geral em torno da tampa, como uma longa fita), distinguia o túmulo de um personagem memorável e venerável do túmulo de um homem qualquer, condenado ao sarcófago em chão raso, meio enterrado ou debaixo da terra, mas sempre nu, anônimo e acrônico.

Esse costume de *"ensarcophagement"*,[52] para empregar um neologismo criado por Panofsky, foi abandonado no decorrer da Idade Média ocidental,

---

52 Colocação em sarcófago.

mas curiosamente resistiu em certas regiões, como na Espanha e na Itália (em Veneza principalmente); nesses casos, o sarcófago era usualmente suspenso a considerável altura sobre o muro. Quando foi substituído pelo caixão enterrado, o túmulo conservou a forma do sarcófago ou então representava essa forma numa cena em baixo-relevo no túmulo. Na Espanha, o caixão de madeira podia ser pintado da mesma forma que o sarcófago era esculpido, içado para cima do muro e exposto à vista de todos, como o era o sarcófago de pedra: podemos supor que os ossos que ele encerrava provinham de uma primeira inumação provisória. Em uma parte do mundo medieval, o sarcófago ficou sendo, portanto, a imagem convencional do túmulo e da morte, mesmo depois de ser abandonado como meio real de sepultura.

Na época em que os corpos eram assim encerrados num invólucro de pedra incorruptível, bastava à opinião contemporânea que fossem confiados à Igreja: a individualidade do corpo dissolvia-se então no seio terrestre da Igreja e a da alma no seio de Abraão. Dizia-se que a necessidade de lhes dar uma personalidade separada e aparente, em casos cada vez mais numerosos embora ainda excepcionais, se fez sentir quando o uso do *sarceu* de pedra foi abandonado e substituído pelo caixão de madeira ou pelo enterro em um simples sudário. Observa-se, aliás, em toda essa história, uma tendência contínua ao enterro. De início, os primeiros sarcófagos [*sursum*] eram pousados no chão; em seguida, foram semienterrados de tal modo que a tampa de uns emergia, enquanto a de outros era um pouco mais enterrada para se poder amontoar mais sarcófagos por cima, já que frequentemente eram acumulados num pequeno espaço em torno dos lugares mais santos; finalmente, o sarcófago de pedra cedeu lugar ao caixão de madeira ou ao simples sudário, mais profundamente inumado.[53] Desde então difundiu-se o hábito de enterrar em profundidade sem que qualquer sinal visível aparecesse na superfície. Foi então que se começou, por vezes, a pôr uma marca visível (embora não necessariamente) sobre a cova; o túmulo já não era sempre anônimo

---

53 Salvo em certos casos (caixões sobrelevados e pintados na Espanha, no século XV; múmias expostas nos séculos XVII e XVIII, na Itália). (N. A.)

como o dos antigos sarcófagos: tinha uma identidade. Essa mudança é contemporânea ao impulso demográfico e urbano de meados da Idade Média, que quase não permitia o emprego dos sarcófagos de pedra, muito volumosos.

Mas voltemos ao problema das formas. O sarcófago sob o *arcosolium* paleocristão tornou-se, na Idade Média, o *túmulo com jazigo*. No lugar do sarcófago, um pedestal de pedra retangular e maciço, e por cima um espaço vazio até o arco de descarga, pleno ou quebrado, que limita a altura do jazigo. Muitos desses túmulos se deterioraram, mas ainda restam o pedestal nu e o arco de descarga no interior ou no exterior do muro da igreja. Em Bolonha e em Veneza, eles guarnecem os muros que dão para a rua, e que os passantes de hoje percorrem distraidamente. Em muitas igrejas das nossas províncias observa-se o lugar escancarado de um jazigo vazio, em algum lugar perto da abside, ali onde se estendia o cemitério.

Nesse tipo de túmulo, três espaços vazios requerem preenchimento: as três paredes laterais do pedestal, a parte superior do pedestal (local da antiga tampa do sarcófago) e o fundo do jazigo. A história do túmulo medieval de tipo vertical é dominada pelas diversas maneiras de preencher esses espaços: baixo-relevo ou pintura no fundo do jazigo, baixo-relevo nas paredes laterais do pedestal, estátua do defunto em alto-relevo acima do pedestal. Eis aí o essencial.

Esse tipo mural irá se desenvolver, alcançando o muro um pouco em largura e muito em altura, para alcançar finalmente grandes elevações e ocupar vastas superfícies, às vezes toda a parede de uma capela lateral, como no caso dos túmulos de reis angevinos de Nápoles em Santa Chiara, desde o século XIV. Ele persistirá com tal ênfase e grandiosidade nos séculos XV, XVI e até o início do século XVII.

No século XVI, essa crise de crescimento o impelirá a se separar frequentemente do muro que limitava sua expansão, embora permanecendo fiel à verticalidade. Tornou-se um volume grandioso e complicado, isolado por todos os lados e cercado de ar, mas permaneceu submisso a uma composição em altura que o dividiu em andares sobrepostos, como os túmulos reais em duas pontes do século XVI, em Saint-Denis. A partir do século XVII, essa tendência à monumentalidade declamatória inverte-se e as dimensões são reduzidas. Durante um período de costumes taxado pelos historiadores de declamação barroca, quando de fato as pompas fúnebres se dispunham na igreja como cenários de ópera, os grandes túmulos de Anjou, dos Valois e dos Médicis se retraíram, voltando a ter dimensões mais modestas: sinal de um movimento profundo de "distanciamento" da morte, que será o tema da terceira parte deste livro.

De qualquer modo, o túmulo vertical prestava-se à monumentalidade. Sentia-se naturalmente tentado a se dilatar ao longo das superfícies murais e para o interior dos volumes, para encher os vazios. Por essa razão, convinha à sepultura dos grandes personagens memoráveis da Igreja e dos novos Estados, como também às audácias dos grandes artistas, escultores e arquitetos. No entanto, também foi logo miniaturizado para usos mais humildes. (As proporções modestas eram, aliás, mais antigas do que a tendência à monumentalidade, como nos mostra uma placa de alguns centímetros que serve de túmulo a um cônego da catedral de Toulouse do século XIII).[54] Sob forma condensada, reduzido ao baixo-relevo e à inscrição, ou à inscrição e a um busto, ou ainda a uma combinação de ambos, sempre dispostos no sentido vertical e apoiados num muro ou pilar, o modelo serviu à sepultura de numerosos pequenos gentis-homens, bons burgueses, oficiais de justiça, nobreza de toga e de *la cloche*,[55] beneficiários, em resumo, do que correspondia então a uma alta classe média [*upper middle class*] nos séculos XVI, XVII e início do século XVIII. É preciso imaginar as igrejas do século XVII e do início do século XVIII com os muros e pilares cobertos desses monumentos com algumas dezenas de centímetros de lateral. Os clérigos puritanos do século XVIII (católicos, pois os calvinistas da Holanda, após as primeiras iconoclastias, foram mais conservadores), os revolucionários de 1793 e os especuladores imobiliários do início do século XIX muitas vezes os destruíram na França. Ainda é possível encontrá-los intactos, *in situ*, na Inglaterra, Holanda, Alemanha, Itália e especialmente em Roma, onde foram mais respeitados.

---

54 Túmulo do cônego Aymeric. Toulouse, Musée des Augustins, claustro. Ver mais abaixo, neste mesmo capítulo, a descrição desse túmulo. (N. A.)

55 Nobreza municipal, vereadores e outros cargos públicos (N. E.)

Philippe Ariès

O túmulo horizontal em chão raso

O outro tipo de túmulo medieval e moderno é horizontal, baixo e encaixado ao solo. É uma simples lápide de pedra retangular plana, cujas dimensões são variáveis, mas em geral correspondem às do corpo humano, raramente maiores e muitas vezes menores. São designadas por nomes novos. *Tumulus*, *monumentum*, *memoria*, ou mesmo *sarceu* no sentido de túmulo desaparecem, substituídos no uso corrente pela *"lame"* [lâmina], "cova" ("aqui jaz sob esta cova") tumba ou tumba rasa. *Tumba* foi tomada do grego no sentido de *tumulus*. Sob a forma latina, esse termo teria sido empregado pela primeira vez por Prudêncio no século V, mas gozou de grande prestígio na Idade Média, pois é encontrado em todas as línguas vernáculas ocidentais: *tombe*, em francês, *tumb*, em inglês, *tomba*, em italiano.[56]

A lâmina (lápide) designa a pedra que recobre a tumba e a cova onde o corpo foi depositado. Portanto, esse tipo de túmulo evoca o enterramento do corpo sob a terra, diferentemente do *"ensarcophagement"*. Sem dúvida, a lápide raramente coincide com o lugar exato da cova onde o corpo foi realmente enterrado. Pouco importa. Ela é o sinal dessa habitação invisível e esse símbolo é o suficiente. Faz parte do lajedo, confunde-se com o chão, de que é um dos elementos. É então a fronteira dura que separa o mundo de cima do de baixo.

Parece-me original o destaque assim conferido pela tumba ao subterrâneo, numa escatologia cristã que quase não lhe reserva espaço (o Inferno medieval não era subterrâneo). Ao que parece, esse tipo de tumba rasa não tem antepassado direto na Antiguidade pagã ou cristã, diferentemente da tumba vertical com jazigo. Pode-se objetar com os mosaicos funerários, suas inscrições e retratos, que já cobriam o chão das basílicas cristãs da África. Mas será possível imaginar uma filiação real entre as tumbas com mosaicos do século V e as primeiras lajes ornadas com um sinal ou com uma breve inscrição dos séculos XI e XII, apesar da possibilidade prevista por Panofsky de retransmissões espanholas (Tarragona),

---

56 Panofsky, op. cit., p.53.

renanas e flamengas? Antes disso, as tumbas rasas parecem ter relação direta com um enterramento sistemático dos corpos, desde então privados da proteção do sarcófago de pedra, e manifestar também maior consciência de retorno à terra. A Antiguidade pagã e cristã, à medida que construía para o morto um edifício visível, tendia a edificar um monumento mais ou menos elevado, acima do chão: simples lápide, mausoléu colossal, sarcófago, túmulo-casa com salas etc. Certamente, a Idade Média deu continuidade a essa tradição com o túmulo vertical. Mas criou um tipo novo, mais de acordo com o seu sonho, e que, embora sempre visível, traz a atenção de novo para o nível da terra, de onde saímos e para onde retornaremos. Sentimento que poderia também nada ter de cristão, e ser inspirado num naturalismo pouco tentado pelas esperanças do Além. Nesse ponto, não estamos na presença desses componentes ambíguos da cultura cristã que quase não existem nas sociedades religiosas antigas? Implicam ao mesmo tempo certo niilismo que jamais vai até o fim, e uma firme crença no Além.

O aparecimento da tumba rasa é, sem a menor dúvida, um acontecimento cultural importante; testemunha uma atitude de aceitação mais fria e também de coabitação mais amigável com os hóspedes subterrâneos, que deixaram de amedrontar. Nada mais impede de combinar sua identificação, e até mesmo sua celebração, com a lembrança de sua dissolução, *pulvis es*.

Como já vimos, as lajes horizontais não eram a forma mais antiga dos túmulos. Estes, quando já não eram sarcófagos, estavam ligados ao tipo vertical e mural, como aquele surpreendente de Arles-sur-Tech, nos Pirineus; mas foram eles, sem dúvida, os primeiros a buscar visibilidade e humildade, simultaneamente. Antes desse período, ou não eram visíveis (sarcófagos anônimos, enterrados), ou eram visíveis e então murais, monumentais e pomposos.

Portanto, a tumba rasa, quase nua, mas identificada por uma gravura ou escultura, é uma criação bem original do gênio medieval e de sua sensibilidade ambígua: sinal de um compromisso entre o abandono tradicional à terra benta e a necessidade nova de afirmar discretamente sua identidade.

Se o túmulo vertical parecia destinado, pela sua morfologia, aos monumentos dos grandes – embora tenha servido, no entanto, de modelo para tumbas mais comuns –, a tumba rasa tinha antes vocação de humildade. Fazia parte do chão, estava voluntariamente exposta para ser pisada pelos passantes. Nos períodos de grande monumentalidade funerária, nos séculos XIV, XV e XVI, foi preferencialmente escolhida pelos testadores que queriam fazer prova de humildade. Era a única forma de sepultura admitida pelos partidários da Contrarreforma, como São Carlos Borromeu: *non excedens pavimentum*. Ela também constitui o essencial do mobiliário fúnebre de igrejas como a de Gesu. Nos séculos XVII e XVIII foi adotada, como os túmulos-epitáfios, pelos recém-chegados à promoção dos túmulos visíveis, os artesãos e os lavradores, por causa de sua discrição.

Também se teria prestado ao embelezamento da arte e à eloquência dos ambiciosos. Sem elevá-los acima do chão, o mosaico de mármore permitiu-lhes, nos séculos XVI, XVII e XVIII, desenhar suntuosas decorações heráldicas policrômicas acompanhadas de ricas inscrições. As mais belas talvez estejam na igreja de Gesu, em Roma, e na dos cavaleiros de Malta, em La Vallete. Por outro lado, desde o século XIII, o alto-relevo substituiu a gravura ou o ligeiro relevo das eras precedentes, e deu origem a uma estatuária semelhante à que cobria o pedestal do túmulo mural vertical. A laje, embora conservando sua forma e seu simbolismo, era elevada acima do solo, seja sobre colunas, seja sobre estátuas de pranteadeiras formando colunas que a sustentavam como a padiola do cortejo.

Assim, apesar de certa predileção devida à morfologia, as tumbas horizontais ou verticais prestavam-se igualmente às manifestações diversas do sentimento fúnebre medieval. Proporcionavam-lhe um quadro interessante e já significativo por si mesmo, em que o retrato e o epitáfio tomarão o seu lugar, reaparecendo após longo afastamento, expandindo-se conjuntamente, e em seguida se retraindo cada um à sua maneira. Vejamos agora esses jogos complicados do retrato e do epitáfio que dão sentido ao túmulo.

O homem diante da morte

No museu imaginário dos túmulos: o jazente em repouso

Construamos um museu imaginário que reúna em série todos os monumentos funerários conhecidos e repertoriados, classificados pela idade e por região; esse imenso "*corpus*" nos permitiria seguir com um olhar contínuo e rápido todo o desenvolvimento da coleção. Sem dúvida apareceriam certas particularidades regionais, como a sobrevivência do sarcófago nos países mediterrâneos ou a persistência dos jazentes acordados nos países "góticos". Mas essas diferenças se tornariam negligenciáveis na visão panorâmica. A unidade genética das formas dos séculos XI ao XVIII chamaria mais atenção, apesar de todas as mudanças de arte e de estilo. Antes do século XI quase não há nada, salvo alguns vestígios de costumes paleocristãos. Depois do século XVIII, existe outra coisa que é nova, e que são nossos cemitérios contemporâneos. Pelo contrário, entre o século XI e meados do século XVIII aproximadamente, a continuidade genética é ininterrupta; passa-se de uma forma para outra por transições insensíveis, devidas mais frequentemente a detalhes da moda do que a traços essenciais de estrutura. Contudo, com um rápido olhar podemos perceber duas séries diferentes de formas: a série dos jazentes e a série dos orantes; elas nem sempre coincidem, também não se sucedem exatamente: sobrepõem-se parcialmente.

Essas duas figuras, que persistem durante meio milênio, deixam entrever um apego secreto e tenaz a uma concepção popular da morte, profundamente sentida e jamais exprimida.

Vejamos primeiramente a série dos jazentes e a interpretação que ela nos sugere.

O visitante ingênuo e apressado do museu imaginário não hesitaria: esses jazentes lhe pareceriam defuntos que acabaram de morrer, expostos ao público antes da cerimônia dos funerais. Não deixaria de ficar impressionado pela semelhança entre o jazente da Idade Média e o da primeira época moderna, com a disposição tradicional dos mortos expostos que chega até os nossos dias, pelo menos até à morte no hospital e ao *funeral home*.

Efetivamente, ele não estaria totalmente enganado; se o jazente medieval não é uma cópia do morto exposto, o morto bem poderia ser exposto em imitação ao jazente funerário.

Os mais antigos jazentes não representam mortos (e durante muito tempo, aliás, e em especial nos países góticos, não serão jamais cadáveres): têm os olhos bem abertos, as pregas das suas vestes caem como se eles estivessem de pé e não deitados. Têm nas mãos objetos — maquete da igreja de Childebert por volta de 1160 em Saint-Denis, báculo do abade Isarn em Saint-Victor de Marselha (final do século XI) — à maneira dos doadores processionais dos mosaicos de Roma ou de Ravena. Todo o mundo está de acordo a respeito desse fato; os antigos historiadores, como Émile Mâle e Erwin Panofsky, e os novos arqueólogos, positivistas e desfazedores de mitos ainda não o contestaram. A propósito dos jazentes dos reis da primeira dinastia em Saint-Denis, fabricados em série por ordem de São Luiz, no século XIII, um autor recente escreve que eles têm "os pés pousados sobre um pedestal como se em algum momento se tivesse pensado em colocá-los de pé; os gestos são calmos e os rostos parecem atemporais".[57]

Esses jazentes não são nem mortos nem vivos de quem se desejasse conservar a semelhança: sem dúvida são identificáveis, mas já não como homens terrenos: são *beati*, bem-aventurados, corpos gloriosos, eternamente jovens, da idade do Cristo da Paixão, segundo Émile Mâle, "membros terrestres da cidade de Deus", segundo Panofsky, arquétipos da função real, como hoje se diria, preferencialmente.

Essa interpretação não poderia surpreender os leitores que me acompanharam até aqui. Reconhecerão nesses vivos "não vivos", nesses mortos que veem, o objeto da primeira e mais antiga liturgia dos funerais, que é uma liturgia dos adormecidos, dos repousantes, como os sete adormecidos de Éfeso. Não são, na verdade, nem vivos despreocupados, nem agonizantes dolorosos, nem mortos putrescíveis, nem tampouco ressuscitados na glória, mas eleitos que esperam, no repouso [*requies*] e na paz, a transfiguração do último dia, a ressurreição.

Sem dúvida, na época em que esses jazentes bem-aventurados foram representados, esculpidos e gravados, a liturgia já tinha encoberto os

---

57 Erlande-Brandenburg, Le roi, la sculpture et la mort (gisants et tombeaux de Saint-Denis). In: *Archives départementales de la Seine-Saint-Denis, Bulletin* n.3, p.12.

O homem diante da morte

temas do repouso sob os temas, desde então dominantes, da migração da alma e do Julgamento [*Libera*]. Mas então tudo se passa como se o modelo antigo de repouso, despido da liturgia e do pensamento escatológico, sobrevivesse na imagem do jazente. Uma sobrevivência cheia de sentido, pois revela um apego profundo e silencioso a uma crença abandonada pelas elites.

Émile Mâle estimava que essa atitude só existia nos primeiros jazentes dos séculos XII e XIII. Observava, como o visitante menos avisado do museu imaginário, que a partir do século XIV os olhos dos jazentes se fecham (menos na França e na Alemanha do que na Itália e na Espanha), a posição deitada torna-se mais verossímil pela queda das pregas das vestes e pela disposição dos membros. A cabeça repousa sobre uma almofada. Em suma, segundo É. Mâle, que lamenta a metamorfose, o bem-aventurado tornou-se um morto banal e pouco depois um morto semelhante. Estava aberto o caminho que leva ao corpo decomposto, ao trespassado e ao esqueleto.

Panofsky faz mais ou menos as mesmas constatações. É menos sensível do que Émile Mâle ao fato dos olhos estarem abertos ou fechados. Em compensação, dá muita importância ao formalismo estético. Supõe que, a partir do século XIV, os artistas já não tolerariam as inverossimilhanças físicas da estátua deitada em pé, desafiando as leis da gravidade. É a razão pela qual o jazente será posto de pé (o bispo abençoante de Saint-Nazaire, em Carcassona), ou ficará deitado num leito, doente ou morto, ou ainda – mas então já se trata de outra história, que veremos adiante – estará animado, sentado ou ajoelhado.

Não se pode deixar de admitir, em concordância com Mâle e Panofsky, que houve uma mudança na atitude da efígie durante os séculos XIV e XV. Mas, muita atenção, essa mudança aparece principalmente nos monumentos da grande arte, encomendados a grandes artistas para grandes personagens. Ora, os túmulos com efígies começam a se tornar mais frequentes do século XV ao XVII. E se deixarmos de lado a grande arte fúnebre para dar atenção aos túmulos mais modestos e por vezes artesanais, constatamos o seguinte: o túmulo que chamaremos banal – para não dizer popular, o que seria falso – adota os dois modelos da arte principesca, o jazente e o orante, mas no caso do jazente, permanece fiel ao tipo arcaico do jazente bem-aventurado até o primeiro terço do século XVII (época em que o jazente desaparece). A mulher de chapeirão e o homem com gola *fraise* de 1600 são representados sobre uma laje do pavimento que é mais frequentemente gravada do que esculpida; a laje é fabricada em série por um artesão tumular que deixa a cabeça em branco. Os jazentes são representados como se estivessem de pé, com as mãos juntas ou cruzadas sobre o peito, os olhos bem abertos. Um padre segura o cálice na mão. Os defuntos banais dos séculos XVI e XVII ficam na "posição de pé e deitada", como os grandes personagens dos séculos XI e XII.

Talvez tenham, então, esquecido a correspondência da atitude com o tema do repouso. Mas continua-se apresentando o defunto estendido no chão como se estivesse vivo, embora numa posição inabitual em pessoa viva, mesmo em oração; uma posição de espera piedosa, de imobilidade diferente, de calma ininterrupta, de paz.

A imagem tradicional veicula velhas ideias, velhas esperanças que, mesmo não sendo conscientes, ainda assim pesam sobre os sentimentos profundos e sobre as memórias enterradas.

A persistência, até o início do século XVIII, do tipo arcaico do jazente nas banais tumbas rasas, retira o sentido às mudanças estéticas constatadas por Mâle e Panofsky na grande arte fúnebre. Esta última é menos significativa nos detalhes de suas formas do que a produção artesanal dos artífices funerários, que permaneceu fiel às velhas matrizes. Que importa, pensando bem, que os olhos estejam abertos ou fechados, que as pregas das vestes revelem a posição em pé ou deitada, se fica evidente que o defunto repousa sempre em paz? É o sentimento de paz que conta.

Dois temas essenciais estão aqui combinados. Por um lado, o tema da tumba rasa, a aproximação com a terra, a continuidade com o solo. Por outro lado, o tema jazente, do repouso no Além, repouso que não é o fim nem o nada, mas tampouco a consciência plena, lembrança ou antecipação.

As tumbas rasas com jazentes em pé, do início do século XVII, são, entre as elites instruídas – as únicas que ainda possuem túmulos –, os últimos vestígios visíveis e inalterados da antiquíssima atitude da morte domada: constituem um compromisso entre a necessidade nova de

O homem diante da morte

identificação, que aparece por volta dos séculos XI e XII, e o sentimento milenar de repouso. Ir-se embora, mas não para sempre, apenas para dormir por muito tempo, mas em um sono que deixa os olhos abertos, que se assemelha à vida sem ser de fato a vida, e nem a sobrevivência.

O morto exposto à semelhança do jazente

Sobrevivente de um modelo escatológico abandonado, o jazente conserva surpreendente estabilidade de forma nas suas representações banais, se não populares, enquanto a grande arte funerária de uso aristocrático o ornamenta com inúmeras variantes. Algumas vezes, é o retrato em pé de um cavaleiro de lança na mão, e outras — mais amiúde —, uma representação mais realista do morto: na Alemanha e na Inglaterra do século XIV, o jazente representa um homem de armas, morto em combate; os cavaleiros ingleses estão estendidos, os pés cruzados no chão pedregoso onde caíram; com uma das mãos tiram a espada da bainha, que seguram com a outra; estão ainda com olhos abertos. Um jazente alemão de 1432 foi assim analisado por Panofsky: "Representado no momento da passagem da vida para a morte, sua cabeça repousa numa almofada e pende para um lado, os olhos ainda não estão completamente fechados, mas já invadidos pela morte".[58] Essa descrição valeria igualmente para uma obra de um século antes, o monumento de Conrad Werner de Hattstadt, advogado alsaciano. O jazente, outrora colocado num jazigo na igreja dos Dominicanos de Colmar, está hoje conservado no museu que sucedeu ao convento. Tem as mãos postas, a cabeça inclinada, e repousa sobre o seu elmo. A espada e as luvas estão ao lado. A inclinação da cabeça rompe o caráter hierático convencional do jazente bem-aventurado. Esse homem acaba de morrer.

Mais patético ainda é o jazente de Guidarello Guidarelli, assassinado em 1501 a serviço de César Bórgia. O escultor de 1520, Tullo Lombardo, expressou a grande tristeza de um ser jovem que a morte acaba de golpear.[59]

---

58 Panofsky, op. cit., figura 227 e p.58.
59 Ravena, Academia de Belas-Artes.

No claustro da igreja de Santa Maria della Pace, em Roma, um baixo--relevo funerário do século XV representa um jovem morto contra a vontade, isto é, que não se suicidou, embora tivesse tido morte violenta. Visto de perfil, o jazente conserva a lembrança do corpo ágil, subitamente privado de vida.

No século XVI, um modelo novo e sábio, também limitado à grande arte funerária e sem outra posteridade, testemunha a tendência a não se satisfazer com o repousante, a substituí-lo por tema mais dramático: é o jazente parcial, ou reclinado apoiado no cotovelo. O defunto está semideitado, tem o busto levantado e se apoia num braço; o outro talvez segure um livro. Inspirada na estatuária etrusco-romana e também em um gesto simbólico (o da cabeça apoiada na mão, que já significa a meditação melancólica nos afrescos de Giotto). Essa atitude agradava aos artistas dos séculos XVI e XVII na medida em que se prestava às fantasias da imaginação; o moribundo, parcialmente levantado, era sustentado no seu leito de morte pela religião, ou desperto no seu sarcófago pelo gênio da Fama ou pelo anjo da Ressurreição. Mas esse tipo de representação pertence ao gênero nobre: não saiu da grande arte, e foi ignorado pela iconografia funerária comum.

Outro desvio do tema do repouso foi a substituição do jazente, nos séculos XV e XVI, pelo trespassado, a múmia. A iconografia tradicional do jazente foi então explorada num outro sentido, para expressar o sentimento amargo experimentado quando é preciso deixar as coisas agradáveis da vida. Sabe-se que a difusão desse modelo foi limitada tanto no tempo (séculos XV-XVI) como no espaço.[60]

Até o século XVII, pode-se admitir que, se o jazente em repouso foi a imagem privilegiada da morte nos meios modestos, as elites tentaram dele se afastar, sem que qualquer dos vários modelos nascidos dessa emancipação tenha podido se impor de forma durável.

As análises precedentes foram inspiradas por uma documentação obtida principalmente na Europa chamada gótica, na França do Norte, nas terras da Casa de Borgonha, na Alemanha e na Inglaterra. Não levaram

---

60 Cf. *supra* Capítulo 4.

em conta as fontes mediterrâneas (salvo em alguns casos excepcionais da grande arte) e as práticas comuns dessa área geográfica. Ocorre que tipos funerários frequentes nessas regiões meridionais, na baixa Idade Média, terão efeitos consideráveis sobre a apresentação e a exposição real do morto em todo o Ocidente, e isso até os nossos dias. É uma história bastante complicada de trocas entre o morto e o vivo, entre a estátua ou a gravura do jazente, a roupagem ou a exposição do morto.

Para compreendê-la, devemos voltar ao museu imaginário. Se nos detivermos com mais cuidado nos detalhes dos dados funerários, perceberemos que há uma evolução que, sem afastar muito o jazente do seu modelo original, o leva, entretanto, para um tipo intermediário de representação que não é perfeitamente a do *beatus*, e que mais se assemelha a um morto, mas que, apesar disso, não é um verdadeiro agonizante nem um trespassado. A imagem que se desenvolve no final dessa evolução é de fato a de um morto real, mas esse morto é sempre apresentado como *beatus*, como um jazente em repouso.

Desde a segunda metade do século XIII, em todo o Ocidente, e não apenas nas regiões meridionais, os baixos-relevos que cobrem o pedestal que sustenta o jazente representam, em geral, o desenvolvimento do cortejo, cuja importância já analisamos nas cerimônias fúnebres da baixa Idade Média. Um cortejo inicialmente sobrenatural, composto de anjos e de clérigos alternados, torna-se cortejo real, como é descrito nos testamentos, formado por monges, clérigos e pranteadores de cogula que transportam e acompanham o caixão. Nos mesmos baixos-relevos laterais, a cena da *absoute* sucede à do cortejo, especialmente na Itália e na Espanha, do século XIV ao XVI. O corpo do defunto – ou a sua representação – figura, então, várias vezes no mesmo túmulo; por exemplo, duas vezes em forma reduzida e em relevo durante as duas cerimônias do cortejo e da *absoute*, e outra vez em *ronde-bosse*,[61] como jazente em repouso, em tamanho natural.

---

61 A *ronde-bosse* é uma técnica de escultura em três dimensões, que, contrariamente aos alto-relevos e baixo-relevos, não está fisicamente conectada a um fundo. (N. E.)

É notável que o corpo – ou a representação – transportado no caixão durante o cortejo, ou depositado sobre o túmulo aberto durante a *absoute*, seja apresentado exatamente como se tinha hábito de mostrar o jazente em repouso: vestido,[62] de mãos postas ou cruzadas. Por conseguinte, estabeleceu-se uma aproximação física, uma quase identidade, entre o corpo carnal que se transforma e se expõe, e o jazente de pedra ou de metal que perpetua a memória do morto no túmulo.

Essa preparação do morto à semelhança do jazente em repouso deve datar da época em que o sarcófago de pedra foi abandonado, e em que o corpo encerrado no caixão de madeira foi substituído pela representação, conforme vimos no Capítulo 4; isto é, de início pela efígie de madeira e de cera, e em seguida, de maneira mais banal e mais durável, pelo catafalco.

Então, durante o breve período que subsistia entre a morte e a deposição no caixão, generalizou-se o costume de expor o corpo à imagem do jazente do túmulo ou da representação, quando esta reproduzia a efígie. Habituou-se a vestir o morto segundo um costume novo, deitando-o de costas com as mãos postas. Essa posição horizontal, prescrita por Durand de Mende (como já vimos no primeiro capítulo), parece bem adequada ao espaço cristão. Os judeus do Antigo Testamento morriam deitados de lado, voltados para o muro, e os espanhóis da Renascença acreditavam reconhecer por esse sinal os *marranos* não convertidos. Nos países do Islã, a estreiteza dos monumentos fúnebres mostra que o corpo era inumado de perfil, deitado de lado. A posição horizontal dos cristãos tinha, com o tempo, adquirido uma virtude profilática que colocava o morto, de corpo e alma, ao abrigo dos assaltos diabólicos. De fato, escreve J.-Cl. Schmitt, "só a posição vertical permite a entrada

---

62 Adotou-se o hábito de vestir o defunto depois da morte. O liturgista do século XIII, Durand de Mende, queixava-se de vestirem os defuntos para a sepultura em vez de os encerrarem simplesmente num sudário, como era o costume antigo, e como ele pensava ser mais conveniente. Fazia, no entanto, exceção em favor dos padres, enterrados com suas vestes sacerdotais. Sem dúvida foi por imitação dos clérigos que os nobres quiseram que os corpos fossem revestidos de suas vestes de cerimônia ou de função, as roupagens da sagração pelos reis, ou a armadura pelos cavaleiros. (N. A.)

no Inferno".[63] Essa posição adquiriu uma importância maior do que as preparações antigas que consistiam em lavar o corpo, perfumá-lo, livrá-lo de suas máculas. Um dos traços essenciais dessa atitude é a junção ou o entrelaçamento das mãos, como no casamento, a *dextrarum junctio*. Se as mãos estiverem separadas, o modelo fica destruído, perde o sentido. Assim, o jazente em repouso dos séculos XII e XIII tornou-se o modelo dos mortos reais. O jazente não procura a semelhança com o morto. É o morto que se conforma à semelhança do jazente.

No século XV, o morto exposto e em repouso reage, por sua vez, sobre o jazente, seu modelo. O jazente italiano dos séculos XV e XVI é de fato um morto exposto, e não um vivo bem-aventurado: repousa num caixão ou num leito solene; acaba de morrer. Todavia, não é realista: seu corpo, que a vida terrestre abandonou, não apresenta qualquer sinal da dissolução — pelo contrário, reveste a atitude e a calma do repouso eterno, na espera pacífica do último dia.

Voltemos ao museu imaginário. Ao lado dos jazentes, e em seguida no lugar deles, o olhar menos avisado descobre outra série de efígies fúnebres; o defunto é ali representado em geral de joelhos, por vezes em pé, diante de um dos componentes da Trindade, ou absorvido na contemplação de uma cena santa. Nós os chamaremos de orantes. De início, estão por vezes associados aos jazentes. Depois ficam sós: o orante substituiu, então, o jazente na convenção funerária.

Nosso primeiro movimento é ver nessa mudança de atitudes gráficas uma mudança de mentalidade. É ao mesmo tempo verdadeiro e falso. Existe, sem dúvida, uma mudança na mentalidade e na concepção do ser e da passagem para o Além, mas a antiga crença não desapareceu de todo, e persiste sob uma aparência diversa: o jazente sobrevive no orante, antes que a ideia milenar de *requies* desapareça.

---

63 Schmitt, Le suicide au Moyen Age, *Annales ESC*, 1973, p.13; Roth, *A History of the Marranos*.

Philippe Ariès

A migração da alma

O jazente arcaico é uma *homo totus*, como os adormecidos de Éfeso. É de corpo e alma que ele é inicialmente dedicado ao repouso e em seguida à transfiguração, no final dos tempos. Uma representação, diferente tanto do repouso como do Juízo, aparece desde o século XII; reaparece, deveríamos dizer, porque os sarcófagos da Antiguidade pagã já mostravam a *imago clipeata*, medalhão representando o retrato do defunto, que dois gênios transportavam *ad astra*, de forma apoteótica. Já encontramos essa disposição em Conques, na tumba do abade Begon. O defunto ilustre e venerado chegou ao céu e ali reside, *stat*, diria melhor o latim, entre os santos, na atitude dos colóquios sagrados. O eleito não espera, já recebeu a recompensa eterna, está de pé numa atitude de ação de graças. No caso de Begon, é ainda o *homo totus* que é levado ao céu, corpo e alma. No século XIII teve-se a ideia de mostrar o eleito não apenas na sua chegada, mas ainda na hora da partida, associando a nova ideia da transferência celeste à ideia antiga do repouso. Anjos se mantêm à cabeceira do jazente prontos a segurá-lo nos braços e a levá-lo para a Jerusalém celeste (Elne). Aliás, essa transferência é equiparada a uma *absoute* sobrenatural, em que os anjos tomaram o lugar dos clérigos dos funerais, levando eles mesmos as velas e os turíbulos, apresentando à defunta assim arrebatada a coroa dos eleitos.

Uma velha antífona da liturgia romana dos funerais descreve a cena como a podemos ver em muitas tumbas do museu imaginário.

In paradisum: "Que os anjos te conduzam ao Paraíso, que os santos e os mártires venham ao teu encontro, te recebam e te conduzam à cidade santa, à Jerusalém celeste, como o pobre Lázaro"; a morte do pobre Lázaro, protótipo da morte do justo, foi muitas vezes representada. *Aeternam habeas requiem*: a ideia do repouso é associada à do Paraíso e à da visão beatífica, como se fosse um mesmo estado. É por essa razão que o jazente dos túmulos levado ao céu é, ao mesmo tempo, o morto que espera, como os adormecidos de Éfeso, e o morto que contempla, como o abade Begon. Aliás, uma arquitetura em forma de dossel cobre-lhe a cabeça, diferentemente das estátuas dos pórticos ou das figuras de profetas, de apóstolos e de santos dos vitrais dos séculos XIV e XV. Simboliza a Jerusalém celeste que o bem-aventurado atingiu. A imagem do repouso não é profundamente alterada pela entrada no Paraíso.

Em contrapartida, aparece um novo tema, mais revolucionário, o tema da migração da alma (*qui migravit*, dizem inscrições funerárias do século XIV), e já não o do *homo totus*. Uma outra antífona da liturgia romana, o *Subvenite*, a leva à cena:

> Vinde, santos de Deus [é a invocação à Corte Celeste, como no *In Paradisum*, não com finalidade de intercessão, como no *Confiteor* ou no preâmbulo dos testamentos, mas como ação de graças, no entusiasmo de uma visão gloriosa]. Acorrei, anjos do Senhor, tomai-lhe a alma [*suscipientes animam ejus*], levai-a até ao olhar do Altíssimo, que os anjos a conduzam ao seio de Abraão [representado na iconografia medieval por um velho sentado, mantendo nos joelhos um grupo de crianças que são as almas].

Pode-se sustentar hoje que a palavra *anima* significava o ser inteiro, não excluindo o corpo. Mas a partir do século XIII, a iconografia em geral, e a iconografia fúnebre em particular, mostram bem que se via a morte como a separação da alma e do corpo. A alma é representada sob a forma de uma criança nua (por vezes enfaixada) como nos Juízos Finais. Ela é expirada pelo jazente — de onde vem, sem dúvida, a expressão que persistiu até os nossos dias: entregar a alma [*rendre l'âme*, em francês]. Ela é recolhida à saída da boca pelos anjos, num pano cujas pontas seguram, e desse modo é transportada à Jerusalém celeste. É assim que a alma do pobre Lázaro é transportada pelos anjos enquanto um demônio horrível e ávido arranca da boca do mau rico a criança simbólica antes mesmo que ela tivesse saído, como se arrancasse um dente.

Nas crucifixões dos séculos XV e XVI, não é raro um anjo recolher a alma do bom ladrão, como a de Lázaro.

A imagem mais significativa e mais célebre é das Horas de Rohan, do século XV: o moribundo aparece pintado no momento em que "entrega a alma". O corpo está quase nu, nem pacificado como o dos jazentes, nem decomposto como o dos trespassados, contudo emagrecido e deplorável e, detalhe importante, já atingido pela rigidez cadavérica. Está estendido sobre um rico tecido que lhe servirá de sudário, segundo costume muito antigo e sem dúvida caído em desuso. Não, esse jazente não é um jazente pacificado, é um corpo sem vida. Ele é abandonado à terra que o vai consumir. Mas esse corpo não passa de um elemento do composto humano: existe também a alma-criança. Essa levantou vôo *ad astra* sob a proteção de São Miguel, que a arrebata do demônio.[64] A oposição fortemente marcada entre o corpo e a alma também se acha claramente presente sobre as tumbas de jazigo, onde a expiração direta da alma está associada à cena da *absoute* no leito de morte: tumbas alemãs de 1194, em Hildesheim; de Bernard Mege, em Saint-Guilhem-du-Désert; de São Sernin, em Saint--Hilaire, perto de Limoux; tumba do bispo Randulph em Saint-Nazaire de Carcassona.

O jazente não está estruturalmente mudado pela perda da alma. Contentaram-se em justapor as duas imagens: embaixo o jazente inteiro; no alto, sua alma.

Em Saint-Denis, o escultor da tumba de Dagoberto, refeita no século XIII, destinou todo o fundo do jazigo a descrever, como uma faixa desenhada, com detalhes dramáticos, a viagem perigosa da alma do rei para um Além céltico. Mas embaixo, sobre o pedestal, o corpo do rei repousa em paz, como o *homo totus* dos jazentes tradicionais, sem parecer afetado pela perda da alma.

Um cônego de Provins, morto em 1273, está gravado sobre a sua tumba rasa, deitado como uma figura em pé, mas na horizontal, com os olhos abertos e segurando o cálice entre as mãos (essa atitude tornou-se uma convenção para a sepultura dos padres). Acima, a alma do defunto é arrebatada, num lençol, por dois anjos que a transportam às arquiteturas da Jerusalém celeste.

Acontece ainda a migração da alma ser associada não mais ao jazente, mas a um novo tipo de defunto glorioso, que analisaremos um pouco mais adiante: o orante de joelhos; uma tumba pintada sobre um pilar da nave da catedral de Metz, datada de 1379, é constituída de dois andares (três, com a inscrição): ao alto, a viagem da alma, como na tumba de

---

64 Cf. *supra* Capítulo 3.

O *homem diante da morte*

Dagoberto, alma que São Miguel acaba de arrebatar do dragão. Embaixo, o defunto ajoelhado diante da cena da Anunciação.

Contudo, acontece com a migração da alma o mesmo que com os trespassados; uma e outros não são excepcionais na iconografia fúnebre dos séculos XIV e XV e têm aí um sentido, mas desaparecem depressa, não pertencendo aos elementos perduráveis e estruturais da tumba.

A baixa Idade Média hesitará em representar no mesmo plano o jazente e sua alma: existe ali uma espécie de repugnância profunda que resiste às sugestões da doutrina da imortalidade da alma, feliz ou infeliz.

Sem dúvida ocorreu, mas apenas nos países meridionais, que o jazente fosse sacrificado à alma. Num sarcófago espanhol – antigo, é verdade, de 1100 – descrito por Panofsky,[65] no convento de Santa Cruz, em Jaca, a cena da migração da alma ocupa todo o centro da grande lateral, enquadrada por duas cenas da *absoute*, tendo, de um lado, o bispo e o clérigo celebrante, e de outro um grupo de pranteadoras sentadas (observemos, de passagem, que as pranteadoras são muitas vezes representadas nas tumbas espanholas, muito raramente, senão jamais, em outros lugares, onde foram substituídas pelo cortejo dos quatro Mendicantes, confrades e pobres em cogula). Dois séculos mais tarde, o transporte da alma ainda se encontra exclusivamente no sarcófago arcaizante de um grande prior de Malta (Agostinhos de Toulouse, proveniente de São João, século XIV). Aqui a auréola oval da alma não está mais enquadrada por cenas da *absoute*, mas por dois brasões, bom exemplo do lugar tomado pela heráldica ao mesmo tempo no ornamento e no processo de individualização.

Mas esses casos são raros. Em geral é a alma que se apagou e o jazente (ou o orante) ficou só, na sua atitude tradicional.

A exalação da alma não será mais representada na iconografia em geral, exceto no caso único da morte da Virgem, cuja alma é recolhida pelo próprio Cristo. A cena da *absoute* no leito de agonia, desaparecida do costume desde que foi substituída pelas *recommendaces* e o ofício dos mortos, subsistiu, no entanto, até o século XVII, nas *dormitions*. A própria palavra *dormitions* nos reconduz à ideia de repouso, se bem que nos séculos XVI e

---

65 Panofsky, op. cit., figuras 235, 236.

XVII, o corpo da Virgem, antes da sua assunção total, acusa as dores e os sinais da agonia, do sofrimento e da dissolução.

A associação do jazente e do orante: os túmulos com dois andares

A migração da alma, como os sinais macabros da decomposição – que são aproximadamente contemporâneos – marcam um período de crises no conceito tradicional do ser em repouso, por mais efêmeros que tenham sido.

Podemos observar uma tendência que resultará, no século XVI, em grandes obras-primas da arte funerária, sem conseguir criar um tipo durável: uma tendência a subdividir o ser. Culmina na formação de um modelo em que a efígie do defunto é repetida, em atitudes diferentes, em vários andares de um mesmo monumento. Os historiadores da arte pensaram que esse modelo estava reservado às necrópoles reais, onde doutrinas da Igreja e a audácia de artistas se teriam imposto em primeiro lugar. Na realidade, aparece desde o século XIII nas tumbas comuns. Darei como prova um pequeno quadro mural de 37 x 45 cm, de um cônego da catedral de Toulouse, do fim do século XIII. É uma *tumba-miniatura*, como já tinha havido e como depois haverá muitas, desdenhadas por serem muito comuns e destruídas sem remorso no decurso das eras. Não manifesta qualquer pretensão artística nem qualquer vontade de aparecer. Reflete as ideias da morte e do Além que um beneficiário notável, mas sem brilho, fazia bastante questão de acumular sem preocupação estética. A estreita superfície do quadro é cheia até à borda: no lugar onde o costume ainda colocava apenas uma inscrição breve, fez-se introduzir toda uma escatologia. Portanto, a inscrição é transferida para a periferia; corre sobre duas linhas nos quatro lados, como uma franja: *"Anno Domini MCCLXXXII XVI Kalendas Augusti, illustrissimo Philippo Rege Francorum* [Philippe, o Intrépido], *Reverendissimo et valemissimo Bertrando Episcopo Tolosano, obiit magister Aymericus canonicus, cancellarius et operarius Ecclesiae Tolosanae* [um registro do estado civil com a data da morte, o *status* do defunto, idade ignorada], *ejus anima requiescat in pace"*. A identidade do cônego, já dada pela inscrição, é também confirmada pelo seu brasão, duas vezes repetido.

Cenas em baixo-relevo ocupam todo o espaço assim enquadrado pela inscrição. Essa parte esculpida está dividida em dois andares. Embaixo, encontramos o jazente: o cônego, com o capuz da murça [*aumusse*], está deitado na atitude tradicional, as mãos cruzadas sobre o peito, os pés calcando um animal indeterminado, segundo a palavra da Escritura: *Conculcabis leonem et draconem* [Espezinharás o leão e o dragão]. Ele venceu o mal. Repousa em paz, como a inscrição o convida.

Por sua vez, o andar superior está subdividido na sua largura em duas cenas justapostas horizontalmente: à esquerda, a migração da alma: alma-criança conduzida por um anjo. À direita, a visão beatífica, *in Paradisum*. O Padre Eterno aparece no centro de uma glória oval, sustentado por dois anjos, como o Cristo do Apocalipse nos tímpanos do século XII. Com a mão direita levantada, abençoa (o gesto sacramental da bênção tinha então um sentido muito forte; o bispo o reproduzia na terra, e é nessa atitude da bênção que era representado no túmulo). Com a mão esquerda, o Pai Eterno, como imperador, segura o globo do mundo. O cônego Aymeric está ajoelhado diante dele, de mãos postas, na atitude que os historiadores chamam "doador". Aí reconhecemos o segundo grande tipo de efígie funerária, o orante.

Esse ícone contém, sob forma condensada, a ilustração dos temas aos quais o cônego Aymeric e outros entre os seus contemporâneos estavam apegados. Esses temas existem há muito tempo na literatura doutrinal, mas somente nesse período emergem na iconografia funerária e nas sensibilidades profundas que essa iconografia traduz. São as temáticas de subdivisão do ser: o corpo que a vida abandonou, a alma durante a sua migração, o bem-aventurado no Paraíso. Sente-se a necessidade, no espaço inspirador da tumba, de representar simultaneamente esses diferentes momentos. A pluralidade do ser e a simultaneidade de suas representações são as duas novas características que dominam a iconografia durante um curto período de crise onde se supõe haver uma hesitação entre o conceito tradicional do ser em repouso e o da pluralidade do ser, que finalmente predominará. Essa hesitação só é visível nos túmulos encomendados por uma elite do poder, da arte ou do pensamento – à qual, presumo, pertencia o cônego Aymeric. Outros, no seio dessa mesma elite ou um pouco abaixo, menos evoluídos, permaneciam fiéis ao antigo modelo, simbolizado pelo jazente.

Deve-se, portanto, considerar o quadro do cônego Aymeric como uma espécie de programa que anuncia uma total evolução. Uma parte desse programa, a migração da alma, foi abandonada já em 1285. Mas o resto, isto é, a superposição do jazente e do orante, deveria subsistir por mais tempo.[66]

Contudo, ela não será adotada sem hesitação. Outras formas efêmeras de superposição a precederam. Não se pode ignorá-las: de um lado em razão de suas qualidades intrínsecas; de outro, porque elas inspiraram grandes escultores.

Tudo ocorre como se tivessem sido tentados diversos tipos de super-posição antes de se chegar a esse do jazente e do orante. Uma dessas tentativas é a superposição de dois jazentes do mesmo personagem, disposição sem dúvida sugerida pelas cerimônias dos grandes funerais: a tumba de um filho de São Luiz, morto em 1260, mostra, num dos lados do envasamento, o corpo morto levado numa padiola durante o cortejo e, acima do pedestal, a estátua do defunto deitado, como um jazente tradicional.[67]

Mais tarde, encontra-se outra sobreposição de dois jazentes repre-sentando o mesmo personagem, um marcado pela morte, o outro com os atributos da vida. J.B. Babelon identifica nessa disposição a imitação, sobre o túmulo, da superposição real do caixão e da representação de madeira ou de cera, durante os funerais.[68] Portanto, o desejo profundo de justapor dois estados do ser inspirava, tanto à iconografia do túmulo como à cerimônia dos funerais, a mesma forma expressiva. A lógica desse

---

66 Essas tumbas de dois andares são especialmente célebres entre os historiadores da arte, porque figuram em sua série de grandes obras-primas. (N. A.)

67 Proveniente de Royaumont, ela está hoje exposta em Saint-Denis: encontra-se uma moldagem no Trocadero.

68 Babelon, Le roi, la sculpture et la mort, op. cit., p.31-3.

modelo devia finalmente tornar visivelmente obsoleto um dos dois jazentes, o que representava o corpo.

Essa caducidade tem o aspecto do corpo decomposto: o trespassado. É o caso do túmulo do cônego Yver na Notre-Dame de Paris (séculos XIV-XV), onde o trespassado e o jazente estão superpostos. No caso do túmulo de Luis XII em Saint-Denis, o trespassado é substituído por um agonizante: "Já não se trata do corpo morto devorado pelos vermes: é a passagem da vida para a morte que aqui se manifesta. Luis XII se enrijece numa espécie de espasmo [...] Os olhos fecham-se, os lábios exalam um último estertor".[69]

Essa superposição dos dois jazentes do mesmo personagem foi rapidamente abandonada sem que, todavia, se desistisse do princípio da superposição nesse tipo de túmulo, a que se estava fortemente apegado. Tentou-se, pois, colocar outras figuras nos dois andares: por exemplo, sobrepor dois jazentes de duas pessoas diferentes, o do homem e o de sua mulher (Estrasburgo, século XIV, Ulrich e Philippe de Verd). Também se sobrepuseram duas épocas da vida terrestre do mesmo personagem (túmulo de Jean de Montmirail na abadia de Longpont: na parte de baixo está o cavaleiro de mãos juntas, cruzadas sobre o peito, na atitude clássica do jazente. No alto, igualmente estendido, o mesmo homem, mas com o hábito de monge que vestiu tardiamente, as mãos escondidas nas mangas).[70]

Temos a impressão de um conflito entre a crença comum antiga, expressa pelo jazente único (ainda muito frequente), e uma ideia nova de pluralidade que se expressa pelo sinal estrutural da dualidade das representações. Esse conflito iria ser resolvido aos poucos, de um lado pela dualidade do jazente e do orante, e de outro lado pelo desaparecimento do jazente em proveito do orante.

O modelo que deveria se impor por algum tempo e dominar o desenvolvimento da iconografia funerária no fim da Idade Média e no início dos tempos modernos consiste na superposição do jazente e do orante,

---

69 Ibid., p.36.
70 Gaignières, "Tombeaux", op. cit., B.2513.

prevista pelo cônego Aymeric no seu quadro. Na mesma época, no final do século XIII, em Neuvillette-en-Charnie,[71] um túmulo monumental comporta embaixo o jazente, a espada ao lado, mãos postas, olhos abertos, que dois anjos incensam; no fundo do jazigo, o orante está pintado de joelhos diante da Virgem com o Menino.

Na tumba de Enguerrand de Marigny, em Écouis, o jazente repousa num leito solene, com a armadura de cavaleiro, de mãos postas, e no muro do fundo do jazigo, Enguerrand e sua mulher, acompanhados pelos dois grandes intercessores, a Virgem e São João, estão ajoelhados de um lado e de outro do Cristo.[72]

As formas mais antigas desse tipo de representação parecem de fato ser a associação da escultura para o jazente e da pintura para a cena superior, nos túmulos murais com jazigo. A pintura foi substituída em seguida por um baixo-relevo.

Diz-se muitas vezes que a justaposição do jazente e do orante – que se tornou, durante aproximadamente um século, uma disposição relativamente frequente e estável – havia sido inventada para os grandes túmulos dos Valois, em Saint-Denis, túmulos com duas pontes, jazente embaixo, orante em cima, tornados célebres como obras-primas da arte funerária e da arte em geral. Felipe II os imitará no Escorial, com a diferença de que só os orantes são visíveis na igreja superior; os jazentes do andar inferior são substituídos pelos próprios corpos, encerrados nos nichos da cripta. Essas grandes obras traduzem a tendência à monumentalidade e ao grandioso que caracteriza os túmulos do final da Idade Média e início dos tempos modernos. São impressionantes. Por essa razão as histórias da arte lhes atribuiu uma importância talvez abusiva. Devemos nos perguntar se eles são realmente representativos, ou se, pelo contrário, mantiveram nos grandes dias da arte, e em seguida da história, uma associação excepcional e um pouco escandalosa do morto e do vivo, que nunca conseguiu se impor totalmente.

---

71 Sarthe, moldagem no Trocadero.
72 Gaignières, "Tombeaux", op. cit., B.2258.

O orante

A importância reconhecida a esses túmulos teve por consequência lhes terem atribuído a "paternidade" do orante: tal como ele se encontra em cima do túmulo, teria sido uma transformação do jazente superior, que corria o risco de não ser visto de baixo. Mas os orantes já existiam antes, não apenas em túmulos de fundo pintado dos séculos XIII e XIV (Durand de Mende, em Minerva), mas ainda em esculturas, baixos-relevos, pinturas, vitrais: os famosos "doadores" que se descobrem em quase toda a parte desde o final do século XIII. Sua ubiquidade levou os historiadores da arte a crer que não teriam, necessariamente, um papel funerário. Pelo contrário, julgo que sua presença esteja ligada, se não ao túmulo *stricto sensu*, pelo menos a uma concepção ampliada do túmulo, que não era, então, limitado à sepultura, e ainda menos ao local da sepultura. Sua missão dupla de comemoração e de confissão estende-se para além da sepultura e do monumento simbólico sobre o qual está gravada a inscrição identificadora: ao ambiente, à capela onde está situado, aos vitrais, ao retábulo do altar onde se dizem e cantam missas pelo defunto e, no caso de grandes personagens, à igreja inteira, que se torna, então, uma capela funerária, uma sepultura familiar. O doador, isto é, o futuro defunto e o herdeiro do defunto, pode então se fazer representar sobre o portal na atitude do orante, como o duque de Bourgogne na cartuxa de Champmol. É como se houvesse dois túmulos encaixados: um condensado e outro difuso.

Efetivamente, os orantes aparecem no espaço da igreja quando o doador quer simular seu futuro no Além. Porque o orante é um personagem sobrenatural. Durante os primeiros séculos de sua longa existência, do século XIV ao início do século XVII, o orante nunca é representado sozinho, esteja ou não num túmulo. Faz parte da Corte Celeste como é evocada no *Confiteor* ou no preâmbulo dos testamentos. Está misturado aos santos, associado a um santo colóquio, sem que por isso se confunda com os personagens celestes; separavam-se os bem-aventurados canonizados e os bem-aventurados quaisquer, outros habitantes do Céu, ou mesmo da terra, mas já assegurados pelas suas virtudes. Na tradição bizantina, em Ravena, em Roma, os papas ou os imperadores misturavam-se nos mosaicos com os apóstolos e os santos, dos quais se distinguiam exclusivamente por uma auréola quadrada, e não redonda.

Os orantes do final da Idade Média sucederam aos personagens de auréola quadrada na antecâmara celeste. Estão ajoelhados e de mãos postas, enquanto os membros aceitos na Corte Celeste se mantêm de pé, *stant*. Outrora reservado aos papas e imperadores, o privilégio de ser representado no Paraíso foi virtualmente estendido a todos os notáveis do século XV ao XVII, permitidos, pela opinião da sua comunidade, a reivindicar o direito a um túmulo visível.

Assim, e é isso que se precisa sublinhar com vigor, o orante, mesmo em vida, não é um homem da terra. É uma *figura da eternidade*: diante da majestade do Padre Eterno (como o cônego Aymeric), diante da Virgem com o Menino (como o chanceler Rollin) ou diante do agrupamento de alguns grandes santos. O orante é transportado não somente ao Paraíso, mas ao centro dos atos divinos contados pelas Escrituras e que são comemorados nas liturgias da Terra e do Céu. Está ao pé da cruz, no Jardim das Oliveiras, diante do túmulo vazio após a Ressurreição. Sua atitude expressa a antecipação da salvação, como a do jazente expressa o gozo do repouso eterno. Eternidade aqui e lá, mas aqui a ênfase é posta sobre o dinamismo da salvação, e lá sobre a passividade do repouso. Como os santos, mas com atributos próprios que o colocam à parte, penetrou no mundo sobrenatural, e manifestará ostensivamente esse fato até que as reformas protestantes e católicas tenham tornado essa certeza presunçosa e tenham imposto mais humildade e mais temor aos vivos.

Enquanto persiste a figura do orante ajoelhado, de mãos postas, a fronteira entre o aquém e o Além fica apagada.

Podemos agora reconstituir a gênese das formas. Como acabamos de descrever, o orante foi de início representado no Céu, ou diante de Deus, do Cristo, da Virgem, do Crucifixo ou da Ressurreição, no andar superior do túmulo. Corresponde a um dos estados do ser, sendo o outro representado pelo jazente.

Em seguida o jazente desapareceu, e apesar da pressão das teologias e das espiritualidades superiores, é como se, a longo prazo, tivesse triunfado uma crença teimosa que rejeitava a divisão do ser: como se não fosse possível existir sobre o mesmo túmulo duas representações de um mesmo ser. Ou o jazente ou o orante. A escolha do orante é então significativa: desliza-se para o lado da alma.

Durante o curso dessa história, o túmulo – quase sempre mural – conservou, portanto, apenas o grupo do orante no céu, associado a uma cena religiosa. Muitas vezes esse grupo se destaca do túmulo propriamente dito e é transportado para um retábulo de altar ou para qualquer outro lugar sensível da igreja.

Enfim, a cena religiosa desapareceu e o orante ficou só, como se tivesse sido destacado do grupo do qual outrora fazia parte. Em todos os casos, tornou-se o sujeito principal do túmulo. Figura simbólica do morto, sua atitude está associada à própria morte, quer ela já tendo passado ou quer a esperem e a prevejam.

Desde então, do século XVI ao XVIII, o túmulo esculpido comporta quase sempre um orante. Pode ter duas formas: uma forma miniaturizada – e é então o túmulo mural ou "quadro", compreendendo a inscrição na parte de baixo e ao alto o orante, ou os orantes, diante de uma cena religiosa (baixo-relevo ou gravura) – ou uma forma *monumental* – o grande túmulo de pedestal compreendendo a estátua em alto-relevo do orante (em geral só), frequentemente içado acima do sarcófago.

O orante, por sua maleabilidade de utilização plástica, que o jazente não possuía (o que explica o seu êxito a longo prazo), prestava-se às novas necessidades da sensibilidade familiar e religiosa. Nos séculos XVI e XVII já não se encontra só: está associado a toda a família, que entra com ele no mundo sobrenatural, segundo uma disposição que em pouco tempo se tornou banal: à esquerda dos personagens celestes está a esposa com todas as filhas; à direita, ou seja, no lugar de honra, o esposo, seguido de todos os filhos.

Essa foi a primeira imagem visível da família, ancestral dos retratos de família que permaneceram muito tempo como assembleias de orantes diante de uma cena religiosa, isto é, peças de iconografia funerária, mas destacadas da sua primeira função. Os retratos individuais também conservaram por muito tempo essa disposição (como aquele do chanceler

Rollin diante da Virgem): ao mesmo tempo *memento mori*, memento dos parentes, amigos, vivos ou mortos, e imagem piedosa.

Os orantes são acompanhados não apenas pela família, mas também pelo seu santo padroeiro, ao mesmo tempo advogado e intercessor que os introduziria na Corte Celeste, especialmente nos séculos XV e XVI. Ele permanece por trás do orante, por vezes com a mão no ombro, e o apresenta. Os exemplos são muito numerosos. Há um túmulo com afresco do século XVI sobre um pilar da catedral de Metz, diante do púlpito; mede cerca de 1,5 por 2 metros. Embaixo podemos ler a inscrição "aqui jaz" e em cima há uma Pietá. Diante da Pietá, o morto, um cavaleiro em armas, de joelhos no genuflexório sobre o qual está colocado um livro de Horas. Por trás do orante, o seu santo padroeiro, um monge franciscano, agita na mão uma bandeirola em que se pode ler a invocação: O *Mater Dei, Memento mei*: o padroeiro fala pelo morto e o faz falar na primeira pessoa, como um advogado no seu discurso. Observemos que *memento mei* é uma invocação piedosa aos santos antes de se tornar, no século XIX, uma imagem de lembrança para os vivos, um memento.

O papel do intercessor corresponde à importância adquirida pela família. Cada família tinha um nome de batismo cuidadosamente transmitido de pai para filho e de mãe para filha. O padroeiro deixava então de ser apenas o do defunto ou de um indivíduo, e tornava-se o de toda a descendência masculina ou feminina, conforme o sexo.

A intervenção do santo no túmulo chega dois ou três séculos depois daquela da Virgem e de São João sobre os Juízos Finais dos grandes tímpanos: esse foi o tempo necessário para que a incerteza da salvação se tornasse absolutamente familiar e espontânea, e que um auxílio *post-mortem* se impusesse. Do mesmo modo, mudam as representações celestes. De início, evocam diretamente a visão beatífica: Deus Pai, ou a sua mão saindo das nuvens, a Trindade, o Cristo, a Virgem e o Menino. Como prejulgasse demais do resultado do Juízo, que ocupava mais espaço nas mentalidades, esse tipo de representação tornou-se mais raro, e nos séculos XVI e XVII foi substituído por uma cena piedosa tirada da Paixão e da Ressurreição do Cristo, tendo um significado escatológico (ressurreição de Lázaro) ou testemunhando a misericórdia divina

(Virgem misericordiosa protegendo com o seu manto a humanidade), bem separada de acordo com o sexo: os homens à direita, as mulheres à esquerda, ou ainda da Anunciação, primeiro ato da redenção dos pecadores. As cenas da vida de Cristo não eram, aliás, situadas fora do Paraíso: os retábulos dos altares do século XV representavam muitas vezes os santos canonizados, um santo Agostinho, um santo Antônio, um santo apóstolo já no céu, mas sempre contemplando uma cena do Evangelho.

Durante o século XVII, o modelo do orante associado a uma imagem religiosa tornara-se convencional. Persistiu, portanto, durante mais de três séculos, sem muita mudança a não ser de estilo e de ambiente: duração comparável à do jazente em repouso, e que prova como, nos dois casos, o modelo correspondia a uma necessidade psicológica profunda e estável.

Como a tumba rasa, a tumba com a representação do orante presta-se a usos modestos e comerciais, a uma fabricação artesanal em série. Compram-se placas murais já preparadas, de um 1 metro por 50 centímetros, representando, por exemplo, uma Pietá, tendo de um lado um cavaleiro em armas, São Nicolau ou São Pedro, do outro uma matrona de chapéu acompanhada de Santa Catarina ou Santa Maria Madalena, a cabeça dos personagens e o local da inscrição deixados em branco. Esse foi o tipo de túmulo visível mais comum dos séculos XVII e XVIII. Muitos desapareceram.

Se no século XVII os túmulos mais faustosos, e por essa razão os mais bem conservados, renunciaram a representar a cena sagrada (suntuosidade que persiste nos túmulos de pessoas não tão gradas), não é por incredulidade, mas por ascetismo e humildade. Então o sarcófago, ou antes, sua reconstituição, o catafalco, ou ainda a massa que o substitui e que tinha desaparecido completamente dos túmulos murais com o orante e a imagem piedosa, reaparece e se torna um dos elementos principais da estrutura. O outro elemento da mesma importância é o orante. Este, de doador miniaturizado, passou às dimensões humanas normais, e por vezes mesmo ampliadas: esses orantes têm estatura de gigantes! Podem estar acima do pseudossarcófago, como o antigo jazente, mas podem também estar em qualquer parte, na interrupção da parte fechada do coro (como vemos em Saint-Étienne, em Toulouse), num canto da capela familiar, ou perto do coro de onde podem seguir a missa. Esses orantes ficam dispersos na igreja como se assistissem ao ofício: grandes senhores, oficiais das cortes soberanas, prelados... Na França do século XVII e início do XVIII, apresentam o ar recolhido e austero de devotos à maneira da reforma galicana, que rejeitavam as manifestações espirituais excessivas.

Pelo contrário, na Roma de Bernini e de Borromini, agitam-se e liberam os instintos, dão livre curso aos gestos que traduzem sem reserva sua emoção mística. Em tamanho natural, ocupam, nas igrejas de que eram generosos tesoureiros, as altas galerias onde tinham o hábito de seguir a missa. Debruçam-se para ver melhor, como num camarote de teatro. Comunicam entre si seus sentimentos por meio de muitas mímicas e gestos. Isso se dá porque sua exaltação é tão terrestre como celeste. Aqui o orante abandonou seu caráter hierático tradicional, mas conservou na sua nova mobilidade barroca, o ser sobrenatural. Segue com seus olhos de pedra a missa da paróquia que a devoção pós-tridentina cercou de solenidade! Mas essa missa é também a missa eterna, celebrada no altar celeste, no Paraíso para onde já foi transportado. Foi assim que uma velha senhora de 70 anos se fez enterrar na igreja romana de São Pantaleão, ao lado da porta de entrada – um bom lugar, muito disputado, como vemos nos testamentos –, diante do altar-mor e do ícone milagroso da Virgem que cobre o altar e que ela venerava em vida; tem as mãos cruzadas sobre o peito em um gesto que já não é de oferenda ou de oração tradicional, mas de êxtase: é ao mesmo tempo êxtase místico e visão beatífica.

Ali onde essa antecipação paradisíaca não era aceita, como nos países protestantes, ficou-se simplesmente fiel aos modelos antigos, seja ao modelo medieval da tumba rasa com jazente ou orante, seja ao modelo do princípio da era moderna, o quadro mural com doador e cena religiosa; seja, enfim, ao orante severo de tipo galicano.

Está fora de questão que ao longo dessa evolução de detalhes complexos mas de sentido geral simples, o orante conquistou seu lugar numa sensibilidade tão comum que se pode, em última instância, chamar de popular.

Depois do jazente, o orante tornou-se a imagem convencional da morte.

O homem diante da morte

O retorno do retrato. A máscara mortuária.
A estátua comemorativa

Para nós, nos dias atuais, o principal mérito dos orantes se deve ao fato de serem excelentes retratos. Retêm nossa atenção pelo realismo. Nós tendemos a confundir a individualização e a semelhança: eis, contudo, duas noções bem separadas. Como acabamos de ver, a individualização da sepultura aparece entre os personagens importantes no final do século XI. Em compensação, talvez seja preciso esperar pelo fim do século XIII e, com toda certeza, meados do século XIV, para que as efígies funerárias sejam verdadeiramente retratos. A arqueologia tende hoje a retardar essa data. Erlande-Brandenburg diz da efígie de Carlos V (morto em 1380) em Saint-Denis: "Pela primeira vez, ou pelo menos uma das primeiras vezes, um escultor executava um jazente a partir de um personagem vivo. Não hesitou em fazer dele um retrato. Até então só existiam imagens idealizadas".[73]

Um intervalo de cerca de cinco a seis séculos separara o desaparecimento do túmulo de efígie e inscrição e seu reaparecimento por volta do século XI, mas foi preciso esperar mais três séculos para que a efígie individualizada se tornasse semelhante àquele que ela representava; de fato, anteriormente contentavam-se em identificar o personagem reproduzindo os atributos de sua posição na ordem ideal do mundo; esses atributos não se limitavam ao cetro e à mão de justiça do rei, gesto abençoante, báculo e vestes sacerdotais do bispo. A expressão do rosto também fazia parte da mesma panóplia: era preciso ter o rosto da função, e quando não se o tinha por nascimento, pedia-se à arte que preparasse um mais conforme para a posteridade. Cabia à efígie expressar a plenitude da função da mesma forma que cabia à inscrição fornecer os dados do estado civil.

Ora, a partir de meados do século XIV, nosso museu imaginário tornou-se um museu do retrato. Começou pela arte real e episcopal e se estendeu pouco a pouco às categorias de poderosos senhores, de eruditos personagens notáveis, deixando de lado por muito tempo o mundo da

---

73 Erlande-Brandenburg, op. cit., p.26.

pequena nobreza togada e do artesanato, que se contentavam apenas com os atributos de vestuário e distintivos de sua condição.

Essa vontade de parecença não é necessária. Civilizações evoluídas nunca sentiram tal necessidade. A tendência ao realismo no retrato que caracteriza o final da Idade Média (como a arte romana) é um fato de cultura original e notável, que é preciso aproximar do que dissemos a respeito do testamento, das imagens macabras, do amor pela vida e da vontade de ser, pois existe uma relação direta entre o retrato e a morte, entre o sentimento macabro da decomposição e a vontade de continuar existindo.

Acreditei ver um indício, talvez uma prova, dessa relação entre o retrato e a morte no monumento de Isabel de Aragão, onde jaz seu corpo, em Cosenza. Desde a morte de São Luiz em Túnis ela era, então, rainha de França, e para lá voltava com toda a corte e os cruzados, passando pela Itália: um extraordinário cortejo fúnebre, pois se acompanhava o corpo do falecido rei e de outros príncipes.[74] Ela faleceu na Calábria, em 1271, em um acidente de cavalo que provocou um parto prematuro. Seu marido, Felipe o Intrépido, mandou erigir no local da morte da rainha um monumento do tipo mural do orante (um dos primeiros, sem dúvida). Ela está ajoelhada – esculpida, não pintada – diante do grupo da Virgem e do Menino.

No museu do Trocadero, encontra-se uma moldagem desse monumento. O visitante fica impressionado por esse rosto tumefacto, cortado por uma cicatriz, de olhos fechados. Nada há de surpreendente que se tenha atribuído essa expressão a uma máscara tomada imediatamente depois da morte e que o escultor tivesse copiado. Sabemos que a prática da máscara mortuária era corrente nos séculos XV e XVI. Poderíamos pressupor que já era conhecida em 1271. Essa hipótese me seduzia: a jovem mulher ajoelhada tinha o rosto de uma morta, não para causar medo, como nas imagens macabras, mas para buscar a semelhança.

Hoje essa hipótese foi abandonada: "Não existe qualquer testemunho de máscara mortuária nessa época. Foi de fato preciso esperar pelo

---

74 Deve ter sido, aliás, o primeiro transporte desse gênero. (N. A.)

século XV para que ela aparecesse. A explicação desse rosto encontra-se na pedra: a presença de um veio de argila no tufo calcário explica o desajeitamento do escultor."[75]

Até aí está explicado, mas e os olhos fechados? Os orantes nunca têm os olhos fechados. Admitindo-se que não houve máscara de cera ou de gesso tomada diretamente do rosto da morta, não se poderia pensar que a face do monumento seja afinal uma imitação?

Se a prática da máscara não estava em uso, sabia-se há muito tempo manipular cadáveres, especialmente quando era preciso transportá-los. O costume mais antigo era cosê-los num saco de couro, como no romance de Tristão. Anteriormente eram retirados o coração e as entranhas, acrescentavam arômatas e os embalsamavam. Havia uma relação inconfessada entre a conservação do corpo e a do ser: corpos de santos eram milagrosamente conservados. Essa prática permitia multiplicar os depósitos funerários e os túmulos visíveis que os assinalavam.

As entranhas de Guilherme o Conquistador encontravam-se em Châlus, seu corpo na abadia das Damas de Caen, o coração na catedral de Rouen. Muito mais tarde, o rei Carlos V teve três túmulos, um do coração, outro das entranhas, e o do corpo. Seu condestável, Du Guesclin, teve quatro, um de carne, um do coração, um de entranhas e um dos ossos: o túmulo dos ossos teve as honras de Saint-Denis.

Na baixa Idade Média, quando era preciso transportar o corpo, já não o cosiam em um saco de couro. Faziam-no ferver para separar a carne dos ossos. A carne era enterrada no local, o que dava oportunidade a um primeiro túmulo. Os ossos eram destinados ao mais desejado locais de sepultura e aos monumentos mais solenes, porque os ossos secos eram considerados a parte mais nobre do corpo, sem dúvida por ser a mais durável. Paralelo curioso entre a divisão do corpo em carne, ossos, coração e entranhas, e a divisão do ser em corpo e alma!

No século XIV, esse uso era bastante corrente, a ponto de o papa Bonifácio VII ter se comovido e interditado a prática, mas durante a Guerra dos Cem Anos houve derrogações a essa proibição. Essas manipulações

---

75 Erlande-Brandenburg, op. cit., p.26.

de cadáveres e a repetição de um túmulo para cada elemento do corpo testemunham uma nova solicitude pelo corpo, sede da pessoa. A tomada da máscara depois da morte, seja qual for a data em que se situe, parece-me pertencer a essa mesma série de operações, e ser inspirada pelas mesmas razões: procura-se salvar do naufrágio alguns elementos que expressem uma individualidade incorruptível, em especial o rosto, que guarda o segredo da personalidade.

O costume da máscara fúnebre persistiu até o século XIX; a máscara de Beethoven, que ornamentava os salões burgueses, é disso testemunha. Já vimos que as múmias dos condes de Toulouse[76] e estátuas de terracota do século XVI eram executadas segundo as máscaras fúnebres. No século XVII, já não se esperará o momento da morte para obter uma semelhança indiscutível. Samuel Pepys nos conta os aborrecimentos que lhe causou a moldagem do rosto quando estava em plena saúde e não pensava na morte. Reproduzir o rosto do morto foi de início o melhor meio de mantê-lo vivo.

Refletindo bem, pouco importa para a minha demonstração que o rosto de Isabel de Aragão, em Cosenza, seja a cópia de uma máscara fúnebre. Podemos admitir que o escultor tenha se inspirado no rosto da morta. Observamos, nas análises precedentes, a repugnância dos artistas tumulares medievais em representar o jazente como alguém que está morrendo ou que acaba justamente de morrer. Em compensação, esses artistas tumulares e autores de "representações" de cera ou de madeira puderam se inspirar na semelhança do morto para representar um vivo absolutamente autêntico.

O que conta é a contemporaneidade desses diversos fenômenos: relação entre o rosto do morto e o retrato do vivo (máscara mortuária), grandes cortejos e pompas fúnebres, primeiros túmulos monumentais erigidos à maneira de catafalcos e suas representações.

Estabeleceu-se, então, uma relação estreita entre a morte e a semelhança, como também entre o jazente ou o orante do túmulo e o retrato realista.

---

76 Musée des Augustins.

O homem diante da morte

À preocupação crescente com a semelhança veio se acrescentar a vontade de transmitir a biografia de uma pessoa, expressa pelo epitáfio. A função comemorativa do túmulo teria então se desenvolvido em detrimento do objetivo escatológico, ou, como diz Panofsky, "antecipador". E no entanto, até o século XVIII, apesar de certas aparências que hoje iludem, as duas imortalidades, terrestre e celeste, eram demasiado ligadas, quase confundidas, para que uma prevalecesse sobre a outra e a substituísse. Frequentemente, remonta-se à Renascença a época do divórcio das duas imortalidades, e atribui-se aos túmulos dos Valois um intuito comemorativo sem segunda intenção religiosa. O mesmo deveria acontecer com os baixos-relevos biográficos, atos de guerra e de valor que ornam os túmulos dos papas da Contrarreforma! Na realidade, os longos epitáfios dos séculos XVI e XVII que proclamam os méritos do defunto, semelhantes em sua escala às crônicas de pedra dos papas e dos reis, confirmam, mais do que contradizem, a certeza ou a presunção da salvação no Além.

É no decorrer do século XVIII que a situação muda a esse respeito, e em primeiro lugar entre os que bem poderiam ser chamados, no sentido moderno da palavra, de grandes servidores do Estado, que têm direito ao reconhecimento dos povos e à memória da História. Não são apenas os reis, mas também os grandes capitães. Na abadia de Westminster, podemos observar a passagem sem ruptura do túmulo completo, escatológico e comemorativo, para o túmulo exclusivamente comemorativo, oficial e cívico, ao monumento público de hoje.

Analisaremos essa evolução comparando, de início, dois túmulos holandeses: o de Guilherme o Taciturno (1614-1622), na Nieuve Kirk de Delft, e o túmulo de um herói nacional, espécie de Nelson holandês, morto na guerra em 1665, na Grote Kirk de Haia. O túmulo de Guilherme o Taciturno ainda permanece de acordo com o modelo principesco de dois andares do final da Idade Média, com a diferença de que o andar superior está rebaixado ao mesmo nível do andar inferior, mas fica bem separado. O *stathouder*[77] é representado diante do monumento (e

---

77 Tenente-governador de província na Holanda. (N. T.)

não acima dele), já não de joelhos, mas sentado e triunfante, como em um trono. Essa atitude era tradicional entre os soberanos, desde os túmulos de Henrique VII em Pisa, dos angevinos de Nápoles até os papas de Bernini, passando pelos Médicis de Michelangelo: suas majestades eram equiparadas àquela de Deus. Aqui, a atitude celebra o *pater patriae*, no dizer de Panofsky.

Entretanto, a solenidade da apresentação fica atenuada pela familiaridade do jazente. Mas será possível ainda dar esse nome àquele homem deitado? Está com roupas caseiras, de touca, aspecto descuidado, com o gibão meio abotoado justo ao corpo, olhos fechados, rosto pacífico. Pensar-se-ia que dorme. As mãos não estão nem juntas nem cruzadas na atitude tradicional da oração: os braços estão estendidos ao lado do corpo, as mãos pousadas horizontalmente, como geralmente ocorre quando se dorme de costas. Só a esteira de palha sobre a qual se acha estendido indica que acabou de morrer, e que, segundo o costume, está exposto "sobre a palha". Está fora de questão que o jazente, abandonando aqui o gesto da oração, perdeu seu sentido tradicional. Transformou-se no morto de belo rosto. É uma coisa completamente diferente.

O túmulo do almirante J. Van Wassenaer foi criado cerca de cinquenta anos mais tarde. Seu autor certamente conhecia o monumento, então famoso, do Taciturno. As razões pelas quais ele se afasta desse modelo são, portanto, significativas. Ele manteve o gênio alado da fama soando a trombeta, no qual se poderia muito bem reconhecer o anjo do Juízo Final secularizado, e lhe deu um lugar essencial na composição,[78] na qual não faz figurar qualquer jazente. Portanto, não é a mortalidade do grande homem, nem mesmo a imortalidade escatológica, que ele quer proclamar, mas sua celebridade. Por essa razão a estátua do almirante ocupa todo o volume do túmulo.

A mesma evolução do jazente medieval para a grande estátua comemorativa se encontra em terra católica, em Veneza, numa época anterior. Os mais antigos túmulos dos doges, dos séculos XIV e XV, são muitas

---

78 Em outros momentos dos séculos XVI, XVII e XVIII, esse papel é mais discretamente assegurado pelo tema egípcio da pirâmide. (N. A.)

vezes grandes composições murais no espírito monumental que inspirou os Angevinos de Nápoles e, mais tarde, os Valois da França. Mas o jazente ocupa sempre o centro. Como no túmulo do doge Marosini, em San Giovani e Paolo, o doge aparece rezando somente quando faz parte de uma cena religiosa que vai além dele; por exemplo, ao pé do Calvário, e apresentado pelo seu santo padroeiro.

Diferentemente, do século XV ao XVIII, com exceção dos Valois de Saint-Denis ou dos Habsburgos do Escorial, jamais dobra o joelho quando está só. Como outros príncipes, está sempre sentado em majestade ou então de pé, o que é mais frequente.

Nasce então a ideia, talvez nessa província italiana, de representar os grandes homens de Estado de pé, e os grandes homens de guerra de preferência a cavalo: de pé, Lorenzo Bregno, em 1500; a cavalo, Paolo Savelli, já em 1405, no interior da mesma igreja veneziana dos Frari. Nos casos mais antigos, tanto em Veneza como na Holanda, o túmulo é confundido com o monumento comemorativo dedicado a uma glória nacional. A associação subsistirá ainda por muito tempo na abadia de Westminster, ou na catedral de Saint Paul, em Londres, ou ainda para o marechal de Saxe, de pé sobre o seu túmulo em Estrasburgo.

Mas a estátua só está ligada ao túmulo por um elo enfraquecido e prestes a se desligar, prevalecendo a função comemorativa sobre a função escatológica e individualizante. Essa tendência começou em Veneza, no final do século XIV, com a estátua de Colleoni de Verrochio, ao ar livre, no centro de uma praça pública; mas o caso de Colleoni permanece raro. Imitar esses *condottieri* seria ir um pouco depressa demais. Assim foi que a tradição teimosa de enterramento *ad sanctos*, a aversão a separar as duas funções, comemorativa e escatológica, do túmulo individual, suscitaram em Veneza compromissos bem surpreendentes e que não foram seguidos em outra parte. No final do século XVII, as estátuas ou os bustos dos túmulos visíveis foram, sem dúvida, erigidos externamente, expostos aos olhares dos passantes, mas ainda não separados da igreja, mas postos sobre a grande fachada externa, acima do portal de entrada. Em Santa Maria del Giglio, a fachada está de fato inteiramente coberta pelas estátuas da família Barbaro: ao alto, o eminente *capitan da mar*, morto em 1679, com todos os atributos de seu poder; embaixo, igualmente de pé, os membros civis da família, de peruca e toga.

Na França do século XVIII, a estátua vai se separar do túmulo e se tornar um elemento de urbanismo à glória do príncipe; as estátuas de Henrique IV, no Pont-Neuf, de Luís XIII, na Place Royale – hoje Place des Voges –, de Luís XIV, na Place des Victoires – ou em Versalhes. Desde então a estátua é destinada menos aos túmulos em igrejas do que às praças públicas ou às fachadas de palácios de Estado. É curioso notar que o civismo americano do século XX ficou mais fiel, em Washington, à associação tradicional entre o memorial (ou túmulo vazio) e o monumento cívico.

Um dos traços dominantes do monumento comemorativo é o retrato parecido do grande homem. O monumento transformou-se numa estátua. Na mesma época, isto é, do século XVI ao XVIII, o retrato, com a inscrição, também se tornou elemento capital do túmulo banal. Não a estátua de pé, privilégio da elite, mas o busto ou mesmo apenas a cabeça. Os caracteres fundamentais da personalidade estão cada vez mais concentrados no rosto, a ponto das outras partes do corpo interessarem menos e serem negligenciadas: já não é necessário representá-las. Assim, o orante ficou reduzido apenas à cabeça.

O túmulo é então mural, de cerca de 1 metro por 40 centímetros. Compõe-se da cabeça no vão de um nicho, e embaixo, uma inscrição, sendo o conjunto fechado por um quadro ornado com decoração arquitetural. Esse tipo de túmulo, muito comum em quase toda a parte, é especialmente difundido – e conservado – em Roma. Ele fornece às igrejas da cidade o encanto e a animação de um museu de retratos, maravilhosos retratos.

Quando a penumbra invade a igreja, todas as cabeças que se sucedem sem muita ordem ao longo dos muros ou contra os pilares, parecem se inclinar para fora dos seus nichos, como se estivessem à janela. A iluminação cambiante dos círios faz tremer sobre aqueles rostos espaços de luz amarela, e os contrastes passageiros do claro-escuro acusam a expressão dos traços, dando-lhes uma vida imóvel e concentrada.

Em outros lugares, na mesma época, o rosto é substituído por outro sinal mais abstrato de identidade: o brasão, na Espanha católica ou na

Sentido escatológico do jazente e do orante

Antes de ir mais longe na visita ao nosso museu imaginário, detenhamo-nos por um momento para comparar o jazente e o orante.

O orante nos parece mais próximo da alma imortal. O jazente acaba por ser identificável com o corpo corruptível. Oposição da alma e do corpo? Sem dúvida, essa é a razão essencial da dualidade dos dois modelos. Contudo, vimos que a expressão plástica dessa dualidade, ainda que de acordo com o ensino teológico, esbarrava numa repugnância silenciosa mas obstinada. A longo prazo, após o desaparecimento do jazente, o orante tomou o seu lugar de *homo totus*, espírito e matéria, esquecendo sua origem exclusivamente espiritual. Terá o orante parecido sempre mais individualizado do que o jazente? A atitude do orante expressaria então uma vontade de manifestar sua originalidade biográfica, enquanto que o jazente permaneceria fiel a uma concepção mais anônima e mais fatalista. Com efeito, o tipo do orante se impôs ao mesmo tempo que o retrato se tornou mais realista e que a atenção foi atraída para o rosto, e eis por que ele está na origem do retrato individual ou familiar. O jazente também procurou e obteve a semelhança com o aquele que estaria sendo representado, mas somente no final de sua longa carreira. Nas tumbas banais do início dos tempos modernos (século XVI), um e outro fazem, aliás, bem pouco caso da semelhança, contentando-se em indicar a condição.

Será então o orante mais ativo, mais animado do que o jazente? Sua atitude de joelhos nos induz a pensar assim; a um observador superficial parecerá mais próximo da vida, da vida instantânea de um bom retrato. O jazente está, pelo contrário, mais próximo da morte, que ele, aliás, representa, seja a morte solene da exposição litúrgica, ou a morte subterrânea da decomposição. Contudo, a aparência de vida no orante é enganadora. Esse pseudovivo está na realidade imobilizado numa atitude hierática e congelada. Encontra-se sem dúvida no mundo sobrenatural, mas ali assiste com indiferença às visões celestes que deveriam transportá-lo, como são transportados os personagens de Bernini ou Borromini. Dizia-se do jazente: ele vive e não vive. Poder-se-ia dizer do orante: está no céu sem lá estar.

Na realidade, tanto o jazente como o orante estão próximos de um estado neutro de que por vezes se afastam, seja para a vida, seja para a morte, seja para a beatitude. Essas hesitações são muito interessantes e dependem das pressões do pensamento, da espiritualidade erudita, da cultura escrita; essa é a razão de serem mais conhecidas. Contudo, essa zona central de neutralidade onde se reúnem orantes e jazentes é ainda mais interessante e também impressionante.

Nessa neutralidade primordial é preciso reconhecer um aspecto tardio da atitude imemorial diante da morte, "a morte domada", que se expressa melhor no conceito de *requies*.

Essa identificação não é evidente, e corre o risco de encontrar a incredulidade dos eruditos. É preciso inferi-la na linguagem muda das imagens e de sua lógica jamais expressada, à margem da cultura escrita.

A crença num estado neutro, mais triste em certas culturas (no mundo cinzento do Hades), mais feliz em outras (os adormecidos do Éfeso), sobreviveu portanto, a despeito das reticências ou da hostilidade dos homens da Igreja. Persistiu sob formas elementares e obscuras, jamais perfeitamente conscientes, suscitou comportamentos profundos e obstinados que se expressaram sob a forma de recusas: recusa ao dualismo do ser, recusa à oposição do morto ao vivo, recusa à equiparação completa da sobrevivência do Além à glória inefável das criaturas celestes. No século XI, essa crença parecia apagada e substituída por uma escatologia mais ortodoxa. Estava apenas reprimida, e ressurge com os primeiros túmulos visíveis e com o modelo do jazente, que a traduz exatamente no mundo das formas.

Ainda persiste no fim da Idade Média, e é ela que desvia a inspiração original do orante e o orienta na tradição da imobilidade e do repouso.

Assim, uma grande corrente das profundezas se impôs à iconografia funerária – e à sensibilidade coletiva – durante meio milênio de constâncias maciças que a cultura escrita não explica e que ignorou, uma representação do Além que não coincide exatamente com aquela ensinada pela Igreja.

O homem diante da morte

Essa tradição que, embora subterrânea, exercia influência sobre as mentalidades, vai se esquivar a partir dos séculos XVII e XVIII: a terceira parte deste livro tratará das mudanças de sensibilidade que porão fim a uma continuidade milenar. O jazente desapareceu no início do século XVII. O orante desaparece, por sua vez, no final do século XVIII. Nas novas concepções de origem erudita que se impuseram então às culturas orais e à sensibilidade comum, a ideia muito antiga e muito resistente de um estado neutro, intermediário, para além da morte, entre a vida e o céu, se desvaneceu. Foi substituída por crenças onde se encontra, assimilada por uma sensibilidade espontânea, a ideia de separação da alma e do corpo: o nada para o corpo; e destinos diferentes para a alma, segundo diversas opiniões, como a sobrevivência num Além muito organizado, sobrevivência terrestre da comemoração, ou também o nada. Trata-se de um mundo completamente novo do século XVIII ao século XX.

No cemitério: a cruz nos túmulos

Os túmulos que analisamos até aqui provêm todos, ou quase todos, de igrejas: é preciso se colocar no interior das igrejas para seguir a continuidade e perceber o sentido das séries iconográficas. Que acontecia, então, do outro lado do muro da igreja, no cemitério? Havia ali túmulos visíveis? Menos, sem dúvida, do que na igreja, e com outro aspecto, mas não estavam de todo ausentes.

Uma parte do cemitério, sua periferia, era como a continuação da igreja, e o seu mobiliário funerário era o mesmo e igualmente abundante. Os muros exteriores da igreja eram ocupados por túmulos com jazigo. As galerias baixas dos carneiros eram divididas em capelas, análogas às capelas laterais das igrejas desde o século XIV, e tinham o mesmo destino funerário. Eram revestidas de epitáfios e de túmulos murais.

Contudo, mesmo na superfície central do adro, revolvida pelos coveiros, entre as grandes valas para os pobres que engoliam a massa anônima dos mortos, percebiam-se também alguns monumentos, dispersos e pouco numerosos. Nada, naturalmente, que lembrasse a densidade e a regularidade dos cemitérios contemporâneos. Basta olhar a pintura preciosa do museu Carnavalet, em Paris, que representa o cemitério dos Innocents no final do século XVI para se ficar convencido: entre os monumentos esparsos que se espalham pelo solo, há alguns destinados a uso coletivo e público (um púlpito de pregação, um oratório que se assemelha às lanternas dos mortos do centro e do oeste da França, uma cruz triunfal que servia de estação para a procissão de Ramos). Como as paredes interiores da igreja, essas edículas podiam receber uma mobília funerária: quadros com epitáfios eram fixados na sua base. No espaço entre as edículas e as grandes valas, reconhecem-se alguns túmulos – lápides levantadas por pilares pequenos ou que cobriam um envasamento maciço, como havia também nos claustros –, e ainda cruzes erigidas sobre estelas cujas paredes eram esculpidas ou gravadas e diretamente plantadas no solo.

Eis uma descrição que corresponde bem à de Berthold a respeito dos Innocents:

> Nos campos do repouso [...] marcava-se simplesmente o local da cova [nem sempre: daí os espaços nus, sem sinais nem monumentos]: [1] Por uma cruz de pedra ou de madeira [muitas vezes abrigada sob um pequeno teto de duas águas, como ainda é possível ver hoje nos cemitérios da Europa Central], tendo [na base] um epitáfio pintado ou gravado; [2] Por simples lajes [tumbas rasas, por vezes levantadas] e por inscrições aplicadas nos muros dos carneiros [quadros-epitáfios murais].

Em outra localidade, em Vauvert, "no cemitério [...] veem-se várias cruzes tanto de pedra como de madeira".[79]

A forma nova que nos impressiona, tanto no quadro do museu Carnavalet como na descrição de Berthold e naquela observada por Raunié no cemitério de Vauvert, é a cruz. As cruzes designavam a localização de sepulturas individuais ou agrupadas.

"Alguns testadores", segundo observação de A. Fleury em relação ao século XVI, "mandavam levantar uma cruz no cemitério dos Saints-Innocents e as sepulturas das pessoas da família agrupavam-se em torno

---

79 apud Raunié, op cit., t.1, p.87.

dela". É assim que Marie Valet, em 1557, quer "ser enterrada no local e sítio onde está enterrado e inumado seu falecido marido, que é junto a uma cruz que lhes pertence e foi mandada construir e edificar por eles no dito cemitério" dos Innocents. Henriette Gabelin, em 1558, quer ser enterrada nos Innocents "perto de uma cruz que mandou levantar e ali assentar".[80]

Existem portanto, às vezes sem parentesco evidente, várias sepulturas em torno de uma cruz; também pode haver um conjunto familiar ao redor dela. Um testador de 1411, personagem destacado — procurador-geral do Parlamento de Paris —, descreve assim o túmulo que pede seja edificado no cemitério para seus filhos (pequenos demais para merecerem as honras da igreja), e para seus pais, que tinham escolhido ser enterrados no cemitério de Coulommiers (ele preferiu, para sua mulher e para si próprio, o interior da igreja):[81]

> Pela razão que o meu dito pai no seu testamento tinha ordenado que mandassem fazer sobre as covas dele e de seu pai no cemitério de Coulommiers dois túmulos altos de gesso [tradição dos sarcófagos de gesso na Ile-de-France na alta Idade Média] com belas cruzes de gesso. Depois da qual ordem mandei ali enterrar três ou quatro dos meus filhos [três ou quatro! Ele não lembra muito bem].

É provável que não tenha mandado construir as cruzes pedidas pelo pai, porque continua:

> Que meus executores ou herdeiros [...] mandem fazer ali cinco cruzes [uma grande, entre dois grupos de duas menores] ligando uma à outra numa fileira de belas cruzes de gesso, e que a do meio seja a mais alta e as duas de ambos os lados da central, um pouco mais baixas, e as outras duas nas extremidades ainda mais baixas. [A finalidade não parece ser dar a cada um o seu túmulo, mas organizar uma arquitetura de cruzes simétricas e graduadas]. E

---

80 MC, VIII, 299 (1557).
81 Tuetey, op. cit., 288 (1411).

contudo quero que sejam de boa altura, de 2,5 a 3 pés, e que sejam dispostas de tal modo que a água se possa escoar quando chover, a fim que durem por mais tempo.

Mas esse conjunto de cinco cruzes não basta. Devem ser dominadas, por sua vez, por uma grande cruz, uma cruz pública, como se veem nos cemitérios da época. Será trazida de Paris e será de madeira, não de gesso: "Quero que mandem fazer em Paris uma bela cruz de madeira pintada e disposta como as que se encontram no cemitério dos Saints-Innocents, e que se considerem as médias, não as maiores nem as menores". Trata-se de uma cruz com pedestal, tendo sobre ele um túmulo de estilo mural:

> E que de um dos lados [da estela] esteja a crucificação e do outro a Virgem Maria segurando o Menino. E abaixo da crucificação dois orantes [aí está a palavra] ou representações de dois burgueses [não há grande preocupação com a semelhança dessas "representações". Bastavam as insígnias da condição] e embaixo de Nossa Senhora, um homem, uma mulher, crianças [quantas crianças?] e que ela esteja presa com bons grampos de ferro à cabeça da mais alta das cinco tumbas, bem presa e fixada na terra para durar o máximo.

Fossem quaisquer suas origens, esquecidas ou negligenciadas, as cruzes serviam de ponto de referência topográfica: um testador de 1480 elegeu sua sepultura "no cemitério dos Cartuxos de Paris entre as duas cruzes de pedra que ali estão".[82] No cemitério de Vauvert, no século XVII, eram numeradas como as lajes do solo de certas igrejas.[83] Traziam epitáfios: havia sido gravado na face anterior da décima cruz, o epitáfio de Jacques Bourgeois, advogado, 1612, e na face posterior a inscrição interminável, onde a história da família de Fenes era contada desde trezentos anos antes. Jean de Fenes "recentemente Secretário do Rei, casa e coroa de França e de suas finanças, que sobreviveu aos seus ditos pai e mãe,

---

82 Id., 132 (1404).
83 BN, papéis de Joly de Fleury, cemitério de Vauvert.

O homem diante da morte

mandou colocar esta inscrição ao pé desta cruz como marca eterna de seu amor e de seu respeito pela memória deles. Rezai a Deus por suas almas".

De início coletiva, se tornando pouco a pouco individual, a cruz será o elemento essencial do novo protótipo de túmulo criado nos séculos XVII e XVIII. Tentemos seguir a formação desse modelo.

Existe no museu loreno de Nancy um túmulo do século XVI que provém certamente de um cemitério, e que mostra bem o primeiro estado de túmulo-cruz individual. Decorre do modelo da cruz pública com pedestal funerário, de que é a redução, na altura de um homem: a cruz tornou-se muito pequena esculpida apenas no alto da estela, que alongou-se verticalmente, ganhando o espaço perdido pela cruz do modelo cemiterial. Em outras palavras, a estela é constituída de três partes sobrepostas: a do cimo, com a cruz esculpida, a do meio, com um baixo-relevo macabro (um trespassado sentado, com a cabeça na mão), e a de baixo, um pedestal mais amplo, onde estão inscritos o nome do defunto e uma invocação: "*Ave Maria,* Mãe de Deus". É um túmulo de cemitério e não de igreja, mas um belo túmulo de pedra, um túmulo de rico. Nesse caso o túmulo é como um pilar, sem parte horizontal plana.

Havia outro tipo que combinava a tumba rasa e a cruz. Um testamento do século XVII o descreve: um cônego de Paris renuncia a ser enterrado na Cité, e elege para sua sepultura o cemitério de Saint-Cloud, um cemitério ao ar livre "onde estão enterrados seus finados pai e mãe e que lá seja construído um túmulo levantado sobre quatro suportes baixos [uma tumba plana] e com uma cruz à cabeceira, todo o conjunto o mais simples possível". Ainda é um túmulo de rico, apesar da humildade da intenção.

O tipo de túmulo com cruz foi, portanto, inventado para pessoas gradas. Vai se tornar túmulo de gente modesta, a tumba do pobre, quando tiver também uma cruz. Sua evolução está ligada à da população do cemitério ao ar livre.

Até o século XVI, apesar de uma clara preferência pelas igrejas, o cemitério ainda não fora completamente abandonado pelas pessoas gradas. Nunca o será na Inglaterra.[84] De início, os muros da igreja e as galerias

---

84 Cf. capítulos 2 e 11.

dos carneiros apenas foram menos procurados e menos caros que no interior da igreja. Todo o cemitério era, portanto, cercado por uma cintura de monumentos murais muito dignos. Essas sepulturas ricas afastavam-se algumas vezes das bordas do cemitério em direção ao espaço central.

Quando, em 1569, o capítulo geral dos cavaleiros de Malta decidiu reconstruir a igreja conventual de La Valette, em Malta, ordenou: "seja reservado um espaço [*locus seu spatium*] bastante grande para servir de cemitério fechado [*pro cimoeterio clauso*]". Chamavam-no *il cimeterio del cortile*. Ali foram enterrados os cavaleiros até 1603. Só então foi abandonado em favor da igreja.

Construiu-se no local um oratório privado, reservado aos exercícios espirituais dos cavaleiros, e foi nesse oratório e na sua cripta que os cavaleiros foram enterrados desde então. O texto de 1631 já não fala do *coemeterium clausum* de 1569: "que nenhum dos nossos irmãos possa ser amortalhado e inumado em outra igreja que não a nossa igreja maior conventual ou na cripta de sua capela funerária: *in ejus sepulchrali capella subterrane*".[85]

No século XVII, os cemitérios (salvo as galerias) foram então abandonados pelas classes sociais superiores e deixados aos pobres, aos sem-túmulo. Todavia essa desocupação foi compensada por um movimento inverso da igreja para o cemitério. Algumas pessoas gradas quiseram ser enterradas no cemitério, não por tradição, como poderia ter sido o caso anteriormente, mas por um desafio de humildade. Não conhecemos o modelo de túmulo que escolheram, pois eles afetavam não se preocuparem com a sepultura e a confiavam à descrição do herdeiro ou executor testamenteiro. Pode-se, no entanto, pensar que o túmulo ao ar livre, quando o tinham, adotava por vezes uma forma ainda ambiciosa inspirada da Antiguidade, a de um obelisco, de uma pirâmide, de uma coluna, e algumas vezes também a forma mais simples de uma cruz de pedra ou de madeira pintada.

Além disso, no século XVIII, uma nova população ia edificar túmulos visíveis no cemitério. Pessoas de condição modesta, pequenos funcionários,

---

85 Scieluna, *The Church of St. John in Vallete.*

artesãos e lavradores já não se contentam em repousar em terra abençoada, sem a preocupação com a lembrança terrestre que deixariam. Também, por seu turno, pretenderam um túmulo. A concepção hierárquica da sociedade não lhes permitia, certamente, os modelos das classes superiores. Alguns, contudo – sapateiros, alfaiates, burgueses de Paris – não tinham hesitado em copiar os quadros murais com inscrição das igrejas.[86] Esses mestres artesãos constituíam, na realidade, uma verdadeira classe média, uma pequena burguesia que, nos melhores casos, aproximava-se da fartura. Também ficaram tentados, como a elite camponesa, a representar no túmulo o sinal de sua condição, de que se orgulhavam: o instrumento de trabalho. Assim, no Musée des Augustins de Toulouse, uma pequena cruz cemiterial de pedra do século XVI-XVII apresenta, numa das faces, uma lançadeira de tecelão (sobre a outra, a concha do peregrino de São Tiago).[87] No museu loreno de Nancy, numa estela fúnebre estão representados uma charrua e um arado de um lavrador que fazia questão de mostrar sua verdadeira riqueza. No século XVIII, no claustro dos Dominicanos de Toulouse, observam-se lápides fúnebres em que o nome do ofício acompanha o nome do defunto: sepultura de X, mestre cirieiro (ou mestre tanoeiro) e dos seus. Velas e instrumentos de trabalho são os únicos ornamentos.

Todavia essa representação do ofício é muito rara, mesmo quando se leva em consideração as prováveis destruições desses documentos humildes. Ela foi abafada, e na França, quase não terá nenhum elemento que se assemelhe aos numerosos símbolos dos ofícios dos túmulos galo-romanos.

A nova categoria de pessoas modestas que penetraram nos cemitérios, principalmente a partir do final do século XVII, adotou naturalmente os tipos mais simples de mobiliário funerário já existentes: simples inscrições reduzidas ao nome e a uma invocação piedosa, em língua vernácula de *oïl* ou de *oc*.[88] Mas teve, desde o início, preferência pela cruz (levantada,

---

86 O museu de Cluny, em Paris, conserva alguns desses quadros bem ornamentados desde o final da Idade Média. (N. A.)

87 Concha usada nas peregrinações a São Tiago de Compostela, afixada à capa ou ao chapéu. (N. T.)

88 Principais dialetos falados na França medieval até o início da era Moderna.

gravada ou esculpida numa estela). A partir de meados do século XVII, esses túmulos muito simples tornaram-se mais numerosos: de início lajes nuas com apenas o nome, uma invocação e muitas vezes uma pequena cruz. Algumas permaneceram por acaso nas igrejas, como a cruz, em Poissy, com o desenho desajeitado de um "intendente do Senhor presidente das Casas" (meados do século XVII), ou em Veneza, na igreja de Santa Maria dei Miracoli, a cruz superficialmente gravada, como um *grafitto*, sobre um pequeno ladrilho de cerâmica, em 1734. Outras foram conservadas em claustros de conventos. Mas quantas delas que se encontravam em cemitérios terão desaparecido! Nesse primeiro tipo de túmulo, a cruz é apenas um sinal, o único ornamento da lápide.

Outro tipo é a estela em forma de cruz, uma pequena cruz que pode ser de pedra, ou talvez mais comumente de madeira. Ainda se encontram modelos de pedra no Musée des Augustins, em Toulouse. Não era a cruz alta e elegante repousando sobre um pedestal, mas uma cruz pequena e baixa, de braços iguais e grossos. A inscrição, muito curta, está no centro.

Em Avioth, no Mosa, subsistem alguns elementos de um velho cemitério ao lado da igreja. Tem uma lanterna dos mortos, chamada *Recevresse*, e uma cerca baixa do final do século XVIII, executada sem dúvida para obedecer às injunções dos bispos que se queixavam da má conservação dos cemitérios e exigiam que fossem fechados. Existem estelas funerárias tomadas do muro e que dele fazem parte. São simples e belas, constituídas de dois compartimentos: no alto uma cruz em relevo e embaixo, rodeado por desenho ornamental de forma oval, um epitáfio muito breve.

Essas estelas em forma de cruz, ou, mais comumente, ornadas de uma cruz esculpida, são encontradas nos cemitérios antigos da Inglaterra e no Grão-Ducado de Luxemburgo. No Grão-Ducado, um pequeno cemitério do século XVIII, perto da igreja, conservou suas estelas já bem alinhadas e semelhantes umas às outras, onde o musgo não apagou totalmente as datas. A estela é vertical, maciça, e a cruz esculpida em relevo numa das suas faces está enquadrada de palmeiras que evocam o Paraíso: lembranças do *refrigerium* em plena época das Luzes!

No sul da França, no Languedoc, depositaram-se sob o pórtico da igrejinha da vila de Montferran (Aude) estelas do século XVIII que estavam

O homem diante da morte

no cemitério antes da sua reorganização, por volta de 1850. Essas estelas finas, estreitas e verticais terminam numa cruz esculpida e inscrita num círculo.

É bem possível que as famosas estelas bascas sejam simplesmente uma variante desse tipo, lá conservadas sem alteração até os nossos dias.

Assim se constituiu um modelo original de túmulo ao ar livre entre os séculos XV e XVIII, o qual em nada se parece com o mobiliário funerário das igrejas, e associa, numa estela vertical, uma cruz e uma breve inscrição. Esse modelo não era o único utilizado no cemitério dos séculos XVII e XVIII. Houve outros que não tinham o mesmo caráter de originalidade: simples imitações da tumba rasa ou do quadro-epitáfio mural das igrejas.

O cemitério de Marville

Ainda encontramos esses modelos em seu lugar no quadro cheio de poesia de um cemitério que talvez não tenha mudado muito desde o fim da Idade Média: um exemplo de continuidade excepcional. Marville é uma pequena cidade da região do Rio Mosa que se estendeu em torno de um castelo pertencente ao conde de Bar, no fim da Idade Média. É uma cidade nova, estabelecida ao lado de um lugar muito mais antigo, onde subsiste uma capela consagrada a Santo Hilário. Esse lugar foi abandonado, mas Saint-Hilaire não deixou de ser a paróquia de Marville até a edificação da igreja de Saint-Nicolas, no século XIV, e seu cemitério permaneceu sempre o da cidade. Por já estar separado da povoação – circunstância excepcional nas sociedades mais antigas, onde os mortos repousavam no meio dos vivos –, esse velho adro medieval respondia às exigências das legislações contemporâneas, e Marville não precisou deslocar seu cemitério, razão de estar bem conservado. Outra coisa curiosa: existe, a meio caminho entre o cemitério de Saint-Hilaire e a praça forte da cidade atual, uma edícula gótica que representa a crucificação, evocando os *montjoie*[89]

---

89 Montes de pedras indicadores de caminho ou monumento comemorativo. (N. T.)

que serviam de etapas para os cortejos fúnebres da família real entre Paris e Saint-Denis.

A igreja de Saint-Hilaire, muito pequena, não podia conter muitos túmulos; por esse motivo, a maioria das sepulturas fora colocada fora da igreja, no próprio cemitério: algumas inscrições eram gravadas diretamente no muro exterior. Muitas estelas foram levantadas diretamente na terra. Ainda subsistem algumas nessa posição, muito deterioradas para serem transferidas. De fato, em 1870, as mais belas e melhor conservadas, quase todas do século XVII, foram retiradas e postas ao abrigo da nave da pequena igreja, que se tornou um verdadeiro museu do túmulo vulgar e banal no Antigo Regime da França; um museu como já não existe em parte alguma.

Ora, reconhecemos nesses túmulos a réplica exata dos quadros-epitáfios murais das igrejas ou das galerias de carneiros: ao alto, a cena religiosa (Crucificação – com a Virgem e São João –, Pietá, descida ao túmulo, Ressurreição, anjo abatendo o demônio, Imaculada Conceição, representações de santos, São João Batista e, principalmente, São Nicolau, o padroeiro da nova igreja de Marville); diante da cena religiosa, no mesmo andar, os orantes (o defunto ajoelhado com a esposa e toda a família); embaixo, a inscrição. Se o estilo é desajeitado e ingênuo, os defuntos não são de condição desprezível, pois ali figuram oficiais de bailio.

O efeito é curioso: é como se os quadros tivessem sido retirados do muro onde estavam habitualmente fixados, para serem plantados no chão. Esse costume ainda era muito frequente no início do século XIX: encontra-se em toda a parte em que as sepulturas de cemitério eram de uso corrente, quer dizer, um pouco na França, com muita frequência na Inglaterra, na América colonial e mesmo na Europa central (o famoso cemitério judaico de Praga o testemunha).

Ao lado dessas estelas verticais, reconhece-se em Santo Hilário de Marville estelas cruciformes que lembram as da clausura de Avioth, aliás vizinha, com um desenho ornamental de forma oval em torno da inscrição e também outro tipo que merece atenção. Compõem-se de uma estela vertical derivada do quadro mural, e de uma laje horizontal derivada da tumba rasa. Como se tivesse sido plantado um quadro mural à cabeceira de uma tumba rasa. A inscrição encontra-se na estela vertical. A laje horizontal é ornada exclusivamente com uma cruz gravada entre dois círios (simbolismo da luz: a vela que se punha na mão do agonizante ou que se acendia na cabeceira do morto). Essa combinação de um elemento vertical e de um elemento horizontal anuncia o túmulo banal dos séculos XIX e XX na França e na Itália. Bastará substituir a estela pela cruz recortada, que era então apenas gravada ou esculpida na laje e, reciprocamente, transferir a inscrição da estela para a laje: obter-se-á, então, o modelo continental mais disseminado da nossa época.

Entretanto, se quisermos reconstituir os cemitérios dos séculos XVII e XVIII e início do XIX, a partir do que subsiste hoje, falta-nos um elemento: a cruz de madeira. Ora, sabemos que desde o século XV, pelo menos, as cruzes de cemitério perto de túmulos, mesmo de pessoas notáveis, eram muitas vezes de madeira.

Uma pintura muito posterior, datada de 1859, representa com realismo um cemitério de meados do século XIX;[90] muitos sinais permitem pensar que se tratava de um velho cemitério (hoje em dia, ainda está em torno da igreja) cujo estado, no fim do século XVIII e início do século XIX, não devia ser muito diferente. Os muros exteriores da igreja e os muros da clausura estão cobertos de placas de um tipo que já não vemos hoje, mas que foram muito frequentes a partir do século XVII na Holanda e na Alemanha: têm a forma de um losango, que contém a inscrição, e são sobrepostos por uma pequena cruz: esses monumentos de pessoas gradas permaneciam fiéis aos antigos modos de localização, e não procuravam a proximidade do lugar exato da sepultura. Eis por que foram abandonados. A parte central do cemitério não é mais ocupada por grandes valas, interditadas há muito, mas por simples cruzes de madeira cobertas por um pequeno teto de duas águas, como se viam nos Innocents no século XVI, e ainda em nosso tempo na Alemanha e na Europa Central. Desapareceram na França no século XIX, seja em favor de monumentos mais ambiciosos, seja da cruz de madeira mais simples: a dos soldados e dos pobres. Mas, pouco importa a forma da cruz, o modelo do túmulo

---

90 Breton, *Plantation d'un calvaire.*

simples e pobre ficou desde então fixado: a cruz de madeira à cabeceira de um montículo de terra.[91]

Assim, do século XV ao começo do século XIX, vimos constituir-se, à margem dos modelos da igreja, um modelo de cemitério em que o sinal da cruz ocupava todo o lugar deixado à decoração e à iconografia. Definitivamente fixado no final do século XVIII e no início do século XIX, época do povoamento dos cemitérios pelos túmulos visíveis daqueles que ainda não os tinham tido, disseminou-se e banalizou-se em seguida, e foi escrupulosamente respeitado até o século XX nas regiões chamadas "descristianizadas". Não pôr uma cruz no próprio túmulo ou no túmulo dos seus é, ainda hoje, um desafio excepcional de militante. As sociedades aparentemente menos religiosas ainda fazem questão da presença da cruz. Em primeiro lugar porque ela se tornou, por uma associação de um a dois séculos, o sinal da morte; uma cruz diante de um nome significa que a pessoa morreu. Em seguida, mesmo entre os menos crentes, a cruz mais ou menos desligada do seu sentido histórico cristão é obscuramente reconhecida como sinal de esperança, um símbolo tutelar. Faz-se questão dela, sem saber por que, mas ainda assim se faz questão. Evoca não o outro mundo, mas alguma outra coisa, secreta, profunda, indizível, aquém da consciência clara.

---

91 Reservo o caso dos cemitérios ingleses onde a cruz é mais rara, considerado no Capítulo 11.

O homem diante da morte

Os túmulos de fundação: os "quadros"

Nas páginas precedentes, a propósito de túmulos murais com orantes, tanto nas igrejas como nos cemitérios, utilizamos muitas vezes o termo "quadros". É preciso voltar a ele, pois designa a forma de túmulo mais disseminada, a mais comum e também a mais significativa da nova mentalidade triunfante do final da Idade Média.

As inscrições e monumentos fúnebres que acabamos de analisar manifestavam dupla vontade: uma vontade de se antecipar ao Além e de se representar na atitude da imobilidade ou do repouso transcendente, e uma vontade de sobreviver na memória dos homens; nada de realmente novo na história religiosa da civilização ocidental. Panofsky viu perfeitamente essa continuidade. Da minha parte, apenas sublinhei, e até mesmo opus, duas formas de transcendência: uma de fonte letrada, em que a alma e o corpo estão bem separados no Além; a outra de fonte oral e popular, onde o *homo totus* espera em paz.

O "quadro" do final da Idade Média mostra que o modelo dualista dos letrados conquistou as mentalidades comuns. Vamos reencontrar nele a concepção individualista dos testamentos, a maneira de tratar os assuntos da salvação e do Além com exatidão jurídica responsável, e a prudência desconfiada exigida pelos assuntos da terra.

Empregava-se, por vezes indiferentemente, os termos quadro e epitáfio no sentido de túmulo, porque o epitáfio enchia a maior parte do quadro, embora, como veremos, a natureza da inscrição nem sempre fosse a mesma nos dois casos.

Mas a língua do tempo (final da Idade Média e início dos tempos modernos) distinguia entre quadro e túmulo. O quadro podia ser um dos múltiplos túmulos do mesmo personagem. Também podia ser sua única tumba. Julgue-se por este testemunho de 1400, de Guilherme de Chamborand, escudeiro do rei. Ali encontramos, em primeiro lugar, a escolha da sepultura: "Seu corpo ele quer que jaza na igreja da Teme que é da ordem dos celestinos na diocese de Limoges, e que seja dentro do coro da dita igreja bem perto do grande altar do lado junto ao muro". Em seguida o testador fala do seu túmulo propriamente dito: "Sobre seu corpo se faça e assente uma tumba [uma laje] [...] levantada de um pé e meio acima da terra [e que ela], seja de pedra em que estará sua representação ornada com as suas armas [isto é, um jazente]. E será escrito em cima e em torno da dita tumba seu nome, título, dia e trespasse".[92]

O jazente, assim deitado num pedestal, constituirá o andar inferior de um túmulo com jazigo, colocado contra o muro: "E acima dessa tumba haverá com isso uma imagem de Nossa Senhora que será pintada no muro, a qual imagem será bela e bem feita, segurando N. S. seu Filho entre os braços. E haverá diante da dita imagem uma representação de sua pessoa, feita em pintura dentro do muro no local de seu túmulo, onde ele estará de joelhos, ornado com suas armas, de mãos juntas. E será precedido de duas imagens, uma de São João Batista, e outra de São Guilherme".[93] Reconhece-se o tipo do túmulo de dois andares, estudado mais acima, com o jazente embaixo, o orante em cima, mais uma cena religiosa e seus santos padroeiros.

Era certamente uma bela tumba, e bem completa. Mas não bastou ao testador. Ele previu um segundo monumento fúnebre, que já não chama de túmulo, mas de quadro:

> Da mesma forma, quer e ordena que seja feito um *quadro de cobre* no qual será escrito seu nome, sobrenome, título do dito testador, dia e ano de seu trespasse [mas não a idade e data do nascimento], e a missa que perpetuamente será dita pelas almas dele, de seus falecidos pai e mãe, amigos e parentes [equiparação dos amigos aos parentes] e benfeitores da dita igreja.

Esse serviço perpétuo será pago com o rendimento de um capital legado à obra da igreja: "E será posto o dito quadro dentro do muro acima da dita tumba, debaixo dos pés da dita imagem de Nossa Senhora e de sua representação [seu retrato rezando] que serão feitos de pintura no dito muro acima da citada tumba, como acima dito".

---

92 Tuetey, op. cit., 55 (1400).
93 Id., 122 (1404).

O quadro é distinto do túmulo, e em geral é separado e afastado dele, embora aqui o testador os tenha reunido no mesmo local.[94]

Dois séculos mais tarde, no início do século XVII (1622)[95] encontramos sem alteração as mesmas vontades e os mesmos usos, como mostra esta "permissão concedida pelos tesoureiros da igreja de Saint-Jean-en-Grève" à viúva de "um cirurgião ordinário do rei" de "mandar pôr um epitáfio contra o pilar, ao pé do qual está o banco da dita viúva [onde ela assistia à missa], ou diante da cova onde o dito defunto foi inumado, e ali pôr, gravar e inscrever o que bem lhe parecer em memória do defunto", e, além disso, "mandar pôr e pousar sobre a dita cova uma tumba. Sobre a dita tumba poderá mandar gravar a figura de um homem e de uma mulher e em torno dela fazer igualmente uma outra inscrição". Segundo a descrição, trata-se ainda de uma tumba rasa com jazentes gravados. Portanto, o mesmo defunto tem direito a um quadro mural e a uma tumba rasa, na mesma igreja.

Alguns testadores faziam mais questão dos seus quadros do que dos túmulos: "E quer que dessa fundação e ordem se faça um quadro que fique preso à dita capela por uma corrente de ferro".[96] Acontece que a gravura sobre pedra ou metal com extratos do testamento assegurava-lhes a publicidade das fundações, cujas rendas permitiam a manutenção dos serviços religiosos para o repouso da alma. Os párocos e os tesoureiros

---

94 Um testador da mesma época, cônego de Reims, secretário do rei, pede "um túmulo bom e notável [...] e um quadro de cobre, fixado à parede, ali onde está escrito o que os seus executores ordenarão", isto é, os detalhes da fundação. Outro testamento de 1409 prescreve também túmulo e quadro: "Quer e ordena que um quadro de latão seja feito e assentado de encontro ao pilar ou ao muro da igreja, bem perto da sua dita prevista sepultura [mesma procura da proximidade do quadro e da tumba, como ainda há pouco], fazendo esse quadro menção do dito *obit* para ela, para os seus ditos genro e filha": 40 soldos são previstos para a execução. O túmulo vem descrito a seguir: "Que sobre sua dita sepultura seja feito e assentado um túmulo de pedra no qual sejam figurados e gravados três personagens ou representações, uma dela, outra de seu genro e a outra de sua filha". Um túmulo com orantes, igualmente mural, mas bem distinto do quadro de fundação. Id., 244 (1409).

95 MC, III, 516 (1622).

96 Tuetey, op. cit., 288 (1411).

poderiam negligenciar seus compromissos! Esses textos inscritos em material resistente, por vezes com o nome e o endereço do notário que os tinha registrado, expunham aos olhos de todos suas obrigações.

A finalidade de um monumento não era, portanto, atingir a posteridade em geral, como as inscrições biográficas que analisamos mais acima. Dirigia-se ao pequeno grupo perpetuante do qual dependiam os serviços religiosos e que era suspeito de negligência. Alguns testadores tinham a astúcia de envolver os próprios herdeiros no trato com diretores, tesoureiros e párocos das instituições de caridade e igrejas que eles beneficiavam, permitindo a recuperação do legado, caso as suas condições deixassem de ser cumpridas.

O quadro de fundação é, consequentemente, um prolongamento do testamento, um meio de publicidade para assegurar a sua execução. Eis a razão por que os testadores nem sempre se contentavam, como no caso precedente, com um único quadro próximo à sepultura. Preferiam multiplicá-los, colocando cada um em lugar próprio, onde constituíam uma fundação bem visível. Esse costume foi frequente nos séculos XVI e XVII.

Um testamento do século XVII mostra claramente até que ponto a publicidade das fundações prevalecia na economia dos quadros em relação aos valores transcendentais e comemorativos do túmulo com jazente, orante e epitáfio religioso.

Em 1611, Claude Évrard, senhor de Moustier em Brie, absteve-se de impor a seu executor qualquer obrigação para seu sepultamento, salvo que esse se realizasse na "igreja de S. Jean onde o finado senhor seu pai foi inumado e enterrado". Não prescreve qualquer localização especial ou qualquer modelo de tumba. "Remete e confia à boa vontade e discrição de seu executor", fórmula que, nessa época, traduz indiferença. Em compensação, estende-se em detalhes sobre os legados piedosos e suas contrapartidas. O primeiro legado importante era destinado ao hospital Saint-Louis:

> Serão encarregados [o chefe e o diretor do hospital] perpetuamente e para sempre de mandar dizer, cantar e celebrar na capela do dito lugar em

cada semana do ano no lugar cômodo que for possível, uma missa baixa de *Réquiem* no fim da qual será dito um *De Profundis* e as orações habituais [...] Que seja celebrado a cada ano a partir do dia em que o dito testador morrer naquela capela uma missa solene de *Réquiem* em voz alta e também laudes, vigílias e *recommendaces* e seja fornecido pelos ditos mestre e chefe de ornamentos, luminárias, pão e outras coisas necessárias para a dita celebração da Missa cantada.[97]

Em contrapartida, o administrador desse estabelecimento ficava obrigado "para perpetuar a memória da dita fundação [de pôr] aos custos dos ditos herdeiros um epitáfio de mármore na dita capela no lugar mais cômodo que for possível". Do mesmo modo, em Neuf-Moustier-en-Brie, localidade do outro legado, "quer também que em memória da dita fundação seja pelos ditos [tesoureiros] posto na dita igreja um epitáfio de mármore". A "memória" que convém perpetuar é a da "fundação", e não a memória de um homem ou a de sua vida.[98]

A maioria das fundações é hospitalar, mas não são raras as escolares: catecismo, pequenas escolas e também bolsas de colégio, como o indica esse quadro de 1556, ainda existente em Saint-Maclou de Pontoise:

Venerável e discreta pessoa M. Renault Barbier, em vida padre prior pároco de Auvers e notário apostólico em Pontoise, legou a este colégio, 32 libras, 10 soldos e 5 moedas de renda anual com a incumbência de que os administradores do dito colégio sejam obrigados a receber no dito colégio crianças da paróquia do dito Auvers, e pagar essas quantias aos professores

---

97 MC, III, 490 (1611).

98 Eis outro exemplo da multiplicação dos quadros de fundação de 1667. A testadora está enterrada em Saint-Médéric. Ela prevê em Puteaux a fundação de uma pequena escola destinada em primeiro lugar ao ensino do catecismo: "Quero que a dita fundação seja inscrita numa placa de mármore que será colocada na igreja do dito lugar aos custos da minha legatária universal e semelhante à que está na capela da igreja dependente da minha dita casa de Puteaux". Por outro lado, ela deixa um donativo ao *Hôtel-Dieu:* "e que a dita fundação [...] seja inscrita em lugar que apraza aos senhores administradores e seja disposta numa placa de cobre ou mármore". Isso perfaz ao todo, para essa testadora, *três quadros*. MC, LXXV, 137 (1667).

e mandar celebrar por cada ano no dito colégio uma missa solene de *Réquiem* em sua intenção no dia 16 de abril e de mandar cantar a cada véspera de festa da Virgem Maria pelas crianças do dito colégio conduzidas por um professor às 11 horas da manhã uma bênção com *De Profundis* na capela da confraria dos clérigos também em sua intenção, como fica falado pelo testamento do dito Barbier, passado perante o notário [...] em Pontoise no dia 18 de março de 1596. *Requiescat in pace.*

Alguns, por razões de economia ou de humildade, não fazem as despesas do quadro de bronze ou de mármore. Substituem-no, então, por outra forma de publicidade mais precária. Assim um vinhateiro de Montreuil, em 1628, lega à sua igreja paroquial 400 libras

com o encargo também de que o dito testador seja incluído nas orações que fazem na dita igreja [orações da homilia na missa cantada de domingo], e também, com a condição de que quando as seis missas forem ditas [no dia de Todos os Santos, no Natal, na Candelária, na Páscoa, em Pentecostes, no dia de Nossa Senhora da Misericórdia], os ditos tesoureiros terão a obrigação de *fazê-las dizer na homilia da dita Igreja.*[99]

A igreja devia manter uma contabilidade dos serviços que se comprometia a celebrar para sempre. Um testador de 1416 insistia: "seja registrado no *marteloyge* da dita igreja do priorato em *lembrança*".[100]

A instalação do quadro, bem como a do túmulo, era objeto de um contrato passado perante o notário, entre o testador, ou seu executor testamenteiro, e os tesoureiros. Eis aqui um exemplo de 1616:

Permissão concedida pelos tesoureiros de Saint-Jean-en-Grève em favor de Pierre Vieillard, Conselheiro do Rei, Presidente e Tesoureiro Geral da França na repartição de Finanças de Soissons, legatário universal de Nicolas Vieillard, seu tio, em vida Presidente e Tesoureiro Geral de França em

---

99 MC, III, 533 (1669).
100 Tuetey, op. cit., 337 (1416).

O homem diante da morte

Soissons, de mandar pôr e instalar para perpétua memória do dito defunto [e não somente da fundação: os dois sentimentos estão aqui misturados, o da comemoração e o do resgate] num lugar da capela do Senhor Saint-Claude da dita igreja de Saint-Jehan, do lado Sul [o lado sempre mais procurado] diante e em oposição ao altar da dita capela [uma mesa] que terá a inscrição da dita fundação feita pelo dito defunto ao catecismo daquela igreja de Saint-Jehan [como aquela destinada à escola, uma fundação da Contrarreforma com finalidade pastoral] e isso de acordo e conforme ao dito contrato feito entre os precedentes dos ditos tesoureiros por um lado e o dito senhor Vieillard por outro lado, em razão da dita fundação, diante de M. [o nome do notário deixado em branco].[101]

Os túmulos de almas

A importância atribuída ao quadro de fundação dos séculos XVI ao XVIII foi de tal ordem que muitas vezes ele tomou o lugar do túmulo e se confundiu com ele. Obteve-se então um tipo muito disseminado de túmulo mural, que reunia num único pequeno monumento as características do epitáfio com orante e cena religiosa e as do quadro de fundação. Começa, na parte de cima, com uma faixa fina gravada, onde os orantes estão de joelhos diante de uma cena religiosa, cujo desenho é esquemático, pois essa composição já não é essencial. Embaixo, a inscrição ocupa quase toda a superfície. Compõe-se de duas partes: uma, muito breve, é o "aqui jaz", a identidade seca do personagem, sem detalhes biográficos ou hagiográficos; a outra, muito longa e muito precisa, descreve a fundação, seu montante, os serviços solicitados e, muitas vezes, o nome do notário.

Esses monumentos devem ter sido numerosos na França do século XVI a meados do século XVIII. Apesar de todas as vicissitudes das igrejas francesas do século XVIII até os nossos dias, apesar do pouco interesse que lhes dispensaram padres, arquitetos, arqueólogos e mesmo historiadores, ainda restam suficientes para se imaginar o aspecto antigo

---

101 MC, III, 502 (1616).

dos muros e dos pilares recobertos com essas placas, algo como aparece, atualmente, nos santuários de peregrinação cobertos de ex-votos.[102]

Algumas vezes o "aqui jaz" domina; outras, a fundação. Aqui a fila de orantes está bem representada, ali negligenciada. Mas o aspecto geral permanece o mesmo, deixando aparecer o desejo constante de perpetuar as precauções tomadas para a salvação da alma.

Com esses quadros penetramos numa mentalidade tão diferente daquela arcaica, presente nas representações de jazentes e orantes, como da nossa de hoje: a mesma que é expressa pelos testamentos. Constituem um novo tipo de túmulo, que chamarei de "túmulo de alma"; eis alguns exemplos:

O primeiro foi tirado de Gaignières e data de 1392:

> Aqui embaixo deste túmulo de mármore jaz o falecido Mestre Nicholas de Plancy, em vida senhor de [...] que faleceu no ano de 1392 [um "aqui jaz" muito expedito], o qual e a senhora sua mulher mandaram fazer e fundar essa capela de CIIX l. de renda para converter e ser distribuído em pão aos cônegos e capelães da mesma, para ser dita cada dia uma missa incontinente após a elevação do corpo de Jesus Cristo na missa cantada daquela Igreja [indício da devoção quase mágica à visão do *Corpus Christi* no momento da elevação] e para dizer as missas solenes que se dizem todos os anos: a Anunciação, os dois dias de São Nicolau, Santa Catarina, a Concepção de Nossa Senhora.[103]

Na igreja de Cergy-sur-Oise, uma placa mural de 1404. No alto, o estreito andar do orante: São Cristóvão, padroeiro da Igreja, e diante dele o defunto em armas, ajoelhado. Todo o resto é consagrado à inscrição:

> Aqui jaz o nobre senhor Pierre Gossart, em vida escudeiro, senhor de Dammartin, o qual deixou à obra e fábrica desta igreja a soma de 60 soldos

---

102 Por exemplo em Notre-Dame de Paris, onde os pilares eram atravancados de túmulos e de altares até a demolição, por ordem dos cônegos do século XVIII. Ranum, *Les Parisiens du XVIIᵉ siècle*, p.15. (Cf. também Raunié, op. cit., Introdução.)

103 Gaigniéres, op. cit., *Répertoire Bouchot*, B.3427.

O homem diante da morte

parisis de renda por cada ano, sobre uma casa situada em Pontoise pertencendo a Roger de Quos [e aqui vai o endereço completo] fazendo esquina com a Rua de Martre, vizinha de um lado de Robin, o torneiro, alcançando os herdeiros de Richard de Quos, e do outro lado ao Pavimento do Rei [esse endereço do século XV já mostra toda a exatidão e clareza de um endereço londrino ou inglês atual], aos párocos e tesoureiros da fábrica de são Cristóvão de Cergy. Com a condição de que o pároco do lugar ficará obrigado todo ano no dia em que o dito defunto passou da vida para a morte, a dizer e celebrar uma missa solene, vigílias de IX salmos e IX lições [da Penitência], com diácono e subdiácono, e com isso o dito pároco será obrigado a cada quarta-feira dos IIII tempos do ano, a dizer e celebrar missa solene com diácono e subdiácono e vigílias dos mortos de IX salmos e IX lições e para isso fazer e manter o dito serviço, aquele pároco terá dos ditos 60 soldos parisis a soma de XI s. par. pagos pelas mãos dos ditos tesoureiros, e os XX s. par. restantes dos ditos LX s. par., o dito defunto deixou à dita fábrica para livros, ornamentos e luminárias para fazer esse serviço e para recolher os ditos LX s. par. de renda [despesas de cobrança]. O qual senhor trespassou no nono dia de abril de 1404 e dois após a Páscoa. Orai por sua alma.

É digna de admiração a precisão jurídica do texto.

Outro quadro de 1458 assemelha-se ao precedente. Continua sempre em Saint-Maclou de Pontoise. Começa por uma Pietá gravada entre dois defuntos ajoelhados, marido e mulher, cada um apresentado por seu santo padroeiro, atrás deles, com a mão sobre o ombro.

Aqui em frente jazem defuntos Pierre de Moulins, em vida eleito de Pontoise para o Rei, e Martine Lataille, sua mulher, os quais estabeleceram ser ditas e celebradas nesta igreja de S. Maclou de Pontoise duas missas baixas por cada semana do ano sempre no altar de Nossa Senhora, mais ou menos na hora de [...], para remédio de suas almas, uma dessas missas no dia de terça-feira e a outra na quinta-feira, com vigílias, IX salmos e lições. Uma vez por ano cada uma dessas vigílias no primeiro domingo dos XII meses. Todas as quais vigílias e missas, a fábrica dessa igreja é obrigada a [...].

Na mesma igreja de Pontoise, este outro "aqui jaz" de 1550: Nicolas Lefebre e sua mulher. Doação de um prado à fábrica[104] com o encargo de "dizer, cantar e celebrar em esta igreja cada sexta-feira dos III tempos do ano, para sempre pela alma dos ditos defuntos e de seus amigos trespassados [quer dizer, parentes próximos ou afastados, e amigos de certa forma sempre aparentados], vigílias e missas solenes de *Réquiem*". Obrigação de fornecer o necessário e de "pôr o manto funerário [dir-se-á também a "representação"; trata-se do catafalco em lugar do corpo] sobre as sepulturas" durante os serviços. Distribuição de soldos ao clero. Prescrição de repique de sinos. Interdição de alienar a fundação.

Os artífices não ficavam atrás em generosidade e publicidade. Os autores de epitáfios de Paris destacam este quadro de 1564:

> Aqui em frente jaz o honrado homem Jacques de la Barre, em vida alfaiate de casacas e burguês de Paris, que morreu no vigésimo segundo dia de outubro de MDLXIV, o qual deixou à Irmandade do Santíssimo Sacramento do altar da igreja de Saint-Benoit le Bien Tourné em Paris, 5 libras de renda a receber por cada ano sobre uma casa onde está suspensa a tabuleta *Ratière d'or*,[105] instalada na Cité de Paris, com o encargo de que seus administradores serão obrigados a mandar dizer e celebrar no dia em que o defunto morreu ou outros dias convenientes uma missa solene de *Requiem* com diáconos, subdiáconos e capa de hissope, com vigílias e *recommendaces* no final dela, um *Libera* e um *De Profundis*.[106]

Nada muda no século XVII; ainda em Saint-Maclou de Pontoise, um desenho ornamental de moldura mural datado de 1674:

> Honrado homem Antoine, senhor burguês de Pontoise, cujo corpo repousa nesta capela por uma devoção que sempre teve pelo Santíssimo Sacramento, fundou para sempre na igreja de Saint-Maclou de Pontoise XII

---

104 Conselho dos administradores da paróquia. (N. A.)

105 Loja de fitas e galões. (N. T.)

106 J. de la Barre, 1564 apud Raunié, op. cit., p.359.

bênçãos do Santíssimo Sacramento para serem ditas na primeira quinta-feira de cada mês com exposição do Santíssimo Sacramento [devoção da Contrarreforma] e dez círios de cera branca sobre o altar. Será cantado *O Salutaris*, vésperas do Santíssimo Sacramento, a oração *Exaudiat*, o versículo *Fiat manus tua*, orações pelo Rei, *Ecce Panis* e *Bone Pastor* e *Qui cuncta* e *Ave verum corpus* [ausência de *Tantum ergo*?] dando a bênção, *Libera* e *De Profundis* sobre a cova na qual será colocada a representação dos mortos [um catafalco recoberto de um manto funerário], acompanhado de quatro círios ardentes de cera branca. Cada bênção será anunciada na homilia do domingo precedente, repicarão os grandes sinos e os grandes carrilhões e será celebrada com todos os belos ornamentos vermelhos, tudo por meio da soma de 2 mil libras segundo contrato passado perante J. F. e H. D., notários na dita Pontoise, no dia 13 de março de 1674.

Outro quadro, também em Pontoise, começa pelos nomes dos notários como se fossem eles, afinal de contas, os personagens mais importantes:

> Por outro contrato passado perante C. L. e B. F., notários da dita Pontoise no dia 4 de janeiro de 1681, foi fundado na dita igreja para repouso da alma do dito defunto Senhor Pierre du Monthiers, cavaleiro, senhor de S. Martin, presidente do Bailio de Pontoise, por causa da Senhora Marie Seigneus, sua esposa, e por Martin Seigneus escudeiro conselheiro secretário do Rei filho da dita defunta um serviço completo de três missas solenes etc. [...] O necessário será fornecido pelos Senhores párocos e tesoureiros pela soma de 360 libras segundo o acima dito contrato. Orai a Deus pela sua alma.

Os quadros do início do século XVIII ainda são compostos segundo o mesmo modelo. Todavia, nota-se mais secura e indiferença em relação à própria sepultura; já não se sabe onde ela se situa, e as *absoutes* são omitidas: no seguinte quadro de 1703, ainda no mesmo lugar, na igreja de Andresy, nada é dito sobre se o doador foi ali inumado ou não. No alto, o brasão e uma invocação piedosa: "A memória das cinco chagas de NSJC". Nenhum orante, nenhuma imagem. Em seguida a nota biográfica:

Claude Le Page, escudeiro, senhor da Capela, antigo condutor da Hacquenée, chefe do primeiro ofício de serviço de vinho da casa do Rei, antigo camareiro e roupeiro do falecido Senhor irmão único de S. M. Luís XIV, ao qual serviu por trinta e dois anos até sua morte, e depois continuou no mesmo serviço junto a Monsenhor o Duque de Orléans, seu filho [aqui reaparece a nota biográfica, em geral ausente nos quadros de fundação], fundou [enfim a fundação] para sempre e repouso de sua alma, de seus pais e amigos, todos os meses do ano, uma missa no dia 6 de cada mês na capela de São João das quais uma das doze serei solene no dia de Saint-Claude [seu padroeiro], às quais assistirão cinco pobres [já observamos, a propósito das vontades testamentárias, a presença de pobres no cortejo, é digno de nota que ela subsista ali onde outros detalhes tradicionais foram suprimidos] e um rapaz para responder às ditas missas a quem os tesoureiros darão, a cada um dos seis, cinco quartos de soldo dos quais eles levarão um na oferenda. Tudo concedido pelos Senhores Párocos, tesoureiros encarregados e antigos da paróquia de S. Germain d'Andresy, o que é mais amplamente explicado pelo contrato passado no dia 27 de junho de 1703 perante B. e D., notários no Châtelet de Paris. Esse epitáfio foi colocado pelo cuidado do fundador na idade de 79 anos no dia 24 de janeiro de 1704.

e acrescentou-se em seguida: "e falecido no dia 24 de dezembro do mesmo ano"! O doador mandara colocar seu epitáfio em vida.

Outro quadro, da catedral de Toulouse, datado de 1722, também não faz alusão ao local da sepultura, sendo difícil não reconhecer a indiferença nesses silêncios, então frequentes. A intenção filantrópica tende a prevalecer sobre o resgate.

Messire Jean de Cabrerolle de Villespan, conselheiro do Parlamento e Preboste da igreja de Toulouse, fundou para sempre uma missa dos mortos [dizia-se antes uma missa de Réquiem, porque havia apenas uma missa dos mortos] a ser celebrada pelos Senhores do capítulo da Igreja no dia 31 de março, dia de sua morte, pelo repouso de sua alma com os honorários de 20 soldos para cada um dos Senhores do capítulo e 10 soldos para cada um dos Senhores da parte inferior do coro, pagável só aos assistentes e efetivamente presentes, pelo Hôtel-Dieu. S. Jacques seu herdeiro. Além disso, fundou no dito Hôtel-Dieu 24 lugares [leitos] de pobres incuráveis com um capelão encarregado de dizer duas missas por semana no altar dessa capela dedicada a Santo Estevão, pelo repouso de sua alma e das de seus pais.

Seguem indicações sobre a escolha dos capelães. Terei oportunidade de voltar a esse documento a propósito das fundações de capelas.

Recapitulemos: no século XV, o quadro acompanha frequentemente o túmulo, sem, no entanto, fazer parte dele; ocorre até mesmo um afastamento. Do século XVI ao XVIII, constitui a forma mais banal de sepultura, e então ele se separa completamente do túmulo e figura no local de cada fundação, ou então absorve o túmulo, constituindo seu elemento essencial. No século XVIII, já não lhe é dado o nome de quadro; chamam-no simplesmente epitáfio, que toma então o sentido de túmulo.

De fato, esses documentos nos levaram a destacar um quarto tipo de túmulo depois do jazente, do orante e de estelas cruciformes de cemitérios; devemos agora nos interrogar sobre o seu sentido.

Orantes, jazentes e cruzes testemunham a crença num estado intermediário entre a terra e o céu. Os epitáfios comentavam os méritos do defunto neste mundo e no outro. Com o quadro de fundação, as perspectivas mudam completamente: já observamos que o relato biográfico, tão desenvolvido em outras inscrições, limita-se aqui, quase sempre, a uma breve nota do estado civil. As cenas e invocações religiosas também são tratadas no modo mais elíptico e reduzidas a alguns sinais. Isso já não é mais importante – e todavia estamos em plena época barroca! O importante seria obrigar os padres a executar os atos previstos e pagos de antemão para "remédio de sua alma". O túmulo deixa de ser "antecipatório" e comemorativo, passando a ser, com o testamento, uma das peças do sistema de segurança da alma no Além. Tem o estilo do testamento, do qual recopia passagens e em que o notário é um dos principais personagens, juntamente ao próprio defunto, ao clero e aos santos. Aquilo que é preciso obter para sempre não é a condição, honras, méritos do defunto, ou mesmo a suntuosidade dos seus legados, mas a contrapartida espiritual das doações, os cultos religiosos.

Por certo, a crença aqui afirmada na comunhão dos santos e no tesouro da Igreja é muito anterior. Nós a vimos suscitar as irmandades das abadias carolíngias e os testamentos com função pseudossacramental da baixa Idade Média.[107] Mas é somente no final do século XV, e principalmente nos séculos XVI e XVII, que ela derruba os obstáculos que secretamente lhe opunham crenças mais antigas buscadas no velho fundo das culturas orais. Essas crenças arcaicas rejeitavam a separação do corpo e da alma e a representação demasiado ativa do Além. O quadro da fundação marca o triunfo de outra concepção, sem dúvida há muito tempo ensinada pelas ortodoxias eruditas das igrejas, que não teriam conseguido impô-la se as defesas tradicionais não tivessem se enfraquecido e se a sensibilidade coletiva não estivesse mais disposta a aceitá-la.

O túmulo indubitavelmente mais comum, o quadro de fundação, já não é o túmulo do corpo, mas o da alma: o *homo totus* e o corpo recuaram para a indiferença, enquanto a alma invadiu todas as dimensões do ser; tornou-se o homem inteiro; ela é ameaçada e, contudo, recuperável, graças a uma contabilidade exata de orações. Muito tempo depois da influência dos Juízos Finais das catedrais, dos julgamentos particulares das *artes moriendi*, e graças à prática individualista dos testamentos, a alma penetrou nessa zona profunda e bem defendida da sensibilidade coletiva, como nos testemunha a morfologia dos túmulos. É justamente o elemento incorruptível e aéreo que a morte liberou das pesadas incertezas da terra e que pôde, então, assumir em plena consciência um destino anteriormente confuso. Num mundo desde então transparente, ela se volta, com certeza, ao melhor ou ao pior. As grandes misericórdias medievais tornaram-se impotentes para modificar as leis da Providência. Em compensação, a liberdade do homem permitiu-lhe preparar desde aqui na terra, onde está semicego, os caminhos de sua alma, imortal. Os amanhãs da sua alma dependem das suas obras de hoje, de seu conhecimento e do domínio de si próprio, de sua providência, das disposições que saberá tomar *hic et nunc*. A alma tornou-se o apogeu do homem.

---

107 Cf. *supra* Capítulo 4.

O homem diante da morte

Os ex-votos

No fim do século XVI e início do século XVII se desenvolve um gênero novo, proveniente da piedade popular, cujas relações com a iconografia funerária que acabamos de estudar são interessantes: o ex-voto. Não se trata de objeto reproduzido e oferecido à divindade em testemunho de gratidão: órgão curado (olho, perna, seio, ventre etc.), navio de onde escapou um náufrago, cadeias de um prisioneiro ou de um galeriano liberado. Esses costumes são muito antigos, muito anteriores à era cristã, e sempre praticados em outros lugares. O que aparece de novo é o quadro pintado e suspenso no santuário do santo invocado nos momentos de perigo, em ação de graças pela sua proteção.

Os mais antigos desses quadros são divididos em duas zonas: à esquerda o doador de joelhos, à direita uma cena celeste, representando a aparição nas nuvens do santo intercessor. Posteriormente, acrescentou-se uma terceira zona: a cena do milagre, a descrição do perigo ao qual escapou o doador. No século XVIII, essa última terá um lugar cada vez maior e acabará, no início do século XIX, por reduzir os doadores e os santos ao papel de figurantes. O milagre, naturalmente, guardou seu caráter sobrenatural, e seria derrisório explicar essa evolução pelo progresso de algum racionalismo. Mas o sobrenatural desceu sobre a terra, e sua principal manifestação é mais o milagre do que a aparição.

Nessa disposição reconhece-se imediatamente aquela tão popular dos pequenos quadros murais com orantes, os "túmulos da alma". Ocorre que a distância espiritual não é grande entre o quadro e o ex-voto. O primeiro representa a subida ao céu de um defunto após a morte, o outro a descida do céu para junto do vivo em perigo, por ocasião de um milagre. O ofertante do ex-voto é levado, pelo menos por algum tempo, ao mundo sobrenatural onde reside definitivamente o defunto.

Acontecia até que o ex-voto se aproximasse tanto do túmulo a ponto de substituí-lo. É o que um historiador alemão, Lenz Kriss Rettenbeck, chama de *Totentafel* [pedra dos mortos].[108] Uma gravura do seu livro

---

108 Rettenbeck, *Ex-voto*. Ver também o prefácio de Mollat em *Ex-voto des marins du Ponant* (Catálogo de exposição).

reproduz uma *Totentafel* de 1767 representando dois berços onde estão deitadas quatro crianças, duas em cada leito; uma só está viva, as outras três seguram uma cruzinha vermelha na mão, sinal de que estão mortas. O pai e a mãe, igualmente deitados no leito, sobreviveram, e estão representados uma segunda vez num canto, na posição de orantes.[109]

Não será possível imaginar que uma epidemia atacou toda a família e que só os pais e uma criança escaparam à morte? Daí decorre esse ex-voto, que é ao mesmo tempo reconhecimento dos vivos e oração pelos mortos.

Outro quadro de 1799 representa, sempre diante de uma cena religiosa, uma família reunida: três homens, três mulheres, quatro crianças enfaixadas. As crianças estão todas mortas, bem como dois homens e duas mulheres. Só restam vivos um homem e uma mulher, que são os doadores. Um observador malicioso poderia crer que o espetáculo dos mortos tornava os sobreviventes ainda mais felizes! Mas não era assim, devia haver aí tanta compaixão e saudades como alívio![110]

Os mortos estão alinhados na sua posição entre os vivos, na fila dos orantes, o que nada tem de espantoso, pois na antecâmara do mundo sobrenatural que é o lugar dos orantes, as diferenças entre a vida e a morte já não contam. Contudo, um sinal os distingue: uma pequena cruz vermelha, quase imperceptível a quem não prestar atenção, que os mortos trazem na mão ou que está suspensa acima de suas cabeças.

Ora, esse sinal não está reservado aos ex-votos e à arte popular. Pode ser observado nos retábulos de altares flamengos do século XVI, acima de certos doadores, no museu de Bruxelas, sobre alguns membros de uma família reunida de joelhos embaixo de uma bela cópia da *Crucifixão* de Van Dyck, colocado na sacristia da catedral de Francfort-sur-le-Main, quadro provavelmente fúnebre, ligado a um túmulo, a uma capela ou a uma fundação.

Esses ex-votos que apresentam uma família atingida pela desgraça, mortos e vivos misturados, desaparece no século XIX. A sensibilidade do tempo já não suportava associar a gratidão dos sobreviventes à saudade dos desaparecidos. Em compensação, outro tipo de ex-voto funerário os

---

109 Rettenbeck, op. cit., p.130.
110 Ibid., p.60.

substitui, de inspiração completamente diferente, mas que testemunha também a persistência e o espírito do quadro da fundação.

Na verdade, esse ex-voto é o túmulo dos sem-túmulo: lenhadores afogados, levados pelos troncos que puxavam, soldados mortos na guerra (três soldados mortos durante a campanha da Rússia de Napoleão I estão ajoelhados diante de Saint-Martin, seu padroeiro).[111]

No século XVIII, um documento muito impressionante faz a junção de três iconografias vizinhas (o túmulo de orante e de fundação, o ex-voto de ação de graças, e o retábulo das almas do purgatório): um quadro representando um soldado, ele também ajoelhado diante da Imaculada Conceição; uma imagem nova aparece aos seus pés: o Purgatório.[112] A presença do Purgatório dá ao ex-voto um papel de súplica, e não mais de ação de graças – uma súplica, porém, que a esperança permite supor satisfeita.[113]

Nos séculos XVIII e XIX, pelo menos na Europa Central estudada pelos historiadores, não se suportava a ideia de deixar sem sepultura o homem morto na guerra ou por acidente. O túmulo que lhe davam então era copiado dos *ex-voto suscepto*, que por sua vez conservaram a disposição dos antigos túmulos com orantes. Assim, o túmulo do morto sem sepultura do século XIX ainda é um quadro com orantes, em uma época em que tinha desaparecido do costume um século antes. É assim que Kriss Rettenbeck publica duas plaquetas de madeira datadas de 1843 e 1845, de 17 x 38 cm cada uma, representando não apenas o doador embaixo do santo padroeiro, mas ainda uma inscrição e um crânio. Extraordinária persistência através do ex-voto, em plenos meados do século XIX, de um mobiliário fúnebre do final da Idade Média!

Capelas e jazigos de família

Nos exemplos do final da Idade Média ou dos tempos modernos, o leitor não terá deixado de notar uma ambiguidade constante na avaliação

---

111 Ibid., p.58-9.
112 Ibid., p.62.
113 Cf. Capítulos 4 e 10.

da distância entre o local do túmulo e a deposição real do corpo.[114] Essa ambiguidade só aparece com o abandono do sarcófago.

Contudo, as eleições da sepultura são muitas vezes prescritas como se pudesse haver coincidência: que meu corpo "seja levado e conduzido à igreja de Tene para jazer sob a dita tumba" (1400).[115] No século XVII, fala-se de instalar um túmulo de pedra sobre a cova. Mas sabemos, por outro lado, que essa coincidência não era exigida e não podia ser respeitada no caso dos túmulos murais, e ainda menos nos "túmulos" comemorativos e sem sepultura.[116]

De fato, ao lado dos termos que implicam a coincidência, muitos outros indicam apenas a proximidade: "próximo do túmulo", "o mais perto possível".

Acontece, mas é muito raro, da inscrição remeter a outros locais a localização da cova. No final do século XVI, na igreja de Aracoeli, em Roma, um "aqui jaz" indica que o corpo do irmão Matias, vindo de Santo Eustáquio, foi depositado mais longe, "entre o monumento de Santa Helena e a porta da antiga sacristia", mas tratava-se de um alto dignitário da família franciscana.

Ora, no fim do Antigo Regime Francês, constata-se, pelo contrário, a vontade de reunir os mortos de uma mesma família em uma única capela, vontade moderna a partir da qual se desenvolverá o costume contemporâneo que implica, em princípio, a coincidência muito exata do corpo e do túmulo. Será o último episódio dessa longa história. Já encontramos, a respeito dos testamentos, dois sentidos para o termo capela: o altar onde eram rezadas missas previstas, e a fundação destinada ao padre que as celebrava. Um terceiro sentido apareceu mais tarde: o de sepultura.

Não havia, de início, a ideia de associar o destino de culto da capela a uma sepultura, mas o doador tomou o hábito de pedir, ao mesmo tempo que a concessão dos serviços, a disposição do local e a permissão de colocar túmulos e epitáfios, o direito de ser enterrado na capela, já não

---

114 Cf. Capítulo 2.
115 Tuetey, op. cit., 55 (1400).
116 Ibid., 230 (1408).

O homem diante da morte

diretamente na terra, mas num jazigo abobadado. As grandes casas feudais e principescas foram, sem dúvida, as primeiras a deslocar o local tradicional dos túmulos *ad sanctos*: às partes nobres, como o coro, preferiram o espaço reservado de uma capela lateral. No século XVI, os soberanos quiseram dar a essas capelas um aspecto diferente, mais grandioso, como os Borghese em Santa Maria Maggiore, em Roma. Chegaram mesmo a ficar tentados a separar sua capela da igreja, conservando entre elas, todavia, a comunicação necessária à circulação do culto: os Valois em Saint-Denis, os Médicis em Florença, e, mais tarde, a casa de Lorena em Nancy.

Essa "privatização" certamente inspirou o costume funerário das capelas de castelo, como a dos La Tremoille, em Niort. Todavia, esses casos limitaram-se às famílias muito importantes com pretensões à soberania. O seu exemplo não foi seguido: a prática dominante permaneceu a que era no século XIV: a atribuição fúnebre a uma família, na igreja conventual ou paroquial, de uma capela lateral. Essa prática tornou-se comum, no século XVII e início do século XVIII, entre as famílias de boa condição.

Eis como ocorria nesses meios:

> Ato passado [no dia 8 de maio de 1603] pelos tesoureiros de Saint Gervais para fazer construir no cemitério da dita igreja [isto é, sobre uma parte do cemitério situado ao lado da igreja; exemplo da invasão gradativa dos velhos cemitérios pelas capelas e oratórios nos séculos XVI-XVII] uma capela e oratório erigidos contra o grande muro da igreja, de 12 pés de comprimento por 12 pés de largura e 8 pés de altura, embaixo e junto à capela e oratório aqui defronte construída e edificada por M. Étienne Puget, conselheiro do Rei e tesoureiro do seu erário.

Essa permissão deveria ser concedida "com finalidade de sepultura", quer dizer, a fim de "fazer um jazigo [um jazigo, e não apenas uma cova na terra] da mesma largura [que a capela] quando lhe aprouvesse para ali mandar inumar o corpo dele, de sua mulher e filhos."[117]

---

117 AN, MC, XXVI, 23 (1603).

A capela deve ter abertura para a igreja para se ouvir o serviço divino; o fechamento dessa capela ao lado da igreja será "uma balaustrada de madeira de marcenaria, com entrada e porta da dita capela que se abre por dentro. E esta será fechada à chave e dita chave guardada, de posse do doador e de seus herdeiros, para nela ouvirem o serviço divino".

Outro documento de 1603 pela mesma fábrica fala também em:

> mandar fazer a dita capela e oratório às suas custas [da doadora], de fazer uma abertura no dito muro grande da igreja [e construir] uma balaustrada de madeira de marcenaria [...] para a dita senhora Niceron, seus filhos e posteridade e tendo direito para sempre [...] naquela [...] capela e oratório [...] ouvir o serviço divino [é o primeiro destino da capela; em contrapartida, a senhora Niceron renuncia ao banco que tinha antes na igreja] e ali fazer um jazigo da mesma largura quando bem lhe aprouver e ali mandar inumar os corpos de sua família.

A sepultura é, portanto, a segunda atribuição da capela, que permanece, contudo, local de culto. Essas duas funções são consideradas igualmente importantes.

Certos atos só tratam das disposições para ouvir o serviço divino, sem dúvida porque a família tinha um túmulo em outra parte. Assim, os tesoureiros de Saint Gervais (1617) permitem ao

> nobre homem Jehan de Dours, conselheiro do Rei e controlador geral de seus edifícios, de mandar cercar e fechar de balaústres de marcenaria na dita igreja um *banco em forma* de oratório situado ao lado do altar da capela de São Nicolau, que ficará encostado por um lado ao dito altar e do outro lado por uma extremidade ao grande muro da dita igreja e na outra extremidade à capela de Monsenhor Texier, Mestre das Contas. O dito oratório tendo 5 pés de largura por 6 pés e meio de comprimento aproximadamente.[118]

---

118 Na mesma capela, o doador obtém permissão de mandar construir dois outros bancos cuja descrição é igualmente exata: "dos quais três bancos ele pretende mandar acomodar para tirá-los para a dita igreja e ouvir o serviço divino". (N. A.) MC, XXVI, 33 (1617).

É raro, entretanto, que o destino cultual da capela não esteja ligado a seu outro destino funerário. O fato notável e novo é a reunião no mesmo local do túmulo, já familiar, e do oratório privado, onde a família vem para suas devoções e onde assiste à missa paroquial.

Mesmo quando não se tem uma verdadeira capela cultual cercada pelos muros e uma "balaustrada", quer-se ter um banco sobre a cova de um parente (1622): "[...] para mandar colocar um túmulo de pedra de lioz [uma tumba rasa] sobre a cova onde o dito defunto está enterrado, na nave, perto de seu banco situado na parte baixa da igreja, contra um dos pilares da torre, do lado da pia batismal". E pede, além disso, a colocação, no mesmo pilar acima do banco, "de um epitáfio de pedra [...] e ali mandar inscrever um 'aqui jaz' em memória do defunto". É uma espécie de capela em miniatura, constituída por um banco, um túmulo e um epitáfio reunidos num pequeno espaço em torno de um pilar.[119]

Persiste o costume – embora, talvez, mais raro – no século XVIII: em 1745, dizia Pierre Bucherie, escudeiro, gendarme da guarda ordinária do rei, capitão pago pela companhia: "quero que após a minha morte, meu corpo seja inumado na igreja da paróquia de Muzac, à qual igreja dou e lego a soma de mil libras paga de uma vez, para ser empregada na construção de uma capela erigida em honra da Virgem Santa, que será colocada do lado Sul", o lado nobre.[120]

Também ocorria de várias famílias compartilharem a mesma capela, sob controle dos tesoureiros, porque a fábrica, apesar das concessões de costume, continuava sendo proprietária do fundo, e os atos insistiam muito sobre a permanência desse direito. Numa das capelas acima descritas, os tesoureiros de 1617 tinham autorizado o doador a colocar um dos seus três bancos sobre um túmulo de uma família que já tinha o seu banco ao lado: com a "condição de fazer separar e retirar" pelos recém-chegados "o dito pequeno banco, todas e quantas vezes a dita senhorita L., sua filha, seus pais e herdeiros tiverem coisas a fazer no túmulo sobre o qual o dito banquinho está colocado".

---

119 MC, III, 516 (1622).
120 MC, XLII, 407 (1745).

A expressão "coisas a fazer" empregada nesse texto é significativa: os descendentes, dali por diante, têm, portanto, coisas a fazer em relação ao túmulo dos seus ancestrais, para uma nova sepultura e para as *absoutes* de aniversários. Mas também se vê aparecer discretamente nesses textos uma atitude nova; pouco a pouco, delineia-se o costume segundo o qual os vivos e *os mortos* de uma mesma família, entre pessoas gradas, são reunidos em um espaço da igreja, aberto para a igreja, contudo cercado, cuja chave possuem e onde eles são os únicos a poderem entrar, como se fossem os proprietários. Por isso, essa capela tem, muitas vezes, um vitral que eles ofereceram e onde um deles se acha representado orando; o chão está coberto de lajes e o muro de quadros, esculturas e epitáfios que descrevem e ilustram, pelo verbo e pelo retrato, a história da família. Estão ainda na igreja, e é ali que se reúnem para assistir à missa, mas estão ao mesmo tempo em casa e com os seus mortos.

Esses mortos, repitamos, não foram sepultados diretamente na terra, numa cova cavada ou recuperada, mas depositados numa *cave*, nome antigo para *caveau* [jazigo], para o qual o francês atual dá um sentido principalmente funerário. A *cave* é um abrigo abobadado onde o ataúde fica preservado do contato com a terra. Abóbada é, aliás, empregado muitas vezes como sinônimo de *cave* (1606): "fazer sob aquela capela fundada em Saint Gervais, uma *abóbada* para inumar os ditos corpos" do doador, de sua mulher e de seus filhos.[121] Diz-se que se tem um jazigo em tal lugar, como se poderia dizer uma capela: "Deseja que seu corpo morto seja inumado na igreja de Dodonville no jazigo que ali mandou fazer" (1650).[122]

Os primeiros jazigos foram, pois, feitos pelos fundadores da capela, nas mesmas dimensões dela: prática muito diferente do costume medieval, e mais próximo do nosso atual.

Durante o século XVIII, parece que a noção de jazigo, sem prevalecer sobre a de capela, cujo símbolo permanece forte, adquire cada vez mais importância, na medida em que a preservação física do corpo se torna uma preocupação real dos sobreviventes. Os párocos se aproveitam desse

---

121 MC, XXVI, 25 (1606).
122 MC, LXXV, 66 (1650).

sentimento para arranjar o subsolo de suas igrejas em jazigos de pedra cimentados e numerados: um paroquiano de Saint-Jean-de-Grève obtém a permissão de mandar transportar o corpo de seu pai, conselheiro do Estado, morto na província "para um dos jazigos sob a capela da comunhão que é a quarta e última perto da porta que dá acesso aos carneiros, para ali *permanecer para sempre*", com o direito de pôr um epitáfio na capela.

Assim os mortos, por sua vez, obtiveram um espaço para eles, um jazigo abobadado onde permanecerão, isso é prometido, perpetuamente, desde então livres do deslocamento tradicional para os carneiros. Enfim, esse espaço dos mortos é a parte subterrânea do espaço dos vivos, a capela onde eles se reúnem para assistir aos ofícios.

Um novo tipo de sepultura e uma nova atitude diante dos mortos aparecem então, impondo-se no século XIX a toda a sociedade.

As lições do museu imaginário

Não parece que uma visita atenta ao museu imaginário dos túmulos e sepulturas revela mais sobre os sentimentos coletivos da morte e do Além que uma biblioteca erudita de teologia, de espiritualidade? Sem dúvida as ideias dominantes dessa literatura, em especial o dualismo do corpo "esperando a Ressurreição" e da alma prometida às alegrias do céu ou às penas do inferno, marcaram profundamente o mobiliário funerário. Mas vemos também aflorar nesse mobiliário o que quase não se expressa em outros lugares e que não poderíamos conhecer de outra maneira: crenças que se supunham perdidas e que estavam apenas subjazentes.

Enfim, aparecem sinais de atitudes completamente novas que anunciam o romantismo dos séculos XVIII e XIX.

Três grandes direções se destacam do conjunto desse vasto *corpus.*

A primeira, como esperávamos, já estava preparada pelas nossas investigações precedentes na iconografia do Juízo, na economia dos testamentos, na liturgia dos funerais: a invenção do indivíduo, a descoberta, na hora ou no pensamento da morte, da própria identidade, da própria história, tanto neste mundo como no outro. A vontade de se afirmar incita a renúncia ao anonimato dos túmulos e a fazer deles monumentos comemorativos. Ao

Philippe Ariès

mesmo tempo, torna a alma o elemento essencial da personalidade: livre das dificuldades do peso da espécie, a alma se transforma em uma condensação do ser, a própria individualidade, da qual nada mais altera os caracteres, bons ou maus. O túmulo de alma é a expressão desse sentimento que foi, de início, o de uma elite clerical, e que, desde o fim da Idade Média e início dos tempos modernos, estendeu-se a uma ampla categoria social de nobreza e média burguesia.

A segunda direção que destacamos do museu imaginário é a crença persistente em um estado neutro de repouso, intermediário entre a agitação da Terra e a contemplação do Céu. Ela inspira a posição hierática dos jazentes e dos orantes nas igrejas e, ainda hoje, a cruz dos cemitérios, sinal de uma esperança difusa indistinta. Reconhecemos aqui a antiquíssima concepção da morte domada, e de um Além pacífico e atenuado.

A terceira direção foi percebida mais tarde, a propósito das capelas onde estão reunidos, num mesmo espaço organizado, os membros vivos e mortos de uma mesma família: é um desejo, anteriormente desconhecido, de aproximação física entre uns e outros.

Livro II
A morte se torna selvagem

Terceira parte
A morte longa e próxima

VI.
O refluxo

Uma mudança discreta

Seguimos, através da Idade Média, os progressos de uma sensibilidade que dava à morte real um valor cada vez mais forte e um espaço cada vez maior. Esse movimento, que remonta às inquietações monásticas da época carolíngia, desenvolveu-se entre os *litterati* e se espalhou tão rapidamente quanto sua influência se fortalecia. Manteve-se constante durante séculos e, ao fim da Idade Média, atingiu uma intensidade que se manifestou através de imagens assustadoras das artes macabras. Resultou numa concentração de pensamentos e sentidos sobre o momento da morte física. Atingido esse grau, apaziguou-se e, de certo modo, recuou.

É esse refluxo que devemos agora considerar. Inicia-se aproximadamente com a Renascença e continua até o século XVII. Difícil de perceber na trama dos fatos, é preciso buscá-lo sob as aparências de estabilidade e respeitar sua discrição e ambiguidade. De fato, as coisas vão permanecer como eram no passado medieval: mesmo gênero de literatura que as *artes moriendi,* mesmas danças macabras,[1] até mesmo mais crânios e tíbias nas igrejas, mesma obrigação de testar e mesmo caráter sagrado atribuído ao testamento. Não havendo mudança visível, podemos nos enganar em crer

---

1 Cinco das onze danças macabras na França são dos séculos XVI e XVII. Dezoito entre 26 na Alemanha são dos séculos XVI, XVII, XVIII, e ainda há uma de 1838. Corvisier, Les Danses macabres, *Revue d'histoire moderne et contemporaine,* p.537-8.

393

que nada interrompeu a continuidade secular. Contudo, sob essa permanência, uma atitude nova transparece; se não uma atitude nova, uma desvalorização dificilmente confessada das atitudes antigas.

Isso porque a distância tomada nesse momento em relação à morte não coincide com a grande ruptura – que deslumbrou gerações de historiadores e que é de natureza teológica e eclesiástica, portanto mais ou menos "elitista" – entre as duas reformas cristãs e, talvez, como afirmam alguns autores, entre a religião do passado e o livre pensamento do futuro. Misturaremos as fontes documentais católicas e protestantes. Suas diferenças, quando existentes, não se situam no nível da psicologia coletiva, que é quase a mesma nos dois campos.

O momento próprio da morte nos servirá de ponto de referência para medir a mudança. Certamente, na realidade vivida durante a baixa Idade Média, a morte não faz nem mais nem menos medo que antes; os *litterati,* assim como o povo, conformam-se à tradição. Mas, e é isso que importa aqui, se ela ainda não causava medo, provocava controvérsia. Moralistas, espiritualistas e monges mendicantes aproveitaram essa brecha na familiaridade costumeira para se introduzir no litígio e explorar, para fins de conversão, essa preocupação nova. Uma literatura de edificação, disseminada pela imprensa nascente, desenvolveu então os temas dos sofrimentos e dos delírios da agonia, como uma luta dos poderes espirituais em que cada um podia tudo ganhar ou tudo perder.

A partir do século XVI, o próprio momento da morte, no quarto e no leito, vai perder sua importância relativa. Se esse instante é abandonado pela piedade, ao menos pela piedade erudita, é porque ela manifesta aqui, de antemão, uma tendência secreta da sensibilidade coletiva.[2]

---

2 Este capítulo já estava escrito quando apareceram nos *Annales* de 1976, n.1, os artigos de Chartier sobre "Les arts de mourir (1450-1600)" e Roche, "La mémoire de la mort".

Depreciação da *hora mortis*

O papel capital do aviso se atenua e chega a desaparecer: já não mais se é avisado. Em Erasmo, ocasionalmente, a doença ainda representa esse papel. Experimentou-a, grande enfermiço que era, encontrando um jeito de cair do cavalo, acrescentando os sofrimentos do acidente aos do cálculo renal. A doença o convida a se retirar da vida ativa: "Na minha cabeça gira a ideia de como poderia dedicar o que me resta de vida (não sei quanto tempo) [em 1506, ainda não tem 40 anos] inteiramente à piedade e ao Cristo".[3] Esse desejo de uma retirada – a retirada para o deserto do Misantropo de Molière – pode parecer conforme à tradição e o é, sem dúvida. Não se trata, para Erasmo, do ascetismo do convento: ele permanecerá no mundo, mas para meditar, e toda meditação reconduz à morte. Na verdade, se acreditarmos em Platão, a filosofia é sempre *meditatio mortis.* Mas quantos golpes se precisa receber para assimilar essa filosofia! Foi o que aconteceu ao próprio Erasmo, que sofreu tanto com um cálculo que desejou a morte. O cálculo é o senhor: *Monitor calculus,* essa é a nossa filosofia, é *vere mortis meditatio.*

Por sua vez Bellarmin constata, com certa brutalidade, que a velhice em si mesma não dispõe o homem a se arrepender nem a pensar na salvação. Já não é compreendida como um aviso, porque não existe maior surdo do que aquele que não quer ouvir, e os velhos de nada querem saber: "Só pensam em viver, e embora a morte esteja próxima, é aquilo em que menos pensam",[4] observa o autor de *Le Miroir de l'âme pécheresse* [Manual da alma pecadora], reeditado no século XVIII. Já não estamos nos tempos dos anciãos de barba florida, que partiam em dois seus inimigos, comandavam grandes batalhas e presidiam sabiamente sua corte. Estamos na época de "Idades da vida", divulgadas pela gravura, onde os últimos degraus são ocupados por enfermos em degenerescência, sonolentos e pouco atraentes.

---

3 Tenenti, *Il Senso...* op. cit., p.242-3, 268-9.

4 Bellarmin, *De arte bene moriendi, Opera omnia,* p.551-622.

O doente jaz no leito. Vai morrer muito em breve e, no entanto, nada acontece de extraordinário, nada que se assemelhe aos grandes dramas que invadem o quarto nas *artes moriendi* do século XV.

Até os próprios sofrimentos são suspeitos. Em 1561, o puritano inglês Thomas Becon, autor do *The Mannes Salve,* acha que os sofrimentos foram descritos com muita complacência pela retórica medieval. "A amargura da agonia" é verdadeiramente "pena breve e ligeira" ao lado dos suplícios dos mártires e dos profetas. A agonia é coisa natural que não convém dramatizar: *It is naturally to dye, why then labour we do degenerate and growe out of kind?* [é natural morrer, por que então nos esforçamos em negar a natureza e viver fora dela?].[5] Retoma-se a ideia estoica de viagem, se é que ela um dia desapareceu da consciência popular – conforme testemunha o termo francês *trépas.*

Um século depois, na mesma Inglaterra, Taylor, autor de *The Rule and Exercises of Holy Dying* [Regras e exercícios para a morte sagrada, 1651], que não era um sectário e inspirava-se sem acanhamento na literatura católica proveniente de Santo Inácio, mantinha decididamente as visões do leito de morte como "fantasmas" de Satanás, *abused fancies* [fantasias abusivas] de doentes deprimidos e neurastênicos.

Bellarmin admira-se que os homens consagrem tanto tempo a seus processos, seus bens e seus negócios, e tão pouco à salvação; ou, mais precisamente, transfiram o cuidado de sua eternidade para o momento em que já não serão donos de si mesmos, esmagados, quase inconscientes: *vix sui compos.* Se ele leva em consideração as aflições da agonia, não vê nelas senão os lados negativos, a destruição da vontade e da consciência, sem mostrar a menor ternura ou piedade natural pelos restos que a verdadeira vida já abandonou. As imagens medievais preservavam por mais tempo a liberdade de ser e sua capacidade de dar e receber nesse corpo que se torna cadáver. Bellarmin é tão duro para o moribundo como para o ancião.

Os autores espirituais são unânimes em reconhecer que a morte não é essa caricatura hedionda herdada do final da Idade Média. Se os católicos

---

5 Apud Beaty, *The craft of dying,* p.150.

O *homem diante da morte*

o fazem com mais precaução, os protestantes – e principalmente Calvino[6] – não mostram a mesma timidez:

> Nós consideramos com horror [a morte] porque a tememos, não tal como ela é em si mesma, mas triste, esquálida e hedionda, tal como apraz aos pintores [autores das danças macabras] representá-la nas paredes. Fugimos diante dela, mas porque ocupados com tão vãs imaginações, não nos concedemos vagar para contemplá-la. Paremos [é o tempo da meditação], permaneçamos firmes, olhemo-la bem de frente e nós a veremos completamente diferente do que foi pintada e com um rosto totalmente diverso da nossa miserável vida.

Mas o que foi feito então da morte, se já não é o jazente no leito, doente, suando, sofrendo e rezando? Torna-se qualquer coisa de metafísico que se expressa por uma metáfora: a separação da alma e do corpo, sentida como a separação de dois esposos, ou ainda de dois amigos, queridos e antigos. O pensamento da morte está associado à ideia de ruptura do composto humano, em uma época que é a do túmulo da alma, onde o dualismo começava a penetrar na sensibilidade coletiva. A dor da morte é relacionada não só com os sofrimentos reais da agonia, mas também com a tristeza de uma amizade rompida.

As novas maneiras de morrer: viver com o pensamento da morte

Não é, pois, no momento da morte nem na proximidade da morte que se torna necessário pensar nela. É durante toda a vida. Para o lionês Jean de Vauzelles, que publicou, em 1538, o texto de uma dança macabra de Halbein, o Jovem, estudado por Nathalie Z. Davis, a vida terrestre é a preparação para a vida eterna, como os nove meses de gestação são a preparação

---

6 Tenenti, *Il Senso...* op. cit., p.312.

para a vida terrena.[7] A arte de morrer é substituída pela arte de viver. Nada acontece no quarto do moribundo. Tudo, pelo contrário, é distribuído pelo tempo da vida e em cada dia dessa vida.

Mas que vida? Não importa qual. Uma vida dominada pelo pensamento da morte, e uma morte que não é o horror físico ou moral da agonia, mas o oposto da vida, o vazio da vida, incitando a razão a não se apegar a ela: eis porque existe uma relação estreita entre bem viver e bem morrer.

Pour mourir bienheureux, à vivre il faut apprendre.
Pour vivre bienheureux, à mourir faut apprendre.[8]

Esses versos inacianos são do calvinista Duplessis-Mornay.[9] Aquele que confiou em Deus durante toda a vida, como quer Erasmo, está pronto a morrer e não tem necessidade de outra preparação:

Celuy qui s'est toujours en Dieu fié
Il vit en Foy si uny en la vie
Que mort Ie rend sans mort déifié[10]

Por outro lado, não é possível viver no mundo, isto é, fora da proteção das clausuras monásticas, quando se consegue persuadir a si mesmo da vaidade das coisas no meio das quais se tem de viver, em que se agita e de que se tira proveito.

É por isso que a meditação sobre a morte está no centro da orientação da vida. "As imagens da morte", escrevia Jean de Vauzelles, "são o verdadeiro e próprio espelho a partir do qual se deve corrigir as deformidades

---

7 Davis, Holbein's Pictures of Death and the Reformation at Lyons, *Studies on the Renaissance*, v.8, p.115.

8 [Para morrer bem-aventurado, a viver é preciso aprender. / Para viver bem-aventurado, a morrer é preciso aprender.] (N. T.)

9 Tenenti, *Il Senso...* op. cit., p.312.

10 [Aquele que sempre em Deus confiou, / Vive na fé tão unido na vida, / Que a morte o torna sem morte endeusado.] (N. T.)

do pecado e embelezar a alma." Nos tratados de espiritualidade dos séculos XVI e XVII, portanto, não se cuida mais, ou pelo menos isso não é primordial, de preparar moribundos para a morte, mas de ensinar os vivos a meditar sobre ela.

Existem técnicas para isso, uma educação do pensamento e da imaginação, cujo mestre é Santo Inácio com seus bem conhecidos *Exercícios espirituais.* Devemos observar, aqui, que a morte tornou-se, nessa postura nova, o pretexto para uma meditação metafísica sobre a fragilidade da vida, a fim de não ceder às suas ilusões. A morte é apenas um meio de viver melhor. Poderia ser o convite ao prazer dos epicuristas: pelo contrário, ela é a recusa a esse prazer. No entanto, o esqueleto é o mesmo, tanto nas taças dos epicuristas gozadores de Pompeia como nas gravuras dos *Exercícios espirituais.*

O protestante francês e o teólogo anglicano falam como o cardeal romano. Nesse ponto existe unanimidade na elite cristã. Desse momento em diante ficou estabelecido, mesmo entre os católicos tradicionais e conservadores para os quais o testemunho dos monges medievais permanece sempre válido, que, salvo intervenção de uma graça excepcional, que aliás não se deve prejulgar, não é o momento da morte que dará à vida passada seu justo valor e que decidirá seu destino no outro mundo. É então tarde demais, ou pelo menos não se deve correr esse risco. A iluminação do último momento não virá arrancar a condenação uma vida inteira dedicada ao mal: "Não é razoável nem justo que cometamos tantos pecados durante toda a vida e queiramos apenas um dia ou uma única hora para chorá-los e deles nos arrepender".[11] É preciso ficar em todos os momentos da vida no estado em que as *artes moriendi* da Idade Média queriam colocar o moribundo: *in hora mortis nostrae,* como diz a segunda parte da *Ave Maria,* que se tornou popular justamente no século XVI.

Essa doutrina é ilustrada por duas histórias. Uma pertence à Contrarreforma. É atribuída, pela tradição jesuíta, a São Luís Gonzaga. Certo dia em que o jovem santo jogava bola, perguntaram-lhe o que faria se soubesse que ia morrer. Imagina-se o que um monge do século X ao XIV teria

---

11 Vauzelles, apud Davis, op. cit., p.115.

respondido: que cessaria todas as atividades do mundo, que se consagraria inteiramente à oração e à penitência, que se fecharia num eremitério onde nada mais o pudesse desviar do pensamento da sua salvação. E um laico: que fugiria para um claustro. Mas o jovem santo da Contrarreforma respondeu simplesmente que continuaria jogando bola.

A outra história provém de um humanista inglês de 1534, conquistado pelas ideias da Reforma.[12] Inspirado no estoicismo, retomava de Sêneca o relato da morte de Canius para propô-la como exemplo.

O filósofo Canius fora condenado à morte por Calígula. Quando o carrasco vai buscá-lo para conduzi-lo ao suplício, encontra-o jogando xadrez, como São Luís Gonzaga jogava bola. E estava ganhando!

Para um homem preparado, todos os momentos são semelhantes ao da partida. "Que em plena saúde", nos diz Calvino, "tenhamos sempre a morte diante dos olhos [de tal modo que] não contemos permanecer sempre aqui na terra, mas tenhamos sempre *um pé elevado*, como se diz."[13]

Em um de seus colóquios, Erasmo mostrou como ele via, na vida de todos os dias, o efeito concreto desse estado de espírito: durante um naufrágio, marinheiros e passageiros ficaram desvairados. Enquanto a maioria invocava os santos e cantava cânticos, refugiando-se na oração e esperando uma intervenção sobrenatural, como convidavam as práticas do tempo, uma jovem mulher, corajosa e racional, em vez de perder a cabeça, guiava-se, sem temor e sem fanfarronada, com bom senso: "De nós todos [...] a pessoa que melhor se controlava era uma jovem mulher carregando uma criança nos braços, que amamentava [...]. Era a única a não gritar nem chorar, a não fazer promessas. Limitava-se a rezar baixinho, apertando o bebê no seu seio." Uma prece que era como a continuação de sua prece habitual, que não pedia qualquer favor excepcional ligado ao acontecimento. Seu sangue frio e simplicidade lhe foram muito valiosos, pois foi ela a primeira a chegar à margem: "Nós a colocamos numa tábua recurvada onde estava bem segura [...]. Demos-lhe um pedaço de madeira que devia usar como remo; depois, com uma oração

---

12 Beaty, op. cit., p.68.

13 Tenenti, *Il Senso...* op. cit., p.315.

fervorosa, a entregamos às ondas [...] e aquela mulher, segurando o filho com a mão esquerda, remava com a direita". Remava como o santo jesuíta Luís Gonzaga jogava bola e como o estoico Canius jogava xadrez. "O que faz o Cristo", comenta Erasmo, "senão nos convidar a viver atentos, como se tivéssemos de trespassar naquele instante, e a nos apegar à prática da virtude, como se estivéssemos destinados a viver eternamente."[14]

Mas aquela atitude exemplar da mulher náufraga, Erasmo crê, ou quer acreditar, ser excepcional na sua época. O medo da morte e as receitas quase mágicas para dela triunfar tornaram-se por demais frequentes, graças à propaganda escandalosa dos monges mendicantes.

> Quantos cristãos não terei visto com um fim miserável! Alguns colocam a confiança em coisas que mal a merecem (é a *avaritia*), outros, conscientes de sua perversidade e roídos de dúvidas, encontram-se no seu último suspiro de tal modo atormentados pelos ignaros [os amigos espirituais de Gerson] que entregam a alma quase desesperadamente [e, no entanto, o desespero era uma das tentações clássicas da agonia, cujo perigo os amigos espirituais conheciam bem e se esforçavam por evitar, a se acreditar nas *artes moriendi*] [...] Reprovo os criminosos e os supersticiosos ou, para temperar minha linguagem, os ingênuos e os ignorantes que ensinam aos fiéis a pôr sua confiança nessas cerimônias [da morte] e negligenciar precisamente o que nos transforma em verdadeiros cristãos

Erasmo acha a crença nas virtudes das últimas cerimônias supersticiosa pelas mesmas razões que J. Vauzelles, citado acima, e muitos outros ainda no século XVII, porque elas parecem ter por objetivo permitir que uma vida dissoluta seja salva *in extremis*.

> Quando enfim soa a última hora, há ainda cerimônias prontas para a circunstância. O moribundo faz sua confissão geral. Administram-lhe a extrema-unção e o viático. Eis os círios e a água benta. Não se descuidam das indulgências. Desenrola-se diante do agonizante uma bula do papa e, se

---

14 Erasmo, Le Naufrage, *Le Premier Livre des Colloques*, p.33-51.

necessário, pode-se mesmo vender-lhe uma. Em seguida, regulamenta-se o dispositivo pomposo dos funerais. Arranca-se do morto seu último compromisso solene. Alguém vocifera a seu ouvido e apressa o seu fim, como acontece muitas vezes, seja pelos clamores excessivos, seja por um hálito fétido de vinho.

É, em caricatura, a cena tradicional da *absoute* do moribundo, retomada de modo mais dramático e mais clerical (desse modo torna-se intolerável a Erasmo) pelas *artes moriendi*. A Igreja da Contrarreforma guardará dela o essencial, reduzindo-lhe as devoções parasitas e reservando o lugar essencial ao viático e à extrema-unção. Mas a piedade comum permanecerá fiel aos salmos da penitência, às *recommendaces*.

Por outro lado, Erasmo admite que nem tudo é mau nesses costumes: "Concedo que essas coisas são boas, principalmente as que a tradição da Igreja nos legou [essencialmente os sacramentos]. Mas sustento que existem outras mais discretas [sem dúvida mais pessoais, inspiradas pela relação pessoal entre Deus e o homem] graças às quais deixamos esse mundo de alma leve com confiança cristã".

A elite reformadora das Igrejas, tanto católica como protestante, acompanhando os humanistas, não cessou de desconfiar dos arrependimentos tardios arrancados pelo medo da morte. Sem dúvida, haverá um retrocesso na Igreja católica do século XIX para antes da Contrarreforma, sob a influência dos costumes populares que tinham persistido. É por essa razão que, a partir do século XVI, as reflexões provocadas pela transformação sutil das *artes moriendi* constituíram um gênero novo, embora guardassem as antigas etiquetas; já não se tratava de manuais sobre a morte, mas de uma nova categoria de livros de piedade para a devoção de cada dia: uma piedade agora banal.

Sem dúvida, conservam ainda uma seção consagrada à visita aos doentes, aos cuidados a dar aos moribundos, aos derradeiros ritos e sacramentos. A Igreja romana reconhece seus poderes. Em compensação, um autor anglicano, porém tão pouco radical quanto Taylor, admite-os exclusivamente como hábito. Se ele dá alguns conselhos para os últimos momentos, a cena da morte nada mais tem da intensidade que ainda persiste com bastante força entre os autores católicos como Bellarmin. A cerimônia tradicional tornou-se um rito de civilidade sem valor religioso nem moralidade. "Um arrependimento do nosso leito de morte é como a toalete do cadáver, *it is cleanly and civil* [é higiênica e civilizada], mas nada altera por debaixo da pele."[15]

Na França, o que era oferecido à piedade mais comum em pleno século XVIII não era diferente das concepções que encontramos entre os humanistas, em Taylor e Bellarmin. O *Miroir de l'ame du pecheur et du juste, pendant la vie, et a l'heure de la mort* [Manual do pecador e do justo durante a vida e na hora da morte][16] nos diz bem, pelo seu título, que se trata mais de uma arte de viver do que de uma arte de morrer. Opõe o destino do pecador ao do justo, em um contraste dramático. Livro de piedade, aliás medíocre e sem interesse, ali encontramos a inspiração inaciana e o recurso à imaginação. Recomenda que se represente a própria morte:

> Portanto, é certo que devo morrer dentro de duas horas [...]. De meu corpo restará apenas um cadáver horrível que fará horror a todo o mundo [Bellarmin dispensava essas evocações, talvez por fazerem parte dos métodos clássicos de meditação]. Lançar-me-ão numa cova que encherão de terra. Meu corpo será comido pelos vermes e apodrecerá.[17]

Mais uma vez, essas imagens apresentadas à meditação são dadas como meios comprovados para obter, a longo prazo, uma boa morte pelas elevadas resoluções que elas inspiram; não são destinadas a preparar diretamente uma morte natural.

Em compensação, o autor se opõe com vigor ao erro denunciado por Jean de Vauzelles no século XVI, sempre divulgado no seu tempo, de que se pode contar com uma boa morte para resgatar uma vida má:

---

15 Beaty, op. cit., p.215.

16 *Miroir de l'âme du pécheur et du juste...* op. cit., p.22.

17 Ibid., p.60.

Vós estais sem dúvida persuadidos de que para morrer cristãmente bastaria, antes de morrer, receber os sacramentos, beijar o crucifixo, ser assistido na hora da morte por um padre e pronunciar com ele os atos de religião que habitualmente se fazem dizer aos doentes. Se isso bastasse, vossa imprudência seria menos culpada, mas de modo nenhum isso é o bastante. O Inferno está povoado de condenados que morreram depois de terem feito tudo isso. Morrer dessa maneira é morrer na verdade uma morte consoladora para os pagãos, mas habitualmente funesta para o moribundo, quando ele não trouxe outras preparações [...]. Os pecadores na hora da morte gritarão "Senhor, Senhor", isto é, receberão, se assim quiserdes [curiosa figura de concessão] os sacramentos, mas com isso não entrarão no Céu. Porque se bastasse na hora da morte fazer alguns atos cristãos para merecer o Céu, concluir-se-ia que Jesus Cristo teria falado falsamente. É preciso uma longa preparação, quer dizer, é necessário nada menos que a vida toda para se preparar ao estado que convém a uma boa morte e onde os pretensiosos esperam chegar de um só golpe, no momento em que ela se anuncia.[18]

As devoções populares da boa morte

Os próprios moralistas reformadores não cessaram de denunciar as práticas supersticiosas que prometiam o conhecimento maravilhoso das coisas ocultas, a fim de se aproveitar delas na salvação da alma no último momento, como num lance de dados de que se estaria certo de ganhar. O padre jesuíta Doré escreve, em 1554:

> Em alguns livros de Horas estão impressas orações a Nossa Senhora e aos Santos em que, nos títulos de cabeçalho, estão escritas muitas coisas apócrifas como: quem disser essa oração saberá a hora de sua morte [uma velha curiosidade respondida, por vezes, pela adivinhação dos mágicos na Idade Média], porque Nossa Senhora aparecerá a ele quinze dias antes [...]. As orações são boas, mas não se deve confiar nessas inscrições não autênticas.[19]

---

18 Ibid., p.188.
19 Tenenti, *Il Senso...* op. cit., p.361.

O homem diante da morte

A Igreja romana, contudo, não baniu realmente, em sua prática, todas as devoções da boa morte condenadas por sua elite. De fato, essas devoções enchiam as igrejas e atraíam o povo que a elas permanecia obstinadamente fiel, muito apegado, principalmente, ao escapulário e ao rosário: o escapulário dava àquele que o usasse durante a vida a certeza de uma boa morte e, pelo menos, um alívio de seu tempo de purgatório. G. e M. Vovelle mostraram bem a associação do escapulário de São Simão Stock, ou do rosário que se atribuía, então, a São Domingos, com a devoção, muito disseminada no final do século XVIII e no século XIX, às almas do Purgatório. Ambos eram atributos frequentemente representados nos retábulos que ornavam a capela reservada às almas do Purgatório.[20] Num quadro da igreja de Perthuis, a alma que um anjo tira das chamas e transporta para o Céu traz o escapulário seguro nas mãos. Na igreja de Pelissane, a alma salva tem um rosário enrolado no punho.

Foi sem dúvida então, quando se expandiu a devoção pós-tridentina do rosário, que as mãos do morto, como as da alma do Purgatório, já postas na atitude tradicional do morto medieval, foram rodeadas por um rosário e assim acontece até os nossos dias.

Crenças resistentes sobre as virtudes do escapulário ainda tinham curso no século XIX. Encontramos um testemunho inesperado, mas patético, ali onde não se teria procurado, numa obra de juventude de Charles Maurras, que mais tarde ele próprio repudiou. O conto intitulado *La Bonne Mort* [A boa morte] faz parte da primeira edição de *Chemin du Paradis* [Caminho do Paraíso], livro um pouco escandaloso, publicado em 1891, do qual o conto foi extraído na reedição de 1924.[21] É a história do suicídio de um aluno de colégio religioso, apenas adolescente, que se assemelha a Maurras como um irmão. Enforca-se por estar tentado pelo pecado da carne e temer, cedendo, morrer danado. Um caso para Julien Green. De fato, ele tinha a certeza de ser salvo pela Virgem, pois usava o escapulário, fosse qual fosse a gravidade dos seus pecados. Arriscava-se a mais tarde negligenciar o uso do escapulário e então, levado por alguma

---

20 Vovelle, op. cit.

21 Ariès, *Essais sur l'histoire de la mort en Occident*, p.115-22.

tolice, perder-se eternamente. Seria melhor aproveitar a sua atual segurança, e matar-se enquanto trazia consigo o maravilhoso amuleto, para ganhar assim a eternidade. História estranha, mas cujo fundo era fornecido por lembranças verdadeiras de um adolescente tentado pelo suicídio, e a quem seus professores religiosos, ou sua mãe, tinham ensinado as virtudes sobrenaturais do escapulário.

Parece claro que um compromisso se estabelecera entre as crenças francamente rejeitadas como superstições, que no entanto persistiam, e o rigorismo dos reformadores. Isso é constatado nos retábulos das almas do Purgatório; esses associam as crenças populares a um dogma que foi por muito tempo limitado a uma pequena elite de teólogos, como São Tomás de Aquino, ou escritores filósofos como Dante: o do Purgatório. O Purgatório quase não aparece no consenso geral antes de meados do século XVII (é raramente encontrado nos testamentos parisienses antes de 1640). Mas ele se torna popular, ao mesmo tempo, aliás, que o túmulo da alma e o quadro de fundação. Existe ali, simultaneamente, a aceitação das ideias radicais dos reformadores e seu abrandamento pela manutenção de práticas antigas. Verifica-se o mesmo compromisso nos testamentos. As doutrinas dominantes não chegaram a eliminar a preocupação do último dia e a crença enraizada em todas as possibilidades extraordinárias desse momento que não é como os outros. Em 1652, "uma moça gozando de seus direitos" e "em boa saúde" decide fazer seu testamento. Ora, talvez seja longo o tempo entre o momento de fazer o testamento e o último dia de sua vida. Essa distância, desde então recomendada pelos moralistas reformadores, a inquieta, como se pode perceber: ela pede, portanto, "que Deus me faça a graça de que no fim dos meus dias eu possa fazer uma boa confissão e contrição de todos os meus pecados e que me faça a graça de morrer como boa e verdadeira cristã e renuncio desde já [diante do notário] a todas as tentações que poderiam me acontecer."[22] Sente-se que ela não está perfeitamente tranquila, apesar de todas as precauções.

Um padre escreve, em 1690:

---

22 MC, LXXV, 78 (1652).

Minha idade avançada e grandes doenças que me acometem frequentemente *avisam-me* que a morte está próxima [aviso tradicional] e que eu posso morrer a qualquer momento [esperou o aviso, não cedendo ao costume novo a que se conformara a moça de 1652]. Obriguei-me, para não ser surpreendido [pois o testamento permanece sempre uma obrigação essencial, tanto em tratados protestantes como católicos], a fazer, o mais breve possível, o que gostaria de fazer no último momento da minha vida [talvez fosse melhor fazê-lo logo, mas sabe-se agora que é muito arriscado], quando talvez eu já não me encontre em estado de nada fazer por causa da fraqueza a que meu espírito e meu coração estarão reduzidos.[23]

É evidente que, na vida cotidiana, a morte permanece sendo um momento forte. Mas admiti-lo é repugnante aos homens da doutrina dos séculos XVI ao XVIII que tentam, pelo contrário, diminuir-lhe a intensidade. Essa atitude dos humanistas e dos reformadores vai pesar cada vez mais sobre os costumes. Os historiadores de hoje confundem facilmente essa atitude com a modernidade, e sem dúvida têm razão. Precisamos agora nos interrogar sobre os efeitos dessa atitude e seu sentido profundo.

Os efeitos da depreciação da boa morte: a morte não natural; a moderação; a morte bela e edificante

O primeiro efeito do desprestígio e da secularização da morte está na perda de seus poderes quase mágicos e, em todo o caso, irracionais, carregados da selvageria primitiva. Esse fato é verdadeiro nos casos da morte súbita e da morte violenta. Ambas se banalizaram. Salutati, Erasmo e Bellarmin já não veem perigo especial na *mors improvisa*; os dois primeiros a preferem às longas doenças que degradam e fazem sofrer: os sofrimentos do cálculo renal levam Erasmo a desejar a morte, e ele pensa então nos *sérios autores* da Antiguidade, que não sem razão dizem que "a morte súbita era a

---

23 MC, LXXV, 372 (1690).

maior felicidade da vida". De fato, "a alma se confiou de uma vez por todas à vontade divina está pronta a suportar mil mortes."

A atitude dos reformadores em relação à execução dos condenados à morte também é surpreendente. Para eles — mas certamente não na realidade vivida —, o suplício perdeu seu caráter de sacrifício solene e compensador. A seus olhos, a vítima já não é a personificação terrível do mal, acabrunhada por todas as forças humanas e divinas que desafiou. Pouco lhe importa que, em casos graves, a condenação à morte seja celebrada em público como uma liturgia. Durante muito tempo, na Idade Média, a opinião comum se inclinava a crer que o supliciado era uma criatura diabólica, já introduzida no Inferno. Toda consolação espiritual parecia-lhe então inútil, interdita, senão sacrílega. A Igreja, que nunca tinha aceito essa opinião, impusera a presença do confessor ao lado do carrasco.

Para Bellarmin e os escritores que o seguiram, o condenado era ainda realmente reabilitado pelo sofrimento e pelo arrependimento. Sua piedade transformara o suplício em expiação, e sua morte se tornava uma boa morte, melhor que muitas outras. "Quando começam a morrer para a vida mortal", escreve Bellarmin a respeito dos supliciados, com uma espécie de admiração, "eles começam a viver na beatitude imortal."

O segundo efeito da depreciação da morte "exata", da hora da morte, poderá ser interpretado como uma reavaliação da vida, assim corno sugere sagazmente A. Tenenti? Ele vê ali, se eu o compreendo bem, a segunda etapa de um movimento mais antigo, cuja primeira manifestação teria sido a reação macabra. Admito que a linguagem macabra tenha traduzido claramente um amor imenso pelas coisas e pelos seres; em compensação, creio que o afastamento da morte, objeto da nossa análise atual, não é uma segunda fase desse mesmo sentimento, mas expressa, ao contrário, outro conceito da vida, mais ascético se não mais sombrio.

A atitude da segunda Idade Média diante do mundo e dos bens do mundo, diante de Mammon, foi dupla: de um lado, um amor condenável que os autores do século XVI tratam de imoderado, e que se chamava *avaritia*; por outro lado, a ruptura definitiva, a renúncia total, a distribuição dos bens aos pobres e o recolhimento a um convento. É tudo de um lado ou tudo de outro, e o único compromisso consiste num sistema

O homem diante da morte

complexo de confirmação da segurança, em que as riquezas materiais são garantidas pelas riquezas espirituais que elas mantêm.[24]

A partir da Renascença, ao mesmo tempo que a morte é desviada para montante da agonia, em direção à vida longa, surgem outros comportamentos que se traduzem por uma avaliação diferente das virtudes e dos vícios.

O homem, como está bem estabelecido, deve viver no mundo, embora não lhe pertença. O refúgio no claustro já não é apresentado como a atitude cristã absoluta. É normal e recomendado ao homem usar dos bens como o fizeram Abraão ou Salomão, mas sabendo que não possui a riqueza, que apenas a usufrui. Essa consideração moral não é uma singularidade de autor piedoso; encontra-se frequentemente no pensamento e nos testamentos dos homens comuns dos séculos XVI e XVII. Nós já a encontramos.[25] Bellarmin tem uma opinião bem definida sobre esse ponto: nas suas relações com os outros homens, cada um é senhor dos seus bens. Não se trata de pôr em dúvida a legitimidade da propriedade. Mas, em sua relação com Deus, que é essencial, *comparatus Deo,* ele não passa de administrador.

Essa noção de usufruto tem como efeito o aparecimento de uma nova virtude, cujo nome é antigo, mas o sentido e a cor são completamente novos: a *sobriedade.* "Essa virtude", escreve Bellarmin, não em um tratado qualquer de moral, mas em seu *De arte bene moriendi,* "não é apenas o contrário da embriaguez";[26] ela é sinônimo de moderação e de temperança, enquanto a *avaritia* é denunciada com *amor immoderatus.* Sóbrio, "o homem avalia, de acordo com a razão e não segundo seu prazer, as coisas necessárias ao cuidado e à conservação do corpo". Bellarmin acrescenta que essa virtude é muito rara.

Assim, num mundo em que o cristão deve viver e se santificar, a moderação não é apenas uma atitude sensata. Torna-se virtude cardinal que domina todo o comportamento. Compreende-se, então, sua importância

---

24 Ver capítulos 3 e 4.

25 Cf. capítulo 3.

26 Como no século XV, a *avaritia* não era apenas o medo da falta e a aversão ao gasto em que ela hoje se transformou.

na moral sexual em geral, e no casamento em particular. Implica reflexão e previsão que anteriormente não eram habituais.

Portanto, a *avaritia* se torna o mais temível dos pecados. Inclui ainda, notemos bem, o amor dos seres que nos parece hoje o mais legítimo. Margarida de Navarro assim fala da boa morte e do trespassado fiel e alegre:

Car sans regret de père, mère ou soeur,
N'ay mémoire avoir de rien ça bas.
Mon âme print à soy mon redempteur.[27]

A *avaritia* é o amor imoderado do mundo. Mais do que um pecado de que se tem vergonha e remorso, ela é o ódio a Deus, *odium Dei,* que incita ao endurecimento e ao desafio, à aliança com o diabo. Os que a praticam são obstinados, seguros de si mesmos.

O *odium Dei,* ao qual é consagrado um capítulo importante das tentações que agridem o homem nos séculos XVI e XVII, tem dois aspectos no tratado de Bellarmin, duas faces de um mesmo vício. O primeiro é a bruxaria: Bellarmin não fala do pacto com o diabo, mas analisa a psicologia racional dos homens que estão persuadidos (com ou sem razão) de que gozarão no outro mundo, e, sem dúvida, já neste aqui, dos imensos poderes do diabo. É por essa razão que demonstram tanta segurança diante das torturas e dos suplícios; o que é, aliás, bem conhecido dos inquisidores – o diabo lhes dá uma insensibilidade física que garante que eles não se arrependerão. A outra face do *odium Dei* é a *avaritia.*

É muito significativo que a *avaritia* e a bruxaria estejam reunidas numa mesma generalidade. De fato, têm em comum a ideia, clara ou confusa, direta ou indireta, de que o diabo ou o não Deus tenha poderes sobre o mundo. Para exercer esses poderes, neste mundo ou no outro, o homem não tem necessidade de Deus. Mais ainda: Deus nos recusaria em nome de sua Providência!

---

27 [Pois sem saudades de pai, mãe ou irmã, / Não tem lembrança de nada disto aqui da terra. / Minha alma tomou a si meu redentor.] (N. T.) Tenenti, *Il Senso...* op. cit., p.291.

Um mundo onde a moderação deve reinar toma assim, pouco a pouco, o lugar de um mundo do excesso, onde se alternam o amor e a renúncia igualmente sem medida. Nesse mundo novo, a morte já não tem o mesmo poder de pôr tudo em causa pela força de sua sombra, quando ela começa a se estender. A morte também se submete à lei comum da medida.

O último efeito do fenômeno aqui estudado é um modelo da boa morte, a morte bela e edificante, que sucede ao da morte das artes medievais no quarto invadido pelos poderes do Céu e do Inferno, pelas lembranças da vida e pelos delírios diabólicos. É a morte do justo, aquele que pouco pensa em sua própria morte física quando ela surge, mas que nela pensou toda a vida: não tem a agitação nem a intensidade daquela das *artes moriendi* da baixa Idade Média; sem dúvida, não é exatamente a do Rolando, do lavrador de La Fontaine ou dos camponeses de Tolstói e, no entanto, a ela se assemelha. Tem a mesma tranquilidade e publicidade (a morte das *artes moriendi* era, ao contrário, dramática e interiorizada: tudo se passava fora da vista da *corona amicorum*).

Esse modelo surge desde o final do século XIV e perdura até o século XVIII. A. Tenenti dá alguns exemplos antigos.

O primeiro é proposto por Salutati desde 1379.[28] Trata-se da morte de Hermes Trismegiste, que morre em público, no meio dos amigos, como Sócrates. "Até aqui peregrino exilado, volto agora à pátria [*migro revocatus in patriam*]. Não me chorem como se eu tivesse morrido. Eu vos esperarei junto do Soberano Criador do mundo."

Mais comovente e mais próximo da sensibilidade comum dos tempos modernos, até o fim do século XVIII, é este relato de uma boa morte, extraído de uma carta de Francesco Barbara à sua filha.[29] A moribunda é uma santa mulher, "na flor de idade", isto é, muito jovem. Terrível doença a abateu, cobriu-a de úlceras, torturou-a. Ela oferece seus sofrimentos a Deus, "que nos golpeia para nos salvar e nos mata para que não morramos". No momento em que ela sente que vai morrer, segundo o

---

28 Tenenti, *Il Senso...* op. cit., p.364.
29 Ibid. (30 de novembro de 1447).

Philippe Ariès

aviso tradicional, depois de receber o sacramento, ela se levanta e se ajoelha sobre o chão nu.[30]

Luchina (nome da jovem) estava naquele momento

tão esgotada que, embora ainda viva, já parecia invadida pela morte, incrivelmente desfigurada, ela que em seu tempo fora tão bela, tão majestosa. E eis que depois de ter adormecido no Senhor, a lucidez e a tensão desapareceram do seu rosto. Seus traços perderam a rigidez e o aspecto repelente; uma nobre beleza e dignidade majestosa invadiram seu rosto. Tão bela, não se acreditava que estivesse morta; dir-se-ia que dormia [*non mortua sed dormiens creditur*].

Eis-nos reconduzidos a esse meio de humanistas eruditos e pensadores, mais sensíveis e facilmente místicos, ao modelo tradicional do jazente dormindo *in somno pacis*. Mas um acento novo é dado à beleza, à indizível beleza que aparece após os últimos terrores da agonia. Essa beleza é aqui incluída entre outras manifestações quase sobrenaturais que eram observadas nos corpos dos santos, e que serviam para provar a santidade nos inquéritos de beatificação: conservação do corpo e suavidade de odor. O corpo resiste à corrupção universal e a seus horrores físicos.

"Então, sem qualquer socorro da medicina, todas as chagas que lhe cobriam o corpo foram instantaneamente curadas e fechadas, um delicioso odor substituiu o mau cheiro das chagas e todos dentro e fora do quarto [*domi e foris*] ficaram estupefatos de admiração."

---

30 Acredito que essa atitude do moribundo fosse desconhecida na Idade Média: naquela época, o moribundo ficava estendido sobre a padiola, na posição do jazente. Aqui, coloca-se na posição de orante que, como sabemos, sucedeu à do jazente: mimetismo surpreendente do vivo que se liga à semelhança do morto, mas ao morto bem-aventurado. Não deve ser fácil a um moribundo em agonia se levantar assim para dobrar seus joelhos alquebrados (*quassi*)! Bellarmin, embora avaro de detalhes desse gênero, recomenda também essa posição, mas se julga obrigado a fornecer uma justificação: Deus, diz ele, dá frequentemente aos moribundos a força extraordinária de fazer esse último gesto de fé e de oferenda. Acontece realmente que as representações da morte da Virgem, tão frequentes no final da Idade Média e em todos os tempos modernos, mostrem a Virgem assim ajoelhada.

Com arte epistolar, o pai que escreve à filha explica o fato pelo triunfo de uma alma pura sobre o corpo aflito. Luchina tinha vivido *in fide, vix in carne*. Foi assim que seu corpo dilacerado, coberto de úlceras, cheirando mal, pareceu depois da morte: curado, resplandecente, perfumado, por causa da beleza de sua alma. "Como se a *nobilitas* da alma a tivesse recoberto de uma veste de beleza."

Maravilhosa transformação do corpo, depois da morte! Ela aparecerá, entretanto, cada vez menos milagrosa à medida que se avança no tempo. O que ainda é, nesse momento, caráter excepcional da morte do Justo se tornará, no século XIX, um aspecto banal, mas reconfortante, da morte do ser amado. Quantas vezes, ainda hoje, os visitantes, quando ainda os há, murmuram com admiração diante do morto exposto: "Dir-se-ia que dorme". *Sed dormiens creditur.*

Como se vê, a morte bela e edificante dos modelos piedosos dos séculos XVI e XVII anuncia de longe a morte romântica, mas não a solicitemos. Ela ainda está mais próxima da morte tradicional ou da morte domada.

Podemos colocar a morte real do jesuíta inglês Parson, tal como foi relatada por seus confrades, no mesmo registro simples e familiar. Autor de uma arte de morrer bastante complicada, compreendendo muitas considerações e ações, ele próprio, como o ressalta seu biógrafo,[31] morreu *in typically Jesuit Fashion:* [da maneira tipicamente jesuíta] "suavemente, sem alarido [*undramaticalby*] e em pleno trabalho". Terá no entanto a ideia, que nos parece estranha, de pedir que durante a recitação das *recommendaces,* isto é, durante a agonia, lhe passassem em torno do pescoço a corda usada no suplício do mártir jesuíta Campion.

O fim de Parson confirma a impressão que nos deixou o relato de Luchina. A morte bela e edificante, final de uma vida justa e santa passada no mundo, é semelhante à morte tradicional familiar e confiante (ou resignada), mas, além disso, carrega um pouco de drama e de encenação em que os bons entendedores reconhecerão o sinal da idade barroca. Esse elemento dramático, discreto até o final do século XVIII, se desenvolverá na grande retórica do romantismo neobarroco.

---

31 Beaty, op. cit.

A morte do libertino

Esse modelo da morte fundado sobre a consideração serena da mortalidade opõe-se ao da Idade Média, de uma vida perseguida pela conversão do último momento. Mas a supressão dessa perseguição podia ter outro efeito menos favorável à piedade; afastando a angústia da morte física, arriscava-se a ser bem-sucedido demais, a esquecer completamente o sentido metafísico da mortalidade, expondo-se à indiferença e até mesmo à incredulidade.

E foi exatamente o que aconteceu. Os casos já não são excepcionais nem aberrantes, sem que seja preciso, todavia, ver aí a origem de uma evolução irreversível para o ateísmo ou a recusa científica da imortalidade e do Além!

Quando Erasmo caiu doente, reconheceu no cálculo renal ou no acidente de cavalo um sinal da Providência que o convidava a pensar na morte e na salvação. J. B. Gelli, cujo pensamento A. Tenenti analisou, citando-lhe textos, reagia de forma diferente nas mesmas circunstâncias. Não acreditava no aviso e disso se gabava: "Lembro-me de ter tido uma doença que me levou às portas do outro mundo, e de modo nenhum pensei em morrer. Caçoei quando quiseram que eu me confessasse [não estamos longe do *odium Dei* de Bellarmin]. Se tivesse morrido então, teria partido naturalmente sem pensar na morte e sem qualquer desgosto."[32]

Partir sem saber e esquecer que existe a morte é exatamente o que de melhor pode acontecer! É, aliás, o que constitui a superioridade do animal sobre o homem. Na ilha de Circe, Ulisses, segundo Gelli, pergunta a um de seus companheiros transformado em porco, por que ele não quer voltar a ser o homem que fora. O animal em que se transformara responde que a grande desgraça do homem é o conhecimento da morte, o medo que acompanha esse conhecimento e o sentimento da fuga do tempo. Os animais não têm esse conhecimento nem esse sentimento. Por conseguinte, os melhores instantes da vida são aqueles durante os quais a consciência da duração fica suspensa, como no sono.

Em outra parte, Gelli reproduz as conversas de dois amigos que se perguntavam o que existe depois da morte. Um diz: "Recomendo-me àquele

---

32 Tenenti, *Il Senso... op. cit.*, p.211-3, 227-8.

O homem diante da morte

que no além tiver maior poder, deus ou o diabo". O outro, acreditando que a alma talvez fosse mortal, gritou antes de morrer: *Presto saro fuori d'un gran fosse*. Portanto, aparece em Gelli, como observou Tenenti, um grande ceticismo em relação ao além e à salvação. Para ele, a única noção que conta é "o amor ao próximo, em que consiste toda a religião cristã".[33] Um homem das Luzes, já?

Essas ideias poderiam parecer excepcionais, anacrônicas e pouco representativas, se não fossem destacadas e confirmadas pelo testemunho de Bellarmin, que não falava levianamente e, ao citá-las, não teria dado grande importância a casos muito raros para serem temidos.

Ele conta, segundo Baroccius, como um regente de colégio foi surpreendido pela morte, quando já não acreditava na Trindade: ele apareceu *totus ardens* a seu amigo do mesmo colégio, para o prevenir.

Mas o caso mais interessante é um testemunho pessoal de Bellarmin. Ele próprio fora chamado à cabeceira de um moribundo, que lhe disse a sangue-frio, *constanti animo et sine ullo metu:* "Monsenhor, quis-lhe falar, mas não é por mim, é por causa da minha mulher e dos meus filhos, porque eu irei diretamente para os infernos, não há nada que o senhor possa fazer por mim". E disse isso com ar tranquilo, como se falasse de ir à sua vila ou a seu castelo. Bellarmin confessa seu espanto diante de tão fria segurança. Coloca esse advogado ávido e injusto entre os feiticeiros, por causa do traço comum de sua obstinação.

A morte a prudente distância

Todas as observações precedentes são inspiradas num pequeno fato de natureza religiosa e, especialmente, pastoral: os homens da Igreja deixaram de solicitar a conversão *in articulo mortis*, para impor a consideração da morte à piedade cotidiana mais comum.

Deverá esse pequeno fato ser interpretado como um acontecimento da história religiosa, devido à iniciativa de uma elite de humanistas e de clérigos reformadores? Nesse caso, significaria principalmente uma mudança

---

33 Ibid.

dos conceitos religiosos superiores, a passagem voluntária de uma religião medieval, onde o sobrenatural prevalecia, a uma religião moderna, onde a moral dominou. Ou, pelo contrário, esse pequeno fato pertencera a história da cultura global, sendo a tradução, no código dos homens de Igreja, de uma reação elementar da sensibilidade coletiva diante da vida e da morte? Prefiro essa segunda interpretação, convencido, como estou, de que os autores espirituais, na maioria dos casos, exploram as tendências de seu tempo mais do que as criam.

Na baixa Idade Média, tais autores tinham colocado o momento da morte no centro de sua pastoral, pois provocava muitas questões e suscitava o interesse apaixonado dos contemporâneos. Em compensação, a partir da Renascença, o tema é abandonado, levantando menos questionamentos e sendo retomado somente quando volta a inquietar; mas dessa vez é uma inquietude tão visceral e misteriosa, que os homens da Igreja a temem e preferem ignorá-la em proveito de uma meditação agridoce sobre a vida frágil e seu decurso.

Assim, eles expressam, a sua maneira, um desvio do sentimento medieval da morte e da vida, que é preciso decifrar para poder compreender.

Eis então o que aprendemos: o homem dos tempos modernos começou a se sentir reticente em relação ao momento da morte. Uma reticência jamais expressa, provavelmente jamais claramente concebida. Ela foi a fase final de uma tendência ao enfraquecimento desse momento outrora privilegiado, e isso graças às igrejas, por intermédio de seus livros de piedade, numa época em que eram multiplicados pela imprensa. Apenas um pequeno distanciamento discreto, que não foi – ou não pode ir – até a vontade de recusa, de esquecimento, de indiferença. Assim foi, de tal modo que a pratica familiar da morte e o que ela carregava de tradições e de experiências permaneciam poderosos.

A morte foi então substituída pela mortalidade em geral, quer dizer, o sentimento da morte, outrora concentrado na realidade histórica de sua hora, ficava, a partir desse momento, diluído na massa inteira da vida e perdia assim sua intensidade.

Com isso, a vida se achava sutilmente mudada: antigamente dividida em curtos segmentos por "pseudomortes" – a morte real pondo fim ao último segmento[34] —, ela é desde então plena, densa e contínua, e a morte, sempre presente, não tem ali lugar senão numa extremidade longínqua e fácil de esquecer, apesar do realismo dos *Exercícios espirituais*. Uma vida sem interrupção. Deseja-se uma túnica inconsútil: nem por isso passa a ser a veste da felicidade e do prazer, mas, pelo contrário, uma roupa de trabalho talhada em pano tosco, para as tarefas de grande fôlego. Essa vida, de que a morte se afastou a prudente distância, parece-nos menos amorosa das coisas e dos seres, do que aquela cujo centro era a própria morte.

Debate sobre cemitérios públicos entre católicos e protestantes

A prudente distância que acabamos de descobrir nas novas *artes moriendi* se encontra, talvez, nos cemitérios. Ali também se passa alguma coisa nova nos séculos XVI e XVII; algo de muito sutil que precisamos agora interpretar: nas cidades, ao que parece, os cemitérios mudaram de localização.

Num panfleto de fim do século XVI, intitulado *Plaintes des Églises reformées*,[35] os protestantes franceses, cuja existência publica era então reconhecida, queixaram-se dos entraves que os católicos opunham a seu direito de escolher livremente a sepultura. Perturbavam-nos "no uso daqueles [cemitérios] que lhes tinham sido dados anteriormente pela justiça ou que teriam adquirido para uso próprio e particular". Na realidade, os fatos particulares não eram o mais grave. Protestavam principalmente contra a "denegação que lhes fazem da comunicação com os cemitérios sagrados dos católicos". Era isso o que de fato lhes importava.

Assim, os protestantes não se contentavam com os cemitérios autorizados pelo regime do Édito: talvez se sentissem ali em "terra profana". "Na maioria das cidades onde vós sois os senhores, não vos contentais somente com os cemitérios públicos, mas ainda quereis ser enterrados nas igrejas, nas quais não podeis impedir que os católicos exerçam seu culto." E contra essa pretensão que o bispo Henri de Sponde redigiu um

---

34 Suso, segundo Tenenti, op. cit.

35 Sponde. *Les Cimetières sacrez*.

pequeno livro, intitulado *Les cimetières sacrez* [Os cemitérios sagrados], publicado no ano de 1598 em Bordeaux.

Apesar de sua inclinação à polêmica, o bispo não conseguiu disfarçar seu embaraço. Não ousou contestar de frente o direito dos protestantes a uma sepultura em um cemitério publico. A expressão utilizada aqui, e parece nova, indica até que ponto foi, dali por diante, reconhecido ao cemitério um caráter público, não somente pela prática da vida cotidiana, como também por vontade consciente. Certos lugares, como o cemitério, simbolizavam o pertencimento à comunidade – o que os protestantes pretendiam, e que era mais forte do que sua repugnância a uma promiscuidade papista.

Para Sponde, o terreno não é seguro. Prefere recorrer a argumentos de ordem prática. Misturando, assim, católicos e protestantes, "correr-se-ia o risco de sedições e disputas". Era preciso separá-los dos outros, tanto na morte como na vida. Que cada um tenha os seus cemitérios separados. Os católicos bem poderiam tomar a iniciativa e fazer eles próprios o que em definitivo Sponde pedirá aos protestantes: que em "cada pedaço de campo, nós [católicos] organizemos um novo cemitério, que o façamos consagrar e para ali transportar os corpos dos nossos que estiverem nos cemitérios que vós ocupastes". Não vemos nisso (se é que posso pôr tais palavras na boca desses católicos do século XVI) qualquer inconveniente em princípio. Não fazemos tanta questão desses lugares que considerais tradicionais e vamos ver que realmente nem mesmo o são. Não, nós os abandonaríamos a vocês sem escrúpulo. Somente, "o que ganharíamos? Porque vós haveríeis de querer imediatamente ter parte neles e, se não os déssemos, gritaríeis contra a barbaria, desumanidade, vingança".

Mas por que os protestantes fazem tanta questão de serem enterrados em lugares públicos?

> Por que não vos contentais com vossos cemitérios? Mas ainda, que agravo teríeis em não serdes enterrados nos cemitérios dos católicos? Como essa promiscuidade não vos causa horror? Gostaríeis de que no dia da ressurreição fosseis vistos sair todos juntos, misturados com os católicos, de um mesmo cemitério, de uma mesma cova?

"Tendes horror a entrar vivos nas igrejas e nos cemitérios, contudo não receais fazer enterrar vossos mortos nos cemitérios e nas igrejas." Deveria haver uma razão bem forte para tais contradições!

Os protestantes deram essa razão, e Sponde nos mostra qual é: *São os sepulcros e cemitérios dos nossos pais,* dos quais não queremos nos separar". Resposta grave e impressionante, que nos faz questionar que ela se poderia ter sido formulada com tanta precisão um século antes? Não expressaria um novo apego que favorecia então a concessão das capelas familiares nas igrejas e nos carneiros?[36]

Era um sentimento já comum na época, e Sponde evita contestá-lo. Admite-o. Contenta-se em dizer que estão enganados quanto à finalidade, e é isso que nos interessa muito. Vós, protestantes, pensa ele, vós sois o joguete de uma ilusão. Esses cemitérios públicos de hoje, acreditais que sejam os cemitérios de vossos pais. Já o deixaram de ser, e aliás, por vossa culpa: "Vós haveis escavado a terra onde vossos pais repousavam e escavado com os vossos focinhos impuros nos túmulos, para vos satisfazerdes com suas carnes e com seus ossos, e queimá-los, ou com eles brincar com toda a mofa e desordem do mundo". Eles haviam profanado os cemitérios tradicionais.

Eis por que mudaram de lugar durante as guerras de religião. "Esses sepulcros e cemitérios que aparecem hoje e que vós quereis usurpar já não são os antigos que imaginais. *Vós haveis destruído os antigos e nós construímos estes novos* [...]. Nada mais tendes a fazer aqui."

Aliás, diga-se de passagem, por que fazem tanta questão de serem "enterrados juntos", já que o cemitério dos seus pais foi destruído para sempre?

> Onde está o texto do Evangelho (já que vós só acreditais no Evangelho) que diz que ninguém pode ser enterrado particularmente em seu bosque, ou em seu campo, em sua casa, como foram Abraão [...] e geralmente quase todos os antigos, tanto judeus como outros? [...] Porque, se quereis cemitérios, procurai outros que não estes, aos quais não tendes qualquer direito

---

36 Cf. Capítulo 5.

nem de natureza [eles já não são os mesmos dos pais], nem de humanidade [pode-se enterrar não importa onde], nem de religião.

Desse texto podemos tirar duas lições. A primeira é equívoca: um sentimento impele os membros de uma mesma família e de uma mesma "pátria", isto é, de uma pequena comunidade, a reunir seus mortos num mesmo lugar cujo caráter público, anteriormente confundido com o caráter religioso e eclesiástico, tornou-se mais consciente. Maior razão, sem dúvida, para que esse lugar permaneça sagrado, como sempre foi. Contudo, prestemos atenção, o que é sagrado para Sponde é a sepultura isolada, "particular", tal como ele a propõe a seus adversários, e nem tanto a coletividade das sepulturas, da qual faz questão para dela excluir os protestantes. Temos a sensação de uma hesitação entre correntes de opinião ainda mal determinadas.

A segunda lição a tirar do texto é muito clara. Pelo menos nas cidades, e ali onde houve conflito entre católicos e protestantes, os cemitérios mudaram de lugar. Sponde tem certeza do fato, e não temos qualquer razão para pôr em dúvida seu testemunho. Ele atribui a causa disso às destruições das guerras de religião. Sua observação é justa, sua interpretação mais contestável.

Deslocamento dos cemitérios parisienses. As ampliações da igreja pós-tridentina

Ao contrário, temos boas razões para acreditar que as guerras de religião nada tiveram a ver com a questão. Em Paris, o deslocamento dos cemitérios começara, sem dúvida, no final do século XVI – já que tinha impressionado Sponde – mas só aparece realmente no século XVII, continuando ao longo do século XVIII. É devido à ampliação das igrejas, tornada necessária pelas novas práticas de devoção e da pastoral, em consequência do Concílio de Trento. Essa transformação do espaço e principalmente o desprendimento e pouco cuidado em relação aos mortos que acompanharam essa mudança têm um sentido psicológico.

A fim de preparar a transferência dos cemitérios para fora da cidade, no quadro de uma política geral de higiene pública, os comissários investigadores de Châtelet foram encarregados, pelo procurador-geral do Parlamento em 1763, de proceder a um inquérito sobre o estado dos cemitérios parisienses. Possuímos os autos de suas visitas e os relatórios que lhes foram remetidos pelos párocos e tesoureiros.[37] Em cada caso, o comissário inquiridor se preocupou em dar a data exata da criação do cemitério.

Esses documentos inspiram-me as seguintes observações. Em primeiro lugar, e assim esperávamos, muitas igrejas já não possuíam cemitérios próprios e enviavam os mortos para os Innocents. Em compensação, no final do século XVIII, as fábricas mantinham por baixo das igrejas verdadeiros cemitérios subterrâneos, jazigos abobadados, que tinham sido inicialmente concedidos com as capelas familiares, mas que se tinham tornado uma forma banal de sepultura para os ricos.

É bem provável que as igrejas, mesmo as que enviavam os mortos aos Innocents, dispusessem de um adro e de carneiros. Alguns ainda existiam e continuavam em uso em 1763: os de Saint-Séverin, de Saint--André-des-Arts, de Saint-Gervais, de Saint-Nicolas-des-Champs. Esse último fora bento em 1223, porque os monges já não toleravam que os paroquianos fossem enterrados em seu pátio como tinha sido costume até então. "Ali se enterra desde tempos imemoriais", declararam, não sem orgulho, párocos e tesoureiros.

Ora, e trata-se de fenômeno notável, muitos desses primeiros cemitérios tinham desaparecido ou sido destruídos e substituídos, em datas conhecidas e não muito antigas, por outros que já não eram "adjacentes". Fora dos Innocents, a maioria dos grandes cemitérios de Paris do século XVIII datam apenas do século XVII. Em 1763, não passavam de um século de idade: Saint-Eustache, 1643 (o cemitério Saint-Joseph); Saint-Sulpice, 1664 (o Vieux-Cemitière): Saint-Benoît, 1615; Saint Jacques-du-Haut-Pas, 1629; Saint-Hilaire, 1587; Saint-Étienne-du--Mont, 1637; Saint-Martin, 1645; Saint-Cosme et Saint-Damien, 1555; Saint-Laurent, 1622; Saint Jean-en-Grève, por volta de 1500; Sainte--Marguerite. 1634; Saint-Roch, 1708; La-Ville-l'Évêque, 1690. É, se

---

37 BN, MS, Dossiê Joly de Fleury, 1209.

assim ouso dizer, a primeira geração do cemitério moderno, diferente do cemitério medieval. A segunda é do século XVIII. Se os cemitérios da primeira geração não são "adjacentes" à igreja, também não são afastados, enquanto os da segunda geração são francamente excêntricos: procuram terrenos de preço conveniente. Em 1760, Saint-Eustache acrescenta outro cemitério ao de 1643, que se situa na Rua Cadet. O segundo cemitério de Saint-Sulpice, bento em 1746, será do lado de Vaugirard. Aliás, os párocos se queixam dos inconvenientes devidos a esse afastamento.

Pergunta-se então o que foi feito dos cemitérios anteriores. Sabemos que alguns foram substituídos por mercados, tais como o Saint-Jean e o La-Ville-l'Évêque, transformação de acordo, aliás, com o modelo tradicional e que nem sempre acarretou o desaparecimento do termo cemitério, como o testemunha o cemitério de Saint-Jean. Mas, na maioria dos casos, o cemitério foi absorvido pelas ampliações da igreja, algumas das quais devidas à edificação das capelas laterais que, nesse caso, podem remontar ao século XVI, como em Saint-Germain-le-Vieil: "Há cerca de trezentos anos havia um cemitério adjacente à igreja, suprimido para aumentá-la, fazendo hoje o seu terreno parte dela".

Em Saint-Gervais, o cemitério não tinha sido destruído, mas apenas reduzido e se tornara então insuficiente para as necessidades:

"As oito capelas laterais, os carneiros e a capela da comunhão foram retomados". Note-se a existência da capela da comunhão. De fato, na maioria dos casos as construções parasitas do cemitério são capelas ou oratórios que correspondem a devoções novas – como as do Santíssimo Sacramento –, à prática mais regular da comunhão e da confissão, ou a serviços – como o escritório dos tesoureiros, a sacristia (anteriormente inexistente), o presbitério, a casa de padres que viviam em comunidade secular, as salas que serviam para o catecismo, para as *Petites Écoles*, retiros etc.[38]

---

38 Em Saint-Jean-en-Grève, existia uma "ao lado da igreja e na proximidade do Hôtel de Ville [um pequeno cemitério], o qual, em vista do tamanho reduzido da igreja, fora suprimido havia cerca de quarenta anos [início do século XVIII], para ali se construir a capela da comunhão". Saint-Roch, em 1708, abriu um novo cemitério: no lugar do antigo, a fábrica da igreja construiu uma capela do Calvário

O *homem diante da morte*

Percebemos como, antes do Concílio de Trento, as funções pastorais do clero eram limitadas, salvo a pregação reservada aos monges. A Contrarreforma aumentou suas ações, mas para as novas missões era preciso espaço, e elas o tomaram do cemitério sem qualquer escrúpulo. Isso explica a criação dos cemitérios do século XVII.

As construções do século XVIII correspondem a imperativos demográficos: diante do desenvolvimento da população, as paróquias tiveram, ou quiseram ter, dois cemitérios: um adjacente – ou pelo menos próximo, para os ricos que transitavam pela igreja onde se celebrava um serviço de corpo presente – e outro afastado, para os pobres que não passavam pela igreja e iam diretamente do local da morte à vala comum. A separação topográfica dos ricos e dos pobres, na morte, ficava assim denunciada; para uns, igrejas e cemitérios, adjacentes ou próximos; para os outros, o cemitério afastado e suburbano. Segregação que anuncia o período contemporâneo.[39]

Enfraquecimento do elo igreja-cemitério

Houve, portanto, durante os dois últimos séculos do Antigo Regime na França, destruição dos cemitérios antigos, por razões de política eclesiástica, e criação de cemitérios novos cada vez mais afastados.

A primeira constatação que se impõe é a ruptura da dupla igreja-cemitério, que já estava quase consumada, segundo Sponde. Não houve qualquer hesitação em edificar um cemitério fisicamente separado da igreja e, nas cidades, esse caso se tornou o mais frequente. Os únicos inconvenientes do afastamento eram de ordem prática: fadiga e perda de tempo para o clero responsável pelo serviço dos funerais. Essa situação devia mudar no final do século, quando se admitiu suprimir todos os cemitérios paroquiais em proveito de um grande cemitério geral. A

(nova devoção de origem franciscana: o caminho da cruz) "para as instruções, os catecismos, retiros e para a maior parte dos confessionários".

39 Para a oposição entre dois cemitérios de uma mesma paróquia, veja *supra*, capítulo 2. Toulouse, os dois cemitérios da Daurade.

mentalidade que analisamos aqui é a da época dos deslocamentos do século XVII e do início do século XVIII. A do final do século XVIII é outra.[40]

De fato, os deslocamentos foram organizados pelas próprias fábricas. Conseguiram, por fim, fazer do cemitério um espaço especializado em sepulturas, o que por um milênio não acontecia! Sem nada dizer nem mesmo se perceber, deixava-se de enterrar *ad sanctos* – exceto os ricos, e, ainda assim, nem todos; pois é provável que o número dos enterramentos "particulares" nos cemitérios ao ar livre tenha aumentado na segunda metade do século XVIII (sem que os enterros nas igrejas tenham por isso diminuído). Os pedidos, nesse sentido, tornaram-se mais frequentes, e os párocos os citam, em seus relatórios de 1763, como casos não excepcionais. Desde o século XVII, pequenos cemitérios ao ar livre foram arranjados na condição de prolongamentos da capela familiar – como, por exemplo, o do chanceler Séguier em Saint-Eustache, "seu cemitério que era de sua conveniência".

Não há dúvida de que, durante o século XVII, a ligação umbilical entre a igreja e o cemitério afrouxara, mais ainda não rompera. Uma história sem palavras que poderia passar completamente despercebida e que poderia ser interpretada no sentido de uma secularização, embora seja obra da elite devota, no seio da qual se recrutavam o clero e os tesoureiros parisienses dos séculos XVII e XVIII.

E, no entanto, a separação silenciosa, aliás ainda incompleta, da igreja e do cemitério não é o único aspecto desse fenômeno. É preciso imaginar todas as exumações, misturas, esmagamentos de resíduos humanos que as destruições de cemitérios implicam: não se davam ao trabalho de retirar os ossos ou abrigá-los. Enchia-se um terreno de ossos e de terra, para assentar-lhe em cima as construções exigidas pela nova piedade. Assim, os cavaleiros de Malta, em Valeta, no século XVI, construíram seu oratório particular sobre o cemitério de seus antepassados. Clero e população laica ficaram indiferentes ao tratamento que davam aos despojos de seus pais. Essa indiferença já não se assemelhava à familiaridade precedente dos vivos e dos mortos no cenário dos carneiros, entre os ossos que

---

40 Capítulo 10.

O homem diante da morte

afloravam. Já não se ficava tentado a colher um crânio, como Hamlet, ao passar nesse jardim macabro. O crânio seria rejeitado ou utilizado como material... A menos que servisse para alguma finalidade inconfessável e esotérica.[41]

---

41 Capítulo 8.

VII.
Vaidades

Desejo de simplificação dos funerais e do testamento

Este capítulo continua o precedente, ilustrando de outra forma o fenômeno: o distanciamento de uma morte que permanece, contudo, sempre próxima. Nós nos ateremos a seguir os progressos, no final do século XVII, no século XVIII e, principalmente, na segunda metade do século XVIII, da vontade de simplificar as coisas da morte. Essa vontade expressa de início, porém com mais convicção do que no passado, a crença tradicional na fragilidade da vida e na corrupção dos corpos. Revela, em seguida, um sentimento tenso do nada, que a esperança do além, todavia sempre afirmada, não consegue afrouxar. Chega afinal a uma espécie de indiferença pela morte e pelos mortos que significa abandono à natureza benfazeja entre as elites letradas e a negligência esquecida nas massas urbanas. Ao longo dos séculos XVII e XVIII, um declive leva a sociedade para os abismos do nada.

Esse desejo de simplificação é afirmado nos testamentos. Aliás, nunca deles estivera ausente: já vimos que sempre se encontrou uma categoria de testadores prontos a renunciar com humildade, por vezes ligeiramente ostentatória, à pompa habitual das sepulturas. Mas, a partir do final do século XVII, esse tipo de testamento torna-se frequente, e principalmente, mais que o número de referências à simplicidade, é sua banalidade que é significativa. No início (séculos XVI e XVII), a simplicidade é

Philippe Ariès

afetada e acompanhada de prescrições que a contradizem; em seguida (séculos XVII e XVIII) é muitas vezes invocada, e finalmente (século XVIII) torna-se cláusula de estilo.

Os grandes não lhe escapam, quando não lhe são os precursores: Elizabeth d'Orléans, uma filha de Gaston d'Orléans, em seu testamento de 1684 (morreu em 1969), não queria ser velada depois da morte, salvo por dois padres encarregados da leitura do saltério e somente porque essa leitura fazia parte da liturgia dos funerais.

> Que me deixem sobre um colchão de palha, em cima do leito onde tiver morrido, com um lençol por cima [em vez de exposta como uma representação], que as *minhas cortinas fiquem fechadas* [esquivando-se dos olhares], na mesa aos pés do meu leito haverá um crucifixo e dois candelabros com dois círios amarelos [é pouco para uma tão grande dama, princesa de sangue], nenhuma tapeçaria negra [veremos mais adiante a redução do luto], dois padres [somente] da minha paróquia [sem nenhum dos quatro mendicantes], que dirão o saltério, e *nenhuma dama me velará,* não merecendo ser tratada de outra maneira. Peço às minhas irmãs não se oporem a isso, peço-lhes esse sinal de amizade, já que, tendo renunciado ao mundo e às suas pompas no meu batismo [não é um caso de conversão tardia, mas de aceitação estoica de um estado de vida], eu seja enterrada como deveria ter vivido. É por isso que ordeno que seja enterrada em minha paróquia de S. Suplice, no jazigo sob a minha capela, *sem qualquer cerimônia.*[1]

Em 1690, Françoise Amat, marquesa de Solliers, que previa duas mil missas, das quais mil no dia de seu falecimento, pediu, ela também, como mademoiselle d'Alençon, não ter velório senão de um padre. "Peço à Caridade [encarregada dos enterros dos pobres] da paróquia onde eu morrer, que encomende um padre para ficar perto do meu corpo para me guardar o dito tempo" e enterrá-lo "no cemitério da Caridade, *na forma costumeira*", quer dizer, sem passar pela igreja, cedo de manhã ou ao cair da noite.[2]

---

1 AN, S. 6160, dossiê d'Alençon, apud Fleury, op. cit.

2 MC, LXXV, 364 (1690).

Um cônego de Paris, em 1708:

> Recomendo muito expressamente que toda esta cerimônia de meus funerais se faça com muita simplicidade e até pobremente [...] Que haja, nessa cerimônia e ofício, mais velas sobre o Santo Altar do que em torno de meu *miserável* corpo [a ênfase está perfeitamente posta na miséria do corpo corruptível]. Que se suprimam, nessa cerimônia, os sinos e outras custas e despesas que não sejam absolutamente necessárias e das quais haja exemplo de terem sido suprimidas no enterro de alguma dignidade ou cônego da Igreja de Paris.[3]

A humildade do cônego não deve prejudicar a dignidade do capítulo e do benefício.

Por volta de meados do século XVIII, a menção à simplicidade se torna uma fórmula banal que permite poucas variantes. Enquanto no final do século XVII ainda se dizia que se queria ser enterrado "com a menor cerimônia possível", no século XVIII diz-se: "Quero ser enterrado com a maior simplicidade às 7 horas da manhã"; "quero ser enterrado o mais simplesmente possível". Nos testamentos ingleses: *decent funerals* [funerais dignos].

Os testamentos hológrafos, os "belos testamentos" de M. Vovelle, não são muito mais prolixos: "Desejo e quero" escreve em 1723 Jean Molé, conselheiro do Parlamento de Paris, "que depois da minha morte os cortejos, os transportes e enterros de meu corpo sejam feitos sem pompa e com despesa muito pequena": não vale a pena! Até o duque de Saint-Simon, que de nada consegue falar com simplicidade, em seu testamento de 1754, que é um testemunho solene de amor conjugal, prescreve que seu quadro fúnebre, colocado junto de seu jazigo, seja feito "sem qualquer magnificência, nem nada que não seja modesto". Se ele se dispõe a ditar uma inscrição mais prolixa é porque é destinada ao caixão e que, sob a terra, ninguém a lerá jamais.[4]

---

3 MC, CXIX, 355 (1708).
4 MC, LV, 1156 (1723). Testamento do duque de Saint-Simon, 1754 (publicado em Dupouy, *Extraits des Mémoires*, p.199).

É também no fim do século XVII e, principalmente, no século XVIII que os testadores renunciam a tomar decisões para os próprios funerais e os confiam, do melhor grado, a seus executores testamenteiros. Aliás, essa confiança é equívoca. Teve sem dúvida dois sentidos. O primeiro é o desinteresse: o contexto indica claramente que não se deram outras instruções e que se recusa dar mais atenção ao destino de seus despojos terrestres. Assim, um burguês de Paris, em 1660, elege sua sepultura em Saint-Germain-l'Auxerrois, sua paróquia, aos pés do Crucifixo – pois nesse ponto convém nada deixar à discrição de ninguém; em compensação, "para suas exéquias e funerais, confia-as aos executores [...] suplicando--lhes humildemente que sejam simples, com toda a modéstia cristã".[5]

Outro, "nobre, burguês de Paris", em 1657 pede para ser enterrado nos Innocents [prova de humildade], onde seus pais já repousam; acrescenta: "Ordeno que minhas exéquias e funerais sejam tais como melhor desejarem os executores do presente testamento [...] confiando-lhes eu o encargo completamente".[6]

O abandono ao executor testamenteiro mudará de sentido no final do século XVIII – sem que se possa percebê-lo apenas com a leitura dos textos. Passará de uma vontade de desprendimento a um testemunho de confiança afetuosa – a vontade de desprendimento não sendo, aliás, necessariamente excluída.

A impessoalidade do luto

Enfim, existe uma aproximação entre certa secura nas manifestações de luto e essa tendência à simplicidade. A secura do luto! Poderíamos falar assim da época das grandes pompas fúnebres barrocas? Mas essas, para falar a verdade, eram uma dramatização que ampliava os efeitos de um cerimonial muito mais antigo, o da representação e do catafalco, que se prestava aos exercícios espirituais e satisfazia o gosto pelo espetáculo. Todavia, basta se afastar um pouco da Corte ou dos grandes ofícios do

5 MC, LXXV, 109 (1660), 94 (1657).
6 MC, LXXV, 66 (1648), CXX, 355 (1708), LXXV, 80 (1652).

reino, que já não é muito raro os testadores pedirem, por humildade, que as pompas do luto sejam suprimidas em casa e na igreja; essa atitude combina com a solicitação de simplicidade. "Quanto ao cortejo e enterro, ela deseja que sejam com as menores despesas possíveis, não querendo brasões e tudo que não seja necessário" (1648). "Proíbo qualquer plane-jamento na cerimônia de meu cortejo, culto e enterro" (1708). Ou ainda dispensam seus herdeiros, quando pobres, de vestir luto custoso, como no caso daquela viúva parisiense de 1652: "Dá e lega à sua criada e ao seu criado 500 libras a cada um, não desejando que eles se vistam de luto."[7]

Reconheçamos, entretanto, que não se deve exagerar a importân-cia desses casos. Ele não questionava a prática geral do luto, nem no momento da morte, nem durante a cerimônia, nem durante o período que segue à morte. As manifestações de luto eram escrupulosamente respei-tadas, especialmente quando atingiam o *status* social da pessoa, ou porque elas o confirmavam, ou porque sua negligência o colocava em dúvida. Esse era o caso da Corte, em que um detalhe de toalete – se era ou não preciso usar drapeados no luto – implicava uma posição na hierarquia.

O que nos impressiona hoje é justamente o caráter social ou ritual, o caráter obrigatório das manifestações que pretendiam originariamente expressar a dor das saudades, o dilaceramento de uma separação. Por certo, essa tendência à ritualização é antiga, bem anterior ao século XVII. Data de meados da Idade Média, quando os padres, os monges mendi-cantes e depois, mais tarde, os confrades e os pobres tomaram o lugar da família e dos amigos em pranto na casa, no cortejo e na igreja. Viu-se que essa transformação poupou o sul mediterrâneo, a Espanha, uma parte da França da língua de *oc* e o sul da Itália. Sabemos que pode ter havido pranteadoras no enterro de Ximena, segundo o *Romancero*. Baixos-relevos funerários espanhóis do século XV, representando cenas da *absoute*, mos-tram claramente os gestos dramáticos dos circunstantes, em especial das mulheres, que simulam espontaneidade. O luto com pranteadoras ainda subsistia no século XVIII. Um médico escrevia em 1742:

---

7 Ibid.

Observei que o hábito das lamentações ainda não se perdeu na França. Pelo menos na Picardia ele persiste, não nas cidades, a não ser entre o povo, mas apenas no campo, onde ao chegar o momento de retirar o caixão, todas as mulheres se lançam sobre ele com gritos horríveis e chamam o morto pelo nome, sem verterem uma lágrima, nem mesmo terem vontade de o fazer; assim também procedem pelas pessoas indiferentes, quando acontece de encontrarem na casa mortuária, na retirada do corpo [...]. Uma criada interrogada a respeito daqueles gritos, responde que ela sempre viu assim fazerem nessas circunstâncias.[8]

Essas tradições, especialmente vivas no sul mediterrâneo, têm subsistido ainda até os nossos dias na Sicília, Sardenha[9] e Grécia. Contudo, no correr do tempo, elas aparecem cada vez mais como práticas rituais onde a espontaneidade se acha completamente ausente. É assim que as apresenta o médico do século XVIII, sendo sentidas por Coraly de Gaïx nos campos rústicos do século XIX. Essa ritualização já estava, aliás, consumada no final da Idade Média. O século XVII reforçou ainda mais a impessoalidade e o ritualismo do período precedente, talvez um pouco relaxados no século XVI.

O processo movido pela marquesa de Noë, depois da morte do marido, contra sua cunhada em Toulouse, em 1757, prova a que ponto as despesas de luto eram consideradas necessidades sociais e não expressão pessoal de desgosto. "Ela pede à sucessão 8 mil libras como reembolso de seu luto. À sua cunhada: "o oferecimento de 3 mil libras, que lhe faço, para as roupas de luto corresponde a tudo a que ela tem direito de reclamar a esse respeito". A viúva desenvolve seus argumentos num memorial: "A *decência pública*, exigindo que as mulheres ponham luto pelos maridos, era justo lhes dar para as provas de suas roupas de luto o mesmo privilégio que para as despesas fúnebres [...]." Essas roupas fornecidas à viúva não são para ela uma vantagem nem um ganho nupcial. *Submetida pela lei à*

---

8 Winsløw, *Dissertation sur l'incertitude des signes de la mort et de l'abus des enterrements et embaumements précipités*.

9 Martino, *Morte e pianto rituale*, op. cit.

necessidade do luto, e não devendo fazer-lhe as despesas, cabe ao herdeiro do marido as fornecer.[10]

Isso não significa que não havia saudades, embora nesse século XVII em que se desmaiava com facilidade, as notícias de morte fossem recebidas muito friamente. Quem perde a mulher ou o marido procura substituí-los o mais cedo possível, salvo no caso das mulheres sem condições para casar ou se o sobrevivente se retirou do mundo e espera seu próprio fim. Essa impassibilidade, que confina com a secura, é perfeitamente tolerada, mas o fenômeno não é geral. Sofre muitas exceções. São numerosos os que se entristecem e fazem questão de manifestá-lo; mas, mesmo nesse caso, a aflição é canalizada para um ritual restrito. A expressão de dor no leito de morte é admitida; silenciosa, em todo caso, pelo menos em região de língua de *oïl*, na boa sociedade e entre os verdadeiros cristãos. Em compensação, ela é recomendada desde o século XVI, e não cessará de sê-lo até pleno século XIX, nas inscrições tumulares, poemas de adeus a um esposo, a uma esposa, a um filho, em "túmulos" e "elegias". Depois do período de luto, o costume já não tolera manifestações pessoais: aquele que está por demais aflito para voltar à vida normal, depois do breve prazo concedido pelo uso, não tem outro recurso senão se retirar ao convento, ao campo, para fora do mundo onde ele é conhecido. Ritualizado e socializado, o luto nem sempre representa completamente — pelo menos nas classes superiores e na cidade — o papel de desabafo que tinha tido. Impessoal e frio, em vez de permitir ao homem expressar o que sente diante da morte, ele o impede e o paralisa. O luto representa o papel de uma tela entre o homem e a morte.

A vontade de simplificar os ritos da morte, de reduzir a importância afetiva da sepultura e do luto, foi naturalmente inspirada por um exercício de humildade cristã, mas se viu rapidamente confundida com um sentimento mais ambíguo que Gomberville chama — ele também, assim como os devotos — de um "justo desprezo pela vida". Essa atitude é cristã, mas ao mesmo tempo "natural". O vazio que a morte cava no coração

---

10 Haute-Garonne, SE 11808. *Le comte de Latresne contre sa belle-soeur, la marquise de Noë*, Testamento de 1757.

da vida, do amor pela vida, pelas coisas e pelos seres se deve tanto a um sentimento da Natureza, quanto a uma influência direta do cristianismo.

Convite à melancolia: as vaidades

Esse sentimento não se limita à hora dos testamentos, aos momentos críticos em que o vivo pensa na morte; é difuso e se irradia em toda a vida cotidiana. Os homens do século XV gostavam de se rodear em casa, em seu quarto e nos estúdios, de quadros e objetos que sugeriam a fuga do tempo, as ilusões do mundo e até mesmo o *taedium vitae*. Chamavam-nas as *vaidades*, palavra de moralista e de devoto que traduz bem seu gosto pelas cinzas.

As vaidades dos séculos XVI e XVII — tornam-se mais raras no século XVIII — são a combinação de dois elementos, um anedótico, que fornece o assunto ou tema (retrato, natureza-morta...) e outro simbólico, imagem do tempo e da morte.

Anteriormente confinadas ao domínio religioso — muros das igrejas e dos carneiros, túmulos, livros de Horas —, as imagens macabras depressa ultrapassaram esse quadro e se insinuaram no interior das casas. Secularizadas, desde então fazem parte do cenário doméstico, ali onde uma abastança suficiente permite que haja, ao mesmo tempo, existência particular e cenário. Mas algumas gravuras penetravam também nas salas comunitárias, onde subsistia a promiscuidade da vida coletiva.

Passando da igreja e do cemitério para a casa, o macabro mudou de forma e de sentido. A finalidade do tema macabro já não é revelar a obra subterrânea da corrupção. Também o horrível trespassado, roído pelos vermes, dilacerado pelas cobras e os sapos, foi substituído pelo belo esqueleto limpo e luzente, a *morte secca* com que as crianças ainda brincam hoje na Itália, no dia dos mortos, e no México em qualquer época. Não causa tanto medo, não é tão mau. Deixou de aparecer como auxiliar e aliado dos demônios, como o fornecedor do Inferno. O esqueleto é, nos séculos XVI e XVII, *finis vitae*, hoje um simples agente da Providência, e amanhã da Natureza; em seus papéis alegóricos, também é substituído pelo Tempo, um bom velho respeitável sem segundas intenções suspeitas;

em retábulos de igreja, substituiu o santo padroeiro, por detrás do doador, na mesma atitude de proteção.[11] Em túmulos do século XVIII, leva para o céu o retrato do defunto, no lugar dos anjos em geral encarregados dessa missão de apoteose. Na igreja Gesù e Maria del Corso, em Roma, dois túmulos simétricos de dois irmãos enquadram a porta de entrada: a principal diferença entre eles é a representação do Tempo, que ocupa, em um deles, o lugar do esqueleto presente no outro. A partir do século XVII caberá à sombra cinza e negra, sem corpo, ou à alma do outro mundo drapeada, e não ao esqueleto, inspirar medo.

Aliás, o esqueleto não precisa aparecer inteiro para representar seu papel. É desarticulado, apresentado em pedaços, e cada um de seus ossos possui o mesmo valor simbólico. Esses pedaços de ossos são mais fáceis de colocar na superfície de uma pequena pintura ou de algum objeto. Suas dimensões e imobilidade fazem deles objetos, entre outros, que não perturbam o pequeno mundo em equilíbrio do quarto e do estúdio, que poderia ser destruído pela extravagância do esqueleto animado. O crânio e as tíbias foram assim destacados, multiplicados como uma espécie de álgebra ou de heráldica combinadas, aliás, com outros sinais: a ampulheta, o relógio, a foice, a enxada do coveiro... Esses sinais invadiram, então, não apenas a arte funerária, mas os objetos familiares que são as vaidades.

Uma vaidade pode ser também um retrato. Agora, que o modelo já não é representado na atitude hierática do orante ajoelhado, ocorre-lhe frequentemente se fazer pintar, esculpir ou gravar diante de um crânio ou com um crânio na mão: o crânio tomou o lugar da cena religiosa outrora associada ao doador. Talvez essa disposição tenha sido inspirada nas cenas do deserto, com Santa Maria Madalena ou São Jerônimo? Esse gênero de retrato é muito frequente. Estaria enganado? Mas me parece que o crânio está mais comumente na mão do homem do que na da mulher! Observa-se a mesma disposição nos túmulos murais do século XVI, que são dispostos como quadros, em especial os túmulos de humanistas. Sobre o de J. Zener em Berlim, o defunto está representado

---

11 Bruxelas, século XVI.

por um busto que tem na mão esquerda um crânio e na mão direita um relógio, sinal – como a ampulheta – de escoamento do tempo.

O homem não traz o crânio apenas quando está só. Conserva-o na mão, nos retratos de grupo. Um retrato de J. Molenaer (1635)[12] apresenta uma família, composta de três casais e quatro gerações: no casal de anciãos, a mulher segura um livro, e o homem um crânio; no casal de meia--idade (quarenta anos de hoje, talvez trinta de então), ele toca alaúde, e ela cravo; no casal jovem, na idade dos amores, o rapaz oferece flores à moça, e enfim as crianças brincam com frutas e animais. O retrato representa também uma alegoria das idades da vida, em que o crânio e o esqueleto são atributos da velhice. O crânio tem um lugar escolhido no *studiolo,* no estúdio, pois as ocupações sedentárias da leitura, da meditação e da oração estão reservadas à idade madura e à velhice, enquanto as atividades físicas da caça, da guerra, do comércio e do trabalho da terra definem a força da idade, e o amor compete à juventude. Nas gravuras muito disseminadas dos degraus das idades, o esqueleto é o último estado do homem ou então ele está curvado sob a pirâmide das idades como no fundo de uma gruta, no coração do mundo.

A presença do crânio faz do retrato de vaidade um intermediário entre a alegoria e a cena do gênero. Essa última se inspira também na oposição entre a juventude e a velhice, como entre a vida e a morte.

Uma pintura de Gregor Erhart no museu de Viena, do início do século XVI, representa um jovem casal, belo e nu, e ao lado, ainda não um esqueleto bem seco, mas – numa tradição medieval que será encontrada três séculos mais tarde em Goya – uma velha feia, desdentada, dessecada.

À maneira flamenga e holandesa, Gérard Dou, num quadro que representa uma operação, põe em cena um interior – o do cirurgião ou seu paciente –; sobre um aparador, entre travessos e potes de estanho, um crânio.[13]

Na pintura italiana, a descoberta de um túmulo solitário, no campo, relaciona-se a essa mesma inspiração. Sob a forma mais antiga – ela é

---

12 Amsterdam, Museu Real. Jacoby, *Retrato com crânio.* Molenaer, *Retrato de uma família.* As crianças brincam com frutas e animais, uma mulher jovem segura uma coroa de flores, e o pai de família, um crânio.

13 Museu de Genebra.

O homem diante da morte

encontrada no sonho de Polifilo – é tratada como um *Memento mori*. É o tema dos Pastores da Arcádia. Foi explorado por Guercino: homens jovens e despreocupados rodeiam um sarcófago. *Et in Arcadi ego* – mas essas palavras, como demonstrou Panofsky, são pronunciadas pela morte, cujo crânio falante está pousado sobre o túmulo. Na versão de Poussin da mesma cena, o sentimento se deslocou do *Memento mori* tradicional para a vaidade. Numa primeira abordagem, Poussin tinha conservado o crânio. Numa segunda, acervo do Louvre, ele o suprimiu. Por conseguinte, os pastores decifram o epitáfio do sarcófago, e já não se trata da morte simbólica e impessoal, mas do morto que lhes transmite a mensagem, dizendo-lhes: "Eu também, como vós, estava na Arcádia" – "O pensamento da morte vem alimentar ao mesmo tempo o sentimento da precariedade e o do preço da vida".[14]

A vaidade pode ser afinal, e é nesse sentido que ela costuma ser compreendida, uma natureza-morta, ou pelo onde os objetos – seja pela função ou pelo desgaste – evocam a fuga do tempo e o fim inevitável. Os exemplos são numerosos e bem conhecidos. Só citarei um, especialmente significativo, de L. Bramer, de meados do século XVII, no museu de Viena. Sobre uma mesa estão expostas velhas armaduras enferrujadas, livros antigos rasgados, louça quebrada; ao lado da mesa, um ancião à Rembrandt; enfim, no fundo de uma adega, percebem-se dois esqueletos. Não se poderia sugerir melhor a associação entre a morte do homem e o desgaste das coisas.

Os sinais do fim da vida e das coisas não são apenas os temas, por vezes acessórios, dos quadros ou das gravuras. Saem dos muros, onde estão em suspensão, e descem para se misturar aos móveis e às vestes. Savonarola recomendava que se trouxesse consigo um pequeno crânio de osso, para o qual se deveria olhar frequentemente. Jean Dinteville, num retrato de Holbein, trazia-o no chapéu.[15]

Na Inglaterra do século XVI e início do século XVII, havia anéis decorados com motivos macabros.

---

14 Chastel, L'art et le sentiment de la mort au XVIIᵉ siècle, *Revue du XVIIᵉ siècle*, n.36-37, p.293.
15 Londres, National Gallery

Uma inglesa, em 1554, legava à sua filha seu anel *with the weeping eye* [com o olho que chora] e a seu filho, outro, *with the dead man's head* [com um crânio]. "Vende alguns dos teus trajes para comprar um crânio e pô-lo no teu dedo médio", diz o autor elisabetano Massinger.[16]

Nas coleções dos museus de joias desse gênero – no museu de Cluny em Paris, em Yale, em Baltimore (Galeria Walters) – encontram-se anéis do século XVII com engaste ornado com o crânio e dois ossos cruzados; esses anéis de luto eram distribuídos com luvas aos que assistiam aos enterros na Nova Inglaterra;[17] no museu de Amiens, vê-se um relógio da mesma época gravado com um crânio; em Londres, no Victoria and Albert Museum, broches em forma de caixão. Na própria casa, objetos familiares e móveis eram destinados a inspirar as mesmas reflexões. Podia-se colocar, sobre o gabinete de estudo, um pequeno esqueleto, como aquele do século XVI, que está exposto no museu Walters em Baltimore.

Era costume gravar, sobre o pano das chaminés, frases que lembravam a brevidade e a incerteza da vida. É. Mâle citou vários.[18] Pode-se ver um deles no museu Calvet de Avignon, com a inscrição: *Sortes meae in manu Dei sunt.* Encontrei, num antiquário parisiense, uma escrivaninha do fim do século XVIII, de estilo nórdico ou germânico, um móvel de casamento. Trazia iniciais e um esqueleto desenhado em marchetaria. Ainda em meados do século XIX, o esqueleto pertencia à decoração de pratos de faiança.

Desse modo, havia em casa os mesmos motivos e as mesmas fórmulas que se ofereciam ao olhar na rua, no muro da igreja, em torno do quadrante solar: *Respice finem. Dubia omnibus* [hora] *ultima multis.*

Todos esses objetos convidavam à conversão, mas também falavam a respeito da melancolia e da vida incerta. Associavam uma à outra, como as pinturas da paisagem começaram a combinar a natureza com uma cena de gênero, que lhes servia de álibi.

Aconteceu às vaidades, como às paisagens, adquirirem independência. Abandonaram, então, a aparência do discurso religioso; a melancolia essencial

---

16 Weber, *Aspects of Death*; Spencer, *Death and Elizabethan tragedy.*

17 Stannard, *Puritan Way of Death.* Reprodução de *mourning rings,* figura 7, p.114.

18 Mâle, *L'art religieux de la fin du Moyen Age*, p.353.

foi apreciada por ela mesma, doce e amarga; fruto maduro demais de final de estação, traduzia o sentimento permanente dessa presença constante e difusa da morte no coração das coisas, lançando sobre todas as vidas um véu de emoção. Já não é essa emergência súbita fora de um mundo subterrâneo de monstros, de cadáveres e de vermes. Por essa razão, a morte dessa segunda era macabra é ao mesmo tempo presente e longínqua: já não a podemos mostrar sob os aspectos de um homem decomposto, mas sob uma forma que já não é a do homem: seja de um ser tão fantástico como o esqueleto inteligente e animado, seja, o que era mais comum ainda, de um símbolo abstrato. E, ainda assim, mesmo sob traços tão confiantes, ela escapa; ela vai e vem, sobe à superfície e retoma aos abismos, deixando apenas um reflexo, como na tela do pintor alemão Furtenagel, em que dois esposos se olham num espelho, no fundo do qual aparece, como no fundo das águas, um crânio.[19]

É uma presença jamais evidente, jamais claramente lida, graças às aparências que se fecham sobre ela, mas sem nunca a ocultar completamente. Por conseguinte, a presença da morte não pode ser visível senão no reflexo intermitente de um espelho mágico. Holbein, o Jovem, a escondeu no jogo de palavras de suas anamorfoses: só se pode vê-la olhando sob certo ângulo. Desaparece logo que a pessoa se desloca.

A morte é então fundida na existência frágil e vã das coisas, enquanto na Idade Média ela vinha de fora.

A morte no coração das coisas. O fim da *avaritia*

Assim, podemos compreender a diferença capital que separa o sentimento da vida e da morte dos séculos XVI e XVII e o da baixa Idade Média, sem que nada, ou pelo menos muito pouco, tenha mudado nos costumes e ritos da morte.

É digno de nota que a vaidade do século XVII seja o negativo da natureza-morta de origem medieval, tal como perdura ainda na mesma época, apesar da corrente contrária que analisamos aqui. A natureza-morta, como

---

19 Museu de Viena.

dissemos no Capítulo 3, traduzia um amor apaixonado – imoderado de acordo com os moralistas devotos – da vida e das coisas, a *avaritia*. A vida era desejável de forma excessivamente ingênua para que se resolvesse abandoná-la e não se desejasse continuar a gozar dela depois da morte no reino do diabo, príncipe deste mundo.

Nas vaidades, como nas últimas gerações das *artes moriendi,* a situação se inverteu. Esse mundo tão amável e tão belo se tornou podre, abalado. A morte que se esconde em suas pregas e em suas sombras é, pelo contrário, o porto feliz, fora das águas agitadas e das terras em tremor. A vida e o mundo tomaram o lugar do polo de repulsão, que os últimos medievais e os primeiros Renascentistas, em conjunto, tinham confiado à morte. A morte e a vida trocaram seus papéis.

As vaidades permitiram-nos descobrir uma ideia nova, já não da morte, mas da vida mortal. Uma ideia que se tornou o que chamaria aqui uma *ideia comum,* como há lugares-comuns. Uma cultura, principalmente uma cultura escrita como a moderna ou a contemporânea, comporta algumas dessas ideias comuns, propostas, senão impostas, como uma vulgata ao conjunto da sociedade. São elementos fortes de condicionamento que dão a uma sociedade sua coesão. Para serem eficazes, não têm necessidade de serem reconhecidas e confessadas, nem mesmo de serem unanimemente admitidas. Basta que existam como banalidades, lugares-comuns no ar do tempo.

Para me fazer compreender, tomarei um exemplo contemporâneo. Conhecemos, desde a Segunda Guerra Mundial, algumas dessas ideias comuns divulgadas pela imprensa, os meios de comunicação de massa, as conversas. Por exemplo, a ideia da falta de comunicação entre os homens, a solidão do homem na multidão. Essa ideia tem origens nobres e pessoais; é filha de filósofos como Sartre, Camus e muitos outros. Mas depressa se emancipou, e os intelectuais que a inventaram ou criaram não a reconhecem mais sob a forma sumária e anônima, imposta pela vulgarização e o desgaste que a seguiram. O sucesso dessas ideias comuns vem justamente do fato de que elas expressam, com facilidade, sentimentos simples e profundos que agitam hoje verdadeiras massas e que animavam outrora vastos grupos de influência.

A ideia da vaidade da vida é desse gênero. Saiu do discurso dos homens de Igreja, para passar ao inconsciente coletivo e inspirar um comportamento novo, uma relação nova com as riquezas e o prazer. É preciso tomá-la como a descobrimos nos ângulos escondidos da literatura moral e da arte, toda nua e simples. Sem dúvida, suas origens são religiosas, mas não são verdadeiras raízes.

Sob o véu de melancolia que as recobre, as riquezas já não são desejáveis por elas mesmas, pelo prazer que elas proporcionam. O gozo inquieto, seja ele místico ou sensual. O mundo, infiltrado por uma solução de morte, tornou-se suspeito de uma extremidade a outra.

Sem dúvida, essa ideia comum não foi o único elemento de uma civilização em busca de sua complexidade, como era a do Ocidente no século XVII, mas teve grandes efeitos sobre os costumes: o capitalismo não poderia ter-se imposto, se a procura do prazer e o gozo imediato dos bens – isto é, a *avaritia* ou o amor imoderado pela vida – tivessem conservado seu poder da Idade Média. O empresário capitalista teve de aceitar o adiamento do gozo para o futuro e acumular seus proveitos. A riqueza adquirida se tornava imediatamente fonte de outros investimentos, criadores por sua vez de outras riquezas.

Tal sistema de acumulação a prazo impunha que fossem satisfeitas condições socioeconômicas e culturais. Mas pelo menos uma dessas condições era de natureza psicológica, sendo necessário, para o início do capitalismo, o fim da *avaritia* e sua substituição por uma relação mais ascética com a vida e com as coisas da vida. É curioso, e parecerá talvez paradoxal, que a vida tenha deixado de ser tão desejável, ao mesmo tempo que a morte deixou de parecer tão pontual e tão impressionante.

A simplicidade dos túmulos: o caso dos reis e dos particulares

A melancolia agridoce das vaidades que surge ao longo de todo o século XVII tem sua correspondente na mudança sutil nos túmulos e nos cemitérios; tão sutil e lenta que foi pouco notada pelos contemporâneos ou pelos historiadores. A morte dos túmulos e dos cemitérios, como a das artes de morrer e das vaidades, vai se tornar silenciosa, discreta, e chamada a ser "eliminada", como sugere M. Vovelle.[20]

Um primeiro fenômeno não podia deixar de impressionar um francês: os reis da mais gloriosa coroa da Europa, os mais orgulhosos de sua categoria e de sua fama, no apogeu de seu poder, não têm túmulos e realmente não os quiseram. Os Valois tinham uma capela, os Bourbons não, e, aliás, deixaram destruir a de seus antecessores, cujo mobiliário foi transportado para a própria igreja de Saint-Denis. Naturalmente, não se decidiu de repente que os Bourbons não teriam grandes monumentos fúnebres. Pelo contrário, várias vezes se pensou em erigir uma capela para suas sepulturas. Consultaram Bernini e outros mais. O fato é que todos esses projetos fracassaram. Um grande construtor como Luís XIV não se interessou por isso. Por mais que se diga que os castelos de Versalhes ou a Place Royale, irradiando em torno da estátua do soberano, representaram no século XVII o papel de grande túmulo memorial, a absorção dos ataúdes reais pelos jazigos de Saint-Denis, sem nada aparente acima do solo, não deixa de ter qualquer coisa de impressionante e de perturbador.

Onde existiam (em Nancy, no Escorial, em Viena), as capelas funerárias dinásticas tomaram um caráter original, o que permite compreender melhor a atitude radical dos Bourbons. O Escorial é especialmente interessante: aparece-nos como uma transição entre o que foi a capela dos Valois e o que será o jazigo dos Bourbons em Saint-Denis. É, afinal, uma espécie de capela dos Valois, por cima de um jazigo à maneira de Saint-Denis. É verdade, um jazigo construído com grandiosa arquitetura subterrânea, o que não foi realizado em Saint-Denis. Na igreja, de fato, emerge a parte constantemente visível do túmulo-capela. Dos dois lados do altar-mor estão reunidas as famílias de Carlos V e de Filipe II. Sua atitude tradicional é aquela dos orantes, como o andar superior de túmulo de dois níveis. Seguem a missa. Mas vão ficar sós, na condição de heróis ilustres e inimitáveis. Nenhum de seus sucessores virá se ajoelhar ao lado deles. Acabarão aqui, mas será debaixo da igreja, no jazigo a que os

---

20 Vovelle, *Mourir autrefois*, p.163-2.

mortos reais vão descer até o século XX, respeitando um protocolo sutil. Esse jazigo, que chamavam de Panteão, fascinava o visitante do século XVII. Saint-Simon quis vê-lo, quando veio da Espanha em 1721. Ele disse: "Descendo ao Panteão, vi uma porta à esquerda, a meio da escada. O gordo monge que nos acompanhava disse-nos que era o *Pourrissoir* (lugar de apodrecimento)". Fechava-se ali o ataúde dentro da muralha. Naquele lugar abandonavam talvez os príncipes de fraca reputação, como deixa entender a língua perversa de Saint-Simon. Os reis e as rainhas "que tiveram filhos" eram transportados às "gavetas do Panteão". As crianças e as rainhas mortas sem descendência eram transportadas a um jazigo adjacente ao *Pourrissoir* que tem o aspecto de uma biblioteca.

A extremidade oposta à porta e os dois lados dessa peça [sem janela], que só tem saída pela porta por onde se entra, estão acomodados precisamente como uma biblioteca, mas em vez de as prateleiras estarem ajustadas de acordo com os livros a que se destinam, estão adaptadas aos ataúdes que ali são arrumados uns após outros, a cabeça encostada na muralha, os pés na borda das prateleiras, que trazem a inscrição do nome da pessoa que está dentro. Alguns desses ataúdes são cobertos de veludo, outros de brocado [...]. Em seguida descemos ao Panteão.

O Panteão é um octógono; um dos lados é ocupado pela porta e outros quatro por quatro fileiras de nichos sobrepostos. Cada sarcófago contém uma coluna truncada de mármore negro, destinada a receber as ossadas do *Pourrissoir*. À esquerda os reis, têm espaço as rainhas que deixaram sucessão. "Fizeram-me", continua Saint-Simon, "o singular favor de acender cerca de dois terços do imenso e admirável candelabro que pende do centro da abóbada, cuja luz nos ofusca e faz distinguir, em todas as partes do Panteão, não só os menores traços da mais diminuta escrita, como tudo de mais sútil que se encontrava em toda a parte."[21]

---

21 Saint-Simon, Le voyage en Espagne de Saint-Simon. In: *Mémoires de Saint-Simon*, p.59-62.

Pensamos nesse columbário gigantesco diante dos nichos sobrepostos nos cemitérios dos países mediterrâneos ou da América do Sul: já não fica sob a terra, mas ao ar livre.

Em Viena, na igreja dos Capuchinhos, onde os Habsburgos da Áustria elegeram sepultura, a parte visível do Escorial desapareceu. Todos os monumentos estão reunidos no jazigo, o *Kaisergruet,* um simples subterrâneo que nada tem da grandiosa arquitetura do Panteão; mas os ataúdes também não são ali abandonados longe de todos os olhares, como os dos Bourbons em Saint-Denis, onde estão como se fosse dentro da terra. É um jazigo que se pode visitar, o que vale a pena. Os monumentos são ataúdes, ou pelo menos têm essa aparência. O visitante de hoje não tem dúvida. Sabe que não está numa capela ou cemitério de onde emerge a parte visível e esterilizada da morte, mas no fundo de um túmulo, no meio dos corpos, com os ataúdes alinhados uns contra os outros. Os mais antigos e os mais recentes estão nus. Pelo contrário, os de Maria Teresa e de seus pais desaparecem sob rendas de rococó; acima e em torno, retratos, insígnias, anjos que se agitam, mulheres que choram, gênios que têm na boca a trombeta da fama e todas as espécies de símbolos macabros. Um único, o de Maria Teresa e de seu esposo, representa sobre o tampo os dois jazentes, apoiados sobre os cotovelos como numa tumba etrusca. Porém, por mais ornados que sejam, esses túmulos permanecem sendo caixões de chumbo como ali havia muitos, e a escultura que os torce em todos os sentidos é da mesma matéria que a dos laguinhos do jardim de Versalhes – material de chumbo de estilo Versalhes.

Nos três casos, quase tudo se passa sob a terra, e em Saint-Denis já não existe mesmo nada para se ver, exceto o que pode ser visto em qualquer jazigo de qualquer capela de família. Os reis pensaram como Bossuet, quando esse pregava, no sábado de aleluia, do púlpito do colégio de Navarra: "Quando chegarmos a considerar os ricos túmulos sob os quais os grandes da terra parecem querer esconder a vergonha de sua putrefação, nunca me espantarei o suficiente com a extrema loucura dos homens que erigem troféus tão magníficos em honra a um punhado de cinzas e umas velhas ossadas".[22]

---

22 Bossuet, *Sermon sur la mort pour le Samedi saint,* no colégio de Navarra.

O homem diante da morte

Os reis deram o exemplo, lançaram a moda. Ainda haverá sepulturas suntuosas e complicadas – a começar pelas dos papas –, capelas fúnebres em que anjos agitados levam para o céu retratos, em que alegorias em tamanho natural rodeiam uma pirâmide ou um obelisco e representam alguma história, como se vê na capela de Sangro em Nápoles, no túmulo do conde de Harcourt em Paris, ou do Marechal de Saxe em Estrasburgo; a catedral de St. Paul em Londres também está cheia de sepulturas desse gênero. Talvez lembrem os projetos monumentais do final da Idade Média e anunciem as cenas teatrais do romantismo, mas se tornaram estranhas às mentalidades dos séculos XVII e XVIII; o que resta de grande e de ambicioso nos monumentos funerários é obra singular, criação sem amanhã de um artista com tendência à originalidade. Da sucessão dessas obras-primas, não se destaca número suficiente de traços comuns suscetíveis de criar uma série e um modelo como os da Idade Média.[23]

No lugar dos modelos medievais, só havia duas séries de túmulos banais: caixões de chumbo nos jazigos e lápides muito modestas, herdeiras simplificadas da tumba rasa, pedaços de lajedo do chão.

Os bispos da Contrarreforma bem que haviam tentado voltar ao uso antigo de enterrar no cemitério, mas tiveram de se contentar em exigir que a sepultura na igreja não ultrapassasse o nível do solo. Essa disposição respondeu, aliás, à tendência da época para a simplicidade dos funerais. E os que permaneciam apegados à tradição de pompa não eram apanhados de surpresa. Pelo fato de serem baixos, seus túmulos não eram humildes, e por certo a obrigação do túmulo ao rés do chão fez a fortuna dos especialistas em mosaicos, que cobriram com suas composições de mármore os solos das igrejas no Gesù de Roma ou em La Valette dos cavaleiros de Malta; essas maravilhosas combinações multicores, último esplendor da arte do mosaico, antes dos banheiros de hoje, utilizavam os brasões como tema ornamental.

Mas esses grandes desenhos planos de mármore multicor, túmulos de príncipes e cardeais, ainda assim eram raros. A pavimentação de San Giovanni dei Fiorentini, em Roma, compõe-se de uma alternância cinza

---

23 Capítulo 5.

de círculos e de retângulos monocrômicos. Os retângulos são todos túmulos individuais com inscrições muito simples. Diante do altar-mor, um grande círculo encerra o jazigo da confraria da nação dos Florentinos. Essas simples lajes se insinuam para fora da igreja, nos claustros e nos cemitérios (por exemplo, no claustro de Santa Annunziata em Florença). A simplicidade extrema da lápide fúnebre continua sendo praticada na Itália até meados do século XIX, época, no entanto, dos túmulos grandiloquentes com estátuas, retratos, cenas teatrais, como no Campo Santo de Gênova.

Também existiam em outros lugares, mas essas lajes humildes, sem caráter artístico, desapareceram com a utilização impiedosa do solo nos séculos XIX e XX. Algumas persistiram nas regiões pobres e afastadas. Assim em Bozouls, na França, numa pequena igreja românica de Aveyron, o chão ficou sempre quase todo coberto de lajes fúnebres do século XVIII, de extrema simplicidade, devida talvez à proximidade dos protestantes: nelas figura apenas o nome, ou o nome e a data, ou mais raramente o nome, uma data e uma função (notário etc.), algumas vezes o desenho da cruz sobre o calvário; o túmulo dos padres (PRT) é simbolizado pela imagem de um livro aberto. Desprende-se desse lajedo quase nu uma forte impressão de secura e despojamento.

A reabilitação do cemitério ao ar livre

Todavia, a inovação mais impressionante dessa época, no domínio das sepulturas, é o retorno ao cemitério. Um maior número de pessoas gradas que, no século XVI e no início do século XVII, teriam desejado a sepultura na igreja, no final do século XVII e início do século XVIII fazem-se enterrar no cemitério ao ar livre.

Na França escolheu-se o cemitério pela mesma razão que os outros preferiram a laje rente ao chão na igreja – por humildade. Pelo menos era assim que se legitimava a escolha, que nunca fora completamente abandonada.

O inquérito de 1763 do procurador geral do Parlamento, de que já nos servimos no capítulo precedente, dá algumas indicações precisas. As

O homem diante da morte

sepulturas no cemitério eram então bastante numerosas, o suficiente para que os párocos as utilizem como argumentos em suas considerações sobre a remoção dos cemitérios para fora de Paris. Em Sainte-Marie-Madaleine na Cité: "A paróquia não tem outro cemitério para enterrar [não os pobres, mas] os paroquianos que por espírito de humildade não desejavam ser depositados no jazigo de sua igreja, mas nos Innocents".[24]

O pároco e os tesoureiros de Saint-Sulpice, inquietos com os projetos de remoção dos cemitérios para fora da cidade, insistem sobre a necessidade de conservar seu cemitério da rua de Bagneux:

> Não pode incomodar qualquer vizinhança [...], mas existem outros motivos especiais para a paróquia de Saint-Sulpice que os tornam necessários [os cemitérios]. Primeiramente, ela abrange em sua grande extensão muitos cidadãos da maior consideração que, por piedade e humildade, pedem que sejam enterrados nos cemitérios.

Enfim, em Saint-Louis-en-l'Ile, a fábrica temia pela mesma razão "o afastamento do cemitério". Ele

> levaria com mais frequência as famílias dos falecidos a pedir sua inumação nos jazigos da igreja [em vez de no cemitério], não lhes sendo possível, por essa razão, atender à última vontade de várias pessoas de recomendação, cuja piedade e humildade lhes tenham feito desejar serem enterradas no cemitério, no meio dos pobres, cujos exemplos são frequentes na paróquia de Saint-Louis.

O general da polícia La Reynie era dessa espécie. No retrato que faz dele, O. Ranum escreve: "La Reynie foi mesmo levado pela sua sincera devoção religiosa a um ato extraordinário de humildade: pediu, no testamento, ser enterrado de forma anônima, sem monumento funerário, num pequeno cemitério perto de Saint-Eustache".[25]

---

24 BN, dossiê de Joly de Fleury, op. cit.
25 Ranum, op. cit.

Alguns desses paroquianos da região parisiense escolhiam também o cemitério por razões de civismo, com o sentido de bem-estar coletivo, e não por humildade; pelo menos era essa a razão que davam, como o chanceler Aguesseau: o obelisco, diante da igreja de Auteuil em Paris, é um resto de seu túmulo ao ar livre.

No campo, poderia ter havido uma tomada de consciência da comunidade em favor de seu cemitério, contra o pároco que dava lugar muito privilegiado aos mortos enterrados na igreja. Um processo de setembro de 1735, observado por Y. Castan, opôs o pároco de Viviers, próxima de Mirepoix, a uma de suas paroquianas e a seu marido. "No dia seguinte ao da festa do lugar (9 de setembro)", relata o escrivão, "ela exclama que não era costume cantar o *Libera* na igreja. Tira o livro do cantor, empurra o povo para fora e diz: 'Venham, vamos ao cemitério'. O marido disse que ela falou em 'nome das mulheres' e que pretendeu 'respeitar o uso das orações no cemitério'".[26]

Contudo, devemos reconhecer que a renovação do cemitério na França é tardia, difícil de localizar e de imaginar, embora bem atestada: hoje, quase não resta qualquer túmulo visível.

Na Inglaterra, o que ocorreu foi completamente diferente. Como na França, é certo, restam muito poucos túmulos ao ar livre do final da Idade Média e do início dos tempos modernos. Os que subsistem têm a forma de estela vertical e estreita, terminada por um disco sobre o qual está esculpida uma cruz, tipos semelhantes aos que encontramos no continente, no século XVI.[27] Pelo contrário, os túmulos de igrejas, com jazentes esculpidos ou gravados, são ali numerosos e melhor conservados do que na França, o que indica que os hábitos eram decerto os mesmos, e que nobres, comerciantes e pessoas ilustres se faziam enterrar na igreja. Contudo, têm-se provas de que, desde o fim da Idade Média, o cemitério não foi tão abandonado na Inglaterra.[28]

---

26 Viviers AD Haute Garonne B, processo 497, comunicado por Castan.

27 Capítulo 5.

28 Capítulo 2.

O homem diante da morte

Mas é após a Restauração, na segunda metade do século XVII, que os testemunhos se tornam numerosos. Em 1682, John Evelyn notava, em seu diário, que o sogro queria ser enterrado no *churchyard,* e não na igreja, "ficando muito indignado pelo novo costume [novo em relação ao da Igreja primitiva e ao direito canônico] de enterrar, não importa quem, no interior da igreja".[29]

Muitas estelas verticais dessa época subsistem até hoje, se nem sempre em seu lugar primitivo, pelo menos colocadas contra o muro da igreja ou contra a cerca. O número delas dá uma ideia do que podia ser um *churchyard* no final do século XVII e início do XVIII; uma espécie de prado – onde pastavam os animais do ministro –; eriçado de *headstones,* muitas vezes ricamente decoradas. É bem possível que algumas, entre as mais antigas, proviessem de modelos de madeira. Mas a maioria decorre antes do tipo muito banal do quadro mural com inscrições, destacado de seu suporte tradicional da igreja e plantado na terra. Desses quadros, o ornado e mesmo, em certos casos, a cena religiosa (a Criação e a Queda – a Ressurreição da carne –, a Ascenção da alma sob a forma de um anjo) conservaram a inscrição. Assim, não é a forma do túmulo que dá originalidade ao cemitério inglês ao ar livre, e sim sua frequência e antiguidade. É curioso reencontrar estelas do tipo *headstones* nos cemitérios judeus da Europa Central, como o de Praga.

O que levaria os ingleses de alta categoria a se fazerem enterrar assim no cemitério? Algo um pouco diferente da humildade radical e ostentatória à maneira jansenista, como aparentava na França; algo que se situaria, igualmente, entre a indiferença absoluta dos puritanos e a vontade tradicional de conservar uma categoria póstuma e de deixar uma recordação. É o que permite entender essa inscrição de 1684: "Sob o pórtico dessa igreja jaz o corpo de William Tosker, que preferiu ser a sentinela [*door keeper*] da casa do seu Deus a estabelecer sua morada no tabernáculo da imortalidade".[30]

---

29 Burgess, *Churchyard and English Memorials,* p.50.
30 Ibid.

Philippe Ariès

Essa inclinação psicológica era bastante disseminada para que os emigrantes ingleses a tenham levado para a América como um traço de sua cultura. Nas colônias inglesas da América, o lugar habitual da sepultura é o cemitério, a novidade e a precocidade desse fato. Na Nova Inglaterra puritana, o túmulo na igreja não é cogitado, e é sempre no cemitério que se passam as ações funerárias, solenes e memoráveis.[31]

Na Virgínia, desde meados do século XVII, os personagens importantes da colônia se faziam enterrar ao ar livre, na natureza, tanto nas plantações como no *churchyard*. Subsiste uma coleção abundante desses monumentos que foi inventariada e estudada por P. H. Butler. Sem querer entrar em todos os detalhes, notar-se-ão três categorias de túmulos, porque a morfologia aqui é significativa: [32]

1. Os *box-tumbs,* ou túmulos de cofre ou pedestal, derivados dos túmulos medievais de jazente, mas sem o jazente, e dos quais restaria apenas o pedestal. Encontravam-se desses túmulos nos Innocents, no século XVI, como mostra o quadro do museu Carnavalet já citado. Naturalmente, também existiam na Inglaterra: veem-se alguns no pequeno cemitério dos Inválidos de Chelsea, em Londres. Na Virgínia, esses túmulos eram reservados a personagens importantes; seus painéis eram decorados de início no estilo barroco, em seguida no estilo clássico. Modelos mais rústicos da segunda metade do século XVIII eram construídos de tijolo. P. H. Butler fotografou alguns de 1675, 1692, 1699 e 1700;

2. Mais numerosas e mais banais, embora igualmente ornadas e, por vezes, importadas da Inglaterra, são as tumbas rasas ou *slabs;*

---

31 O que se refere a túmulos e cemitérios da Virgínia foi extraído da tese não publicada de Patrick Henry Butler, *On the Memorial Art ot Tidewater Virginia,* Johns Hopkins University, junho de 1969.

32 Na Virgínia, também se enterrava algumas vezes nas igrejas, mas não exclusivamente, e cada vez menos; as tumbas rasas ou os quadros murais surgem em 1627 e se interrompem em meados do século XVIII: esse é um fenômeno notável (Butler).

3. As estelas ou *headstones,* que reproduzem o *churchyard* europeu no final do século XVII. A mais antiga *headstone* citada no trabalho de Butler remonta a 1622. Encontra-se a mesma abundância de *headstones* na Nova Inglaterra, que chegou a exportá-las para à Virgínia, no século XVIII.

Somente a iconografia distingue os túmulos anglicanos da Virgínia dos túmulos puritanos da Nova Inglaterra. Na Virgínia, assim como na Inglaterra, dois temas ocupam simultaneamente o cimo das estelas, isto é, o lugar reservado à cena religiosa e à efígie do defunto no quadro mural da igreja. O primeiro é o anjo ou a cabeça de anjo alado, símbolo da alma imortal e de sua ascensão ao céu. O segundo é o crânio e os ossos cruzados, sinais da decadência do corpo. Esse tema macabro prevalecia na Nova Inglaterra.

Para falar a verdade, a presença de querubins parece mais impregnada de sentido do que a lógica macabra que se tornou, nessa época, tão banal em todo o Ocidente. O querubim alado quase não existe na França. Na Itália, ele se perde entre os outros elementos decorativos. Na América, ao contrário, ele tem um sabor e uma intensidade originais: não se esquecia que ele representava a alma imortal. Eis porque no século XVIII, na Nova Inglaterra — onde o sentido da morte mudava e onde os puritanos deixaram tardiamente de cultivar seu temor — o crânio alado se transformou em cabeça de anjo alado, por uma modificação quase cinematográfica do rosto, que se tornou progressivamente mais cheio e mais suave.[33]

Assim, nos séculos XVII e XVIII, na Inglaterra e em suas colônias na América, constituiu-se, em torno da igreja, um espaço que já não é cemitério de valas anônimas, o cemitério sem túmulos visíveis dos pobres e humildes. Está semeado de monumentos simples, mas também muitas vezes bem decorados, onde se percebe sem esforço a influência das grandes correntes de arte, onde o classicismo neopaladiano sucede ao barroco e precede o romantismo, traduzindo talvez a aspiração geral de menos pompa e mais despojamento.

---

33 Butler, op. cit.; Stannard, *Death in America.*

Essa imagem de cemitério também existe fora da Inglaterra. Ainda hoje, o acaso a faz surgir em lugares onde menos se espera, como, por exemplo, no pequeno cemitério de uma aldeia catalã, bem perto da fronteira espanhola; fiquei surpreso de encontrar ali velhos túmulos simplesmente marcados por uma estela gravada no lado da cabeça, e por uma pedra nua nos pés. De fato, na Inglaterra e na América, a sepultura era delimitada pela *headstone* e a *footstone*: esse uso testemunha uma preocupação nova de desenhar um local na superfície do solo, mas não parece remontar muito para trás no século XVIII. Nos primeiros anos do século XIX, era o modelo comum, mesmo no caso dos ricos.

Emily Brontë, em O *Morro dos Ventos Uivantes,* evoca um pequeno cemitério de província. Duas famílias importantes vivem na mesma região, em duas casas de mesma nobre aparência. Uma tem seu túmulo na igreja, é a do *squire*; a outra no *churchyard*. A mulher do *squire*, em seu leito de morte, pediu que fosse enterrada, não na igreja, mas no cemitério. O marido renuncia então à sepultura dos antepassados para repousar perto da esposa, num canto do cemitério, perto do muro da cerca. Ambos terão uma só *headstone* "*and a plain grey block at their feet, to mark their grave*" [e uma simples pedra cinzenta a seus pés, para demarcar seus túmulos].

O *churchyard* de campo, suas pedras horizontais ou levantadas em plena natureza, atesta uma atitude serena e um pouco distante, onde as esperanças e os temores estão igualmente amortecidos. É esse o cemitério que Thomas Gray contemplava, no início do século XVIII, e que inspirava ainda os românticos, ao descobrirem outra maneira de ser e de sentir diante da morte.

A tentação do nada na literatura

Poderíamos pensar haver certo equilíbrio de simplicidade melancólica nesse início do século XVIII, cujo símbolo seria o cemitério inglês e americano. Mas o sentimento agridoce em que se banhava essa cultura já estava ameaçado por um de seus efeitos. Aconteceu, então, passar da vaidade ao nada. Não necessariamente sempre, mas com bastante frequência, para caracterizar o estilo da época. Existe ali algo como um retorno dramático

O homem diante da morte

de uma vida melancólica a seu centro vazio. O momento desse retorno foi, sem dúvida, o tempo do recolhimento da solidão no "deserto".

Em seu *Vie de Rancé* [Vida de Rancé], Chateaubriand fala de Madame Rambouillet, que morreu aos 82 anos, em 1655. "Já havia muito tempo que ela não existia, a menos que se lhe contassem os dias de tédio. Ela fizera o seu epitáfio":

Et si tu veux, passant, compter tous ses malheurs,
Tu n'auras qu'à compter les moments de sa vie.[34]

Nessa idade, convinha retirar-se do mundo para pensar na morte, porque não restava outra ocupação para um velho. Mas esse recolhimento já não era tão absoluto como o do claustro medieval. Um dos "exercícios" praticados era o de escrever as próprias memórias. "M. Fumaroli vê exercícios espirituais [à maneira de Santo Inácio] nas memórias do século XVII [tão numerosas... e geralmente escritas no momento em que o autor deixa a vida ativa e profana]". Tais memorialistas estão "à procura do tempo perdido, em que o tempo se encontra unicamente como suporte da vaidade, como vacuidade, como nada".[35]

Essa tendência ao nada deve ser comparada aos progressos já constatados da crença na dupla composição do ser. Sem dúvida, acreditava-se na ressurreição da carne; ela era, por vezes, lembrada nos epitáfios, e o defunto a esperava, mas já não estava no coração da espiritualidade e não mais respondia às inquietudes da sensibilidade. A oposição do corpo e da alma termina no aniquilamento do corpo.

"Enquanto nos sentimos em casa [*at home*] no nosso corpo", escreve, em 1721, Increase Mather, descendente de uma família de grandes pastores da Nova Inglaterra, "estamos privados do Senhor [...]. É preferível nos privar do corpo e estarmos na companhia do Senhor."

O corpo que perdura depois da morte já nada é para o puritano inglês.

---

34 [E se quiseres, passante, contar todas as suas desgraças, / Basta contar os momentos de sua vida.] (N. T.)
35 Fumaroli, Les Mémoires du XVIIᵉ siècle, *Revue du XVIIᵉ siècle*, n.94-5, p.7-37.

Teu corpo, quando a alma tiver partido, torna-se um horror para todos os que o contemplam, um espetáculo muito repugnante e horrível. Os que mais o amavam não encontram mais forças no coração para olhá-lo, por causa das horríveis deformações que a morte lhe infligiu. Está destinado a cair num abismo de carniça e degradação. Coberto de vermes, incapaz de mover o dedo mínimo para afastá-los quando o corroem e se nutrem de sua carne.

Enquanto a alma: "quando [ela] tiver deixado esta vida [...] não leva com ela senão a beleza, a graça de Deus e uma boa consciência".[36]

Bossuet fala de forma quase idêntica à do não conformista inglês, quando diz no "Sermão sobre a morte": "Ser-me-á permitido hoje abrir um túmulo diante da corte, e olhos tão delicados não ficarão ofendidos por um aspecto tão fúnebre?".

Porém, Bossuet havia começado a realizar essa meditação sobre a morte aos 20 anos ("Meditação sobre a brevidade da vida"): "A minha vida é de 80 anos no máximo [...]. Como ocupo pouco espaço nesse grande abismo dos anos". Retoma, palavra por palavra, a expressão do "Sermão sobre a morte": "Se lanço a vista diante de mim, que espaço infinito onde eu não estou! Se a volto para trás, que sequência terrível onde não estou e como ocupo um pequeno espaço nesse abismo imenso do tempo".

Reconhecemos nessas palavras o sentimento da vaidade, da brevidade da vida, da fuga do tempo, da pequenez do homem na ampliação das eras e dos espaços. Sentimento pascalino. Desde 1648, na "Meditação sobre a brevidade da vida", Bossuet passará desse pouco espaço para o nada. *Não sou nada.* Esse pequeno intervalo não é capaz de me distinguir do nada, para onde tenho de ir. Só vim para fazer número; e mesmo assim não sabiam o que fazer de mim." Texto igualmente recolhido, palavra por palavra, do "Sermão sobre a morte".

Eu nada sou. Não saberiam o que fazer de mim? Um "eu", contudo, tão considerável, que os tesouros da Igreja eram mobilizados para sua salvação pessoal, que seus êxitos e fracassos punham à prova a comunidade inteira, que festas celebravam as grandes passagens de sua vida. Essa vida

---

36 Balton, 1635 apud Stannard, op. cit.

é considerada por Bossuet, apenas como "uma vela que consumiu sua substância", pelo alemão Cryphius (1640), "uma gotinha de orvalho que caiu sobre uma flor de lírio", por Binet (*Essay des Merveilles*), "uma gota de orvalho" ou "uma bolha de água e sabão", para o inglês Crashaw, *homo bulla.*

Jean Rousset citou e traduziu um poema latino extraordinário de Crashaw, que é uma meditação sobre a bolha:

Sphère non pas de verre
Mais plus que verre brillante
Mais plus que verre fragile.[37]

Frágil como a vida. Maravilhosa, também, como as ilusões da vida:

Je suis une bigarrure
De neige et de roses,
D'eau, d'air et de feux
Peinte, gemmée et dorée.[38]

Mas toda essa maravilha, luminosa como um teto barroco, nada é, como diz o final intraduzível desse poema:

O sum, scilicei, o nihil.

Figuras de retórica, poderíamos dizer, imagens de um poeta. Bousset utilizará essas mesmas palavras não mais do púlpito, mas numa simples carta ao abade Rancé, em que lhe anuncia o envio das orações fúnebres da rainha da Inglaterra e Madame:[39] "Deixei ordem para lhe serem remetidas duas orações fúnebres que, já que fazem ver o nada do mundo, podem

---

37 [Esfera não de vidro, / Mais do que o vidro mais brilhante, / Mais do que o vidro frágil.] (N. T.)

38 [Eu sou uma confusão de cores, / De neve e de rosas, / De água, de ar e de fogos. / Pintada, gemante e dourada.] (N. T.) Rousset, *La Littérature à l'âge baroque en France*, p.138.

39 Título dado, na França, à mulher do irmão do rei. (N. T.)

ter lugar entre os livros de um solitário, e para as quais, em todo caso, ele poderá olhar como para dois crânios, bastante comoventes".[40]

A tentação do nada na arte funerária

Sejam familiares ou pomposas, essas variações sobre o *nihil* estão hoje contidas em livros pouco procurados. Esse "nada" está um tanto arrefecido. Podemos passar sem percebê-lo e fazer de conta que o esquecemos, o que poderia no máximo ser um exercício de erudição. Contudo, ainda hoje o nada pode nos interpelar com a mesma força que nos séculos XVII e XVIII. Dissimula-se nas igrejas; os túmulos e seus epitáfios os lançam aos nossos rostos como um palavrão, e quem o tiver ouvido não poderá esquecê-lo. Extraordinário poder de expressão da arte funerária.

A melhor ilustração do que pretendo dizer é o túmulo dos Altieri, marido e mulher, numa capela lateral de Santa Maria em Campitelli, na cidade de Roma. É um monumento especialmente belo e comovente. Os túmulos, visto que existem dois separados, datam de 1709. São idênticos e simétricos, colocados um em cada lado do altar da capela.

Cada túmulo é constituído, na parte inferior, por um enorme sarcófago de mármore vermelho. Sobre a tampa do sarcófago, dois anjos tristes seguram uma tocha invertida e uma inscrição, onde apenas uma palavra está escrita, imensa, em letras de ouro que se destacam como as letras de um grande anúncio de publicidade. Essa palavra é *nihil* sobre o túmulo do marido, e *umbra* sobre o túmulo da mulher.

Nihil e *umbra,* última confissão dos homens que já não creem em nada, poderíamos pensar ao deter a vista na parte inferior do túmulo, como se tomássemos Bossuet à letra, separado do contexto. Porém, olhando mais para o alto, acima do título terrível, tudo muda: encontramos formas bem conhecidas e confortantes. Os dois mortos estão ajoelhados na atitude tradicional do orante voltado para o céu. O homem tem as mãos cruzadas sobre o peito e sua oração está próxima do êxtase. Olha para o altar que é, ao mesmo tempo, o de sua paróquia terrestre e o da morada celeste.

---

40 Apud Chateaubriand, *La Vie de Rancé.*

A esposa, pelo contrário, inclina a cabeça, olha para o outro lado, para a entrada da capela. Segura seu livro de orações meio fechado com o dedo. Tem expressão melancólica, como se estivesse em espera. Dois sentimentos aparecem nessa obra magnífica. Por um lado, a melancolia da sombra que não é a noite escura nem a secura do nada; por outro lado, mas num mundo completamente separado, a beatitude do além. O contraste é violento e cru.

Esse contraste também existe no túmulo de G. B. Gisleni em Santa Maria del Popolo, em Roma, embora atenuado por inspiração mais tradicional e retórica mais loquaz. A ideia do nada é contida pela doutrina, mas se difunde através das imagens.[41] O túmulo, todo em altura, é de 1672. No alto, o retrato pintado do defunto, emoldurado por um quadro redondo com a legenda: *neque hic vivus.* Embaixo, parte mais impressionante da obra, um esqueleto nos olha por trás das grades: *neque illic mortuus.* Por que essas grades? Entre o retrato e o esqueleto, epitáfios, inscrições, símbolos de imortalidade como a fênix e a borboleta saindo da crisálida. Sem dúvida, essas inscrições muito ortodoxas repetem o tema paulino de que o morto é o verdadeiro vivo, e que o vivo não passa realmente de um morto. Mas o passante, a que se dirige o túmulo, negligencia os detalhes das pequenas cenas simbólicas e seus comentários confortadores. Só vê e ouve o esqueleto por trás das grades.

Mais simples e mais banal, portanto menos expressiva; porém, talvez mais representativa do sentimento médio, é uma laje fúnebre com epitáfio simples, do final do século XVI em Sant'Onofrio, ainda em Roma (essa Roma barroca é a cidade do Nada!). Nessa laje, tão equívoca quanto as duas tumbas precedentes, a ideia do nada é justaposta à da imortalidade bem-aventurada. Começa por afirmar, de chofre, que viver não é nada: *Nil vixisse juvat;* em seguida, a brutalidade da declaração é logo corrigida. É *stabile et bonum* viver no céu. Mas toda a força da expressão é transposta, graças ao gênio do latim, para o *Nil* do início, e o resto da frase perde seu vigor. Além disso, o epitáfio é encimado, como um título no cabeçalho de uma página, por esta outra palavra: *Nemo.* Nada, nem ninguém. Muitas

---

41 Reprodução do túmulo em Mâle, *L'Art religieux de la fin du XVIe siècle*, p.221.

outras inscrições da mesma época não se embaraçam com sutilezas teológicas, nem se obstinam em equilibrar verdades contraditórias. Elas afirmam, numa curta frase, que o mundo não é nada, sem que qualquer alusão à salvação, ao Cristo ou a qualquer consolador celeste faça contrapeso. Assim, esse epitáfio napolitano (San Lorenzo Maggiore):

Quid omnia
Quid omnia nihil
Si nihil cur omnia
Nihil ut omnia.[42]

Ou esse outro epitáfio, também napolitano (San Domenico): "*Terra tegit terram.*"[43] Ninguém suspeitaria de ateísmo o cardeal Antonio Barberini, morto em 1631; contudo, em plena Contrarreforma, ele escolheu para seu epitáfio romano a mesma ideia que nos parece desesperada: "Aqui jazem cinza e pó [sinais tradicionais da penitência, mas a última palavra cai como um cutelo] *et nihil*".[44]

Entre esses cristãos do século XVII e início do XVIII, certamente cheios de fé, a tentação do nada era muito forte. Sem dúvida conseguiam contê-la, mas o equilíbrio se tornava frágil quando os dois domínios, o do nada e o da imortalidade, estavam excessivamente afastados e sem comunicação. Bastaria uma vacilação da fé (a descristianização?), ou ainda, como penso, uma vacilação da preocupação escatológica no interior da fé, para que o equilíbrio fosse rompido e o nada prevalecesse. As comportas estão abertas, por onde podem passar todas as fascinações do nada, da natureza, da matéria.

---

42 O que é o mundo? / O que ele é? Nada. / Se ele não é nada, por que o mundo? / O mundo é como nada. [Trad. do francês. (N. T.)]
43 A terra recobre a terra. [Trad. do francês. (N. T.)]
44 Bulifon, Guida de' Forestieri, Nápoles, 1708.

O homem diante da morte

A Natureza confiante e aterradora.
A noite da terra: o jazigo

Foi o que aconteceu no século XVIII, mas então o nada não foi visto em sua nudez absoluta, privilégio sem dúvida de meados do século XX; foi logo confundido com a Natureza e corrigido ou atenuado por ela. Isso é certo para a segunda metade do século XVIII, embora já sensível em Gomberville, em 1646. Em sua *Doctrine des Moeurs* [Doutrina dos modos], evoca a morte para rejeitar seu disfarce macabro desde a Idade Média. "O homem sábio" recusa suas imagens. Ao contrário, ele dá à morte, "em seu pensamento, a verdadeira imagem que ela deve ter; considera-a do mesmo modo como olha para sua *origem*".

A noção de origem é de fato capital: "Voltaremos todos ao estado em que nos encontrávamos antes de ser", diz, mais de um século depois de Gomberville, o pároco Meslier em seu *Testament* [Testamento]. É notável que o mundo da origem forneça hoje, aos nossos contemporâneos, monstros mais verossímeis e mais repugnantes que o velho bestiário infernal. Quando os pintores da década de 1950 quiseram reproduzir os horrores da guerra, dos massacres coletivos, das torturas, substituíram os esqueletos e a múmia pelo feto, imagem de origem incompleta e monstruosa.

Sem dúvida, para Gomberville, a origem não é o feto repugnante, mas uma origem metafísica, serena e reconfortante. É ao mesmo tempo fim e origem; é a Natureza: "É preciso que devolvamos à Natureza o que ela nos emprestou. Temos de voltar ao lugar de onde viemos".[45]

Essa natureza onde tudo acaba tem dois aspectos. Um, nós o conhecemos, é o cemitério, o *churchyard*, o cemitério da província de Thomas Gray e dos poetas ingleses elegíacos do século XVIII. Esse é o aspecto feliz. O outro é a sombra da noite e da terra; é o *jazigo*, imagem concreta do nada.

O segundo volume da *Doctrine des Moeurs* de Gomberville termina com uma estampa gravada que representa o cemitério, e que é a alegoria da *Finis vitae*. Não é um verdadeiro cemitério do tempo de Gomberville. Anuncia, em 1646, as imaginações de Piranese, de Boullée e dos visionários frios

---

45 Gomberville, *La Doctrine des moeurs*, p.100-2.

do final do século XVIII, quando os cemitérios desses urbanistas serão necrópoles fechadas ao mundo da luz. O cemitério de Gomberville é um jazigo alongado, um criptopórtico, como se descobriu em Roma, e que era imitado nas vilas italianas, mas sem janelas. Os muros estão atapetados de urnas fúnebres. No chão, sarcófagos encontram-se abertos, esqueletos jazem na terra e, únicos elementos móveis, as sombras passam.

Os séculos XVII e XVIII trouxeram, assim, outra imagem da morte: o jazigo subterrâneo. Grande espaço fechado que não é como o Inferno, um outro mundo; pertence à terra, mas está privado de luz: *huis clos*.

Nessas condições, compreende-se melhor como os túmulos dos reis dos séculos XVII e XVIII, em vez de se elevarem como os do século XIV ao XVI, afundaram-se e desceram sob a terra; percebe-se por que o jazigo se tornou – junto do cemitério de província – a imagem forte da morte no século XVIII e no início do século XIX, em especial na Inglaterra pré-romântica.

Nos anos 1740 apareceram dois poemas entre muitos outros, um sobre o cemitério ao ar livre, de Thomas Gray, o outro sobre um jazigo, de Robert Blair, *The Grave* [O túmulo] (1743).

The dread thing é um jazigo sombrio e profundo; *"Where nought but silence reigns, and night, dark night"*,[46] Sob as abóbadas embebidas em musgo, a luz trêmula das tochas torna a noite ainda mais sinistra.

Lets fall a supernumerary horror. [47]

O tema do jazigo foi utilizado pelo romance *noir* de Sir. Radcliffe, de Lewis, para avolumar situações mais ou menos eróticas e sádicas.

A arte fúnebre também se apoderou da imagem do jazigo; associou-a aos símbolos da imortalidade já antigos, como a apoteose do defunto, cujo retrato é levado ao céu pelos anjos, ou a outros mais novos, vindos de um Egito de fantasia, como a pirâmide e o obelisco.

---

46 [A coisa terrível onde nada senão o silêncio reina, e a noite, a noite escura.] (N. T.)
47 [Deixemos cair esse horror supérfluo.] (N. T.)

O homem diante da morte

Certos países – a Inglaterra e os Estados Unidos principalmente – onde se impôs definitivamente a outra imagem, a do cemitério na natureza, afastaram afinal o modelo de jazigo subterrâneo na realidade cotidiana.[48]

O simbolismo do jazigo não é geral. Onde ele existe, é impressionante. Nós o reconhecemos no túmulo da arquiduquesa Maria Cristina, morta em 1805, nos Capuchinhos de Viena, obra de Canova. A *morte* é aqui uma descida solene sob a terra. A porta, símbolo retomado da iconografia romana, não está aberta para o céu, mas para as trevas.

Por mais que a alma-retrato continue a subir ao céu em muitos outros túmulos mais tradicionais, a nova imaginação criadora já não é solicitada para o alto, mas para baixo. A morte desce. Um anjo (que não é mais o querubim das apoteoses barrocas, mas um efebo nu, símbolo da juventude e do amor) guarda a entrada da porta negra. Todavia, como em Gomberville, o nada está associado à natureza, a fria noite do jazigo é atenuada pelo movimento quase campestre do cortejo que acompanha a morta ornada de flores, como uma longínqua lembrança dionisíaca. O túmulo se abre sobre o nada, mas está na natureza, embora ainda no interior de uma igreja: por essa razão, o artista representou, diante do jazigo, o chão do campo. Chegou o dia em que essa natureza já não é simulada em torno do túmulo, mas em que o próprio túmulo é transportado para a verdadeira natureza.

As sepulturas abandonadas à Natureza

Que relação existe entre tudo o que acabamos de dizer sobre as vaidades e o nada, e esse fenômeno da tomada de consciência do mau estado dos cemitérios e do perigo que representam para a saúde pública, que aparece em todo o Ocidente por volta da segunda metade do século XVIII?

Só incidentalmente farei intervir aqui esse novo estado de espírito – que estudaremos na quarta parte deste livro –, por causa dos complementos que ele traz ao nosso conhecimento da atitude em relação à Vaidade, ao Nada, à Natureza.

---

48 Capítulo 10.

Apresenta dois aspectos gerais, nem sempre ligados. Um é de polícia e de higiene pública (a ameaça de epidemias). O outro é moral e religioso (considera-se vergonhoso enterrar homens como animais).

É na Inglaterra da segunda metade do século XVII que se encontram as primeiras denúncias completas e motivadas de um estado de coisas insuportável: "Vimos vários túmulos abertos e os ossos amontoados por cima" (1685).[49] Coisa perfeitamente normal que ocorria em todos os cemitérios, sem levantar até então qualquer protesto. O que é novo e significativo é a associação, então constatada pelos autores ingleses e protestantes, entre o abandono dos cemitérios e o desleixo dos funerais.

Pierre Muret, num livro escrito em francês, *Cérémonies funèbres de toutes les nations* [Cerimônias fúnebres de todas as nações] (Paris, 1679), e traduzido para o inglês em 1683 [*Rites of funerals*], indigna-se com a maneira inglesa de enterrar os mortos. Lembra que outrora se usava recordar todos os anos a memória dos trespassados. Hoje, já não se fala mais deles, o que teria um cunho muito forte de papismo. Quando se encontra um cortejo fúnebre, os que acompanham o corpo se conduzem com tal indecência, divertindo-se durante todo o percurso, que se podia crer que antes iriam ao teatro, e não a um enterro. Outrora, os túmulos eram enfeitados com flores;[50] em seguida, já nem se cogita disso. "Não há nada mais desolador do que um cemitério, e ao ver esses túmulos dir-se-ia que serviram para enterrar carcaças de porco ou de burro."

Os contemporâneos atribuíram o estado dos cemitérios à influência dos não conformistas e às destruições dos puritanos iconoclastas. Como sempre, tinham tendência a explicar um fenômeno difuso, cuja generalidade não percebiam, por alguma razão particular. As razões apresentadas pouco importam. É notável que tenham sido os primeiros a denunciar o

---

49 Steward, apud Stannard, op. cit.

50 Essa observação de Muret faz pensar num comentário de Erasmo nos *Coloques*: "Vi o túmulo de São Tomás (de Cantuária) sobrecarregado de pedras preciosas. Imagino que esse grande santo teria preferido ter seu túmulo ornado de folhagens e flores". Erasmo, *Les coloques,* op. cit. Um afresco de Bolonha mostra corpos de mártires coroados de flores. Indícios raros de um hábito de florir os túmulos, talvez introduzido mais tarde por imitação à Antiguidade.

estado dos cemitérios como fato intolerável dos costumes, que atacava a dignidade do homem.

Na França, as primeiras observações são também do início do século XVII (inquéritos e queixas se multiplicaram principalmente por volta de meados do século XVIII), mas se referem exclusivamente à higiene pública e atestam a preocupação obsessiva com as epidemias:

> As calamidades terríveis [infecção, pestilência], que é forçoso impedir e prevenir com diligência e boa regulamentação, fazendo enterrar, rapidamente, os corpos verdadeiramente mortos [!] em covas muito profundas, mesmo quando em grande número, como aconteceu em guerras e outras mortalidades da multidão, ou se forem suspeitos de lepra ou contágio.

Essa citação foi extraída da *Grande et Nécessaire Police,* de 1619. Sabe-se que as "pestes" foram então frequentes e cruéis, principalmente na França.

Havia indignação diante da inconveniência de transformar as igrejas em cemitérios, e em cemitérios malconservados.[51] A dignidade do santuário é violada, e alguns começam a se ofender com isso. Todavia é o santuário, e não os mortos, que provoca piedade e solicitude. O aspecto moral e social é deixado de lado, seja porque as cerimônias católicas tenham sido mais decentes que os funerais não conformistas, seja porque os franceses fossem mais indiferentes a esse aspecto das coisas, o que explicaria a demora em incluírem o cemitério ao ar livre em sua cultura.

De modo geral, temos hoje a impressão de que a tomada de consciência de um fenômeno antigo e permanente, a má conservação dos cemitérios, tenha ocorrido paralelamente a um agravamento desse mesmo fenômeno.

Nas colônias da América, que são interessantes laboratórios sociológicos, a negligência dos funerais e o abandono dos cemitérios foram denunciados como ocorrendo em paralelo, e com tão maior indignação porque, de um lado, o cemitério rural americano estava como novo, imune à sujeira causada na Europa pelo uso muito prolongado, e, por outro lado, por ser escolhido também por pessoas ilustres, e finalmente

---

51 Cf. *infra* Capítulo 11.

porque, sobretudo, era na Nova Inglaterra, o lugar onde a comunidade afirmava sua coesão. Respondendo aos protestos, algumas leis impuseram uma profundidade mínima para o enterramento dos corpos e controlaram a decência dos funerais – enquanto outras leis de tipo suntuário deviam, pelo contrário, moderar o luxo das cerimônias mortuárias. Em Nova Iorque, no final do século XVII, tomaram-se medidas para obrigar os vizinhos do defunto a seguir o cortejo e a se assegurarem de que os coveiros não se desfizessem do corpo a meio caminho em lugar de o conduzirem ao cemitério.

Na Inglaterra e na França observaram-se outros fenômenos menos escandalosos, que provam ao mesmo tempo o desembaraço e certo ressentimento diante dessa desenvoltura. Insurgiam-se, por exemplo, contra os párocos que usavam o cemitério como um prado onde tinham direito a pastagem.

Na França, em Montapalach, perto de Saint-Antonin, no Languedoc, os síndicos dos paroquianos moveram um processo contra o pároco em 1758. Era censurado "de ter, com desprezo da religião e do respeito devido às cinzas dos fiéis, empreendido construir uma granja no cemitério da dita paróquia".[52] Na verdade, uma única sepultura fora ali localizada por testamento, a da irmã de um trabalhador braçal, que, segundo o escrivão, se recusou a ir ao local constatar as ocorrências "para não ter oportunidade de redobrar sua dor". É Greuze ou Marmontel na aldeia!

Nota-se, graças a esse episódio do final do século XVIII, uma mistura de indiferença ou de positivismo da parte do pároco e de sentimentalidade da parte da população.[53]

Na Inglaterra, em 1550, um *parson* foi processado por ter mandado abrigar seus carneiros na igreja (ou sob o pórtico). Em 1063, em compensação, um vigário instalou muito tranquilamente uma granja em seu cemitério, como o pároco de Montapalach no século XVIII.

---

52 Julho de 1758, Montapalach, AD Haute-Garonne B, processos 360 e 375.
53 Lebrun, *Les Hommes et la Mort en Anjou*, p.480.

O homem diante da morte

Os bispos franceses do século XVIII multiplicaram as obrigações de muramento e as interdições de abrigar animais no cemitério. Época em que os túmulos particulares foram muitas vezes cercados por uma pequena grade, para protegê-los das depredações dos animais, cuja passagem não se podia impedir.

Na França, ou os bispos foram obedecidos, sendo então o cemitério bem conservado, fechado e interditado aos animais, como passou a ser no século XIX, ou então permaneceu no estado em que se encontrava desde a Idade Média, lugar de passagem dos homens e dos animais.

Pelo contrário, na Inglaterra do século XVIII, o direito de pastagem foi reconhecido ao *parson,* e a presença dos carneiros já não indispunha os contemporâneos, não por indiferença, mas porque essa prática correspondia a uma nova imagem camponesa do romantismo.

Outro caso interessante é o dos protestantes franceses do século XVIII, após a revogação do Édito. Tendo perdido o direito, que lhes reconhecia o Édito, de ter um cemitério para eles, como o de Charenton, não dispunham de outros recursos jurídicos – pois já não tinham existência legal –, senão de se fazer enterrar nos cemitérios públicos, que eram católicos (já vimos que, desde o final do século XVI, reivindicavam esse direito). Alguns devem ter se submetido, mas, no século XVIII, muitos outros rejeitaram essa atitude e preferiram renunciar ao caráter público da sepultura que ainda exigiam no tempo de H. de Sponde.

O abade de Saint-Maximin, grande vigário de Alais, escreveu, em 1737, um memorial dirigido contra os "falsos convertidos", que frequentam a igreja quando não podem agir de outra maneira, e ainda manifestam derrisão: "Logo que acreditam poder sacudir o jugo das sanções [por ausência aos ofícios], não se incomodam mais e não os vemos mais na igreja senão quando se trata de casamento". Fazem batizar os filhos para que estes tenham estado civil; "têm tal aversão a ali virem [à igreja], que muitos padres nem mesmo os querem acompanhar". Bem poderiam também ali voltar uma última vez, por ocasião da morte, como os católicos sazonais de Le Bras. Mas não. "O doente morre sempre cheio de confiança [sem a assistência do pároco] e é *enterrado furtivamente* [sem cortejo nem cerimônia e, naturalmente, sem túmulo visível], sem que sua morte seja constatada por qualquer monumento público, o que não impede que a sucessão seja repartida, o testamento executado, nem que a viúva se case de novo."[54]

Enfim, um último caso, ao mesmo tempo utópico para o século XVIII e já anacrônico para o ano de 1806, é o do testamento redigido com seriedade e convicção pelo Divino Marquês.[55] Atesta confusão completa de duas opiniões até então próximas, mas separadas: o desprezo pelo corpo e a recusa radical da imortalidade. Sade pede que, logo depois da sua morte,

> seja enviado um mensageiro ao senhor Le Normand, comerciante de madeira [...] pedindo-lhe que venha ele próprio, com uma charrete, buscar meu corpo para, sob sua escolta e na dita charrete, ser transportado ao bosque da minha terra de Malmaison [...] perto de Épernon, onde eu quero que ele seja colocado, sem qualquer cerimônia, na primeira mata de corte, que se encontra no dito bosque à direita de quem entra, do lado do antigo castelo, pela grande aleia que o divide [a mesma exatidão usada para situar o local de uma sepultura numa igreja]. A cova preparada nesse bosque será aberta pelo fazendeiro de Malmaison, sob inspeção de Le Normand, que só deixará meu corpo depois de o ter colocado na dita cova. Poderá se fazer acompanhar nessa cerimônia, se assim quiser, por aqueles dos meus parentes ou amigos que, sem qualquer espécie de aparato, tiverem querido me dar essa prova de interesse. Uma vez recoberta a cova, espalharão em cima sementes de carvalho, a fim de que, em consequência, encontrando-se plantado o terreno da dita cova e o arvoredo novamente fechado como era antes, desapareçam os traços do meu túmulo de cima da terra, como eu estou convencido de que a minha lembrança se apagará do espírito dos homens [vaidade de querer impô-lo por meio de um monumento], exceto, porém, do pequeno número daqueles que quiserem me amar até o último momento, e de quem levo uma lembrança muito doce para o túmulo.[56]

---

54 Reproduzido em Hugues, *Histoire de la restauration du protestantisme en France au XVIIIe siècle*, t.2, p.424. (Indicado por P. Joutard.)

55 Apelido dado ao Marques de Sade por André Breton e os surrealistas. (N. E.)

56 Apud Lely, *Sade, étude sur sa vie et son oeuvre*.

O homem diante da morte

Em um romance da mesma época (1804-05), ouve-se dizer a um dos personagens em seu leito de morte: "Nada restará de mim. Morro todo inteiro [como Sade: nem corpo, nem alma, nem fama], tão obscuro como se eu não tivesse nascido. *Nada, recebe pois a tua presa*".[57]

Um retorno à natureza e à matéria eterna. Poucas pessoas, se houve, foram voluntariamente enterradas como Sade pediu para ele próprio. Outros, sem dúvida, nas cidades populosas do final do século XVIII, o foram muito contra sua vontade, por causa da indiferença geral e, nesses casos, o fato de os funerais apressados se realizarem em cemitérios urbanos, demasiado pequenos e malconservados, tirava-lhes a poesia elegíaca ou selvagem do retorno à Natureza-origem.

O testamento utópico do Marquês de Sade indica uma tendência da época que jamais descerá à profundidade máxima, mas que atraiu até mesmo cristãos e deu a uma parte da sociedade a vertigem do nada.

---

57 Potocky, op. cit., p.235.

VIII.
O corpo morto

Ao longo dos dois capítulos precedentes, vimos como a morte – a hora da morte – tinha se diluído no decurso total da vida e num sentimento melancólico da brevidade dessa vida. A morte parece então ter se afastado, perdendo a vigorosa presença que possuía entre os *litterati* do final da Idade Média. Vamos agora ver como nos séculos XVII e XVIII, isto é, na mesma época, a morte vai voltar sob outra forma, a do corpo morto, do erotismo macabro e da violência natural.

Dois médicos: Zacchia e Garmann. A vida do cadáver

Partiremos de duas obras de medicina que nos apresentam o estado da questão no final do século XVII. De passagem reconheçamos que, doravante, os médicos serão para nós os melhores transmissores das crenças comuns. Substituem os homens da Igreja, que tinham sido mais ou menos os únicos a representar esse papel na Idade Média e na Renascença. Nem sempre constituem verdadeiros sábios, se é que essa palavra tem sentido: são crédulos, porque os limites do domínio médico e da ciência da vida são incertos, sendo os dados, naquele terreno, transmitidos por relatos em que não é fácil separar a fábula da observação. Por essa razão, como os homens da Igreja, eles são sensíveis às ideias correntes de seu tempo.

O primeiro desses trabalhos, de Paul Zacchia, intitula-se *Totius Ecclesiastici protomedici generalis* (era esse o título) *quaestionum medicolegalium libri tres*. Usei uma edição de Lyon, datada de 1674. É um tratado de medicina legal, palavra que já então existia. O gênero é antigo: começa em 1596, com o tratado de Fidelis. Data realmente da intervenção do médico como perito em certos negócios de justiça (controle da tortura, assuntos criminais, investigações sobre homicidas) que os conduziam ao exame dos cadáveres. Questões criminais e civis punham em causa mecanismos da geração: nascimentos e abortos, casos de esterilidade e de impotência, condições de fecundidade, averiguações de paternidade ou de filiação que levavam ao estudo das semelhanças, de *similitudine et dissimilitudine,* perícias sexuais, distinção entre os casos de curas naturais e milagres, controle da tortura inquisitorial, descoberta de simulações de doença que permitiam escapar a ela, duração de sua aplicação no controle da saúde pública, diagnóstico das epidemias e medidas profiláticas (higiene da água, do ar, dos lugares etc.).

Esse tratado reserva um lugar particular ao cadáver. Não somente por causa de melhores esclarecimentos nos casos de morte violenta para os tribunais, como também porque o cadáver contém os segredos da vida e da saúde.

O segundo tratado de medicina que utilizamos é consagrado ao cadáver e à morte, escrito por um médico luterano alemão de Dresde, que viveu de 1640 a 1708, L. C. F. Garmann. Foi publicado, depois de sua morte, pelo filho igualmente médico, sob o título, estranho para nós: *De miraculis mortuorum.* Os cadáveres faziam então milagres? Em todo caso, realizavam prodígios mal conhecidos e mal explicados, cabendo aos médicos distinguirem os fenômenos naturais dos outros tipos de fenômenos.[1]

A morte e o corpo constituem, por si mesmos, objetos de estudo científico, independentemente das causas da morte: estuda-se a morte antes de se lhe conhecerem as causas, e não apenas para as descobrir. O morto é examinado como mais tarde se examina o doente no leito. Trata-se de uma atitude estranha à medicina atual, em que a morte não é separável da doença, da qual é um dos dois términos, sendo o outro a cura. Hoje se estuda, portanto, a doença, e não a morte, exceto no caso muito especial, mais marginal do que os outros, da medicina legal.[2]

---

1 Utilizei a edição de Dresde e Leipzig, 1709.
2 Ver Foucault, *Naissance de la Clinique.*

O homem diante da morte

Esses dois livros vão, pois, nos falar da morte tal como a viam os médicos do século XVII. Garmann fica inicialmente impressionado pela semelhança entre a morte e o sono, como era convidado pelo lugar-comum da piedade e da literatura. O sono dá ao homem um conhecimento e uma comunicação com Deus de que ele não dispõe em estado de vigília. Existe, no sono e na morte, uma concentração da alma fora do corpo, em vez da alma estar difundida por todo o corpo. Esse fato leva à interrogação, ao mesmo tempo, sobre os poderes da morte e sobre o grau de separação da alma e do corpo. Tal questão, que se encontra no centro do propósito da medicina sobre a morte, constitui também uma das principais preocupações da época.

A morte é percebida como um fenômeno complexo e mal conhecido. Garmann opõe duas teses com respeito à natureza da vida. Ainda há vida conservada na *múmia,* de que os bálsamos afastaram os elementos de decomposição; acaba ao desaparecer o efeito dos bálsamos, quando então a natureza corruptora retoma seu império. *Ela é, portanto, exceção à natureza:* ideia muito importante que determinará secretamente uma visão nova da Morte.

A segunda tese, de acordo com a filosofia da Escola, é que a vida não é matéria nem substância, ela é forma: *ipissima rei forma.* É luz e origem [*initium formale*]; uma origem sempre dada de cada vez pelo Criador, como o fogo pelo sílex.

A oposição das duas teses se encontra no estudo do cadáver (*quid cadaver?*). A primeira tese, próxima daquela de Paracelso, é atribuída à medicina judaica, aos rabinos e aos médicos como Karman, Malhter e Cardan. O cadáver ainda é o corpo, e já é o morto. Não está privado de uma sensibilidade pela morte. Conserva um *vis vegetans,* um *vestigium vitae,* um resíduo de vida. Essa opinião se apoia em numerosas observações, relatadas desde Plínio até os nossos dias, sobre os testemunhos da epígrafe funerária, quando os epitáfios latinos pedem que a terra seja leve aos mortos. Outra autoridade é invocada no mesmo sentido, com uma curiosa má fé: a de Tertuliano. Os argumentos de Tertuliano, em favor da imortalidade da alma e da sobrevivência depois da morte são interpretados como se não se referissem à alma, mas ao corpo, sendo utilizados para demonstrar a existência de uma sensibilidade no cadáver.

Entre as observações relatadas, há a *cruentatio* do cadáver, isto é, o sangramento prodigioso do cadáver de um assassinado, quando posto em presença de seu assassino, fenômeno de simpatia e de antipatia. Conta-se, também, o caso de um senhor de alta categoria, cuja mulher acabara de morrer e que recomenda aos coveiros levarem-na suavemente, com receio de a magoarem! A superstição popular está convencida de que o corpo, depois da morte, ainda ouve e se lembra, sendo por isso recomendado não falar na sua presença mais do que é preciso, *"ad ejus necessitatem* [para se assegurar de que está bem morto, chamam-no várias vezes] *et honorem"*.

A segunda tese nega a sobrevivência do cadáver. Apoia-se em Scaliger, Gassendi e Sêneca. "A alma do homem não pode agir fora do corpo do homem." O corpo sem a alma já não é nada.

Eis aqui duas opiniões opostas. De um lado, os que acreditam na continuação, no cadáver, em certa forma de vida e de sensibilidade, pelo menos enquanto a carne estiver conservada e o corpo não se reduzir ao estado de esqueleto dessecado. Esses reconhecem, implicitamente, uma composição do ser que não se reduz à união do corpo e da alma. O povo, aliás, relutou durante muito tempo em admitir que a perda da alma privasse o corpo de qualquer vida.

Do outro lado, existe primeiramente a elite cristã ortodoxa, herdeira da ciência medieval, da escolástica, para a qual a reunião e separação da alma e do corpo prestam contas da criação e da morte, e em seguida dos espíritos que nos parecem hoje mais racionais, porque seu sentido crítico triunfou na ciência contemporânea.

Essa não é uma oposição apenas de duas comunidades de sábios, mas também de duas concepções da vida, elas próprias ligadas a duas atitudes existenciais. Devemo-nos perguntar se esses médicos terão feito uma escolha, e então por qual das duas teses. O assunto não está claro, sendo por essa razão que Garmann será condenado pelos autores das biografias médicas do final do século XVIII – bem aproximado dos homens de hoje – como um autor crédulo, que dá crédito às mais absurdas histórias: de fato hesita, não ousa tomar partido; o povo (no que chamamos folclore) é pela crença na sensibilidade do cadáver, mas os sábios desconfiam da tendência popular à superstição [*vulgus superstitione maxime implicatus*]. E, contudo,

O homem diante da morte

Germann constata que a favor dessa opção existem muitas observações dignas de fé; contenta-se em tomar algumas precauções: contando uma história extraordinária, acrescenta imediatamente um comentário cético e racional, no caso de suas reservas não o impedirem de dar todos os detalhes. Essa prudência era então moeda corrente para se defender ideias controversas arriscando-se ao mínimo.

De fato, Garmann esposa a tese da sensibilidade do cadáver. Essa permite-lhe explicar fenômenos bem conservados. Além do sangramento do cadáver na presença do assassino, fato que é suspeito, há casos seguros e bem demonstrados de movimento do cadáver. São, aliás, esses movimentos que tornam tão difícil o reconhecimento da morte, pois o morto mexe de forma diferente do vivo, mas ele se mexe: pelos, unhas e dentes continuam a crescer depois da morte (crença ainda disseminada em nossos dias); o suor ainda flui. A morte não impede a ereção do pênis, comum nos enforcados, de onde vem a crença na excitação sexual do enforcado. Contava-se, no século XVIII, que certos amantes procuravam os prazeres do início do enforcamento, contando recuperar o equilíbrio sexual *in extremis,* por vezes tarde demais. Quando despiram soldados mortos no campo de batalha, encontraram-nos, diz Garmann, no estado em que ficariam se o combate tivesse sido com Vênus. A ereção pode, aliás, ser obtida à vontade nos mortos. Basta injetar certo licor nas artérias.

As especulações sobre o cadáver se aproximam daquelas acerca da indivisibilidade do corpo. A vida pertence ao corpo inteiro ou a seus elementos que poderiam ser separados? É evidente que a doutrina da sensibilidade do cadáver implica a da indivisibilidade do corpo. Garmann relata casos de enxertos, bem conhecidos em seu tempo, de que dá referências e datas; um gentil-homem perdera o nariz na guerra, sendo nele enxertado outro; a operação foi bem-sucedida, e o nariz ficou bem em seu lugar até o momento em que, mais tarde, começou a apodrecer. Investigando, soube-se que esse acidente acontecera no momento da morte do doador: este, ao morrer, levou consigo seu nariz, mesmo separado e distante.

Esses fenômenos são naturais. Outros, em compensação, são certamente milagrosos, como os de mortos que andam ou que exalam odores, sinais certos de santidade. Outros são ambíguos e podem ser atribuídos

Philippe Ariès

à natureza, à credulidade popular, a uma falsa interpretação ou, ainda, ao milagre ou prodígio diabólico... Por exemplo, certos movimentos dos membros depois da morte: uma freira beija a mão de outra, morta, e a mão da morta responde apertando três vezes a da viva.

Também duvidosos, mas sérios e dignos de estudo aprofundado, são os casos de cadáveres que emitem sons – como os dos porcos – do fundo de seus túmulos; quando esses são abertos, descobre-se que os mortos devoraram o sudário as suas vestes, o que constitui terrível presságio de peste. Garmann consagra um longo capítulo de seu livro a esses cadáveres barulhentos e esfomeados. Tratava-se de fenômenos seminaturais, semi-demoníacos, como já se discute...[3] Nós devemos reter aqui não somente a passagem do natural ao sobrenatural, a dificuldade de distinguir o natural, o preternatural, às vezes diabólico, e o milagroso ou sobrenatural autêntico, mas principalmente a verossimilhança dos próprios fenômenos, por mais inauditos que sejam, que provam a existência de certa sensibilidade no cadáver: são comentados, não sem reservas e remorsos, mas finalmente aceitos.

Essa sensibilidade do cadáver tem consequências práticas não desprezíveis na vida cotidiana e, principalmente, constitui a origem de toda uma farmacopeia: os cadáveres fornecem a matéria-prima de remédios muito eficazes (porém sem caráter mágico). Assim, o suor dos mortos é bom para hemorroidas e as "excrescências"; o toque de mão do cadáver, a fricção com essa mão na parte doente podem curar, como aconteceu a uma mulher hidrópica, que levou a mão de um cadáver ainda quente a acariciar seu ventre [eis por que os anatomistas têm sempre as mãos em bom estado]. Uma série de remédios é destinada a curar o membro vivo pelo mesmo membro morto, o braço pelo braço, a perna pela perna. O crânio dessecado alivia o epiléptico (os ossos são absorvidos em forma de pó, por decocção). O *priapus* do veado é aplicado com bons resultados nos histéricos, mas ele também tem um poder *ad Venerem promovendam*, sinal aliás de uma relação entre a histeria e os delírios amorosos.

---

3 Ariès, *Essais sur l'histoire de la mort,* op. cit., p.123-5.

O homem diante da morte

Esses remédios são determinados pela aplicação, ao cadáver, de um princípio geral de simpatia e de antipatia, que implica um resíduo de vida nos corpos mortos. Esse princípio faz com que, se alguém tiver o azar de fabricar um tambor com peles de lobo e de cordeiro, a do cordeiro romper-se-á na primeira ressonância, com medo do lobo.

Plínio relatou que um ferido se curava comendo carne de animal, morto com o mesmo ferro que o golpeara. Do mesmo modo, o ferimento de uma flecha será tratado com uma compressa de cinzas de flechas. O ferro que matou um homem possui virtudes terapêuticas.

Os ossos também têm poder profilático. Recomenda-se trazê-los pendentes ao pescoço ou presos às roupas, não como um *memento mori,* mas por suas virtudes intrínsecas: passa-se do *memento mori,* desde o rosário feito de vértebras até chegar no amuleto profilático. Os soldados que trazem com eles o dedo de um soldado morto, sentem-se bem.

A terra dos túmulos, principalmente dos enforcados (sempre a mesma obsessão), é também rica em poderes terapêuticos (tanto para o homem, com para os animais). A proximidade de um cadáver acelera também o crescimento de uma planta, sendo mais férteis as terras impregnadas de ossos: o emprego de cadáveres como adubo, que a ciência moderna justifica, não está separado dos usos medicinais. A decomposição é fecunda; a terra dos mortos, como a própria morte, é fonte de vida: *exquisitum alimentum est.* Uma ideia que se tornará comum no século XVIII e início do século XIX, até a revolução de Pasteur.

A lista das propriedades benéficas do cadáver alonga-se até a beberagem afrodisíaca, composta de ossos calcinados de cônjuges felizes e de amantes mortos. As vestes dos mortos, mesmo um fragmento, curam as dores de cabeça e de *ani procidentia* [hemorróidas]; pelo menos era o que acreditavam os belgas.

Garmann chega a dar uma receita da *água divina* (assim chamada por suas virtudes maravilhosas), segundo T. Bartholin e J. Hirnhaim: pega-se o cadáver inteiro [*totum cadáver*] de um homem saudável, mas morto de morte violenta; corta-se todo ele em pedaços bem pequenos, carne, ossos e vísceras; mistura-se bem, reduzindo tudo a líquido no alambique. Essa água, entre muitos outros efeitos medicinais, permite avaliar, com segurança, a esperança de vida de um doente gravemente atingido: numa certa quantidade dessa água vertem-se três a nove gotas de sangue do doente, agitando-se a mistura suavemente no fogo; se a água e o sangue se misturarem bem, é sinal de vida; se permanecem separados, é indício de morte (faltando sangue, podem-se usar urina, suor ou outras secreções).

Esses remédios de cadáveres eram procurados e utilizados principalmente pelos pacientes ilustres, porque deveriam ser custosos e difíceis de preparar. Carlos II da Inglaterra bebeu durante sua última doença uma poção de 42 gotas de extratos de crânio humano!

Existem casos em que, contrariamente ao que se acaba de dizer, o contato do morto é nocivo. A mistura de ossos na cerveja torna cruel aquele que a bebe. O contato com um cadáver pode interromper a menstruação de uma mulher. Um prego de caixão, introduzido num vegetal, esteriliza-o. Plantas se destruíram com os vapores dos cemitérios. Reconhece-se aí uma observação que servirá, mais tarde, de argumento a uma campanha para a remoção dos cemitérios, mas os perigos são tratados aqui como caso particular de um fenômeno muito mais geral: a ação do cadáver sobre o homem e os seres vivos em geral.

Os efeitos úteis dos cadáveres prevalecem, sem dúvida, sobre os nocivos. Uns e outros são considerados naturais, a magia intervém pouco, e os casos de uso *ad veneficia magica* são raros. Utiliza-se, contudo, a mão direita de bebês prematuros, abortados e não batizados, ou um pergaminho feito com sua pele (lembremos o lugar das crianças mortas nas cenas de bruxaria de Goya). Conta-se ainda que uma vela de sebo humano permite encontrar tesouros escondidos.

Zacchia consagra um capítulo importante aos milagres, isto é, aos fenômenos sobrenaturais que o médico deve confirmar (curas milagrosas, epidemias ordenadas por Deus, flagelos de Deus). Entre os fatos considerados milagrosos, existem o dos corpos incorruptíveis [*De cadaverum incorruptibilitate*]. Mas, segundo a ambiguidade habitual dessa medicina, existem incorruptibilidades naturais e outras milagrosas. Assim percebe-se todo um tratado da corrupção dos corpos em que vemos quanto o assunto tem importância para o autor: uma importância prática nos processos criminais e na higiene pública; uma importância científica, porque a resistência do corpo à corrupção implica um resto de vida e de sensibilidade; uma importância sentimental enfim, e quase sensual, porque o próprio cadáver interessa e comove – nunca se deixa de falar nele.

Entre os casos de incorruptibilidade normal, existem os que se devem à arte: a evisceração com ou sem embalsamento, isto é, sem introdução de elementos aromáticos; ela é eficaz. Existem, também, casos prodigiosos, como o relatado por Karman, conhecido adepto da "sensibilidade" do cadáver, de um enforcado que ficara dois anos pendurado sem apodrecer. E há uma série de casos em que a conservação foi natural sem intervenção da arte, sendo explicada por vários fatores: tipo da doença, estação, idade do defunto. A incorruptibilidade pode, aliás, ser acompanhada dos fenômenos citados acima, entre os movimentos do cadáver: acontece que eles sangram, que transpiram.

O fator que mais chama atenção é o local da inumação. Existem terras que consomem e outras que conservam. Os minerais também: caixões de chumbo conservam, sendo por essa razão que grandes figuras os preferiram aos de outros materiais.

A profundidade da cova também influi. Profundamente enterrados, os corpos tornam-se *arida e sicca*, sendo conservados como "carnes defumadas". Diz-se, também, que os corpos expostos aos raios da Lua se decompõem depressa; é pelo menos o que diz Galien e que Zacchia relata sem lhe dar crédito.

Certos cemitérios eram famosos pela rapidez da desintegração, como o *mange-chair* [come-carne] dos Innocents, onde, conforme se dizia, ao fim de vinte e quatro horas o corpo era reduzido a ossos. Em compensação, outros cemitérios conservavam os corpos e os transformavam em múmias. Zacchia cita o caso de uma igreja de Toulouse – a dos Franciscanos –, de um *campum sanctum* em Roma – a igreja dos Capuchinhos da Imaculada Conceição, perto da Praça Barberini. No início do século XIX, segundo Emily Brontë, no pequeno cemitério de *O morro dos ventos uivantes,* "a umidade da turfa era conhecida por ter os mesmos efeitos do embalsamento sobre alguns corpos ali enterrados".[4] Foi uma terra dessa

---

4 Brontë, *O morro dos ventos uivantes.*

espécie que permitiu a conservação de uma *Mummia Danica,* observada por Thomas Bartholin: ao final de cinquenta anos, a carne ainda estava firme, a pele seca, a barba vermelha e os raros cabelos persistiam. O povo, fascinado por esses casos de conservação, explicava tal incorruptibilidade seja porque em vida a *Mummia Danica* fora executada por ordem real, seja porque tinha vivido em más relações com o cônjuge; em todo caso, a múmia era maldita. A conservação aparece aqui como punição. Em geral, a desintegração era procurada como um benefício; testadores do século XV que não podiam ser enterrados nos Innocents, pediam que um pouco de terra desse cemitério fosse posto em seus túmulos. Tinha-se a certeza de desaparecer depressa nos Innocents. Êxito da ideia do nada, do desprezo pelo corpo, que analisamos a propósito das vaidades nos dois capítulos precedentes.

Zacchia também faz referência ao caso de certa mão encontrada intata num túmulo em que o resto do corpo tinha desaparecido. O boato dizia que ela havia batido no pai ou na mãe. Eis por que ela permanecia como um sinal de infâmia. Mas "essas razões são sobrenaturais", pensa Zacchia, como a história de Bède, segundo a qual as crianças nascidas em certos dias do final de janeiro escapavam à corrupção.

Essas são, rapidamente esboçadas – pois a literatura é imensa e prolixa –, as ideias dos médicos do final do século XVII sobre os fenômenos cadavéricos, segundo Zacchia e Garmann. Reconhecendo ao morto uma espécie de personalidade, sugeriam que ele tinha alguma coisa do ser e ocasionalmente o manifestava.

No século XIX, a medicina abandonará essa crença e esposará a tese, segundo a qual a morte não existe em si: ela é a separação da alma e do corpo, deformação, não vida. A morte se torna exclusivamente negatividade. Não terá mais sentido fora da doença caracterizada, designada e catalogada, da qual é a última etapa. Contudo, ainda resta alguma coisa da medicina num artigo da *Revue française de médecine militaire* [Revista francesa de medicina militar] de 1860 consagrado à expressão do rosto dos soldados mortos no campo de batalha: um estudo muito sério da fisionomia dos cadáveres.

O homem diante da morte

Abertura do corpo e embalsamamento

Desse modo, os médicos substituíram os homens da Igreja, ou com eles rivalizaram, para traduzir o inexprimível, revelar os movimentos secretos da sensibilidade. Suas ideias circulam muito além dos círculos sábios: o conhecimento do corpo se estende a um vasto público de *litterati*.

Para alcançar esse conhecimento, recorreu-se à dissecação, costume já antigo nas faculdades de medicina, não apenas com a finalidade de observação científica, mas também por razões práticas, como a conservação dos corpos por artífices que não eram médicos.

Desde o século XIV, o corpo de certos grandes personagens foi tratado, a fim de permitir seu transporte para um lugar de inumação afastado ou, ainda, dividido e disseminado com destino a diversos túmulos. Começava-se por dividi-lo em pedaços, como um animal de caça; em seguida ferviam-se os restos, para separar as carnes e delas extrair as partes nobres, os ossos dessecados.

Essas técnicas não respondiam a uma vontade de conservação total, mas apenas de redução. Confessavam uma curiosa mistura de respeito em relação ao corpo, assim concentrado, e indiferença por sua integridade.

A partir do século XV, foram substituídas pelo embalsamamento com a finalidade de conservação. Essa prática se disseminou junto das pompas fúnebres das exéquias reais, grandes cerimônias de exaltação do sentimento monárquico e de fidelidade dinástica. O rei não morre. Imediatamente depois de seu último suspiro, era exposto como um vivo, num quarto onde um banquete era preparado, com todos os atributos de seu poder quando vivo. A conservação da aparência de vida era necessária para a verossimilhança dessa ficção, assim como o impedimento da decomposição era fisicamente imposto pela demora das cerimônias. O corpo assim preservado representava o papel em seguida retomado pela "representação" de cera e de madeira.[5]

O embalsamamento dos reis foi imitado pelos príncipes de sangue e pela grande nobreza. L. Stone constatou o quanto era geral na aristocracia

---

5 Giesey, op. cit.

inglesa do fim do século XVI e início do século XVII.[6] Ele o explica pela solenidade e a complicação dos funerais, pelas numerosas providências a tomar, e o longo tempo que separava o momento da morte daquele do enterramento.

Ora, L. Stone observa, na segunda metade do século XVII, uma diminuição das "aberturas" em relação a funerais mais rápidos e mais simples. Essa constatação não nos surpreende. Corresponde à evolução geral para a simplicidade, se não para a nudez, que analisamos no capítulo precedente. O exemplo apresentado por L. Stone ressalta a correlação entre a recusa de abertura e a rapidez: uma mulher em seu testamento pede que não a abram e que depois de sua morte a ponham "sobre a palha e dentro do chumbo *antes que ela fique fria*".[7]

No caso da nobreza francesa do século XVII, sabe-se com certeza que o embalsamamento também era praticado como tradição estabelecida. Se a ele se fazem poucas referências nos testamentos parisienses, é porque os testadores o consideravam uma prática de rotina. Era subentendido, cada vez que havia "túmulo de coração" e, por conseguinte, evisceração. Por vezes, era explicitamente mencionado nos casos em que o testador ordenava um transporte e uma estada prolongada antes da inumação. Assim, esse testamento holográfico de 1652:

> Quero e ordeno que vinte e quatro horas após minha morte meu corpo seja aberto, embalsamado e colocado num caixão de chumbo para ser levado, caso eu morra nesta cidade, ao convento dos R. P. Dominicanos [...] e ali depositado onde já se encontra o coração da minha querida e bem-amada esposa [que fora embalsamada], para ali serem conservados um e outro quinze dias ou três semanas, ou menos se for possível, e dali serem levados juntos para a minha igreja de Courson. Lá serão postos, também, um e outro no jazigo da minha capela.[8]

---

6 Stone, op. cit., p.579.

7 Ibid.

8 MC, LXXV, 80 (1652).

O homem diante da morte

Observa-se aqui uma diferença em relação ao testamento inglês citado por L. Stone. O testador francês não pede que o coloquem dentro de chumbo, antes de estar frio, mas após vinte e quatro horas, e a diferença tem sentido cabal: vemos aparecer aqui o temor de ser enterrado vivo, temor que vai se tornar obsessivo e que estará sempre ligado, desde então, às decisões referentes à abertura do corpo. Quando se especifica, no século XVIII, que haverá abertura, quando não se alega qualquer outra razão, a decisão parece inspirada pelo medo de ser enterrado vivo, tornando-se a abertura um meio como outro qualquer de verificação da morte: o abade Prévost, considerado morto, não recuperou a vida sob o escalpelo do anatomista?

A condessa de Sauvigny, em seu testamento de 1771: "Quero ser aberta [primeira precaução] 48 horas depois da minha morte [segunda precaução] e que me deixem durante esse tempo no meu leito [terceira precaução]".[9]

Chaptal conta como ficou enjoado da medicina:

> Um dia Fressine veio me anunciar [em Montpellier] que ele mandara levar um cadáver ao seu anfiteatro particular. Para lá nos dirigimos imediatamente; encontrei o cadáver de um homem que morrera [...] 4 ou 5 horas antes. Senti-me na obrigação de o dissecar, mas ao primeiro golpe do escalpelo sobre as cartilagens que seguram as costelas ao esterno, o cadáver levou a mão direita ao coração e agitou levemente a cabeça; o escalpelo caiu-me das mãos e fugi de terror.[10]

Contudo, a maioria das alusões à abertura é negativa: não era agradável despertar sob o cutelo do anatomista e havia outras maneiras de verificar a morte. Nesses casos, fala-se de abertura, para interditá-la: teme-se ser aberto ainda vivo. Foi assim que, em 1669, um testador especifica: "Declaro que minha intenção é que meu corpo seja velado o mais rápido possível antes de ser inumado, sem que, no entanto, o abram

---

9 MC, CXIX, 355 (1771).

10 Chaptal, *Mes souvenirs*, apud. Delaunay, *La Vie médicale des XVIe, XVIIe, XVIIIe siècles*, Paris, 1935.

para o embalsamento". Por sua vez, Elisabeth d'Orléans, filha de Gaston, princesa de sangue, destinada certamente por sua categoria a ser embalsamada, exige que seu enterro seja muito simples: "Proíbo que me abram e quero que me amortalhem só depois de vinte e quatro horas..." Interdição associada a um prazo de segurança e a provas para certificação da morte.[11]

Françoise Amat, marquesa de S. (1690): "Quero e recomendo que não me abram e que me deixem duas vezes vinte e quatro horas no mesmo leito".[12]

Mas, além dessas razões, surge uma preocupação que me parece nova: a da integridade do corpo. No testamento que redige em 1597, dois anos antes de sua morte em Madri, o duque de Terranova escolheu ser enterrado na Sicília – que, no entanto, deixara havia vinte anos –, "na igreja de San Domenico de Castelaetrana [convento fundado por seus ancestrais em 1440, com uma capela funerária familiar], no túmulo diante do altar onde está enterrada a duquesa, minha esposa bem-amada".[13] Apesar do longo transporte, ordena expressamente que seu corpo "não seja aberto para nele porem arômatas nem qualquer outra coisa, mas seja deixado tal e qual e assim amortalhado". Um ou dois séculos antes, quantas manipulações e preparações o nobre corpo deveria sofrer antes que seus ossos chegassem ao santuário siciliano! Entendemos aqui a ideia, já encontrada entre os médicos, do cadáver total possuidor de uma unidade e de um ser.

Uma terceira razão é invocada, desde o final do século XVII, para justificar a abertura, ou a recusa de abertura. A finalidade da abertura é então menos a conservação que o conhecimento científico e também, sob essa aparência, uma inquietação e curiosidade existenciais.

Em seu testamento de 1754, o duque de Saint-Simon explica-se sem rodeios. Depois de ter tomado as precauções de costume, para evitar uma falsa morte,

> quero que meu corpo [...] no final desse tempo [trinta horas sem ser tocado] seja aberto em dois lugares [dissecação parcial], a saber, desde o alto do nariz

---

11 MC, LXXV, 142 (1969).

12 Ibid.

13 Aymard, Une famille de l'aristocratie sicilienne, *Revue Hisiorique*, jan.-mar., 1972, p.32.

e garganta, até o fim do peito, a fim de descobrir, para utilidade pública, as causas deste entupimento que foi para mim uma verdadeira doença, e desses abafamentos estranhos de que sempre sofri.[14]

O corpo deveria em seguida ser transportado para sua igreja na província: muito provavelmente, terá sido eviscerado e embalsamado, mas nada mais se diz a respeito.

É bem possível que a abertura por razões pseudocientíficas tenha prevalecido no início do século XVIII. Thomas Green, no livro *The Art of embalming* [A arte do embalsamento],[15] publicado em 1705, deplora que "hoje as preparações anatômicas sejam o principal uso dessa arte [de anatomia]. E, no entanto, descreverei outro uso mais antigo e mais geral, que é a preservação integral do corpo humano [...], uso que teria caído (injustamente) em desuso e já não seria considerado como causa de despesas e aborrecimentos inúteis". A publicação desse livro pretendia provar que a preservação do corpo morto interessava novamente, embora houvesse outras maneiras de fazê-lo, além de embalsamamento: a escolha de um lugar de sepultura onde a terra tenha a propriedade de mumificar. Voltaremos ao assunto mais adiante. Por enquanto, permaneçamos no domínio da "preparação anatômica" e da curiosidade científica.

Certos testadores recusam a abertura apesar dos argumentos científicos que são invocados em torno deles. Eis um testamento de 1712:

> Primeiramente [logo após a profissão de fé e a recomendação da alma, entre os votos mais importantes], seja qual for a razão, proíbo que seja feita qualquer abertura em meu corpo, persuadido de que não se pode tirar indicação alguma para utilidade e conservação dos meus queridos filhos, a quem amo bastante para sacrificar por eles minhas aversões se eu acreditasse que isso lhes causasse o mínimo benefício.[16]

---

14 Testamento hológrafo do duque de Saint-Simon, *Mémoires*, 1754.
15 Citado por Stannard, op. cit.
16 MC, LXXV, 489 (1712).

Encontram-se os mesmos argumentos no testamento de Jean Molé, conselheiro no Parlamento de Paris, em 1723: "Desejo e quero que não seja feita abertura em meu corpo seja qual for a causa e a circunstância, mesmo pela vontade de prevenir quaisquer outros acidentes temporais".[17]

A anatomia para todos

Seria bem possível que, por falta de disposição contrária, o cirurgião da família praticasse uma discreta abertura num gabinete particular de anatomia. Na verdade, a anatomia não era útil só aos médicos e cirurgiões. Era também importante para o filósofo, como nos diz o autor do artigo "Anatomie", da *Encyclopédie*: "O conhecimento de si mesmo supõe o conhecimento do próprio corpo, e o conhecimento do corpo o de um encadeamento tão prodigioso de causas e efeitos, que nenhum leva mais diretamente à noção de uma inteligência totalmente sábia e todo-poderosa; ele é, por assim dizer, o fundamento da teologia natural". Importante também para os magistrados que, de outra maneira, seriam "obrigados a aceitar cegamente os relatórios dos médicos e cirurgiões", como peritos que são. Evidentemente, também necessária aos pintores e escultores, mas enfim a *todo homem,* a anatomia faz parte da bagagem indispensável ao homem culto. "Todo mundo tem interesse em conhecer o corpo." É um caminho para o conhecimento de Deus, o Deus do século XVIII:

> Não há pessoa a quem a estrutura e a imagem [das partes do corpo] não possam confirmá-la na crença de um Ser todo-poderoso. A esse motivo tão importante, vem se juntar um interesse que não é desprezível, o de ficar esclarecido sobre os meios de gozar boa saúde, de prolongar a vida, de explicar mais nitidamente a localização e os sintomas de uma doença ["o entupimento" do duque de Saint-Simon] e, quando a pessoa não se sente bem, de discernir os charlatães, de julgar, pelo menos de modo geral, os remédios prescritos... *O conhecimento da anatomia importa a todos os homens.*[18]

---

17 MC, CV, 1156 (1723).

18 O grifo é meu.

No *Journal d'un bourgeois de Paris pendant la Révolution* [Diário de um burguês de Paris durante a Revolução], Célestin Guittard de Floriban, o autor observa todos os dias o funcionamento de seu corpo e o registra com cuidado.[19]

Tem-se, portanto, interesse em ficar bem instruído sobre a anatomia. Deveria ser ensinada de maneira mais acessível,

> que houvesse em diversos hospitais dissectores bastante instruídos para bem preparar todas as partes juntas e separadas de diversos cadáveres, e que fosse permitido ir a esses lugares todos que são obrigados por estado ou que são levados pela curiosidade a se instruir [...]. Seria mesmo o suficiente para os que não procuram se aprofundar, e creio que poderiam ser dispensados de trabalhar eles mesmos nessas dissecações.[20]

O uso permitiu que a palavra entrasse muito cedo na língua familiar. Segundo o dicionário de Furetière, "diz-se proverbialmente que uma pessoa se tornou uma verdadeira anatomia quando ficou tão magra por causa de doença prolongada, que a tomariam por um esqueleto".

A poesia barroca empregava essa expressão, assim diz Agrippa d'Aubigné:

Je mire en adorant dans une anathomye
Le portrait de Diane entre les os.[21]

Ou ainda Chassignet:

Je présente icy comme une anatomie
Le coeur sans battement, la bouche sans souris,
La teste sans cheveux, les os allangouris.[22]

---

19 Aubert (ed.) *Journal de Célestin Guittard de Floriban, bourgeois de Paris sous la Révolution.*

20 Artigo "Anatomie", da *Encyclopédie.*

21 [Contemplo adorando numa anatomia / O retrato de Diana entre os ossos.] (N. T.)

22 [Apresento aqui como uma anatomia / O coração sem abatimentos, a boca sem sorriso, / A cabeça sem cabelos, os ossos enlanguescidos.] (N. T.) J. Rousset, op. cit., p.10.

Um pretendente um pouco tolo, mas que se conformava aos costumes, costumes que Molière e alguns outros começavam a ridicularizar, Thomas Diafoirus, oferece à sua noiva Angélique um desenho de anatomia e a convida para um encontro de dissecação. A lição de anatomia, tantas vezes reproduzida na gravura e na pintura do século XVII, era, como as defesas de teses e o anfiteatro dos colégios, uma grande cerimônia social, em que toda a cidade se encontrava, com máscaras, refrescos e divertimentos.

Por outro lado, conjuntos de gravuras de anatomia, longe de serem obras técnicas reservadas exclusivamente aos especialistas, faziam parte dos belos livros procurados pelos bibliófilos. Como observou A. Chastel, "essas gravuras, em sua disposição, inspiram-se muitas vezes em quadros ou em esculturas célebres: os esqueletos e os esfolados adotam poses de figuras de Rafael ou de Michelangelo ou de autores da Antiguidade".[23] Constituem também vaidades do mesmo tipo das que analisamos no capítulo precedente, sermões sobre a morte, meditações sobre o nada, a fuga do tempo: "Apresentam-se em clima moralizante com inscrição explícita [...] por exemplo [...] o esqueleto-coveiro apoiado sobre a pá". Enfim, a lição de anatomia serve de pretexto para um retrato de grupo, no lugar da cena religiosa onde aparecem os doadores, um sinal a mais na substituição das coisas da alma pelas do corpo. "O retrato de grupo é perfeitamente unificado pelos circunstantes e, podemos acrescentar, pelo vigor do sentimento que parece lançar os assistentes numa meditação sobre a estranheza do organismo e sobre o mistério da vida".[24]

No século XVIII, queixavam-se de que os jovens cirurgiões não conseguiam dispor de muitos corpos, por causa da concorrência das dissecções *particulares,* isto é, feitas fora do ensino médico, que eram ministrados nos anfiteatros públicos das universidades ou nos anfiteatros privados, então numerosos.

---

23 Chastel, *Revue du XVII* *siècle,* 1957, p.288-93.
24 Ibid.

O homem diante da morte

As dissecações particulares, os raptos de cadáveres

A dissecação se tornara uma arte da moda; um homem rico, curioso das coisas da natureza, podia ter em sua casa um gabinete privado de anatomia, bem como um laboratório de química. Mas era preciso abastecer esse gabinete! É o que explica esta frase da *Encyclopédie,* no artigo "Cadavre": "As famílias querem que um morto desfrute, por assim dizer, suas exéquias e não suportam, ou muito raramente, que ele seja sacrificado à instrução pública; *no máximo elas permitem, em certos casos, que o morto seja sacrificado para sua instrução ou ainda para sua curiosidade particular".* É o sentido de certas cláusulas testamentais.

Temos alguma ideia dessas dissecações particulares graças a um romance muito casto do Marquês de Sade, *La Marquise de Gange* [A Marquesa de Gange] (1813). O tema foi extraído de uma célebre crônica jornalística. A marquesa fora raptada por amigos de seu marido e ficara presa numa sala de um "castelo antigo". Eis aqui o romance *noir* com torreão, alçapões, jazigos e túmulos.

> Cruelmente agitada, ela percorria aquela grande sala [...] quando se deparou com uma pequena porta entreaberta. Ainda era noite [apenas "alguns raios tênues de uma pálida lua"]. Ela corre para a porta [...]. Um lampião bruxuleante lhe permite entrever o gabinete servido pela porta que acaba de descobrir; ela entra... Mas que horrível espetáculo se apresenta aos seus olhos! Vê sobre uma mesa um cadáver entreaberto, quase inteiramente dilacerado, no qual acabara de trabalhar o cirurgião do castelo, *dono daquele laboratório,* que ele havia deixado para ir se deitar, transferindo para o dia seguinte a continuação da dissecação.[25]

Era um gabinete de anatomia, tal como um amador esclarecido e rico podia ter. O uso remontava ao século XVI, pelo menos na Itália, como deixa perceber este texto de 1550, que dá voz à morte:

---

25 Sade, *La Marquise de Gange,* p.238.

Philippe Ariès

Fui muitas vezes tentada [...] a entrar no quarto dessas pessoas que praticam a anatomia [*notomia*] do corpo morto e reúnem os restos dos ossos [um belo esqueleto], a fim de ornar seus aposentos, para me revestir desses osso, despertá-lo no meio da noite e apavorá-lo, a fim de que eles percam para sempre o hábito de transportar para suas casas os despojos dos cemitérios, esses troféus das minhas vitórias.[26]

Nesse texto passamos do triunfo da morte ao gabinete de anatomia. Podemos imaginar um desses gabinetes pelo que ainda subsiste na Nápoles do século XVIII; o do palácio do príncipe Raimondo di Sangro (1710-1771). Segundo seu epitáfio, ele se teria distinguido em todas as suas empresas, em especial na ciência militar, na disciplina da infantaria, na matemática, na medicina e no que poderíamos chamar de biologia, mas uma biologia misteriosa e excitante: *in perscrutandis reconditis naturae arcanis* (sempre essa noção de segredo que é preciso vencer, como se tal natureza se defendesse e pudesse se defender). O gabinete comunicava com a capela, sendo na sacristia da capela que estão os túmulos da família e algumas obras de arte, aliás estranhas e "mórbidas", alguns homens com veias e músculos aparentes, ou esfolados, vestígios do célebre gabinete, ainda hoje conservados. Sem dúvida, ali "se abria", e os cadáveres "despedaçados" lá ficavam como no castelo onde Mamade de Gange fora encerrada.

Esses laboratórios da morte impressionavam a imaginação. Se pareciam misteriosos e perturbadores, não era pela raridade das experiências, porque se dissecava muito (um médico de Aix, que mais tarde se tornou médico de Luís XVI, gabava-se de ter aberto 1.200 cadáveres), mas antes por causa da vertigem que se apoderava do homem diante das fontes da vida.

O Marquês de Sade imaginou o cenário de um gabinete de anatomia para a fantástica galeria do grão-duque de Toscana:

---

26 Ringhieri, Dialoghi della vita et della morte, 1550, apud Tenenti *Il senso...* op. cit., p.327, 357. Ver também, Chastel, Le Baroque et la Mort, *III Congresso Internacional de Estudos Humanistas*, Roma, p.33-46.

O homem diante da morte

Uma ideia bizarra foi executada nesta sala. Vê-se ali um sepulcro cheio de cadáveres sobre os quais se podem observar diversos graus de decomposição, desde o instante da morte até a destruição total do indivíduo. Essa sóbria execução é de cera colorida e de modo tão natural que a própria natureza não poderia ser mais expressiva nem mais verdadeira.[27]

Existia esse tipo de maquete de cera para representar os pestilentos. Os esfolados substituem, no século XVII, os trespassados dos séculos XV e XVI, desaparecidos no século XVII. Contudo, os esfolados tomaram outro sentido. São cada vez menos *memento mori*, e cada vez mais interrogações confusas e inquietas sobre a natureza da vida (por exemplo, o esfolado que se ergue na fachada do Duomo de Milão).

Era preciso um grande número de cadáveres para atender à solicitação provocada por tal "paixão da anatomia" – a expressão é de Sébastien Mercier. Os cadáveres eram disputados. Por isso a literatura está cheia de histórias de roubos de cadáveres nos cemitérios. Tinham prazer em contá-las, por razões que as necessidades de ordem econômica do mercado não seriam suficientes para explicar. Tais histórias impressionavam.

Mas, nem tudo era imaginação nesses relatos. Os inquéritos, de Joly de Fleury, no final do século XVIII, falam muito seriamente de casos reais de roubos de cadáveres: era preciso vigiar os cemitérios "para evitar o abuso da venda de cadáveres".[28] Os santos princípios

reclamam também a proteção da autoridade de vosso ministério para pôr termo a um roubo tão escandaloso quanto aflitivo para as almas sensíveis. Durante este inverno (1785-86), realizaram-se, nesse cemitério [cemitério de Saint-Jean], várias retiradas de diversos corpos de uma vez, para entregá-los à dissecação pelos alunos de cirurgia desta capital, ato cuja supressão os suplicantes pedem com insistência. Todo o bairro protestou contra esse atentado que revolta a humanidade e fere a religião. Apresentaram queixa à fábrica da igreja de Saint-Eustache, que respondeu nada ter com o fato

---

27 Sade, *Juliette*, p.21.
28 Mercier, *Tableaux de Paris*, t.9, p.177-8, 139-41.

[resposta bem fria], que competiria antes ao ministério público. Os jardineiros que cultivam os terrenos vizinhos desse cemitério [aberto, porque os muros tinham em parte desmoronado], dirigiram-se ao comissário para preveni-lo desses roubos e do prejuízo que sofriam nas suas culturas. Os roubos não foram interrompidos. Na noite de quinta para sexta-feira, 12-13 de janeiro de 1786, foi cometido, na vala atualmente em uso, o roubo de sete corpos grandes e de três crianças, tirados e levados por seis homens para dois lugares, nesses mesmos pântanos.

Sébastien Mercier descreve tais roubos: "Eles [os jovens cirurgiões] reunir-se-ão em número de quatro, tomarão uma tipoia, assaltarão um cemitério. Um luta com o cão que guarda os mortos; o outro com uma escada desce à vala; o terceiro está montado no muro, lança o cadáver; o quarto o apanha e o põe na tipoia". O cadáver é transportado a um celeiro. "Ali é dissecado por mãos aprendizes e, para esconder os despojos da vista dos vizinhos, os jovens anatomistas queimam a ossada. Aquecem-se durante o inverno com a gordura dos mortos."[29]

O mesmo ocorria também em Londres. Em 1793, um jovem emigrado francês, René de Chateaubriand, vivia num *garret* [sótão] cuja lucerna dava para um cemitério. "Todas as noites, a matraca do *watchman* [guarda] anunciava-me que acabavam de roubar cadáveres."[30]

A opinião pública se comovia, por vezes, em consequência de descobertas que lhe pareciam sinistras. Em 1734, escreve Barbier:

Foram depositadas nestes dias, no necrotério do Châtelet, quinze ou dezesseis criancinhas mortas... esse espetáculo atraiu uma multidão e assustou o povo [...]. Como se teriam encontrado todas essas crianças juntas no mesmo momento? [...]. Diziam que era o médico do Jardin Royal que reunira todas essas crianças mortas na casa do cirurgião [o próprio médico não disseca] para fazer anatomias. Os vizinhos, tendo sabido disso,

---

29 BN, Dossiê Joly de Fleury, op. cit.
30 Chateaubriand, *Mémoires d'Outre-Tombe*, t.2, p.122.

O *homem diante da morte*

apresentaram queixa. O comissário retirou as crianças e a coisa foi esclarecida pelo médico.[31]

Aproximação de Eros e Tânato na Era Barroca

O êxito quase mundano da anatomia não se explica somente pela curiosidade científica. Nós bem o sabemos; responde a uma atração pelas coisas mal definidas, no limite da vida e da morte, da sexualidade e do sofrimento, sempre suspeitas às moralidades claras dos séculos XIX e XX, que as colocaram numa nova categoria, do nebuloso e do mórbido. Essa categoria, nascida no século XIX de uma aproximação entre Eros e Tânato, começara no final do século XV ou no início do século XVI, e se enriquecera durante a primeira metade do século XVII. Deixemos, então, o mundo dos fatos reais, como eram as dissecações nos gabinetes de anatomia, para entrar no mundo denso e secreto do imaginário.

Se, por um lado, as danças macabras dos séculos XIV e XV eram castas, as que foram criadas no século XVI eram ao mesmo tempo violentas e eróticas: o cavaleiro do Apocalipse, de Dürer, está montado num animal ético que só tem pele, mas essa magreza faz ressaltar a força dos órgãos genitais, por um contraste certamente desejado. Em Nicolas Manuel, a morte não se contenta em designar uma mulher, sua vítima, aproximando-se dela e levando-a por sua exclusiva vontade; viola-a e mergulha a mão em seu sexo. A morte já não é o instrumento da necessidade; está animada por um desejo de fruição, sendo, ao mesmo tempo, morte e volúpia.

Outra série de imagens é a do jardim dos suplícios. O erotismo não aparece ali de forma tão flagrante. A inspiração é inocente e espiritual, mas a realização, o estilo e os gestos traem as emoções inconfessadas, provocadas pela mistura do amor e da morte, do sofrimento e do prazer, o que se chamará de sadismo. Do século XVI ao XIX observa-se uma renovação do sadismo, inconsciente nos séculos XVI e XVII, confessado e deliberado nos séculos XVIII e XIX.

---

31 *Journal de Barbier*, t.2, p.453.

É interessante observar como os temas mudam no século XVI e se impregnam, então, de uma sensualidade anteriormente desconhecida. Comparemos o mesmo tema, o martírio de Santo Erasmo, nos séculos XV e XVII.

Na pintura flamenga, que tem a tranquilidade da miniatura (Thierry Bouts), um carrasco consciencioso enrola, em torno de uma manivela, os intestinos de Santo Erasmo, diante do imperador e sua corte. Tudo é pacífico; cada um faz seu trabalho sem pressa nem violência, sem paixão, com uma espécie de indiferença. O próprio santo assiste a seu suplício como um estranho, como o moribundo do primeiro *ars moriendi* assistia à própria morte. Nada vem perturbar a tranquilidade da cena.[32]

Na tela de Oragio Fidani (Pitti, Florença) que trata do mesmo tema no século XVII, o Santo está estendido perpendicularmente ao plano do quadro. Ele é, portanto, visto em perspectiva, como acontece muitas vezes ao cadáver da lição de anatomia, ou no corpo de Cristo descido na cruz. Existe uma relação entre a profundidade da perspectiva e a violência da cena. Um carrasco abre o baixo-ventre do mártir e retira dele as vísceras. Não é o enrolamento de T. Bouts, e sim um início de dissecação num corpo vivo. Os carrascos são rapagões nus, com músculos poderosos e dorsos recurvados pelo esforço. Os mesmos personagens, a mesma cena, mas outra sensibilidade, onde a excitação representada e provocada nem sempre é de natureza religiosa e não convida exclusivamente à devoção.

Outra comparação, esta literária, é proposta por J. Rousset. Trata-se de duas descrições de uma mesma cena, o suplício dos Macabeus — uma ainda pré-barroca, a outra barroca.

Eis como J. Rousset as comenta. A primeira é um assassinato na tragédia de Garnier, *Les Juives*.[33] "Em Garnier, o assassinato é contado em alguns versos polidos e contidos":

---

32 Bouts, *Le Martyre de Saint Erasme*, Louvain, Igreja de São Pedro. Observa-se a mesma placidez dos carrascos e das vítimas, no martírio de Santo Hipólito do mesmo pintor em Bruges, no esfolamento do juiz prevaricador de Bérard Dou em Bruges.

33 Rousset, op. cit., p.82-3.

Cette parole à peine il avait achevée

Que la teste lui est de son col enlevée

La sang tiède jaillit qui la place tacha

Et le tronc immobile à terre trébucha.[34]

"É calmo e linear como um martírio do Angélico." A partir dos mesmos dados, Virey de Gravier vai construir todo um aparato de tortura...

Il faut que sur la roue à cette heure on l'estende,

[...] et qu'à ses pieds on pende

Deux fers qui soient gross [...]

En lui tirant ainsi les entrailles par force [...]

Qu'on lui coupe la langue avecque un couteau

Et qu'on l'écorche après, tout ainsi comme un veau.[35]

Uma pintura de Menescordi (1751-1776) representa, sobre os muros de uma capela de confraria, a Scuola Grande dei Carmini, em Veneza, o mesmo martírio dos Macabeus. Cenas de torturas: um dos Macabeus é escalpelado, sendo-lhe arrancada a cabeleira pela tração de uma manivela, enquanto o carrasco se apronta para terminar a operação com o escalpelo. Outro observa, com a precisa atenção de um técnico, o corpo que vai esfolar.

O esfolamento, técnica de anatomista, é o suplício popular do século XVII, não apenas o de São Bartolomeu, padroeiro dos sapateiros justamente por causa da pele que lhe foi retirada, mas também o de seu homólogo pagão Mársias, esfolado por Apolo, ou ainda o suplício do juiz prevaricador, tema tirado de Heródoto e pintado por Thierry Bouts.

---

34 [Essa palavra, apenas a tinha acabado / Que a cabeça lhe era arrancada do pescoço / O sangue morno jorra, que o lugar manchai / E o tronco imóvel em terra caiu.] (N. T.)

35 [É preciso que na roda, nesta hora o estiquem, [...] e que a seus pés suspendam / dois ferros que sejam muito grossos [...] / Tirando assim suas entranhas à força [...] / Que lhe cortem a língua com uma faca / E que o *esfolem* depois, tal como a um bezerro.] (N. T.)

De um suplício a outro, é todo o martirológio que se é convidado a percorrer, representado à força de gritos e de gestos nos muros barrocos, ou descrito nas vidas dos santos. Caso, por exemplo, de São Lourenço sobre a grelha, cujo relato, segundo *Fios sanctorum,* publicado na Espanha em 1603, J. Rousset comenta: "Os carrascos se atarefam preparando a grelha, acendendo o fogo, arrancam as vestes do santo, desnudam um corpo esfolado [também!] e o lançam no fogo ardente. O tirano, olhos injetados de sangue, esgares de rosto e espuma nos lábios, brada de alegria sádica. Os empregados atiçam as chamas".[36]

Outro exemplo é o de Santa Ágata, de Cavallino (1622-1654), mergulhada na água em êxtase amoroso e místico ao mesmo tempo. Ela está quase desmaiada de prazer, e cobre com as duas mãos o peito sangrento, de onde lhe foram arrancados os seios: seios redondos e cheios, que são apresentados sobre uma bandeja. Ou ainda São Sebastião, protetor da peste, e tipo de beleza masculina: do século XVII ao século XIX de Delacroix, sua beleza e sofrimentos provocam a emoção das santas mulheres, cujas mãos suaves retiram-lhe as flechas do corpo delicado, com gestos semelhantes a carícias.

R. Gardenne chamou-nos a atenção para a obra do bom bispo Camus. Um dos títulos é sugestivo: *Les spectacles d'horreurs* [Os espetáculos de horrores].[37] Foi, em 1630, uma coletânea de relatos tétricos que, com diferença de perversidade, anunciam os do final do século XVIII. Os suplícios nela relatados são numerosos: "Aqueles dois desesperados, suspensos pelos pés segundo ordem da justiça, serviram durante muito tempo de exemplos de horror aos que os contemplavam e finalmente [quando apodreceram] não tiveram outra sepultura que não a dos asnos". Uma das narrativas é intitulada: "Os mortos amontoados". R. Gadenne fez o recenseamento dos mortos em Camus: 38 por assassinato, 33 por suplício, 9 por suicídio, 24 por acidente, 19 por causas diversas (8 de medo, 6 de dor, 1 de fome, 4 abatidos por animais). Apenas 3 morreram de morte natural.[38]

---

36 Rousset, op. cit., p.88.

37 Gadenne, Les spectacles d'horreur de P. Camus, *Revue du XVIIᵉ siècle,* n.92, p.25-36.

38 Ibid.

O homem diante da morte

Encontram-se em Camus histórias dignas das narrativas de Garmann em *Miracles des morts,* como a das três cabeças de vitelo vendidas por um açougueiro a um assassino, as quais se transformaram, então, em cabeças de homens para acusarem o assassino, e só recuperaram sua forma original quando lhes fizeram justiça e o criminoso foi enforcado.

Esse encadeamento de catástrofes e de dramas sugeriu a R. Gadenne "justificar que Camus fosse considerado o precursor de um Prévost ou de um Sade".

A morte deixa de ser um acontecimento pacífico: já vimos, apenas três de todas as mortes de Camus são naturais. Também já não é um momento de concentração moral e psicológica como a da *ars moriendi.* Não é separável da violência e do sofrimento. Não é mais *finis vitae,* mas "extirpação da vida, longo grito arquejante, agonia despedaçada em múltiplos fragmentos".[39]

Essas violências excitam os espectadores e estimulam forças elementares, cuja natureza sexual parece hoje evidente.

Durante muito tempo, os historiadores, salvo Mário Praz e André Chastel, recusaram ver o que, no entanto, excitava os olhos de Pauline, a heroína de P.-J. Jouve em 1880, que fornecerá o melhor comentário dos suplícios barrocos:

> Pauline, ainda jovem, apreciava principalmente os suplícios dos santos. Ia à igreja para vê-los sofrer. Contemplava mártires [...]. Em muitas outras igrejinhas [italianas] escondidas nos bairros populosos, só se ouviam ruídos de soluços, gotejar de sangue, agonia e finalmente beatitude no rosto do santo. Pauline não sabia o que era pintura e jamais lia poesias, mas adorava uma imagem que possuía com amor emocionado, imenso e todo interior: o êxtase de Santa Catarina de Siena pintado por Sodoma. Santa Catarina se prostra de joelhos. Sua mão ferida pelo estigma pende, repousa castamente no cavado das coxas. Como se mostra mulher, a pura imagem, a religiosa, essas largas ancas, esse suave peito sob o véu e esses ombros... o cavado das coxas significa o amor... É uma ideia de Satanás.

---

39 Rousset, op. cit., p.84.

A Santa Catarina de Sodoma lembra as santas mulheres desfalecidas de Bernini, em Roma, a célebre Santa Teresa da igreja de Notre-Dame de la Victoire ou a Santa Ludovica Albertoni de San Francesco, em Ripa. Outras quiseram parecer-se com ela e figurar na mesma atitude, em seus túmulos (Aurora Bertiperusino em San Pantaleo, em Roma), atitude de desfalecimento sensual, depois do ápice extremo da volúpia que golpeia como a flecha do anjo.

Tais êxtases místicos são êxtases de amor e de morte. Essas virgens santas morrem de amor, e a pequena morte do prazer é confundida com a grande morte corporal:

Douce est la mort qui vient en bien aimant.[40]

A confusão entre a morte e o prazer é tal, que a primeira já não impede o segundo, mas pelo contrário o exalta. O corpo morto se torna, por sua vez, objeto de desejo.

Outro exercício, a comparação dos dois estados de um mesmo tema, como já tentamos fazer para Santo Erasmo ou para os Macabeus, vai nos permitir situar a época em que nasce esse erotismo macabro. O estado *ante* nos é dado por um poema latino de Poliziano, inspirado na morte da bela Simonetta, a amiga de Giulio de Médici.[41] Ela morreu jovem. O Amor a vê estendida sobre o caixão, rosto descoberto, conforme o uso italiano nos funerais. Seu rosto inanimado ainda parece desejável e belo: *Blandus et exanimi spirat in ore lepos.*

Tão belo, que o Amor pensou que a morte nada poderia contra ele. A jovem ainda será sua, embora inanimada, acredita ele. Mas, infelizmente, ele não se engana; sabe, no mesmo instante, que nada tem a esperar. Apenas o tempo de dizê-lo, e já cai em pranto. *Dixit et ingemuit.* O Amor compreendeu que o momento da morte não podia ser o do triunfo, mas apenas o das lágrimas.

---

40 Doce é a morte que vem no êxtase amoroso. [Trad. aproximada. (N. T.)]

41 Citado por Spitzer, The problem of latin Renaissance poetry, *Studies in Renaissance*, n.2 (Indicado por O. Ranum).

O homem diante da morte

No século XVII, ao contrário, cultivar-se-á a ilusão. O amor persiste, mas já não é exatamente a beleza do corpo vivo que se continua a amar. É uma beleza nova, ornada de outros atrativos – a beleza da morte.

Da morte, a grande época macabra do século XV nada mais reterá que a decomposição, a destruição dos tecidos e o formigamento subterrâneo dos vermes, das serpentes e dos sapos. A partir do século XVI, a atenção e todas as emoções que ela supõe se transferiram para os primeiros sinais da morte. Os pintores procuraram, com deleite, as cores pelas quais o corpo tocado pela morte se distingue do corpo vivo, e traduzem os sinais ainda discretos da decomposição: os verdes que a pintura do século XV não conhecia. Um Lesueur do museu de Rennes mostra Agar no deserto, diante de seu filho que o Anjo vai reanimar. Por certo, a ressurreição terá todas as características de autenticidade desejadas por Zacchia, porque o corpo do filho já está verde.

Os mesmos tons lívidos e fúngicos são procurados por Rubens, para uma Medusa ou uma Descida da cruz,[42] sem vontade de expressar o horror, dir-se-ia quase pelo prazer e a suntuosidade da cor. Uma tela bolonhesa de Donato Creti (1671-1749) representa Aquiles, nu, arrastando atrás da sua carreta o cadáver de Heitor.[43] O contraste entre o vivo e o morto é impressionante.

A necrofilia do século XVIII

Desde então, os primeiros sinais da morte deixaram de inspirar horror e fuga, mas amor e desejo como já se pode ver muito bem no Adônis de Poussin. Todo um repertório de formas, de atividades, toda uma paleta de cores se aperfeiçoam, refinando-se até o início do século XIX.

O melhor comentário dessa pintura já "mórbida" nos será dado não por historiadores intimidados, mas por um autor de romance tétrico. Desta vez, trata-se de um autor do início do século XIX, Charles Robert

---

42 Museu de Viena.
43 Museu de Bolonha.

Maturin,[44] que em seu *Melmoth the Wanderer* (1820) conta a história de um belo jovem que vendeu seu sangue para salvar a família da miséria. Infelizmente, a veia foi mal ligada e ele morreu de hemorragia. O autor descreve o aspecto do belo cadáver que lhe faz lembrar todos os magníficos cadáveres da pintura recente:

> Essa *beleza cadavérica* [*corpselike beauty*], que a luz da lua tornava digna do pincel de um Murillo, de um Rosa ou de algum desses pintores que, inspirados pelo *gênio do sofrimento, deleitavam-se* [*a delight*] em representar as formas humanas mais delicadas nos extremos da *agonia*. Um São Bartolomeu esfolado com a pele pendente como um elegante drapeado, um São Lourenço queimado sobre a grelha, expondo uma *bela anatomia* entre os *escravos nus* que atiçavam o fogo.

Nenhuma dessas obras "valia aquele corpo jazente sob a lua que o encobria e o descobria meio a meio". O mesmo autor extasia-se, mais adiante, sobre a beleza de um jovem torturado: "Nenhuma forma humana jamais foi tão bela..."

Pintores do fim do século XVIII e do início do século XIX não hesitarão em sublinhar a ambiguidade que seus antecessores do século XVII expressavam com mais discrição ou, simplesmente, inconsciência.

Numa tela de W. Etty, do museu de York, Hero lança-se cheia de paixão sobre o corpo de Leandro afogado, que o mar reconduz à margem e que um tom de marfim opõe à frescura rosada da pele viva. Uma Brunhilde de Fuseli, envolvida numa roupa transparente que lhe acentua a nudez, está estendida sobre um leito e contempla o homem que ela mandou suplicar; Gunther está nu, mãos e pés amarrados juntos por uma mesma corda, os músculos tensos.[45] As obras de Fuseli e de Etty são exemplos, entre muitos outros, dos sentimentos que o corpo morto e o belo supliciado evocam. No mundo do imaginário, a morte e a violência encontraram o desejo.

---

44 Apud Praz, *The Romantic Agony*, p.120.
45 Fuseli, *Brunhilde*.

O homem diante da morte

Como a pintura, o teatro do século XVII, inglês ou francês, revela uma inclinação para as cenas de túmulos e para o tema do falso morto que desperta.[46]

Naturalmente, não se trata de uma completa inovação. Desde a Idade Média, os lugares de sepultura eram demasiado familiares e muito ligados à vida cotidiana para que, por exemplo, os narradores não os utilizassem ingenuamente e sem segundas intenções perturbadoras, ao sabor de sua fantasia. Túmulos e cadáveres já enchiam a literatura licenciosa medieval, mas é preciso compreender como, no século XIV de Boccacchio, um monge libidinoso e quase feiticeiro livra-se, pelo tempo que desejar, de um marido ciumento, fazendo-o beber um licor que lhe dá a aparência de morto. Assim, o enterram "com as cerimônias habituais". No dia em que a mulher fica grávida e é preciso acabar com isso, o falso morto ressuscita e sai de seu túmulo (terceiro dia, novela VIII). Outra vez, sempre no *Decameron,* uma dessas mulheres de imaginação inacreditavelmente inventiva quer pôr à prova seus dois amantes. Ordena a um deitar-se no fundo de um caixão, no lugar de um morto que acabara de ser ali depositado, e ao outro raptar o falso morto na escuridão da noite (nono dia, novela I).

Nesses casos, o túmulo não é um mobilizador de emoções, mas o instrumento banal de um subterfúgio. E, no entanto, em certa ocasião desponta um forte desejo capaz de aproximar um vivo de um cadáver. Uma jovem mata-se, segurando bem apertado, contra o seu, o coração ainda fresco do amante, que o pai lhe manda entregar numa taça de ouro (quarto dia, novela I).

Outra jovem sabe em sonho que o amante acaba de ser morto e o lugar onde foi enterrado. Dirige-se à sepultura, tira a cabeça do cadáver (não se temiam então esses desmembramentos violentos), coloca-a no fundo de um grande vaso de jardim e, finalmente, planta aí um pé de manjericão que ela rega com suas lágrimas e que se desenvolve magnificamente (quarto dia, novela V).

---

46 Rousset, op: cit.; Spencer, op. cit.

Esses pedaços de cadáveres são, contudo, da mesma natureza que as relíquias santas, perpetuando uma lembrança carnal mais do que provocando e aumentando o desejo.

Mais estranho à primeira vista e mais próximo do erotismo moderno parece este outro conto de amor e de morte: uma mulher é considerada morta depois de um acidente de gravidez. Foi logo devidamente enterrada. Um cavaleiro, que a amara na juventude e que ela rejeitara, julgou a ocasião boa para lhe roubar uns beijos. Abre o túmulo e beija-lhe o rosto, molhando-o de lágrimas. Vem-lhe o pensamento de não ficar só nisso. "Por que", diz consigo mesmo, "não lhe tocarei o peito, já que estou aqui? Será pela primeira e última vez." Mas percebe que ela está viva. Interrompe, então, as carícias, como se o desejo o tivesse abandonado. Com respeito, tira a mulher do túmulo, leva-a para a casa da mãe, onde ela dá à luz, e depois a entrega com a criança ao marido, tornando-se amigo da família (décimo dia, novela IV). Podemos sentir aqui a passagem, sutilmente perceptível, da familiaridade com os mortos para o erotismo macabro, mas como também esse erotismo seca ainda em sua fonte.

No teatro do século XVII, ao contrário, ele ousa ir mais longe e mais abertamente: os amantes abraçam-se no fundo dos túmulos no cemitério, lugares desde aquela época favoráveis ao desejo. Todavia, ainda não chegam à cópula com um morto. Não que isso lhes repugnasse, mas, no momento em que as coisas poderiam realmente acabar mal, o morto desperta: era um falso morto, um morto vivo ou, como diz Scudéry, "um morto que mexe". Ou ainda, uma metamorfose bem-vinda faz, no último minuto, a cena se encaminhar para o fantástico. Assim, numa peça do alemão Gryphius (em que se desenterra um cadáver), Cordênio crê reconhecer a amante que o abandonara. Persegue-a, alcança-a... e descobre um esqueleto. "Sob o corpo da mulher viva e amada", comenta J. Rousset, "é a própria morte que o amante abraça. A vida é apenas o disfarce da morte". As coisas estão sempre mascaradas neste mundo do faz de conta. A posse do corpo morto só é indicada pela presença do túmulo como leito de amor.[47]

---

47 Rousset, op. cit.

O homem diante da morte

A realidade da aproximação de Eros e Tânato ainda está escondida. Essa é a grande diferença entre a primeira metade do século XVII e o final do século XVIII. Certamente, nas duas épocas, os impulsos profundos e os temas quase não diferem: os mesmos suplícios deliciosos, o mesmo cenário dos túmulos, as mesmas carnes esverdeadas, a mesma beleza dos corpos mortos, a mesma tentação de situar o amor no coração da morte, porém no século XVII tudo se passa ainda no inconsciente e no inconfessado – mais do que no inconfessável. Ninguém sabe ainda o nome dos demônios que agitam os sonhos. Sem dúvida, os carrascos, os espectadores, as próprias vítimas retiram dessas violências mortais um prazer que hoje nos é fácil reconhecer e chamar de sádico. Mas as pessoas daquele tempo não suspeitavam da existência dessa perversidade, nem do fundo sexual de sua inclinação ao horror. Nem o piedoso Bernini, nem seus comanditários religiosos ou prelados, ou o excelente bispo Camus desconfiavam do que fermentava neles e lhes solicitava a imaginação. Acreditavam fazer obra pia e edificante, acumulando suplícios e torturas, e a nudez dos carrascos parecia-lhes ser apenas uma concessão tolerável ao gosto do tempo.

Do mesmo modo também existia no teatro barroco uma inclinação a exasperar o amor, ao situá-lo tão próximo quanto possível da morte, se bem que a aproximação nunca fosse até o fim, até à transgressão do interdito; uma moralidade de última hora reconduzia a ação seja para o fantástico, seja para a vaidade do *memento mori*.

Mesmo assim, involuntariamente e sem o saber, o leitor e o espectador deveriam ficar perturbados até suas raízes, e isso se percebe no algo de vertiginoso que se sente hoje na arte e na literatura barrocas.

Tudo muda no século XVIII. O presidente do Parlamento de Dijon, Charles de Brosses, não se enganou diante da Teresa de Bernini; viu perfeitamente o que o artista inconscientemente ali colocara, e compreendeu o que seus contemporâneos tinham sentido sem o perceber, nas profundezas do inconsciente. Não teve mérito com essa perspicácia, porque em toda a parte a máscara fora arrancada. Uma poderosa corrente de sensibilidade apoderara-se da arte e, principalmente, da literatura – de uma literatura que, logo no século XIX, se tornará popular. Os textos do século XVIII já estão cheios de histórias de amor com os mortos. Algumas são histórias "verdadeiras".

Uma das mais belas é contada pelo cirurgião Louis, num livro sobre enterros precipitados. Como veremos, não se trata apenas de morte aparente, mas de amor; as obras sérias sobre a morte nunca eram totalmente inequívocas:[48] um cadete gentil-homem foi forçado a entrar sem vocação numa ordem religiosa.[49] Em viagem, detém-se numa estalagem cujos donos estavam de luto pela filha que acabara de morrer.

> Como só se deveria enterrar a jovem no dia seguinte, pediram ao religioso que a velasse durante a noite. Sendo atraído pelo que ele ouvira falar da beleza da jovem, descobriu o rosto da pretensa morta e, longe de encontrá-la desfigurada pelos horrores da morte, notou nela graças animadas que, fazendo-lhe esquecer a santidade dos votos, e abafando as ideias funestas que a morte naturalmente inspira, o levaram a tomar com a morta as mesmas liberdades que o sacramento podia autorizar durante a vida.

Assim, esse monge uniu-se a uma morta.

Na realidade, a morta não estava morta. No teatro barroco, percebia-se isso antes; no final do século XVIII, verificou-se somente depois. "A morta ressuscitou" depois da partida do monge, e "nove meses mais tarde deu à luz uma criança para grande espanto dos pais e dela própria. O religioso passou pelo mesmo lugar nessa época [um acaso feliz, digno de um romance] e, fingindo surpresa por encontrar viva a que ele dizia ter julgado morta, confessou ser o pai da criança, depois de se desligar dos votos".

Na segunda metade do século XIX, os médicos que ainda se referem a essa história acham que "o fato extraordinário [...] não apresenta todo o grau de autenticidade que seria de se desejar". Louis a havia extraído das *Causes célèbres* [Causas célebres]. No século XVIII, ainda tinha alguma

---

48 Bruhier; Winsløw, op. cit, t.I, p.66.

49 É o tema de *A Religiosa*, de Diderot, muitas vezes associado ao erotismo macabro dos séculos XVIII e XIX: o monge de vocação contrariada e o amante incestuoso são os personagens habituais do romance *noir*.

verossimilhança e era citado como perfeitamente digno de fé. Apesar de tudo, um ponto era controverso na época: saber como uma mulher inanimada pudera conceber. Acreditava-se, de fato, que o prazer ou pelo menos o movimento seriam necessários à fecundidade do coito. "O cidadão Louis pensava que essa moça tinha realmente ficado excitada pelos movimentos que devem ter precedido o ato, e em seguida pelo próprio ato."[50]

Naturalmente, a cópula com mortos é frequente na obra de Sade. Justine fulminada é sodomizada pelo maldito abade e pelos companheiros. Se alguns casos de necrofilia são extravagantes, outros pertencem, salvo algum condimento, a um gênero de anedotas então comum. O tema é mais ou menos o seguinte: pessoas se fazem fechar numa igreja, com o objetivo de abrir um túmulo, ou por desespero de amor, ou por perversidade sexual, ou, ainda, simplesmente para despojar o cadáver de suas joias.

Durand e Juliette, as heroínas de Sade, ficam na igreja depois de fechada: "Como gosto deste silêncio lúgubre... ele é a imagem da calma dos caixões e... eu f... com a morte". Tinham acabado de enterrar uma moça. O pai fez o mesmo raciocínio que as duas mulheres. Chega para o coveiro: "Tire-a de novo, minha dor é tão grande que preciso abraçá-la ainda antes de me separar dela para sempre". "O caixão reaparece, o corpo é retirado e depois colocado pelo coveiro nos degraus do altar..." Até aqui, nada de muito anormal no clima do romance *noir*. Sade, então, introduz o incesto que, aliás, não é excepcional. O pai fica sozinho, para despir a filha e amá-la como se estivesse viva. Juliette e a companheira juntam-se a ele, e a orgia continua no fundo da cova, onde o corpo e o caixão foram recolocados. Juliette chegará até mesmo a se fechar um momento no jazigo para alimentar o prazer do pai. A história descarrila para o fantástico à moda de Sade.[51]

Mas eis outra história do mesmo folclore, mais banal e, sem dúvida, mais significativa. Foi extraída do *Manuscrit trouvé à Saragosse* [Manuscrito encontrado em Saragoça], de Potocki (1804-1805). Trivulzio matara, na igreja, a mulher que ele amava e seu noivo, no momento em que o padre

---

50 Bruhier; Winsløw, op. cit.
51 Sade, *Juliette,* op. cit., p.70-1, 270-1.

os casava. Enterraram-nos juntos no mesmo lugar. Mais tarde, cheio de remorsos, o assassino voltou à igreja de seu crime. "Trivulzio dirigiu-se para ali tremendo e, ao chegar ao túmulo, beijou-o, vertendo uma torrente de lágrimas [chegamos agora à primeira visita ao túmulo] [...]. Deu sua bolsa ao sacristão, obtendo dele a licença para entrar na igreja todas as vezes que quisesse. Chegou ao ponto de ir todas as noites." Uma noite ficou ali encerrado: "resolveu sem dificuldade passar ali a noite, porque gostava de manter sua tristeza e alimentar sua melancolia. E, à meia-noite, viu os túmulos se abrirem e os mortos envolvidos em sudários entoarem as litanias".[52]

Sempre de acordo com o mesmo modelo, contava-se uma história em Toulouse que começa como as do Marquês de Sade e de Potocki, mas que termina de forma mais realista. M. de Grille

enamorara-se de uma bela moça e tanto a amou, que jamais se pôde consolar de sua perda. Ela morrera de varicela. E Grille, em desespero, escondeu-se na igreja dos dominicanos onde ela fora enterrada. De noite, um irmão da ordem que tinha o encargo de pôr azeite nas lâmpadas ficou extremamente surpreso ao ver diante dele M. de Grille, que numa das mãos lhe apresentava uma bolsa com 400 libras, com a condição de que ele abrisse o túmulo da senhorita Dauneton — era esse o nome da sua amante —, e tinha na outra mão um punhal com o qual o ameaçava de morte, se ele se recusasse a abrir o túmulo.

O irmão conseguiu alertar a polícia. O comissário deteve o amante desolado, levando-o para casa, onde se matou.[53]

Uma variante dessa história do túmulo reaberto é o subterfúgio que permite ao vivo se fazer passar por morto, mudar de identidade e refazer sua vida. Uma religiosa de Toulouse, apaixonada por um cavaleiro,

resolveu sair dos muros de um convento, para correr atrás dele [...]. Tinham enterrado, naquele dia, uma de suas companheiras e, como o túmulo ainda

---

52 Potocki, op. cit.
53 Dunoyer, op. cit., v.I, p.275.

O homem diante da morte

não estava fechado, ela entrou nele, enquanto todos dormiam no convento, transportou a morta para sua cela e deitou-a em sua cama, ateando fogo em seguida. [Aparentemente transportavam-se, sem esforço, cadáveres pesados!] [...] Acreditaram que fosse ela quem tivesse sido queimada.[54]

Toulouse parece ter a especialidade desses casos. Eis outro de 1706: M. de Saint-Alban, conselheiro no Parlamento de Toulouse, perdera sua jovem esposa. Essa, antes do casamento, fora noiva de um cavaleiro de Sézanne, que se pensava ter sido assassinado nas Américas. Mas não era verdade: M. de Sézanne, casado, voltou a Toulouse. M. de Saint-Alban ficou então impressionado com a semelhança (convém lembrar o problema da *similitudine* de Zacchia) de Madame de Sézanne com sua mulher. Para averiguar de uma vez por todas, obteve a exumação: o caixão estava vazio. A religiosa da história precedente fora mais hábil.[55] M. de Sézanne se explicou: voltando à França, soube ao mesmo tempo do casamento e da morte de sua noiva. Decidiu matar-se. "Entretanto, antes de atentar contra os meus dias, quis rever pela última vez aquela que tanto amara [...]. Em vão procurei imaginar que, violando esse túmulo, ia-me tornar culpado de um ato de profanação [...] e de um crime [...]. Parecia que eu era arrastado por uma fatalidade..."

Essa voz era a da Providência "que me escolhera para reparar um pavoroso erro dos homens". Obteve do coveiro que liberasse o caixão: tais exumações clandestinas poderiam bem ser uma fonte de recursos dos guardas dessa época. "Um instante depois, as tábuas separadas deixaram-me ver um sudário branco desenhando vagamente uma forma humana; ajoelhei-me, afastei suavemente as pregas do sudário; uma cabeça coroada por uma espessa cabeleira apareceu aos meus olhos obscurecidos pelas lágrimas." Já não estamos com o Marquês de Sade; chora-se e reza-se, em vez de blasfemar e de desafiar, mas o fundo de sensualidade permanece o mesmo: "Abaixei-me para depositar um último beijo sobre sua fronte,

---

54 Ibid. p.313.

55 Lenormand, *Des Inhumations précipitées*, p.34; Bouchot, *Traité des signes de la mort*.

aproximando meu rosto do seu e me pareceu sentir ou ouvir um último suspiro... ela vivia".

Inspirar-se-iam essas imaginações em relatos verdadeiros? Sade nos diz: "Vi muitas vezes um homem em Paris pagar preço de ouro por todos os cadáveres de moças e rapazes mortos por morte violenta e recentemente enterrados; mandava-os trazer à sua casa e cometia uma infinidade de horrores nesses corpos frescos". O marquês não é uma testemunha digna de fé. Mas sua declaração é estranhamente confirmada por um memorando dirigido, de 1781, ao procurador-geral de Paris, sobre a indecência das sepulturas.

> Os corpos baixados a esse abismo comum ficam todos os dias expostos à violação mais indigna: pessoas, sob pretexto de estudos, não se contentam com os corpos que são dados aos hospitais, ainda se apoderam dos corpos mortos dos cemitérios e cometem com eles tudo o que a *impiedade e a libertinagem* podem lhes sugerir.[56]

Seria verdade ou mentira? Acreditava-se que os "particulares" amadores de anatomia eram suspeitos de "libertinagem" com os cadáveres. Em Nápoles, Raymond de Sangro tinha má reputação por causa de suas experiências sobre o corpo humano. Podemos acreditar nessas acusações sem fundamento, mas também não deixa de ser verdade que, ainda hoje, se tem uma impressão estranha na capela de seu palácio. Ela está ligada ao palácio e, na sacristia, conservam-se os restos do antigo gabinete de anatomia. Além dos monumentos fúnebres da família, a capela, suntuosa, encontra-se ornada de estátuas, de qualquer modo surpreendentes – mais ainda quando se sabe que elas estão ao lado de um gabinete de anatomia. Têm o aspecto de cadáveres frescos, recobertos por sudários finos e molhados que fazem pregas. Parecem esperar, na mais moral das hipóteses, o escalpelo do anatomista. Poderiam igualmente se oferecer a qualquer perversidade macabra de um rico amador.

---

56 BN, Dossiê Joly de Fleury, op. cit.

O homem diante da morte

O cemitério de múmias

Não procuremos demais a realidade subjacente a esses relatos romanescos. Mesmo que haja um pouco de verdade, e deve haver, essa verdade não passa de efeito pouco duradouro da imaginação. O essencial aqui se passa no imaginário, e os fatos mais importantes, os mais plenos de consequências, não pertencem à realidade vivida, mas ao mundo dos fantasmas. Tais fantasmas concordam com os discursos dos médicos. Eles supõem que o cadáver tenha uma espécie própria de ser que suscita o desejo, excita os sentidos.

Crenças de sábios impressionados por observações sobre a sensibilidade remanescente do cadáver? Crenças de homens perversos, de ociosos desencantados, à procura de emoções fortes e de volúpias desconhecidas? Sem dúvida, mas essas crenças faziam parte das *ideias correntes* que tinham uma audiência muito extensa até nos meios populares. O denominador comum dessas ideias correntes é a certeza de que o cadáver não deve desaparecer, que subsiste nele alguma coisa, que é preciso conservá-lo, que é bom expô-lo e vê-lo. Semelhante convicção conseguiu modificar o aspecto físico de certos cemitérios no século XVII, não em toda a parte, mas em certos lugares, principalmente nas regiões mediterrâneas e em seguida na América espanhola. Essa é a origem do que chamaremos, por falta de nome melhor, de *cemitérios de múmias,* que desapareceram na Europa, no final do século XIX, e que sobreviveram por mais tempo na América Latina.

Sabe-se que os médicos do século XVII – e ainda Zacchia – preocupavam-se com a conservação ou não conservação dos cadáveres enterrados.

Essa noção de conservação não era estranha, como já vimos, aos anatomistas, aos pintores de cadáveres e aos manipuladores de corpos, sábios ou libertinos. Relacionava-se, de modo muito geral e comum, à crença relativa ao futuro do corpo depois do sepultamento. Em consequência, surge uma ideia: nunca abandonar o corpo definitivamente e conservar um contato físico com ele. Deseja-se segui-lo nos seus diferentes estados, intervir em suas transformações, retirá-lo da terra e mostrá-lo em sua aparência definitiva de múmia ou de esqueleto.

Existe aí algo de novo. A ideia de transferência ritual do corpo, que já fazia parte de certas culturas, era desconhecida no Ocidente pagão e cristão. O corpo era enterrado uma vez para sempre, mesmo que, na Idade Média cristã – e já era costume insólito –, os ossos fossem, muito tempo depois do enterro, exumados e amontoados nas galerias dos carneiros, em pavilhões ou em capelas. Não havia cemitério sem esses depósitos. Todavia, nesse caso, a transferência para o carneiro não tinha sentido simbólico: sua única finalidade era liberar espaço para outras sepulturas. Os ossos ficavam perto da igreja e dos santos aos quais tinham sido confiados. Os carneiros não eram mais anônimos do que as sepulturas da alta Idade Média. Viu-se como foi preciso tempo e inovação psicológica para renunciar a esse anonimato.

Apenas duas circunstâncias aparecem como exceções a semelhante uso generalizado e milenar: as transferências das relíquias de santos e também um costume muito local e singular que já comentamos no Capítulo 2: nos muros das igrejas romanas da Catalunha havia cavidades, fechadas por epitáfios na Idade Média, e organizadas para receber os ossos desmontados de um defunto. Contudo, esses casos não mudaram em nada o costume geral.

Ora, no século XVII, a sepultura em dois tempos, embora continuasse rara, já não era desconhecida. Existem mesmo exemplos ilustres em que um mesmo corpo recebe duas sepulturas sucessivas, separadas pelo tempo da consumpção: o túmulo definitivo é o dos ossos ou do corpo dessecado.

De início, a prática parece ter sido reservada a personagens ilustres, sem que se generalizasse entre as famílias reais. Em Malta, estava prevista para os Grandes Mestres da Ordem. Enquanto os simples cavaleiros eram depositados num caixão recoberto de cal viva, no fundo de um jazigo, com um túmulo visível de mosaico na superfície da igreja, incluído no lajedo, os Grandes Mestres eram enterrados na cripta, num monumento provisório, onde permaneciam um ano ou mais; eram, em seguida, transferidos para um grande túmulo, para uma capela da igreja. O cerimonial da Ordem fixava as condições do rito solene, durante o qual o caixão era aberto, os restos identificados por um médico (perito em cadáveres), novamente fechado e, depois de cantada a *absoute*, depositado no seu túmulo definitivo.[57]

Uma transferência da mesma natureza era prevista para a família real da Espanha, no Escorial. Os corpos eram de início depositados no que Saint-Simon chamou de *Pourrissoir* [lugar de apodrecimento]:

> Uma câmara estreita e comprida. Só se veem ali os muros brancos, uma grande janela no final, perto do local de entrada, uma porta bem pequena defronte [que dá para um jazigo] e, como móveis, apenas uma longa mesa de madeira, que ocupa todo o meio da peça e que serve para pousar e acomodar os corpos. Para cada um que ali se deposita, cava-se um nicho na muralha, onde se coloca o corpo para então se decompor. Fecha-se novamente o nicho, sem que se perceba ter tocado no muro que, em toda a parte, é lustroso e ofusca pela sua brancura; o lugar é muito claro [o que surpreende Saint--Simon, habituado a ligar a morte à noite do jazigo].

Os corpos "são retirados ao final de algum tempo e levados sem cerimônias" seja "para as gavetas do Panteão", seja para um jazigo ao lado do *Pourrissoir*. Ali "ficam para sempre".[58]

A razão do depósito provisório parece ser a de reservar o túmulo definitivo para os corpos que já não se modificarão, por terem sido reduzidos a ossos ou conservados com as carnes, isto é, mumificados. Das duas maneiras, omitiam-se as etapas de decomposição para manter os corpos em estado de dissecação perfeitamente apresentável.

Na realidade, essa técnica não ficou limitada exclusivamente a personagens principescos. É encontrada aqui e ali, nas regiões meridionais e mediterrâneas (nessas coincidiu com a da exposição do rosto do morto), sem que, aliás, eu compreenda bem as razões dessa localização. "Fui à igreja dos franciscanos [em Toulouse]", escreve um autor de cartas do início do século XVIII. "Ali vi o carneiro de que tanto tinha ouvido falar." Atenção! A palavra carneiro designa aqui alguma coisa de diferente do

---

57 Scieluna, *The Church of Saint John*, p.161.
58 *Mémoires de Saint-Simon*, 1721.

velho carneiro medieval, tal como existia ainda no cemitério dos Innocents, e como o encontramos muitas vezes no curso das nossas pesquisas.
É um carneiro de múmias

onde os corpos se conservavam inteiros durante séculos. O da bela Paula
ainda conserva sinais de beleza. Perguntei a esses bons padres por que meio
podiam defender esses corpos contra a corrupção [a técnica dos franciscanos era famosa, o que lhes valia numerosa "clientela"]. Disseram-me que
os enterravam primeiramente em certa terra que consumia a carne; depois
disso expunham-nos ao ar [sem dúvida, numa sala do campanário, como
veremos mais adiante]. Quando ficavam suficientemente dessecados, eram
arrumados em carneiros [com inscrições nos muros – ficavam alinhados em
pé ou deitados]. Na época em que esse monge me falava, vi chegarem outros
que desciam do campanário com corpos mortos sobre os ombros, dos quais
o ar livre tinha tirado todos os maus odores, e julguei por isso que o bom
franciscano me tinha falado a verdade.

Os mortos eram, pois, depositados sucessivamente em três lugares,
dois quais só o primeiro era debaixo da terra. Eram tratados mais ou
menos como os *morticians* [espécie de agentes funerários] americanos cui-
dam de seus clientes, com a diferença de que então eram monges e de que
o tratamento exigia mais tempo, sendo que as etapas sucessivas duravam
pelo menos um ano.[59] Em seguida, os corpos terminavam num carneiro,
oferecendo aos visitantes – porque ali se costumava ir como a um espetáculo – uma mistura de ossos e de múmias.

Ainda hoje existem alguns cemitérios desse gênero. Um em Roma,
no jazigo de uma igreja de capuchinhos, perto do palácio dos Barberini,
que ali eram enterrados. Lá se encontram múmias de pé, semelhantes às que
atapetavam o carneiro dos franciscanos de Toulouse. São, como dizem,
religiosos em odor de santidade. Poderiam ser também laicos, irmãos ter-
ceiros de São Francisco, que tinham o privilégio de serem enterrados com

---

59 Dunoyer, op. cit. Ver também: Stone, *The family, sex and marriage in England*
(1500-1800), p.250 [trecho que descreve a visita de Lord Spencer na cripta].

O homem diante da morte

o hábito e a corda. Existe, em Palermo, outro cemitério célebre de múmias que também depende de uma igreja de capuchinhos. Trata-se, ali, de laicos em trajes civis, que as famílias vinham visitar. Essa espécie de ostentação, que durou até 1881, não deve datar de muito antes do final do século XV.

Nos Capuchinhos de Roma, ao lado das múmias, ou ainda em Roma, no cemitério da Confraternita Della Orazione e Della Morte – infelizmente reformada depois da reconstrução dos cais do Tibre –, vê-se, cobrindo os muros e os tetos, um ossário transformado em cenário de rochas, onde os ossos substituem seixos ou conchas. Alguns esqueletos notáveis são reconstituídos, como os das três crianças Barberini. Quanto ao restante, cada osso é utilizado conforme seu formato: os ossos da bacia são dispostos em rosáceas; crânios formam colunas; tíbias e membros sustentam a abóbada do jazigo; vértebras desenham guirlandas ou compõem lustres. A obra é atribuída a um monge do século XVIII. O carneiro já não é, então, apenas um depósito; é um cenário de espetáculo, em que o osso humano se presta a todas as convulsões da arte barroca ou rococó; o esqueleto é exposto como uma máquina de teatro e se transforma, ele próprio, em espetáculo. Sem dúvida, não tem a vida vegetativa do cadáver, que parece subsistir na múmia. Perdeu até mesmo a individualidade. É uma vida coletiva que anima o cenário, com o riso de centenas de cabeças, os gestos de milhares de membros.

Na mesma ocasião em que os reis baixavam à terra renunciando aos monumentos visíveis o reino noturno da morte se organizava em jazigos abobadados, como os que os tesoureiros das igrejas edificavam e eram imaginados pelos autores de romances *noir* ou os gravadores fantásticos, outra corrente de sensibilidade reconduzia os corpos à superfície, levando a conservá-los e a mostrá-los, bem no alto, ao povo, como numa parada. Era então possível vê-los, podiam falar com eles.

É interessante comparar esses cemitérios reais com as pinturas mais antigas de Carpaccio. Num quadro de Berlim (Dahlem), o corpo do Cristo está estendido antes de ser amortalhado. O cemitério, pois, é um monturo, já que ali são vistos até animais, estando juncado de ossos, o que era normal num cemitério daquele tempo. No entanto, os ossos já não se acham espalhados como seixos: múmias, esqueletos de homens e de animais surgem do chão ainda inteiros, com certa expressividade. Esse cemitério é daqueles cuja terra conserva, fabricando boas múmias.

Num outro quadro da coleção Frick em Nova Iorque, Carpaccio representa o encontro dos eremitas do deserto: acima de Santo Antônio, preso ao muro, pende seu rosário feito de pequenas vértebras, como os lustres do cemitério Della Orazione e Della Morte em Roma!

Os autores espirituais – o próprio Bousset – teriam gostado muito, ou pelo menos assim o pretenderiam; abrir os túmulos para impressionar os vivos e lembrar-lhes que eles iam morrer. Mas não ousavam realmente, de tal modo seria insuportável tamanho horror. E, no entanto, não muito longe deles, os corpos já tinham sido retirados e mostrados, sob uma forma aceitável, é verdade, que lhes conservara alguma aparência de vida.

A múmia dentro de casa

A múmia não se encontra somente nos cemitérios, mas também nos altares. Os corpos dos santos já não são reduzidos a ossos amontoados num cofre, mas constituem verdadeiras múmias, vestidas como os vivos, e expostas como "representações". São substituídas por efígies de cera ou de madeira, quando não se pode fazer de outra maneira. As igrejas de Roma conservam algumas dessas santas múmias, sob um relicário transparente de paredes de vidro: Santa Francesca Romana, na igreja del Foro Romano, da qual é padroeira; na igreja de San Francesco a Ripa, outra múmia é apresentada ainda como jazente, inclinada e apoiando-se no cotovelo, coberta por uma longa veste, onde uma fenda deixa ver o corpo atrás de um véu. Toda a parte visível do esqueleto é envolvida por fios de chumbo que mantêm os ossos no lugar. Ainda em Roma, os Doria tinham o privilégio de dispor de uma múmia só deles, na pequena capela particular do palácio. Duvido que a maioria das pessoas hoje em dia aceitasse dormir sob o mesmo teto que uma múmia, ou no quarto ao lado.

Aliás, por que essa inclinação pela múmia não se estenderia pelos dos ambientes mais próximos dos vivos? Veremos mais adiante[60] como o desenvolvimento

---

60 Capítulo 10.

da afetividade tornou a morte da pessoa amada mais cruel para os sobreviventes, lhes inspirando um culto por vezes maníaco da lembrança. Neste momento, indicaremos apenas como esse sentimento desviou em seu proveito o já existente apego pela múmia, do qual descobrimos muitos traços no século XVIII. A tentação era antiga, sendo encontrada no início do século XVII, não na realidade da vida, mas no teatro: numa tragédia do autor elisabetano Christopher Marlowe, o herói, Tamburlaine, guarda com ele o corpo embalsamado de sua querida Zenocrate.[61] A confraria romana Della Orazione e Della Morte (irmandade de coveiros que, como dissemos, mantinha sob sua igreja um carneiro decorado com ossos) organizava, em sua festa anual, quadros vivos que eram em seguida reproduzidos sob a forma de gravura. Um deles representava o Purgatório; para essas encenações, a irmandade servia-se de cadáveres verdadeiros.

No século XVIII, a prática passou do teatro à cidade. Era raro, mas não absolutamente excepcional, conservar em casa o corpo daquele de quem não se queria separar enterrando-o. Assim, em 1775, Martin van Butchell conservou a falecida mulher em casa, até que a segunda esposa ficasse farta desse espetáculo. A múmia foi então confiada ao Colégio Real dos Cirurgiões de Londres, onde permaneceu até os bombardeios da Segunda Guerra Mundial.

Outro caso é o de Jacques Necker, ministro de Luís XIV, e de sua mulher Suzanne Curchod, pais de Madame de Staël. Madame Necker tinha medo de ser enterrada viva e escreveu um tratado: *Des inhumations précipitées* [Inumações precipitadas].[62] Ela esperava, depois da morte, manter comunicação com o marido.[63] "Faze exatamente o que te digo" — escrevia-lhe ela —, "pois talvez a minha alma paire em torno de ti... Talvez eu possa gozar deliciosamente tua exatidão em satisfazer os desejos daquela que tanto te ama". Eis suas instruções: um mausoléu para ela e o marido em sua propriedade de Coppet, à beira do lago de Genebra. Deviam ambos ser conservados numa cuba cheia de álcool. Jacques Necker a conservou de

---

61 Spencer, op. cit., p.225.
62 O Capítulo 9 é dedicado a esse tema.
63 O Capítulo 11 analisará esse desejo, que era comum no final do século XVIII e, principalmente, no século XIX.

início, em casa, durante três meses. O espião francês que vigiava a família contou que Mamade Necker "ordenara que seu corpo fosse conservado em espírito de vinho como um embrião". E, por sua vez, Germaine de Staël escrevia:

> Talvez não saibam que a minha mãe deu ordens tão singulares e tão extraordinárias sobre as diversas maneiras de a embalsamarem, de a conservarem, de a colocarem debaixo de vidro, em espírito de vinho, de modo que, como ela acreditava, os traços do rosto ficassem perfeitamente conservados, e meu infeliz pai teria passado a vida a contemplá-la.

O mausoléu foi reaberto no dia 28 de julho de 1804, para ali se depositar o caixão de Madame de Staël. "Na cuba de mármore negro, ainda com álcool pela metade, sob um amplo manto vermelho estavam estendidos Necker e sua mulher. O rosto de Necker estava perfeitamente intato; a cabeça de Madame Necker tinha decaído e estava meio encoberta sob o manto".[64]

É possível ler, num *Paris-Sair* de outubro de 1947, a seguinte história: No dia 21 de maio de 1927, o marquês Maurice d'Urre d'Aubais morria em Paris. Com 70 anos, sem filhos, deixava ao Estado francês sua imensa fortuna sob condições estranhas: "Depois da minha morte", declarava ele em substância no seu testamento, "desejo ficar sentado numa poltrona, dentro de um cofre de vidro. Esse cofre deve ser colocado diante do mar, num lugar público, constantemente iluminado, na proximidade de um farol e de um posto de TSF". Na realidade instalaram seu caixão, e não sua múmia visível, num aposento do seu castelo transformado numa espécie de câmara ardente perpétua.

Jeremy Bentham, morto em 1832, também tinha pedido que seu corpo embalsamado fosse conservado na Universidade de Londres, que ele fundara, onde se poderia eventualmente vê-lo e examiná-lo.

---

64 Herold, *Germaine Necker de Staël*, p. 137, 484, 561; Praz, op. cit., p.139 (sobre a princesa Belgiojoso).

Em 1848, a polícia austríaca descobriu na casa de campo da princesa Belgiojoso, famosa amante do historiador Mignet e de muitos outros, o corpo embalsamado de seu jovem secretário, do qual não quisera se separar: no túmulo tinham substituído o cadáver por um tronco de lenha.

Teremos oportunidade de voltar a esse fenômeno, e o costume de conservação de cadáver em domicílio nos espantará menos, agora que sabemos o lugar ocupado pela múmia nas imagens da época.

Considere-se que os francomaçons já não tenham tido repugnância em utilizar cadáveres embalsamados em suas cerimônias de iniciação. Sabemos, pelo estudo de M. Vovelle sobre Joseph Sec,[65] que o corpo de Anicet Martel, assassino de M. d'Albertes em 1791, tinha sido subtraído por estudantes de medicina aos penitentes azuis,[66] encarregados de o enterrar, e fora preparado para servir às provas de admissão a uma loja maçônica de Aix. Pode-se também ver no museu Arbaud, em Aix-en-Provence, um gesso do escultor provençal J.-P. Chastel que representa, com realismo de moldagem, "o instantâneo da morte"[67] de um carpinteiro, em consequência de uma rixa com companheiros nos estaleiros do mesmo Joseph Sec, promotor imobiliário e francomaçom, de quem Vovelle desenhou a curiosa silhueta. Ora, existia ainda em 1873, num antigo pavilhão de Joseph Sec, um banco de nogueira, "espécie de compromisso bizarro entre sofá e sarcófago". Levantando a tampa, e abaixando um dos lados compridos da base, descobria-se a estátua de Chastel, pintada com realismo – sem dúvida uma cópia policromática do original em branco do museu Arbaud. Para M. Vovelle, trata-se de "um acessório do gabinete de reflexão de uma loja maçônica, elemento das provas de iniciação". Era, afinal, o equivalente da múmia, uma representação como a dos santos nas igrejas barrocas.

Quando não se podia conservar o corpo inteiro, um de seus elementos bastava. O mais procurado, já havia muito tempo, e mais nobre era o coração, sede da vida e do sentimento. Existe um simbolismo do coração, cujas primeiras manifestações, em nossa cultura, são os túmulos de coração, de

---

65 Vovelle, *L'Irresistible Ascension de Joseph Sec, bourgeois d'Aix.*

66 As irmandades de penitentes distinguiam-se pela cor: os azuis eram provenientes do Languedoc e do Dauphiné. (N. T.)

67 Vovelle, op. cit.

que já falamos. Quando o corpo era eviscerado, separava-se o coração das entranhas, que também tinham, como o coração, sua própria sepultura. Esses túmulos mantiveram-se durante séculos; o último que conheço é o de Charles Maurras, que queria que seu coração fosse encerrado na caixa de costura de sua mãe! Desejo bizarro, digno de um testador – talvez maçom – do final do século XVIII ou do início do século XIX.

O coração era representado, há muito tempo, sob a forma idealizada: o coração de amor apaixonado ou o Sagrado Coração de Jesus. Contudo, nos séculos XVII e XVIII, na mesma época em que o corpo morto suscita estranhas seduções na Europa, acontece no México do coração do Amor Sagrado ser representado já não sob sua forma estilizada, mas sanguinolento, com suas veias e artérias seccionadas como numa gravura de anatomia em cores. A obsessão do coração encontra-se, ainda no México, no tratamento do Purgatório. Enquanto, na Europa meridional, as almas se queimam e os anjos vêm buscá-las, no México a mesma imagem é acompanhada de uma segunda cena que se passa no céu: o menino Jesus pega, numa cesta de vime, um coração que representa a alma libertada.

Os cultos revolucionários retomaram, por sua conta, o tema do coração. Depois da morte de Marat, durante uma festa dada em sua homenagem nos jardins de Luxemburgo, no domingo 28 de julho de 1793, seu coração foi apresentado sobre um altar portátil, num "pixídio preciosa do guarda-móveis". Nada há de surpreendente que o coração, assim como a múmia, tenha permanecido um objeto doméstico e transportável. O marquês de Tauras, esposo de Madame Bernis, ferido de morte em Flandres (campanha do marechal de Luxemburgo), "ordenou, em seguida, que logo depois da sua morte lhe tirassem o coração e o levassem à mulher".

Em 1792, fora da França, no enterro de Mirabeau Tonneau, irmão do grande Mirabeau, acrescentou-se aos ritos tradicionais uma cerimônia insólita: "o coração embalsamado do visconde, colocado numa caixa de chumbo, foi preso ao mastro da bandeira do batalhão de voluntários [a legião Mirabeau que ele levantara]". Já não é mais o túmulo de coração numa igreja. É o coração-objeto, lembrança que se leva consigo e que se transmite aos herdeiros. Assim, os corações de La Tour d'Auvergne e de Turenne foram conservados até os nossos dias em uma família.

No século XIX (e desde o século XVIII), o coração foi substituído mais comumente pelos cabelos, quer dizer, por outro pedaço do corpo, seco e incorruptível como um osso. Encontra-se, no Museu Vitória e Alberto, uma série de joias destinadas a conter cabelos ou que são em parte feitas com cabelos: broches com medalhões em forma de camafeu, com fundo de cabelos, datando os mais antigos de 1697, 1700, 1703. Numerosos braceletes de cabelos, do século XIX. No museu da Sociedade de Arqueologia de Provins, podemos ver uma lembrança de Hégésippe Moreau que representa seu túmulo no meio de salgueiros chorões, feitos com os cabelos do defunto.

As manipulações do corpo suscitavam tanto derrisão como piedade. Contava-se em 1723, com certa insistência, um acontecimento comum que não teria perturbado os preparadores de corpos da família real dos séculos XV e XVI: quando o duque de Orléans acabara de morrer, "abriram-lhe o corpo como de costume, antes de embalsamá-lo e de pôr o coração numa caixa para levá-lo ao Val-de-Grâce. Durante a abertura estava no quarto um cão dinamarquês do príncipe que, antes de alguém ter tempo de impedi-lo, precipitou-se sobre o coração e comeu uma boa parte".[68]

Do cadáver à vida: o Prometeu moderno

Interrompamos aqui essa exploração do mundo confuso onde se misturam as águas subterrâneas do mundo imaginário e as correntes da ciência. Entre essas emoções, obsessões, observações e reflexões, destaca-se uma vulgata que surge um pouco em toda a parte e constitui um fundo banal de conhecimentos e crenças. Encontramo-la, sem dúvida, entre os médicos do século XVIII, nos conceitos sábios da natureza; mas, da mesma forma que se mede melhor hoje a influência da psicanálise sobre os costumes estudando as revistas femininas, do mesmo modo é preferível, para o nosso projeto, observar os fenômenos da morte nas formas bastardas da vulgarização.

---

68 *Journal de Barbier.*

Philippe Ariès

Assim, numa noite de 1816, em época de tempestades às margens do lago Léman, Shelley, Byron, o médico Polidori e Lewis, autor do *Moine*, estavam reunidos e, para matar o tempo, imaginaram contos de horror, como contos de serões noturnos. Essa foi a origem do livro *Frankenstein ou le Prométhée moderne* [Frankenstein ou Prometeu moderno], de Mary Shelley, publicado em 1818. A autora confessa o quanto se preocupava com o problema das origens da vida:

Afirma-se que ele [Darwin] conservava num vidro um pedaço de aletria que ao fim de certo tempo, por qualquer meio extraordinário, se pusera em movimento [os vermes, a bicharada, tudo que fervilhava no fundo negro dos jazigos e dos túmulos é fonte de vida]. Existe uma correlação certa entre a corrupção e a vida. Talvez se consiga reanimar um cadáver [sonho inconfessado da medicina antiga, que se perguntava, com emoção, que vida residual ainda continha o cadáver]. O galvanismo já dera sinais dessa possibilidade.

A eletricidade encontra-se, com a corrupção, na origem da vida.

Jean Potocki põe em causa os mesmos dois fenômenos no *Manuscrit trouvé à Saragosse* [Manuscrito encontrado em Saragossa]. "No que tange ao homem e aos animais [...] deviam a existência a um ácido gerador, que fazia fermentar a matéria, dando-lhe formas constantes [...]. Ele considerava as substâncias fúngicas que a madeira úmida produz, como o elo que liga a cristalização dos fósseis à reprodução dos vegetais e dos animais." "Reconhe-se aqui", acrescenta em nota o autor, "o ácido principal de Paracelso." Eis o que se refere à corrupção. E, quanto à eletricidade: "Hervas sabia que fora observado o trovão azedar e fazer fermentar os vinhos. Pensava que a natureza do raio poderia ter dado um primeiro desenvolvimento ao ácido gerador." Hervas tinha as mesmas ideias de Frankenstein.[69]

Frankenstein iria ficar tentado a aplicá-las a um projeto extraordinário de recriação do ser. "Talvez se conseguisse constituir os elementos de

---

69 Potocki, op. cit., p.74-5.

um ser, reuni-los e comunicar-lhes o calor vital", graças à fermentação e à eletricidade.

Essa pesquisa exigia profundo conhecimento do corpo: "Um dos fenômenos que me atraíam especialmente era a estrutura do corpo humano e, de modo mais geral, dos seres vivos. De onde vinha o princípio mesmo da vida? Perguntava-me muitas vezes". Frankenstein torna a encontrar a correlação dos médicos antigos entre o corpo, a vida e o cadáver. "Para examinar as causas da vida", escreve ele, "é preciso antes estudar as da morte." E a morte era o cadáver, de onde a vida não tinha desaparecido completamente. "Aprendi anatomia, mas não foi suficiente; era-me preciso também observar a corrupção e a decomposição do corpo humano [...]. Deveria passar dias e noites entre os túmulos e os carneiros. Vi a putrefação da morte suceder às cores da vida; vi os vermes herdarem o que constituía a maravilha dos olhos e do cérebro." Uma evolução que se poderia percorrer ao inverso?

Dos milagres dos cadáveres, Frankenstein vai tirar o segredo da vida. No cadáver está inscrito o conhecimento e também subsiste um elemento vital. "Depois de dias e noites de trabalho e fadiga inacreditáveis, consegui encontrar o segredo da geração e da vida; e ainda mais, tornou-se possível animar a matéria."

Foi, então, que decidiu reconstituir o corpo humano e animá-lo.

Apanhava ossos nos carneiros e tocava com as minhas mãos profanas os segredos prodigiosos do corpo humano. A oficina onde criava essa coisa imunda [imunda por duas razões: por suas origens de carne decomposta, e também porque, como iremos ver, a força vital no estado natural e bruto é imunda], estava num quarto afastado [...]. A sala de dissecação e os matadouros [o cemitério de múmias de Carpaccio já era um carneiro de homens e monturo de animais] forneceram-me muito material de que tinha necessidade e muitas vezes, ficava enjoado com o que tinha de fazer.

Certo dia, a coisa inerte, assim reconstituída, foi animada pela centelha elétrica. Um ser vivo nasce das peças anatômicas articuladas em conjunto. Um homem ou um diabo? Um ser malfazejo, sem dúvida, mas isso é outra história. Destaquemos aqui apenas o milagre da mesa de dissecação: um *miraculum cadaveris.* Tinha-se passado da matéria inanimada à vida, porque existe uma continuidade da natureza ou da matéria, as duas palavras sendo quase sinônimas. O sábio ateu de Potocki, Hervas, fala como o Prometeu moderno de Mary Shelley: "Nos atemos às forças da natureza, atribuindo à matéria uma energia que lhe parece própria para tudo explicar, sem recorrer à criação."

O encontro do homem e da natureza segundo Sade

De forma geral e banal, a natureza é reconhecida como o contrário ou a negação do poder social regulador, produtor da ordem e do trabalho do homem. É sempre destruidora e violenta, e pode ser malfazeja, sendo que seu grau de maleficência depende, então, do preconceito do homem a seu respeito.

A atitude mais radical e que mais ressalta a maleficência da natureza é, evidentemente, a do Divino Marquês. Seus próprios excessos permitem compreender o que uma crença comum atribuía à natureza, considerando-a seja maléfica, seja benéfica.

Sade censura Montesquieu[70] por ter estabelecido a justiça como um princípio eterno e imutável de todos os tempos e de todos os lugares. "Ela só depende das condições humanas, dos caracteres, dos temperamentos e das leis morais de um país"; o mundo do homem é pelo menos estranho ao da natureza e, para Sade, constituem dois mundos inimigos. A justiça é uma das tentativas do homem para se opor à natureza.

Considero as coisas injustas indispensáveis à manutenção do universo perturbado por uma ordem equitativa das coisas. [...] Todas as leis que fizemos, seja para encorajar a população, seja para punir a destruição, se contradizem necessariamente [...] mas, pelo contrário, cada vez que nos recusamos obstinadamente a essa propagação que ela abomina [por um erotismo estéril], ou que cooperamos com esses assassinatos que a deleitam e a

---

70 Sade, *Juliette,* op. cit., *Propos du pape Braschi,* t.4, p.170-269.

servem [o erotismo e o suplício, ou a morte violenta, são os dois meios que permitem ao mundo do homem e ao da natureza se comunicarem], ficamos certos de lhe agradar e de estar agindo segundo seus planos.

A natureza deseja "o aniquilamento total das criaturas produzidas, a fim de gozar da faculdade que ela tem de lançar novas criaturas". A natureza destrói para criar: tornou-se um lugar-comum. Existem muitas maneiras de participar dessa destruição universal. A aconselhada por Sade é o crime. "O assassino mais abominável [...] não é outra coisa senão o órgão de suas leis." O assassinato é a ruptura desordenada e apaixonada das interdições; é violência pura: "Tudo que é violento na natureza tem sempre alguma coisa de interessante e sublime". É por essa razão que a criança, mais próxima ao estado da natureza, manifesta espontaneamente uma ferocidade que a sociedade ainda não venceu: "Não é a própria criança que nos oferece o exemplo dessa ferocidade que nos cerca? Ela nos prova que está dentro da natureza. Vemo-la estrangular cruelmente o seu pássaro e divertir-se com as convulsões do pobre animal".

A violência destruidora é uma das características da natureza e assegura-lhe a continuidade. Embora o excesso de violência do Marquês de Sade não represente a unanimidade, quase todo o mundo admite, de certa forma, a ideia dessa continuidade que teoricamente evita a morte. A morte, noção cultivada pelo homem, desaparece no plano da natureza. A morte é "apenas imaginária". Ele diz também que "não existe morte". "Ela só existe figurativamente e sem qualquer realidade. A matéria particular dessa outra porção sublime da matéria que lhe comunicava o movimento não se destrói por essa razão, só muda de forma, corrompe-se." O movimento, portanto, jamais é abolido completamente no cadáver, graças à corrupção. Sade nunca ficou tentado a voltar atrás, da corrupção à humanidade, e a representar o papel de Prometeu; não tinha interesse suficiente pelo humano e preferia, como manifesta em seu testamento, a transformação em outras formas de vida: "Ela [a morte] fornece sucos à terra, fertiliza-a e serve à regeneração dos outros reinos [animal, vegetal]".

Muitos, no século XVIII, recusarão ir mais longe e reconhecer, com Sade, "as ligações singulares que se encontram entre as emoções físicas e os desvios morais". Pelo contrário, desenvolverão os aspectos, tranquilizantes a seus olhos, da continuidade da natureza e da obra infinita de destruição e de recriação. Verificarão uma possibilidade de o homem dominar essa força de destruição e torná-la benéfica, estudando suas leis e a elas se adaptando. É a "natureza" dos filantropos oposta à dos sádicos. Ambas, no entanto, têm o mesmo fundo, e passa-se facilmente de uma para outra.

Certamente, a tendência sádica divulgou-se mais do que durante muito tempo se acreditou, porém sob formas mais decentes e menos provocantes; podemos encontrá-la nos novos tipos de satanismo, sendo o novo Satã o homem que desposou a natureza: assim é a criatura monstruosa de Frankenstein. A tentação moderna é antes a do super-homem, sucessor de Satã. Para as categorias de homens fortes que compreenderam o sistema sádico da natureza, já não existe "ordem legal"; tudo lhes é permitido: "A satisfação dos próprios desejos deve ser sua finalidade natural".[71] Sabem que as virtudes dos filantropos não passam de hipocrisia: "A doce piedade, a piedade filial, o amor ardente e terno, a clemência dos reis são outros tantos perfeccionismos do egoísmo".[72] É que o encontro do homem com a natureza se dá aqui não no nível das virtudes, mas no da onipotência cega e imoral.

A muralha contra a natureza tem dois pontos fracos: o amor e a morte

A onipotência da natureza age sobre o homem em dois pontos: o sexo e a morte. Eram estranhos um ao outro até o fim da Idade Média, nas culturas ocidentais. Essa incompatibilidade não é um fenômeno cristão: as alusões sexuais são muito raras na arte funerária greco-latina, se exceturamos os etruscos. Ora, desde o século XVI, eles se aproximaram até constituir, no final do século XVIII, um verdadeiro *corpus* de erotismo macabro. Quase todos os outros comportamentos relacionados à morte

---

71 Potocki, op. cit.
72 Ibid.

não mudaram: a solenidade das pompas fúnebres ou a afetação da simplicidade dos funerais continuam e ampliam as tradições em meados da Idade Média. A mudança da arte de bem morrer para a meditação sobre a melancolia da vida, real mas discreta, não salta aos olhos. O deslocamento dos cemitérios, onde os excomungados e os pecadores públicos têm agora o seu lugar, se faz em silêncio, sem escândalo nem surpresa.

É no fundo do inconsciente, nos séculos XVII e XVIII, que algo de perturbador aconteceu: em pleno mundo imaginário, o amor e a morte se aproximaram até confundirem suas aparências. Isso se deu, como vimos, em duas etapas. No final do século XVI e durante a primeira metade do século XVII, na época barroca, um mundo ainda desconhecido de emoções e de imaginação começou a se manifestar. Mas, as contra-correntes assim provocadas atingiram apenas a superfície das coisas, e as pessoas de então não perceberam isso. Entretanto, as distâncias entre o amor e a morte já se tinham retraído e os artistas eram tentados a, inconscientemente, sugerir similitudes antes ignoradas entre um e outra.

A partir de meados do século XVIII, foi um continente perigoso e selvagem que realmente emergiu, fazendo assim aflorar, na consciência coletiva, o que até então fora cuidadosamente recalcado e que se expressara nas concepções da natureza violenta e destruidora. A amplitude desse movimento foi bem percebida e analisada por G. Bataille, num clima de surrealismo favorável à sua compreensão. Tentemos, como conclusão, interpretar esse grande fenômeno do mundo imaginário.

Durante milênios, o *homo sapiens* deveu seus progressos à defesa que ele opôs à natureza. A natureza não é uma Providência bem regulamentada e benfazeja, mas um mundo de aniquilamento e de violência que se, por um lado, pode ser avaliado como mais ou menos bom ou mau, conforme a inclinação dos filósofos, permanece sempre exterior, se não hostil ao homem. Portanto, o homem opôs a sociedade que ele construiu à natureza que reprimiu. A violência da natureza teve de ser mantida fora do domínio reservado pelo homem à sociedade. O sistema defensivo foi obtido e mantido pela criação de uma moral e de uma religião, pelo estabelecimento da cidade e do direito, a instalação de uma economia, graças a uma organização do trabalho, a uma disciplina coletiva e mesmo a uma tecnologia.

Essa muralha erigida contra a natureza tinha dois pontos fracos: o amor e a morte, por onde destilava sempre um pouco da violência selvagem.

A sociedade dos homens teve grande cuidado em reforçar esses dois pontos fracos. Fez tudo o que podia para atenuar a violência do amor e a agressividade da morte. Conteve a sexualidade por meio de interdições que variaram de uma sociedade para outra, mas que sempre procuraram moderar seu uso, diminuir seu poder e impedir seus desvios. Da mesma forma, despojou a morte de sua brutalidade, de sua incongruência, de seus efeitos contagiosos, atenuando seu caráter individual em proveito da permanência da sociedade, ritualizando-a e fazendo dela uma passagem entre as demais passagens da vida, apenas um pouco mais dramática. A morte foi domada; é sob tal forma primitiva que a reconhecemos no início deste livro.

Existia então certa simetria entre os dois mundos: o da sociedade humana e o da natureza. Eram contínuos, sendo a continuidade da sociedade assegurada pelas instituições e os códigos de moralidade tradicionais. Marchavam no mesmo ritmo, e as trocas se realizavam entre eles, mas limitadas pelo uso e evitando que se transformassem em ruptura.

O papel das festas era, na verdade, o de abrir, periodicamente, as comportas e deixar a violência entrar durante algum tempo. A sexualidade era também um domínio em que, com grande prudência, deixava-se lugar ao instinto, à entrega ao desejo e ao prazer. Em certas civilizações, como entre os malgaxes, a morte era a ocasião de uma interrupção temporária das interdições; nas nossas civilizações ocidentais e cristãs, o controle foi mais rigoroso, a ritualização mais constrangedora, a morte melhor vigiada.

Sobre esse fundo cerimonial, ocorreu uma primeira mudança no Ocidente cristão, ou pelo menos em suas elites, em meados da Idade Média. Apareceu um modelo novo: o da morte de si mesmo. A continuidade da tradição foi rompida. A tradição tinha embotado a morte para que não houvesse ruptura. Mas, na Idade Média, a morte foi concebida como fim e resumo de uma vida individual. A antiga continuidade foi substituída por uma soma de descontinuidades. A dualidade do corpo e da alma começou a se impor no lugar do *homo totus*. A sobrevivência da alma, ativa desde o momento da morte, suprimia a etapa intermediária do sono, à qual a opinião comum estivera por muito tempo presa. Privado da alma, o corpo não passava de poeira restituída à natureza. De qualquer modo, isso não teve grande consequência enquanto não se reconheceu uma personalidade demiúrgica da natureza, rival de Deus.

Aliás, a substituição da continuidade primitiva por uma série de descontinuidades biográficas ainda não era universal, e o modelo antigo da morte domada subsistia. Eis por que a relação entre a ordem do humano e a desordem da natureza não fora realmente afetada antes do século XVII. O sistema de defesa continuava firme.

Começou a se fender por ocasião das grandes reformas religiosas, católicas e protestantes, dos grandes expurgos do sentimento, da razão e da moralidade.

A ordem da razão, do trabalho e da disciplina cedeu nos pontos da morte e do amor, da agonia e do orgasmo, da corrupção e da fecundidade; mas essas primeiras brechas foram de início assunto da imaginação, que por sua vez providenciou a passagem para o real.

Por essas duas portas, a selvageria natural fez irrupção na cidade dos homens, no momento em que essa, no século XIX, se aprontava para colonizar a natureza e afastava as fronteiras de uma ocupação técnica e de uma organização racional cada vez para mais longe.

Dir-se-ia que, em seu esforço para conquistar a natureza e o ambiente, a sociedade dos homens abandonara suas velhas defesas em torno do sexo e da morte; e a natureza, que se podia acreditar vencida, refluiu para dentro do homem, entrou pelas portas abandonadas e o tornou selvagem.

Tudo isso está ainda longe de ser consumado em fatos no início do século XIX, mas os sinais de aflição estão acesos. Os fantasmas do Marquês de Sade aparecem como presságios do Apocalipse. Muito discretamente, mas também muito eficazmente, alguma coisa de irremediável interveio nas relações milenares entre o homem e a morte.

IX.
O morto-vivo

A morte aparente

No capítulo precedente mostramos que espécie de ambiguidade a arte, a literatura e a medicina mantiveram em torno da vida, da morte e de seus limites nos séculos XVII e XVIII. O morto-vivo tornou-se um tema constante, desde o teatro barroco até o romance *noir*.

Ora, esse tema estranho não ficou confinado no mundo irreal da imaginação. Invadiu a vida cotidiana e o encontramos de novo sob a forma da morte aparente. Em 1876, certo médico escrevia que um "pânico universal" tinha então se apoderado dos espíritos, diante da ideia de ser enterrado vivo, de despertar no fundo do túmulo. Ele não exagerava.[1]

É preciso, sem dúvida, não confundir a morte aparente com o sono, o de Barba Roxa ou da Bela Adormecida. A moça da canção, que três capitães raptaram para violar, caiu morta:

La belle tomba morte
Pour ne plus revenir.[2]

---

1 Dechambre, *Dictionnaire encyclopédique des sciences médicales*, artigo "Mort".
2 [A bela caiu morta / Para não mais voltar.] (N. T.)

Mas os três capitães não se assanham sobre aquele corpo inanimado. Infelizmente, minha amiga está morta, que faremos dela? Não há outra solução senão reconduzi-la ao castelo de seu pai, debaixo da roseira branca:

> Et au bout de trois jours
> La belle ressuscite
> Ouvrez, ouvrez mon père,
> Ouvrez sans plus tarder.
> Trois jours j'ai fait la morte
> Pour mon honneur garder.[3]

Ninguém expressa qualquer medo desses três dias debaixo da roseira branca. Ora, o medo é justamente o caráter essencial do sentimento provocado pela morte aparente.

A inquietude se manifesta pela primeira vez nos testamentos, por volta de meados do século XVII. Uma anedota permite localizar aproximadamente seu aparecimento: em meados do século XVI, um estudante frísio fora enterrado no cemitério de Saint-Sulpice. Seu jazente, sem dúvida um jazente apoiado no cotovelo, perdera um braço. No século XVII, esquecendo que esse braço se quebrara, acreditaram que a mutilação reproduzia, sobre o túmulo "elevado", um drama subterrâneo. Sauval conta que o mestre do jovem, ausente no momento de sua morte, o fez exumar quando voltou, e viu-se então que o cadáver tinha devorado seu próprio braço. O caso é clássico na literatura médica, mas na época de Sauval foi atribuído ao enterro de pessoa viva.[4]

Foi, entretanto, na primeira metade do século XVIII, por volta de 1740, que os médicos se apoderaram da questão para denunciar um dos grandes perigos da época.

---

3 [E ao fim de três dias / A bela ressuscita / Abra, abra, meu pai, / Abra sem mais tardar. / Três dias me fiz de morta / Para minha honra aumentar.] (N. T.)

4 Sauval. *Antiquité...* op. cit., "Le Jeune Frison au bras cassé".

O homem diante da morte

Os médicos de 1740. A exacerbação do medo

Uma abundante literatura especializada retomou então os dados antigos, os milagres de cadáveres, os gritos ouvidos nos túmulos e os cadáveres devoradores, para reinterpretá-los à luz do que se sabia sobre a morte aparente. Há muito tempo, sabia-se que ela era temida, e a sabedoria antiga convidava à prudência. A religião dos mortos e os ritos da sepultura não eram, em realidade, senão precauções para evitar os enterros precipitados: não apenas a *conclamatio* – a chamada por três vezes, em voz alta, do nome do presumido defunto –, mas os costumes da toalete, da exposição do corpo, do luto, cujo rumor podia também despertar o morto-vivo, o hábito de deixar o rosto descoberto, o prazo de vários dias antes da incineração etc.

Alguns desses hábitos persistiam na época em que Bruhier e Winsløw escreviam. Observaram que as demonstrações das pranteadoras acompanhavam sempre os funerais, e não apenas no sul mediterrâneo, pois também as tinham visto na Picardia. Poderíamos acrescentar que a *conclamatio* ainda estava em uso no tempo de Tolstói: o médico o chamou por três vezes na estação onde ele agonizava. Hoje ainda, o protocolo da Igreja quer que o papa, em seu leito de morte, seja interpelado três vezes pelo nome de batismo.

Essas práticas da sabedoria antiga teriam sido abandonadas por pressão da Igreja e talvez fosse a primeira vez que essa teve de enfrentar a acusação, frequente no final do século, de desenvoltura em relação aos corpos mortos. "Por que fatalidade precauções tão sábias quanto aquelas dos romanos foram inteiramente negligenciadas pelo cristianismo?"[5] Winsløw, autor destas linhas, tinha boas razões para se lamentar e sabia do que estava falando: não teria ele próprio escapado duas vezes, na infância e na juventude, aos médicos e aos coveiros por demais apressados?

A imprudência e a incúria das autoridades que administravam as sepulturas – isto é, o clero – terminaram em dramas bem conhecidos, por

---

5 Bruhier; Winsløw, op. cit.

vezes da época, que os autores relatam como outrora Garmann relatava os milagres dos cadáveres.

Existem vários casos. Os menos graves são aqueles em que a "ressurreição" ocorreu durante o transporte do corpo: uma filha de artesão, "tendo sido conduzida ao Hôtel-Dieu e sendo considerada morta [...], deu felizmente sinais de vida, na hora em que estava em cima da padiola de que se serviam para transportá-la ao túmulo"; ou ainda:

um carregador que morava na Rua dos Lavandiers caiu doente e foi levado ao Hôtel-Dieu. Acreditando-o morto, transportaram-no a Clamart, com os outros mortos do mesmo hospital, e o misturaram com eles na vala. Ele volta a si às 11 horas da noite, rasga o sudário e bate à porta do cubículo do porteiro, que a abre e ele volta para casa.[6]

O humor não perdia seus direitos, mesmo em situações tão graves:

Ledran contou a Louis [médico interessado no mesmo problema] que o falecido M. Chevalier, cirurgião em Paris, fora atacado de doença soporífera, na qual ele não dava o menor sinal de sensibilidade; tinham-no agitado e sacudido fortemente e de todas as maneiras, sem êxito. *Haviam-no chamado em vão pelo nome, com voz forte* [a *conclamatio*]; alguém que o conhecia como grande jogador de *piquet* [jogo de cartas], lembrou-se de pronunciar energicamente estas palavras: quinze, catorze e o ponto. O doente ficou tão impressionado, que a partir daquele momento saiu da letargia.[7]

Para falar a verdade, talvez exista menos humor neste relato do que se poderia supor. As coisas do jogo são sérias para os jogadores!

Quantas vezes terá ocorrido de não se perceber nada e enterrar realmente uma pessoa viva? Os acasos permitiram que algumas vezes se chegasse a tempo, para salvar o infeliz fechado no seu caixão...

---

6 Ibid., p.151. Stevenson teve a ideia de estudar as relações entre a morte aparente e a anestesia, em: Suspended Animation and the History of Anesthesia, *Bulletin of the History of Medicine*, n.49, p.482-511.

7 Foederé, *Dictionnaire médical*, t.3, p.188.

O homem diante da morte

O que vamos contar não é uma observação de médico, mas um fato do noticiário, contado por uma espécie de redator de escândalos, de fatos indiscretos e macabros. Em Toulouse, um peregrino de Saint-Sernin morrera na taberna "onde se encontrava sempre". Levam-no à Dalbade:

O morto foi depositado nessa igreja até a hora marcada para o enterro. No dia seguinte, uma devota que rezava na mesma capela [uma capela da irmandade encarregada dos enterros] julgou ouvir mexer qualquer coisa no caixão e correu, apavorada, a chamar os padres. Trataram-na primeiro de visionária, mas como insistisse em dizer que ouvira algo, abriu-se o caixão e encontrou-se o pretenso morto ainda vivo. Fez um sinal e compreenderam que ele pedia que o tratassem. Mas todos os socorros prestados foram inúteis, e ele expirou pouco tempo depois. Eis o que eu vi, não há quinze dias, e que ainda me faz estremecer quando penso nisso. Porque eu imaginava que muitas vezes se enterram pessoas vivas, e confesso-vos que não gostaria de ter semelhante sorte.[8]

Voltemos às histórias dos médicos:

P. Le Cler, anterior principal do colégio Louis-le-Grand, [...] contará a quem queira ouvi-lo que a irmã da primeira mulher do seu pai, tendo sido enterrada com um anel no dedo, no cemitério público de Orleans, na noite seguinte, um empregado doméstico atraído pela esperança de lucro, descobriu o túmulo, abriu-o e, não tendo conseguido fazer escorregar o anel para fora do dedo, resolveu cortá-lo. O abalo violento que o ferimento provocou nos nervos a fez voltar a si, e o grito amargo que a dor lhe arrancou apavorou o ladrão, pondo-o em fuga. Entrementes, a mulher desvencilhou-se como pôde do sudário... voltou para casa e ainda sobreviveu à morte do marido, depois de lhe ter dado um herdeiro.[9]

---

8 Dunoyer, op. cit., t.I, p.177-8.
9 Bruhier; Winsløw, op. cit., p.49-50.

Essas histórias correm na cidade e na corte. Observam os médicos de 1743: "Não se deve, portanto, espantar com a precaução que algumas pessoas tomaram, ao proibirem, no testamento, de jamais serem postas no caixão antes de pelo menos quarenta e oito horas e sem que nelas tivessem feito diversas provas pelo ferro e pelo fogo, para adquirir maior certeza de sua morte".

As precauções dos testadores

De fato, como já vimos, a partir dos anos 1660, tais precauções tornam-se frequentes nos testamentos e manifestam, mais ainda que as observações dos médicos, uma inquietude muito disseminada, pelo menos entre as elites instruídas.

O mais antigo testamento da minha amostragem que comprova certa preocupação é de 1662: "Que meu corpo seja amortalhado trinta e seis horas depois da minha morte, mas não antes".[10] Em seguida, em 1669: "Que os corpos mortos sejam velados até o dia seguinte de sua morte".[11]

É a primeira precaução, a mais banal: assegurar-se de certo prazo antes do enterramento.

Em geral, o prazo é de um ou dois dias. Também acontece ser ainda mais longo. Uma testadora de 1768, mulher nobre, quer "que depois da minha morte meu corpo seja velado durante *três dias* antes de ser inumado". Três dias, sem meios de conservação, poderiam se tornar excessivamente longos![12]

A segunda precaução é a de ser deixado tal qual, sem ser tocado, nem vestido ou despido, nem lavado, nem, naturalmente, aberto, durante certo tempo, ou mesmo para sempre: 1690: "Que me deixem duas vezes vinte e quatro horas no mesmo leito em que eu morrer, que me amortalhem nos mesmos lençóis sem me tocarem em nada mais".[13]

---

10 MC, LXXV, 117 (1662).
11 Ibid., 146 (1669).
12 MC, CXIX, 355 (1768).
13 MC, LXXV, 364 (1690).

O homem diante da morte

1743: "Que logo depois de falecida a deixem 12 horas em seu leito com as roupas que estiver usando, e vinte e quatro em cima da palha".[14]

1771: "Quero ser enterrado quarenta e oito horas depois de meu falecimento e que me deixem durante esse tempo em meu leito".

A última precaução é a escarificação. Mais rara, torna-se, porém, mais frequente no final do século XVIII: Elisabeth d'Orléans prescreve em 1696: "Que me deem antes dois cortes de navalha na sola dos pés".[15]

Em 1790, uma burguesa de Saint-Germain-en-Laye estipula: "Quero que meu corpo permaneça no leito, no mesmo estado em que se encontrar no instante da morte, durante quarenta e oito horas, e que depois desse tempo me façam incisões de lanceta nos calcanhares".[16]

O prolongamento até o século XIX

As manifestações de inquietude não cessaram durante toda a primeira metade do século XIX, embora as alusões se tornem mais raras nos testamentos mais discretos. Assim foi o de Mathieu Molé, feito à moda de antigamente, a do "belo testamento", em 1855: "Quero que se assegurem da minha morte, antes de me amortalharem, por meio de escarificações e todos os meios utilizados em casos semelhantes".[17]

Pode-se imaginar como ainda era ameaçadora essa velha obsessão de dois séculos, lendo o discurso pronunciado no Senado do Império Francês, no dia 28 de fevereiro de 1866, pelo cardeal Donnet, arcebispo de Bordeaux (o mesmo prelado que crivou sua diocese de campanários neogóticos, a ponto de ser caçoado por transformar a cidade num porco-espinho!):

> Eu mesmo, numa aldeia onde servi no início da minha carreira pastoral, impedi duas inumações de pessoas vivas. Uma delas ainda viveu doze horas e a outra voltou completamente à vida [...]. Mais tarde, em Bordeaux, uma jovem passava por morta; quando cheguei perto dela, a enfermeira

---

14 MC, XLII, 399 (1743).

15 AN, S6160 (1696).

16 AN, CXIX (21 de junho de 1790).

17 AN, XII, 635 (1855).

aprontava-se para cobrir-lhe o rosto [o gesto denunciado por todos os adversários do enterramento precipitado] [...]: ela tornou-se esposa e mãe.

Mas, eis o que é mais pessoal e impressionante. Imagine o calafrio que percorreu a assembleia presente a esse acontecimento memorável, cuja lembrança se conservou por muito tempo em Bordeaux. Minha mãe, que se criara nessa cidade, me contou que

em 1826, um jovem padre, no meio de uma catedral cheia de ouvintes, desmaia subitamente no púlpito [...]. Um médico declara ter constatado a morte e manda dar permissão de inumar o corpo no dia seguinte. O bispo da catedral em que acontecera o incidente já recitava o *De Profundis* aos pés do leito fúnebre, e já se tinham tomado as dimensões do caixão. A noite se aproximava e compreende-se a angústia do jovem padre, cujo ouvido percebia o ruído de todos os preparativos. Finalmente ouve a voz de um dos seus amigos de infância [como as palavras do jogo do médico do século XVIII, na história de Louis], e essa voz, provocando nele um esforço sobre-humano, obteve um resultado maravilhoso.

O retorno à vida foi rápido e completo, pois "no dia seguinte ele pôde reaparecer no púlpito. Hoje, ele está entre nós". Fora com o próprio cardeal que isso acontecera, quando era jovem padre. Minha mãe acrescentava que seus cabelos tinham, então, se tornado brancos.

Essa obsessão poderosa foi a origem das medidas tomadas, desde o final do século XVIII, para o controle das inumações. Hoje ficaríamos tentados a atribuí-las à preocupação da boa polícia, à vontade de desmascarar assassinatos e impedir sua dissimulação. Foi, principalmente, o medo do enterro prematuro que as provocou. Já no século XVIII, os bispos tinham imposto um prazo de vinte e quatro horas, que correspondia ao geralmente previsto pelos testadores: já ninguém se arriscava a ser despachado algumas horas depois da morte, antes da noite, como acontecia anteriormente. Bruhier propunha, em 1743, a instituição dos inspetores dos mortos. Em 1792 exigiu-se que a morte fosse verificada por duas testemunhas. Uma portaria do 21 vendemiário, ano IX, dá

O homem diante da morte

certos conselhos: "As pessoas que estiverem ao lado de um doente na hora da morte presumível, evitarão, para o futuro, cobrir-lhe e envolver o rosto, tirá-lo do leito para depositá-lo sobre um colchão de palha ou de crina, e expô-lo a um ar muito frio".[18]

Parece que foi preciso vencer a rejeição dos médicos para forçá-los a verificar a morte. Em 1818, o autor de um dicionário de ciências médicas em sessenta volumes, que concede ainda um grande lugar à morte, escreve:

> Raramente, os médicos são chamados para constatar a morte; esse cuidado importante é deixado aos mercenários ou a indivíduos completamente estranhos ao conhecimento do homem físico. Um médico que não pode salvar um doente *evita* estar na casa após o doente expirar, e todos os clínicos parecem penetrados deste axioma de um grande filósofo: não é atitude de civilidade do médico visitar um morto.[19]

No final do século XVIII, também se tinha aconselhado a instituição de "locais de depósito", em que os corpos permaneceriam sob vigilância, até o início da putrefação, para que se pudesse ficar absolutamente certo da morte. O projeto não foi realizado na França, mas na Alemanha. Essas primeiros *funeral homes* [casas de funerais] eram chamadas *vitae dubiae azilia,* ou, o que é menos bonito, obituários. Houve em Weimar, no ano de 1791; em Berlim, no ano de 1797; em Mainz, no ano de 1803; em Munique, no ano de 1818. Uma delas forneceu o cenário para uma novela de Mark Twain, que gostava de contos macabros. Os braços dos corpos ali depositados estavam presos a campainhas, que reagiam a qualquer movimento insólito.

---

18 Portaria do 31 vendemiário, ano IX, sobre a inspeção dos mortos.
19 *Dictionnaire des sciences médicales,* artigo "Inumação".

Philippe Ariès

A segunda metade do século XIX: o apaziguamento e a incredulidade dos médicos

Adotaram-se disposições legais para responder à inquietude geral, no momento, aliás, em que esta começava a se abrandar. O cardeal Donnet já fazia papel de atrasado: era porque não lhe tinham dado ouvidos! Os médicos de seu tempo contestavam a realidade da morte aparente e o perigo de enterramento precipitado com uma autoridade e uma segurança iguais às de seus antecessores, quando esses, um século antes, tinham, ao contrário, soado o alarme e disseminado o terror. Nos dois casos, a reversão se fez em nome da ciência positiva contra superstições atrasadas.

No artigo "Morte", um dicionário enciclopédico de Ciências Médicas, publicado em 1876, faz o histórico da questão. As histórias fabulosas dos *De miraculis cadaverum* eram ainda levadas a sério pela geração dos médicos de 1740, sob a condição de que fossem interpretadas como casos de morte aparente.[20] Em 1786, foram consideradas histórias completamente desprezíveis. Embora tenha havido sempre casos de reanimação, "é sobretudo ao impulso dado por Winsløw, em 1740, e Bruhier, em 1742, que a questão da morte aparente deve toda a sua popularidade". Esses médicos historiadores reconheceram dois grandes surtos da obsessão — uma por volta de 1740 e outro em 1770-80, esta última coincidindo com a campanha de remoção dos cemitérios para fora das cidades, tendo os mesmos personagens participado das duas ações.[21] Mas nada disso foi considerado sério aos olhos dos médicos do final do século XIX. "Nenhuma parte da literatura médica é mais rica do que aquela que trata da morte aparente. Essa riqueza acaba sendo muitas vezes estéril." É a vez dos médicos do século XVIII serem suspeitos de palavreado e credulidade: "Pois a ciência está atulhada de fatos acumulados sem critério, de relatos inspirados pela imaginação ou pelo medo". Trata-se, evidentemente, do caso das histórias de Bruhier e de seus contemporâneos. "Ao gosto pelos fatos maravilhosos, vem-se juntar, em geral, o vão desejo

---

20 Dechambre, op. cit., artigos "Mort" e "Cadavre".
21 Ver Capítulo 11.

O homem diante da morte

de comover o público. A mistificação ocupa grande lugar na história da morte aparente." Isto é, dizer que a morte aparente é um problema falso.

Por sua vez, outro médico, Bouchot, num livro de 1883,[22] critica os Bruhier, Vicq d'Azyr e os médicos do século XVIII, por terem alegado que os costumes funerários dos povos antigos tivessem sido inspirados "pelo medo de ser enterrado vivo". Supersticiosos que denunciam outros supersticiosos! Em 1883, os médicos esclarecidos sabem perfeitamente que esses costumes são "engendrados pelo misticismo e a superstição, perpetuados pelo orgulho". Tais costumes "testemunham muito mais a forma das crenças religiosas e o nível (bem baixo!) de civilização dos povos, do que o temor de serem enterrados vivos". Por certo, "durante muito tempo essa crença reinou no mundo e na Ciência", numa ciência invadida pelos filósofos e pelas superstições: "pois a doutrina da incerteza dos sinais da morte e a crença nas histórias de inumação quase sempre prevaleceram em certos espíritos", mesmo científicos. "É um temor bastante geral que se deve levar em conta", mas para melhor exorcizá-lo. "Afirmo que sempre bastará um mínimo de atenção para que o médico reconheça a morte no mesmo instante em que ela ocorre." Trago, neste livro, o fruto de trinta e cinco anos de estudos: "um penhor certo da segurança das inumações".

O fato é que as histórias de morte aparente vão se tornar cada vez mais raras e, mesmo quando hoje acontece que algum morto desperte no necrotério de um hospital, esse fato do noticiário comum já não provoca emoção. No final do século XIX, a morte aparente perdeu seu poder obsessivo, sua fascinação. Já não se acredita nessa forma de morto-vivo.

Os médicos e a morte

Como se vê, a superfície imóvel das atitudes *reais* diante da morte, nos séculos XVII e XVIII, é agitada por uma espécie de sublevação. Uma ameaça temível surge e depois, ao final de dois séculos, abranda-se e desaparece. Essa anomalia monstruosa é, sem dúvida, a primeira manifestação

---

22 Bouchot, op. cit., p.402.

do grande medo da morte. Naquela época, não fora amplamente explorada pelas artes de evasão e de ilusão, como acontece de hábito quando uma vasta inquietude se apodera da consciência universal: além de certa gravidade, as pessoas sempre se calam. A sociedade expulsou a morte aparente para fora do espelho em que acariciava seus fantasmas.

É por essa razão que percebemos melhor tal obsessão por intermédio da visão dos médicos. São os novos médiuns, decifradores dos códigos psicológicos de seu tempo.

Vimos que houve três gerações de médicos que se interessaram pela morte aparente – a dos séculos XVI e XVII, a do século XVIII e a do final do século XIX.

Os médicos do final do século XIX, que falavam nossa linguagem atual, rejeitavam como superstição sem fundamento experimental, sem valor científico, a ideia de que a morte aparente tenha representado um verdadeiro perigo. Puseram, nessa rejeição, uma paixão que nos surpreende; isso se deu pois o debate sobre a morte aparente punha em questão a existência do tempo da morte como um verdadeiro estado *misto*; eles não admitiam que pudesse haver uma tal mistura de vida e de morte. Era tudo uma coisa ou tudo outra. A morte não tinha mais duração do que o ponto geométrico tem densidade e de espessura. Não passava de uma palavra equívoca da linguagem natural que era preciso abolir da linguagem unívoca da ciência, para designar a parada da máquina, simples negatividade. O conceito da morte-estado os revoltava.

Para os médicos das outras duas gerações, as dos séculos XVI e XVII e a do século XVIII, o tempo da morte era, muito pelo contrário, um estado que participava, ao mesmo tempo, da vida e da morte. A morte não era real e absoluta senão mais tarde, no momento da decomposição. Eis por que, retardando a decomposição, retardava-se a morte absoluta. O embalsamamento e a conversação permitiam prolongar o tempo da morte-estado, em que subsistia algo da vida.

A diferença entre essas duas gerações reside na anterioridade da vida ou da morte no interior da morte-estado: para o médico dos séculos XVI e XVII, o tempo da morte-vida começava no momento da morte aparente e continuava no cadáver ou na múmia. Quase não havia (salvo

O homem diante da morte

acaso, simulação, absorção de beberagem soporífica ou sono mágico) superposição de morte e vida, mas, ao contrário, da vida sobre a morte. Assim, vê-se cadáveres que sangram, mordem e transpiram, e nos quais continuam a crescer barba, cabelos, unhas e dentes.

Para os médicos do século XVIII, os fenômenos assim observados nem sempre eram absurdos; era sua interpretação antiga que era tola. A superposição se faz, na opinião deles, em sentido contrário, ou seja, da morte sobre a vida. A aparência da morte instala-se durante a vida. É por essa razão que os sinais da morte aparente substituem, na literatura, os milagres dos mortos.

Tal aparência de morte estava carregada da mesma perturbação existencial que os prodígios de cadáveres provocavam. Os dois distúrbios, o antigo e novo, reúnem-se no erotismo macabro: as cenas de túmulo, as cópulas de múmias no teatro barroco francês ou elisabetano e, por outro lado, a necrofilia dos contos médico-sádicos. O tema da morte aparente tem, também, um aspecto sexual. Além do que se acaba de dizer no capítulo precedente, não se pode deixar de ficar impressionado pela simetria dos dois discursos médicos no século XVIII, sobre a morte aparente e sobre a masturbação. Conhece-se o lugar da masturbação numa literatura médica que via ali a causa de toda espécie de males físicos, morais e sociais. Do mesmo modo, a morte aparente tornara-se, para outros médicos contemporâneos, a razão de ser e a justificação das religiões, bem como a causa de muitos dramas. Num e noutro caso reconhecemos a mesma afetação de objetividade científica e idêntica vontade apaixonada de demitização. Não é o caso de uma doença qualquer, mesmo grave como a peste, que desde então se pode tratar friamente, com a despreocupação de homem de ciência; trata-se de alguma coisa mais, que amedronta e é preciso exorcizar.

Nas origens do Grande Medo da Morte

Os médicos perdem o sangue-frio na vizinhança das comportas por onde o desregramento da natureza ameaça penetrar na cidade racional dos homens. Descobrem o sexo e a morte sob formas insólitas e selvagens, que denunciam com a convicção e a autoridade da sentinela: o vício solitário e o estado "soporoso". Nos dois casos, sente-se subir, nesses homens de ciência e de luzes, o medo: o medo do sexo, que vamos deixar fora da nossa análise, e o medo da morte, o verdadeiro medo.

Porque até o presente, ouso dizer, os homens, tais como os percebemos na História, nunca tiveram realmente medo da morte. Não há dúvida de que a temiam, sentiam certa angústia diante dela e o diziam com tranquilidade. Mas justamente essa angústia nunca ultrapassava o limiar do indizível, do inexprimível. Era traduzida em palavras apaziguantes e canalizada para ritos familiares.

O homem de outrora fazia caso da morte; ela era coisa séria, que não se devia tratar levianamente: um momento forte da vida, grave e temível, mas não temível a ponto de afastá-la, de fugir dela, de fazer como se não existisse ou de falsificar suas aparências.

O que ainda melhor demonstra a moderação dos sentimentos antigos diante da morte, e quão pouco risco eles corriam de degenerar em pânico, é a ausência de escrúpulo dos homens da Igreja em explorar o germe da angústia que aí se encontrava, para aumentá-lo e transformá-lo em objeto de pavor. Fizeram tudo para meter medo; tudo, salvo o que arriscava levar ao desespero, a mais grave das tentações. Reconheçamo-lo: nenhuma sociedade teria resistido a esse apelo patético, ao pavor, a essa ameaça apocalíptica, se ela os tivesse realmente admitido e integrado. Mas a sociedade ocidental aceitou alguma coisa e rejeitou outra, e os moralistas mais exigentes o sabiam e levavam isso em conta ao forçar as doses.

A sociedade ocidental tomou o que, através das imagens terríveis, correspondia à sua visão coletiva e secreta da morte, que os homens da Igreja também sentiam espontaneamente e traduziam à sua maneira. Nessa literatura sobre os últimos fins, realmente popular e não imposta à força, a sociedade gostava do apaziguamento proposto pela Igreja, mas também do sentimento de que cada um ali encontrava parte de sua identidade, de sua história e da brevidade melancólica dessa história.

Em compensação, deixou o terrorismo, ou então o desarmou. Eis por que esse terrorismo foi um espetáculo didático que provocou algumas conversões, suscitou prosélitos e vocações entre as elites militantes.

O homem diante da morte

Também iludiu alguns, os que a tomaram ao pé da letra, sendo os últimos os homens das luzes e do progresso dos séculos XVIII e XIX... E os historiadores de hoje.

Quando se começou a ter medo da morte para valer, as pessoas se calaram, os homens da Igreja em primeiro lugar, bem como os médicos: isso se tornava grave demais.

Nós já havíamos, contudo, encontrado esse medo sem palavras na retórica dos médicos, que sucedeu aos apocalipses dos homens da Igreja e nas confissões discretas que ela arranca dos testadores.

Quando um homem ou uma mulher do tempo de Luís XIV ordenava que não fossem tocados, que os deixassem imóveis durante o tempo por eles fixado, que se fechasse o sudário sobre o corpo só depois de certas verificações à faca, é preciso adivinhar, para além dessas precauções, o medo enroscado num lugar secreto deles próprios. Tinha-se o hábito de manipular os cadáveres havia milênios! Só os pobres eram despachados quase intatos. Para se opor a esses preparativos tradicionais, era preciso haver grandes razões. Quem sabe se a moda dos cemitérios de múmias, onde elas ficavam expostas à vista dos visitantes, não respondia à mesma preocupação de escapar à terra abafante, de não despertar um dia sob o peso dela?

Um medo louco que os médicos do século XIX denunciaram como irracional, porque ele se abrandava, e que pelo contrário os médicos do século XVIII tinham instalado no coração de sua ciência demasiado recente, porque sofriam com ele.

É curioso que esse medo tenha nascido na época em que alguma coisa parece ter mudado na antiga familiaridade do homem com a morte. A gravidade do sentimento da morte, que tinha coexistido com a familiaridade, é por sua vez afetada: passa-se a fazer jogos perversos com a morte, até dormir com ela. Estabeleceu-se uma relação entre a morte e o sexo; eis por que ela fascina, torna-se obsessiva como o sexo: sinais de uma angústia fundamental que não encontra nome. Por essa razão, ela fica comprimida no mundo mais ou menos proibido dos sonhos, dos fantasmas, e não consegue abalar o mundo antigo e sólido dos ritos e costumes reais. Quando o medo da morte entrou, ficou de início confinado no lugar em que o amor se manteve tanto tempo ao abrigo e afastado, e de onde só os poetas, romancistas e artistas ousavam fazê-lo sair: no mundo imaginário.

Mas, sem dúvida, a pressão foi muito forte e, no decurso dos séculos XVII e XVIII, o medo louco transbordou para fora do imaginário e penetrou na realidade vivida, nos sentimentos conscientes e expressos, sob uma forma todavia limitada, passível de ser conjurada, que não se estende ao mito inteiro, através da morte aparente, dos perigos que se corre quando se passa a ser um morto-vivo.

Quarta parte
A morte do outro

X.
O tempo das belas mortes

A doçura narcótica

"Estamos no tempo das belas mortes", escrevia em seu diário, em 1825, Caroly de Gaïx, "a de Madame de Villeneuve foi sublime".[1] A palavra "sublime" também se encontra com naturalidade em Chateaubriand: "Os traços paternos tinham adquirido, no caixão, qualquer coisa de sublime".[2] Era assim que a mitologia do tempo passava a reconhecer, na morte, um porto seguro desejado e por muito tempo esperado,

Ou l'on pourrait manger et dormir et s'asseoir.[3]

O repouso antigo misturava-se a outras ideias mais novas de eternidade e de reunião fraternal.

"Regozija-te, meu filho, vais morrer." Assim falava o pároco de uma pequena aldeia perto de Castres, a um pobre doente "deitado em seu colchão". E Caroly de Gaïx, que o acompanhava, acrescenta: "Essa palavra que teria feito estremecer um ser feliz do século, quase lhe provocou um sorriso".[4]

---

1 Caroly de Gaïx, *Oeuvres*, p.116.
2 Chateaubriand, *René*, p.143.
3 [Onde se poderia comer, dormir e sentar.] (N. T.)
4 Gaïx, op. cit., p.61.

Triunfo momentâneo de uma reação católica, de uma devoção aberrante e mórbida? Pelo contrário, a *Encyclopédie* censurara os cleros e as igrejas pelo fato de esconderem, sob um aparelho insólito e assustador, "a doçura narcótica" da morte e de alterar sua natureza, uma natureza que o romantismo devia destacar e exaltar.

> Gostaria de armar as pessoas sérias contra as quimeras de dor e de angústia desse último período da vida: preconceito geral tão bem combatido pelo autor eloquente e profundo da História Natural do Homem [Buffon]... Que se interroguem os médicos das cidades e os ministros da Igreja, acostumados a observar os atos dos moribundos e a recolher seus últimos sentimentos, e eles convirão que, salvo um pequeno número de doenças agudas, em que a agitação causada por movimentos convulsivos parece indicar os sofrimentos do doente, em todas as outras se morre suavemente e sem dor, e mesmo essas terríveis agonias assustam mais os espectadores do que atormentam o doente [o autor tende a minimizar, por um lado, a realidade dos grandes sofrimentos da agonia, contrariamente à tradição medieval e mesmo moderna e, por outro lado, a preparação para a última hora, pois todas duas ameaçavam enfraquecer sua ideia da suavidade da morte]... Parece que seria nos campos de batalha que as dores terríveis da morte deveriam existir; contudo, os que viram morrer milhares de soldados nos hospitais militares relatam que suas vidas se apagam tão tranquilamente, que se diria que a morte não fez senão passar em torno de seu pescoço um nó corrediço que aperta menos do que age com uma *doçura narcótica*. As mortes dolorosas são, portanto, muito raras e quase todas são insensíveis.

Insensíveis, mas ainda não felizes. É preciso primeiro liberar a morte dos preconceitos que a desfiguram:

> Se não se despertassem os terrores, por meio desses tristes cuidados e esse aparelho lúgubre que na sociedade [mas não na natureza, e mais na cidade do que no campo] precedem a morte, não se veria ela chegar [ainda não é a dramatização romântica, mas seu anúncio] [...] Não se teme tanto a morte, portanto, senão por hábito, por educação, por preconceito. Mas

os grandes alarmes reinam, principalmente, entre as pessoas criadas suavemente no seio das cidades e tornadas, pela educação, mais sensíveis do que as outras; porque os homens comuns, principalmente no campo, veem a morte sem medo; é o final dos desgostos e das calamidades dos miseráveis.

Observação importante. Graças ao mito de Rousseau da cidade corrompida e oposta ao campo, próximo da natureza, o homem das Luzes expressa à sua maneira um fato realmente notável: a diferença impressionante entre uma tradição de familiaridade com a morte conservada no campo e no meio dos pobres e, por outro lado, uma atitude nova, mais frequente na cidade e entre os homens ricos e instruídos, que tende, pelo contrário, a aumentar a significação e as virtualidades da morte. Reconhecemos aqui as duas atitudes que batizamos de "morte domada" e "morte de si mesmo". Mas o homem das Luzes de fato rejeita, ou aparenta rejeitar, uma atitude que tinha sido, pelo menos na origem, a dos *litterati*. No entanto, os preparativos para a morte, nos séculos XVII e XVIII, procuravam antes desviar a atenção do fim último para a vida inteira. O homem das Luzes não se importa com essa mudança tardia e demasiado discreta. Não leva isso em conta. Na morte na cidade, ele vê a influência dos padres e o triunfo de suas superstições. Manifesta, ao contrário, a intenção de recuperar a familiaridade com a morte que existe no campo. "Os homens temem a morte como as crianças temem as trevas e somente porque se assustou sua imaginação com fantasmas tão vãos quanto terríveis. O aparato dos últimos adeuses, as lágrimas de nossas almas, o luto e a cerimônia dos funerais, as convulsões da máquina que se dissipa, eis o que tende a nos assustar."

Naturalmente, as coisas não vão acontecer como parece desejar o autor da *Encyclopédie*. Ele teria ficado horrorizado se pudesse ver os grandes lutos e as encenações dramáticas do século XIX. Talvez tivesse sido menos refratário às interdições da morte típicas na época. Reconhecemos, em seu pensamento, duas tendências: uma nostalgia da morte simples e familiar de outrora e um desejo de experimentar a *"doçura narcótica"* e a paz maravilhosa. Este último sentimento, preparado no mundo imaginário dos séculos XVII e XVIII, vai provocar, na época romântica, uma espécie de apoteose barroca que nenhum autor barroco teria ousado inventar. No início, e durante algum tempo, o neobarroco romântico não se apresentará como manifestação da escatologia cristã, mas, pelo contrário, como uma vitória contra a pastoral cristã e sua propaganda dos fins últimos. Assim, o Lamartine de 1820, poeta da morte de Elvire, ao mesmo tempo que descrevia, com emoção, as vigílias piedosas e o crucifixo da última hora, opunha a imortalidade do deísmo das Luzes à da superstição clerical:

Je te salue, ó mort! Libérateur celeste
Tu ne m'apparais point sous cet aspect funeste
Que t'a prêté longtemps l'épouvante ou l'erreur...
Ton front n'est point cruel, ton oei n'est point perfide
Au secours des douleurs un Dieu clément te guide
Tu n'anéantis pas, tu délivres: ta main,
Céleste messager, porte un flambeau divin...[5]

E esses dois últimos versos parecem ser o comentário de algum túmulo de Houdon, de Canova, onde o gênio da esperança e a alegoria da tristeza acompanham o defunto até uma porta que não se pode saber se abre para um aquém pacífico ou para um além luminoso.

Et l'espoir près de toi, rêvant sur un tombeau,
Appuyé sur la Foi, m'ouvre un mond plus beau.[6]

Assim, afasta-se da recusa das superstições e dos ritos medievais de preparação para a morte, em direção às grandes liturgias da morte romântica:

Quelle foule pieuse en pleurant m'environne?[7]

---

5 [Eu te saúdo, ó morte! Liberadora celeste / Não me apareces com esse aspecto funesto / Que te atribuiu por muito tempo o terror ou o erro... / Tua fronte não é cruel, teu olhar não é pérfido, / Em socorro das dores um Deus clemente te guia / Não aniquilas, liberas: tua mão, / Celeste mensageira, traz um archote divino...] (N. T.) Alphonse de Lamartine.

6 [E a esperança perto de ti, sonhando sobre um túmulo, / Apoiado sobre a Fé, me abre um mundo mais belo.] (N. T.)

7 [Que multidão piedosa chorando me cerca?] (N. T.)

O homem diante da morte

Na França: a família de La Ferronays

Os testemunhos sobre a atitude romântica diante da morte são numerosos; uns muito conhecidos, graças à literatura, outros menos. É um desses últimos que escolhi como exemplo: a correspondência e os diários íntimos da família de La Ferronays, tais como foram publicados, cerca de vinte anos após a redação dos documentos mais recentes, em 1867, por Pauline de La Ferronays, esposa de Auguste Craven, sob o título *Récit d'une soeur* [Relato de uma irmã].[8]

Primeiramente, duas palavras sobre a família. O conde de La Ferronays nasceu em 1772, em Saint-Malo, como Chateaubriand, que o tratava como "meu nobre amigo". Ele tinha, portanto, 20 anos em 1792. Emigrou com seu pai, general-de-divisão, serviu no exército de Condé em Clagenfurth, na Caríntia, onde o exército estava acantonado; desposou, em 1802, a filha de um oficial, conde de Montsoreau (uma irmã da nova condessa de La Ferronays desposara o duque de Blacas). Finalmente, mantinha relação com o duque de Berry. Pertencia, portanto, a um meio muito monarquista, hostil à Revolução. Depois da Restauração, o conde de La Ferronays entrou para a diplomacia. Elevado a par de França em 1815, foi ministro em Copenhague, em 1817; embaixador em São Petersburgo, em 1819: ganhou a confiança e a amizade de Alexandre I, que lhe garantiu uma pensão (depois paga à sua viúva); em seguida, foi ministro das Relações Exteriores, no gabinete Martignac. A Revolução de 1830 surpreendeu-o como embaixador em Roma. Não voltou imediatamente para a França de Luís Felipe, tendo permanecido no exílio, por motivos de honra, sem, aliás realizar qualquer atividade política: apenas uma missão junto a Carlos X, no exílio, para o reconciliar com a duquesa de Berry, depois da infeliz aventura da Vendeia.

Contudo, nessa família tão apegada aos Bourbons, não se observa qualquer entusiasmo monarquista. Entre eles, quase não falam de política, salvo em 1848, que é quando termina o *Récit d'une soeur*. O conde chega a lamentar que seu filho mais velho, Charles, tenha julgado necessário

---

8 Craven, *Récit d'une soeur.*

deixar o exército depois da Revolução de 1830, e a mudança de regime que ela provocou. Seu outro filho, Albert, um dos heróis do *Récit*, está ao contrário ligado aos liberais católicos, com Montalembert, Lacordaire, os abades Dupanloup, Gerbet e o italiano Gioberti, o que não nos parece boa companhia para o filho do ajudante de campo do duque de Berry, para o irmão do futuro homem de confiança do conde de Chambord.

Em seu exílio russo e italiano, os de La Ferronays irão se converter a uma forma exaltada, barroca, de catolicismo – o catolicismo ultramontano ou, como dizia a condessa Fernand, mulher de um dos filhos, "à moda italiana". A condessa publicou, em 1889, um livro de memórias rico de informações picantes sobre a família do marido, que ela detestava.[9] Não somente ela sofria do desprezo desses nobres por uma antiga família togada, melhorada havia muito tempo pela *savonnette à vilain*,[10] mas principalmente havia entre eles toda a diferença de sentimento religioso. Certo dia, numa conversa em que se falava provavelmente de casos excepcionais, ela perguntou o que se estendia por uma estigmatizada: "Um silêncio glacial seguiu essa imprudente pergunta, que se fingiu não ter ouvido".

A condessa Fernand não era ímpia, mas seguia a boa religião francesa do século XVIII. Chamava a Maria Tudor *The Bloody Queen* [A rainha sangrenta], admirava Elizabete I, considerava "Gregório VII e Inocêncio IV como flagelos do gênero humano. Era assim que se ensinava a história e, embora a modificando um pouco, não deixei ainda completamente [por volta de 1890] essa maneira de pensar". Afirmava ainda:

> Fui criada entre um pai, cujos sentimentos ainda sofriam a influência do século de Voltaire e que os deixava aparecer, não se apercebendo disso de forma alguma, e uma mãe cuja piedade sincera se aproximava da severidade anglicana e não lhe permitia se aproximar dos sacramentos sem se preparar seriamente para eles. Na família do meu marido [os de La Ferronays] era muito diferente e, adotando os costumes religiosos da Itália [era, de fato,

---

9 De La Ferronays, *Mémoires*.

10 Medidas tomadas – por exemplo, a aquisição de terras – para buscar o enobrecimento durante o Antigo Regime francês. (N. T.)

o catolicismo romântico] tinham-se adiantado ao que se tornou o costume na França de agora. Tudo mudou no nosso país, até mesmo a maneira de praticar a religião.

É compreensível que a condessa Fernand não se sentisse à vontade no mundo exaltado da família de seu marido. Mas não era apenas a religião que estava em jogo, como ela acreditava; tem-se sempre o primeiro impulso de explicar as mudanças profundas pela influência dos grandes sistemas ideológicos e reorganizadores, políticos ou religiosos. De fato, a discordância se devia a diferenças de sensibilidade. Assim, quando Pauline — uma das filhas do conde de La Ferronays, que se correspondera durante muito tempo com seus irmãos e irmãs —, que tinha herdado diários e cartas de vários desaparecidos, sentiu necessidade de os reunir, de os apresentar e publicar, essa publicação pareceu, à galicana condessa Fernand, o cúmulo da indiscrição senão da indecência. "Foi um livro que sempre me irritou singularmente os nervos. Divulgando ao público os sentimentos íntimos daqueles de quem uso o nome, pareceu-me que Madame Craven tinha agido, no plano moral, como o faria no físico: uma pessoa que forçasse outra a se mostrar em mangas de camisa do alto da coluna da praça Vendôme."[11]

Mas Pauline não sentia esse pudor. Erigia um "túmulo" em memória daqueles que ela amava, dos quais ela queria perpetuar a lembrança e com os quais ficava em comunicação. "A lembrança dos dias felizes passados juntos é para mim uma alegria, e não uma dor, e bem longe de desejar o esquecimento, peço ao céu que me conserve sempre a memória viva e fiel dos dias desaparecidos [...]. Pensar neles e deles falar me foi aprazível desde que eles não mais estão aqui."

Portanto, o *Récit d'une soeur* é a história, com a ajuda de documentos originais, de uma família do início do século XIX, que pertencia a uma aristocracia internacional, tanto quanto francesa. Ora, essa história é uma sucessão de doenças e de mortes, tendo sido a família dizimada pela tuberculose.

---

11 de La Ferronays, op. cit., p.212.

No momento em que a cortina se levanta para nós, na Roma de 1830, o conde de La Ferronays está com 48 anos; casado há vinte e oito anos, e tendo tido onze filhos. Quatro haviam morrido com pouca idade; sua mãe, piedosa, conservou suas lembranças, eventualmente evocando-as, mesmo muito tempo depois. Ficaram, portanto, sete filhos, sendo os dois últimos meninas nascidas em São Petersburgo, quando o pai era ali embaixador.

A primeira parte do *Récit d'une soeur* compõe-se das cartas e do diário de um dos filhos, Albert, e de sua noiva Alexandrine, logo depois sua mulher: é a história do amor, do casamento, da doença de Albert e de sua morte.

Albert é um rapaz muito inteligente e sensível. Nenhum traço nele daquela soberba nobiliárquica denunciada pela futura cunhada, a condessa Fernand. Não adota as disputas políticas de sua família espiritual. Não sente qualquer das paixões legitimistas do ambiente, apesar de sua fidelidade ao ramo mais velho. "Por mais que me esforce, não consigo agitar meu sangue por essas pequenas confusões de partido. Assim, se alguns dos meus quisessem me renegar ao me verem frequentar tais pessoas [os liberais belgas], sinto que, nesse assunto, eu me resignarei a lhes desagradar." Imbuído de um romantismo fraternal e ligeiramente influenciado por Saint-Simon, pensa que as estradas de ferro vão "destruir os preconceitos e os ódios nacionais" e disseminarão "novas ideias de fusão". "O espírito de nacionalidade, de patriotismo, belo em si mesmo, mas no qual, do ponto de vista mais elevado, se encontra ainda o egoísmo, dará lugar cada vez mais ao espírito de união que, disto estou convencido, deve um dia reinar sobre o mundo cristianizado." Esse doce utopista sonha com uma "associação de nações" cristãs. Ele sente apenas saudade dessas nacionalidades condenadas a desaparecer, a se "apagar [...] na sociedade que vai começar e no seio da qual tudo se unirá, se simplificará, se igualará". O motor dessa transformação será a religião: "A religião, creio eu, é a alma do nosso futuro, última transformação da sociedade. Nossa perfectibilidade, tendo atingido o termo de seu impulso, nos restituirá nosso primeiro destino, o esplendor, a luz do dia, a brancura do céu".[12]

---

12 Craven, op. cit. t.I, p.224.

Sua noiva é a filha do conde de Alopoeus, sueco de nascimento, ministro da Rússia em Berlim, e de uma alemã, Alexandrine, nascida em 1808. Tem 22 anos e é amiga das senhoritas de La Ferronays, principalmente de Pauline, a narradora. Muito tempo depois, em 1867, Pauline escreverá a seu respeito: "Nossa amizade foi daquelas que nada na vida poderia alterar e que a morte não pode romper". Acreditem-na: essas palavras não foram escritas no ar.

No ano de 1831, toda a família se reuniu em Nápoles, no palácio Acton. "Falávamos, muitas vezes, de Deus e da outra vida", tema que não cessou de voltar constantemente em suas conversas no correr do tempo.

Nesse mesmo ano, morre o conde Alopoeus, primeira morte de uma longa série. Alexandrine fica órfã. Está muito impressionada: luterana, deve ter certa dúvida sobre a salvação do pai, que talvez não tivesse uma vida irrepreensível. Assim, ela pede a Deus "não ter mais um instante de felicidade na Terra, mas que ele seja eternamente feliz"; a cada alegria que essa moça de 20 anos sente, ela exclama: "Meu Deus, fazei-me sofrer no lugar do meu pai". Veremos como ela foi atendida!

No dia 9 de fevereiro de 1832, Albert registra: "Cuspi um pouco de sangue. Minha garganta ainda estava sensível em consequência de uma doença que tive recentemente em Berlim". Nenhum nome da doença. Mas já era bem conhecida! Alguns dias depois, Albert conhece Alexandrine, a amiga de sua irmã. Paixão instantânea. Passeiam nos jardins da vila Doria-Pamphili, em Roma. "Conversamos, acho que uma hora, sobre religião, imortalidade e sobre a morte que seria doce, dizíamos nós, naqueles belos jardins."

Alexandrine fazia coleção de cartões de visita, e Albert lhe dá o seu com esta inscrição: "Que doce imortalidade a que começa aqui na Terra, no coração dos que sentem sua ausência", e Albert acrescenta, em seu jornal, este comentário: "Palavras singulares e melancólicas num álbum de loucuras". Como é chacoteado por isso, Albert tira o cartão e o substitui por um em branco.

Certo dia em que Alexandrine abre um caderno de notas e pensamentos de Albert, ela depara com estes versos de Victor Hugo:

Je m'en irai bientôt au milieu de la fête.[13]

Em seguida, esse pensamento de Massillon: "Teme-se menos a morte quando se está tranquilo quanto às suas consequências". E conclui: "Morro jovem e sempre o desejei. Morro jovem mas vivi muito".[14]

Em junho de 1832, Albert escreve a Alexandrine: "Eu lhe juro que, quando estou perto de você, o que sinto me parece ser um presságio de outra vida. Como é que emoções desse gênero não ultrapassam o túmulo?".

O que surpreende não é o tom religioso e místico, mas a concentração do sentimento religioso sobre a morte e o além, e sua mistura com o amor. Alexandrine confia a seu diário: "Oh! a morte está sempre mesclada com a poesia e o amor, porque ela leva à realização de uma e de outro".

A morte revela, então, um aspecto de si mesma que não tínhamos jamais encontrado numa conversa, mesmo exaltada: o infinito. Os dois amigos passeiam ao pôr do sol em Castellamare: "Oh, se pudéssemos ir aonde ele vai! Sentimos vontade de segui-lo e de ver um novo país. Estou certa", escreve Alexandrine, que nesse momento lhe teria sido "agradável morrer".

Alguns anos mais tarde, em 1834, ele tem a mesma inspiração e registra por sua vez: "Saindo a cavalo, acesso de alegria à beira-mar, a galope. Eu gostaria, muitas vezes, de mergulhar no mar para estar no meio de alguma coisa de imenso". Necessidade de se perder na imensidade, a imensidade da morte.

Seus pais inquietam-se um pouco com a amizade deles e querem separá-los para pô-los à prova. Eles passam uma última noite no Teatro San Carla. Alexandrine está tão triste. "A sala, a luz, a cena [...] pareceu-me de repente estar dentro de um túmulo iluminado."[15]

Em torno deles, pessoas continuam morrendo, "levados por uma doença rápida", cujo nome não é dito, e Alexandrine reconhece: "Até os últimos

---

13 [Eu me irei breve no meio da festa.] (N. T.)
14 Craven, op. cit., t.I, p.35.
15 Ibid., t.I, p.61-3.

meses de sua vida [a de Albert], estive numa cegueira estranha a respeito de sua saúde". Nenhuma curiosidade médica. Nenhuma confiança na intervenção da medicina. O médico trata, não cura; ele nada muda.

Albert sofre novo acesso de febre que se pensa ser devido à tristeza da separação. De fato havia uma grande crise latente que o abate em Civitavecchia, de onde ele devia acompanhar a mãe até à França. Ele a deixa partir só, para ter tempo de se fazer sangrar. "Esse costume de se fazer sangrar", escreve Alexandrine muito mais tarde, "tão comum e tão fatal na Itália, fora excessivamente adotado por Albert, que sentia muitas vezes o sangue subir à cabeça ou ao peito, e recorria então a esse remédio, sem que ninguém o soubesse e sem prescrição médica." Pauline comenta: "Uma inflamação rápida e violenta, e o médico declarava sua vida em perigo, um perigo quase desesperado". São o pai e as duas irmãzinhas que tratam desse doente cheio de bacilos em plena crise. "A febre era violenta, a língua seca, a tosse dilacerante [...]. Sauvan [o médico] mandara fazer uma grande sangria (dez medidas de sangue)." Sinapismos nos pés. "Querida amiga [é o conde de L. F. que escreve à sua mulher na França], não te direi o que senti ao ver torturarem assim nosso infeliz filho."

Às 8 horas da manhã, nova sangria. "Enquanto te escrevo, contemplo esse pobre rapaz tão horrivelmente alterado; sua magreza é qualquer coisa de assustador. Seus olhos estão dilatados e abertos, parecem afundados no rosto." Novo surto de febre, nova sangria. Enfim, a transpiração anuncia a remissão: "Essa bendita transpiração [...] torna-se prodigiosa [...]. Acho que na verdade eu teria bebido esse suor bendito que salvava nosso filho". Volta-se à confiança: "Os médicos dizem que essa crise terrível, aos 21 anos, vai refazer-lhe a saúde e que, se ele quiser se cuidar, ficará muito bem e por muito tempo".[16]

É então que Alexandrine tem um sonho premonitório: Albert a convida para descer com a mãe a um cemitério, no fundo de um pequeno vale deserto. Discute-se tudo isso na casa da condessa de Alopoeus, que aliás considera que a saúde de Albert "não inspira confiança", mas se inquieta ainda mais por sua falta de fortuna e de carreira, e também por seu

---

16 Ibid., p.99, 103.

proselitismo católico. Ninguém imagina que Albert está, a curto prazo, condenado. Teme-se apenas que sua saúde seja frágil.

De fato, foi depois dessa crise terrível que os pais de Albert e de Alexandrine concordaram em não adiar a união, compreendendo a que ponto os noivos se amavam. Ela se realiza no dia 17 de abril de 1834.

Dez dias depois do casamento, Albert tem uma hemoptise. Alexandrine não lhe dá muita atenção, contudo a inquietude se insinua nela: fica com medo quando vê passar um enterro, principalmente quando se trata de um jovem. No dia 28 de agosto de 1834, dá-se o casamento de Pauline, a narradora, com um inglês, Auguste Craven.

Albert tem momentos de lassidão: sente-se nervoso e irritável, "mas quem não se sentiria assim ao cabo de dois anos de cuidados, de vigílias, de torturas, de sangrias e de visitas de médicos?".

Os médicos pensam que viagens lhe fariam bem: mandam-no de Pisa a Odessa! Ele tosse sem parar. Torna-se um grande doente, sem pensar que está condenado; ele que era tão familiarizado com a ideia da morte: teme apenas nunca ficar completamente curado, de arrastar uma vida de enfermo, sem ser capaz de retomar suas atividades. Por sua vez, Alexandrine está persuadida de que será preciso ter paciência e esperar ainda cinco anos de provações, quando então Albert "atingirá a feliz idade de 30 anos [...], acho que então ele ficará belo e forte [...] e que estarei velha, mais velha ainda por causa das inquietudes do que pelos anos, e minha saúde estará destruída por tudo que terei receado por ele".[17] Pela primeira vez, ela compreende a gravidade do caso e, no entanto, ainda não se preocupa em identificar a doença, em nomeá-la para ter sobre ela melhor conhecimento. Nada que se assemelhe ao nosso desejo de conhecer ou ignorar o diagnóstico. É a indiferença, como se a ciência dos médicos não lhes servisse de nada: que eles cumpram seu ofício de bons assistentes. Entretanto, as crises se multiplicam em Veneza. "Ele me fala com esforço e me diz que devo mandar vir um confessor. Já chegamos a isso? Já estamos realmente aí?, exclamei." Só então ela quis saber: "Perguntei com certa impaciência qual era o nome dessa horrível doença. Tísica

---

17 Ibid., p.308.

O homem diante da morte

pulmonar, me respondeu afinal Fernand. Então senti que toda esperança me abandonava". Fernand, seu cunhado, sabia, os médicos sabiam, mas nada lhe tinham dito. Ela volta ao quarto do doente. "Sentia-me num espécie de torpor, mas interno, pois experimentara, há vários dias, disfarçar meus temores."

Por sua vez, Albert, esgotado pelos sofrimentos, aspira ao repouso final:

> Se no túmulo sentimo-nos dormir e esperamos o julgamento de Deus [curioso retorno à crença num período de espera entre a morte e o julgamento, no fundo do túmulo], que grandes crimes não nos fazem temê-lo, *esse repouso misturado a ideias vagas,* mas já não aquelas ideias confusas da terra; essa sensação de ter cumprido seu destino talvez seja preferível a tudo o que a terra oferece [...]. A chave do enigma é que eu tenho sede de repouso e se a velhice ou mesmo a morte me levar a isso, eu as abençoarei.[18]

Acredita que morrerá longe da França, de onde há muito tempo se ausentara: "Oh, a França, a França, que eu chegue lá, e então abaixarei a cabeça".

Alexandrine já não tem ilusões. Deseja apenas que "aquele anjo querido não sofra mais, como já tanto sofreu, e que todas as alegrias celestes o envolvam e lhe deem uma felicidade eterna".[19] Teme, contudo, estar só para fechar-lhe os olhos.

Por vezes, ela percebe nele "uma expressão triste de partir o coração. E tenho de me esforçar por parecer alegre... Ah! *esse segredo entre nós me sufoca* e creio que, muitas vezes, preferiria falar-lhe abertamente de sua morte e procurar nos consolarmos mutuamente pela fé, o amor e a esperança". Seu desejo será satisfeito: naquele mesmo dia, 12 de março, ele a chama para lhe pedir que torne a se casar após a morte dele. Em seguida acrescenta: "Se eu morrer, permaneça francesa [ela nascera russa], não abandone os meus, não volte para a casa de sua mãe". Realmente, tendo conseguido que ela se convertesse ao catolicismo, ele receia que, após sua

---

18 Ibid., p.335.
19 Ibid., p.365.

morte, a influência da mãe a reconduza ao protestantismo! Ele oferecera sua vida a Deus pela conversão de Alexandrine!

Albert quer morrer na França. Começa então uma longa viagem em que transportam o moribundo de etapa em etapa: 10 de abril de 1836, partida de Veneza; no dia 13, chega a Verona; no dia 22, a Gênova; no dia 13 de maio, a Paris. Então, pela primeira vez, um médico avisa a Alexandrine "que existe perigo mortal se ela dormir no mesmo quarto que Albert". Já era tempo! Convenceram-se de que ele ia morrer. Sobreviveu ainda algumas semanas.

"Num dia destes, Albert, lançando-me de repente um braço em torno do pescoço, exclamou: 'Eu morro e nós teríamos sido felizes'." Rezam missa no quarto do moribundo e a hóstia é dividida entre os dois esposos.

No dia 27 de junho, a extrema-unção foi-lhe dada pelo abade Dupanloup. O quarto está repleto. Depois do sacramento, Albert faz o sinal-da-cruz na testa do padre, da mulher, dos irmãos, dos pais, de Montalembert, seu grande amigo: "Chegando a ele, Albert irrompeu em lágrimas por um instante, o que me acabrunhou. Mas ele se refez imediatamente [...], fez um sinal à irmã enfermeira para se aproximar, não querendo esquecê-la nesse *adeus* terno e geral". No dia 28 de junho, última absolvição. Imaginemos a demora dessa agonia. Alexandrine explode,

> Não podendo suportar mais a impossibilidade de expandirmos nossas almas, e querendo aproveitar os últimos minutos que ainda me restavam, disse-lhe: "Montal me trouxe as tuas cartas; elas são tão encantadoras para mim". Ele me interrompeu. "Basta, basta, não me agite" disse-me ele [...]. Oh, Albert, eu te adoro. Eis o grito que saiu do meu coração dilacerado por não poder falar-lhe. Com medo de perturbá-lo, tive de me calar, mas a minha boca se fechou com a última palavra de amor que ela teria pronunciado, e ele a ouviu ao morrer, como havia outrora desejado.

Na noite do dia 28 para o 29, mudam-no de lugar, sua cabeça em direção ao sol nascente (a exposição ao Leste). "Às seis horas [ele estava então numa poltrona, perto da janela aberta], eu vi e compreendi que o momento havia chegado." A irmã recita a oração dos agonizantes. "Seus

O homem diante da morte

olhos, já fixos, tinham-se voltado para mim [...], e eu, sua mulher, senti o que jamais teria imaginado, senti que a *morte era a felicidade...*"

Eugénie, a jovem irmã de Albert, numa carta a Pauline, descreve o que se seguiu: "No dia 29, anteontem, colocaram-no no leito. Com rosto calmo, parecia dormir e repousar, enfim, de todas as suas fadigas". A beleza do morto. "Ontem o colocaram no caixão e o puseram no meio do quarto. Cobrimo-lo de flores. O quarto recendia." Esse costume de pôr flores sobre o caixão – ou dentro do caixão? – é confirmado, aqui e ali, nos séculos XVI e XVII. Por vezes, lançavam-se também flores na cova. Mas as alusões são muito raras antes do final do século XVIII para que se atribua a esse gesto um sentido ritual. Já no início do século XIX o oferecimento de flores passa a se repetir com insistência. Torna a ser um elemento importante do ritual.

"De manhã [no dia 10 de julho] levaram-no. Alex e eu [Eugénie] ainda fomos rezar junto do caixão, enquanto estava exposto sob a porta, depois ambas, escondidas num canto de Saint-Sulpice, assistimos ao culto." Estavam escondidas porque as mulheres da família, pelo menos entre os nobres, não deviam seguir o cortejo nem assistir ao serviço ou à *absoute*; os antigos protocolos queriam que elas ficassem reclusas em casa. No início do século XIX, esse costume só se limitava à aristocracia. Do mesmo modo, a viúva também ficava ausente nas participações de falecimento, sobrevivência conservada na nobreza de um costume outrora muito mais generalizado. Na Sicília, ainda hoje as mulheres da casa não assistem aos funerais.

Desta vez, na Paris de 1836, as mulheres de La Ferronays não toleraram essa lei, que lhes pareceu demasiadamente cruel. Não querendo fazer escândalo, nem mesmo parecer recusar um costume respeitável, Alexandrine fez uma espécie de compromisso com as conveniências, assistindo ao serviço de seu marido, mas escondida. De volta a casa, confia a seu diário: "Escondida na igreja, assisti a tudo", e ela descreve, para ela própria, aquele último adeus, ou essa primeira introdução:

Meu terno amigo! Meus dois braços te sustentaram, um no teu último sono na terra [um pouco antes da morte de madrugada], o outro nesse sono cuja duração não conhecemos. [Fica-se impressionado pela volta da imagem antiga do sono entre os cristãos exaltados, ávidos de reencontros celestes. Já a tínhamos encontrado em Albert, quando ele pensava na própria morte de grande doente. Aqui, o sono parece significar uma espécie de Purgatório pacífico, um período de espera antes dos grandes reencontros]. Deus queira me conceder que esses dois mesmos braços, depois da minha morte, se entreabram em direção a ti [estátuas sobre túmulos, comuns no século XIX, representarão defuntos nessa atitude de acolhimento, com os braços estendidos para frente], para nosso reencontro imortal no seio de Deus, no seio da felicidade da reunião eterna.

Ela se expande, afinal, numa longa carta à sua grande amiga e cunhada Pauline Craven, retida longe dos acontecimentos.[20]

Pude ver o olhar de Albert se apagar, pude sentir sua mão esfriar para sempre [...]. Ele morreu apoiado em meu braço, com a mão na minha mão e não me perturbei um minuto vendo-lhe os últimos suspiros e, vendo que ele estava em agonia, perguntei à irmã se ele ainda sofria e ela me disse: Não mais! Então o deixei partir sem desgosto, segundo me parecia. [Não a tomemos à letra. Não há nada aqui da resignação tranquila das antigas mentalidades. Nem recusa nem resignação. Um grande luto perfeitamente assimilado, que se tornou uma segunda natureza]. Apenas, muito tranquilamente, fechei-lhe os olhos sempre tristes, privados de visão e talvez de sensação, e chamei bem perto, bem perto ao seu ouvido, seu nome tão amado, Albert [...], para tentar que nessas últimas nuvens, naquela última passagem sombria que conduz à claridade, ele ouvisse minha voz afastando-se cada vez mais assim como eu mesma, obrigada a ficar nestes confins [...]. Talvez me tenha ouvido como um som que se desvanece pouco a pouco, talvez me tenha visto como um objeto que pouco a pouco desaparece na eternidade.

Nessa missa – continua ela, em sua longa confissão a Pauline –, durante a elevação, ela teve uma espécie de visão:

---

20 Ibid., t.2, p.21-2.

Fechei os olhos e minha alma se encheu de uma doçura igual à que ouvia [a música do órgão; ela era muito boa musicista, e a música acompanhava suas grandes exaltações sentimentais e religiosas], e imaginei (expresso, compreendes bem, nada havia de extraordinário) a minha morte: um instante de noite fechada e dentro dessa noite, sentindo a presença de um anjo, vendo também indistintamente uma espécie de brancura, e esse anjo me conduzindo a Albert [...]. E nossos corpos eram transparentes e dourados. [Desencarnados!]

Voltando a seu diário, procurando ver claramente dentro dela mesma, no dia 4 de julho, Alexandrine escreve: "Gostaria muito de saber o que se passa em mim. Parece-me positivamente que *desejo a morte*". Ela, que tanto amava a vida, a conversação, a música, o teatro, a arte, a natureza, sente "indiferença por todas as coisas da terra: só a limpeza e a água, pela qual conservei a minha paixão". A limpeza! Aquele grande valor da era vitoriana, tão profundamente enraizada, que subsiste em meio ao desprendimento geral, com Deus e o Amor. A água da intimidade corporal, o amor sem limites aos entes queridos, que deles tudo exige e quer dar tudo de si; a morte que arrebata, mas também restitui...

E, no entanto, que grande dor a ausência deixa! "Sinto algumas vezes", escreve Alexandrine a Pauline, "um desejo doloroso de sair de mim, de me quebrar, de tentar alguma coisa para tornar a encontrar um minuto da felicidade que perdi, um único minuto, a voz, o sorriso, o olhar dele." Ela retira-se para o quarto de Albert: "Ali me sinto bem. Oh, queria que fosse possível eu morrer ali!". E a pequena Eugénie se inquieta pelo que se poderá pensar desse grande luto apaixonado: "Espero que Deus não se ofenda com dor tão excessiva", contanto, naturalmente, que ela continue cristã! "Alimentá-la é uma consolação."

Se os outros não se resignam a "vê-la triste para o resto da vida", Eugénie, por sua vez, pensa que essa é doravante a vocação da jovem viúva: "É possível lhe permitir uma tristeza que se tornará cada vez mais sua natureza".

Contudo, ainda não acabaram as cerimônias com os pobres restos de Albert. Eles esperam, no cemitério Montparnasse, serem transportados a Boury, na Normandia, para o castelo da família. O conde de La Ferronays trata disso: "Nós nos ocupamos [em Bour], neste momento, a mandar arranjar o cemitério onde, se Deus permitir, iremos repousar daqui a pouco tempo". Alexandrine também terá ali o seu lugar.

Esta é a ideia que nos ocupa agora, o assunto das nossas conversas, o futuro que nós esperamos. [Evidentemente, a ponderação clássica praticamente não é cultivada entre os La Ferronays!] Tudo isso seria triste para muita gente. Mas não para nós [...]. Boa querida filha [Pauline], quando tua mãe e eu repousarmos perto do teu santo irmão, virás nos visitar e nos dar tuas boas orações [a visita ao túmulo]. E depois, um dia, oh!, sim, minha filha, um dia, assim espero, teu delicioso sonho será realizado em toda a sua plenitude.

Que delicioso sonho? Pauline explica numa nota – trata-se de sua própria morte: "Eu tinha escrito um dia uma espécie de divagação [escreve-se muito, entre os L. F., cartas, diários íntimos etc.] sobre a *outra vida*, onde fazia a descrição da *felicidade infinita de ali reencontrar aqueles que eu tinha amado na terra*".[21]

Enfim, o cemitério de Boury ficou pronto. O carro que transporta o corpo chega num dia de outubro com Alexandrine e, sem dúvida, M. de La Ferronays: "Na cruz que se encontra na entrada da vila, minha mãe e minhas irmãs nos esperavam e se puseram de joelhos à vista do carro". O abade Gerbet, grande amigo de Albert, também está ali "com a procissão seguida por toda a aldeia. O carro foi aberto, ele abençoou o caixão. Mamãe e Alexandrine [carta de Eugénie a Pauline] o *beijaram*": o beijo no caixão, eis que voltamos aos fantasmas do final do século XVIII, às imagens do erotismo macabro. Contudo, esses beijos de mãe e de esposa são isentos de sensualidade aparente. Mas eles aí estão com seu sentido de proximidade física, e na mulher, de união profunda dos corpos e das almas, do ser inteiro.

O serviço na igreja, a inumação no cemitério, preparados com tanto cuidado. Alexandrine "olhava com uma espécie de alegria aquela cova vazia" que lhe era destinada: uma única laje cobrirá os dois túmulos,

---

21 Ibid., t.2, p.125.

O homem diante da morte

"porque no interior os dois caixões se tocarão, assim como quis nossa pobre irmãzinha".

Alguns dias depois, ocorre uma cena extraordinária, incompreensível se não nos lembrarmos de todas as histórias, todas as anedotas do romance *noir*, dos relatos de morte aparente, de amor no fundo das sepulturas. Trata-se do erotismo macabro do século XVIII, porém real e sublimado, depurado, em que a sexualidade estaria ausente ou reprimida.

> Desde o dia da trasladação, a cova tinha sido provisoriamente recoberta de tábuas; essas foram ontem levantadas, e Alexandrine pôde pôr em execução um projeto que imaginara. Eu te confio como um segredo [de Olga a Pauline], porque ela não o disse a ninguém, com receio de que parecesse extraordinário. Ontem, pois [23 de outubro de 1837], só com Julien e com o auxílio de uma pequena escada, ela *desceu à cova*, que não é muito profunda [isso poderia ainda ser um exercício inaciano, como uma meditação sobre um caixão, sobre um túmulo aberto, mas a continuação prova bem que o gesto pertence a outro tipo de sensibilidade, e a outra religião], a fim de *tocar e beijar*, pela última vez, o caixão onde está encerrado tudo o que ela amou. Para assim fazer, ela se pôs de joelhos em sua cova.

O túmulo de Albert tornou-se, como disse o conde de La Ferronays, "o destino de uma peregrinação diária em que iremos, ao mesmo tempo, rezar por ele e pedir-lhe que reze por nós". Ele tem 60 anos e a condessa 54 anos. Estão velhos.

No terceiro aniversário da morte de Albert, no dia 29 de julho de 1839, Olga, a penúltima dos filhos de La Ferronays, registra em seu jornal: "Albert! Reza para que eu tenha uma boa morte. Esse túmulo coberto de rosas me faz pensar no céu".

O relato da morte de Albert está terminado. Ele não foi o único a morrer: sua grande morte litúrgica está cercada de uma constelação de outras mortes de amigos, narradas com certos detalhes que nos parecem dispensáveis. Isso permite, porém, que Olga escreva com certa satisfação: "Todo mundo morre jovem atualmente".

A vida recomeça: em 1840, Madame de La Ferronays e Olga vão a Goritz, à casa do "rei" (o conde de Chambord). Em seguida, a família volta a Roma (sem Alexandrine, que ficou em Paris perto de Eugénie, muito doente, e de seu marido Adrien de Mun). Mas, por sua vez, morre também o senhor de La Ferronays. Uma morte evidentemente diferente das outras, ornada de maravilhas.

No domingo, 16 de janeiro de 1841, o senhor de La Ferronays jantou na casa dos Borghese com o abade Dupanloup. M. de Bussière fala nesse jantar da presença, em Roma, do judeu Ratisbonne, executor testamenteiro de Sainte-Beuve, autor de fábulas para crianças, cuja conversão ao catolicismo ele desejava. O caso Ratisbonne impressionou o conde de La Ferronays. No dia seguinte, segunda-feira, "tempo magnífico", houve peregrinação a Santa Maria Maggiore; preparação cotidiana para a morte [vinte "Lembrai-vos" etc.] na capela Borghese. À noite, ele se queixa de "estar com sua dor", sem dúvida cardíaca.[22] Chamam primeiramente o cirurgião para uma sangria. Em seguida chegam o médico e o confessor, o abade Gerbet. Tendo-se agravado o estado do doente, o abade Gerbet lhe dá a absolvição. O médico declara que não há esperanças, e de fato as coisas vão muito depressa, deixando, porém, tempo para as despedidas: "Adeus, meus filhos, adeus minha mulher", em seguida

ele arrebata veementemente o crucifixo suspenso no leito e abraça-o com ardor [...]. Pouco depois começa a se enfraquecer: falei-lhe, já não me ouvia, pedi-lhe que me apertasse a mão, e aquela mão tão querida permaneceu inerte [...]. Adrien [de Mun, seu genro], algumas horas depois, me encontrava de joelhos segurando aquela mão tão querida bem apertada; ele se aproximou de mim e deve ter pensado que estava louca quando lhe disse: eu estou bem, sinto-me tão perto dele, parece-me que nunca estivemos tão juntos.

Ela passou assim todo o dia, "sempre apertando a mão dele, que eu aquecia na minha a ponto de lhe dar aparência de vida".

---

22 Esse relato foi extraído de uma carta de Madame de La Ferronays a Pauline.

Morte que poderia ter sido como tantas outras dessa época, se não tivesse acontecido algo de extraordinário, que fez de todos os membros da família "testemunhas de um golpe instantâneo da graça", como diz um deles com a simplicidade habitual da família.

O judeu Ratisbonne, cuja conversão o conde de La Ferronays pedira a Deus em sua última oração, encontra seu caminho de Damasco na igreja de Sant'Andrea della Frate, diante do altar, ao lado do qual se prepara o túmulo de seu intercessor. Depois da visão sobrenatural, a primeira palavra do neófito é: "Sem dúvida, esse senhor rezou muito por mim". "Que palavras, querido filho, sobre o teu bom pai, cujo corpo ia ser transportado para esta igreja!" O conde de La Ferronays, morto, foi portanto o autor da conversão de Ratisbonne. Pode-se imaginar a emoção e o entusiasmo que se apoderaram da família. Esses infatigáveis escrevinhadores de cartas já não encontram palavras para expressar seus sentimentos. Eugénie escreve a Pauline: "Foi Deus que nos visitou, não estou em condições de te contar nada, mas saberás tudo, todos os detalhes do que se passou e as coisas maravilhosas que nos envolveram. Oh! Pauline, por que não estás aqui para também seres consolada?".

A família não teve, contudo, tempo para se regozijar longamente com esse acontecimento extraordinário. Outro drama se prepara: a morte de Eugénie.

Em fevereiro de 1838, Eugénie casara-se com Adrien de Mun. Ela será a mãe de Albert de Mun: o grande líder católico e monarquista, que recebera o nome de Albert em homenagem a seu tio Albert de La Ferronays.

Em sua juventude e durante a doença de Albert, Eugénie também tinha mantido um diário, onde aparecem a obsessão com a morte, o sentimento religioso e o apaixonado amor pela família. Ela escrevera:

> Tenho vontade de morrer porque tenho vontade de vos ver, meu Deus!... Morrer é uma recompensa, pois é o céu... Contanto que, no último momento, eu não tenha medo. Meu Deus!, enviai-me provações, mas não esta. A ideia favorita de toda a minha vida, a morte que sempre me fez sorrir. Oh, não, vós não permitireis que, nesse último instante, essa ideia constante de ir para vós me abandone... Nada jamais conseguiu tornar lúgubre para mim essa palavra

morte. Eu a vejo sempre presente, clara, brilhante. *Para mim nada a pode separar dessas duas palavras encantadoras: amor e esperança* [...]. Shakespeare disse: "A felicidade é não ter nascido! Ah, isso não, porque é preciso ter nascido para conhecer e amar a Deus. *Mas a felicidade é morrer*".[23]

Esses são os exercícios espirituais de uma moça de menos de 20 anos. E, no entanto, ela não teme o mundo e considera que poderia representar aqui seu papel com paixão: "Religiosa, não compreendendo nada do mundo, eu jamais sentiria falta dele. Mas também, quem sabe? Lançada no meio desse mesmo mundo... entregar-me-ei a ele, talvez, com uma força de atração igual ao meu ódio atual".

Antes da morte do pai, dera à luz um segundo filho. Tuberculosa como estava, não se refez. Pauline começa a se inquietar, em sua longínqua Bruxelas: "A sombra de um terror definido sucedeu à vaga inquietude que tivera até então", em relação a Eugénie.

Segundo a terapêutica em uso, mandam-na para a Itália com o filho e o marido. Foi assim que ela assistiu à morte "milagrosa" do pai.

Acabrunhada com as recaídas, tem um movimento de revolta que inquieta a muito vigilante Pauline, de seu observatório belga, mas volta depressa à paz, "que não fora perturbada nem pelo abatimento da alma, nem pelos sofrimentos do corpo".

No dia 2 de abril de 1842, ela deixa Roma pela Sicília: os médicos exigem uma "mudança de ar". A família a acompanha até Albano. "Põem o filho pequeno na sua carruagem, para ela poder beijá-lo depois de todos os outros, e Madame de Bussière [a mulher do amigo de Ratisbonne] [...] a ouve murmurar, dando-lhe um último beijo: 'Nunca mais verás a tua mãe'".

No dia 5 de abril, partia de Nápoles para Palermo, viagem que lhe deve ter precipitado o fim. Tenta escrever a Pauline, mas não pode ir além das primeiras palavras: "Querida irmã de minha vida..." A morte foi rápida e suave: estava fraca demais para se prestar à encenação habitual. Um dos

---

23 Craven, op. cit., t. I, p.446.

assistentes, porque sempre havia alguns, mesmo quando o espetáculo era breve e mal preparado, escreveu: "Esta manhã, entre 7 e 8 horas, assisti à morte ou antes à glorificação de um anjo [...]. Ela cessara de viver sem abalo, sem esforço; em uma palavra, suavemente, como tinha vivido".[24]

E Madame de La Ferronays, que em alguns meses perdera o marido e a filha, conclui assim o novo episódio familiar em sua carta a Pauline: "Choro contigo por nós todos, porque quanto a ela, basta olhá-la gloriosa no céu com o teu bom pai, com Albert e com *os quatro anjinhos que ali nos esperam há tanto tempo* [seus filhos que não tinham vivido]."[25]

Não se passaria um ano sem novo golpe da tuberculose. Albert e Eugénie tinham sido as primeiras vítimas; era agora a vez de Olga, a penúltima dos filhos de La Ferronays. Depois da morte de Eugénie, Olga se instalou na casa de Pauline, na Bélgica. As duas irmãs passam alguns dias à beira-mar, perto de Ostende: "Foi ali, naquela triste praia, num dia de que jamais esquecerei, que olhando para Olga à luz de um céu tempestuoso, fui subitamente surpreendida pela mudança que nela se operara e fiquei impressionada, a palavra não é bastante forte, *persuadida* de que ela também ia morrer". Palidez do rosto, vermelhidão dos lábios, Pauline começa a se acostumar; em comparação, porém, com o nosso olhar medicalizado de hoje, ela levou muito tempo para ter um diagnóstico ou sequer suspeitá-lo. Na noite que se seguiu a essas observações, houve de fato a primeira crise, e violentas dores. Voltam depressa a Bruxelas, para a casa dos Craven. Olga cai de cama e não mais se levantará. Lutará cinco meses, "cinco meses durante os quais nós passamos por todas as flutuações dessa doença terrível que, mais do que qualquer outra, tortura o coração com receios e esperanças". Observa-se maior exatidão com Pauline, em 1843, do que com Alexandrine, em 1835.

Olga também, como Albert e Eugénie, tem seus momentos de desânimo e desespero: "Só no início da doença ela por vezes chorava, mas desde o começo de janeiro [1843], isto é, desde o momento em que seu

---

24 Carta do marquês de Raigecourt ao abade Gerbert.
25 Craven, op. cit., t.2, p.317.

Philippe Ariès

estado se tornou desesperado, ela nem por um instante teve crise de nervos ou de enternecimento".[26]

No dia 2 de janeiro de 1843, ela escreve para desejar feliz ano novo a Alexandrine: "Estou fraca, tusso, tenho a minha dor do lado, sinto-me fatigada, estou nervosa... Minha querida irmãzinha, reze para que eu seja paciente enquanto Deus quiser. Tomei a resolução de agir como se eu soubesse que iria morrer desta doença". Não lhe disseram que não havia esperanças e até mesmo "o médico diz que estarei curada na primavera".

Embora em seu diário a jovem falasse sempre na morte, a dos outros e a sua, quando chega o seu momento (é verdade que ela mal tem 20 anos), por vezes se esquece dela, negando-se a vê-la.

Um dia em que estava na sala para onde ainda podia descer [...], ficou muito tempo pensativa, e eu silenciosa a seu lado, escutando angustiada sua respiração excessivamente rápida e observando-lhe o rosto cada vez mais alterado. De repente, ela me disse com voz calma: "Sabes que estou numa situação muito boa! Sim... se eu ficar boa... gozarei a primavera, a felicidade de sentir minhas forças voltarem... de rever minhas queridas Narishkin [suas grandes amigas] e, se eu morrer, em vez disso, vê bem todo este ano que acabamos de passar [morte do pai e da irmã Eugénie], e depois esta doença que tenho, e ainda as indulgências plenárias que espero ganhar com a minha morte [muito importantes: é para ter tempo de ganhá-las que o conde de La Ferronays, logo que compreendeu, precipitou-se sobre o crucifixo e "arrebatou"], tudo isso me faz pensar que irei bem depressa para céu." Depois de um momento de reflexão, continuou com a mesma tranquilidade: "Afinal de contas, se eu ficasse curada algum dia, teria ainda que recomeçar a sofrer para morrer. De modo que, como já sofri tanto e estando onde já estou..." Ela se interrompeu e depois me disse: "Em todo caso, espero que se lhe disserem ou se perceberes que estou pior, não faça-me a tolice de não me dizer imediatamente".

---

26 Ibid., p.327-8.

O homem diante da morte

Ela compõe versos piedosos. Faz-me pensar na moça de Huckelberry Finn. No dia 3 de fevereiro, propõem-lhe a extrema-unção. Em seguida, todos os dias dizem missa no quarto ao lado do seu e lhe dão a comunhão.

No dia 10 de fevereiro, às 10 horas, dá-se a agonia com toda a sua liturgia tradicional. Ei-la descrita por Pauline em seu diário: "Desde os primeiros momentos de desfalecimento e de sufocação, ela pediu um padre, depois olhou com ansiedade para a porta para ver se meus irmãos vinham [tinham sido convocados para a grande cerimônia do fim]. M. Slevin (um bom padre irlandês que por acaso naquele momento estava morando conosco), depois de alguns instantes, começou a oração dos agonizantes. Olga cruzou os braços sobre o peito [a posição dos jazentes medievais e, depois, dos mortos expostos], dizendo em voz baixa e fervorosa: "Creio, amo, espero, arrependo-me". Depois: "Perdão todos, que Deus vos abençoe".

É a cena do adeus e das bênçãos. A moribunda é uma jovem, quase uma criança, e no entanto é ela que preside com a autoridade e a segurança que uma grande experiência lhe dera dessas cerimônias. Um momento depois, ela diz:

Deixo a minha Virgem a Adrien [seu cunhado, viúvo de Eugénie], lançando os olhos sobre a Virgem de Sassa Ferrata, suspensa perto do leito. Depois, vendo ali meus irmãos [estão ambos ali] chamou primeiro Charles [o mais velho], beijou-o dizendo: "Ama a Deus, seja bom, eu lhe peço". Disse aproximadamente as mesmas palavras a Fernand, com ainda maior insistência [ela tinha sem dúvida suas razões], acrescentando palavras de adeus para as Narishkin [suas grandes amigas].

Agora, depois da família, é a vez dos criados: "Abraçou Marie e Emma, a quem disse algumas palavras em voz baixa [algum segredo de que era confidente], depois disse: "Obrigada, pobre Justine" [a empregada de quarto que cuidava dela e que teve de suportar o cansaço daqueles cuidados]. Em seguida [foi a vez dos mais próximos], ela me beijou [Pauline], virando-se afinal para minha mãe, para quem parecia que guardara o último beijo. Ainda repetiu uma vez: "Creio, amo, espero, arrependo-me. Entrego a minha alma nas vossas mãos". E, enfim, algumas palavras inarticuladas, das quais a última e única que ouvi foi "Eugénie". O padre Pilat, que chegara a toda pressa, pronunciou para ela, naquele último momento, as grandes indulgências ligadas ao escapulário. Olga levantou os olhos para o céu e foi seu último olhar. O derradeiro movimento foi o de beijar o pequeno crucifixo que nunca lhe saía da mão e que beijara pelo menos dez vezes durante essa curta agonia...

Estava bela: "Uma expressão radiosa conseguiu triunfar da terrível decomposição de seus traços. Estava ofegante, mas como se pode ficar ao ganhar o prêmio de uma corrida..." Algumas horas depois da morte, ainda estava mais bela: "A mais consoladora transformação se realizava, todos os traços da doença tinham desaparecido, o quarto se tornara uma capela, no meio da qual nosso anjo adormecera rodeada de flores, vestida de branco e novamente tão bela como nunca a vira em vida". Foi enterrada em Boury.

Alguns anos passam depressa, por falta de suficientes mortes, porque Pauline só se interessa pela morte. Os nascimentos e os casamentos são apenas mencionados como pontos de referência.

Por volta de 1847, a emoção reaparece; sente-se que novas liturgias, as últimas, se preparam – uma patética e romântica, a de Alexandrine, e outra mais discreta e clássica, a de Madame de La Ferronays, que termina essa longa série de seis mortes principais, sem contar as mortes secundárias que se distribuem por um prazo de pouco mais de dez anos.

Desde a morte do marido, Alexandrine fica absorvida pelas obras piedosas e as devoções. Ela ocupava um quarto num convento onde vivia. Rapidamente, em 1847, ela emagrece, tosse, sufoca-se, tem acessos de febre. Não surpreende que também esteja tuberculosa.

Em fevereiro de 1848 ela cai de cama e Madame de La Ferronays vem para ficar a seu lado e para tratá-la; escreve a Pauline: "Ela [Alexandrine] fala muito simplesmente da morte e ontem me dizia: 'Minha mãe, falemos dela abertamente'".[27]

---

27 Ibid., p.400-3.

O homem diante da morte

Na noite de 8 para 9 de fevereiro, despertam Madame. de La Ferronays: "O momento está próximo". Vendo-nos, Alexandrine nos diz: "Vocês acham que estou pior?" A freira diz que sim. Um momento depois, Alexandrine torna a falar: "Mas o que é que faz vocês pensarem que eu vou morrer? Não estou me sentindo pior do que habitualmente". [Frase ambígua em que me parece reconhecer uma última e tenaz ilusão]. A freira responde que ela está se enfraquecendo. Eu apertei-lhe a mão sem poder falar. Estava calma, com dificuldade de falar, mas articulando muito bem o que queria dizer.

Hoje atenua-se a sede dos moribundos por perfusões intravenosas de soro, enquanto naquela época deviam-se contentar em umedecer seus lábios. Alexandrine pensa que é um remédio para prolongar-lhe a vida e fica quieta. Mas a tranquilizam, "era apenas um pequeno alívio que lhe davam".

Chegou o momento da cerimônia pública da morte.

Albertine [a irmã mais moça], Adrien [o cunhado viúvo], Charles e Fernand tinham chegado, uns após outros. Rezam-se as orações dos agonizantes. Ela responde-lhes com voz clara e muito firme... Quando pensavam que já estivesse inconsciente, ainda avançava os lábios para beijar o crucifixo. Enfim, deixa de respirar às oito e meia. Que anjo! Estava reunida para sempre com o seu Albert, com todos os nossos queridos santos [os mortos da família – Albert, Olga, Eugénie – são equiparados a santos. Eles são o Paraíso], e chorávamos apenas por nós mesmos.

Nós, pensava ela, que não podíamos mais viver longe da presença deles. Na mesma véspera da morte, Alexandrine preparara duas cartas para aquelas que não tinham podido vir e que estavam mais próximas de seu coração. Uma, que ela ainda teve forças para escrever, era dirigida a Pauline.

Desejei tua presença com a maior intensidade possível, mas que importa? Nunca nos separamos, e muito breve estarei lá onde se compreende a unidade admirável que nos liga todos a Deus, e *espero poder ver-te*. Mas reza muito por mim, quando eu estiver no Purgatório [lá, de fato, ficará privada da comunicação com os seus e não poderá ver Pauline]... No céu [onde ela pensa chegar bem depressa, graças a tantas boas obras, às grandes indulgências etc.], ainda te amarei mais, lá onde tudo é amor e *nós conversaremos, as outras queridas e eu*. Mas, meu Deus! Não estou falando do que será ver Deus e a Virgem Santa.

Era tempo de pensar nisso, realmente, e essa lembrança, um pouco tardia, da visão beatífica mostra bem quanto essa era sentida como secundária, apesar de todos os esforços da piedade: a verdadeira felicidade do Paraíso é a reunião dos "queridos".

A outra carta, que ela teve que ditar, foi para a mãe. Devemos lembrar que Albert, em seu leito de morte, lhe pedira que não voltasse para a casa da mãe luterana. Reconhece-se, então, a face agressiva e fanática do catolicismo do século XIX. Uns e outros estão persuadidos de que uma mudança de religião, entre catolicismo e protestantismo, os privaria de um encontro no Paraíso. Não se ousa condenar, muito abertamente, a mãe de Alexandrine ao Inferno; mas ela, é certo, tem poucas chances de encontrar a filha no céu. Como se houvesse Paraísos bem separados para cada confissão, na melhor e na menos segura das hipóteses. Nessa última carta comovente e cruel de Alexandrine à mãe, percebe-se a preocupação com a diferença das religiões e seus efeitos no Além.

Espero que nada abale sua confiança em Deus... nós nos tornaremos a ver, jamais seremos separadas. [Aqui está a grande questão; há dúvida e essa dúvida pesou sempre, desde o casamento com Albert, nas relações, contudo muito confiantes, entre mãe e filha.] Mas para isso é preciso que você dê bem sinceramente toda a sua querida vontade a Deus [hoje chamar-se-ia isso de chantagem para a conversão]. Eu lhe suplico [...] rezar todos os dias à Santíssima Virgem... Até breve, sinto a doce certeza disso, e então sem mais dor e sobretudo com a felicidade infinita de jamais ofender a Deus.

É claro que a causa profunda desse comportamento é a possibilidade ou impossibilidade do reencontro depois da morte. Tendo sido a carta ditada em francês, Alexandrine quis, com sua mão moribunda, acrescentar em alemão as três palavras seguintes: *Liebe süsse Mama* [Querida e doce mamãe].

Foi enterrada em Boury, e Madame de La Ferronays fez o seguinte comentário: "A irmandade [trata-se de uma instituição de caridade normanda] não permitiu que a ajudássemos a levar o caixão, e eles não a deixaram senão depois de a depositarem perto do seu Albert".

Alguns meses depois, vem a Revolução. Teme-se o retorno de 1789, e os antigos emigrados retomam os caminhos do exílio. Albertine, a última das filhas La Ferronays, foi enviada a Baden "na parte da Alemanha [...] que a torrente revolucionária ainda não tinha invadido". Madame de La Ferronays refugia-se na casa de sua filha Pauline, em Bruxelas. É lá que vai morrer no dia 15 de novembro.

Seu caso é interessante, porque embora tenha compartilhado dos sentimentos do marido e dos filhos, nunca os assimilara completamente. A condessa Fernand, que detesta sua família por afinidade, percebeu bem que a sogra é de outra espécie. "Sinceramente piedosa durante toda a vida, estava longe de ter a intransigência dos novos convertidos, que se observava no sogro". Tinha até um ligeiro senso de humor, absolutamente estranho ao marido e aos filhos, e que resistira ao convívio deles. Na carta em que ela conta a Pauline as circunstâncias da morte de Alexandrine, diz que essa última declara um dia: "Digam a Pauline que é muito suave morrer! [...] E depois, outra vez, dirigindo-se a mim: É vós, minha mãe, não tendes pressa também de ver a Deus?" Mesmo sendo muito boa cristã como era, Madame de La Ferronays não tinha essa pressa:

> E eu, covarde como sou, fiquei apavorada pensando que ela iria talvez me atrair atrás dela, da mesma forma como tinha querido que eu entrasse com ela para o catecumenato, e depois fizesse, como ela, os retiros e viesse com ela para cá [o convento]... Respondi-lhe que era muito pouco corajosa para chamar assim a morte, e me limitava a pôr-me nas mãos de Deus para tudo o que lhe aprouvesse ordenar à minha pessoa.

Bela resposta de tom erasmiano, sobrevivência do século XVIII nessa torrente romântica. Doente, Madame de La Ferronays recolhera-se ao leito, mas não consideravam grave o seu estado. Subitamente, após quatro dias de doença, o médico declara inesperadamente que seu estado é perigoso, e "uma hora depois, desesperador". Pauline não sabe que fazer. "Ao sair do banho, ela me disse de repente, enquanto eu *pensava na maneira como lhe poderia dizer o que o médico achava*: 'Mas já não vejo mais nada, acho que vou morrer, acho que é a morte'". É natural, à moda antiga, *matter of fact*. Põe-se simplesmente a rezar: "Meu Deus, eu vos dou meu coração, minha alma, minha vontade, minha vida". Pauline fica aliviada. Ela não teve a mesma reação de pânico que seus irmãos e irmãs, que fora assinalada, nas cartas e nos diários, ao mesmo tempo com inquietação e discrição. As coisas foram realizadas à maneira de outrora, respeitando-se os costumes.

Pus-me de joelhos e pedi-lhe que fizesse o pequeno sinal da cruz na minha testa (era sua maneira de nos abençoar). Ela assim fez, como também em Albertine [que voltara de Baden], e nos disse: "E para todos os outros também" [os ausentes, os rapazes]. Depois, fez o mesmo sinal na testa de Auguste [marido de Pauline]. Pedi-lhe que me perdoasse... Acrescentou ao fim de um momento: "Eu lhe garanto que é com grande alegria que penso em morrer [até mesmo ela!], mas por que, meus filhos, ainda não chamaram um padre?" Já tínhamos mandado chamar seu confessor, um velho inválido que não podia vir senão no dia seguinte de manhã! "Amanhã talvez seja tarde demais", disse a minha mãe [observe-se a nitidez e a simplicidade do tom: como se se tratasse de um encontro a ser organizado].

Decidem chamar o vigário da paróquia. "Enquanto iam à igreja, minha mãe explicou alguns pequenos detalhes relativos às suas últimas disposições [que se punham outrora em testamento, mas que agora se contentam em confiar aos familiares], depois ela se lembrou de que o vigário só falava alemão, língua que ela mal sabia! "Mas, enfim, confessei-me há poucos dias!" Ao comparar essa tranquilidade e atitude positiva com a exaltação de seu marido e dos filhos, compreendemos a importância da transformação que ocorrera em uma ou duas gerações.

O padre chega. Dá a extrema-unção. Sentam a doente por um momento na poltrona: "Vi-lhe no rosto uma *mudança grande e solene*, como

O homem diante da morte

uma dessas que precedem à morte. Mas essa mudança no seu rosto foi muito *bela*... Logo que voltou aos seus travesseiros, ela me disse com a voz mais clara e calma: 'Dê-me o crucifixo do seu pai. Era o que meu pai tivera nas mãos ao morrer'". Oh, o crucifixo dos mortos!

Toi que j'ai recueilli sur sa bouche expirante
Avec son dernier souffle et son dernier adieu
Symbole deux fois saint, don d'une main mourante
Image de mon Dieu...
Un de ses bras pendait de la funèbre couche,
L'autre languissamment replié sur son Coeur
Semblait chercher encore et presser sur sa bouche
L'image du Sauveur...
Ses lèvres s'entrouvraient pour l'embrasser encore,
Mais son âme avait fui dans ce divin baiser,
Comrne un léger parfum que la flamme dévore
Avant de l'embraser.[28]

Minha mãe o segurou [o crucifixo] e, só nesse momento, deixou cair da mão um pequeno estojo que continha o retrato de meu pai de que nunca se separava [*romantic love* dos historiadores da família]. Ela o pusera, de noite, debaixo do travesseiro e o apertara nas mãos, até aquele último momento. Agora, ela pegou o crucifixo, beijou-o ternamente [o tempo já não é o da *temporalia*, por mais legítimo que seja, mas de Deus; é a velha tradição das *artes moriendi*, negligenciadas pelos católicos românticos].

---

28 [Tu, que eu recolhi sobre sua boca expirante / Com seu último suspiro e o último adeus / Símbolo duas vezes santo, dom de mão moribunda / Imagem de meu Deus... / Um de seus braços pendia do fúnebre leito, / O outro languidamente dobrado sobre o coração / Parecia procurar ainda e apertar sobre a boca / A imagem do Salvador... / Seus lábios se entreabriram para beijá-lo ainda, / Mas a alma lhe fugira nesse beijo divino, / Como um leve perfume que a chama devora / Antes de beijá-lo.] (N. T.) Lamartine, "Le Crucifix", *Nouvelles Méditations poétiques*.

Recitou, então, algumas orações que admirara na boca de Olga: "Gostaria muito, ao morrer, de dizer como ela as mesmas palavras". Mas a morte, tardando a chegar, recomeçou a partir da cena do adeus:

Ela nos fez ainda a todos três o sinal na testa, pousou a mão sobre as nossas cabeças e disse: "Eu vos abençoo a todos, ausentes, presentes, grandes e pequenos". Em seguida tornou a pegar o crucifixo e, olhando-o, disse: "Logo". Recomeçaram as orações jaculatórias, *Pater, Ave.* Mas ela estava infatigável. "Disse comigo, e depois começou sozinha o *Credo* e o recitou até o fim... Depois disso ficou sonolenta, despertando em seguida um pouco agitada, dizendo "meu Deus, meu Deus", como quando se está sofrendo. Voltamos a rezar por ela; acalmou-se logo, e seguiu o que dizíamos. Durante a ladainha da Santíssima Virgem, deixou de falar, mas sua mão ainda apertava a de Auguste a cada responso, e assim ficou até que essa querida vida se apagou sem esforço, nos meus braços.

O *Récit d'une soeur* termina com a morte da mãe.[29]

Esses documentos, que não eram destinados à publicação, tendo sido escritos para ela mesma ou para irmãos e irmãs, pais e filhos, nos impressionam, não somente pelos fatos em si, como também pelo cuidado com que foram relatados, a precisão dos detalhes. Para a mulher que os reuniu, constituem um repositório de lembranças: Alexandrine não dissera: "Estou constantemente no quarto das lembranças"?

Alexandrine de Gaïx

Por mais original que fosse a família dos La Ferronays, sua atitude diante da morte nada tem de excepcional. Eis aqui outro testemunho quase contemporâneo, mas que não provém de um meio cosmopolita e ultramontano da grande nobreza. Estamos perto de Castres, em 1824, na família Gaïx.[30] Em sua correspondência, Coraly, aos 24 anos, fala de sua

---

29 Craven, op. cit., t.2, p.414-5.
30 Gaïx, op. cit.

O homem diante da morte

irmãzinha doente, talvez tuberculosa. Encontramos, então, a mesma indiferença em relação aos médicos, porém confessada mais cruamente: "Não temos muita fé nos médicos". Não se fala, aliás, da doença em si, de seus sintomas, de sua natureza, senão que a pequena Alexandrine [ela se chamava também Alexandrine!] sofre. Dirigem-se a Deus tanto quanto aos médicos. Novenas, missas nos santuários do país.

> Escrevemos, por causa dela, ao príncipe de Hohenlohe na Alemanha [jesuíta taumaturgo]; os jornais estão cheios de curas milagrosas, obtidas por suas orações. Também tenho grande confiança na Santíssima Virgem... Mas, por outro lado, receio que a minha pobre irmã não se possa curar a não ser por milagre, e que nós não sejamos bons o bastante para obtê-lo.[31]

A pequena Alexandrine sabe que está muito doente. Não está impressionada; brinca com seu estado. "Quando dentro do banho, apoiando-se nos braços, seu corpo não tocava em nada: 'Veja', me disse ela rindo, 'aqui só estou presa à terra por um fio.'" Recebeu a extrema-unção na noite de 16 para 17 de novembro de 1824. "'Minha filha, esse é um sacramento que restitui a saúde aos doentes. Diga ao bom Deus que a cure.' Ao ouvir essas palavras, ela se virou para mim com semblante sereno. 'Não tenho medo da morte', me responde. 'Se não é por você mesma, peça ao menos por seu pai, sua mãe, por todos nós ...'"

Depois da cerimônia: "'Então?', perguntei-lhe, 'você transmitiu a minha mensagem a Deus?' 'Sim', respondeu ela, 'pedi-lhe *um pouco* para me curar'. Em seguida, depois de um momento de silêncio: 'Meu Deus, fazei que este cálice passe sem que eu o beba, mas, pelo menos, que seja feita a vossa vontade e não a minha'"

Por enquanto, Coraly não fala do túmulo, nem do enterro. Ela volta, porém, ao assunto dez anos mais tarde (na mesma época da morte de Albert de La Ferronays), em comentários sobre o crucifixo; o cruxifixo das missas clandestinas durante o Terror, o cruxifixo dos mortos da família. "Algumas linhas de uma simplicidade encantadora, escritas no dia

---

31 Ibid., outubro de 1824.

de sua primeira comunhão [como Eugénie e Olga], nos revelaram seu segredo: 'Gosto dos santos que morreram jovens', dizia ela, 'meu Deus, fazei-me morrer jovem como eles.'"

Ela tinha 15 anos quando uma doença demorada e dolorosa, que sofreu sem nada dizer [e sem que alguém tivesse percebido], arrebatou-a ao nosso amor... Sim, ela era feliz, tinha sempre o sorriso nos lábios, e quando lhe disseram que ia morrer, seu rosto tomou-se radiante... No dia seguinte, os despojos da nossa Alexandrine foram levados a Saint-Junien por todas as mocinhas da paróquia. Ela foi enterrada junto à cruz de pedra. Colocaram sobre seu túmulo uma pedra sem nome. Mas esse nome, que não está escrito na terra, está escrito no céu.[32]

Na Inglaterra: a família Brontë

Sonhos ultramontanos, poderíamos dizer. Elucubrações mórbidas de mulheres dominadas por padres, num clima exaltado da Santa Aliança. E, no entanto, vamos agora reencontrar os mesmos sentimentos tão exaltados, apesar das diferenças de expressão, na mesma época, em condições sociais, econômicas e culturais desta vez completamente outras. Uma família numerosa, como os La Ferronays, mas pobre, protestante e mesmo que de tradição metodista, muito antipapista (e antifrancesa); uma família de pastores, isolada num presbitério de província, nos confins das charnecas de Yorkshire, que não costumava ver ninguém a não ser os vigários e os empregados. Como o Ferronays, os Brontë liam e escreviam muito, mas os inúmeros diários e cartas dos La Ferronays não se assinalaram na história literária, enquanto *O morro dos ventos uivantes* é uma obra-prima e *Jane Eyre* um documento cativante. O paralelo dos Brontë com os La Ferronays é sugestivo. Teria sido fácil escrever, com as cartas dos Brontë, um quadro simétrico do que esbocei acima com os documentos dos La Ferronays. Isso, aliás, já foi feito, infelizmente em um suporte efêmero: uma série notável de emissões radiofônicas de Raymond e Hélène Bellour, na

---

32 Ibid., p.252-3.

France-Culture, no mês de maio de 1974, baseada nos diários de juventude e nas cartas dos Brontë – variações sobre a morte. O ouvinte que eu era então ficou impressionado pelas semelhanças com os La Ferronays, ainda que os Brontë, pelo menos Emily, tivessem mais gênio. Esse encontro sugere a existência de um repertório da época, vivido aqui profunda e espontaneamente, e prestes a se tornar lugar-comum em outras partes.

A própria obra dos Brontë, sua obra de imaginação, nos permite ir mais longe que suas comunicações familiares, até a parte imersa do *iceberg*. Contentemo-nos em lembrar que a vida dos Brontë foi, como a dos La Ferronays, uma série de mortes e de tuberculoses mortais. A mãe morre deixando seis filhos. A mais velha, Maria, se lhes fez de mãe, apesar de sua pouca idade: tem 8 anos por ocasião da morte de Madame Brontë. Em 1824, ela vai para a escola com a irmã Elisabeth. Atingida pela tuberculose, foi preciso devolvê-la a casa, onde morre logo em seguida. A pequena Elizabeth a segue ao túmulo no mesmo ano... Essa primeira série obscura não impede que o pai Brontë mande as duas outras filhas, Emily e Charlotte, para a escola, um pensionato, em 1825. Tiveram que fazê-las voltar no inverno seguinte, por causa da saúde. Emily morre em 1848, seguida, cinco meses depois, sua irmã Anne. Encontra-se a mesma sucessão de dramas da tuberculose entre os Brontë como entre os La Ferronays.

Todos os filhos Brontë conservaram da irmã mais velha, Maria, uma lembrança extraordinária. É, sem dúvida, ela que ouvem bater à janela de Emily, nas noites de inverno, como Catherine em *O morro dos ventos uivantes*, fantasma branco que o visitante estrangeiro, assustado, segura pela mão e que faz sangrar. Vinte anos depois da morte de Maria, três anos antes de sua própria morte, Emily evoca ainda sua lembrança:

> *Cold in the earth, and the deep snow piled above thee!*
> *Far, far removed, cold in the dreary grave*
> *All my life's bliss from thy dear life was given*
> *All my life's bliss is in the grave with thee*[33]

---

33 [Fria na terra, e a neve profunda amontoada em cima de ti! / Longe, longe de qualquer espera e fria na lúgubre tumba / A única alegria que teve a minha vida me veio

Philippe Ariès

Do seu lado, Charlotte Brontë pensa em sua irmã Maria quando imagina, em *Jane Eyre,* a morte de Helen Burns: essa é vítima da tuberculose [*consumption*]. A diretora da *boarding school* [internato], onde ela é pensionista, observa com inquietação, mas impotência, o curso lento da doença. Não se pensa em lhe dar a assistência de um médico: este só intervém nas crises. Um dia, a *boarding school* foi perturbada por uma epidemia de tifo: há oposição entre a epidemia brutal e a lenta *consumption.* O estado de Helen agrava-se. É isolada tanto das doentes de tifo, como das de boa saúde, no quarto da diretora. Jane Eyre, condiscípula e amiga de Helen (elas têm 14 anos), não se preocupa: "Por *consumption,* na minha ignorância, eu compreendia alguma coisa de suave que seria forçosamente vencida pelos tratamentos".

Certo dia, logo depois da visita do médico, Jane Eyre interroga a enfermeira que cuida de Helen, a qual lhe responde sem os rodeios que hoje esperaríamos e que já eram, contudo, usados pelos La Ferronays: "Ela disse que Helen não ficará aqui muito tempo.". Essa é a tradução literal, a expressão francesa seria mais brutal: *"elle n'en a pas pour longtemps"* [Ela não tem muito tempo]. Jane Eyre compreende, então, que a amiga vai morrer. Quer-lhe dizer adeus antes de sua partida: "Quero beijá-la antes que ela morra". O tempo é curto, e o quarto da doente está interditado. Ela espera, à noite, que todas as alunas estejam deitadas, levanta-se, veste-se, deixa o dormitório e se insinua no quarto onde repousa a pequena moribunda. A enfermeira adormecida. A cena é perfeitamente comparável a dos La Ferronays.

— Eu vim vê-la, Helen. Ouvi dizer que você estava doente, e não podia dormir antes de lhe falar.

— Você veio me dizer adeus! Pois acho que você chegou exatamente a tempo.

— Para onde você vai, Helen? Você vai voltar para casa?

— Vou para minha casa longínqua, para a minha última morada.

---

de tua queria vida / A única alegria que teve a minha vida está contigo no túmulo.] (N. T.); 1845.

O homem diante da morte

– Não, não, Helen! – Um acesso de tosse horrível interrompeu a conversa.

[Ela recomeça alguns instantes mais tarde:]

Helen adivinha que estou com frio: – Jane, seus pezinhos estão descalços. Deite-se aqui perto de mim; meta-se debaixo dos lençóis.

Foi o que fiz. Ela me envolveu com os braços e eu me aconcheguei contra ela. Depois de longo silêncio, ela recomeçou num murmúrio:

– Eu estou feliz, Jane; quando você souber que eu morri, fique calma, não chore. Não há nada a lastimar. Nós todos morremos um dia, e a doença que me leva não me faz sofrer. Ela é suave e lenta. Minha alma está em repouso, Não deixo ninguém para me chorar. É uma verdadeira consolação, porque, se a morte aqui é dolorosa, não é porque ela priva dos prazeres e dos bens da vida, como se pensava na Idade Média, mas porque ela nos separa dos seres queridos. Tenho apenas um pai, que tornou a se casar e não sentirá minha falta. Morrendo jovem, escaparei de muitos sofrimentos. Não tenho nenhuma das qualidades ou dos talentos que são precisos para ter êxito na vida. Iria fazer tudo errado.

– Mas para onde vai você, Helen? Você pode ver, saber para onde vai?

– Eu acredito, tenho fé, acredito em Deus.

– Onde está Deus? Quem é Deus?

– O meu Criador e o seu, que não destruirá jamais o que ele criou [como os La Ferronays, ela tem confiança na salvação, e essa crença, que não deixa lugar para o Inferno, está bem longe daquela dos puritanos]. Confio exclusivamente nele, entrego-me a seu poder, à sua misericórdia. Conto as horas que me separam do momento essencial em que lhe serei entregue e que me restituirá.

– Você então está certa, Helen, que existe um lugar como o céu, para onde iremos quando morrermos?

– Estou certa de que existe uma vida futura. Creio na bondade de Deus. Posso lhe dar a parte imortal de mim mesma sem receio de me enganar [a alma imortal em oposição ao corpo perecível]; Deus é meu Pai, meu amigo. Eu O amo e creio que Ele me ama.

– E ainda a verei então, Helen, quando eu morrer? [é a pergunta capital desse tempo, porque a morte se tornou a separação intolerável].

– Você virá também ao mesmo país de felicidade. Você será recebida pelo Pai Todo-Poderoso, senhor do Mundo, isso é certo, querida Jane.

[Resposta de uma piedade banal, que acho um pouco fora da pergunta de Jane. Contudo, Helen não quer se afastar muito das formulações ortodoxas. Mais ingênuos, os La Ferronays respondiam com maior franqueza. Todavia, apesar de sua reserva, o fundo do pensamento de Helen é sem dúvida que o céu é o lugar dos reencontros.] — Apertei Helen em meus braços. Parecia querê-la mais do que nunca. Sentia que não poderia deixá-la partir. Apoiei a cabeça contra o pescoço dela, que disse então:

— Como me sinto bem! A última crise de tosse tinha-me fatigado um pouco. Acho que agora vou dormir. Não me deixe, Jane. Gosto que você esteja perto de mim.

— Eu vou ficar aqui com você, Helen. Ninguém me separará de você.

— Você está quentinha, querida?

— Estou.

— Boa noite, Jane ...

— Boa noite, Helen.

Ela me abraçou e nós dormimos juntas. [Algumas horas mais tarde, ao voltar para o quarto, a professora a encontrou no leito de Helen.]

Meu rosto sobre seu ombro, eu tinha adormecido e Helen estava morta.[34]

Não é grande a liturgia pública dos La Ferronays. Ela é rara entre os Brontë, esses selvagens. É uma morte quase clandestina, mas não solitária: uma grande amizade substituiu a multidão de amigos, pais, padres; as últimas palavras vêm do fundo do coração.

A morte de Edgar Linton (*O morro dos ventos uivantes*) está mais de acordo com o tipo romântico francês, embora também mais discreta. Os Brontë não atravancam o quarto de seus moribundos; preferem a intimidade dos grandes amores exclusivos. Edgar Linton sabe, há muito tempo, que vai morrer; todo mundo na casa sabe, e não se perturba. Sua filha Catherine (Catherine II) pode enfim escapar da mansão vizinha, onde ela é mantida prisioneira pelo marido, a fim de assistir a seus últimos momentos. Essa presença foi uma grande alegria para Edgar. "Olhava para a filha com paixão, fixava sobre seu rosto os olhos que o êxtase parecia dilatar. *Morreu*

---

34 (Tradução do francês) Brontë, *Jane Eyre*, p.108-14.

O homem diante da morte

como um bem-aventurado. Sim. Ao abraçá-la, murmurava: '*Vou para ela* [sua mulher Catherine I, que morrera ao nascer-lhe a filha, a segunda Catherine], *e você, querida filha, se reunirá a nós'*". Frase extraordinária, em que o pai moribundo antecipa a morte da filha, para gozar de antemão a completa reunião no Além. Encontra-se, pois, nessa breve descrição mortuária, como um resumo dos dois aspectos fundamentais da morte romântica: a felicidade e a reunião familiar. Uma é a evasão, a liberação, a fuga para a imensidade do Além. A outra é a ruptura intolerável que é preciso compensar por uma reconstituição, no Além, do que foi então dilacerado.

Os poemas de Emily, compostos no quadro de uma espécie de drama familiar mimético, retomam esses dois aspectos.[35]

Ela ainda não tem 20 anos quando começa a escrever esses versos tristes, que hoje parecem antes ter escapado à amargura de um ancião:

We were not once so few;
But Death has stolen our company
As sunshine steals the dew;
He took them one by one, and we
Are left, the only two[36]

Essa jovem já se encontra cercada pelos túmulos de seus amigos e parentes.

For, lone among the mountains cold
Lie those that I have loved of old
And my heart aches, in speechless pain
Exhausted with repinings vain,
That I shall see them never again[37]

---

35 Brontë, E. *Poèmes*; Brontë, C. e P. B., *Écrits de jeunesse* (Seleção).

36 [Nós não éramos antes tão poucos; / Mas a morte roubou-nos os companheiros / Como o sol rouba o orvalho; / Tomou-os um a um, e nós / Ficamos só nós dois.] (N. T.) 1844. Brontë, *Poèmes*, op. cit., p.203.

37 [Porque, sós, entre as montanhas frias / Jazem aqueles que amei outrora / E meu coração sofre, com uma dor muda / Exausta pelas lamentações inúteis, / De que jamais os verei de novo.] (N. T.) 1844, Ibid., p.210.

É por isso que a lembrança dos mortos a impede de dormir:

Sleep brings no joy to me,
Remembrance never dies;
My soul is given to misery
And lives in sighs
The shadows of the dead
My waking eyes may never see
Surround my bed...[38]

Lembranças por demais pungentes para que se possa se comprazer com elas: envenenam de saudades a vida cotidiana e a tornam insuportável. O desejo da morte, expresso por esses jovens doentes condenados, não é uma atitude literária, mas uma chaga profunda; não uma chaga individual, mas ocorrência da época e da cultura. Acredito nessas testemunhas que morrerão muito jovens e o sabem.

Sleep brings no wish to knit
My harassed heart beneath
My only is to forget
In sleep of death.[39]

A morte é então alegria:

Dead, dead is my joy
I long to be at rest;
I wish the damp earth covered
This desolate breast.[40]

---

38 [O sono não me traz alegria, / A recordação nunca morre; / Minha alma está entregue à tristeza / E vive em suspiros / As sombras dos mortos / Meus olhos despertos talvez jamais os vejam / Rodeiam a minha cama...] (N. T.) 1837, Ibid., p.54.

39 [O sono não me traz desejo de reanimar / Meu devastado coração / Meu único desejo é esquecer / No sono da morte.] (N. T.) 1837, Ibid., p.55.

40 [Morta, morta é a minha alegria / Aspiro por estar em repouso; / Desejo que a úmida terra cubra / Este peito desolado.] (N. T.) 1839, Ibid., p.108.

O homem diante da morte

E, no entanto, essa alegria da morte é alterada pela dor que ela inflige aos que ficam:

But the glad eyes around me
Must weep as mine have done
And I must see the same gloom
Eclipse their morning sun[41]

Mas o que acontece aos mortos? Serão eles abandonados no fundo de suas tumbas? Revivem juntos num mundo melhor?

A fé dos La Ferronays não admite qualquer hesitação. Emily Brontë não compartilha da sua inquietante certeza; ela vacila diante do abismo. Quando sonha ao pé da tumba da irmã mais velha, sua irmã maternal,

Cold in the earth, and fifteen wild Decembers
From those brown hills have melted into spring[42]

"A maré do mundo" leva-a a esquecer. Ela não esquece. Deve, pelo contrário, lutar contra a tentação do suicídio:

Sternly denied its burning wish to hasten
Down to that tomb already more than mine
And even yet, I dare not let it languish,
Dare not indulge in Memory's rapturous pain;
Once drinking deep of that divinest anguish
How could I seek the empty world again?[43]

---

41 [Mas os olhos alegres em torno de mim / Terão de chorar como os meus fizeram / E eu terei de ver a mesma melancolia / Eclipsar-lhes o sol matinal.] (N. T.) 1839, Ibid.

42 [Fria na terra, e quinze dezembros selvagens / Dessas montanhas pardas derreteram-se numa primavera.] (N. T.) 1845, Ibid., p.222.

43 [Severamente neguei-lhe [à alma] o desejo de apressar / Para dentro desse túmulo que já é mais do que meu / E ainda agora, não uso deixá-la enlanguescer, / Não ouso entregá-la à dor extasiante da recordação; / Uma vez sorvendo fundo dessa divina ansiedade / Como poderia buscar o mundo vazio de novo?] (N. T.) 1845, Ibid., p.223.

Aqui "o êxtase pungente da lembrança" está associado à noite do túmulo. Em outro lugar, ao contrário, ele anuncia, em tom maior, a sobrevivência longe dos silêncios subterrâneos:

Oh not for them should we despair;
The grave is drear, but they are not there:
Their dust is mingled with the sod;
Their happy souls are gone do God![44]

É a imagem clássica da escatologia cristã.

But I'll not fear — I will not weep
For those whose bodies lie asleep:
I know there is a blessed shore
Opening its ports for me and mine;
And gazing Time's wide waters o'er,
I weary for that land divine.[45]

É que essa praia não será apenas divina, mas o lugar de reunião eterna:

Where we were born — where you and I
Shall meet our dearest, when we die
From suffering and corruption free,
Restored into the Deity.[46]

---

44 [Oh! Por eles não nos devemos nos desesperar [pelos mortos]; / O túmulo é lúgubre, mas eles não estão ali: / Seu pó está misturado à relva; / Suas almas felizes se foram para Deus!] (N. T.) 1844, Ibid., p.210-1.

45 [Mas eu não temerei – Não chorarei / Por aqueles cujos corpos jazem adormecidos: / Sei que existe uma plaga abençoada / Abrindo seus portos para mim e para os meus; / E contemplando por cima das amplas águas do Tempo, / Eu me canso [de esperar] por essa terra divina.] (N. T.) 1844, Ibid.

46 [Onde nascemos – onde vocês e eu / Encontraremos os nossos queridos, quando morrermos / Livres de sofrimento e corrupção, / Reintegrados na divindade.] (N. T.) 1844, Ibid., p.221.

Por sua vez, Alexandrine de La Ferronays, na noite seguinte à do casamento, recopiara em seus cadernos citações destes versos das *Harmonies* [Harmonias] de Lamartine:

Prions pour eux, nous qu'ils ont tant aimés...
Ont-ils perdu ces doux noms d'ici-bas?[47]

Essa era a preocupação desses cristãos, católicos ou protestantes, mal esclarecidos pela escatologia tradicional de sua religião. Essa remontava à épocas em que não se sentia necessidade de prolongar além da morte os sentimentos da vida que pareciam humanos demais. Na época dos Brontë, temia-se principalmente que eles desaparecessem na imensidade infinita de Deus.

Não responderão eles a esses apelos (às nossas orações)?

Oh non, mon Dieu! Si la céleste gloire
Leur eût ravi tout souvenir humain
Tu nous aurais enlevé la mémoire;
Nos pleurs sur eux couleraient-ils en vain
Oh! dans ton sein que leur âme se noie.[48]

É uma concessão que fazemos à teologia, se bem que para nós não seja o essencial.

Mas garde-nous nos places dans leur coeur
Eux qui jadis ont goûté notre joie.
Pouvons-nous être heureux sans leur bonheur?[49]

---

47 [Rezemos por eles, nós que eles tanto amaram... / Terão perdido seus doces nomes daqui da terra?] (N. T.) Lamartine, op. cit.
48 [Oh não, meu Deus Se a glória celeste / Tivesse-lhes tirado toda recordação humana / Tu nos terias tirado a memória; / Nossas lágrimas sobre eles fluiriam em vão / Oh, que em teu seio a alma deles se afogue.] (N. T.)
49 [Mas guarda-nos nossos lugares em seus corações / Eles que outrora gozaram nossa alegria. / Poderemos nós ser felizes sem a felicidade deles?] (N. T.)

Sentimentos muito banais que o próprio Lamartine condensou neste verso raciniano:

De tout ce qui t'aimait, n'est-il plus rien qui t'aime?[50]

Lamartine, os La Ferronays, muitos outros que não deixaram nada escrito, românticos anônimos, encontraram satisfação na certeza de um Paraíso de amizades encontradas. Emily Brontë sente uma inquietação: passando para um Além, mesmo tão *homelike* [parecido com o lar], as amizades perderiam as sombrias e, contudo, insubstituíveis cores da Terra?

Um belíssimo poema fala de tal hesitação, desse apego visceral às solidariedades da Terra nessa boa cristã que acreditava na vida eterna. A primeira imagem é uma meditação sobre um cemitério:

I see around me tombstones grey
Stretching their shadows far away.
Beneath the turf my footsteps tread
Lie low and lone the silent dead
Beneath the turf, beneath the mould –
Forever dark, forever cold[51]

A outra imagem é a morada dos bem-aventurados, onde há risco dos sentimentos do mundo se dissolverem:

Sweet land of light! Thy children fair
Know not akin to our despair;
Nor have they felt, nor can they tell
What tenants haunt each mortal cell.

---

50 [De tudo o que te amava, nada mais existe que te ame?] (N. T.)

51 [Vejo em torno de mim cinzentas pedras tumulares / Estendendo suas sombras até o longe, / Por baixo da relva que os meus pés esmagam / Jazem embaixo solitários os mortos silenciosos / Por baixo da relva, por baixo do húmus – / Para sempre sombrio, para sempre frio.] (N. T.) 1841, Brontë, *Poèmes*, op. cit., p.166.

What gloomy guests we hold within.[52]

Que cada um fique, pois, em seu lugar:

[...] may they live in ecstasy
Their long eternity of joy
At least we would not bring them down
With us to weep, with us to groan[53]

Nós, os vivos e os mortos, ficamos ainda durante muito tempo solidá-rios com a nossa mãe, a Terra, até muito depois da nossa morte. Por quanto tempo? Talvez até um acontecimento que não é mencionado, mas que po-deria muito bem ser o fim do Mundo, a Parúsia da escatologia tradicional:

We would not leave our native home
For any world beyond the Tomb. [O grifo é de Emily.]
No — rather on thy kindly breast
Let us be laid in lasting rest;
Or waken but to share with thee
A mutual immortality.[54]

A ideia arcaica do sono, da *requies* durante um período intermediário de espera, reaparece aqui, tal como possivelmente as especulações dos sécu-los XVII e XVIII sobre os cadáveres vivos a tinham reencontrado. Mas, em Emily, essa ideia está em concorrência com outra, mais confessada,

---

52 [Suave terra da luz! Teus belos filhos / Não estão conscientes do nosso desespero; / Nem sentem, nem sabem dizer / Que moradores habitam cada túmulo mortuário. / Que sombrios hóspedes mantemos ali.] (N. T.) 1841, Ibid., p.166-7.

53 [Que eles possam viver em êxtase / Sua longa eternidade de alegria / Pelo menos não os traremos aqui para baixo / Conosco para chorar, conosco para lamentar.] (N. T.) 1841, Ibid.

54 [Não deixaríamos nosso lar nativo / Por *nenhum* mundo além-túmulo. / Não — antes sobre o teu seio gentil, / Deixai-nos jazer em repouso eterno; / Ou despertar para dividir contigo / A mútua imortalidade.] (N. T.) 1841, Ibid.

mais disseminada na sua época: a morte como abismo infinito. Ideia sem dúvida ligada à da morte-felicidade: felicidade de se perder no abismo infinito de Deus? Da Natureza? Não importa. O que conta aqui é a noção quase física de infinito.

Ela estava se tornando banal na época romântica. Existia nas mentalidades dos La Ferronays; notamos, acima, como Albert de La Ferronays era atraído pelo infinito simbólico do mar, ao mesmo tempo, da morte, de Deus e da felicidade. Em Emily, tornamos a encontrar a imagem do mar com idêntico sentido.

O passado é "uma noite de outono", em que os poetas românticos viam também a figura da morte. O presente é "um ramo verde carregado de flores". O futuro será o verão? Não, a comparação com as estações descarrila aqui:

> *And what is the future, happy one*
> *A sea beneath a cloudless sun;*
> *A mighty, glorious dazzling sea*
> *Stretching into infinity*[55]

Outras imagens substituem as do mar: o vento, a charneca revolta, o mar de urzes, a noite:

> *I'm happiest when most away*
> *I can bear my soul from is home of clay*
> *On a windy night when the moon is bright*
> *And the eye can wander through worlds of light*
> *When I am not and none beside*
> *Nor ever let my Spirit tire*
> *But only spirit wandering wide*
> *Through infinite immensity,*
> *I will be an Ocean over*

---

55 [E o que é o futuro, ente feliz / Um mar sob um sol sem nuvens; / Um mar poderoso, glorioso e deslumbrante / Estendendo-se até o infinito.] (N. T.) 1836, Ibid., p.30.

[ela, que não deixava o seu presbitério!]
I will sail the desert sea[56]

Não para saber:

Nor ever let my Spirit tire
With looking for what is to be. [grifo de Emily][57]

Mas para mergulhar na Eternidade:

There cast my anchor of Desire
Deep in unknown Eternity;[58]

Poderá então:

[...], will I not brave
Unawed the darkness of the grave?
Nay, smile o hear Death's billows rave[59]

Já não se trata então dos queridos desaparecidos. As mortes individuais perdem o sentido e tornam-se elos da vida universal, ideia vinda do século XVIII naturalista, biologista, mas que encontrou raízes autênticas naquela mulher solitária, em seu eremitério de charnecas, de urzes, doença e morte.

---

56 [Fico mais feliz quando mais distante / Posso levar minha alma para fora do seu lar de argila / Em noite ventosa quando a lua brilha / E o olhar pode vagar através dos mundos de luz / Quando já não sou, e ninguém ao meu lado / Nem terra nem mar nem céu sem nuvens / Mas apenas espírito vagando ao longe / Através da imensidade infinita, / Passarei por cima do oceano / Navegarei pelo mar deserto.] (N. T.) 1838, Ibid., p.63.

57 [Nem jamais deixar meu espírito cansar / Na busca do *que tiver de ser.*] (N. T.) 1839, Ibid., p.128.

58 [Ali lançar minha âncora de Desejo / Fundo na Eternidade desconhecida.] (N. T.) 1845, Ibid., p.232.

59 [Não desafiarei / Sem receio a escuridão do túmulo? / Ou melhor, sorrir ao ruído das ondas da morte.] (N. T.) 1845, Ibid., p.233.

[o tempo] *Strike it down, that other boughs may flourish*
Where that perished sapling used to be;
Thus, at least, its mouldering corpse will nourish
That from which is sprung – Eternity.[60]

Paremos aqui a nossa análise. Ela basta para uma rápida comparação dos Brontë com os La Ferronays. As duas séries de mortos são bem semelhantes. Encontra-se nelas a mesma intolerância pela morte dos entes queridos, a mesma tristeza por uma vida privada de seus afetos, a mesma vontade e a mesma certeza de reencontrar os desaparecidos depois da morte e, por outro lado, igual admiração pelo fenômeno da morte, pela sua beleza intrínseca. Em compensação, observamos algumas diferenças: menor consideração, atribuída pelos Brontë, aos aspectos públicos da morte (a cerimônia no leito, as despedidas, o enterro), uma particular insistência, em Emily, pelos sinais e imagens do Infinito.

As diferenças de detalhes pouco importam. É bem evidente que chegamos, aqui, a um ponto de grande mudança das atitudes diante da morte. Havia permanecido praticamente imóveis durante séculos, apenas perturbadas por pequenos movimentos que já não modificavam a estabilidade geral. E subitamente, no início do século XIX, com força incomum, emerge uma sensibilidade nova, diferente de tudo o que já ocorrera. Isso se processou em uma ou duas gerações. É a primeira vez, durante esta pesquisa, que vemos opiniões e sentimentos mudarem tão depressa. Uma evolução assim rápida, num campo psicológico de tamanha durabilidade, numa história tão lenta, é um fato notável, que exige alguma explicação. *O morro dos ventos uivantes*, o romance de Emily Brontë, nos traz a transição que faltava. Esse livro extraordinário pertence a dois mundos ao mesmo tempo. É um romance *noir*, diabólico, semelhante aos estudados por M. Praz em *Romantic Agony* [Agonia romântica],[61] mas é também um romance do século XIX vitoriano, romântico, em que as paixões e os sentimentos

---

60 [Abate-o, para que outros rebentos floresçam / Onde o arbusto destruído costumava estar; / Assim, pelo menos, o cadáver que se desfaz alimentará / Aquilo de onde provém – a Eternidade.] (N. T.) 1845, Ibid., p.225.

61 Praz, op. cit.

mais violentos não parecem se opor à moral convencional, mas, pelo contrário, a ela se conforma. A diferença entre a imoralidade do século XVIII e a moralidade do século XIX não é muito grande, e talvez bastasse pouca coisa para se reescrever *O morro dos ventos uivantes* à maneira de Diderot ou de Lewis. Mas essa pouca coisa é o limite tênue entre duas sensibilidades. Tentemos ver como se passou de uma para outra.

O herói de *O morro dos ventos uivantes* é um homem do final do século XVIII, do romantismo diabólico, um revoltado. Lembra-me o advogado libertino de que fala Belarmino no final do seu *De arte bene moriendi*, que morre como se estivesse partindo para a sua casa de campo. Heathcliff, apanhado nas ruas de Liverpool, não vem de lugar algum; não tem nome. Parte um dia, não se sabe para onde; volta rico e poderoso, não se sabe como. É de pele escura, como os filhos malditos do Egito ou da Boêmia. Vive em meio a grandes fogueiras, como os personagens dos infernos, cercado de cães ferozes. É cruel tanto para os humanos como para os animais, sem perder seu ar de gentil-homem: "elemento do fluxo da natureza, filho da rocha, da terra e da tempestade".[62] O tema principal do livro é a paixão que Heathcliff, personagem copiado da literatura satânica, sente por Catherine, ela também criatura da terra e do vento, com quem ele foi criado como irmão e irmã.

Tudo o que se refere a sexo é silenciado, sem estar ausente. Assim, a palavra incesto não é pronunciada, e aliás não existe realmente incesto, mas qualquer coisa de estranho às regras humanas, próximo do reino animal. Do mesmo modo, um dia, irrompe uma cena terrível, provocada por Heathcliff, durante a qual Catherine desmorona. Ninguém nos tinha informado que ela estava grávida; ninguém considerou o fato de ela estar no final da gravidez, que, no entanto, devia ser visível! Mas essas coisas não se dizem nem se veem. É assim que ela morre no dia seguinte, depois de ter dado à luz Catherine II, a filha que teve com seu marido Edgar Linton, o *squire*[63] da aldeia, homem da civilização, oposto dessas criaturas da terra, que são Heathcliff e Catherine. Enfim, quando Heathcliff se

---

62 Brontë, *Wuthering Heights*, p.14.
63 Fidalgo, latifundiário. (N. E.)

Philippe Ariès

casa com Isabelle, também nada se diz claramente de suas relações, mas tudo está organizado para que o saibamos, se quisermos ter esse trabalho. Dormem em quartos separados, mas um filho é concebido logo depois do casamento. As coisas do amor estão bem presentes, embora muito escondidas e excluídas do discurso.

Tudo aquilo que, num romance mais antigo, teria sido erótico, macabro e diabólico, torna-se apaixonado, moral e mortuário. O livro é uma sinfonia sobre os temas conjuntos do amor e da morte.

Desliza-se, assim, do erotismo macabro dos séculos XVII e XVIII, estudado no capítulo precedente, para a bela morte do século XIX. Como? É o que nos revela um episódio de *O morro dos ventos uivantes*. Catherine I é enterrada, não na igreja, mas no *churchyard*. Heathclift fica desesperado: [64]

No dia de seu enterro nevava. À noite, vim ao *churchyard*... Estava deserto. Só e consciente, consciente de que apenas duas jardas de terra fresca me separavam dela, disse-me: ainda a terei uma vez nos braços. Se ela já estiver fria, direi que o vento do Norte a gelou. Se ela estiver inanimada, acreditarei que adormeceu. Apanhei, então, uma pá no galpão e comecei a cavar com todas as minhas forças. Liberei o caixão. Continuei trabalhando com as mãos, a madeira começava a estalar em torno dos pregos.

Reconhece-se a cena: ela é tirada da literatura *noir* e sádica. Não era de esperar encontrá-la com toda essa ambiguidade, na casta filha de pastor, que por assim dizer jamais deixara aquele presbitério de província. Mas a semelhança termina nesse início de exumação. Heathcliff não irá mais longe, pelo menos desta vez:

Estava quase atingido meu alvo, quando me pareceu ouvir um suspiro vindo do alto, do lado do caixão... Houve ainda outro sinal perto de meu ouvido. Pareceu-me sentir um sopro quente em lugar do vento de chuva. Sabia que nada havia aqui de vivo, de carne e sangue. Mas tão certo como da

---

64 Brontë, op. cit., p.319-22.

O homem diante da morte

presença de um corpo na escuridão, mesmo quando não se pode vê-lo, sentia que Catherine estava ali, não abaixo de mim, no caixão, mas acima da terra.

Era a comunicação de um espírito: fenômeno novo, diferente da aparição de uma alma do outro mundo. Outrora, a volta de uma alma era sinal de desgraça ou de aflição, que era preciso impedir, satisfazendo-lhe as exigências, graças à magia, negra ou branca. Agora é o espírito do desaparecido que volta para aquele a quem amou e que o chama.

Um sentimento de alívio me invade e alcança todo o meu corpo. Interrompi meu trabalho de agonia e me senti consolado por uma indizível consolação. Ela estava comigo, ficou comigo enquanto eu tornei a encher a cova e voltei para casa... Estava persuadido de que a tornaria a ver. Mas, se quase a podia ver, não conseguia todavia vê-la perfeitamente [*I could almost* — sublinhado pela autora — *see her and yet could not*].

Então começa, para Heathcliff, um período atormentado. Dorme no quarto de Catherine quando era criança, cujo *lit-clos* [espécie de leito embutido em um pequeno armário] ela cobrira de rabiscos. Ele procura seus vestígios na casa. Crê que ela lhe vai aparecer, sente sua presença e, no entanto, ela lhe escapa no momento em que pensa segurá-la. Fecha os olhos e fica na expectativa de vê-la. Reabre-os: nada. Ninguém.

Portanto, Heathcliff está certo da sobrevivência, sob a forma do espírito de uma desencarnada, daquela que ele ama. Tem a sensação dessa presença e não consegue realizá-la. Daí decorre uma busca desafiante e vã atrás desse fantasma ao mesmo tempo próximo e inatingível. Temos a sensação de ser uma história vivida, de uma confidência da autora, que se lembra dessas experiências, em busca de seus desaparecidos. Seus poemas, como vimos, traduzem uma alternativa dilacerante entre o silêncio do túmulo e a reunião ou retorno das almas. Sua hesitação é importante para a inteligibilidade das mentalidades do século XIX. O morto está, ao mesmo tempo, no túmulo, onde na verdade já não estava totalmente desde a primeira Idade Média (era confiado à Igreja, que fazia dele o que quisesse) e também no ar, nas moradas do céu, ou então em torno dos vivos, presença intangível.

595

Heathcliff também, pela sua parte, sofre a mesma dupla atração. Certo dia, o do enterro, ele fechou o caixão para seguir o espírito aéreo. Em vão. Irá então voltar ao cemitério e reabrir o caixão.

Uma oportunidade se apresenta. O marido de Catherine I morre. Não é enterrado na igreja, perto dos antepassados, mas no *churchyard*, perto da mulher. Diz Heatchcliff: "Pedi ao sacristão que cavava a cova de Linton, que liberasse a tampa do caixão. *Eu o abri*". Eis-nos, desta vez, na situação da literatura erótico-macabra. Ele a beijará? A autora nada diz, como de hábito, mas é muito provável! Todavia, ela fora enterrada *dezessete anos antes*. Milagre, sim, milagre, ela está intata. Isso é dito em meias palavras. "Pensei então, quando revi seu rosto, que *ainda era* o *seu* [grifo nosso], que eu não poderia mais me desprender dela. O coveiro teve grande dificuldade para me fazer voltar à realidade. Mas ele me disse que o rosto dela iria mudar se ficasse mais tempo exposto ao ar." Então Heathcliff fecha o caixão e de um golpe o desloca, afastando-o do caixão do marido. Paga ao coveiro para que, no dia de seu próprio enterro que, ele o sabe, não tardaria muito, ele aproxime seu caixão do de Catherine, de modo que "quando Linton voltar já não saberá quem é o quê". Os mortos voltarão e Heathcliff, que não acredita em nada, sobretudo em Deus, não duvida disso. "O senhor não tem vergonha de incomodar os mortos?", diz-lhe a criada, sua companheira de infância, a quem ele confia o segredo. "Não perturbo ninguém, apenas me concedo um pouco de satisfação. Doravante ficarei mais calmo e vocês poderão me conter debaixo da terra quando eu lá estiver." Assim, se não satisfizerem sua exigência, ele não será mais o espírito que volta para junto dos que lastimam sua ausência, mas o fantasma maldito que é preciso exorcizar. O fato de ter revisto o corpo de Catherine e de ter tido com ela uma aproximação física, devolveu-lhe a tranquilidade. "Agora eu a vi, e desde então estou em paz." Quando Heathcliff morrer, os dois amantes diabólicos vão, pois, se reunir, não no Paraíso de Deus e dos anjos, onde eles não têm lugar e no qual, aliás, não desejam entrar, mas debaixo da terra, *dissolvendo-se juntos*. Porque houve *miraculum mortuorum* em Catherine: depois de uma permanência de dezessete anos, seu corpo está conservado. O cemitério daquela aldeia tem a reputação, sabemos disso por outra fonte, de "embalsamar" os cadáveres. Era um cemitério de múmias; graças às virtudes dessa terra, Heathcliff pôde reconhecer os traços inalterados de sua bem-amada.

As coisas poderiam ter acontecido de outra forma. Ele não tinha a certeza dessa conservação quando abriu o ataúde. Foi por isso que a criada lhe disse: "O que teria acontecido, que teria imaginado o senhor se ela estivesse dissolvida na terra, ou pior ainda?" Ele responde: "O que eu teria imaginado então? De me dissolver com ela e ficar ainda mais feliz [pois então seria a união completa, o abraço eterno]... Eu realmente esperava uma mudança de tal gênero, quando levantei a tampa. Mas prefiro que isso ainda não tenha começado *antes que eu pudesse também participar*". Catherine o esperou para esse último encontro da dissolução comum.

Enquanto esperava o derradeiro momento, Heathcliff entra em êxtase semelhante ao dos santos, prolongado durante vários dias em seguida. Perdera os reflexos da vida: "Tenho de me lembrar de que é preciso respirar, de que é preciso que meu coração bata". E enfim, tudo isso para.

Na obra da jovem autora, relacionada a seu presbitério e suas charnecas, mas alimentada pela literatura do século XVIII e também pelos contos populares e lendas mais antigas, encontram-se confundidos a imagem tradicional do repouso e da espera, a sobrevivência temporária do cadáver amortalhado, a beleza física da morte, a vertigem que o declive para a morte provoca nos vivos, a atração pelo Infinito – outra forma dessa vertigem –, a dissolução comum no trabalho perpétuo da natureza e, enfim, esses desejos que impelem os homens, não mais para o lugar imóvel de Deus, mas para um fluxo perpétuo, a única zona fixa desse outro mundo à deriva, a reunião no Além – que não é necessariamente o Paraíso – de todos os que se amaram na Terra, a fim de poderem prosseguir eternamente suas afeições terrenas.

Na América: as cartas dos emigrantes

Depois dos franceses e dos ingleses, vejamos agora os americanos da mesma época e de um pouco mais tarde.

Os historiadores da América do Norte começaram a estudar as atitudes diante da morte em seu país, e esse empreendimento é de grande interesse, não apenas para os *American studies* [Estudos americanos]. Dispuseram de documentação abundante que, na Europa, ou não existiu, ou desapareceu: cartas escritas a parentes, para lhes dar notícias da família, comunicar nascimentos, casamentos e falecimentos. Provêm, pois, de emigrantes ou de pessoas distantes, pobres, de origem modesta, mas sabendo escrever, embora com estilo desajeitado, ortografia incorreta e pontuação ausente.

Que atitude diante da morte revela essa correspondência? Lewis O. Saum, que a analisou, ficou impressionado com a frequência dos relatos de morte (como os historiadores do fim da Idade Média ficaram impressionados pelos temas macabros).[65] Tirou a conclusão de que a morte dominava a sensibilidade da América do Norte durante a primeira metade do século XIX. Se é provável que a morte tenha tido a importância que ele diz, sabemo-lo por outras fontes; essas cartas não trazem, contudo, sua comprovação. Pelo contrário, mostram à saciedade a persistência, na população móvel americana da época, de uma atitude muito antiga, milenar, de familiaridade com a morte, comum aos pagãos e aos cristãos, aos católicos e aos protestantes, e a todo o Ocidente latino. Chamei-a, aqui, a "morte domada", e ilustrei-a com o tema proverbial: "Nós morremos todos".[66]

Se há realmente um elemento novo, e bastante novo para nos enganar em relação à natureza do fenômeno, é porque, na América, a tradição sobre a morte era escrita e não mais oral. Essa passagem da oralidade à escrita deve ser consequência da mobilidade da população americana durante seu deslocamento para o Oeste, e dos meios de comunicação a grande distância que ele impunha.

Os filhos tinham partido, ou o marido deixara a mulher com os filhos em casa; irmãos e irmãs estavam desde então separados para a vida, e sabiam que jamais se tornariam a ver. A correspondência manteve os elos que de outra maneira teriam se afrouxado. A maior parte das cartas e diários é da própria mão do autor; não foram ditados a um escrivão público. Mas, com essa ressalva do uso da escrita, quase nada existe nas atitudes

---

65 Saum, Death in Pre-Civil War America, In: Stannard, op. cit., p.30-48.

66 Capítulo I.

O *homem diante da morte*

expressas que não fosse antigo e tradicional; nada que dependesse das influências inovadoras do século XIX.

L. O. Saum aponta o anonimato das crianças pequenas como um exemplo da mortalidade obsessora. As listas nominativas das famílias, por ordem de idade, terminam pelos mais novos. Quando estes têm menos de um ano aproximadamente, são sumariamente designados como *anonymous, unnamed, not named.* Não têm nome. Mas o anonimato das criancinhas, ou a indiferença a esse respeito, é um traço comum a todas as sociedades tradicionais, que os documentos nos mostram ter sobrevivido na América popular. Torna-se, ali, ainda mais aparente pelo costume protestante de não batizar as crianças ao nascer. Mas retardar o batismo é uma coisa; não dar nome à criança é outra.

Do mesmo modo, as precauções oratórias sobre a longevidade das pessoas e, naturalmente, das crianças. Assim, quando pais que já perderam um filho anunciam o nascimento de outro bebê, temperam sua alegria com uma restrição de uso que bem poderia conjurar a sorte: "Por quanto tempo nos será dado poder conservá-lo conosco, não sabemos". O autor de um diário íntimo começa assim: "Amanhã farei 23 anos, se estiver vivo". "Se Deus me der vida", dizia-se na velha França. Maneira de reconhecer a certeza da morte e incerteza de sua hora; de reconhecer a familiaridade da morte, essa velha companheira.

L. O. Saum observa que, nesses documentos, os momentos fortes de que mais se participa, são os do leito de morte, mais do que os do túmulo. Ele tende a ver nisso um sinal de tanatofilia. Mas essas *death bed scenes* [cenas de morte no leito] assemelham-se aos "jazentes doentes no leito" dos testamentos franceses; aos quartos de camponeses cheios de gente, que os médicos higienistas do século XVIII não conseguiam esvaziar; ao quarto do moribundo das *artes moriendi,* lugar de reunião dos amigos carnais. Será no século XIX que o túmulo e o cemitério representarão, no espetáculo do ritual da morte, um papel novo, acrescentado ao mais tradicional do leito. Nessas condições haverá motivo de espanto que a morte solitária, a *mors repentina,* seja ainda tão temida? Era um dos grandes medos dos pioneiros que partiam para o Oeste. Morrer rodeado era uma satisfação. Mas também, acompanhar o moribundo, assistir à sua morte, era um "privilégio".

A palavra é correntemente empregada. Cabia a um desses privilegiados ser o indispensável *nuncius mortis* e acontecia-lhe avisar o infeliz sem muitos rodeios. Se o moribundo compreendia seu aviso e o aceitava, era *sensible* [sensato]; caso contrário, comportava-se como um homem *very stupid* [muito estúpido].

Realmente, esperava-se que o moribundo morresse bem [*to expire mild--eyed*]: a morte continuava sendo um espetáculo de que o moribundo era o encenador, podendo o espetáculo ter maior ou menor êxito.

Um filho escreve à sua mãe, num inglês cheio de erros, para pedir-lhe detalhes da morte do *dear old pappy* [velho papaizinho querido]. Como não tivera o privilégio de assistir àquela morte, queria saber como se tinha passado, o que dissera o velho homem, se ele representara bem seu papel, isto é, se havia aceitado a situação, quais teriam sido suas últimas palavras, para si mesmo, para os seus.

Essa morte é tradicional. Contudo é nesse lugar, no leito de morte, que nos meios populares aparece um pouco da dramatização romântica observada nos La Ferronays e nos Brontë. Nesses testemunhos, é interessante, para nós, seguir a passagem da morte tradicional do jazente doente no leito, à morte triunfal, *triumph death,* essa última bem característica da época romântica. Acontece que a expressão *triumphant death* seja empregada no mesmo sentido aparente que o *welcome death*, morte bem-vinda, das preparações para a morte do século XVII. Mas o sentido real e profundo já não é o mesmo: é o sentido de que tomamos conhecimento durante este capítulo.

Certa mulher de Ohio, ao escrever uma carta a seu correspondente de Connecticut, conta-lhe a morte da avó: a velha senhora mostrara bastante interesse por Jesus Cristo, mas parece que lhe faltava entusiasmo, e os "privilegiados" não ficaram inteiramente satisfeitos. "Era tudo o que podíamos esperar e quase o que nós desejávamos." Quase, apenas: "Na verdade, teríamos ficado contentes se sua partida tivesse sido de um tipo *more ecstactic and triumphant* [mais extática e triunfante]". Eis, ingenuamente expressa, a diferença entre a morte tradicional e a morte triunfante.

M. Benassis, o médico provinciano de Balzac, fará na mesma época uma observação semelhante. Leva seu visitante para a casa de um camponês que acaba de morrer. O corpo é exposto. Sem dúvida, há algumas lágrimas, lamentações, elogios, mas não o bastante para Balzac, que esperava demonstrações mais patéticas. "Como vê" disse ele, "a morte aqui é considerada um acidente previsto que não faz parar a vida das famílias." A morte exaltada quer, pelo contrário, que se pare por sentimento, e não por costumes, a vida do trabalho e da família.

Encontram-se, assim, mortes triunfais entre os imigrantes dos anos 1830-1840, como nas nobrezas ou burguesias românticas: o modelo romântico começa a se expandir, talvez com a instrução e a arte epistolar.

Um homem de Indiana anuncia assim a seu irmão, em 1838, a morte da mãe. Foi uma bela morte.

> Tenho a grande felicidade de te comunicar que ela deixou este mundo no triunfo da fé. Em seus últimos momentos, Jesse e eu cantamos alguns dos seus cânticos favoritos; ela batia com as mãos [marcava o ritmo], dava glórias a Deus, tendo conservado a consciência até o último suspiro. [Esse último traço começa a ser anotado como um privilégio.] Vê-la feliz nos deu a todos grande satisfação.

Eis aqui uma versão bem americana e popular, mas muito fiel, das mortes à maneira dos La Ferronays.

E o Além? Que pensavam dele esses humildes narradores epistolares? Pergunta importante, pois conhecemos o realismo e a exigência das opiniões sobre a sobrevivência romântica.

Ora, Saum ficou impressionado pela "quase total ausência [nesses documentos] de referências explícitas às recompensas no outro mundo, ou mesmo à certeza de que, acontecesse o que acontecesse, uma pessoa as usufruiria". As pessoas morriam "felizes" "no triunfo da fé", mas falavam pouco do lugar para onde iriam e nem mesmo mencionavam que iriam para algum lugar. Esse fato pode espantar o cristão de hoje ou o observador que confunde o cristianismo com aquilo em que se transformou depois das reformas protestantes e católicas dos séculos XVI e XVII. Mas nós não ficaremos surpresos. Nas mentalidades tradicionais, nada há de mais natural e de mais banal que a indeterminação sobre o estado que se segue à morte e a morada dos mortos. "Pobre John", escreve sua irmã em

Philippe Ariès

1844, "já não nos podia falar. Se pudesse, nos diria que ia para a casa onde repousam os cristãos [*where christians are at rest*]": a *requies*. O mundo melhor [*a better world*] é aquele onde as agitações da terra terão terminado, onde se está em paz. Ideia velha, muito velha, na muito jovem América.

O fato novo será justamente nos séculos XVIII e XIX, a substituição das ideias antigas do Além (a do repouso, tão generalizada e tão popular; a mais tardia do acesso da alma à visão beatífica, que levou muito tempo para se impor e nunca o conseguiu completamente entre as grandes massas populares) por uma representação nova e antropomórfica, a transferência das exigências afetivas da vida terrestre.

Essa representação é de origem nobre e burguesa. Se tivéssemos podido registrar a morte dos camponeses nas províncias francesas de 1830, ela teria mostrado a mesma discrição, a mesma reserva que as dos correspondentes americanos, a respeito do Além. Em compensação, vamos encontrar na burguesia culta americana, a que escreve e lê livros, mesmo que sem pretensão literária, os sentimentos que agitavam os La Ferronays, os Brontë, e que Lamartine ou Vitor Hugo expressaram como denominador comum de sua época.

Na América: os livros de consolação

É preciso então mudar as fontes. Outra historiadora americana, Ann Douglas, na mesma coletânea coletiva em que apareceu o estudo de Saum, analisou os livros de consolação editados na América no século XIX. Intitulou sua contribuição com o lindo nome de *Heaven our home* [Paraíso, nossa casa].[67]

Trata-se, em geral, de livros escritos por ocasião da morte de um ser próximo e querido, geralmente uma criança. Os autores são eclesiásticos ou mulheres – esposas ou filhas de eclesiásticos. Levaremos em conta, principalmente, o papel das mulheres. É um traço de época importante: Alexandrine, Pauline, Eugénie, Olga de La Ferronays, Caroly de Gaïx, Emily e Charlotte Brontë. A sensibilidade do século XIX bem poderia

---

67 Douglas, Heaven our home: Consolation literature in the Northern US, 1830-1880, In: Stannard, op. cit., p.49-68.

O homem diante da morte

ter sido modelada pelas mulheres... Justamente no momento em que elas tinham perdido parte de seu poder legal e de sua influência econômica.

A carta de consolação é um gênero clássico, cultivado tanto na Antiguidade como na Renascença e no século XVII, aparentado às elegias, túmulos literários, inscrições funerárias. Na América do século XIX, o gênero, outrora confidencial, tornou-se uma leitura de massa embora, ao mesmo tempo, a natureza dos argumentos, o tom e o estilo mudaram completamente. Citamos alguns títulos sugestivos:

Agnes and the Key of her Little Coffin [Agnes e a chave de seu pequeno caixão] (1837); *Stepping Heavenward* [Caminhando para o paraíso] (1869); *Our Children in Heaven* [Nossas crianças no Paraíso] (1870); *The Empty Crib* [O berço vazio] (1873). Os autores desses livros são, sem a menor dúvida, obcecados pelo pensamento e pelas imagens da morte.

Ann Douglas cita Oliver Peabody, autor de uma biografia, ou antes, de uma hagiografia de seu pai, um pastor, também escritor e poeta, morto em 1849. Eis um exemplo da sua poesia:

Vede a luz da noite que desce no ocidente
Penetra nas trevas profundas
Assim os cristãos desaparecem pacificamente
Quando descem ao túmulo.

A morte do pastor é bela, à maneira dos relatos românticos; ele tinha, aliás, fama de santo: nos últimos anos de vida, já parecia "se encontrar nos confins da Eternidade, pronto para ali se apresentar. Antes de lá entrar, era-lhe apenas permitido mostrar aos que amava, como os fracos acentos de uma voz moribunda, o caminho que levava à Beatitude". A santidade está aqui ligada à atitude diante da morte, e ao seu grau de exaltação.

A senhora Sigourney é a autora de *Margareth and Henrietta, Two Lovely Sisters* [Margareth e Henrietta, duas doces irmãs] (1832). Ela nos descreve a morte de Margareth, cujas últimas palavras são *"I love everybody"* [Eu amo a todos]. Curiosamente, como frisou Ann Douglas, essas mesmas palavras de piedade banal, pronunciadas por esse personagem de romance, serão também as da senhora Sigourney em seu leito de morte. Aliás, ela se familiarizara com sua própria morte, dela falando sem cessar. Professora de escola, com cerca de 20 anos, convidava seus alunos a não faltar, no futuro, a uma certa reunião, mesmo que "a voz que agora vos fala se tiver calado, se os lábios que rezaram pela vossa felicidade estiverem fechados pelo pó da terra". Eis aí, quanto ao tom. Associava ao sentimento da morte revelações do Além: em 1823 confiou a seus ouvintes que, no curso de uma doença, chegara às fronteiras da região dos espíritos, e dali tinha trazido palavras de uma solene sabedoria.

A senhora Sigourney e suas heroínas nos lembram de outra jovem da mesma época, e criada pelo mesmo padrão, que Mark Twain descreve em *As aventuras de Huckleberry Finn*. Morta aos 15 anos (idade da Helen Burns de *Jane Eyre*), Miss Grangerford também só pensa na morte. Era bem dotada para as artes e a poesia. Suas pinturas representam, por exemplo, uma mulher com véu, toda de negro, melancolicamente debruçada sobre um túmulo, à sombra de um choupo chorão, tendo na mão um lenço para enxugar as lágrimas. Sob a imagem, uma inscrição: *Shall I never see thee more, Alas?* [Devo nunca mais te ver, Alas?]. É um *mourning picture* [quadro de luto], como existiam muitos, pintados, gravados, bordados; não se destinam à igreja, nem ao cemitério, mas à casa onde mantêm a lembrança dos mortos.

Nosso jovem artista também pinta a cena de gênero, contanto que o tema seja sempre o da morte: uma jovem na janela olha para a lua; ela chora segurando, numa das mãos, um medalhão que aperta contra a boca e, com a outra (os personagens de Miss Grangeford têm sempre as mãos e os braços muito carregados), uma carta aberta e marcada com lacre negro. Esse talento artístico iria fazer com que falassem dela depois da sua morte:

> Todos estavam muito tristes por ela ter morrido, porque ainda poderia fazer muitas dessas pinturas, e pelas que restavam podia-se ver quanto se perdera. Mas eu penso que, com tais disposições, ela estava melhor no fundo de um túmulo. Quando morreu, estava trabalhando numa tela, a maior que havia pintado; todas as manhãs e noites rezava para que lhe fosse permitido viver até que a terminasse. Mas não teve essa sorte. Era o retrato de uma mulher jovem numa longa túnica branca, com o rosto banhado de lágrimas

O homem diante da morte

[tinha seis braços, dois estendidos para a frente, dois contra o peito, dois estendidos para a lua]. A ideia era ver qual dos pares de braços ficaria melhor, e então apagar os outros.

Infelizmente, ela não teve tempo de fazer a escolha.

Miss Grangerford também é poetisa desde os 14 anos. "Mantinha uma espécie de diário (como os La Ferronays). Escrevia, num caderno, os obituários, os acidentes, as doenças que encontrava no *Presbyterian Observer*, e escrevia poemas sobre esses temas."

Compôs um sobre a morte de um menino que não fora vítima nem da tuberculose [*whooping cough*],[68] nem de varicela, nem de distúrbios gástricos. Não, esse não foi o destino do jovem Stephen:

Son âme a fui hors de ce monde froid
En tombant dans un égout.
Ils l'ont sorti, ils l'ont vidé
Hélas! C'était trop tard.[69]

Certamente, "ela podia escrever a respeito de qualquer coisa, contanto que fosse triste. Todas as vezes que um homem, uma mulher ou uma criança morriam, antes que ficassem frios, ela chegava com seus poemas".

Depois da morte desse pequeno prodígio, seu quarto permaneceu no estado em que se encontrava quando morreu. Era a mãe quem o arrumava e ia ali costurar e ler a Bíblia (como no quarto vermelho de Mrs. Reed, em *Jane Eyre*).

Criatura de ficção, a filha do coronel Grangerford é mais verdadeira que a natureza, apesar de um ligeiro tom de zombaria, ou por causa dele.

A morte era tão simples e seu triunfo tão discreto nos meios populares de emigrantes, quanto era pomposa e retórica, mas também sinceramente sentida, nos meios burgueses.

---

68 *Whooping cough* se refere à coqueluche, e não à tuberculose, como menciona o autor. (N. T.)

69 [Sua alma fugiu deste mundo frio / Caindo num esgoto. / Tiraram-no, esvaziaram-no / Infelizmente! Era tarde demais.] (N. T.)

A fascinação da morte constituía um dos lados do díptico. O outro era a casa no Céu. Nessa lógica estranha, a morte era cultivada e desejada porque introduzia a eternidade dos reencontros. Encontrava-se, no Céu, tudo o que fazia felicidade na Terra, isto é, o amor, a afeição, a família, sem o que entristecia, isto é, mortificava pela separação.

Depois da morte de seu filho Georgie, o pastor Cuyler publicou um livro dedicado à memória do pequeno desaparecido: recebeu *milhares* de cartas de solidariedade, da parte dos sobreviventes reconhecidos. Publicou algumas delas numa reedição. Ann Douglas cita a seguinte: "Caro Senhor, se lhe acontecer visitar o cemitério dos Alleghanys, verá uma flor sobre três pequenos túmulos: Anna, 7 anos, Sacha, 5 anos, Lillie, 3 anos. Todas morreram de escarlatina no espaço de seis dias (como Georgie). Isso poderá talvez nos reconciliar com a nossa própria dor, ouvir falar da existência de outra maior".

Por essa razão, os relatos consoladores multiplicam-se, histórias verdadeiras e romanceadas, em especial na segunda metade do século, em que os autores, muitas vezes mulheres, procuram persuadir seus leitores (e leitoras) de que a morte realmente não lhes arrebatou os entes muito queridos, que eles os reencontrarão depois de sua própria morte, seja mesmo *hic et nunc*. A mãe de Little James dedicou a seu filho morto um túmulo, um memorial: *Memoir of James Arthur Cold.* Pequeno prodígio de piedade, de sabedoria, de amor filial e de imaginação macabra, ele esperava que a mãe e ele morressem juntos nos braços um do outro. Contudo, ele morreu só, e a mãe lhe sobreviveu, mas sempre o recordando. A mãe relata as circunstâncias maravilhosas da morte dele: "Manifestou, então, que tinha comunicações prolongadas com o mundo dos espíritos. Via anjos que dançavam na previsão de sua próxima chegada, via certos defuntos de sua própria família, e transmitia suas mensagens aos vivos. *Ele era, literalmente, um médium* e depois da morte continuou aparecendo aos pais".

Existe, nesse texto e em muitos outros semelhantes, duas ideias notáveis: de um lado, a reconstituição, no Céu, das amizades da Terra, e, de outro, a comunicação dos espíritos. A primeira nos é bem conhecida. Um tratado pastoral de 1853 já descreve separadamente os dois aspectos do Céu: um tradicional no cristianismo, a visão beatífica; o outro completamente novo, "a casa de nosso Pai, onde se passam cenas familiares como em nossas casas".

Nos anos 1860 a 1880 quer-se ir mais longe e procura-se reconstituir, até no detalhe, a vida celeste. "Os autores de consolação sentem cada vez mais a necessidade de algum grande telescópio espiritual [estamos em 1870, em plena era tecnicista] que nos tornaria [os mortos] mais próximos em toda sua esplêndida realidade, a necessidade de uma revelação clara, coerente e estabelecida da vida depois da morte".[70] O Céu torna-se, então, o *home beyond the skies* [o lar além dos céus], tal como é cantado nos hinos (não esqueçamos que, na mesma época, cantava-se nas igrejas católicas da França: "No céu, no céu, no céu, nós nos encontraremos").

Escritora célebre e muito lida, Elizabeth Stuart, autora de *Within the Gates* [Entre os portões] e *The Gates Ajar* [Os Portões de Ajar], descreve em seus livros a vida cotidiana dos habitantes do Céu: hábitos, ocupações, como criam os filhos, divertem-se e se amam. Ela sabe tudo o que se passa no céu, graças às revelações de um médico (ou do espírito de um médico) que a visita de forma misteriosa. Em *The Gates Ajar,* uma velha senhora vê o Céu como um lugar onde os soldados mortos durante a guerra civil conversam com Lincoln, onde moças pobres podem tocar piano, onde seus cabelos deixam de ser cinzentos.

Tudo isso é muito diferente da opinião comum (raramente escrita) dos países católicos – Itália, França. Todavia, talvez porque a expressão é mais livre, sem censura eclesiástica, a narração é, na América, mais ingênua e tosca, sem meias-tintas nem formalidades. Vai-se até o fim da imaginação e não se hesita em contá-la tal como é vista, como se acredita que seja.

Em direção ao espiritismo

Uma segunda ideia nos surgiu muito claramente no relato da morte de Little James. Little James é um *médium.* Serve de intermediário entre os vivos e os espíritos dos mortos. Ele mesmo, depois da morte, volta para

---

70 Halcombe apud Douglas, op. cit.

falar com os pais. Chegamos ao pleno espiritismo, e não é por acaso que o espiritismo nasceu na América. Foi lá, sem dúvida, que a vontade de comunicar de um lado e do outro da morte se manifestou ali mais cedo e, principalmente, com mais determinação.

Nas mentalidades católicas da época, como entre os La Ferronays e em Lamartine, bastava cultivar a lembrança, sem ir até à materialização realista. Contudo, a intensidade da lembrança consegue criar a ilusão da realidade. É o caso do jovem Lamartine das *Méditations*: o aparecimento de Elvire é uma realidade ou um sonho acordado?

> *Je songe à ceux qui ne sont plus,*
> *Douce lumière, es-tu leur âme?*
> *Peut-être ces mânes heureux*
> *Glissent ainsi sur le bocage.*
> *Enveloppé de leurs visages,*
> Je crois me sentir *pres d'eux.*
> *Ah* si *c'est vous, ombres chéries,*
> *Loin de la foule et loin du bruit,*
> *Revenez ainsi chaque nuit*
> *Vous mêles à mes* rêveries.[71]

A dúvida permanece. Mas eis a reaparição. Lamartine vai mais longe do que os La Ferronays que, por ortodoxia católica rejeitam a tentação e aceitam esperar a morte próxima para se reunirem finalmente aos desaparecidos.

> *J'entends, oui, des pas sur la mousse!*
> *Un léger souffle a murmuré*
> *[o sopro é o sinal da presença de um espírito]*
> *Oui, c'est toi, ce n'est pas un rêve,*
> *Anges du Ciel, je la revois...*

---

71 [Sonho com aqueles que já não são, / Doce luz, serás tu a alma deles? / Talvez esses manes felizes / Deslizem assim sobre o bosque. / Envolvido pelos seus rostos, / *Creio me sentir* perto deles. / Ah *se* sois vós, sombras queridas, / Longe da multidão e longe do ruído, / Voltai assim todas as noites / Misturai-vos às minhas *divagações*.] (N. T.)

O homem diante da morte

Ton âme a franchi la barrière

Qui sépare les deux Univers.

Sa grâce a permis que je voie

Ce que mes yeux cherchaient toujours.[72]

Para Elizabeth Stuart Philips, *já não existe barreira.*

La mort est um état de la vie

Et non plus arrêt de la vie.

Je me penche vers vous comme avant,

Fidèle, mes bras autour de vous […]

Il n'y a pas de chaise vide.

Ceux qui s'aimaient sont réunis [desde agora]

En un groupe soudé, inséparable, qui sait comment?[73]

Esses versos vêm do Além. Foram ditados a Elizabeth pelos espíritos dos próprios defuntos. Ela os reuniu e publicou sob o título *Songs of the Silent World* [Versos do mundo silencioso], há pouco menos de um século, em 1885. A coletânea teve, como as outras obras de Elizabeth S. Philips, grande êxito de livraria. As crenças burguesas que expressavam atingiam talvez, em meados do século, os meios populares cujas reticências conhecemos.

O. Saum dos disse nada ter encontrado desse gênero em sua coleção de cartas. Há uma exceção, todavia, interessante.[74] Estamos em 1852. Ginnie morre ao dar à luz um filho. Perdera outro no ano anterior. Não teme a morte; tem um sorriso meigo. Em resumo, a *mild eyed death*. Mas, quando o

---

72 [Eu *ouço*, sim, passos sobre o musgo! / Um ligeiro sopro murmurou / Sim, és tu; não é sonho, / Anjos do Céu, eu a revejo... / Tua alma transpôs a *barreira* / Que separa dois Universos. / Sua graça permitiu que eu veja / O que meus olhos procuravam sempre.] (N. T.)

73 [A morte é um *estado* da vida / E não mais a parada da vida. / Inclino-me para ti como antes, / Fiel, meus braços ao teu redor [...] / Não há cadeira vazia. / Os que se amavam estão reunidos. / Num grupo fundido, inseparável, quem sabe como?] (N. T.)

74 Saum, op. cit., p.47.

609

fim se toma muito próximo, passa a ouvir crianças cantando, e reconhece a voz do seu pequeno Willie, a criança falecida. O marido, que não tinha lido Lydia Sigourney, pensa que ela está divagando; tenta explicar-lhe que as vozes são simplesmente as das crianças que brincam no pátio... Percebe--se, entre a mulher e o marido, a diferença das duas atitudes.

Os desencarnados

Jane Eyre, a heroína de Charlotte Brontë, está a meio caminho entre os La Ferronays e os paraespíritas ou pré-espíritas americanos. Ela é mais reservada, mais discreta do que esses últimos, porém não esconde que acredita na comunicação dos espíritos, mortos ou vivos, separados dos corpos. Ela emprega a expressão *desembodied souls,* as almas desencarnadas.

Jane Eyre descobre um dia que não pode desposar Mr. Rochester, porque ele já é casado e sua mulher ficara louca. Quando Rochester lhe propõe viverem juntos no Sul da França, ela fica tentada a aceitar e tornar--se sua amante. Reflete no que deve fazer, uma noite contemplando a Lua, esse astro dos mortos e das almas do outro mundo, presente em todas as pinturas de Miss Grangerford, a pequena artista macabra de Mark Twain. Naquela noite, a Lua oferece um espetáculo extraordinário: é varrida pelas nuvens e, subitamente, Jane vê "uma forma humana, branca, brilhar no azul, e como inclinada para a Terra. Ela me fixava com força. Falava com a minha alma. E tão próxima, apesar da incomensurável distância, mur-murou ao meu ouvido. Minha filha, foge à tentação. – Mãe, eu o farei".[75] É quase impossível que se trate de uma lembrança: Jane mal conheceu a mãe, nunca fala dela. Mas a mãe protege-a do Além e, no momento em que a jovem vitoriana corre o risco de perder sua virtude, a mãe intervém como um *deus ex machina* e restabelece milagrosamente a situação.

Existe, no mesmo romance de Charlotte Brontë, outro caso de comu-nicação entre os espíritos. Mas desta vez entre os espíritos de dois vivos que se amam e estão separados pela ausência.

---

75 Brontë, *Jane Eyre,* op. cit., p.346.

O homem diante da morte

Jane é pedida em casamento por um pastor missionário que deseja levá-la para a Índia: ela vai ceder à sua insistência por cansaço, embora não o ame e goste de outro. É meia-noite. Ela é então atingida como por um choque elétrico que a faz recuperar o controle: "Nada vi, mas ouvi uma voz que gritava 'Jane, Jane, Jane' e depois mais nada. Não vinha do céu nem da Terra. Era a voz de um ser humano, uma voz familiar, amada, a de Edward Fairfax Rochester." "Estou chegando, espere-me, já vou", gritou ela. "Ela corre para fora, não há ninguém..." "Onde é que você está"?[76]

Ora, na mesma hora, a uma grande distância dali, o próprio Rochester, que ficara quase cego, solitário, durante uma crise de desespero, debruça-se à janela e chama: "Jane, Jane, Jane". Ele ouve a resposta: "Estou chegando, espere-me, já vou", e um momento depois: "Onde é que você está?". Um belo caso de telepatia. Ainda haveria depois muitos outros e quase não há família do início do século XX que não possua, em seu folclore, alguma história semelhante: um sonho terrível a certa hora da noite e sabe-se, em seguida, que no mesmo momento um ente querido morreu, ou quase morreu etc.

Para que a morte chegue, por um momento, a aparecer como uma ruptura absoluta, para que a crença na comunicação dos espíritos pudesse se expandir, foi preciso que as ideias correntes sobre a natureza do ser a isso se prestassem.

Foi preciso muito tempo para que a ideia popular do *homo totus,* corpo e alma, recuasse diante da ideia da alma separada do corpo e desembaraçada dele. A alma tornou-se, então, o princípio do ser, sua parte imortal. A difusão do túmulo de alma, no século XVII, pareceu-nos ser o sinal dos progressos da alma à custa do *homo totus.*[77]

Um episódio grave interrompeu essa evolução no século XVIII. O corpo tornou-se objeto de séria preocupação; um corpo considerado morto, mas de que não se sabia se a vida tinha realmente abandonado de todo. O embaraço de Heathcliff, hesitando entre a abertura do caixão e a comunicação com o espírito, expressa a ambiguidade dessa atitude. Do

---

76 Ibid., p.444.
77 Conferir *supra* Capítulo 5.

mesmo modo, veremos, no capítulo seguinte a importância do cemitério e do túmulo, então reconhecida. Alexandrine de La Ferronays não abre o caixão do marido, mas desce na tumba depois do enterro. É no cemitério que os antepassados dos espíritas, os primeiros autores americanos de livros de consolação, evocarão mais facilmente seus desaparecidos. Como se eles dormissem no cemitério e fossem despertar para responder aos apelos do ser vivo. O lugar do corpo seria, então, o domicílio favorito do espírito. Concepção que o espiritismo do século XX abandonará. Os mais convencidos da sobrevivência dos espíritos e da possibilidade de se comunicar com eles hoje só sentem, em geral, repulsa pelo *pourrissoir*, como chamam o cemitério. Como local de meditação e de evocação, preferem o quarto do desaparecido, mantido no mesmo estado. É que então foi fechado o grande parêntesis, aberto nos séculos XVII e XVIII, para a sobrevivência parcial do corpo, e os milagres dos mortos.

Mesmo assim, apesar desse episódio importante do retorno do corpo, a crença na autonomia do espírito, única parte imortal do ser, não cessou de crescer do século XVII ao XIX. É provável que, na França, tal crença se tenha expandido para o campo, pelas grandes missões católicas da primeira metade do século XIX, que ajudavam os párocos a ensinarem aos camponeses as verdades do catecismo e, entre elas, a existência da alma imortal. A alma do catecismo traçou o caminho dos "desencarnados".

Os desencarnados não são corpos de carne. Não obedecem às leis da gravidade. Mas também não constituem espíritos puros, que não podem ser ouvidos nem vistos. Chegam até a impressionar chapas fotográficas. São imaginados, mesmo quando não foram vistos, como formas cercadas por envoltório luminoso, deslizando no ar. Têm, portanto, seu próprio elemento físico, ainda desconhecido dos sábios. Seus traços são reconhecíveis, sem serem exatamente os do corpo abandonado à terra: durante a vida terrestre, estavam debaixo do corpo; sobrevivem-lhe. Dão a cada ser uma identidade visível, camuflada pela carne durante a vida terrestre, inalterável na eternidade.

Charlotte Brontë põe na boca de Helen Burns essa ideologia dos espíritos, sua porta-voz em *Jane Eyre*. Ela tem opiniões muito nítidas sobre a religião e a vida futura que não parecem coincidir com a ortodoxia protestante e nem mesmo se referem ao Cristo e aos Evangelhos. Helen está convencida da indignidade da carne. O pecado vem da carne e desaparecerá com ela. Permanecerá apenas *the spark of the spirit* [a centelha do espírito] (diz-se *spirit* – espírito – de preferência a *soul* – alma). A alma chega mesmo a ficar oposta ao corpo, elemento constitutivo do ser com o corpo e simultâneo a ele. A vida exige a reunião do corpo e da alma. Essa última se prende ainda um pouco à velha concepção do *homo totus*. O espírito, pelo contrário, tornou-se sozinho um ser inteiro. Preencheu a parte deixada pelo corpo. Corresponde à alma da escatologia cristã, mais um invólucro do corpo que não é completamente imaterial.

Para Helen, o espírito é "o princípio impalpável da vida e do pensamento". É puro como no momento de sua criação por Deus, antes que o pecado original o tenha reunido a uma carne. O espírito é a parte nobre do ser, a única que sobreviverá. Depois da morte, voltará às suas origens. Em Helen Burns, e, sem dúvida, em Charlotte Brontë, não subsiste qualquer receio do Inferno, como também ocorre com os La Ferronays, o que é surpreendente tanto na Inglaterra puritana como na França e na Itália, submetidas às provações da Contrarreforma. "Isso faz da eternidade um repouso [*rest*], uma casa eterna e inalterável [*mighty home*], e não um abismo de terror."

Helen confessa uma confiança absoluta no Além de felicidade que ela espera e lhe permite suportar pacificamente a injustiça e perseguição aqui na Terra. Jamais, ouso dizer, a resignação foi mais ativa, jamais o cristianismo deu ênfase com tal insistência ao dever da passividade: na Idade Média e nos tempos modernos procurava compensar a resignação das vítimas pela instituição de retiros caridosos que podiam ser abrigos. Charlotte Brontë, na medida em que coincide com Helen Burns, já não imagina qualquer abrandamento terreno. Essas ideias não são excepcionais; foram bastante divulgadas para provocar revoltas e denúncias.[78]

O Paraíso de Helen Burns assemelha-se ao dos livros de consolação americanos, com menos ingenuidade e mais verossimilhança. Ele é "um mundo invisível, reino dos espíritos". "Este mundo está em torno de nós, porque

---

78 Brontë, *Jane Eyre*, op. cit.

está em toda a parte." Deus importa ali menos que os próprios espíritos, "esses espíritos nos protegem, pois têm a missão de nos proteger".

Os textos franceses, ingleses e americanos são suficientemente claros para nos permitirem compreender como todas as condições estavam reunidas para o desenvolvimento do espiritismo.

A Igreja romana resistiu tanto quanto pôde a essa invasão do Além. Nem mesmo tentou canalizá-la para devoções cuja ortodoxia era comprovada. Sem dúvida, muitos católicos morriam, como os La Ferronays, com a convicção de que iriam encontrar, no Céu, os que amaram e veneraram na terra. Santa Teresa de Lisieux tinha grade esperança de encontrar, no Paraíso, uma reconstituição exata dos Buissonnets, com seus habitantes, suas lembranças e todas as cores encantadoras de sua infância. Mas os clérigos permaneceram em geral muito discretos; nada fizeram para estimular esses sentimentos e se limitaram às orações pelas almas do Purgatório, o que se tornou então uma espécie de devoção muito difundia e popular, a que voltaremos mais adiante.

Nem essas devoções, nem o exemplo dos místicos foram suficientes para apaziguar a angústia das separações. Muitos se afastaram da escatologia clássica e empreenderam constituir, por vezes nas igrejas, mas em geral fora delas, e às vezes contra elas, um vasto sistema de conhecimento da sobrevivência e da prática das comunicações com o Além — em resumo, o espiritismo.

Valho-me de Maurice Lanoire para este resumo claro da evolução das ideias neste domínio, durante a segunda metade do século XIX:

> Em 1848, na fazenda Fox, no Estado de Nova York, as primeiras mesas começaram a se mover, manifestações onde se reconhece, em geral, o ato de nascimento do espiritismo moderno. Um antigo ministro de Luís Felipe, protestante, o conde Agénor de Gasparin, não receou publicar uma obra fortemente documentada, para certificar a realidade desses fenômenos prodigiosos. Vitor Hugo, iniciado por Madame Girardin, no ano de 1852, em Jersey, tornou-se fervoroso adepto quando Leopoldina lhe manifestou sua presença.[79]

---

79 Lanoire, *Réflexions sur la survie.*

O homem diante da morte

Foi também em meados do século XIX que viveu na França Léon Denizard Rivail, que adotou a denominação, de ressonância céltica, de Allan Kardec, quando se tornou espírita em 1854: "teórico da nova revelação, à qual deu caráter religioso". Allan Kardec recebeu as confidências de tudo o que tinha valor no mundo do outro lado, Camille Flammarion tomou a palavra por ocasião das exéquias de Kardec, em 1868. Ainda hoje, seu túmulo, recentemente reformado, é objeto de culto. Está sempre coberto de flores. Peregrinos ali rezam com uma mão pousada no monumento, para recolher dele os fluidos sagrados como num relicário de santo. Num fim de tarde, quando visitava o Père-Lachaise, no momento em que fechavam o cemitério, uma jovem chegou correndo, pedindo que a deixassem passar apesar da hora tardia: queria apenas ir até o túmulo de Allan Kardec; visivelmente, essa visita não podia esperar.

O aspecto religioso que prevaleceu de início não desapareceu – pode-se reconhecê-lo no interesse que, por exemplo, Gabriel Marcel demonstrou por esses fenômenos –, mas recuou em favor de uma abordagem que se considera científica. O espiritismo, de início uma religião de sobrevivência, um enxerto de uma religião de salvação como o cristianismo, tendeu então a se secularizar. "Em 1852", continua Maurice Lanoire, de quem eu tomo essa informação histórica:

Edmund White Benson, que deveria se tornar arcebispo anglicano de Westminster, fundou em Cambridge a *Ghost Society* [Sociedade dos Fantasmas], a fim de estudar os fenômenos supranormais com espírito isento de qualquer postulado religioso ou espírita, e segundo métodos rigorosamente científicos. Essa sociedade de fantasmas transformou-se na *Dialectical Society* [Sociedade dialética], e depois, em 1882, tomou seu nome definitivo, pelo qual ela é hoje conhecida no mundo inteiro. *Society for Psychical Research* [Sociedade de pesquisa psíquica], ou mais comumente SPR [...]. Assim se encontrava, dali por diante, bem traçada a demarcação entre o espiritismo propriamente dito [origens religiosas] e a nova ciência que Charles Richet [célebre médico francês], cerca de vinte anos depois, devia batizar de metapsíquica e que hoje é de preferência chamada parapsicologia.

Uma ciência agnóstica dos fenômenos denominados supranormais, que se afastam das preocupações escatológicas, e não se propunha mais à exploração do Paraíso. Apesar de tal secularização, o sentimento da morte ultrapassada e a espera das reuniões felizes, que lhe seguirão, não deixaram de alimentar essa pesquisa: o próprio Charles Richet, em seu trabalho sobre premonição, cita um caso bem semelhante aos que já encontramos, acima, na literatura de consolação americana, o de uma menina com 3 anos e 3 meses de idade:

> Um mês depois da morte de uma tia que a adorava, ela ia à janela e olhava fixamente dizendo: "Mamãe, olha a minha tia Lili que me chama", e isso se repetiu várias vezes. Três meses depois, a menina ficou doente e dizia à sua mãe: "Não chore, mamãe, minha tia Lili me chama. Como é lindo! Os anjos estão em volta dela!" A pobre criança morreu quatro meses e meio depois da tia.

E a reflexão conduz o médico metapsíquico às maravilhas da morte:

> Por mais que apele para o meu racionalismo, parece-me impossível negar que no momento da morte, anunciando essa morte, existem entes sobrenaturais, fantasmas com alguma realidade objetiva que estejam presentes. É verdade que esses fantasmas só são vistos por uma criança e não pelas outras pessoas presentes. [Nos documentos americanos reunidos por Ann Douglas, trata-se também, quase sempre, de crianças. De fato, na burguesia do século XIX, a morte de criança torna-se a menos tolerável das mortes.] Mas nada existe de absurdo em supor que crianças, numa espécie de transe agônico – espírita, se assim se quiser – possam perceber seres que os outros assistentes não veem.

Assim, o ilustrador da bela morte dos séculos XIX e XX enche o quarto do moribundo de parentes e amigos desencarnados, vindos do outro mundo para assisti-lo e guiá-lo em sua primeira migração. Comparemos essas ilustrações com as gravuras das *artes moriendi* do século XV e mesmo do *Miroir de l'âme pécheresse* do século XVIII, e avaliemos toda a revolução sentimental e psicológica que interveio nesse intervalo.

O homem diante da morte

As joias-lembranças

Nem todo o mundo foi espírita, nem todo o mundo foi tão longe nas representações da sobrevivência, como os espíritas ou paraespíritas americanos e ingleses; nem todo o mundo participou da exaltação dos La Ferronays. Mas não existe, sem dúvida, quase ninguém do século XIX que não tenha sido, mais cedo ou mais tarde, tocado pelo sentimento novo da intolerância à morte do outro, e que não o tenha manifestado.

Veremos, agora, alguns testemunhos mais discretos e mais indiretos dessa mentalidade de época.

Existe no Museu Victoria and Albert, em Londres, uma notável coleção de joias. Uma vitrine reagrupa as que, entre elas, têm uma intenção fúnebre ou comemorativa. Essa coleção, que vai do fim do século XVI ao fim do século XIX, permite seguir uma evolução em que se parte do *memento mori* para terminar na "lembrança". O objeto mais antigo, da época elisabetana, é um pequeno caixão de ouro do tamanho de uma tabaqueira que contém um esqueleto de prata. É um *memento mori* portátil, mas um tanto incômodo. Seu aspecto convidava à meditação. Estava perfeitamente de acordo com a tradição dos tratados de preparação para a morte.

Vemos em seguida, já não um objeto portátil pesado, mas uma verdadeira joia, como todos os outros documentos da série. É um pingente de 1703, que representa um caixão diminuto de ouro que contém *cabelos*. Na tampa está gravada uma inscrição minúscula: *P. B. obiit ye 1703 Aged 54 ye.*

Num século, o mesmo caixão passou de um uso a outro, sem mudar de forma, mas se miniaturizando. No primeiro caso guardava um esqueleto e servia para lembrar a condição mortal; no segundo caso contém cabelos de um ser querido e morto, e serve para fixar-lhe a lembrança, bem como para conservar um fragmento de seu corpo. Esse primeiro tipo de lembrança é, pois, um *memento mori,* em que se substituiu o esqueleto por um cacho de cabelos: o *memento mori* tornou-se *memento illius.*

Outra miniatura da mesma época, por volta de 1700, apresenta ainda, como a precedente, a mesma relação dupla. Representa um túmulo de dois andares. Embaixo, uma laje de pedra, sobre a qual um esqueleto está deitado à maneira do jazente: acima, dois anjos levam ao céu um medalhão onde, por falta de lugar, iniciais substituem o retrato. O fundo é feito de uma tessitura de cabelos humanos. O esqueleto pertence, ainda, ao *memento mori;* todo o resto, ao *memento illius.*

Essas duas joias, que datam do início do século XVIII, são únicas no gênero. Ao contrário, durante o século XVIII, grande número de joias repetem, com pequenas variações, o seguinte modelo: trata-se também de um túmulo em miniatura, não mais um túmulo de igreja, um monumento macabro, inspirador do *contemptus mundi,* mas uma cena em torno de um túmulo na natureza: uma estela ou uma urna funerária à moda antiga, e ao lado uma mulher em lágrimas, por vezes acompanhada de uma criança, outras vezes por um cãozinho. Acima, a folhagem de um choupo chorão. Reconhece-se uma *mourning picture,* reduzida às dimensões de uma miniatura. O fundo e algumas linhas da paisagem são feitos com cabelos.

Portanto, o tema ainda é o caixão, mas este mudou de aparência e de função. É um momento comemorativo, que se vai visitar como se visita um amigo vivo no campo. A lembrança do defunto substituiu completamente o temor da morte e o convite à conversão. Uma dessas joias, datada de 1780, traz a seguinte inscrição: *"May Saints embrace thee with a love like mine"* [Que os santos a abracem com um amor igual ao meu].

No século XIX, a representação do túmulo, que durou mais de um século, desaparece. A joia passa a ser um simples medalhão, que contém, muito frequentemente, um retrato e, sempre, um ou dois caracóis de cabelos. Quando só há um, é o de um ente querido, vivo ou morto. Quando há dois, sua reunião é o símbolo do apego de dois seres amados em vida e além da morte. Os cabelos também servem para fazer pulseiras e anéis. Por si só, cabelo é o suporte da lembrança.

No final desse processo, já não é o tema da morte (caixão, túmulo) que se quer ilustrar, nem o da morte de um ser querido; a própria morte foi de certo modo abrandada e persiste apenas um substituto do corpo, um fragmento incorruptível.

O homem diante da morte

As almas do Purgatório

O apego ao outro, além da morte, transparece numa outra série de documentos, os retábulos das almas do Purgatório, isto é, nas novas formas tomadas pela devoção às almas do Purgatório desde o final do século XVII. É um rito católico, já que, como se sabe, a recusa dessa devoção foi a origem da ruptura de Lutero com Roma, as ortodoxias protestantes recusando aos vivos de intervir em favor dos mortos, cuja sorte só depende da onipotência de Deus. É verdade que a razão da intervenção humana, no final da Idade Média, já não era a mesma que no século XIX romântico. No final da Idade Média, tratava-se de si mesmo, de forçar por si só a mão de Deus, e de assegurar a própria salvação por uma capitalização de orações e de obras, as indulgências. Em seguida, a intervenção passou a ser cada vez mais pelos outros. Tornou-se, durante o curso do século XVIII e principalmente no século XIX, uma ocasião de prolongar, além da morte, a solicitude e as afeições da vida terrestre.

Apesar da interdição de rezar por seus mortos, imposta aos fiéis das Igrejas protestantes a partir do século XVIII, uma nova sensibilidade não permitia mais que eles fossem abandonados a um destino desconhecido e temível. Como não se tratava de repor em causa as opiniões dos reformadores e de voltar às superstições do papismo, chegou-se a contornar o obstáculo teológico e a proceder como se não houvesse predestinação, julgamento ou condenação: não havia motivo para rezar, já que não havia risco. Mas talvez também se tenha sido levado a pensar que não havia riscos, porque não se podia intervir. A morte de Helen Burns, em *Jane Eyre* de Charlotte Brontë, passava a ser uma simples passagem para um mundo melhor, isto é, para a casa feliz onde iremos, chegado o dia, reencontrar nossos desaparecidos e de onde eles nos vêm visitar.

A ausência de Purgatório e a impossibilidade de se interceder em favor dos defuntos aceleraram a evolução psicológica que tendia a reduzir e irrevocabilidade da morte e a aproximar vivos e mortos. Esses últimos se tornaram pseudovivos, desencarnados. Essa é uma das razões, sem dúvida, que explicam por que os países protestantes forneceram terreno mais favorável do que os católicos, ao desenvolvimento do espiritismo e das comunicações entre os vivos e os mortos.

A Igreja católica, ao contrário, pelo fato de ter desde muito tempo organizado uma troca de bens espirituais entre a Terra, o Céu e o Purgatório, ficou tentada a manter as relações entre os dois mundos nos mesmos limites dessa troca autorizada, e se opôs a qualquer outra forma de comunicação, salvo ao culto da lembrança e do túmulo, que estudaremos no capítulo seguinte. É, pois, dentro das devoções tradicionais pelas almas do Purgatório que se manifestaram as novas correntes de sensibilidade, a solicitude pelos desaparecidos.

A crença em um lugar de Purgatório é muito antiga entre os padres da Igreja, entre os teólogos da Idade Média como São Tomás, ou entre os *litterati* como Dante. Em compensação, a religião popular não a recebia com a mesma simplicidade. Observam-se, nessa atitude, dois aspectos quase contraditórios.

O primeiro é a raridade das alusões ou das referências ao Purgatório: não se fala disso até o século XVII; não pertence à piedade familiar. O testador a ignora completamente até meados do século XVII; só conhece a Corte celeste ou o Inferno. Retomando os termos do *Subvenite* ou do *In Paradisum*, espera que a Corte celeste o acolha depois da morte. A palavra Purgatório está ausente do *Credo*, do *Confiteor*, da liturgia dos defuntos.

Quando a palavra e a ideia de Purgatório aparecem nos testamentos, é simplesmente como uma antecâmara do céu. Assim, em 1657, um testador reza a Deus "que me dê depois da morte a *entrada no Purgatório* para ali lavar no fogo todas as máculas que não tiver apagado nesta vida pecadora pelas minhas lágrimas e indulgências sagradas da Igreja, e *de me fazer passar ao Paraíso*".[80]

O segundo aspecto está mais de acordo com a doutrina oficial: no momento da morte, o jogo ainda não está feito; existe um período intermediário entre a morte e a decisão final, durante o qual tudo pode ser salvo. Pensou-se durante muito tempo, como vimos, que esse período era o da espera em repouso. Mas acontecia que o repouso era recusado a

---

80 AN, MC, LXXV, 95 (1657).

alguns. Esses vinham reclamar a ajuda dos vivos, sob a forma de orações de missas que lhes permitiriam escapar ao fogo do Inferno. Em resumo, admitiam-se dois estados: o repouso ou a condenação. Em certos casos, Deus suspendia a condenação, e cabia então ao condenado, em *sursis,* solicitar orações a seu favor e expiar pelo maldito estado de errante ou por suplícios mais definidos. Essa concepção liga-se, ao mesmo tempo, às velhas ideias pagãs das almas do outro mundo não pacificadas e à doutrinas oficial da Igreja da expiação. O Purgatório tem, então, um caráter de exceção, reservado a casos duvidosos. Pelo contrário, irá se tornar, depois da Contrarreforma, uma fase normal e necessária da migração da alma. Por conseguinte, o período intermediário de repouso já não existe e não mais se passa – salvo em caso de santidade excepcional e imprevisível – diretamente da Terra ao Céu.

Contudo, mesmo quando essa concepção eclesiástica do Purgatório se impôs, subsistiram por muito tempo vestígios das antigas imagens populares, tal como explica Gilbert Grimaud:

> Eis, portanto, a situação habitual do Purgatório [um lugar de sofrimento ao lado do Inferno e do Paraíso e, como um e outro, elemento permanente e constitutivo "da ordem que Deus estabeleceu para governar o mundo"]... Contudo, por vezes, para maior bem dos homens [...] Ele faz coisas extraordinárias, do mesmo modo como para o Purgatório das almas, Deus não se restringe de tal modo a esse lugar determinado a ponto de, quando julga necessário, escolhe outros lugares para o mesmo efeito.

Esses casos extraordinários eram os antigos "pseudopurgatórios" da Idade Média. "Existem alguns, conferidos por Deus em diversos lugares da Terra, como bem lhe parece." E eis aqui um exemplo relatado, segundo Grimaud, por Thomas de Champré, "que ele garante ter sabido de um bispo, personagem muito importante".

> Ele disse que havia para o lado dos Alpes um gentil-homem dado a toda espécie de vícios e mesmo ao furto; o qual, estando um dia nas caçadas com outras pessoas nessas montanhas, correndo atrás de um veado, encontrara-se

só num lugar extraordinariamente selvagem. Corre de um lado para outro e escuta durante algum tempo. Finalmente ouve o latido de dois de seus cães no cimo da montanha. Sobe até lá como pode; ali chegando vê-se numa linda planície e, diante de seu cão, um homem de boa aparência, porém coberto de ferimentos, deitado por terra, tendo dos dois lados grandes maças de ferro. Ficou espantado e tomado de pânico com esse espetáculo. Mas, controlando-se, perguntou ao homem se ele estava ali da parte de Deus e o conjurou a dizer quem ele era e o que fazia ali. O homem deitado disse que estava ali por ordem de Deus, para fazer penitência de seus pecados, e acrescentou as seguintes palavras: "Fui soldado no tempo das guerras entre Felipe, rei da França, e Ricardo, rei da Inglaterra. Quando os ingleses se lançaram no Poitou e na Gasconha, eu carregava as armas, entregando-me a toda espécie de violências, assassinatos, roubos, imundícies sem a menor restrição. Nessa mesma ocasião vi-me atingido por uma forte febre e como as minhas forças diminuíam, falaram-me para me confessar e receber os sacramentos, mas em vão [...]. Enfim, faltando-me subitamente a palavra por um ato da bondade infinita de Deus, sinto a minha alma completamente mudada [reconhece--se a conversão *in extremis* das mais antigas *artes moriendi*, tornada suspeita aos moralistas do século XVII]. Eis-me agora nas dores e nos desprazeres [da penitência]. Nesses sentimentos entreguei a alma a Deus e fui imediatamente entregue a dois demônios que estão ao meu lado, com essas duas maças de ferro que vedes aí, para ser atormentado por *eles até o dia do julgamento* [o período de repouso é substituído pelo suplício]; fazem-me rolar pelos precipícios e pelos espinheiros a grandes golpes de maça. A única coisa que me consola é que finalmente esses tormentos cessarão".[81]

Mas, pouco a pouco, o lugar fixo e organizado substituirá completamente os suplícios excepcionais, infligidos a almas do outro mundo em alguns lugares malditos da Terra. Ao mesmo tempo, as relações autorizadas entre os vivos e as almas vão passar por mudanças sutis que anunciam a época romântica, acrescenta-se um dever de caridade coletiva em relação à massa desconhecida das almas sofredoras. Nos testamentos, a esmola

---

81 Grimaud. In: Barthélémy, *Liturgie sacrée*, t.5, p.290.

O homem diante da morte

impessoal e coletiva tornou-se habitual tanto para as almas, como para os "pobres envergonhados": "Quero e ordeno que logo depois da minha morte [...] digam-se cem missas comuns, sendo oitenta por intenção e pela remissão de meus pecados". A medida é boa e a formulação clássica. "E vinte para a liberação das almas do Purgatório".[82]

Contudo, a mudança mais significativa é revelada pela iconografia, tal como foi estudada por M. e G. Vovelle.[83]

Do século XVII ao início do século XX, as orações pelas almas do Purgatório passam a ser a devoção mais disseminada e popular da Igreja católica. Em todas as igrejas bastante grandes para poderem ter vários altares, reservava-se uma capela para essa devoção, muitas vezes mantida por uma irmandade especializada. O altar é encimado por um quadro que representa, em toda a parte, praticamente a mesma cena que se encontra em Viena, Paris, Roma, na Provence e, certamente, no México: embaixo, as almas queimam-se em meio às chamas, os olhos levantados para o Paraíso de onde virá a liberação; em cima abre-se o céu, tendo de um lado o Cristo ou a Virgem com o menino Jesus, e de outro um ou dois santos intercessores, escolhidos principalmente entre os mais populares: Santa Ágata com os seios cortados, mas principalmente os santos mendicantes, famosos fundadores das grandes devoções e frutuosas indulgências, São Domingos e seu rosário, São Simão Stock e seu escapulário, São Francisco cuja corda permite içar algum monge confiante ou um laico que teve a preocupação de se filiar à ordem terceira. E, finalmente, o último grupo é o dos anjos que trazem alguma consolação, água fresca de um regador para aqueles cuja hora ainda não chegou, e que levam ao Paraíso aqueles cujo tempo de prova terminou.

Encontra-se, ainda, essa mesma iconografia em muitos vitrais do final do século XIX. A mudança mais interessante é a que se refere ao grupo das almas ardentes. No início (por exemplo, em Viena), essas almas estavam de acordo com a representação dos Juízos Finais: nuas, simbólicas e sem individualidade; uma multidão anônima. Mas, em pouco tempo,

---

82 AN, MC, LXXV, 94 (1657).

83 Vovelle, Vision de la mort... op. cit.

vão se transformar em retratos, ou aparentarão traços de semelhança. Desde 1643, em Aix-en-Provence, o pintor Daret ali colocou seu filho, mostrando assim que tinha confiança na salvação dele e que o propunha às orações dos fiéis. No início do século XIX, as almas que ardiam eram soberbos barbudos com longas suíças, como se encontravam nos bares de *Barrières* [portões] da cidade, as mulheres trazendo os cabelos em caracóis à inglesa, como se viam na Ópera. Qualquer um podia reconhecer um parente, esposo, filho. Nos séculos XVIII e XIX, o grupo das almas não ilustra uma lição de catecismo, nem lembra uma ameaça; designa os desaparecidos que o afeto dos sobreviventes não abandonara, acompanhando-os com suas orações e esperando encontrá-los no céu. Essa solicitude é admitida e estimulada pela Igreja. Se as doçuras espíritas da reunião futura não receberam da Igreja o mesmo apoio oficial, elas não estão porém ausentes; é assim que a pátria celeste de Fénelon já anuncia bem a dos La Ferronays e se lhe assemelha: "Haverá uma pátria da qual nos aproximamos todos os dias e *que nos reunirá todos* [o grifo é meu]... Os que morrem só estão [...] ausentes por alguns anos e talvez meses". "Sua perda" é só "aparente."[84]

Todavia, em certas tradições populares meridionais, as almas do Purgatório conservaram, do século XVII até os nossos dias, o anonimato dos Juízos Finais medievais e a escrupulosa reciprocidade das trocas de serviços entre o Além e a Terra, própria dos antigos testamentos. Na Igreja de Santa Maria delle Anime del Purgatorio, em Nápoles, datada de meados do século XVII, cada um pode escolher um crânio qualquer apanhado do carneiro, e lhe votar um culto numa cripta transformada em capela ardente: visitam-no, periodicamente, para manutenção das velas e recitação de orações. Esperam que o desconhecido, assim favorecido, seja rapidamente liberado do Purgatório; então, em sua nova morada celeste, ele poderá, um dia, retribuir ao seu benfeitor com o mesmo favor: *do ut des*. A devoção de tipo moderno às almas do Purgatório acomoda-se aqui com um individualismo medieval e renascentista, que foi de modo geral substituído, no século XIX, pelo amor de um ser muito querido neste mundo e no outro.

---

84 Fénelon, *Lettres spirituelles*, n.224, apud Jankélévitch, op. cit.

Desde o século XVII, a solicitude pelos desaparecidos estava associada a outra devoção popular, a da boa morte, na mesma capela ou em capela vizinha. A boa morte era a de São José, da Virgem, ou de Santa Ana, talvez mesmo das duas últimas ao mesmo tempo, o que permitia ao pintor barroco reunir à cabeceira das santas ilustres, de rosto exaltado e corpo já cadavérico, uma multidão patética. A morte de São José era mais calma.

No final do século XIX, a iconografia das almas do Purgatório sofreu a repercussão da invasão espírita. Em grandes quadros da arte acadêmica (como na catedral de Toulouse), a alma é transformada em espírito, um desencarnado cujo corpo astral flutua nos ares. Casos talvez mais curiosos do que exemplares. Em geral, porém, a iconografia, embora continuando a mesma, perdeu então a vontade de personalizar os supliciados. Nos vitrais neogóticos do século XIX, volta-se ao simbolismo simplificado das origens, à lição de catecismo.

Acontece que a personalização do defunto tinha então encontrado outros meios mais delicados de se expressar. Na burguesia francesa do início do século XX, implantou-se o hábito de difundir, entre a família e os amigos, imagens impressas compostas de um retrato do defunto (uma fotografia colada), pequena nota biográfica e citações piedosas à maneira de inscrições fúnebres — em resumo, um "túmulo". Com um século de intervalo, esse impresso tinha um nome: *memento*. No século XIX, *memento* já não significa *memento mori*, mas *memento illius*; traduz-se em francês por: "*Souvenez-vous* [lembrai-vos] nas vossas orações de...".

A feiticeira de Michelet

Com o tema das almas do Purgatório vimos como uma devoção de origem individualista (para si) se tornou altruísta (para ti). Foi uma consequência do progresso da afetividade.

Interpretando a feitiçaria medieval, Michelet a utilizou instintivamente no mesmo sentido afetivo: ele transforma uma prática de captação do poder, da riqueza e do conhecimento num meio de fazer voltar os desaparecidos cuja ausência é demasiadamente lastimada.

Nas antigas realidades, quando os feiticeiros evocavam os mortos o faziam para arrancar-lhes os segredos do futuro. Se eles reviravam cadáveres, faziam-no para deles extrair propriedades. Michelet vai dar à bruxaria um objetivo que não existia no tempo dos verdadeiros feiticeiros, estranhos ao mundo da feitiçaria tradicional, mas que não era senão a dos espíritas americanos do século XIX. O anacronismo ingênuo impressiona o leitor de hoje – bendito anacronismo que nos ensina pouca coisa sobre os feiticeiros, mas muita sobre Michelet e seu tempo!

Michelet imagina que o homem da Idade Média pede à feiticeira que lhe restitua "por uma hora, um momento, [...] esses mortos amados que nós te emprestamos [a ti, a natureza]".[85]

Atribui-lhe, por sua vez, a própria intolerância para com o esquecimento dos mortos: "É preciso que nossos mortos estejam bem cativos para não me darem qualquer sinal. E eu, como farei para ser ouvido por eles? Como, meu pai, para quem fui único e que me amou tão violentamente, como não vem a mim?" Medo do Inferno? Mas bastaria, para preservá-los do Inferno, recorrer ao Tesouro da Igreja, às indulgências, às intercessões. Eis aí bem clara a diferença entre a piedade católica para com os defuntos ou a devoção às almas do Purgatório, e as práticas dos espíritas do século XIX; esses, como os homens da Idade Média de Michelet, não querem esperar; querem rever seus mortos imediatamente. Para alguns que têm poderes suficientes, não é preciso magia:

> Os mais calmos, os mais ocupados, por mais distraídos que sejam pelos conflitos da vida, têm momentos estranhos. Na manhã escura brumosa, à noite que vem tão depressa nos engolir com sua sombra, dez anos, vinte anos depois, não sei que fracas vozes nos sobem ao coração: "Bom-dia, amigo, somos nós... Não sofres muito por nos ter perdido, e sabes passar sem nós. [A censura mais cruel da parte dos mortos. 'Os mortos, os pobres mortos, têm grandes dores', dirá Baudelaire; sofrem pelo esquecimento dos vivos.] Mas nós, não sofremos por ti, nunca... A casa que foi nossa está cheia e nós a bendizemos. Tudo está bem, tudo está melhor do que no tempo em que teu

---

85 Michelet, *La Sorciére*, p.33.

pai te falava, no tempo em que tua filhinha te dizia, por sua vez: Meu papai, carrega-me! Mas estás chorando. Basta. Até à vista".[86]

"Infelizmente, eles partiram! Doce e moribunda lamentação. Justa? Não, prefiro esquecer a mim mesmo mil vezes a esquecê-los." Mas o esquecimento vem forçosamente, com a erosão inevitável do tempo. Para evitá-lo ou adiá-lo, Heathcliff reabriu o caixão da bem-amada; outros, na Idade Média imaginada por Michelet, recorriam aos feiticeiros:

E, no entanto, por mais que custe, não se pode deixar de dizer, certas linhas escapam, já são menos sensíveis, certas linhas do rosto não estão apagadas mas obscurecidas, empalidecidas. Sensação penosa, amarga, humilhante, de se sentir tão fugidio, tão fraco... Restituí-me delas, eu vos peço, faço questão demais dessa rica fonte de lágrimas. Retraçai-me, eu vos peço, essas efígies tão caras... Se pelo menos pudésseis me fazer sonhar com elas à noite...

Intervém, então, a feiticeira. Ela fez o pacto com Satanás, que é o "rei dos mortos". Ela sabe fazê-los reviver, Satanás tem pena, a Igreja não. "A evocação dos mortos continua expressamente proibida." "A própria Virgem, ideal da graça, não responde a essa necessidade do coração." Hoje ainda ouvi a mesma queixa contra a Igreja, indiferente à tristeza sem fundo dos enlutados. Satanás tem melhor coração. É porque ele "tem alguma coisa do velho Plutão [...], concedendo aos mortos retornos e aos vivos rever os mortos". Ele "saiu a seu pai ou avô Osíris, o pastor das almas". Na Idade Média de Michelet, isto é, no século XIX romântico,

o inferno oficial e as caldeiras ferventes são confessados oralmente [e é verdade que eles quase não têm lugar na religião vivida dos La Ferronays]. No fundo será que acreditam? Também, apesar das proibições da Igreja, os maridos e os amantes voltam à cama de suas mulheres. A viúva torna a vestir à noite seu vestido de noiva, no domingo, e o espírito volta para consolá-la.

---

86 Ibid., p.93-5.

O desaparecimento das cláusulas piedosas nos testamentos

Um último fato merece ser comparado ao que precede: o desaparecimento, por volta de meados do século XVIII, das cláusulas piedosas nos testamentos: escolha da sepultura, fundações piedosas, intenções particulares etc. É um fenômeno considerável. Em dois decênios, no espaço de aproximadamente uma geração, o modelo de testamento, que quase não mudara durante três séculos, foi completamente alterado.

Minhas sondagens no arquivo central de atos antigos sugeriram-me classificar os testamentos parisienses da segunda metade do século XVIII e do início do século XIX em quatro categorias. A *primeira* categoria, ainda volumosa em meados do século XVIII, e que irá diminuindo, está de acordo com o modelo tradicional dos séculos XVI e XVII: esse sobreviveu a si mesmo.

A *segunda* categoria é uma abreviação, uma simplificação da primeira. O preâmbulo religioso é mantido de forma resumida, reduzido por vezes a muito pouca coisa. Subsiste, porém. "Recomendo minha alma a Deus e suplico à sua Divina Majestade que me perdoe os pecados."[87]

Às vezes, omite-se o preâmbulo, mas se conserva a instrução relativa ao serviço: "a qual, à vista da morte, depois de ter recomendado a alma a Deus, fez seu testamento [...]. Encarrego meu filho de meus funerais, que desejo sejam feitos com a maior simplicidade e que seja dita apenas uma missa cantada com meu corpo presente."[88] A abreviação traduz um desejo de simplicidade nos funerais.

Na *terceira* categoria, já não se dá qualquer instrução particular. O testador afirma seu desejo de simplicidade, não entra em detalhe algum e, sobretudo, louva-se completamente no herdeiro, um parente próximo, que lhe serve de executor testamenteiro. O sentimento que domina é a confiança do testador em seus herdeiros, em sua família.

A associação entre o desejo de simplicidade nos funerais e a decisão de se louvar no executor testamenteiro é antiga. Encontramo-la nos

---

87 AN, MC, LXXV, 987 (1811).
88 AN, MC, CXIX, 355 (1774).

testamentos desde o século XV. Mas, então, a insistência era colocada antes sobre a afetação da simplicidade: "que meu executor faça como quiser, sempre será bom o suficiente, a coisa não me interessa. Tenho coisas mais importantes a fazer para a minha alma." Nos séculos XVIII e XIX, a razão é diferente. A simplicidade é sem dúvida mais frequente, a ponto de se tornar convencional, mas o acento se deslocou para a confiança afetuosa nos sobreviventes. "Louvo-me na prudência de meus filhos" (família de vinhateiro, mestre feirante, 1778). "Para meus funerais e *orações* à *piedade*, louvo-me na minha irmã" (uma costureira de roupa branca, 1778).[89] Essa é a categoria mais numerosa na segunda metade do século XVIII.

A *quarta* categoria agrupa os testamentos em que toda alusão de natureza religiosa desapareceu. Não é rara no final do século XVIII, tornando-se cada vez mais frequente no início do século XIX, a ponto de constituir o testamento típico do século XIX. Fica-se tentado a interpretá-lo, segundo M. Vovelle, como um abandono das crenças religiosas, um progresso da descristianização. Tem, contudo, outras causas, pois não é raro encontrar nessa categoria, desde os anos 1770, testadores que compreendem religiosos entre os herdeiros ou seus legatários.[90]

Comparando-se as duas últimas categorias de testamento, percebe-se que, na categoria 3, o testador expressou sua confiança no herdeiro; na categoria 4, não a expressou. É a única diferença. Renunciou a formular essa confiança, seja porque já não a sentia, hipótese que contraria tudo o que sabemos por outro lado, seja porque não era necessário dizê-lo, tanto ela era evidente. Aconteceu por volta de meados do século XIX, época de inflação sentimental no interior da família, um homem ou uma mulher sentir necessidade de expressar mais solenemente sua afeição. Eles o fizeram, por vezes, com o auxílio tradicional e, desde então, arcaizante do testamento hológrafo, registrado perante tabelião: esse foi, por vezes, o caso de famílias aristocráticas, de que está aqui um exemplo, dado pelo testamento da condessa Molé, em 1844:

---

89 Ibid. (1778).
90 Ibid. (1775).

Peço que meus despojos sejam enterrados perto dos de minha filha querida e que se gravem estas palavras na minha pedra: "Enterrada, segundo seu desejo, perto de sua filha". Deixo à minha filha um retrato de minha mãe pintada por Madame Le Brun. Deixo-lhe o que tenho de mais precioso no mundo, um cofrinho de madeira escura que trazia sempre comigo e que pertencia a Elizabeth. Contém as cartas que ela me escreveu, seu retrato esboçado por ela e vários papéis escritos por sua mão. Também desejo que se lhe remeta um grande cofre de madeira de limoeiro que contém todas as cartas das minhas amigas escritas em diversas épocas da minha vida. Ela conservará as que lhe puderem proporcionar algum interesse e queimará as que julgar que não deva guardar. *Minha confiança nela é total* [o grifo é meu]. Deixo-lhe a minha *nécessaire* [estojo de mão para toalete] que me foi dada por meu cunhado, seu padrinho.[91]

Em geral, no século XIX, essas instruções não eram dadas num testamento. Quando escritas, o que nem sempre era o mais frequente, eram confiados a uma carta ou a uma nota pessoal, fora do testamento. Tenho um exemplo desse uso em meus próprios papéis de família. Minha bisavó morreu em 1907. Suas "últimas vontades" estavam fechadas num envelope dirigido a seu único filho (deixava quatro filhas e um filho). Esse envelope continha três documentos: 1. O testamento, que limitava a distribuição entre seus filhos de seus bens móveis e imóveis (um testamento da categoria 4, sem qualquer alusão religiosa ou sentimental; um instrumento legal); 2. Uma nota onde dava instruções relativas à sua sepultura, funerais, serviços religiosos e esmolas; 3. Uma carta para o filho, onde explicava algumas de suas decisões e, de maneira geral, expressava sua afeição, expunha os princípios da religião e moralidade dos quais fazia questão e que desejava que os filhos mantivessem.

No século XVII, esses três documentos estariam reunidos num único testamento. Na maioria dos casos, as instruções e as recomendações pessoais que não se referissem a bens de valor, mas lembranças, mensagens

---

91 AN, MC, XII, 635 (1844).

morais e sentimentais, eram dali por diante oralmente comunicadas. Um pouco antes de sua morte, Madame de La Ferronays as transmitiu à filha Pauline. Portanto, do testamento só restou a instrução legal de que o notário teria necessidade para a sucessão; aliás, o testamento em si tornou-se muito menos frequente do que nos séculos XVII e XVIII.

Por essa razão, suponho que a mudança do testamento, na segunda metade do século XVIII, se devia à nova natureza dos sentimentos entre o testador e os herdeiros. Outrora, esses sentimentos eram antes de desconfiança. Passaram a ser confiantes. As relações de afeição substituíram as de direito. Parecia intolerável tornar contratuais as trocas entre seres ligados por uma afeição mútua numa e na outra vida.

Tudo o que se referia ao corpo, à alma, à salvação, à amizade – à religião inclusive, portanto – era retirado do domínio do direito, para constituir assunto doméstico, de família. Assim, a transformação do testamento nos aparece como um indício, entre muitos outros, de um tipo novo de relações dentro das famílias, onde a afeição prevalecia sobre qualquer outra consideração de interesse, de direito, de conveniências... Essa afeição, cultivada e mesmo exaltada, tornava mais dolorosa a separação da morte e convidava a compensá-la pela lembrança ou por qualquer forma mais ou menos exata de sobrevida.

A revolução do sentimento

De fato, esses cristãos – devotos ou secularizados – e os semi-incrédulos inventam juntos um novo Paraíso, o que Jankélévitch chama de Paraíso antropomorfo, que já não é tanto a Casa do Pai, mas antes as casas da Terra, libertadas das ameaças do Tempo e onde as antecipações da escatologia se confundem com as realidades da lembrança.

As coisas se passam no século XIX como se todo o mundo acreditasse na continuação, depois da morte, das amizades da vida. Nesse fundo comum da crença, o que varia é o grau de realismo das representações e, principalmente, a relação entre a vida futura e a fé religiosa. Essas duas noções se sobrepõem entre os cristãos do século XIX; são, ao contrário, separadas entre os não cristãos, os positivistas, os agnósticos. Esses podem ter abandonado as doutrinas de revelação e de salvação, as afirmações do *Credo*; em compensação, cultivam a lembrança dos mortos com uma intensidade sentimental que dá, a longo prazo, a mesma impressão de realidade objetiva que a fé dos crentes.

Essa dissociação da vida futura e da fé atingiu, em meados do século XX, os próprios cristãos, a se acreditar nas investigações de opinião. É porque a vida futura, mesmo quando no século XX está mascarada pelo respeito humano do racionalismo industrial, permanece o grande fato religioso de todo o período contemporâneo.

Na França, durante a segunda metade do século XX, ela declina ou está mais retraída, mas as pesquisas de opinião mostraram seu reaparecimento na proximidade da morte nos velhos e nos doentes que já nada mais têm a perder ou a esconder.[92]

As diversas crenças na vida futura ou na vida da lembrança são, de fato, as respostas à impossibilidade de aceitar a morte do ser querido.

Esse é um sinal, no meio de outros, desse grande fenômeno contemporâneo que *é a revolução do sentimento*. A afetividade domina o comportamento, principalmente quando a boa educação impuser, no fim do século, a afetação de impassibilidade.

Não quero dizer com isso que a afetividade não existia antes do século XVIII. Seria absurdo, mas é um contrassenso, hoje muito frequente, a respeito da noção de mentalidade histórica, confundir um sentimento mais ou menos constante e o valor especial que ele toma (ou perde) em certos momentos, na consciência coletiva. A Natureza, a intensidade e os objetos de afeição mudaram.

Nas antigas sociedades tradicionais francesas, a afetividade era distribuída por maior número de cabeças, não se limitando aos membros da família (geralmente conjugal). Estendia-se a círculos cada vez mais amplos, onde se diluía. Por outro lado, não era totalmente investida; os homens conservavam certa porção de afetividade disponível, que se descarregava aos acasos da vida; afetividade, ou seu inverso, a agressividade.

---

92 Ver *infra* Capítulo 12.

A partir do século XVIII, a afetividade é, ao contrário, inteiramente concentrada, desde a infância, sobre alguns seres que se tornam excepcionais, insubstituíveis e inseparáveis.

"Um único ser vos falta e tudo fica despovoado." O sentimento do outro tomou, então, uma primazia nova. A história literária reconheceu, há muito tempo, esse caráter do romantismo, e dele fez uma banalidade. Hoje, tende-se antes a considerar esse romantismo uma moda estética e burguesa, sem profundidade. Sabemos, agora, que constitui grande fato da vida real, da vida cotidiana, uma grande transformação do homem na sociedade.

O retraimento do Mal. O fim do Inferno

Não sendo a morte o fim do ente querido, por mais dura que seja a dor do sobrevivente, não é feia nem temível. É bela, e o morto é belo. A presença junto do leito de morte constitui, no século XIX, mais do que participação habitual em uma cerimônia social ritual; ela é assistência a um espetáculo reconfortante e exaltante; a visita à casa do morto tem qualquer coisa de uma visita a um museu: como é belo! Nos quartos mais banais das burguesias ocidentais, a morte acabou coincidindo com a beleza, última etapa de uma evolução que começou muito suavemente com os belos jazentes da Renascença e que continuou na estética barroca. Mas tal apoteose não deve disfarçar a contradição que ela contém: essa morte já não é a morte, e sim uma ilusão da arte. *A morte começou a se esconder,* apesar da aparente publicidade que a cerca no luto, no cemitério, na vida como na arte ou literatura: *ela se esconde sob a beleza.*

Aqui a história da morte encontra a do Mal. A morte, nas doutrinas cristãs e na vida comum, era vista como uma manifestação do Mal, do Mal insinuado na vida, inseparável dela. Entre os cristãos, era o momento de uma orientação trágica entre o Céu e o Inferno, sendo esse último a expressão mais vulgar do Mal.

Ora, no século XIX, mal se acredita ainda no Inferno: da boca para fora, somente para os estranhos e os adversários, os que estão fora do círculo estreito da afetividade.

Sem dúvida, os La Ferronays ficariam indignados se lhes dissessem que eles não acreditavam no Inferno! E é verdade que eles pensavam ser um lugar longínquo e sem realidade, reservado aos grandes criminosos não arrependidos, aos incrédulos e, ainda mais, aos heréticos; eis por que Albert queria, em seu leito de morte, afastar a mulher de sua sogra protestante. Tudo o que restava do Inferno era herança da Inquisição.

O santo do século XVII ainda temia o Inferno fossem quais fossem suas virtudes, fé e obras: ele o imaginava em suas meditações! Para o homem piedoso do século XIX, era um dogma que se aprende no catecismo, mas estranho à sua sensibilidade. *Com o Inferno, era toda uma parte do Mal que tinha ido embora*. Persistia outra parte, o sofrimento, as injustiças, as desgraças; mas justamente Helen Burns, a heroína de Charlotte Brontë, sabe que esse mal residual está ligado à carne e que desaparecerá com a carne. No Além, no mundo dos espíritos, já não haverá o Mal, e eis por que a morte é tão desejável:

> *C'est la Mort qui console, hélas! et qui fait vivre.*
> *C'est le but de la vie et c'est le seul espoir,*
> *Qui comme un élixir nous monte et nous enivre*
> *Et nous donne le coeur de marcher jusqu'au soir*
> *...C'est l'auberge fameuse inscrite sur le livre,*
> *Où 1'on pourra manger et dormir et s'asseoir.*[93]
> (Baudelaire)

Muito em breve alguns pensarão que talvez não seja necessário esperar até lá o momento de "comer, dormir e sentar-se"! E então se esforçarão por afugentar também o mal deste mundo da carne. É o que veremos no último capítulo deste livro. Não é por isso menos verdade que a primeira grande etapa da retirada do Mal é o fim do Inferno.

---

93 [É a morte que consola, infelizmente! e que faz viver. / É o alvo da vida e sua única esperança, / Que como um elixir nos eleva e nos embriaga / E nos dá a coragem de andar até à noite / ...É a hospedaria famosa inscrita no livro, / Onde se poderá comer, dormir e sentar-se.] (N. T.)

O homem diante da morte

O fim do Inferno não quer dizer a morte de Deus. Os românticos foram, em geral, crentes fervorosos. Mas, como a morte se escondia sob a beleza, o Deus da Bíblia muitas vezes tomou entre eles a aparência da Natureza. De fato, a morte não é apenas a separação do outro. É também, de maneira menos comum, abordagem maravilhosa do insondável, comunhão mística com as fontes do ser, com o infinito cósmico: as imagens da extensão terrestre ou marinha expressam essa atração.

O romantismo reage, sem dúvida, contra a filosofia do século XVIII, o que não impede que seu Deus tenha herdado um pouco do deísmo das Luzes. Confunde-se aqui e ali com a Natureza universal, onde tudo se perde e é recriado. Uma concepção não exclusivamente de intelectuais ou de estetas, pois entrou nas mentalidades religiosas vividas; os rapazes e as moças que iam morrer contemplavam dessa forma, por vezes, o mar ou as charnecas.

XI.
A visita ao cemitério

Grande parte do que conhecemos sobre a Antiguidade deve-se aos túmulos e objetos daquele período que foram acumulados. Quanto mais longínqua a Antiguidade, maior é a parte dos documentos funerários. Sem dúvida, efeito da seleção do tempo. Os homens, sobrepondo-se uns aos outros nos mesmos locais, apagaram os traços dos seus predecessores, mas deixaram subsistir, parcialmente profanadas, as sepulturas afastadas que continham um condensado da cultura dos vivos. Portanto, o lugar dos cemitérios, ou do que lhe fazia as vezes, é muito significativo na nossa visão dos mundos antigos.

Os cemitérios na topografia

Esse local foi reduzido e desapareceu na Idade Média, como vimos, quando os túmulos se agruparam ao lado das igrejas ou as encheram. Nas topografias urbanas, o cemitério já não era mais visível ou já perdera a identidade; confundindo-se com as dependências da igreja e os espaços públicos. Desapareceram aqueles grandes alinhamentos de monumentos que divergiam para longe das cidades romanas, como os raios de uma estrela. Embora se possa continuar esculpindo ou pintando trespassados no chão e nos muros das igrejas ou nas galerias de claustros, os sinais da morte já não são aparentes, apesar da frequência da mortalidade e da presença dos mortos. Esses só afloram na poeira ou na lama. Estão escondidos. Apenas reaparecem, e ainda assim tardiamente, nos raros túmulos visíveis. Tornou-se muito rarefeita a parte dos documentos fúnebres nos nossos conhecimentos e nas interpretações do historiador. As civilizações da Idade Média e da época moderna até o século XVII, pelo menos, não concederam aos mortos nem espaço nem mobiliário significativos. Não são civilizações de cemitério.

Ora, a partir do início do século XIX, o cemitério volta à topografia. Hoje, uma vista panorâmica das cidades e mesmo dos campos nos permite observar nas malhas dos tecidos urbanos manchas vazias, mais ou menos verdes, imensas necrópoles das grandes cidades, pequenos cemitérios das aldeias, algumas vezes em torno da igreja, muitas vezes fora da aglomeração. Sem dúvida, o cemitério de hoje não é mais a reprodução subterrânea do mundo dos vivos que era na Antiguidade, mas notamos bem que ele tem um sentido. A paisagem medieval e moderna organizou-se em torno dos campanários. A paisagem mais urbanizada do século XIX e do início do século XX tentou dar ao cemitério ou aos monumentos funerários o papel preenchido anteriormente pelo campanário. O cemitério foi (e é ainda?) o sinal de uma cultura.

Como explicar essa volta do cemitério e o que ela significa?

O demônio no cemitério

Vimos que o regime da sepultura não mudou desde o tempo em que se enterrava na igreja ou a seu lado, desde que os corpos começaram a ser depositados em caixões de madeira ou sem caixão (na serapilheira), no lugar dos sarcófagos de pedra. Disso decorria um remanejamento constante, porém desigual e disjunto de cadáveres, de carnes e de ossadas nas igrejas de chão e nos cemitérios. O homem de hoje compreende imediatamente quantos odores, emanações e insalubridades essas manipulações deviam acarretar. Sim, o homem de hoje. É forçoso reconhecer que o homem de outrora se acomodou perfeitamente à situação.

Houve uma ocasião, no final do século XVI e no século XVII, em que alguns, pouco numerosos, se perguntaram a propósito dos fenômenos observados nos túmulos; em seguida, no século XVIII, subitamente esse estado de coisas, muitas vezes secular, já não era tolerado.

O *homem diante da morte*

Muito antes da intervenção dos médicos, os rumores ouvidos nos túmulos já intrigavam; hoje os explicamos pelas explosões devidas aos gases da decomposição. De início foram interpretados como avisos sobrenaturais. O túmulo de Sylvestre II (Gerbert) crepitava [*ossa crepitare*] cada vez que um papa ia morrer. Na Boêmia, a pedra tumular de uma santa levantava-se e recaía quando uma peste ameaçava. Havia a linguagem dos túmulos, como uma linguagem dos sonhos.[1]

Os médicos dos séculos XVI e XVII preocuparam-se com esses ruídos [*pulsatio, sonitus*]; interessavam-se pelos relatos de coveiros que tinham ouvido sons estridentes, como o grasnar de gansos, ou tinham visto se formar, em torno dos ossos, massas de espuma que se rompiam infestando o ar. Um relato tirado de Berhard Valentinus[2] poderia servir de modelo para todas as histórias do mesmo gênero, acumuladas por sua vez pelos médicos do século XVIII. É notável que se tenha começado a prestar atenção a esse gênero de fenômenos um século antes que eles constituíssem uma questão pública capaz de mobilizar a opinião geral.

Outro tipo de manifestação foi narrado por Garmann, desta vez atribuída, pelos médicos do século XVIII, à credulidade de um observador supersticioso: em plena epidemia de peste, depois de ter ouvido ruídos num caixão, abrem-no e descobrem que o cadáver devorara uma parte do seu sudário. Constata-se que esse prodígio só acontece em tempo de peste e que a peste desaparece depois de decapitar o cadáver comedor de sudário e de jogar-lhe a cabeça fora da cova. Pode-se, aliás, evitar o perigo no momento da inumação: seja como os antigos, colocando-se uma moeda na boca do cadáver, o que o impediria de mastigar; seja, como os judeus, afastando cuidadosamente o sudário da boca.

A ideia importante é que existe uma relação entre os ruídos dos túmulos, as emanações dos cemitérios e a peste. Bartholin (1680), Ambroise Paré (1590), Fortunius Licetus (1577-1656) e outros notaram isso. Assim, Ambroise Paré assinalou que uma epidemia na região de Agen tinha por

---

1 Garmann, *De miraculis mortuorum*, op. cit.
2 Ariès, *Essais*, op. cit., p.116.

origem um poço onde os cadáveres haviam sido amontoados na espessura de uma vara (1,188m).

Os administradores e os oficiais de polícia conheciam muito bem esse perigo e, em tempo de peste, recomendavam afastar os cadáveres contagiosos, enterrá-los rapidamente fora das cidades e desinfetar as covas com cal viva. Por que então não os queimavam como os antigos faziam por razões de higiene?

Na verdade, médicos como Garmann, embora convencidos como estavam das relações entre cemitérios e epidemias, contentavam-se em observar, sem ousar alertar a opinião e sem apresentar um plano de reformas. Ficavam constrangidos por não ter certeza das causas reais dos fenômenos que bem podiam ser obras do demônio: na verdade, não existem apenas relações de causalidade natural entre o cemitério e a epidemia, existem também o demônio e suas feiticeiras. Eles tiram dos mortos os elementos de que precisam para suas misturas e poções; os cadáveres que, em tempo de peste, são apanhados em flagrante devorando seus sudários e grunhindo como porcos são os das feiticeiras; eis por que os magistrados tinham de lhes recusar qualquer sepultura. Em tempo de peste, de fato, o demônio amplia seu poder, tornando-se, segundo Lutero, citado por Garmann, *Dei carnifex*. De modo geral, tem delegação de poderes sobre os mortos: uma espécie de parentesco se estabelece entre o demônio e os mortos. O cemitério faz parte do domínio dele, como um vestíbulo do Inferno. Na luta cósmica que a Igreja empreende contra Satã, ela teve de arrancar-lhe o cemitério por um ato consagrado solene e defender dele as sepulturas bentas; mas ele anda em volta à espreita; mantido a distância em virtude dos exorcismos e da sagração, basta uma falha para que ele volte, tão forte é a atração entre os cadáveres e ele. A peste, o diabo e o cemitério constituem um triângulo de influências.

Fica-se impressionado pelo duplo caráter sagrado, reconhecido então ao cemitério. De natureza diabólica, ele foi conquistado pela Igreja, mas pode voltar ao diabo; todavia é sagrado, e como tal, o homem não lhe pode pôr mãos profanas.

Essa é a razão de se hesitar em deslocar cemitérios, afastá-los das cidades e até mesmo desinfetá-los com cal viva. Um médico astrólogo de Misnie

O homem diante da morte

(1557-1636) objeta que tal aplicação seria "indigna de cristãos". De modo geral, diz Garmann, os mortos são sagrados: *mortuos sacros.* Como os altares e os templos, *loca sacra,* não se deve deslocá-los [*non fas est movere*], deve-se-lhes *reverentia* e *religio.*

Segundo penso, jamais os canonistas e os teólogos haviam equiparado o cemitério, como tal, ao altar. Tinham-se enterrado os mortos na igreja e no seu adro; os mortos usufruíram, por uma espécie de desvio, de um caráter sagrado que não lhes era destinado, nem se coadunava com a sua presença. Aqui, pelo contrário, o caráter sagrado tem sua origem na existência das sepulturas. Um sagrado ambíguo. É impressionante encontrar, sob a mesma pena ciceroniana, erudita à sua maneira, observações sobre a insalubridade dos cemitérios e seus efeitos sobre as epidemias e, por outro lado, a ideia de que o cemitério, terra dos mortos, pertence à zona do sagrado, não se devendo, portanto, tocar nele. Não é essa a mistura que encontramos nos caçadores de feiticeiras? Será que tal mistura indica uma nova ascensão de um sagrado popular arcaico e pagão, de que se encontram poucos vestígios no folclore medieval? Ele não traduz, antes, uma sacralização de tipo moderno, respondendo às novas categorias científicas que um espírito novo mais racional acaba de descobrir? Os fenômenos que no século XVIII se tornarão fatos de higiene, química, biologia eram, no momento de sua emergência, imediatamente atribuídos à esfera do sagrado. É uma maneira de reconhecimento. Assim, tanto no nosso caso como naquele da invenção e da repressão da bruxaria, a *reverentia* e a *religio* não são exigidas com relação à morte, nem à cerimônia dos funerais, nem às orações pelas almas, mas ao cemitério como depósito de cadáveres; pertencem mais a um sagrado de elite, do que a um sagrado popular, mesmo que esse sagrado de elite tenha reativado e recuperado, em seu proveito, antigas correntes de religião popular.

Não se encontra em Garmann qualquer vestígio do sentimento de linhagem que despertava a nostalgia do "cemitério dos nossos pais" entre os protestantes de H. de Sponde.[3] É interessante notar essas expressões de respeito e principalmente de culto, de *religio*: serão retomadas no ambiente

---

3 Ver Capítulo 6.

positivista do século XIX. Caracterizam as concepções científicas da natureza dos séculos XVI e XVII. Seria um engano ver nelas formas populares de veneração do cemitério. Elas nunca foram assim nítidas, nem tão explícitas.

A insalubridade dos cemitérios: médicos e parlamentares (século XVIII)

Portanto, o caráter insalubre dos cemitérios já era conhecido. Os tratados de polícia – por exemplo, a *Grande et Nécessaire Police*, de 1619[4] – davam conselhos para evitá-lo. Embora certas precauções extraordinárias fossem recomendadas em tempo de epidemia, não se tratava, contudo, de mudar a ordem antiga das coisas.

Quando em Paris, nos séculos XVI e XVII, se removeram as *loca sacra*, foi somente para permitir a extensão da igreja e de suas dependências, sem preocupação sanitária.

Todavia, desde o segundo terço do século XVIII, a opinião começa a se movimentar e os fenômenos observados pelos médicos são de novo assinalados e, por conseguinte, denunciados não mais como manifestações do diabo, mas como um estado de coisas natural, porém incômodo, que é preciso remediar.

Em 1737, o Parlamento de Paris encarregou os médicos da realização de um inquérito sobre os cemitérios – sem dúvida, a primeira providência oficial. Eles o fizeram com o espírito da nossa ciência atual, mas não teve consequências; os médicos simplesmente propuseram "mais cuidado nas sepulturas e mais decência na manutenção dos cemitérios".[5]

Na mesma época (1745), o abade Porée descreve, nas suas *Lettres sur la sépulture dans les églises*, [Cartas sobre a sepultura nas igrejas][6] uma situação que começa a ser considerada desagradável, principalmente pelos

---

4 *La Grande et Nécessaire Police* (extratos de *Les Cimetières de Paris*, do Dr. Gannal, t.I).

5 Foizil, Les attitudes devant la mort au XVIIIe siècle: sépultures et supressions des sépultures dans le cimetière parisien des Saints-Innocents, *Revue historique*, n.510, p.303-30.

6 Porée, *Lettres sur la sépulture dans les Églises*.

vizinhos dos cemitérios e das igrejas. Acusa-se a inumação nas igrejas como contrária, ao mesmo tempo, à salubridade pública e à dignidade do culto. O autor retoma as interdições de direito, contesta o princípio dos enterros *ad sanctos,* ininteligível para os reformadores, tanto católicos como protestantes. "Atribuía-se um campo de atividade a orações e cerimônias, cujo efeito imediato é exclusivamente moral." Pede que a sepultura nas igrejas seja proibida, porque "nos é permitido amar a saúde bem como a limpeza, que tanto contribui para conservá-la". A limpeza adquire então o valor que ela terá no século XIX; um santo, Benoît Labre, que acreditava ainda nas virtudes da sujeira, já não tinha lugar na França (sua imundície não impediu que fosse acolhido em Roma!). Para o abade Porée, as igrejas devem ser salubres; preconiza "igrejas limpas, bem arejadas, onde não se sinta senão o cheiro do incenso queimado", e nenhum outro! "onde não se corra o risco de quebrar o pescoço por causa da irregularidade do chão", sempre remexido pelos coveiros. Propõe, enfim, deslocar os cemitérios para fora das cidades, "o meio mais seguro para ali se obter e se conservar a salubridade do ar, a limpeza dos templos e a saúde dos habitantes, objetivos de extrema importância".

Na realidade, esses deslocamentos nada tinham de revolucionário: propunha-se às fábricas das igrejas, que já pensavam nisso, criar novos cemitérios e situá-los sistematicamente fora da cidade. Todavia, para o abade Porée, tal providência não respondia apenas a uma necessidade de salubridade pública, mas restaurava ainda uma separação entre os vivos e os mortos que os antigos sempre respeitaram: os mortos "permanecem separados dos vivos para sempre", "por medo que prejudicassem os vivos, os mortos não só fariam quarentena, como respeitariam um *interdito* [grifo meu] que só seria suspenso na consumação dos séculos". Texto ambíguo, em que se fica tentado a reconhecer, na sua raiz, a rejeição dos mortos pelos vivos, perfeitamente atual nas nossas sociedades pós-industriais: essa a interpretação de Madeleine Foizil.[7] A tendência já se verifica nesse caso, é verdade, e veremos mais adiante que ela animará em breve os parlamentares, autores do decreto de 1763. Mas, da mesma maneira

---

7 Foizil, op. cit.

que durante os anos 1770, o naturalismo radical dos autores do decreto cederá e se transformará, pouco a pouco, numa nova religião dos mortos, o abade Porée não acredita que a separação dos vivos e dos mortos prejudicará esses últimos e os condenará ao esquecimento. Destina-se, primeiramente, a restituir a decência tanto aos lugares de culto dos vivos como às moradas dos mortos. Simultaneamente, a visita dos cemitérios não cessa de ser recomendada. "É do maior interesse dos mortais escutar as lições que lhes dão os mortos. É preciso se convencer da fragilidade de todas as coisas humanas diante dos túmulos dos mortos: os sepulcros são escolas de sabedoria." Recomendação que acompanha o sentido do *memento mori* e a vaidade do século XVII, sem ser ainda o culto da lembrança que se imporá mais tarde.

A década de 1760 foi decisiva. Quando a comunidade de Saint-Sulpice quis abrir um novo cemitério perto do Petit-Luxembourg, o proprietário, que era o príncipe de Condé, se opôs. Apesar da desistência das duas partes, o procurador geral achou que com isso a questão não se encerrara:

> Se os interesses particulares dos oponentes ficaram desse modo assegurados, nada mais terá o interesse público a desejar? O exemplo de uma tentativa para estabelecer um cemitério novo num dos bairros mais populosos desta cidade e o alarme que esse empreendimento causou [...] não deveriam fixar a atenção dos magistrados sobre essa parte da polícia pública?

As coisas devem mudar:

> Existem *abusos* que só subsistem por uma espécie de esquecimento [...]. Não se deve incluir, nessa classe, a facilidade talvez exagerada que se teve de suportar com as moradas infectas dos mortos no meio das habitações dos vivos? O *cheiro fétido* que os cadáveres exalam é uma indicação da natureza que avisa para deles se afastar. Os povos da Antiguidade mais célebres pelos seus regulamentos de polícia relegavam as sepulturas para lugares afastados.

E depois as cidades cresceram, as casas ficaram mais altas:

As exalações impuras perdiam-se outrora em pleno ar; hoje são concentradas pelos edifícios, que impedem os ventos de dissipá-las. Prendem-se às muralhas, que se impregnam de uma secreção infecta. Quem sabe mesmo se, penetrando nas habitações vizinhas com o ar que ali se respira, elas não levarão para lá causas desconhecidas de morte e de contágio.

Os médicos se manifestarão mais decididamente do que os magistrados.[8] Em consequência da declaração do procurador geral, o tribunal decidiu que os comissários do Châtelet e as fábricas das igrejas deveriam fazer, cada uma de sua parte, um inquérito sobre os cemitérios de Paris. Os autos desse inquérito, feito com grande rapidez e precisão, constituem uma minuciosa descrição da Paris fúnebre em meados do século XVIIIe.[9]

Em torno desses atos policiais, antes e depois do decreto de 1763, desenvolveu-se uma verdadeira campanha de opinião, com petições dos vizinhos dos cemitérios, memoriais, livros impressos (principalmente de médicos) que descreviam o estado de espírito então reinante, o que se desejava, o que se temia e o que se sugeria.[10]

Os líderes da opinião são os médicos: publicam muito. Suas observações não se diferenciam muito daquelas dos médicos do século XVII, mas sua interpretação é outra: excluem as interferências sobrenaturais e se fundamentam sobre uma teoria científica do ar, adotada de chofre pela opinião, a ponto de se tornar um lugar-comum.[11]

Escolheremos nossos exemplos em três trabalhos publicados quase ao mesmo tempo, que refletem as ideias dos anos 60 e 70 do século XVIII. M. Maret, *Mémoires sur l'usage où l'on est d'enterrer les morts dans les églises et dans les enceintes des villes* [1773, Dijon; *Dissertação sobre o costume que se*

---

8 BN, Dossiê Joly de Fleury, 1207.

9 Ibid.

10 Os documentos do fundo Joly de Fleury bem como a literatura médica utilizados aqui estão sendo agora explorados por numerosos historiadores americanos: Etlin, Landscapes of Eternity: Funerary Architecture and the Cemetery 1793-1881, *Oppositions*, v.7 1976; "L'air dans l'architecture des Lumières" *Dix huitième siècle*, n.9 1977; Hannaway, "La fermeture des Innocents: le conflit ente la Vie et la Mort". op. cit.

11 Hannaway, op. cit.

tem de enterrar os mortos nas igrejas e nos recintos das cidades], P. T. Navier, *Réflexions sur les dangers des exhumations précipitées et sur les abus des inhumations dans églises* (dois grandes temas da época aqui associados), *suivies d'observations sur les plantations d'arbres dans les cimetières* [1775; *Reflexões sobre os perigos das exumações precipitadas e sobre os abusos das inumações nas igrejas, seguidas de observações sobre a plantação de árvores nos cemitérios:* trata-se de uma comunicação à Academia de Letras, Ciências e Artes de Châlons-sur-Marne], em que vemos, de passagem, o papel das academias nos debates de ideias. E, enfim, do célebre Vicq d'Azyr,[12] a tradução de uma obra italiana, *Essai sur les lieux et les dangers des sépultures* [1773; Ensaio sobre os locais e os perigos das sepulturas], em que as decisões do príncipe esclarecido, que reinava em Modena, eram propostas como modelos.

Maret escreve:

> No dia 15 de janeiro último, segundo relatório do padre Cotte, padre do Oratório, um coveiro ao cavar uma sepultura no cemitério de Montmorency deu uma enxadada num cadáver enterrado um ano antes. Dele saiu um vapor infecto que o fez estremecer [...]. Ao se apoiar sobre a enxada, para fechar a abertura que acabava de fazer, caiu morto.[13]

Essas inumações perigosas podiam se realizar durante um serviço religioso ou uma lição de catecismo:

> No dia 20 de abril (1773), cavava-se em Saulieu, na nave da igreja de Saint-Saturnin, uma cova para uma mulher morta de febre pútrida. [O cadáver de um doente conserva a doença e o seu poder de contágio.] Os coveiros descobriram o caixão de um corpo enterrado no dia 3 de março daquele ano. Baixando à cova o cadáver da mulher, o caixão se entreabriu, bem como o cadáver de que se acaba de falar, e imediatamente se difundiu um odor tão fétido, que os assistentes foram obrigados a sair. De 120 jovens dos dois sexos que

---

12 (1748-1794) Fundador da Societé Royale de Médecine (1776), publicou diversos trabalhos sobre anatomia. (N. T.)

13 Maret, *Mémoire sur l'usage où l'on est d'enterrer les morts dans les églises et dans l'enceinte des villes*, p.36.

se preparavam para a primeira comunhão, 114 caíram gravemente doentes, bem como o pároco e o vigário, os coveiros e mais de 70 outras pessoas, dezoito das quais morreram, inclusive o pároco e o vigário, que falecerem primeiro.

Verdadeira hecatombe! As crianças do catecismo foram as vítimas mais expostas. Em Saint-Eustache, em Paris, no ano de 1749, "elas caíram quase todas com síncope e de fraqueza ao mesmo tempo. No domingo seguinte, o mesmo acidente ocorreu com cerca de vinte crianças e outras pessoas de todas as idades".[14]

A mais bela história é a de um enterro no jazigo dos penitentes brancos[15] de Montpellier, que causou três mortes entre os coveiros e os que acorreram em seu auxílio. Um último escapou por um fio, recebendo, por isso, o apelido de Ressuscitado.[16]

Evidentemente, o ar fica infectado. A morte nem sempre é instantânea. O ar transporta o mal a distância. A decomposição dos corpos tem uma relação com as epidemias e com o que nós chamamos hoje de doenças infecciosas.

Tais exalações [as emanações pútridas das substâncias animais corrompidas], tornadas *contagiosas* [grifo meu], comunicam-se pouco a pouco e, por assim dizer, regeneram-se das próprias cinzas, ou de animal para animal, tornando-se geralmente contagiosas e capazes de dizimar províncias. [...] Ramalzini reivindica que a maioria das doenças contagiosas vem das exalações pútridas dos cadáveres ou dos vapores corrompidos das águas estagnadas.[17]

---

14 Toussaint Navier, *Réflexions sur le danger des exhumations précipitées et sur les abus des inhumations dans les églises, suivies d'observations sur les plantations d'arbres dans les cimetières*; Scipion Piattoli (trad. por Vicq d'Azyr); Vicq d'Azyr, Essais sur les lieux et les dangers des sépultures, 1778. In: *Oeuvres completes*, t.6.

15 Irmandade de penitentes provenientes de Lyon e de Avignon. (N. T.)

16 Ariès, *Annales de démographie historique*, 1975. p.107-13. Retomado em *Essais*, p.123.

17 Navier, op. cit.

Desde 1559, nota Vicq d'Azyr, "os célebres Fernel e Houiller afirmam bem positivamente que, em tempos perigosos, as casas próximas ao dito cemitério foram sempre as primeiras e por mais tempo infectadas pelo contágio, do que as outras daquela cidade".

Quando se transportam cadáveres do local da sua primeira inumação para os carneiros, envenena-se o ar: "Transportam-se porções cadavéricas ainda frescas para os carneiros, alterando todos os dias a pureza e a salubridade do ar, que deve manter a saúde e a vida".

O fogo, e a corrente de ar que ele cria, "corrige e retira o ar estagnado". Assim, no ano de 1709, acenderam-se, em Paris, grandes fogueiras nas praças, para afugentar – com êxito – o escorbuto. Por isso, mantinham-se braseiros durante as exumações. Foi o que se fez no cemitério dos Innocents, em 1785. É possível obter os mesmos resultados também com explosões de pólvora de canhão.[18]

O ar infectado transporta a doença. Corrompe, igualmente, até os alimentos, por exemplo. Observou-se, de fato, que os moradores vizinhos dos cemitérios nada podem conservar nos seus guarda-comidas. Assim também, em torno dos Innocents: "O aço, a prata e os galões perdem ali facilmente o brilho. [...] M. Cadet garante que os cautérios supuram lá mais abundantemente do que nos outros bairros de Paris."

Os médicos não são os únicos a concordar nesse sentido. Não faltam testemunhos dos habitantes vizinhos nos anos da década de 60 do século XVIII, e os investigadores de 1763, comissários e administradores das igrejas os citam nos seus processos civis. É assim que se expressa uma carta-petição contra o cemitério da paróquia de Saint-Merri: "Tudo que pode servir para uso da vida se corrompe, de modo que já nada se pode conservar em bom estado durante vários dias". Ou ainda a queixa da viúva Leblanc, comerciante-ourives, contra a fábrica da igreja de Saint-Gervais. Tem de fechar suas vidraças que dão para o cemitério, "porque ela não pode conservar nem carne nem sopa [...]. Os maus humores transmitiram-se até à adega e estragaram o vinho e a cerveja que ali havia".[19] Neste último caso, a fábrica da igreja

---

18 Ibid.

19 BN, dossiê Joly de Fleury.

reconheceu que as queixas são justificadas. A irmandade procurou, aliás, um lugar nos confins da cidade, com o objetivo de levar para lá o seu cemitério.

Não há dúvida; todos, ou quase todos, hoje estão convencidos da insalubridade dos cemitérios. Fica-se surpreendido como se puderam abandonar os costumes racionais dos antigos durante a Idade Média e sob a influência da superstição, e como foi possível suportar, durante séculos, focos de pestilência e espetáculos de horror bem no centro das cidades, em meio às habitações!

O radicalismo dos parlamentares: o decreto não aplicado de 1763

Os primeiros a se convencerem foram os mais esclarecidos, os oficiais dos tribunais reais, homens togados e de justiça, comerciantes etc.

O decreto do Parlamento de Paris, do dia 12 de março de 1763, que se seguiu ao inquérito dos comissários e das fábricas das igrejas, foi a primeira tentativa para modificar o regime milenar das sepulturas *ad sanctos et apud ecclesiam*.

O preâmbulo do decreto retoma os argumentos dos médicos e dos vizinhos dos cemitérios.

Na maioria das grandes paróquias e principalmente nas que ficam no centro da cidade, as queixas são diárias sobre a infecção que os cemitérios dessas paróquias disseminam no entorno, principalmente quando o calor do verão aumenta as exalações. Que, então, a putrefação é de tal ordem que os alimentos mais necessários à vida não podem ser conservados por algumas horas, nas casas vizinhas, sem se estragarem, o que provém da natureza do solo excessivamente adubado para poder consumir os corpos [os médicos também tinham estudado quimicamente os solos dos cemité-rios, especialmente para distinguir os que, por serem muito graxos, já não permitiam a corrupção sem, contudo, chegarem à dessecação ou à mumifi-cação], ou da pequena extensão de terreno para os enterros anuais...

Ele também ressalta — argumento inteligente e destinado a desarmar os tradicionalistas — que certas fábricas de igrejas já haviam tomado pro-vidências para adquirir um grande cemitério fora da cidade.

A proposta que se destaca do texto do decreto é interessante e audaciosa. Estamos em 1763, muito próximos de um cemitério laico: a intervenção dos ministros do culto reduz-se a um papel menor de controle e de protocolo: em lugar de um campo de repouso, como ocorrerá quarenta anos mais tarde, é um terreno de despejo, mas limpo, higiênico, correto e bem conservado. O estilo é extraordinariamente sóbrio, funcional. A ideia é fechar os cemitérios existentes e criar, fora e em torno de Paris, oito grandes cemitérios (quatro no primeiro projeto) para outros tantos grupos de paróquias parisienses, dispondo cada paróquia de sua própria vala comum no cemitério coletivo. Na cidade propriamente dita, subsistiriam apenas depósitos perto das igrejas, onde os mortos seriam colocados depois do serviço religioso. Seriam levados, todos os dias, por carretas fúnebres que apanhariam "os caixões e as serapilheiras" (marcadas com o número distintivo da paróquia) e os conduziriam para o cemitério comum, onde seriam enterrados.

Com essa concepção, o serviço na igreja, de corpo presente, constituiria a única e última cerimônia religiosa pública. Na verdade, se os parlamentares tinham permitido que o padre acompanhasse o cortejo, tratava-se mais, a seus olhos, de vigiar os transportadores e os coveiros, do que cumprir um dever religioso.

Ora, embora o decreto não tenha sido aplicado, essas indicações foram de fato adotadas na realidade; sem dúvida, as participações (que substituíam os proclamas desde o final do século XVIII), o serviço na igreja e o luto (condolências) subsistiram como antes, mas o público se dispersava nesse momento, e o corpo era conduzido, como previsto pelo decreto, a um depósito, tendo a inumação perdido o seu caráter familiar e público, para se tornar uma simples operação administrativa da polícia municipal.

Aliás, o decreto nada previa para fazer do cemitério um local público, e os visitantes eram de certa maneira dissuadidos de fazer a viagem. O cemitério era um espaço fechado por muros, bastante grande para que as valas comuns pudessem fazer o rodízio rapidamente, sem esgotar o terreno. Isso porque os parlamentares tinham conservado o princípio secular de amontoamento dos corpos em várias camadas de espessura, apesar das objeções de alguns médicos e de alguns párocos. Procuraram até estendê-lo a toda uma parte da população que a ele escapava. E esse é o traço mais curioso do seu projeto: para desencorajar, sem as suprimir completamente, as sepulturas nas igrejas foram submetidas à taxa exorbitante de 2 mil libras (mais o preço do serviço, do monumento... o que fazia subir as despesas a cerca de 3 mil libras; certas fábricas, no inquérito de 1763, acham que a esse preço só teriam um cliente por ano). Os que não podiam ou não queriam pagar só tinham duas opções; ou iam, como todo o mundo, para a vala comum (era permitido apenas evitar a parada no depósito, dobrando o preço do transporte), ou então tinham direito, mediante 300 libras – quantia ainda assim significativa –, a ir para uma cova particular, ao longo dos muros, zona reservada a esse tipo de inumação. *Mas, em caso algum podiam cobrir o túmulo e ali edificar um monumento.* Só tinham direito a colocar um epitáfio *no muro* do cemitério. O cemitério devia, portanto, ser absolutamente nu, sem monumentos e mesmo sem árvores, tendo sido proscritas como obstáculos à circulação do ar, o famoso ar! Como observaram, ainda, vários fabricantes no inquérito de 1763, não deviam existir muitos amadores que pagassem 300 libras por um pedaço de terra tão anônima.

Talvez os parlamentares pensassem que os seus próprios mortos, os de sua condição, poderiam pagar as 2 mil libras ou se fariam enterrar sempre nas capelas dos seus castelos não atingidos pelo decreto (o que não impede que alguns deles também tenham afetado a simplicidade da sepultura). É digno de nota que o primeiro esboço do decreto decidia a interdição geral de inumar nas cidades e a taxa de 2 mil libras pelo direito de inumar numa igreja, mas previa, em compensação, que o novo cemitério comum *extramuros* poderia comportar monumentos:

> Será atribuído aos eclesiásticos [o termo substitui "padres"], aos nobres, aos cidadãos abonados [em outra parte se dirá também "distintos"] que desejarem uma sepultura particular, um *lugar em cada um dos cemitérios novos*, onde poderão se fazer enterrar particularmente, mediante a quantia de 50 libras [...]. Terão a liberdade de ornamentar o local de sua sepultura à vontade, de *exumar os corpos e ossadas de seus antepassados e de transportá-los ao lugar que lhes for indicado*, bem como todos os atributos distintos de seu nascimento.

Reconhece-se, aí, o cemitério do século XIX, de que o Père-Lachaise será um dos modelos. Corresponde a uma ideia que não está ainda difundida, e que mal aparece na literatura sobre o tema.

Ora, esse artigo desapareceu na versão definitiva do decreto, o que bem indica a determinação de seus redatores. A quantia de 50 libras passou a 300, para não se ficar na vala comum, e o direito de erigir um monumento foi suprimido. Os outros esboços insistiam sobre a obrigação de "não deixar pôr qualquer epitáfio senão ao longo dos muros e não sobre as sepulturas", redação retomada e ampliada no texto final: "Sem que ali se possa construir outro edifício [a não ser uma capela de devoção e uma moradia de porteiro], nem mesmo pôr no interior qualquer epitáfio, que não seja nos muros e cercas, e não sobre qualquer sepultura".

Se o decreto não foi aplicado, é provável que tenha sido por causa do seu radicalismo. Mas que pudesse ter sido redigido, aceito, registrado, é bem interessante. Para interpretar esse radicalismo, devemos lembrar o que foi dito anteriormente, na terceira parte a respeito do afastamento da morte, da afetação de simplicidade dos funerais, da tendência ao nada, e à indiferença pelo corpo. O texto de 1763 parece-me o resultado dessa tendência e uma tentativa de impô-la a toda a sociedade. De fato, essa não a admitiu, e tal resistência nos leva a considerar as reações encontradas pelas propostas dos parlamentares e pelo próprio decreto.

As reações ao decreto do Parlamento

No conjunto, todos estavam de acordo em reconhecer a insalubridade dos cemitérios e das sepulturas nas igrejas, e a necessidade de fazer alguma coisa. Mas havia reservas: as que conhecemos provêm do clero e das fábricas das igrejas. Esses foram atingidos em seus interesses financeiros pela decisão do parlamento, visto que as sepulturas representam uma parte importante de seus recursos. Sem dúvida, nada mudou nos serviços na igreja; algumas fábricas já tinham instalado cemitérios novos, e outras, conscientes dos perigos das sepulturas diretamente na terra, dentro das igrejas, haviam preparado jazigos abobadados. Alguns, porém se perguntavam se o afastamento das sepulturas não provocaria um descontentamento geral. Que seria feito dos padres "habituais", que ganhavam a vida participando dos cortejos, se os cortejos fossem reduzidos ou suprimidos? Uma resposta um pouco ingênua traduz bem o embaraço das paróquias, a resposta da fábrica de Saint-Sulpice: "Não se pode deixar de dizer que por vezes é possível, nas grandes canículas, resultarem desconfortos nesse cemitério. Mas esses desconfortos não são bastante fortes para anular a extrema utilidade que ele constitui para a paróquia de Saint-Sulpice". As únicas vítimas seriam os próprios padres, que não se queixavam. "Somente a comunidade dos padres dessa paróquia, principalmente, (e alguns vizinhos) pode estar sujeita a sofrer com isso, mas pode-se assegurar com confiança que é muito fácil evitar esses inconvenientes." Bastaria tomar algumas precauções no momento da inumação e reprimir a negligência dos coveiros.

A fábrica de Saint-Germain-l'Auxerrois tem "respeito pelo bem público que depende tão diretamente das qualidades físicas do ar. O ar, esse furão que penetra em toda a parte"; ela aceita o princípio dos depósitos e do cemitério comum, mas prevê que será preciso levar em conta "a fraqueza e os costumes do povo, e a vaidade das pessoas opulentas". Seria necessário manter "distinções": por que "não continuariam as pessoas distintas a ser enterradas nas igrejas, contanto que o fossem nos jazigos abobadados recém-construídos"? Saint-Jean-de-Grève, por sua parte, decidira desde 1757 não mais enterrar em jazigos abobadados.

Por sua vez, a fábrica de Saint-Merri, apesar das queixas dos vizinhos, mantém sua preferência por um cemitério próximo da igreja: "o que é de grande comodidade para as sepulturas e *desperta a atenção dos fiéis para rezar pelos mortos*". Convém sublinhar essa alusão à oração pelos mortos, porque ela é muito rara nos memoriais do inquérito de 1763.

Em geral, clero e fábricas de igreja aceitam o inevitável, tentando, contudo, salvaguardar tanto quanto fosse possível as sepulturas nos jazigos da igreja, à menor distância possível do novo cemitério. Os administradores do Hospital da Caridade manifestam claramente seu entusiasmo. Pensam que a nova organização permanecerá fiel à tradição cristã dos funerais; hoje, "depois das últimas orações leva-se em procissão o cadáver a um lugar onde está a vala"; no futuro,

As orações terminadas pelo *Requiescat in pace* e o luto, o povo se [retirará] como se costuma num serviço dos mortos em que o corpo não está presente, e tendo partido todo o mundo, mesmo o clero, o corpo [será] levado *sem acompanhamento* [grifo meu] a um depósito [...], para ser na noite seguinte colocado numa carreta com os outros cadáveres mortos no dia.

Naturalmente, "o povo [ficará contrariado] com esse costume no começo", mas não temamos violência, "em pouco tempo ele se habituará", por não se sentir excluído e porque *todo o mundo fará a mesma coisa: "em primeiro lugar, porque seria geral e porque as pessoas de consideração sofreriam a mesma lei"*. O cemitério ficará nu, sem distinção de fortuna ou nascimento, sem nada que dê importância aos restos dos corpos. O clero não tem motivo para se inquietar: "O novo arranjo [...] não alteraria em nada as pompas fúnebres. A mesma liberalidade existiria", mas a cerimônia terminaria ali. "Só se trata de suprimir a ação de pôr um cadáver em terra durante uma cerimônia." Todavia, se as reticências parecem discretas no inquérito de 1763, existem algumas dissertações anônimas que contestam rudemente os conceitos do Parlamento, e cujo tom nem sempre é o das Luzes. O *Mémoire des curés de Paris* [Memória dos párocos de Paris][20] é um exemplo.

Os padres parisienses não têm papas na língua. Não estão de modo algum impressionados pelo aparelho científico dos parlamentares redatores do decreto classificando-os como futilidades; contrariamente à opinião comum – e então era preciso audácia para afirmá-lo tão decididamente –, não admitem que a vizinhança dos cemitérios seja insalubre.

Os párocos não dissimulam que nos maiores calores do verão as valas comuns dos cemitérios de grandes paróquias exalam, às vezes, miasmas desagradáveis: mas ousam primeiro afirmar, e as *anotações dos seus registros disso dão fé* [recorrem também à estatística], que não há mais doentes nem mais mortes, e muitas vezes menos, nas casas que dominam os cemitérios [...] [tanto] no dos Saints Innocents, como nos outros dos bairros da cidade, e mesmo que existam muitas pessoas que ali vivem até à idade mais avançada.

---

20 BN, dossiê Joly de Fleury, *Mémoire des curés de Paris.*

O homem diante da morte

As epidemias não os atacam mais do que nos outros lugares: "No tempo de duas doenças por demais conhecidas pelas devastações que fizeram em Paris, este bairro [dos Innocents] foi atingido por último e tão ligeiramente, que pode ser considerado como tendo sido preservado". A vizinhança não é mais insalubre do que a dos curtumes de peles finas, fábricas de amido, tanoarias e de "todas as manufaturas que produzem putrefação"; "os homens que ali trabalham são robustos e nunca se observam doenças epidêmicas". Terão má saúde os açougueiros que frequentam os matadouros?

Enfim, o enterro nas igrejas, ou perto delas, é muito antigo. Os párocos não sabiam o que dizer para as prescrições canônicas que interditavam ou limitavam as sepulturas nas igrejas.

Saint-Séverin, Saint-Gervais e Saint-Paul, paróquias dos séculos VI, VIII e XII, não tiveram sempre carneiros, prova certa de uso antigo de ali enterrar, uso que aparentemente deveria criar maior temor que os cemitérios [por causa da transferência], uso que, contudo, nunca teve consequências perniciosas. Ou seria preciso dizer que o mal teria ficado latente durante séculos, sem que ninguém se tivesse apercebido, ou que o tendo conhecido, *se tivesse ficado vários séculos sem pensar em se queixar e procurar remediá-lo.*

O problema histórico está bem apresentado aqui.

Aliás, os párocos sempre fizeram o que era preciso para evitar os inconvenientes inerentes às sepulturas: preocupavam-se também com a higiene, enterravam ao fim de vinte e quatro horas depois da morte, e "todo corpo que ameaçava contágio ficava isento da lei de vinte e quatro horas... Muitas vezes [o corpo] era enterrado ao entrar na igreja, antes de começar o ofício". Bem sabem que, infelizmente, "apesar dessas precauções, o pensamento da presença de um cadáver já torna [nossas igrejas] desertas". Os parlamentares também acreditavam que o público estava impressionado com o espetáculo da morte, o que não era tão certo; o procurador geral escreve a lápis, na margem de um memorial que reclama o direito de cada paróquia ter o seu próprio cemitério fora da cidade: "Objetou-se que, em Paris, só se veriam enterros".

655

Segundo os párocos, a obrigação do depósito vai, pelo contrário, prolongar os atrasos da sepultura e multiplicar os focos de infecção! Mesmo quando tiverem tido a precaução de afastar as valas comuns e limitar as sepulturas particulares nas igrejas aos jazigos abobadados. Esses trabalhos "endividaram várias paróquias, e vão se tornar inúteis".

Os padres ameaçam, aliás, os administradores parisienses com um descontentamento popular. "O novo regulamento *revolta* o povo." Revolta: o termo é forte.

> Por mais prudente e comedida que tenha sido a divulgação pública do decreto, ela provocou uma comoção geral nas duas ordens mais numerosas e que mais precisam ser poupadas, o povo [os pobres, os que fazem trabalho braçal] e a burguesia [os artesãos, gente de ofício, pequenos comerciantes; trata-se da pequena burguesia, cujos mortos, no século XVIII, eram em geral enterrados no interior das igrejas, com breves epitáfios]. Comoção que se tornava sempre crescente, que excitava *uma fúria geral contra a magistratura,* e que só começou a abrandar quando se expandiu o rumor de que o decreto não iria ser aplicado.

Por que essa emoção? "O grito geral era: o Parlamento nos equipara aos huguenotes, estão nos mandando para o monturo."

Os párocos tentaram acalmar o público, reconduzi-lo ao respeito da autoridade, mas não ficaram surpreendidos: "Todos os povos do mundo, e particularmente os franceses, sempre respeitaram os restos mortais daqueles que lhe eram caros. É para eles um consolo real, por mais triste que estejam, separar-se desses entes somente no *instante* em que o túmulo os tira da vista". A clandestinidade da inumação é a principal censura feita ao decreto, que "pela disposição dos depósitos e dos cemitérios gerais, retira ao filho os despojos do pai, antes que ele tenha sido realmente inumado, e acrescenta à sua dor, a de lhe ser arrebatado, sem poder lhe prestar os *últimos deveres*".

É um sentimento popular. Os párocos já não se sentem tão seguros do apego das classes mais elevadas. Temem, ao contrário, que as pessoas de categoria se entusiasmem pela simplicidade – e sabemos que havia uma tendência nesse sentido – e se mandem enterrar como pobres. "Basta que uma pessoa de alta categoria, o que certamente acontecerá, comece a se alinhar pela classe comum, que ela dará o tom e o exemplo será em breve seguido", e a fábrica da igreja já não receberá as 2 mil libras, nem o preço de um serviço solene.

Não se trata apenas de descontentamento popular, nem de decepções financeiras. "O novo regulamento fere o culto religioso dos funerais." A mais grave censura é a de o decreto cortar em dois a cerimônia: de um lado, o serviço na igreja de corpo presente, que é público; de outro lado, a descida à terra que já não o é: "O curso das principais cerimônias será interrompido, para ser retomado somente às 3 horas da manhã".

Em resumo, ou o povo irá se revoltar, ou se resignará e esquecerá; essa última hipótese era a mais verossímil e eu suspeito de que os párocos tenham exagerado a emoção do pequeno povo. Na realidade, temiam principalmente sua indiferença. "No enfraquecimento atual da fé e dos costumes, essa mudança terá todo o seu efeito. Em pouco tempo, a piedade pelos mortos será aniquilada." E aqui os párocos põem em causa a ação e a propaganda dos "filósofos", o termo é este, que acusam de "preconceito" ou de "fraqueza", pelo fato de "se interessarem pelos mortos". O mal começa por cima, justamente ali onde se recrutam os filósofos. "Infelizmente, uma verdade de experiência em certos Estados [...], entre aqueles que empregam ainda os sufrágios da Igreja, quantos o fazem por pura decência? Quantos não veem nisso senão a política?" Por isso, os serviços religiosos são abandonados. Será que, na verdade, já se assistia, menos ou mais distraidamente, aos funerais e aos serviços? Ficar-se-ia tentado a assim crer, e a amargura dos párocos confirmaria a hipótese da passagem de uma meditação, outrora ascética sobre o nada e a vaidade, à indiferença real. Os párocos pareciam admitir que o povo e a pequena burguesia eram mais apegados aos costumes. Mas temiam os contágios do exemplo dos "primeiros Estados". "Ora, se a fé e a caridade estão reduzidas a esse ponto de depauperamento numa categoria de cidadãos cuja classe e fortuna devem influir, e o fazem de fato, sobre a sociedade uma sensação tão viva, o que não pressagiarão as consequências da nova organização?"

Na verdade, os párocos temem menos o fato em si da clandestinidade da inumação, do que as consequências do afastamento, não com relação ao culto do túmulo e do cemitério que eles ignoram, mas para com as devoções tradicionais às almas do Purgatório. A vista do túmulo tinha, aos olhos dos pastores, duas funções: o *Memento mori* e o *Ora pro nobis*, o convite a se converter e a rezar pelos mortos. Se os párocos de 1763 quase não fazem alusão ao *Memento mori,* no qual pensava o abade Porée em 1735, em compensação o convite à oração os preocupa: "O afastamento, introduzindo ou fomentando a indiferença, consumará o esquecimento e habituará infalivelmente, e em pouco tempo, os cristãos a pensar que os mortos já não são nada [*nihil*], ou que eles *não têm mais necessidade de nada".* Os filósofos terão então triunfado com os "novos sistemas que reduzem tudo à matéria, extinguindo todo e qualquer culto da religião e, em consequência, o culto católico da *oração pelos mortos".*

A originalidade do *Mémoire des curés* está na relação estabelecida por seus autores entre o cemitério e a "oração pelos mortos", tornando ambos solidários e defendendo um para salvar a outra. O argumento é novo. Expressa certamente uma desconfiança em relação à filosofia das Luzes e às formas de cultura que ela propunha. Madeleine Foizil viu nesse aspecto, além disso, uma reação em favor do apego tradicional aos túmulos familiares. Mas penso que esse apego é uma transferência para o passado, feita pelo historiador, de um sentimento que ainda não existia em 1763. No *Mémoire,* os párocos invocavam contra os filósofos a aversão popular, "à maneira dos huguenotes", criticando a clandestinidade da inumação mais ainda do que o seu anonimato, que ainda era frequente.

Entretanto, reconhecendo ao cemitério uma vocação, e defendendo-o contra o decreto que o desvalorizava, o *Mémoire* expressava, indireta e inconscientemente, um sentimento novo e informulado, cuja origem não é popular e que se manifestará abertamente pela primeira vez, mais tarde, num ambiente laico e hostil à igreja. É o que veremos mais adiante. Na realidade, os autores do *Mémoire* eram favoráveis a um *statu quo* que já compreenderia "medidas para afastar as valas comuns". Assim seria criado um cemitério especial para Saint-Eustache e o Hôtel-Dieu, o que descongestionaria proporcionalmente o cemitério dos Innocents, "em relação ao qual há tanta afetação de queixas". Seria o objeto das primeiras providências, antes de suprimirem totalmente esse cemitério. Nos outros cemitérios, cada fábrica de igreja contribuiria com "remanejamentos [...] que insensivelmente e por etapas conduziriam à execução possível do decreto".

Outro memorial, que parece sair do mesmo meio conservador, apresenta outros argumentos.[21] Solta o lastro, abandona os Innocents que não são defensáveis, mas pergunta "por que suprimir os outros cemitérios indistintamente". Existem alguns perfeitamente salubres e nada abarrotados. O mesmo ocorre com as igrejas. "Estarão as igrejas infectadas quando se abre o subterrâneo [o jazigo comum a todas as sepulturas]?" Apenas um momento desagradável a suportar! "Cheira mal, mas só por um quarto de hora." E, principalmente, poder-se-ia enterrar em toda a parte sem consequências, se cada um tivesse sua sepultura particular: "Os mortos [em certas igrejas] têm uma sepultura para cada um. Se fizessem uma cova para cada morto, os cemitérios teriam menos cheiro." De fato, nem os parlamentares, nem os párocos ou fabricantes tinham ousado fazer o processo da vala comum e do amontoamento de corpos.

A ideia que aparece aqui, quem sabe pela primeira vez, se imporá no início do século XIX, na França e em todo o Ocidente. "Que se faça uma cova para cada morto, e já quase não haverá cheiro", esse argumento de higiene se tornará, em seguida, um argumento de dignidade e piedade.

A remoção dos cemitérios para fora das cidades. Que cemitérios (1765-1776)?

Embora o decreto do Parlamento de Paris não tenha sido aplicado, nem por isso a campanha para o afastamento dos cemitérios deixou de continuar. Cerca de dez anos depois, o arcebispo e o parlamento de Toulouse tomarão disposições que serão aplicadas e se estenderão a todo o reino, por uma declaração do rei Luís XIV (de 10 de maio de 1776, imediatamente registrada no dia 21 de maio).

---

21 *Réflexions au sujet de l'arrêt des cimetières*, BN, dossiê Joly de Fleury.

Uma carta de M. Molé,[22] sobre os meios de transferir os cemitérios para fora do recinto das cidades, mostra bem o desvio ideológico que se operou entre 1763 e 1776: as razões de uma nova disposição dos cemitérios são sempre as mesmas, mas a política mudou e também os objetivos.

Saído dos meios radicais imbuídos de filosofia, que redigiram o decreto de 1763, Molé repete mais uma vez a história dos abusos supersticiosos que permitiram enterrar nas cidades e nas igrejas. Mostra como os cemitérios foram indevidamente "submetidos a uma espécie de consagração [...], considerados dependências eclesiásticas", o que não são. Que não se fale, portanto, em cemitério como lugar sagrado.

A originalidade de Molé consiste na contestação do caráter eclesiástico não somente do cemitério, como dos próprios funerais, isto é, do séquito e da inumação. Esforça-se por provar que a presença de padres nos funerais é tardia. Os judeus a proibiam. "Os padres em conjunto só apareceram, a princípio, nos funerais de pessoas notáveis por suas virtudes cristãs [...]. Esses cortejos mais pareciam triunfos do que pompas fúnebres." Por exemplo, os 2 mil monges nos funerais de São Martinho. "Essa assistência, a princípio voluntária, tornou-se insensivelmente um cerimonial habitual, uma deferência à categoria, à superioridade." "Posteriormente, esse costume estendeu-se a todas as pessoas constituídas em dignidade [...]. Pouco a pouco, o clero se encontrou instituído para assistir aos funerais de todos os cristãos." Essa anexação foi devida aos religiosos regulares.

Os religiosos mendicantes foram os últimos a assistir às pompas fúnebres. Preenchiam os lugares que ocupam hoje os pobres e as crianças dos hospitais [sempre presentes: no início do século XIX, ainda serão vistos nos grandes funerais reconstituídos. Mas as quatro ordens mendicantes tinham cessado sua função secular]... Depois do retraimento dos Regulares, o clero das paróquias continuou com o direito de figurar sozinho nas pompas fúnebres, e ao que parece *jamais esse costume fora ordenado nem autorizado pela Igreja.*

---

22 *Lettre de M. M.*[olé] *à M. J.*[amet le jeune] *sur les moyens de transférer les cimetières hors de l'enceinte des villes*, nov. 1776.

O homem diante da morte

Foi, portanto, em consequência de um abuso, que a Igreja clericalizou as exéquias. É preciso voltar ao estado normal, secularizando o cortejo e a inumação. Os padres nada têm a fazer ali.

A secularização do cortejo acarreta a do próprio cemitério. Não só os cemitérios serão localizados fora das cidades, mas também suas administrações se tornarão municipais. "Poupando aos párocos e às fábricas das igrejas o encargo dos novos cemitérios e do que deles depende, fazendo passar essa administração para as mãos de funcionários municipais, seria portanto repor as coisas no seu verdadeiro estado." Um funcionário público, designado como Mestre dos Funerais, teria a função de funcionário do estado civil: esse também será secularizado.

"Nos cemitérios, não haverá capela nem altar", e o bom apóstolo garante que é para "não distrair os fiéis de suas igrejas paroquiais".

Até aqui, Molé vai mais adiante do que os parlamentares de 1763. Retoma às suas disposições relativas à interdição de inumar nas igrejas, à criação de cemitérios gerais fora das cidades (quatro para Paris) e de depósitos distritais: três carretas *corpifères* garantirão a serventia do cemitério.

Mas suas ideias sobre a arquitetura e a concepção do cemitério já não são as mesmas que as dos parlamentares de 1763. O cemitério é mais leigo, menos eclesiástico; contudo, a vontade de nivelamento e de aniquilamento desapareceu. A cercadura alta do muro é acompanhada por uma galeria interior, que contém, nos quatro cantos, quatro monumentos piramidais chamados Repousos. Como no texto de 1763, o centro do cemitério é reservado às valas comuns enquanto as galerias e o espaço que acompanham os muros são destinados não apenas às sepulturas particulares, mas a monumentos individuais. Serão encontradas, sob essas galerias, as imagens, as inscrições e elementos arquitetônicos que tinham invadido as igrejas e os claustros: "Cobrar-se-á pelas inumações nas galerias o que se paga atualmente pela sepultura nas igrejas". Molé propõe o que uma redação provisória do decreto de 1763 tinha conservado e que a redação definitiva rejeitara:

O terreno da galeria Sul será concedido às famílias que têm atualmente jazigos nas igrejas seculares do distrito [...]. Cada família poderá designar por meio de inscrições, epitáfios e outros monumentos, o terreno cedido. Os quatro "repousos" serão consagrados à alta nobreza e em geral a todos os mortos célebres [...] que o governo quiser honrar com essa distinção.

Haverá um lugar para os não católicos "por trás da galeria oposta à de entrada [portanto, bem separada]. Será construído um segundo lugar funerário para os estrangeiros e outros que não seguem o rito romano".

Esse cemitério será, pois, uma galeria de grandes homens. "As categorias e as distinções serão conservadas, e a esperança de ser colocado entre os homens ilustres e úteis exaltará o gênio, sustentará o patriotismo e manifestará as virtudes."

As recomendações de Molé bem correspondem à opinião corrente que encontramos nos grandes textos de Toulouse e na Declaração Real.

O decreto do Parlamento de Toulouse (3 de setembro de 1774) é interessante, principalmente seu preâmbulo. Reproduz os argumentos, dali em diante clássicos, dos médicos: "Os médicos nos asseguram que os gases pútridos que se exalam dos cadáveres empestam o ar com sais e corpúsculos [a redação é exata, científica], capazes de alterar a saúde e causar doenças mortais", mas nós, homens esclarecidos, dedicados ao interesse público, temos adversários:

"Sabemos que temos de combater certo número de pessoas, algumas das quais baseadas numa posse abusiva, outras em títulos extorquidos da complacência, e ainda outras num direito adquirido por quantia extremamente módica, que imaginam que o direito de sepultura nas igrejas lhes foi transmitido". Assim, parece que a oposição ao decreto de Paris de 1763 vinha das famílias que tinham adquirido ou desejado adquirir direito de sepulturas nas igrejas, mais do que de uma oposição popular. O arcebispo de Toulouse, monsenhor Loménie de Brienne designou as mesmas categorias sociais na sua recomendação do dia 23 de março de 1775:[23] "Nada pode deter a vaidade dos grandes que querem sempre ser

---

23 *Ordonnance de Mgr. Loménie de Brienne, archevêque de Toulouse*, 23 de março de 1775, In: Gannal, op. cit.

distinguidos, e as dos pequenos que não cessam de querer se igualar aos grandes" (a pequena burguesia).

O arcebispo interdita absolutamente o enterro nas igrejas a "toda pessoa eclesiástica ou laica [...] mesmo nas capelas públicas ou particulares, oratórios e geralmente em todos os lugares cercados e fechados onde os fiéis se reúnem". Os que atualmente têm o direito de serem enterrados nas igrejas, serão agora enterrados nos claustros, com a condição de mandar "construir jazigos que serão abobadados e pavimentados com grandes pedras tanto no fundo como em cima". O arcebispo recusa o que o Parlamento de Toulouse tolerava ainda no ano anterior.

No futuro, mesmo esse direito de ser enterrado no claustro já não será concedido a ninguém, salvo aos titulares de algumas funções ou prebendas eclesiásticas. "Todos os fiéis sem exceção serão enterrados nos cemitérios de suas paróquias." A ocasião será aproveitada para se fazer o solo das igrejas (não se lê esse texto sem estremecer: quantas lajes e epitáfios devem ter desaparecido durante essas restaurações!).

Os novos cemitérios são previstos de acordo com as normas desde então banais.

A Declaração real retoma as ideias e, por vezes, até as palavras da recomendação de Toulouse. Encontra-se ali a mesma transferência, para o claustro, das sepulturas até então construídas nas igrejas. Mas, no caso de muitas igrejas, não tendo claustro, aqueles que tinham direito de ali serem enterrados:

> poderão escolher nos cemitérios das ditas paróquias um lugar separado para sua sepultura, mandar mesmo cobrir o dito terreno e ali construir jazigo ou monumento, contanto, porém, que o dito terreno não seja cercado e fechado, e a dita permissão não poderá ser dada posteriormente senão aos que têm direito, por título legítimo e não de outra maneira, de serem enterrados nas ditas igrejas, e de modo que reste sempre nos ditos cemitérios o terreno necessário à sepultura dos fiéis.

O cemitério previsto é, por conseguinte, constituído de dois espaços. Um espaço para as valas comuns ou as covas não cobertas por monumento, e um espaço para as covas cobertas por monumento e destinadas aos herdeiros dos direitos de sepultura nas igrejas, sem que essa população possa se estender. É certo que, como o uso, tal restrição teria desaparecido. Chega-se, então, a um modelo muito próximo do cemitério do século XIX, com a diferença de que o espaço mais extenso e, por conseguinte, mais visível é o das valas comuns, o dos pobres.

Entre 1763 e 1776 existe, portanto, uma mudança de modelo. O cemitério de 1776 já não é apenas um lugar salubre, um depósito de corpos. Responde às solicitações que, da Idade Média ao século XVIII, levaram as famílias a encher as igrejas de monumentos funerários. Herdou o mobiliário fúnebre das igrejas, como se este tivesse sido para ali transportado. Tornou-se um local de comemoração que pode ser também de piedade e de recolhimento. O radicalismo francês da década de 1760 cedeu lugar a um sentimento que, por ser oposto a uma tradição clerical, poderia muito bem ser também de natureza religiosa.

O fechamento do cemitério dos Innocents

Entrementes, no final de 1779, infiltrações de ar, provenientes de uma grande vala comum dos Innocents, invadiram os porões de três casas da rua da Lingerie. Essas casas tinham dois andares de porões. "O mefitismo só existia ainda nos segundos andares, que se prolongam por baixo dos carneiros." Condena-se a porta do porão mais próxima do cemitério. O corpo de cânones de Notre-Dame manda construir um muro ao lado, "operação que teve como único resultado expor os operários a acidentes mais ou menos graves" (distúrbios do sistema nervoso). O "mefitismo" infiltra-se através das pedras. Nada se pode fazer. Não se podem conservar acesas as luzes. O mefitismo chega aos primeiros andares dos porões e depois ao rés-do-chão, "que se sentia principalmente nos dias de festa e domingos, dias em que as lojas estavam fechadas e a comunicação do ar exterior ficava menos livre [...]. O mesmo acontecia no momento da abertura das portas. Muitas vezes, a mulher do vendedor de limonadas sentiu-se mal pela manhã, ao descer para o seu balcão".

Apesar do fechamento dos porões, com os calores de junho de 1780, a pestilência se estendeu às casas vizinhas: é como um mal contagioso que

O homem diante da morte

se assemelha a uma epidemia. Há comoção e o corpo de cânones decide atacar a própria causa do "mefitismo": a vala de 50 pés de profundidade. Abrem-na e tentam desinfetá-la, cavando trincheiras profundas a toda a volta, que são cheias de cal viva. Cobre-se a vala com uma camada de cal. Trabalho perdido: o mefitismo passa por baixo!

Mas a operação fora acompanhada de precauções de higiene e de uma encenação que impressionaram o observador. É como se fosse a repetição, em miniatura, do grande espetáculo romântico que será representado, alguns anos mais tarde, em toda a extensão do cemitério:

> Fogos claros acesos a distância no interior desse recinto estabelecem ali correntes de ar e contribuem para purificar a atmosfera [...] O silêncio da noite, perturbado pela primeira vez em séculos nesse triste asilo, um terreno elevado com vários palmos de destroços da espécie humana; templos de ossadas amontoados; tochas acesas; fogos dispersos e alimentados com restos de caixões; essa claridade, prolongando as sombras dos túmulos, das cruzes fúnebres dispersas aqui e ali; esses epitáfios, esses monumentos que o tempo detém enganando a piedade filial e, mais frequentemente, o orgulho que os elevaram, aqui uma habitação para alguns vivos, em meio a milhares de mortos; mais adiante, num canto desse lúgubre recinto, um jardim bem tratado, um caramanchão onde cresce a rosa e onde só deveria crescer o cipreste.

Mas a vida continua; a vida de outrora, que misturava, sem inquietude nem repugnância, os vivos e os mortos, para a surpresa, agora, do espectador esclarecido e, no entanto, comovido: "Logo desperta, a vizinhança acode; já não se trata do encontro com a morte, mas com as moças".[24]

As autoridades de polícia aproveitaram essas circunstâncias e a emoção por elas provocada para fecharem decididamente os cemitérios de Paris, a começar pelos Innocents em 1780, continuando pelo cemitério

---

24 Cadet de Vaux, *Mémoire historique sur le cimetière des Innocents,* proferido na Academia Real de Ciências em 1781. In: Gannal, op. cit., p.86; Thouret, *Rapport sur les exhumations du cimetière et de l'église des Saints Innocents,* proferido na sessão do dia 3 de março de 1789, na Societé Royale de Médecine.

da Chaussée-d'Antin (Saint-Roch), o da rua Saint-Joseph (Saint-Eustache), o de Saint-Sulpice em 1781 e o da ilha de Saint-Louis em 1782.

Foi preciso substituí-los por outros cemitérios, situados às portas de Paris, cemitérios antigos ampliados, ou novos; a partir de 1783, os cortejos, outrora destinados aos Innocents, vão para o cemitério de Clamart, principalmente as inumações do Hôtel-Dieu e do hospital da Trinité. E, em 1784, Saint-Sulpice transfere seus dois cemitérios urbanos para o novo cemitério de Vaugirard, entre as portas de Vaugirard e Sèvres. Em 1787, Saint-Roch desloca seu cemitério de Chaussée-d'Antin para o sopé da colina de Montmartre (Sainte-Margherite); Saint-Eustache aumenta seu cemitério do bairro de Montmartre. Assim, depois de longas tergiversações, uma nova topografia dos cemitérios parisienses é rapidamente realizada – uma topografia do século XIX: Clamart e Vaugirard para a margem esquerda, e para a margem direita, Montmartre e Sainte-Margherite, que será substituído, em 1804, pelo Père-Lachaise. De maneira rápida, passou-se de uma geografia cemiterial medieval, silenciosamente retocada nos séculos XVII e XVIII, por alguns afastamentos das igrejas para a periferia, à geografia extra-urbana concentrada, prevista pelos médicos e parlamentares desde meados do século XVIII: os grandes cemitérios gerais.

Um novo estilo de funerais

Em consequência, depois do fechamento dos antigos cemitérios, as paróquias encontraram-se na situação prevista pelo decreto do Parlamento de 1763: o afastamento dos novos cemitérios já não permitia ao cortejo fazer, de uma só vez, a retirada do corpo da casa, o serviço na igreja e a inumação no cemitério. Era preciso cortar a cerimônia em dois estádios: primeiro, da casa à igreja e em seguida, da igreja ao cemitério. Eis porque haviam sido previstos os depósitos que tiveram de ser organizados, por força da necessidade, pelas próprias paróquias.

A primeira parte da cerimônia foi pública e de acordo com o antigo costume; a segunda parte, do depósito da igreja para o cemitério, foi solitária e expedida sem grandes homenagens. Sébastien Mercier assim a descreveu:

O homem diante da morte

As papeletas para o cortejo dizem que o morto será inumado na igreja, mas o que fazem é apenas depositá-lo: de noite, todos os corpos são transportados para os cemitérios. Acompanha-se o corpo apenas até à igreja, e os parentes e amigos ficam então dispensados de pôr os pés na borda úmida da cova; um pequeno corredor comum os recebe imediatamente, e depois esses corpos vão encontrar o ar livre dos campos.

É o procedimento desejado pelos parlamentares parisienses de 1763 e por Molé em 1776. O autor do *Tableau de Paris* [Quadro de Paris] também o aprova, com satisfação um tanto sardônica: "Esta sábia e nova disposição conciliou o respeito que se deve aos mortos com a salubridade pública. As aparências foram salvas; tem-se a ilusão de ser enterrado na igreja na sua paróquia, enfim, e repousa-se em pleno campo".[25]

"Esta sábia e nova disposição" transforma profundamente os costumes e tem como consequência acentuar o caráter eclesiástico da cerimônia, no sentido de uma evolução já antiga. Com efeito, fora só em meados da Idade Média que o cortejo se tornara uma procissão religiosa. Foi preciso muito tempo para que o itinerário do corpo, entre a casa e o túmulo, fosse desviado pela igreja, ou antes, pelo serviço celebrado no altar com a presença do corpo e, só mesmo na década de 60 do século XVIII esse costume se estendeu, em Paris, aos enterros de caridade! Durante muito tempo, o essencial tinha sido a deposição na terra, enquanto que na época de que falamos, pelo contrário, ele se concentra na igreja. Depois do serviço, à graça de Deus e à boa vontade dos homens! Mas de que homens? O transporte dos corpos em Paris era outrora assegurado por uma corporação – a dos pregoeiros oficiais de corpo e de vinho,[26] também chamados sineiros [clocheteurs][27] e citadores [semoneurs][28] e em outros lugares por irmandades. Mas essas comunidades nem sempre estavam preparadas e aptas para as tarefas que a "nova disposição" lhes impunha, decorrendo

---

25 Mercier, *Tableau de Paris*, t.10, p.190.

26 Funcionários oficiais que anunciavam o falecimento e a hora do enterro (corpos) bem como anunciavam a chegada do vinho e presidiam à sua venda (do vinho). (N. T.)

27 Homens que acompanhavam os enterros tocando a sineta. (N. T.)

28 Homens que levavam os convites e avisos. (N. T.)

daí uma improvisação que durou até à organização dos serviços fúnebres pelo decreto de 10 de agosto de 1811.[29] Esse fato já fora denunciado por um memorial, anterior à Revolução, conservado entre os documentos de Joly de Fleury:

> Foi na época da supressão do cemitério dos Innocents e de todos os cemitérios dentro da cidade que, forçados a transportar os corpos a grande distância de suas paróquias, eles [os párocos] ficaram na condição de dar menos pompa a essa cerimônia religiosa. Já não era possível fazer acompanhar o corpo pelo clero das paróquias. Foi indispensável reduzir a um ou dois padres [e talvez, em breve, a nenhum] o número dos que conduzem ao local da sepultura. A distância do transporte tornou-o impraticável aos bedéis e outras pessoas destinadas ao serviço das igrejas, e *foi preciso substituí-los por carregadores tomados ao acaso nas esquinas das ruas, o que diariamente substitui a religião pela indecência.*

Essa situação foi, sem dúvida, agravada pela Revolução, na medida em que a política religiosa e seus distúrbios reduziram, e até mesmo suprimiram, o serviço na igreja que havia monopolizado todo o cerimonial público dos funerais.

É preciso compreender que existiu, *durante cerca de trinta anos,* um tipo de inumação muito diferente daquele que o precedera e do que o sucederá, inspirado no modelo dos parlamentares esclarecidos e radicais da década de 1760, e que deixava a inumação propriamente dita sem vigilância, à discrição do carregador.

O desinteresse dos parisienses pelos seus mortos

O fato dessa situação ter sido possível revela o estado da sensibilidade coletiva em meados do século XVIII e a indiferença existente com respeito aos mortos e sua sepultura, pelo menos em Paris. A destruição, em 1785, do cemitério dos Innocents e sua transformação o confirmam, após

---

29 Maxime du Camp, t.3; ver Agulhon, op. cit.

O homem diante da morte

alguns anos durante os quais o cemitério desativado formava uma zona de silêncio e de vazio no coração de Paris, perto dos grandes mercados.

Desde o inquérito de 1763, manifestara-se a ideia de transformar os cemitérios em mercados – o que de certo modo já eram – e em praças. Assim, o dos Innocents foi ocupado por uma praça. Que progresso representa essa mudança! O médico Thouret felicita-se no relatório sobre as exumações do cemitério e da igreja dos Saints-Innocents, lido na sessão do dia 3 de março de 1789, da Societé Royale de Médecine. Que lugar horrível, o do velho cemitério:

> Local lúgubre, recinto silencioso e triste, pórticos rebaixados e sombrios, abóbadas antiquadas, e no meio de sua pompa e de seus monumentos fúnebres, os numerosos focos de infecção escondidos em seu seio. [A tudo isso] Comparar-se-á o estado atual do local [a nova praça], aberto, de todos os lados, ao livre acesso dos ventos [não mais um lugar fechado como no urbanismo do século XVII], reforçado sobre fundações, purificado em toda a extensão, aplainado em toda a superfície, embelezado pelos monumentos vizinhos, decorado com uma fonte abundante, a primeira que a capital terá visto jorrar dentro dos seus muros [Paris era uma cidade sem fontes] e reunindo todas as fontes da vida, onde ainda há pouco estavam abertos todos os abismos da morte.

Mas, para chegar a isso, foi preciso proceder a uma formidável exumação, como jamais se imaginara. Não bastava nivelar o cemitério: era preciso desinfetá-lo, isto é, retirar um enorme volume de cadáveres, de terra e de ossos. As exumações duraram dois invernos e um outono (dezembro de 1785 a maio de 1786; dezembro de 1786 a junho de 1787; agosto a outubro de 1787). Retirou-se terra com mais de dez pés de espessura, "infestada de restos de cadáveres"; abriram-se oitenta jazigos (poucos, para um cemitério tão grande), cerca de cinquenta grandes valas comuns, "de onde se exumaram mais de 20 mil cadáveres com os caixões". Médicos, entre os quais o relator, seguiram as operações que lhe forneciam oportunidade de excepcional experiência. Dela se aproveitaram para "acrescentar um novo ramo à história da decomposição dos corpos no seio da terra", uma ciência fascinante desde o *De miraculis mortuorum*, melhorada pelos progressos da química. Nesse laboratório gigantesco, descobriram uma nova forma de mumificação, diferente da decomposição total e da dessecação – a mumificação pela matéria gordurosa.

Os médicos e os poucos padres que assistiam aos coveiros asseguraram que se preservasse um mínimo de decência, o que não impediu que o cemitério dos nossos pais, como diziam dois séculos antes os protestantes derrisórios de H. Sponde, fosse revolvido, trabalhado, arado à noite, à luz das tochas e braseiros, mantidos para fazerem circular o ar.

Foram necessárias mais de mil carriolas para transportar os ossos para as pedreiras de Paris.

Sem dúvida, essas galerias foram preparadas com cuidado e arte; designaram-nas pelo nome de catacumbas, por identidade com as catacumbas da Roma antiga. Desde então, o termo passou a ser empregado no sentido de cemitério: "Nova ordem das coisas que fará cessar o uso tão pouco tolerável dos carneiros das diversas paróquias".[30] Os ossos não foram ali depositados na desordem em que se achavam nos carneiros medievais, mas ao gosto barroco dos cemitérios de múmias de Roma e Palermo. Pode-se ainda vê-los e atraem hoje cada vez maior número de visitantes.

Embora o cemitério subterrâneo tenha sido organizado com respeito e nobreza, o cemitério de superfície foi aniquilado com brutalidade, pelo menos segundo o nosso sentimento atual.

Ora, Thouret reconhece, no seu relatório, que havia razões para temer o descontentamento do povo – esse descontentamento com que os párocos de Paris, em 1763, viam como uma ameaça – se esses cemitérios fossem tocados. A passagem é significativa: "Durante muito tempo, o cemitério fora para o povo um objeto de culto público. Esse respeito não se extinguira inteiramente e, embora subtraído aos olhares há muitos anos [desde 1780], o recinto que ocupava ainda era para o povo um objeto de veneração [não se podia demolir esse cemitério às escondidas]. A menor imprudência poderia indispor os espíritos".

---

30 Thouret, op. cit.

O homem diante da morte

Nada, porém, aconteceu; a população parisiense aceitou, com perfeita indiferença, a destruição do cemitério de seus pais e quase se desinteressou pelas catacumbas, cujo local nunca foi popular em Paris. Mais de cinco séculos de mortos parisienses — assim como a da Palestina, uma terra por vezes tão venerada a ponto de ser adicionada ao túmulo quando não se podia ser enterrado nela — desapareceram, foram dispersos sem piedade e sem homenagens.

Relacionando a indiferença dos parisienses, nessa circunstância, à desenvoltura com a qual eles transferiram a outrem o cuidado de depositar os seus mortos na terra, posso concluir haver uma ausência de piedade em relação, senão aos defuntos, pelo menos aos seus corpos. Trata-se, aí, de uma atitude popular. O decreto do Parlamento de 1763 e as reflexões de Molé em 1776 revelavam um desprendimento semelhante, mas em outro meio. No caso dos parlamentares, podemos reconhecer o término de uma corrente de sensibilidade, por vezes espiritualista e ímpia, que constatamos desde o século XVII: a filosofia das Luzes favoreceu-a sem dúvida, mas seu papel é ambíguo, já que ela também preparou o contrário, isto é, um culto dos cemitérios e dos túmulos, como veremos. De que modo explicar a despreocupação popular? Rápida imitação do modelo das elites laicas e eclesiásticas, que fingiam não dar valor ao corpo? Resposta a uma clericalização dos funerais que outrora reduzira o lugar da sepultura na sensibilidade religiosa, em proveito da alma e das orações pela alma, que concentrara na igreja toda a cerimônia pública e que a partir daí se tornava suspeita?

Os modelos dos futuros cemitérios

Os decretos de 1763 e 1774, a Declaração de 1775 e as decisões de fechamento dos cemitérios antigos pelo chefe de polícia a partir de 1780 previam a criação de novos cemitérios muito diferentes dos antigos, que eram adros de igrejas e ainda se pareciam com eles, mesmo quando se afastavam das igrejas. Como seriam esses novos cemitérios? Quem os construiria? Quem os manteria? Havia ali matéria de especulação para os artistas e financiadores. Por essa razão, os escritórios do procurador geral

Philippe Ariès

de Paris receberam nos anos 1770 e 1780, vários memoriais que continham projetos e oferecimentos de serviços para as "catacumbas", nome frequentemente dado aos novos cemitérios. Eles mostram como era então a imagem ideal do cemitério. Escolhemos três.

O primeiro é um projeto de catacumba circular, que conserva alguma coisa da ousadia dos grandes arquitetos visionários do fim do século XVIII. Compõe-se de um obelisco e de cinco galerias concêntricas, que dividem o espaço em seis zonas, cada uma destinada a certa categoria de sepulturas: o pedestal do obelisco contém oito jazigos, reservados a "pessoas distintas"; um outro compartimento era destinado a eclesiásticos; o compartimento central era reservado às valas comuns; as duas últimas galerias periféricas "serão abertas sem despesa para que os que tiverem pago às suas paróquias os mesmos direitos que pagam hoje para serem enterrados separadamente na igreja (artigo 5 da Declaração de 5 de março de 1776)". Portanto, constituem uma espécie de continuação do mobiliário fúnebre das igrejas; a última galeria periférica será "uma espécie de colunata encostada internamente ao muro da cerca, que servirá de sepultura àqueles cuja lembrança se quiser eternizar por meio de epitáfios ou outros monumentos notáveis".[31]

O autor acrescenta que a Repartição dos cemitérios servirá, também, como Repartição do estado civil; prevê, de fato, uma organização geral, centralizada, dos cemitérios e do estado civil para todo o reino, com um anexo para as colônias, a Índia, as tropas, para "os que morrem a bordo de navios" e para "todos os franceses que morrem em países estrangeiros".

Realizado por Renou, o segundo memorial dá ainda maior ênfase à função cívica do cemitério. O objetivo das "catacumbas" é prestar uma homenagem aos mortos, como se fazia na Antiguidade. O cemitério é constituído de duas galerias, uma circular e uma quadrada, ficando o círculo inscrito no quadrado. No centro, uma capela (no lugar do obelisco do modelo anterior, que continha também uma capela). Entre a galeria circular e a capela, a sepultura dos eclesiásticos. A galeria circular, um pórtico com mausoléus, é reservada à nobreza e às classes superiores. A galeria

---

31 BN, dossiê Joly de Fleury.

quadrada (contra o muro externo) destina-se às classes médias, "cidadãos de ordem inferior", que têm também, como os nobres da galeria circular, sepulturas particulares, mas cujos monumentos são mais modestos.[32]

Entre as galerias quadradas e a galeria circular, estende-se um grande espaço florido e arborizado: ali estão as valas comuns, pudicamente chamadas sepulturas para os pobres. Fora do recinto, dois carneiros em forma de pequenos claustros receberão os ossos das valas comuns.

Os espaços entre as galerias também possuem árvores, arbustos e flores. A harmonia do cemitério é assegurada pela beleza dos monumentos funerários e dos jardins. As galerias abrigarão também:

> Mausoléus e outros monumentos, tanto mais duráveis por estarem ao abrigo do tempo. Ousa-se mesmo declarar que as artes dessa espécie, solicitadas pela vaidade humana [mas tal vaidade já não é criticável, pois acompanha o sentimento antigo da glória e da fama] para erigir soberbos mausoléus, terão frequente oportunidade de serem exercidas e, por conseguinte, de florescerem mais do que nunca na França. Com o tempo, essas catacumbas tornar-se-ão objeto da curiosidade de todos os estrangeiros e *serão visitadas por eles,* como o viveiro das obras-primas nas quais cada artista terá se empenhado ao máximo para se distinguir.

Assim nasceu a ideia da visita ao cemitério. Esse já não é um depósito administrativo, mas objeto de visita. Ainda não é visitado para manter a lembrança dos mortos, mas como um museu de belas-artes e uma galeria de pessoas ilustres.

Os pobres já não serão lamentados, porque as valas comuns disporão de "espaços consideráveis", que receberão vegetação, inclusive árvores. "Inúmeras plantações de árvores de caráter análogo ao do local [no projeto: choupos da Itália, sicômoros, plátanos, teixos, loureiros etc. E o

---

32 Podemos observar como esses dois projetos se mantêm fiéis à ideia do túmulo mural. Sempre se admitiu que um túmulo ao ar livre fosse quase sempre contra um muro, sob um pórtico. Sabe-se que não era assim no *churchyard* inglês, onde as *headstones* eram fincadas na terra. Será necessário tempo para que os franceses se desliguem da ideia de que o modelo nobre é o modelo mural. (N. A.)

salgueiro?] servirão para formar um conjunto na organização global, ao mesmo tempo que tomarão o ar mais salubre." Cerca de vinte anos antes, as árvores impediam a circulação do ar e eram proibidas nos novos cemitérios da administração. Agora contribuem à salubridade do ar. Progresso da crença na benignidade da natureza?

Em resumo, esse cemitério apresenta-se ao olhar como galerias cheias de monumentos num grande jardim.

O terceiro projeto, previsto para a planície de Aubervilliers, tem o mesmo objetivo. Também é composto de recintos socialmente especializados num grande jardim. Tem a originalidade de para lá ter sido transportada a família real, que ocupa um vasto templo central, substituindo a abacial de Saint-Denis. Em torno dele, os grandes pelo nascimento, os nobres e, a seguir, num terceiro recinto, os grandes pela ilustração: "Os grandes homens da Nação que tenham merecido essa gloriosa distinção, como se pratica na Inglaterra na igreja de Westminster. Estátuas ornamentarão seus túmulos". O quarto recinto compreende "duas pequenas igrejas" para "funerais particulares, seis pirâmides e cerca de 2 mil pequenas capelas destinadas a sepulturas particulares para todas as casas ou famílias que as quisessem adquirir em *caráter perpétuo*". É a ideia e o termo de concessão perpétua. O quinto recinto é o das "valas públicas" em que há treze.

O sexto recinto é muito novo e revela outra concepção de túmulo: o isolado na natureza. De fato não é um recinto, e sim um parque, "um terreno intermediário de vasta extensão e, se assim podemos dizer, na forma dos Campos Elíseos, onde todos que tivessem a fantasia de mandar construir um túmulo pitoresco poderiam fazê-lo comprando por uma quantia, a tanto por metro, o terreno para isso necessário".

Esse vasto recinto será cercado de choupos, ciprestes, árvores verdes de toda espécie, de modo a esconder a vista do monumento, o que formaria um dos mais singulares quadros que a imaginação poderia criar; quadro tanto mais rico que *todos os túmulos* até aqui conhecidos podem ficar ali reunidos [um museu de túmulos; assim serão transportados ao Père-Lachaise os túmulos de Aberlado e Heloísa, de Molière...]. Apresentaria, ao mesmo tempo, a reunião dos Grandes Homens e as obras-primas dos artistas célebres que existiram: monumentos que, agora dispersos em diversos lugares e conhecidos de poucas pessoas pela dificuldade de vê-los, tornar-se-ão conhecidos de todo mundo.

A análise dos três projetos permite-nos esboçar a imagem do cemitério na França dos anos 1770-1780, logo antes da Revolução.

Em primeiro lugar, o cemitério reproduz, na sua topografia, a sociedade global, como um mapa reproduz um relevo ou uma paisagem. Todos estão reunidos no mesmo recinto, mas cada um no seu lugar, a família real, os eclesiásticos, em seguida duas ou três categorias de distinção conforme o nascimento, ilustração, riqueza – praticamente, já que os lugares estão à venda – e enfim os pobres. A primeira finalidade do cemitério é representar um resumo simbólico da sociedade. Constitui, também, uma galeria de pessoas ilustres, onde a nação mantém a memória dos grandes homens, como Westminster na Inglaterra, citada pelo nome em um dos projetos, ou mais tarde o Panteão da França.

Enfim, o cemitério é um museu de belas-artes. Elas já não ficam reservadas à contemplação de amadores isolados; têm um papel social, devendo ser usufruídas por todos e em conjunto. Não existe sociedade sem belas-artes, e o lugar delas está no interior da sociedade.

Mas, nem a sociedade, nem a arte devem ser separadas da natureza e de sua beleza imortal. Por essa razão, o cemitério é um parque, um jardim inglês plantado de árvores. Em compensação, a piedade familiar, as relações entre o defunto e a família e seus amigos são negligenciadas: o cemitério é apenas a imagem da sociedade pública.

Estamos bem longe do primeiro projeto dos parlamentares parisienses da década de 1760! De 1760 a 1780, passou-se de uma missão de administração policial, de salubridade e de higiene públicas a uma vocação cívica: a cidade dos mortos, sinal permanente da sociedade dos vivos. Deve-se observar que essa evolução, quase religiosa, aconteceu fora da Igreja. Sem dúvida, os padres não estão ausentes: têm um lugar de honra na hierarquia dos recintos de sepultura; estão igualmente ativos no serviço do cemitério, como ministros do culto, mas seu papel é aqui muito discreto, análogo ao de um oficial público e, principalmente, sua concepção ideológica é estranha à metafísica do cristianismo tradicional e à de toda religião da salvação.

A sórdida realidade dos cemitérios: os mortos no monturo

Naturalmente, a tempestade revolucionária prevaleceu sobre todos estes belos projetos. Contudo, depois do Termidor, as coisas voltaram aos seus lugares e as assembleias nacionais ou departamentais da Convenção, do Diretório ou do Consulado não cessaram de se preocupar com o estado das sepulturas.

De fato tomava-se conhecimento do seu estado indecoroso, que se afirmava não mais ser tolerável. Assim acontecia porque, nos cemitérios gerais criados desde o fechamento dos Innocents e dos velhos carneiros, nada se tinha organizado para as sepulturas particulares, e todos os que morriam em Paris eram enterrados numa vala comum, que nada deixava a invejar às dos Innocents. Em 1799, o cidadão Cambry, administrador do departamento do Sena, escreve:

> Encarregado por vós de visitar os cemitérios de Paris, de constatar o seu estado, examinei-os todos. Poupo à vossa sensibilidade o quadro que eu poderia traçar. Nenhum povo, nenhuma época mostra o homem depois da morte em tão cruel abandono [...]. Como! Esse ente sagrado, a mãe dos nossos filhos, a doce companheira da minha vida [...] ser-me-á arrebatada para ser depositada numa cloaca impura, ao lado, em cima do mais covarde, do mais execrável celerado.[33]

Em 1801, um autor faz alguns personagens dialogarem sobre o assunto. A conversa se passa sob dois ciprestes que marcam o túmulo do irmão do proprietário: estamos no campo, num vale longe de Paris, onde tal sepultura foi possível. Euphrasine não teve essa boa sorte:

---

33 *Rapport sur les sépultures présenté à l'Administration centrale du département de la Seine par le citoyen Cambry*, ano VII (1799).

O homem diante da morte

Feliz aquele que pode vir chorar sobre o túmulo do ser que ele amou! [é o tema novo da visita ao cemitério, ainda desconhecido dos textos de 1760-80] Infelizmente, da minha parte estou privada desse doloroso prazer. Meu esposo foi depositado no lugar da sepultura comum. Arrebataram-no dos meus braços. Impediram-me de seguir o seu corpo [deixara de haver cerimônia na igreja, e não fora previsto qualquer acompanhamento ao cemitério longínquo...]. Alguns dias depois, quis visitar o lugar onde ele fora enterrado [...]. Mostraram-me uma vala enorme com cadáveres amontoados [...]. Ainda agora estremeço. Tive que renunciar a descobrir onde repousavam suas cinzas.[34]

Também é preciso ver como se executava esse transporte ao cemitério. O mesmo autor descreve:

Anuncio-lhe um espetáculo que lhe inspirará justificado horror. Esses homens, que levam ao cemitério comum os mortos da cidade, muitas vezes embebedam-se no caminho, brigam ou, o que ainda é mais revoltante, cantam alegremente, sem que o funcionário público que os acompanha [sucessor do padre e que não devia ser muito mais eficaz] possa lhes impor silêncio.

Dois anos antes, Cambry descrevia um cortejo no seu relatório do ano VII, tal como foi presenciado: "Quando se transportava um morto para o local de sua sepultura, vi nossos carregadores entrarem numa taberna depois de terem jogado diante da porta os dolorosos restos que lhes tinham sido confiados, molharem a garganta com copiosas libações de aguardente", forçarem "os parentes desolados do defunto" quando presentes, o que nem sempre acontecia, a beberem com eles e a "pagarem o preço dessa bebida sacrílega". Com efeito, essa história pertencia ao folclore da época. Contava-se que o ator Brunet, do Palais-Royal, teria gritado à vista de um desses transportes: "Oh, meu Deus! Para ser enterrado dessa maneira, preferiria então não morrer".[35]

---

34 Amaury Duval, *Des sépultures*.

35 Mulot, *Vues sur les sépultures à propos d'un rapport sur tes sépultures de Daubermesnil*, lido na tribuna dos Cinq-Cents, no 21 Brumário, ano V, em Paris. Foi esse relatório que fez adotar a portaria do Departamento do Sena do 4 Floreal, ano VII, sobre os funerais.

O mal provinha principalmente do fato de os empregados do transporte ficarem entregues a si mesmos, sem controle. Por essa razão, quando se queria assegurar alguma decência, era preciso mobilizar uma assistência suscetível de se impor aos carregadores. Contudo, esses quase não se deixavam impressionar. Assim, no dia 7 Frutidor do ano VII, morreu o cidadão Cartier, deputado no Conselho dos Antigos. "A deputação do seu departamento", lê-se no *Messager*, "e vários representantes do povo assistiram ao seu enterro que se fez no cemitério das catacumbas de Montmartre com o indecoro que se observa hoje nos funerais. Essa irreverência pelas cinzas dos mortos é um esquecimento da moral e da religião, exemplo de sacrilégio que não se encontra na história de nenhum povo". No ano anterior (1798), o Instituto decidira, apesar da resistência de alguns confrades, acompanhar seus membros falecidos até ao cemitério.[36]

Desde o tempo da Convenção termidoriana, pensou-se em remediar a licenciosidade dos transportes, fazendo-os acompanhar por um personagem importante, por um magistrado, como sugere o cidadão Avril num relatório, ou por um dos comissários civis da seção: "Não se confiaria *uma função tão honrosa e tão importante* senão a um cidadão que tivesse feito prova das maiores virtudes".[37]

Atribuía-se, em geral, à Revolução – ao Terror – a responsabilidade por essa degradação: "Desde aquela época aboliu-se o respeito devido aos mortos [...]. Desde então, a prática dos funerais foi aviltada e seus costumes degradados com um impudor que espanta mesmo os mais grosseiros" (relatório feito ao Conselho Geral em 15 Termidor, no ano VIII). "Muitos desses costumes ainda subsistem. Denunciaram-vos a indecência desses cemitérios ou, melhor dizendo, desses recintos de mortos apenas cercados por miseráveis tábuas e abandonados a todas as violações das contingências e dos elementos."[38]

---

36 Aulard, *Paris pendant la réaction thermidorienne,* v.5, p.698-9.

37 *Rapport de l'administration des Travaux publics sur les cimetières,* lido para o Conselho Geral pelo cidadão Avril.

38 Relatório dirigido ao Conselho Geral do Sena, no 15 Termidor, ano VIII (3 de agosto de 1800).

Punha-se em causa o nivelamento revolucionário, a busca da igualdade: "Essa deplorável igualdade [...] estendera sua influência até o reino da morte. Ela proibira à piedade filial e à ternura conjugal toda essa pompa inocente, com que os sobreviventes procuram enganar sua dor". Observemos a que ponto tais textos dão ênfase, ao mesmo tempo, ao dilaceramento provocado pela morte e ao papel do luto e da visita ao cemitério na consolação.

Sem dúvida, Chateaubriand foi o mais perspicaz ao dizer: "Na época revolucionária, nós sabemos como os enterros se realizavam e como, por algum dinheiro, se mandavam jogar pai, mãe ou esposa no monturo". Mas ele deu sua explicação: "Não se deve relatar essas coisas senão a um Conselho de Deus: é a consequência da primeira violação da monarquia". De fato, a Revolução só tinha agravado uma situação existente há pelo menos vinte anos. Só que, e este é o fenômeno importante, tal violação já não era mais tolerada. Chocava uma sensibilidade que havia mudado.

O concurso do Instituto em 1801

Algumas medidas foram tomadas em consequência do relatório Cambry: decidiu-se em Paris suprimir os depósitos, sendo que então os corpos deveriam ser retirados dos domicílios, e tentou-se nova reorganização dos cemitérios. Em vão.

Em 1801, o ministro do Interior, Lucien Bonaparte, convidou o Instituto da França a pôr em concurso o seguinte tema: "Quais as cerimônias a serem feitas para os funerais, e o regulamento a adotar para o local das sepulturas". Nessas cerimônias, "não se deve introduzir qualquer forma que pertença a qualquer culto", procurando suscitar um modelo laico.

O Instituto recebeu quarenta memoriais, e o prêmio foi conferido a Amaury Duval e ao abade Mulot, antigo deputado na Assembleia Legislativa. Suas monografias permitem medir o caminho percorrido desde 1763.

O princípio da sepultura fora das cidades ficou assim estabelecido por razões de higiene; não se voltou a comentá-lo senão para deplorar mais uma vez o estado dos antigos cemitérios paroquiais.

Outro princípio, e novo, que já aparecia no *Mémoire des curés de Paris,* de 1763, mas que fora depois negligenciado, serve de base a todas as reflexões. Foi unanimemente aceito e proclamado: "É preciso que todo indivíduo possa prestar aos manes dos seus próximos os testemunhos expressivos de sua dor e de suas saudades; é preciso que o ser sensível que sobreviver à mãe terna, a uma esposa querida, a um amigo sincero encontre alívio para sua dor no respeito prestado às suas cinzas".[39] O essencial tornou-se a relação afetiva entre o desaparecido e o sobrevivente. É em função dessa relação *privada* que se discutem as medidas a tomar.

Uma das monografias não premiadas, *Des tombeaux et de l'influence des institutions fúnebres sur les moeurs* [Dos túmulos e da influência das instituições fúnebres sobre os costumes], de J. Girard, oferece uma análise clara dos conceitos dominantes a esse respeito. A morte é ali definida, desde o início, não como perda da vida, mas como separação entre vários entes que se amam. É tanto a morte do outro, como a morte de si mesmo, e só é morte de si mesmo para o outro: "Um dia chorarei os que são caros, ou serei chorado por eles". É assim que a ideia da morte já não convida mais, como no tempo de Horácio ou na Idade Média da *ars moriendi,* a usufruir as coisas: "A essa ideia, a alma oprimida gostaria de se abrir toda inteira para envolver os *objetos de sua afeição* [...]. Quantos cuidados e provas de amor gostar-se-ia de lhes dar! Como se deploram os desgostos que se lhes causaram, os momentos que se passaram sem vê-los...".

Tal é o sentimento de um homem de 1800. Esse é também o que inspira normalmente a natureza. Mas semelhante sentimento natural foi "desviado" pela religião. "Esse culto tocante que os primeiros homens prestaram aos mortos, tornou-se um princípio de erro, uma fonte de males. A superstição nasceu no meio dos túmulos." Sob duas formas: a primeira é o medo irracional dos mortos, das almas do outro mundo, "dos espectros e das larvas hediondas", face horrível e inventada da morte; a segunda é a crença na oração pelos mortos.

---

39 *Sépultures publiques et particulières,* ano IX.

O homem diante da morte

O homem abandonou as luzes da razão [...], já não era com sublimes invocações que ele honrava os deuses [um culto muito despojado, desprovido de superstições parasitas], mas por atitudes penosas, macerações dolorosas ou sacrifícios cruéis. O padre perdeu seu caráter divino [o da verdadeira filosofia e do futuro positivismo]. O culto já não passava de uma profanação das leis mais santas, e a voz do céu, do grito de terror e de cobiça. [O tempo da Igreja desde a Idade Média, escola de superstições, foi responsável por ter feito da morte objeto de pavor.] Somando-se os males sem número, causados pelos temores supersticiosos da morte e da existência que a ela se segue [eis a imortalidade, que parece bem equiparada às superstições], ver-se-ia o homem escravo ter com os deuses somente comunicações sangrentas.

"As instituições fúnebres", do passado cristão da França, "nasceram da mesma fonte que as ideias supersticiosas." Não se trata de ressuscitá-las. Alguns chegarão a pensar que elas foram responsáveis, tanto quanto a Revolução, pelo indecoro das sepulturas. A Igreja desviou o culto antigo dos mortos para o da alma imortal, objeto de sufrágios, e abandonou o corpo ao monturo.

Mas o que, sobre as ruínas da Igreja, invadiu os costumes não é melhor: o materialismo.

Um perigo, maior ainda, é o de um materialismo humilhante e gelado que destruiria a influência da moral e a ação do governo, e paralisaria um dos seus principais meios de poder [...]. A superstição pode servir para reunir os povos, para consolidar a autoridade nas mãos de um chefe, mas o materialismo destrói toda a magia da ordem social [...], rompe essa cadeia sagrada que desce do céu para a felicidade da terra [essa cadeia sagrada: eis a religião filosófica, aceitável pela razão]. Então, já não há esperança para a virtude, freio para o crime, consolo para a dor [a consolação é colocada exatamente no mesmo plano que a justiça] [...]. O materialismo e a superstição são, portanto, igualmente temíveis.

Em direção a um culto dos mortos

Alguns autores de memoriais não queriam separação entre as "seitas", isto é, as religiões: "Os homens de todas as seitas serão colocados perto um do outro nesse asilo de paz, onde parece que as *opiniões* não deveriam mais estabelecer diferenças entre eles".[40] Por essa razão, não devia haver cruzes num cemitério ideal.

Trata-se, portanto, de um culto a ser instaurado: "Não estabelecereis um culto dos mortos", se não tomardes certas precauções. Esse culto deve "inspirar temores salutares, sem inspirar terrores vãos". As cerimônias devem ser "ao mesmo tempo simples e comoventes", despertar a sensibilidade, dirigi-la "para um objetivo moral e religioso".[41] Portanto, essas cerimônias serão laicas, mesmo que se admita a possibilidade de introdução de serviços confessionais, apenas tolerados.

Depois da morte, prevê-se uma exposição ("tratemos de manter a exposição dos mortos") que, para Duval e Girard, deve ser feita com o rosto descoberto, conforme o costume abandonado há séculos, salvo no Sul da França, a fim de permitir e prolongar "uma comunicação com os mortos". As antigas cerimônias teriam tido essa finalidade. É preciso substituí-las por outra coisa que lhes faça as vezes, como a exposição pública em casa e no templo, sendo esse último evidentemente não confessional.

O embalsamamento é recomendado, pelas mesmas razões que a exposição do rosto descoberto. "As artes nos transmitem os traços dos que amamos; seria ainda bem mais suave empregar-lhes o poder mágico de restituir o aspecto da vida a esses órgãos gelados pela morte e enganar o sentimento que viria reanimar esses corpos mudos, para conversar com eles e tê-los por testemunhas das nossas castas lembranças." O desejo de prolongar tanto quanto possível a aparência dos traços e a faculdade de vê-los irão desenvolver e aperfeiçoar todas as técnicas de conservação.

---

40 Duval, op. cit.

41 Duval, op. cit.; Girard, *Des tombeaux et de influence des institutions funèbres sur les moeurs*; Robinet, *Paris sans cimetières*.

Assim, podemos nos perguntar se, no espírito das pessoas da época, tais técnicas não seriam destinadas a evitar a inumação, permitindo manter o morto sempre visível, conservá-lo para assim poder conversar com ele.

Um dos personagens dos diálogos de Amaury Duval, uma mulher cuja mãe desapareceu nesses abismos que se gostaria de suprimir, expressa tudo o que ela deve à "química moderna": "Um mês depois, meu filho morreu. Ah! Esse pelo menos eu ainda possuo, embora ele já não me devolva os meus beijos e não mais responda à minha voz. Graças às descobertas da química moderna, pôde se conservar no meu filho os seus traços e quase a cor da sua compleição". O processo não é novo, pois Necker e sua mulher eram conservados em Coppet, em duas cubas de álcool, onde a filha poderia contemplá-los. Vê-se aqui o interesse pelo corpo morto e pela sua conservação no século XVIII, mas em outro sentido, que é o de prolongar a presença física de um ente querido.

Nessas condições, a exposição do corpo embalsamado e quase vivo no templo nos faz pensar em uma *Funeral Home* americana, em Forest Lawn, o cemitério de Los Angeles. Sem dúvida, talvez não haja continuidade entre essas utopias do final do século XVIII e início do século XIX, e os embalsamamentos americanos que começaram, segundo se diz, durante a Guerra de Secessão; a semelhança, porém, é perturbadora.

O Templo será o lugar de uma cerimônia organizada por "agentes fúnebres", magistrados que substituíram os padres e que são também os agentes do estado civil e os gerentes de uma espécie de quadro de honra nacional. Pensou-se em reunir, num único instituto, o estado civil, o culto dos mortos e a ordem nacional do mérito. A cerimônia começaria pela proclamação da morte do defunto. Em seguida, seu nome seria afixado num quadro de honra, durante determinado tempo – um mês, por exemplo.

A proclamação será acompanhada pelo elogio fúnebre e pela leitura solene do testamento. Aí está uma curiosa tentativa de restauração do testamento, cujo papel sentimental e religioso declinara desde meados do século XVIII.

Em seguida, o caixão será levado nos braços de homens, ou então, colocado num carro fúnebre, cuja "forma lúgubre indicará o uso a que se destina", e conduzido por um guia a pé.[42] A partir desse momento, há uma escolha: cemitério público ou propriedade privada?

O cemitério público não se assemelha aos projetos muito arquiteturais dos anos 1770 e 1780. Os campos de repouso serão grandes espaços verdes, sem edifícios nem monumentos. Os construtores de túmulos são desencorajados: aceita-se exclusivamente, e de mau grado, uma inscrição de alguns centímetros de largura no lugar do corpo, com o intuito de lhe marcar a localização, porque se sabe que não pode haver culto pelos mortos "ali onde o filho ignorará o túmulo em que repousa o pai". "Que as leis proíbam erigir qualquer espécie de túmulo de pedra, mas não há inconveniente a que o façam de grama." A grama anglo-americana de Forest Lawn, o *lawn cemetery* [cemitério de grama]! Entre os túmulos gramados,

> serão providenciados caminhos onde a melancolia passeará suas divagações. Serão sombreados por ciprestes, choupos de folhagem trêmula, salgueiros chorões [os salgueiros chegam com a grama]... Riachos correrão [...]. Esses locais tornar-se-ão assim um Eliseu terrestre em que o homem cansado dos desgostos da vida vai repousar ao abrigo de todos os ataques.

Um jardim inglês: "Ali se verá a rosa murchar a cada primavera sobre o túmulo de uma jovem virgem que, rosa como ela, só viveu uma estação"[43]

"O esposo irá se liberar, sem receio, a todo o encanto de sua dor e poderá visitar a sombra de uma esposa adorada. Finalmente, os que estão presos à memória de seus benfeitores por lembranças queridas, encontrarão um lugar de paz nesse asilo consagrado ao recolhimento e ao reconhecimento."[44]

Em geral, terá acesso livre, mas "sob a proteção do governo". Alguns desejariam fechar o cemitério ao público, salvo numa certa época, que seria consagrada "à lembrança e ao culto dos mortos". Mesmo nesse caso,

---

42 *Sépultures publiques*, op. cit.

43 Girard, op. cit.

44 Duval, op. cit.

O homem diante da morte

porém, um filho, um parente, um amigo poderiam "vir algumas vezes chorar sobre o túmulo querido".[45]

Nesses projetos, fica-se impressionado com a fraca contribuição do Panteão nacional, da Galeria dos Ilustres e do Museu públicos, inspiradores dos planos de 1780. A função privada do cemitério prevaleceu sobre a sua função pública. Quando muito, essa só é tolerada como uma necessidade nas grandes cidades, e ainda assim por causa dos pobres. Se se vivesse como nos tempos felizes da Idade de Ouro, nos campos pacíficos, seria possível fazer a economia do cemitério comum.

Porque cada um tem o direito de dispor do próprio corpo. "Se podemos dispor de nossos bens, como não poderíamos dispor de nós mesmos!" O melhor lugar para o "último asilo" é a propriedade familiar. A sociedade "deve convidar o homem comum a colocar seu túmulo nos campos paternos", por oposição aos cidadãos ilustres de que ela se apodera para erigir-lhes túmulos monumentais, a fim de fazê-los reviver na memória da posteridade. Mas até mesmo esses túmulos nacionais devem ficar isolados, como sepulturas privadas. "A sociedade deve designar locais *particulares* para a sepultura dos grandes homens, e próximos [...] do antigo teatro dos seus trabalhos": Jean-Jacques em Ermenonville, La Fontaine no meio de um bosque, Boileau numa esplanada.

Cada um em sua casa: "Por que o pacífico lavrador não poderia ter a esperança de repousar em meio aos campos que cultivou? Ah! Deixem-no escolher o lugar onde adormecerá um dia, quer ele prefira o pé do velho carvalho [...], quer deseje ser colocado perto da esposa [...], do pai [...], de um filho".[46] Pequenos bosques religiosos.

Seria, aliás, a melhor maneira de enraizar os homens na sua pátria. Assim se tornaria possível crer que se fazia questão dos mortos, porque se fazia questão dos seus campos. A interpretação não é válida; o contrário é que é a verdade: faz-se questão dos campos, porque se faz questão dos seus mortos, e, com a continuação, cria-se um amor comum e maciço pela terra e pelos mortos. Aqui, em plena Convenção do Termidor, em

---

45 *Sépultures publiques*, op. cit.
46 Girard, op. cit.

pleno Diretório e Consulado, numa elite imbuída da filosofia das Luzes, desconfiada, se não hostil em relação à Igreja, de sua influência e de sua história, assistimos ao nascimento de um conceito no estilo de Barrès, Péguy e Maurras, mas principalmente positivista, da pátria carnal. O parentesco é evidente. "Como os campos lhes serão mais caros", quando contiverem os túmulos dos seus pais.

> Quereis convocar os homens para costumes mais puros, para as verdadeiras afeições de onde provém o amor da pátria, não esse amor entusiasta e delirante que só se nutre de abstrações e de quimeras orgulhosas [o jacobinismo talvez], mas esse amor simples e verdadeiro que faz amar a pátria como uma divindade protetora, que mantém em nosso redor a ordem e a tranquilidade. Prendei os homens ao solo que os viu nascer [em especial, ali enterrando os seus defuntos]. Aquele que ama o campo paterno estará mais preso à pátria por esse simples elo, do que o filósofo orgulhoso.

> Esses são os elementos de que se compõe o verdadeiro amor à pátria. Apegamo-nos aos nossos campos, porque é deles que tiramos a subsistência das nossas famílias. A aldeia em que nascemos nos é cara, porque nela estão a casa paterna, o templo onde vamos rezar, a praça onde conversamos com os amigos. Estamos apegados à nossa província, porque o nosso lugarejo dela faz parte, e a grande pátria, enfim, só nos interessa porque contém o círculo inteiro das nossas afeições, e que é para nós o apoio protetor. As sepulturas particulares nos ligarão, ainda, aos campos paternos por um sentimento de reconhecimento e de honra.

Não mais se venderão os campos que contêm túmulos. Serão defendidos contra o inimigo. Do mesmo modo, "as sepulturas particulares reunirão a dupla vantagem de nos ligar à família, à propriedade e à pátria".[47]

Essas citações foram extraídas do memorial de J. Girard. O de Amaury Duval sugere a mesma política, com menos argumentos sociológicos: "Não me é preciso dizer que depois da exposição pública no Templo,

---

47 Ibid.

O homem diante da morte

cada família terá o direito de dispor daquele que acaba de perder. Poderá mandar transportá-lo para as terras que ele possuía, e até mesmo erigir-lhe os mais faustosos monumentos". Duval sonha para ele próprio uma sepultura particular, mas sem esses faustosos monumentos que despreza e cuja moda ele receia, sendo por isso que os exclui do cemitério comum. Repousará na natureza:

> Quando eu regressar à minha pátria, quero no pequeno campo que me deixará meu pai, cavar eu próprio a minha sepultura. Colocá-la-ei debaixo dos choupos que ele plantou e que ainda me parece vê-los à beira do riacho que molha suas raízes. Em torno florirão lilases e violetas. Ali, várias vezes por dia levarei meus amigos e mesmo aquela que será minha companheira muito amada [...]. Como esse lugar lhes será querido [a nossos filhos], se tiverem os mesmos gostos que nós, se tiverem a minha alma, muitas vezes beijarão, depois da minha morte, as árvores vizinhas: é no interior delas que será filtrada a matéria de que se compunha o meu corpo.

A dissolução na natureza já não é a volta ao nada, tal como era considerado pelos libertinos do século XVIII, mas uma espécie de metempsicose: é sempre o mesmo ser querido sob outras formas, formas vegetais. A natureza, mas não uma natureza qualquer, o campo paterno é feito de matéria dos mortos, parentes e amigos – ela os reproduz indefinidamente.

Tendo sido regulamentadas a cerimônia pública no Templo e a inumação no cemitério comum ou no campo paterno, resta o luto. Por essa palavra eram compreendidos, ao mesmo tempo, o conceito das condolências e o estilo de vida imposto pelo costume aos sobreviventes. Fora constatado por esse mesmo grupo de filósofos de que se recrutavam os redatores do decreto do Parlamento de 1763, que denunciava o *Mémoire des curés de Paris*, da mesma data.

Foi, também, para responder ao decreto que o abade Coyer escrevera *Étrennes aux morts et aux vivants* [Brindes aos mortos e aos vivos], em 1768. Nascido em 1707, antigo jesuíta (deixara a Companhia em 1736), preceptor de um Turenne, capelão-geral da cavalaria, autor de um plano de *Éducation publique* [Educação pública] e de um *Traité de la noblesse marchande*

[Tratado na nobreza comerciante], representa bem as ideias da *intelligentsia* esclarecida.[48] Ele é hostil ao luto que mantém nos costumes uma "imagem cruel da morte", velha de vários séculos, quando se deveria, pelo contrário, "tornar a morte agradável". E compreendo que Madeleine Foizil[49] tenha ficado tentada a ver nos filósofos do final do século XVIII, os precursores dessa modernidade de meados do século XX, em que a morte já não é horrível nem agradável, mas ausente. A morte do abade Coyer é "agradável", como a dos La Ferronays e a dos Brontë; anuncia, ao mesmo tempo, a morte romântica do século XIX e a morte interdita de hoje, sugerindo, por essa origem comum, alguma relação secreta entre as duas. Os românticos amavam e desejavam a morte e, por mais cristãos e católicos que tivessem sido, não a temiam. Poderiam ter adotado o comentário de Coyer, negação ou ainda inversão da velha *ars moriendi:* "O temor que se manifesta deve ser relativo ao gênero de vida que se levou, e as almas privilegiadas têm mais razão para desejar o fim da sua peregrinação do que para temê-la". Aqui, torna-se palpável a complexidade dessa cultura em que confluem um cristianismo reformado, um racionalismo hostil às Igrejas, uma tendência hedonista e os fermentos do romantismo.

Quando trata dos costumes do luto, observe-se que tom de mofa ele adota:

> É quando nos encontramos em aflição que devemos procurar sair dela através de objetos capazes de alegrar os olhos e a imaginação. [Nas análises de G. Gorer, de que se falará no capítulo seguinte, a viúva passará o dia do enterro do marido jardinando com os filhos.] Vamos, pelo contrário, enterrar a nossa dor nos tecidos e no vazio dos apartamentos semelhantes aos salões de jogo de péla [alusão, suponho, ao despojamento dos aposentos durante o grande luto]. Não seria esse um preconceito desarrazoado? Pelo fato de um homem ter morrido, não se conclui que os outros devam morrer com ele [...]. A verdadeira dor concentra-se no coração [argumento que tenho

---

48 Coyer, *Étrennes aux morts et aux vivants*.

49 *Revue historique*, op. cit.

O homem diante da morte

ouvido muitas vezes], sem ficar presa ao vestuário lúgubre, como é próprio dos nossos costumes.

É bem possível que Coyer tenha tido discípulos, pelo menos em Paris, e que o relaxamento dos costumes que observamos nos cortejos do final do século tenha sido acompanhado pelo abandono paralelo do luto. Mas assiste-se a uma reviravolta. Duval diz que se "desertam" os apartamentos dos mortos; Girard quererá *"restabelecer o costume quase esquecido do luto* [...], que o reconhecimento lhe prolongasse o prazo. Na França, o luto era geralmente fixado em um ano. Em algumas províncias, ainda o prolongavam por mais seis meses. Hoje, tudo mudou; o luto não passa de uma faceirice sentimental".[50]

Em 1800, já não era permitido falar em luto no tom leviano e de mofa do abade Coyer em 1767. Novas praias de afetividades foram descobertas pela grande maré da História nesse intervalo. Habituados à lentidão secular das mudanças psicológicas, ficamos surpresos com a emergência extraordinariamente rápida de uma nova sensibilidade. Sem dúvida, ela teria caminhado subterraneamente – e, aliás, as mudanças nas relações familiares do final do século XVII já a anunciavam[51] –, mas tudo se alterou muito depressa durante o último terço do século XVIII.

Vimos, no capítulo precedente, não apenas a volta dos grandes lutos, mas ainda a simulação da espontaneidade; não se obedece aos costumes, segue-se o impulso da dor, vai-se mais longe que o hábito ou se procede diferentemente. Assim, mesmo na aristocracia, a viúva já não aceita ficar reclusa em casa durante o ofício; ela o assiste, primeiro às escondidas, num canto da igreja e das tribunas. No dia seguinte, ela usará o luto, invisível sob véus e crepes, que já entrou nos costumes da burguesia.

---

50 Lanzac de Laborie, *Paris sous Napoléon*.
51 Cf. Flandrin.

Philippe Ariès

Mortos vitrificados...

Os memoriais que acabo de analisar expressam a opinião de pessoas sérias, equilibradas, racionais, dignas de consideração e representativas da sensibilidade geral.

O assunto estava na moda. Assim, simultaneamente a essa leitura respeitável, surgiram fatos que consideramos um tanto loucos, e que as pessoas da época também assim julgavam. Esse gênero de loucura, porém, deve ter algum sentido.

Pierre Giraud não parece ser uma pessoa qualquer. É arquiteto do Palácio de Justiça, interveio, arriscando sua vida, para salvar vítimas do ano 11; já compusera, no ano IV, um projeto de cemitério a que dera entrada no Departamento do Sena no ano VII. Retomou-o num pequeno trabalho, publicado em 1801, por ocasião do concurso do Instituto: *Les Tombeaux ou Essai sur les sépultures*, "trabalho no qual o autor lembra os costumes dos antigos povos, cita *sumariamente* os hábitos observados pelos modernos [não são dignos de interesse, por causa da Igreja], sugere processos para dissolver as carnes, calcinar as ossadas humanas, convertê-las em substância indestrutível e compor com elas medalhões de cada indivíduo". Há pouco falamos da dissolução na natureza. O processo proposto aqui consiste em substituir a natureza pela ciência, para melhor conservar a lembrança dos mortos.

A técnica não é nova, está ligada à literatura *de miraculis mortuorum* do século XVII. O inventor citado por Giraud, Becker, já era conhecido de Thouret, que dele fala no seu *Rapport sur les exhumations des Innocents* [Relatório sobre as exumações dos Innocents]. A matéria graxa das grandes valas transformava-se, em seguida, num verdadeiro vidro; podia-se então passar de múmias de gordura a múmias de vidro! Becker foi o autor de uma *Physica Subterranea*, publicada em Frankfurt, em 1669, e reeditada em Leipzig, em 1768. Observou que a terra da decomposição do homem é a mais vitrificável, "que ela produz um vidro muito bonito, mas não revelará o processo porque temia cometer um sacrilégio". Giraud assim comenta o texto do químico: "No tempo em que o célebre Becker escrevia, sua fraqueza era desculpável". A vitrificação, realizada naturalmente pela estada nas grandes valas, pode ser obtida pela indústria do homem. Desse modo poder-se-á "vingar [os manes sagrados] para sempre os ultrajes do tempo e o capricho dos homens".

"Possa toda a humanidade compenetrar-se profundamente dessa virtude constante: que todo indivíduo que não respeita os mortos está bem perto de assassinar os vivos."

O cemitério previsto por Giraud decorre do tipo dos projetos de 1770 e 1780: um recinto com pórtico, em torno de uma pirâmide central; ali se interrompa a similitude, já que o pedestal da pirâmide é um forno crematório e as colunas do pórtico são de vidro, o vidro "[que provém de] ossadas humanas recolhidas nos antigos cemitérios abandonados [...]. Sentindo-se alguma dificuldade em fazer um emprego tão nobre desses restos da humanidade, substituir-se-iam então os ossos pelos de animais domésticos". Sob a galeria, monumentos igualmente de vidro; medalhões e placas comemorativas.

O forno crematório é composto de "quatro caldeiras capazes de conter 1, 2, 3 e 4 cadáveres imersos numa lixívia cáustica, denominada saboeira [...]. As matérias animais, reduzidas a geleia e depois a cinzas, são suscetíveis de serem colocadas por trás do medalhão que representa o indivíduo, e mesmo de serem acrescentadas à matéria vitrificável". Anexo ao projeto, encontra-se o "Processo para fazer uma boa lixívia, chamada saboeira, própria para dissolver carnes humanas" e a "Arte de vitrificar as ossadas", de Dartigues.

O vidro obtido é uma nova forma do corpo humano, tornado incorruptível e imperecível. É matéria bruta. Que fazer dela?

O primeiro meio, o que mais lisonjeia uma imaginação religiosa [...] [consistiria em] moldar com esse vidro um pequeno busto numa forma feita em vida da pessoa e que seria o seu retrato. Basta ter coração para sentir como seria consolador para uma alma terna a posse de um busto de material agradável, tendo a vantagem inestimável de ser o retrato e a substância idêntica de um pai, mãe, esposa, filho, amigo, de qualquer ente querido.

Infelizmente, o vidro não é bastante fluido. A melhor técnica consistiria em "fazer, em baixo-relevo, o retrato que se gostaria de ver, fazer um molde desse baixo-relevo e, em seguida, derreter o vidro no molde".

Esses medalhões seriam expostos nas galerias, com os epitáfios. Imagine-se o efeito sobre os visitantes: "Quantos filhos seriam naturalmente desviados, desde a mais tenra infância, do caminho do crime e mesmo da dissipação, à simples visão dos medalhões de seus virtuosos antepassados".

Deve haver bastante vidro para que se faça dois medalhões, um para o cemitério e outro portátil, que acompanharia a família nos seus deslocamentos, como uma *mourning picture* [quadro fúnebre].

> Gostaria ainda, que aquele dos filhos que mais tivesse merecido de seus pais, de seus semelhantes e da pátria, fosse o herdeiro natural das ossadas, cinzas e medalhões dos seus avós. Que ele pudesse levá-los para toda a parte como um móvel, com o encargo de responder por eles perante o resto da família e de os apresentar sempre que ela o solicitasse.

Um único inconveniente é que essa cadeia de operações era custosa. Que fazer então com os pobres que não a poderiam pagar? Nosso autor não é apanhado de surpresa; seu engenho não tem limites. "As pessoas de pouca fortuna que não pudessem fazer as despesas da vitrificação e que, no entanto, desejassem pelo menos o esqueleto do objeto de sua afeição, poderiam reclamá-lo, e lhes seria entregue, pagando o custo da dissolução das carnes…" Alguns nem mesmo pagariam esse preço ou não sentiriam a necessidade de guardar em casa os esqueletos dos seus queridos desaparecidos. Nem por isso esses ossos ficariam perdidos:

> Os esqueletos não solicitados seriam levados para as catacumbas [debaixo das galerias] e os resíduos das carnes depositados numa das oito valas do campo do Repouso. Passado um ano, as ossadas seriam convertidas em vidro, para se juntar à composição dos monumentos indicados sob as galerias. Assim se faria da própria coisa um conjunto interessante, que se conseguiria em poucos anos [graças ao grande número de esqueletos não reclamados dos pobres] terminar um monumento único no gênero.

O homem diante da morte

Apesar do seu entusiasmo, P. Giraud tinha alguma dúvida sobre o destino do seu projeto, por essa razão se ofereceu como objeto de experiência.

Estou tão convencido do bem infinito que resultaria da execução desse projeto, que recomendei de antemão [...] me fazerem servir de exemplo, se ele não for realizado antes da minha morte, combinando com um fabricante de sabões ou cirurgião para separar os meus ossos do resto dos meus despojos e de pôr fogo às carnes e gorduras, reunindo as cinzas que daí resultarem com o meu esqueleto, neste túmulo *que mandei construir expressamente no meu jardim,* esperando que os meus descendentes possam mandar converter meus ossos em vidro.

Acontece de uma caricatura engraçada dizer mais do que muitos comentários pomposos sobre fatos comuns. A caricatura é aqui involuntária e o humor ausente; o quadro não é por isso menos significativo. A finalidade de toda essa extravagância é subtrair ao "horror do túmulo" e à corrupção os restos dos entes queridos e fazer coincidir, num mesmo objeto, a imagem dos seus traços e a matéria de seus corpos. Tal ideia não teria parecido absurda ao príncipe Sangro no seu gabinete napolitano do século XVIII, nem a Frankenstein. Mas esses buscavam, como os alquimistas da Renascença, o princípio do ser. P. Giraud procura a presença do outro. Ele teve apenas a infelicidade, para sua própria verossimilhança, de confundir as linguagens de dois tempos que se separavam: o tempo em que o cadáver prometia os segredos da vida a quem o abrisse, e o tempo em que o cadáver dava a quem o contemplava a ilusão de uma presença.

O decreto do 23 Pradial, ano XII (12 de junho de 1804)

Durante toda a segunda metade do século XVIII, a preocupação com o sepultamento foi constante. As razões aparentes para o interesse pelo assunto variaram, mas não o interesse em si e nem a seriedade. O sepultamento, que era um ato religioso e eclesiástico, tornou-se, em primeiro lugar, uma operação que competia à polícia e à saúde pública e, finalmente, voltou a ser um ato religioso, mas de uma religião sem confissão nem Igreja, uma religião da lembrança e, quando muito, formas não cristãs de sobrevivência. Esse longo debate teve na França uma conclusão oficial. O decreto do dia 23 Pradial no ano XII (12 de junho de 1804) devia assegurar, com algumas pequenas modificações, até os nossos dias, a regulamentação dos cemitérios e dos funerais. A administração, sob todos os regimes, diminuiu constantemente a importância moral e religiosa do decreto, para reduzi-lo a uma simples medida de higiene coletiva, o que certamente não estava no espírito dos seus inspiradores. Mais do que um texto regulamentar, é uma espécie de fundação de um culto novo – o culto dos mortos. Mas, só se pode percebê-lo assim se o situarmos no final de meio século de angústia e reflexão.

O decreto confirma, definitivamente, a interdição de enterrar nas igrejas e nas cidades, a pelo menos 35-40 metros dos limites urbanos.

Em seguida vai mais longe do que os projetos de 1801, que conservavam o princípio das antigas valas dos pobres. Levanta a condição de que os corpos não mais serão sobrepostos, mas sempre justapostos. Trata-se, pois, de uma mudança completa de hábitos. As sepulturas particulares, até ali reservadas aos que pagavam, eram desde então a regra comum: mesmo as sepulturas dos pobres deviam ser separadas umas das outras (voltar-se-á depois a essa disposição por razões de economia; suprimiu-se para os pobres a separação entre as sepulturas, mantendo-se, embora, a obrigação do caixão: foram eliminadas as serapilheiras e as padiolas banais). Os pobres passaram, portanto, e ainda são (?), a ser enterrados uns ao lado dos outros (e não mais em cima uns dos outros), numa trincheira contínua. A distância entre as valas e a sua profundidade eram exatamente especificadas. Nenhuma vala deveria ser aberta nem reutilizada antes de um prazo de cinco anos. "Em consequência, os terrenos destinados a formar os lugares de sepulturas serão *cinco vezes mais extensos* do que o espaço necessário para ali depositar o número presumível dos mortos que podem ser ali enterrados por ano." Em razão dessa disposição, os cemitérios iriam se espalhar e ocupar as grandes superfícies características das paisagens urbanas do século XIX.

O cemitério será um jardim: "Far-se-ão ali plantações, tomando precauções convenientes para não prejudicar a circulação do ar". Nesse cemitério comum poderá ser comprado o local de uma sepultura e ali edificado um monumento. Mas é interessante notar que se trata de uma permissão submetida a restrições, daí a palavra concessão:

> Quando a extensão dos lugares consagrados aos enterros permitir, poder-se-ão fazer concessões de terreno às pessoas que desejarem possuir um lugar distinto e separado para ali estabelecer sua sepultura e dos seus pais ou sucessores, e ali construir jazigos, monumentos ou túmulos. As concessões não serão, contudo, conferidas senão àqueles que se oferecerem para fazer fundações ou doações em favor dos pobres e dos hospitais, independentemente de uma soma que será dada à comuna...

É o princípio da concessão perpétua. Sem dúvida, pensava-se que ela seria uma exceção, como as sepulturas da igreja ainda constituíam exceção sob o Antigo Regime da França. Por essa razão foram equiparadas às fundações piedosas dos testamentos tradicionais. E é verdade que, no início, não foram muito numerosos os usuários, se assim ouso dizer, que reclamaram o que lhes parecia um privilégio. Por motivos financeiros e de prestígio, quando se criou o novo cemitério Père-Lachaise, quis-se fazer dele um cemitério de luxo, reservado às concessões perpétuas. Em 1906, Lanzac de Laborie observou: "*Coisa quase inacreditável,* a parte abonada da população parisiense não manifestou qualquer empenho em adotar o novo cemitério", atitude "explicada pela distância [...] e pelo fato do uso das concessões perpétuas não ter ainda entrado nos costumes".[52] O cemitério era apenas recomendado por uma espécie de profetas, iniciadores do culto dos mortos, autores e leitores de projetos e memoriais como os aqui analisados.

Mas a massa dos fiéis o adotaram depressa. As restrições do início tornam ainda mais significativo o entusiasmo que se seguiu.

---

52 Lanzac de Laborie, op. cit.

As concessões permanentes se tornaram tão numerosas, que depressa criaram um problema de ocupação dos cemitérios na primeira metade do século XIX: "As concessões perpétuas, cujo número e proporção cresciam em razão da progressão da riqueza pública e da diminuição do valor do dinheiro, reduziam cada dia as superfícies disponíveis".[53] No final do século XIX, elas ocupavam três quartos da superfície dos cemitérios parisienses. As concessões de cinco anos e as trincheiras gratuitas foram reprimidas e reduzidas a um espaço mínimo, e as concessões perpétuas, em vez de permanecerem exceção, estenderam-se às condições sociais modestas.

Outro hábito se impôs, cuja extensão não fora prevista pelos inspiradores do decreto do Pradial. Esse reconhece o direito

a cada particular, sem necessidade de autorização, de mandar colocar, no túmulo do seu parente ou amigo [pode-se notar nos textos do fim do século XVIII e do início do século XIX o lugar do amigo ao lado do parente, lugar que tinha nos testamentos dos séculos XVII e XVIII. Mais tarde, o amigo desaparecerá em proveito exclusivo da família], uma pedra sepulcral ou outro sinal indicativo de sepultura, tal como foi feito até o presente.

O uso da pedra sepulcral – ou, como diz um autor de manual sobre enterros, do "ambiente" – estendeu-se rapidamente: no Père-Lachaise, em 1804, colocaram-se 113 pedras tumulares recuperadas dos cemitérios suprimidos de Paris.

Em 1805, foram colocadas 14 pedras novas, e daí por diante:

1806	19
1807	26
1808	51
1810	76
1811	96
1812	130

---

53 Préfecture de la Seine, direction dês Affaires municipales, Bureau des címetières, 1889, *Note sur les cimetières de la Ville de Paris.*

O homem diante da morte

1813	242
1814	509
1815	635
1814-1830	30.000 (1879 por ano)

Em 1889, um antigo conservador de cemitério escreve: "Deve-se presumir que não se previa, em 1804 [no tempo do decreto do Pradial], a extensão que tomaria essa forma de sepultura [...]. Esse aumento extraordinário estava fora de previsão".[54]

De um lado, tornou-se humilhante não possuir uma concessão de longa duração, sendo a concessão perpétua equiparada a uma propriedade e entretanto subtraída, ao comércio e transmitida somente por herança. Por outro lado, cada localização foi coberta por um monumento, em certos países como a França e a Itália, muitas vezes volumoso. Tinha-se aversão em deixar um túmulo anônimo e invisível.

Os hábitos que surgem nos cemitérios, em consequência do decreto do Pradial, são opostos aos do Antigo Regime da França. A individualização do lugar da sepultura tornou-se a regra absoluta, uma vez que não mais havia superposição dos corpos.

A propriedade hereditária da sepultura, que só existia nos casos raros de concessão de capelas, estendeu-se a toda a classe média e inferior. O monumento, que era exceção, passou a ser regra.

Encontram-se, nessas disposições, as ideias dos autores de projetos e de memoriais dos anos 1800, relativos ao cemitério comum. Recomendavam, também, a sepultura privada em casa. O decreto do Pradial ainda os seguiu nesse ponto: "Toda pessoa poderá ser enterrada na sua propriedade, contanto que a dita propriedade seja fora e à distância prescrita do recinto das cidades e das aldeias". Nesse caso, nenhuma autorização era exigida, a autorização discricionária seria, contudo, introduzida pela regulamentação e submetida aos controles do prefeito. No início do século XIX, cada homem teve, portanto, a escolha de se fazer enterrar no cemitério comum ou em sua propriedade.

---

54 Bertoglio, *Les Cimetières*.

Restava organizar a própria cerimônia e designar quem seria dela encarregado. Os projetos de 1800 tinham previsto um culto laico, isto é, confiado a magistrados e não a padres; ali se descreviam atitudes que permaneceram até os nossos dias, nos enterros laicos, como a oferta de "flores e de galhos verdes" lançados na cova.

Antes do decreto do Pradial, no ano XII, tinha-se tentado melhorar as condições do cortejo, confiando-o a uma empresa privada, cujas pretensões foram logo consideradas excessivas. Portanto, o decreto restituiu o monopólio das pompas fúnebres às fábricas das igrejas. Um novo decreto, em 1806, regulamentou os preços e instituiu uma divisão graduada em classes, o que provocou a indignação do senador Grégoire, que inscreveu no seu exemplar: "Escândalo da divisão em classes para seres que, diante de Deus, chegam só com as suas boas e más ações".[55]

Em Paris, as fábricas foram tratadas como uma empresa comercial. Mais tarde, as municipalidades herdaram o monopólio das fábricas e a propriedade dos cemitérios. Contrariamente aos Estados Unidos, na França não houve, portanto, cemitérios privados: todos eram – e ainda são – públicos. Poderia ter sido de outra maneira. Essa municipalização é devida a uma dupla desconfiança, em relação à Igreja e à empresa comercial.

Mas a França se orientava para a restauração do catolicismo e seu reconhecimento como religião do Estado. Desse modo, todos os esboços de culto cívico e municipal fora das Igrejas, propostos desde a década 1770, foram abandonados em proveito de um retorno aos costumes tradicionais anteriores à Revolução. O enterro tornava a ser religioso. Um decreto especial de 18 de agosto de 1811, em Paris, previa que o transporte para a igreja era a regra, salvo contraordem escrita. Já, desde 1802, os grandes enterros tinham reaparecido, ressuscitando as pompas do Antigo Regime da França, para satisfação dos parisienses que ali iam como a um espetáculo, e pensavam que essas cerimônias dariam impulso ao comércio.

---

55 Lanzac de Daborie, op. cit.

Enterrou-se, hoje (9 de fevereiro de 1802), o ex-duque de Bouillon com uma ostentação como há muito não se via. Cinquenta pobres, cobertos de pano preto e com uma tocha na mão [é o cortejo de antigamente, mas sem as ordens mendicantes e os padres habituais], escoltavam o carro fúnebre, atrelado a seis cavalos e seguido por dez carros drapeados e vinte carros burgueses.

Os carros constituíam uma inovação devida ao afastamento dos cemitérios, agora extraurbanos. A sogra de Junot teve direito a trezentos pobres, mais cinquenta domésticos.[56]

Seria isso, como ficaríamos tentados a acreditar, um retorno às tradições religiosas, às pompas eclesiásticas do Antigo Regime da França? As pessoas do início do século XIX pensavam exatamente o contrário. Para o autor de um guia do Père-Lachaise, publicado em 1836, o tempo da Igreja fora o dos funerais mal organizados, e o culto dos mortos uma novidade da época revolucionária:[57] "Tanto se mostrava outrora falta de ordem, respeito e decência no cortejo dos pobres, como hoje se põe zelo, recolhimento e discrição". Na época do clero, diziam-se depressa as orações e empilhavam-se os mortos nas covas.

Essa situação repugnante deixou felizmente de entristecer os nossos olhos. [...] Essa maldita Revolução que nossos escribas do dia acusam de todo o mal que se fez nos últimos quarenta anos, sem levar em conta um pouco de bem que possa ter feito, ainda é a causa das mudanças ocorridas em Paris, nessa parte tão interessante da ordem civil.

A sepultura privada no século XIX

Jacques Delille morreu no dia 10 de maio de 1813. Seu corpo ficou exposto durante seis dias, no Colégio da França, sobre um leito de cerimônia, com o rosto *ligeiramente pintado* e a cabeça coroada de louros.

---

56 Aulard, *Paris sous le Consulat*, n.735.

57 Richard e XXX, *Le véritable conducteur aux cimetières du Pére-Lachaise, Montmartre et Vaugirard.*

Nos seus poemas *Des jardins* [Jardins], ele havia celebrado o túmulo na natureza:

> *Venez ici, vous dont l'âme recueillie*
> *Vit des tristes plaisirs de la mélancolie.*
> *Voyez ce mausolée ou le bouleau pliant,*
> *Lúgubre imitateur du saule d'Orient,*
> *Avec ses longs rameaux et sa feuille qui tombe*
> *Triste et les bras pendants vient pleurer sur la tombe.*[58]

E se, no vosso jardim, não tendes amigos nem parentes a enterrar, que isso não importe, adotai o túmulo de um pobre camponês.

> *Rougirez-vous d'orner leur humble sépulture?*
> *Pour consoler leur vie, honorez donc leur mort,*
> *D'une pierre moins brute honorez son tombeau,*
> *Tracez-y ses vertus et les pleurs du hameau...*[59]

Preparareis, assim, um encantador lugar de passeio:

> *... Souvent un charme involontaire*
> *Vers les enclos sacrés appellera vos yeux.*[60]

O túmulo é ornamento indispensável de um jardim, o objetivo de uma meditação. Foi ali que Delille previu que repousaria, e não em um cemitério público. Ele confia à esposa:

---

58 [Vinde aqui vós todos cuja alma recolhida, / Vive os tristes prazeres da melancolia. / Vede este mausoléu onde a bétula inclina, / Lúgubre imitadora do salgueiro do Oriente, / Com seus longos galhos e sua folhagem caída, / Triste e com os braços pendentes vem chorar sobre o túmulo.] (N. T.)

59 [Ficaríeis envergonhado de ornar sua humilde sepultura? / Para lhes consolar a vida homenageai, pois, a morte deles, / Com uma pedra menos bruta honrai-lhes o túmulo. / Traçai ali suas virtudes e as lágrimas da aldeia...] (N. T.)

60 [... Muitas vezes, um encanto involuntário, / Para os recintos sagrados solicitará vossos olhos.] (N. T.)

O homem diante da morte

Écoute donc, avant de me fermer les yeux,
Ma dernière prière et mes derniers adieux.
Je te l'ai dit: au bout de cette vie
Ma plus chère espérance et ma plus douce envie
C'est dormir au bord d'un clair ruisseau
A l'ombre d'un vieux chêne ou d'un jeune arbrisseau.[61]

Será no campo:

Dans le repos des champs, placez mon humble tombe.[62]

Esse voto não é de um anticristão: o lugar escolhido foi abençoado como um cemitério:

Que ce lieu ne soit pas une profane enceinte,
Que la religion y répande l'eau sainte.[63]

Haverá uma cruz que se tornou o sinal do túmulo:

Et que de notre foi le signe glorieux...
M'assure de mon réveil glorieux![64]

Percorrendo-se a literatura, fica-se persuadido de que todos desejavam ser enterrados na sua propriedade. O cemitério comum seria, então, a sepultura dos pobres e dos infelizes cidadãos que não possuíam campos nem jardins longe das cidades.

---

61 [Escuta, pois, antes de me fechar os olhos, / Minha última prece e meu último adeus. / Eu te disse: no fim desta curta vida, / Minha mais querida esperança e meu mais doce desejo, / É dormir à beira de um claro riacho / À sombra de um velho carvalho ou de um jovem arbusto.] (N. T.)

62 [No repouso dos campos colocai meu humilde túmulo.] (N. T.)

63 [Que esse local não seja um recinto profano, / Que a religião ali derrame água santa.] (N. T.)

64 [E que da nossa fé, o sinal glorioso... / Assegure-me o despertar glorioso!] (N. T.)

Conhecemos ainda hoje, na França, alguns casos desses túmulos domésticos. No subúrbio de Aix-en-Provence pode-se ver um deles, o de Joseph Sec, antigo carpinteiro que passou a promotor imobiliário e fez fortuna, tendo mandado construir seu futuro túmulo perto de casa: um monumento extraordinário, um mausoléu cuja iconografia de origem maçônica foi apresentada por M. Vovelle.[65]

A ideia de Chateaubriand era

de comprar um pedaço de terra de vinte pés de comprimento por doze de largura na ponta ocidental do Grand Bé. Cercaria esse espaço com um muro à flor da terra, que seria encimado por uma simples grade de ferro... No interior queria colocar apenas um pedestal de granito talhado em rochas da praia. Esse pedestal teria uma pequena cruz de ferro. Fora isso, nenhuma inscrição, nem nome nem data [...]. Desejo que o senhor cura de Saint-Malo abençoe o lugar do meu futuro repouso, porque antes de tudo quero ser enterrado em terra santa.[66]

Naturalmente, essa prática da inumação privada não é iniciativa francesa. Deve ter começado muito mais cedo na Inglaterra, limitada sem dúvida à aristocracia. Foi assim que a família Howard mandou edificar desde 1729, no jardim do seu castelo, um "mausoléu" de acordo com o modelo de Tenpietto de Bramante, em San Pietro in Montorio. Nas colônias inglesas da América, principalmente na Virgínia, essa prática tornou-se comum no século XVIII.[67] Cada família era enterrada na sua plantação. Em 1771, Jefferson deixou planos para seu túmulo no seu jardim de Monticello, onde ainda se encontra até hoje. O túmulo de Washington, em Mount Vernon, deve ter servido de modelo aos numerosos amadores de paisagens funerárias de campo. Da Virgínia, o uso

---

65 Vovelle, *Joseph Sec.*, op. cit.

66 Chateaubriand, *Mémoires d'outre-tombe*, I, XIV, e 445.

67 O mausoléu Howard e sua referência me foram assinalados por I. Lavin. O mausoléu está reproduzido em Summerson, *Architecture in Britain, 1530 to 1830*, grav. 106, p.177-8; Stone, op. cit., p.226 e 712, n.3, assinala também West Wycombe, Bucks.

chegou à Nova Inglaterra, onde o *churchyard* tinha sido inicialmente a regra.

Ainda subsistem hoje alguns desses pequenos cemitérios familiares *in situ*. Foram, em geral, soterrados pelos subúrbios dos séculos XIX e XX. Um deles pode ser encontrado em Hyattesville, nos subúrbios de Washington: o cemitério da família Deakins, cujo túmulo mais antigo é o de um soldado da guerra da Independência (1746-1824). Muitos, porém, foram destruídos pelos ocupantes posteriores, ou então suas *headstones,* por vezes belas, foram transportadas para os *churchyards,* a fim de assegurar-lhes a conservação.

Deve-se perguntar como, na França, esse costume desapareceu no curso da primeira metade do século XIX. Existem, contudo, pelo menos três regiões onde o costume se manteve até os nossos dias. Duas são protestantes (Charentes e Cévennes) e uma católica (Córsega).

Em geral, explicam-se as sepulturas protestantes nos campos pela recusa, depois da Revogação do Edito de Nantes, de enterrar protestantes em cemitério católico, único autorizado. Mas a explicação não vale para a Córsega, onde um escrivão local, Angelo Rinaldi, dizia ainda em 1971: "Sou de um lugar onde se constroem túmulos de grande preço à beira das estradas, como alguém compra um carro para manifestar o esplendor da sua categoria".[68] Ora, não se trata, na Córsega, de um costume antigo. Antes da Revolução, enterrava-se nas igrejas e ao lado, como era costume em toda a parte. Foi na época de Joseph Sec e de Delille que se alterou o hábito. O extraordinário é que ele se tenha conservado.

Perto de Bordeaux, no meio das vinhas de Entre-Deux-Mers, à beira da estrada encontra-se um túmulo cercado por uma grade, uma coluna quebrada: túmulo da família X, 1910. Entre as oferendas, uma lembrança de primeira comunhão. Uma família protestante? Convertida? Uma família católica seguindo o costume protestante, por ser ele o das pessoas ilustres? Mas na verdade, será especificamente protestante esse costume das regiões protestantes francesas? Não estaremos nos enganando, fazendo desse uso uma série de hiatos de enterros clandestinos do século XVIII?

---

68 Rinaldi, *La Maison des Atlantes* apud Piatier, *Le Monde,* 30-31 de maio de 1971.

Os protestantes podiam fazer, no início do século XIX, a mesma escolha que os católicos – entre o cemitério comunal e a sepultura particular –, e se escolheram a sepultura particular, como muitos outros, foi pelas mesmas razões, e talvez com a preocupação a mais, que lhes era própria, de não serem misturados aos católicos (os cemitérios só foram neutralizados em 1881). Para a Córsega, o problema permaneceu – Córsega e regiões protestantes são, pois, sobrevivências.

Em todas as outras regiões, bem como na Inglaterra e Estados Unidos, a sepultura particular foi também abandonada. A principal razão foi a precariedade da conservação do túmulo em caso de mudança de proprietário, ocorrência cada vez mais frequente num período de mobilidade social como o século XIX na França e, mais ainda, nos Estados Unidos.

A administração, que nunca apreciou o direito à sepultura particular, reconhecido pelo decreto do Pradial, fez pressão sobre as municipalidades para uma aplicação restritiva. Todavia, os prefeitos fechavam os olhos a isso. O autor de *Jacquou le Croquant* conta-nos que o cura Bonal, um pároco que não estava nas boas graças do clero reacionário no início do século XIX, quis ser enterrado "no final da aleia [do jardim de sua casa], sob aquele grande castanheiro que fora plantado no dia de seu nascimento por seu pai". A comparação entre o nascimento e a morte, a terra natal e a sepultura, é um dos temas frequentes da época romântica. Não era de todo legal, mas o prefeito "não era homem de se inquietar com um pequeno percalço à lei que talvez até ignorasse".

Foi só em 1928 (decreto de 15 de março) que o prefeito substituiu o presidente da Câmara Municipal para a autorização de inumar fora do cemitério público. O prefeito delegou oficialmente sua autoridade às municipalidades onde o costume era geral e existia há muito tempo. Em outros lugares, ele habitualmente recusava a autorização, salvo em casos excepcionais. Mas a opinião pública já se desinteressara do assunto. Conheço o caso de uma velha viúva, cujo marido fora enterrado num túmulo de família nas Charentes, em pleno campo. A pobre mulher sofreu, durante anos, todas as dificuldades do mundo para chegar ali, e, nos dias chuvosos do outono, voltava de lá exausta e cheia de lama. Sofria, também, a pressão dos novos proprietários do campo, a quem o túmulo atrapalhava como um enclave. Finalmente pediu a transferência do túmulo para um cemitério da cidade, a fim de poder visitá-lo mais confortavelmente.

A mesma razão fora invocada, um século antes, na Nova Inglaterra para a criação de um cemitério particular de várias famílias em Newhaven: considerava-se que os túmulos particulares, em casa, não tinham boas condições de manutenção e conservação, e estavam ameaçados de desaparecer. O culto dos mortos reconduziu o túmulo particular para o cemitério público, "seguro e inviolável".[69]

A disposição dos locais permitia, por vezes, situar o túmulo ao mesmo tempo no jardim da casa e no cemitério, quando os dois eram contíguos. Assim, o túmulo do general Chanzy fica situado na propriedade da família, em Buzancy, mas se comunica com o cemitério. Está encaixado no muro. O mesmo acontece com a família George Sand, cujo castelo de Nohan era vizinho da igreja. A parte do jardim reservada às sepulturas familiares aparece então como um anexo do cemitério público.

A visita ao cemitério

O cemitério público vai, portanto, concentrar toda a piedade para com os mortos. Tornou-se no século XIX, conforme a palavra de um historiador americano, S. French, "uma instituição cultural", direi mesmo, religiosa.

Na realidade, essa tendência começara mais cedo na Inglaterra. De fato, sabemos que, desde o século XVIII, existiam cemitérios ao ar livre com túmulos visíveis e monumentos.[70] Ali era também usada a elegia, poema em honra de um defunto. Era impresso numa folha volante, e parece que o afixavam no catafalco durante as exéquias. Ele tinha, ao mesmo tempo, alguma coisa do epitáfio desenvolvido e do elogio fúnebre. Corresponde ao que se chama na França "túmulo literário".[71]

---

69 French, The Cemetery as cultural Institution. In: Stannard, op cit., p.75.
70 Cf. Capítulo 6.
71 Draper, *The funeral Elegy and the Rise of english Romanticism.*

The Elegy [A Elegia] de Thomas Gray, escrita em 1749, prende-se aparentemente a esse gênero. Todavia, o defunto parece anônimo, o poema não é de circunstância e visivelmente o autor tomou a forma do gênero como meio de expressão. Substituiu o tema tradicional do túmulo ou do morto pelo do cemitério de campo, o *country churchyard*. O cemitério e sua poesia fazem sua entrada na literatura. Sem dúvida, tinham o seu lugar no teatro barroco, mas para expressar o horrível, a fascinação ou o medo do horrível. Aqui o cemitério é um lugar de serenidade e de apaziguamento. Participa da paz da noite, quando o homem deixa os campos e a natureza adormece.

Pondo de lado o final do poema, isto é, a elegia propriamente dita, o elogio do defunto (um jovem passeante solitário, sem muito interesse para o nosso assunto), podemos distinguir quatro temas. O primeiro é a natureza. O pequeno cemitério está situado na natureza, na hora do ângelus da noite.

... All the air a solemn stillness holds.[72]

O poeta fica só no crepúsculo:

... And leaves the world to darkness and to me.[73]

Os túmulos são enterrados na grama, sob os olmos e os carvalhos.

O segundo tema é o da saudade da vida: tema tradicional, mas tratado de maneira nova. A vida deplorada é a de uma comunidade aldeã. Resume-se na fórmula: trabalho-família-natureza (e ainda não pátria!).

Natureza: os mortos já não usufruirão a natureza, já não respirarão os odores da madrugada, não mais ouvirão o canto do galo etc. Família: não mais sentarão à beira do fogo, suas mulheres já não cuidarão deles, os filhos já não se precipitarão para acolhê-los à sua volta [*their sire's return*], e já não lhe subirão aos joelhos para o desejado direito de abraçá-los.

---

72 [... Uma solene quietude abrange todo o ar.] (N. T.)
73 [... E deixa o mundo para a escuridão e para mim.] (N. T.)

O homem diante da morte

O terceiro tema é o da *aurea mediocritas* da vida mediana, uma sobriedade que bem poderia se parecer com a felicidade. Ali encontramos o eco longínquo do *ubi sunt*, do *contemptus mundi*, da vaidade da riqueza e das honras, porém ao inverso, em negativo. O poeta reconhece bem que "os caminhos da glória só levam ao túmulo", mas é para exaltar os valores de um destino obscuro, de um distanciamento igual das grandes ações e dos crimes. Seus campônios estão fora da história:

They kept the noiseless tenor of their way.[74]

O último tema é o do túmulo, de sua poesia, da comunicação entre vivos e mortos. Em primeiro lugar, o cemitério é a terra dos antepassados: uma ideia que em vão procuramos nos documentos franceses da segunda metade do século XVIII, e que só aparece por volta de 1800. É aqui condensada em dois versos soberbos, com sabor de Barrès:

Each in his narrow cell forever laid
The rude forefathers of the hamlet sleep.[75]

Homens simples e pobres que nem sempre sabiam ler, mas que tinham sua dignidade. Nenhum troféu sobre os túmulos; esses, todavia, não eram nus, cada um tinha seu *memorial,* ornado com uma escultura desajeitada e um epitáfio (com nome, data, uma elegia e um texto da Escritura), traçado por "alguma musa iletrada": as *headstones.*

Esses monumentos têm dois objetivos: um é tradicional e didático — ensinar a morrer ao *rustic moralist*; o outro é um pedido ao passante para não mais rezar a Deus por aqueles mortos, mas chorá-los e, o que é completamente novo: *a visita ao cemitério.*

Como os mortos não perderam toda a sensibilidade, eles dormem e no seu sono têm necessidade de nós; suas almas, *"the parting souls"* [as almas

---

74 [... Eles conservam a atitude silenciosa do seu caminho.] (N. T.)

75 [Cada um em sua estreita cela para sempre deitado, Os rudes antepassados da aldeia dormem.] (N. T.)

que partem], esperam um coração amigo; mas também seus olhos fechados debaixo da terra reclamam lágrimas. O túmulo não está vazio: "Do fundo do túmulo, a natureza levanta seu lamento". O fogo da vida está latente sob as cinzas:

E'en from the tomb the voice of Nature cries,
E'en in our ashes live their wonted fires.[76]

Memória e alma imortal por um lado, vaga sobrevivência subterrânea por outro: as primeiras poderiam dispensar o túmulo; a outra faz do túmulo o lugar de uma presença física. Ambas se combinam e é no túmulo que se virá lembrar, recolher-se, rezar, chorar.

O cemitério do século XIX tornou-se um local de visita, um lugar de meditação. Delille diz à sua mulher:

Toi viens me voir dans mon asile sombre,
Là parmi les rameaux balancés mollement
La douce illusion te montrera mon ombre
Assise sur mon monument.
Là quelquefois, plaintive et désolée,
Pour me charmer encore dans mon triste séjour
Tu viendras visiter au déclin d'un beau jour
[desde T. Gray, é a hora apropriada]
Mon poétique mausolée.
Et si jamais tu te reposes
Dans ce séjour de paix, de tendresse et de deuil,
Des pleurs versés sur mon cercueil
Chaque goutte en tombant fera naître des roses.[77]

---

76 [Até a vinda do túmulo a voz da natureza chora, / Até nas nossas cinzas vivem seus fogos habituais.] (N. T.)

77 [Tu vens me ver no meu asilo sombrio, / Ali entre os ramos balançados molemente, / A doce ilusão te mostrará minha sombra, / Sentada sobre o meu monumento. / Ali, algumas vezes, lamentando e desolada, / Para me encantar ainda na minha triste morada / Virás visitar ao cair de um belo dia / Meu poético mausoléu. / E se jamais

Um pouco mais tarde, Lamartine visitará o túmulo de Elvira, na esperança de conseguir revê-la – ilusão ou realidade?

Viens guider mes pas vers la tombe
Ou ton rayon s'est abaissé [trata-se da lua];
Ou chaque soir mon genou tombe [uma visita diária]
Sur un saint nom presque effacé.[78]

Os desaparecidos podem reaparecer em toda a parte, principalmente nas casas onde viveram, que amaram, no seu antigo quarto. Mas no século XIX têm nítida preferência pelo cemitério, que abandonarão pelo quarto no século XX. Os pastores da literatura americana de consolação, ainda em 1873, vão ao cemitério evocar seus mortos.

O reverendo Mr. Cuyler, depois de ter passado uma tarde no cemitério de Greenwood, em Nova Iorque, junto ao túmulo de seu filho "Little Georgie", dirigiu ao filho um adeus que nada tinha de definitivo: "O ar estava tão silencioso quanto os inumeráveis adormecidos que me cercavam. Voltando-me para o lugar sagrado onde jazia meu precioso morto, disse-lhe como outrora: *good night*". Greenwood era para ele apenas um "grande e belo dormitório".[79]

Nada nos permite crer que Edgar Linton, um dos personagens de *O morro dos ventos uivantes*, tivesse a intenção de fazer reaparecer sua mulher, diferentemente de seu rival Heathcliff; contudo passava suas tardes e mesmo parte de suas noites no cemitério "em geral à noite ou de manhã bem cedo, antes que outras pessoas chegassem. [...] Lembrava-se dela e recordava sua lembrança com amor ardente e terno, cheio de esperança, aspirava ao mundo melhor, para onde, ele não tinha dúvida, ela tinha

---

repousares, / Nesta morada de paz, de ternura e de luto, / Das lágrimas vertidas sobre o meu caixão, / Cada gota ao cair fará nascer rosas.] (N. T.)

78 [Vem guiar meus passos para o túmulo, / Onde teus raios baixaram, / Onde toda noite meu joelho dobra, / Sobre um santo nome quase apagado.] (N. T.)

79 Cuyler, *The Empty Crib* apud Douglas, op. cit., p.61.

partido". No dia do aniversário de sua morte, ele ficou até depois da meia-noite.

No final do século XIX, na França, os personagens de Léon Bloy passam parte da vida no cemitério. É bem verdade que eles não são considerados muito equilibrados. Mas a vida não é feita apenas do comportamento racional e conheci um velho celibatário que, tendo se casado tardiamente, ia todos os dias ao túmulo da mãe conduzindo sua mulher, e nos domingos ali passeava com o bebê.

Em *La femme pauvre* [A mulher pobre], de Léon Bloy (1897): "Ela passava dias nas igrejas ou junto ao túmulo do infeliz Garcougnal, seu benfeitor, cuja morte a lançara na miséria".

Léopold e Clotilde vão ao cemitério de Bagneux, onde está enterrado o filho.

É sempre para eles um consolo ali passearem. Falam com os mortos e esses falam com eles à sua maneira. O filho Lazare e o amigo Marchenais estão ali, e os dois túmulos são *cultivados* por eles com amor. De vez em quando, eles vão se ajoelhar em outro cemitério, onde estão enterrados Garcougnal e L'Isle de France. Mas é uma longa viagem, por vezes impossível, e o grande dormitório de Bagneux, que está apenas a dez minutos da sua casa, agrada-lhes principalmente por ser o dos pobres. Os leitos perpétuos são ali raros, sendo os hóspedes a cada cinco anos retirados de suas tábuas, e lançados ao acaso num ossário anônimo. Outros moradores os seguem de perto, com pressa de por sua vez se abrigarem debaixo da terra. Os dois visitantes esperam que antes desse prazo, antes de vencer esse outro prazo do aluguel, lhes seja possível dar uma última morada mais estável aos que eles tanto amaram.

São, contudo, católicos de ortodoxia absoluta e agressiva que acreditam na ressurreição dos mortos! "Eles próprios também podem morrer até lá, é verdade. Que a vontade de Deus seja feita! Permanecerá sempre a ressurreição dos mortos que nenhum regulamento é capaz de prever nem impedir." Sua fé, no entanto, não lhes diminui a solicitude em relação às "últimas moradas estáveis". Esse católico "integrista", como se diria hoje,

O *homem diante da morte*

visitava os cemitérios com a piedade dos homens das Luzes, os revolucionários que ele detestava, quase um século antes. *Várias vezes por semana, Leopold vai de uma à outra de suas sepulturas favoritas, limpa-lhes o mato, cobre-as de flores,*

contente por encontrar uma rosa nova, uma flor de chagas [...], regando-as lentamente e esquecendo o universo, demorando-se horas, principalmente perto do pequeno túmulo branco do filho, com o qual fala com ternura [como uns vinte anos antes o pai de "Little Georgie" no Cemitério de Greenwood], para quem canta, à meia voz, o *Magnificat* ou a *Ave Maris Stella.*

A epigrafia falava a mesma linguagem dos autores de livros. Desde os séculos XVI e XVII, mas principalmente no século XVIII, observamos uma tendência a acrescentar a saudade ao elogio, à biografia e à genealogia.[80] Durante a primeira metade do século XIX, os epitáfios são, como no século precedente, longos, palavrosos e pessoais.

Ainda restam bastantes túmulos da época nos novos cemitérios criados desde o ano XII, em que se podem ler diretamente sobre a pedra os discursos dos sobreviventes. As pessoas da época, por sua vez, também estão interessadas nessa literatura epigráfica, embora não, como seus predecessores do Antigo Regime da França, por razões genealógicas, mas porque ela lisonjeava o gosto do tempo pela sentimentalidade em geral, e pelo macabro em particular. Os autores de guias de cemitérios recolheram dela uma pequena coleção.

Eis aqui alguns extratos do *Véritable conducteur aux cimetières du Père-Lachaise, Montmartre, Montparnasse e Vaugirard* [Verdadeiro condutor aos cemitérios Père-Lachaise, Montmartre, Montparnasse e Vaugirard]. Publicado em 1836, os epitáfios recolhidos datam, por conseguinte, do primeiro terço do século. "Faremos aqui, pela décima vez, a observação bastante singular de que a maioria dos epitáfios que encontramos são quase todos dedicados a esposas ou filhos."

---

80 Cf. Capítulo 5.

Philippe Ariès

Como nos versos de Lamartine, citados anteriormente, supõe-se que a sombra do morto vagueia pelo bosque funerário, o pedaço de natureza em torno do túmulo:

Pour la première fois tu nous fuis, ô ma mère!
L'impitoyable mort a glacé ta paupière,
Mais ton ombre tressaille au milieu des cypès;
Tes enfants t'ont rendu l'époux que tu pleurais (1821).[81]

A presença dessa sombra convida os vivos a visitá-la e a mantê-la. Longo epitáfio é dedicado a um filho de 4 anos, morto em 1823:

Dans ce triste tombeau, tu dors, ô mon enfant!
Écoute c'est ta mère! Ô ma seule espérance!
Réveille-toi, jamais tu ne dors si longtemps.[82]

A outra criança de 12 anos:

Va compléter la céleste phalange,
Alphonse, Dieu t'appelle, il lui manquait un ange.[83]

Esses epitáfios parisienses têm o mesmo estilo, a mesma inspiração e a mesma esperança de reencontros celestes da literatura de consolação americana. Quase sempre, uma frase faz alusão à reunião próxima e desejada do sobrevivente e do defunto:

---

81 [Pela primeira vez, tu nos foges, oh minha mãe! / A morte implacável gelou tuas pálpebras, / Mas a tua sombra estremece no meio dos ciprestes, / Teus filhos te restituíram o esposo que choravas.] (N. T.)

82 [Neste triste túmulo, dormes, oh meu filho! / Escuta, é tua mãe! Oh minha única esperança! / Desperta, nunca dormes tanto tempo.] (N. T.)

83 [Vai completar a celeste falange, / Alphonse, Deus te chama, faltava-lhe um anjo.] (N. T.)

Je vis pour la pleurer et la joindre au tombeau...[84]

Fez erigir esse modesto túmulo em memória de sua digna e respeitável esposa, na intenção de ali ser reunido para a eternidade (1820).

Acontecia ao autor do epitáfio manifestar, sobre a dura pedra, um velho ódio familiar. Assim, esse desditoso pai de 1819 proclamava *coram populo* que sua filha morrera "vítima de um himeneu infeliz". O genro, furioso com essa publicidade, obteve da justiça a reforma da inscrição.

Quando se tratava não mais de uma mulher ou de uma criança, mas de um homem, os méritos da promissão eram associados às virtudes domésticas e às saudades dos subordinados às da família.

Assim, esse locador de carruagens foi chorado, ao mesmo tempo, pela família e pelos cocheiros seus empregados:

> *Oh le meilleur des fils, des époux le plux tendre,*
> *Des pères le phénix, puisses-tu nous entendre!*
> *Tes parents, tes amis et tes subordonnés*
> *Vivront et mourront tous tes affectionnés.*
> *Ils pleurent avec nous, ils humectent ta cendre,*
> *Mais nos larmes hélas! ne doivent te surpreendre,*
> *Crois, notre cher Bagnard, à nos vives douleurs.*
> *Ah! ton dernier soupir repose dans nos coeurs.*[85]

Tratava-se, neste caso, de um pequeno empreiteiro. O epitáfio de um grande industrial, M. Lenoir-Dufresne, morto em 22 de abril de 1806, é mais conciso e mais "sublime": "Mais de 5 mil operários que o seu gênio alimentou, que seu exemplo encorajou, vieram chorar um pai e um amigo sobre seu túmulo".

---

84 [Vivo para chorar por ela e a ela me juntar no túmulo.] (N. T.)

85 [Oh, o melhor dos filhos, dos esposos o mais terno, / Fênix dos pais, possas tu nos ouvir! / Teus pais, teus amigos e teus subordinados / Viverão e morrerão todos, teus afeiçoados / Choram conosco, umedecem tuas cinzas / Mas nossas lágrimas, infelizmente, não devem te surpreender, / Crê, nosso querido Bagnard, em nossa viva dor / Ah!, teu último suspiro repousa em nossos corações.] (N. T.)

À sua maneira ingênua e palavrosa, que hoje ficamos tentados a considerar ridícula e hipócrita ("um único ser vos falta", dizia Giraudoux num pastiche, "e tudo fica *repovoado*"), os epitáfios do século XIX traduzem um sentimento real e profundo, de que o historiador não tem o direito de zombar. Reconheçamos que o latim lhes impunha outra sobriedade, quando ainda era empregado, como nesse túmulo romano de 1815 (Santo Eustacio em Roma): *Quos amor et pietas junxit dum vita manebat, aeternum coeli jungat et alta domus* [Que estejam sempre unidos na morada celeste aqueles que o amor e a piedade uniram durante a vida].

Durante um longo milênio, por uma mistura de pudor e de indiferença, tinha-se hesitado diante dessa demonstração, salvo, porém, no momento mesmo da morte, durante a alta Idade Média e, mais tarde ainda, nas culturas meridionais e rurais: o momento dos pranteadores. Desde o século XIII, essas manifestações excessivas tinham sido reprimidas e ritualizadas. Pelo contrário, ao menos desde o século XVIII, sente-se crescer a necessidade de gritar a dor, de demonstrá-la no túmulo, que se torna então o que não era, o lugar privilegiado da lembrança e da saudade.

Durante todo o século XIX e início do século XX, esse sentimento subsiste, mas o estilo muda pouco a pouco: já não se veem longos poemas em verso, nem elogios intermináveis, e há menos detalhes pessoais. Mas sempre as mesmas apóstrofes. O gênero vulgarizou-se à medida que aumentava o número dos que faziam questão de inscrever sua despedida no túmulo de seus mortos. Os comerciantes de túmulos propuseram às famílias fórmulas já feitas, que expressavam, de maneira forçosamente convencional e banal, sentimentos no entanto autênticos e pessoais: "Saudades eternas", em pintura sobre placas esmaltadas que se colocava simplesmente no túmulo, acompanhadas, por vezes, da fotografia do defunto e de alguma apóstrofe filial ou paternal. Nossos cemitérios de hoje estão cheios dessas fórmulas, e ainda não se perdeu esse hábito nos meios populares da França, Itália, Espanha e Alemanha.

Tal costume testemunha um sentimento tanto mais forte, por já não ser estimulado pelas igrejas. No século XIX, elas tinham admitido e incorporado o apego dos vivos aos mortos e as manifestações funerárias. Os túmulos foram decorados como pequenas capelas, atulhadas de objetos de piedade, cruzes, velas, "Lembranças de Lourdes" e de "primeira comunhão". Aos padres parecia natural o culto dos mortos entre os bons cristãos, e os epitáfios redundantes e patéticos eram interpretados como testemunhos de fé, compostos aliás no estilo da literatura religiosa do tempo. Alguns padres, no entanto, entre os mais reacionários, inquietaram-se em nome da ortodoxia. Suspeitavam, com razão, o deísmo das Luzes nessas demonstrações excessivamente laicas. Monsenhor Gaume já manifestara, por volta de 1880, seu mau humor contra esses epitáfios, "onde a tolice disputa a palma com o naturalismo".[86] Mas essa retórica estava por demais ligada à piedade em relação aos mortos para que se pudesse atacar uma e não a outra. Foi somente em meados do século XX que os cleros não mais hesitaram em queimar o que antes tinham admitido e mesmo estimulado. Assim, em 1962, na Inglaterra, uma mulher de 75 anos foi constrangida por um tribunal da Igreja anglicana a apagar, no túmulo do marido, estas palavras, entretanto bem fracas em comparação com a eloquência romântica: "Para sempre nos meus pensamentos".

"Julguei que a inscrição fosse decente", observou ela, "meu marido era tudo para mim." Mas o Reverendo D. S. Richardson, que fazia a função de procurador, respondeu: "Nesta época de paganização das exéquias, é necessário que a Igreja adote uma atitude cristã firme. *Consideramos que expressões de afeição e de aflição intensas são impróprias*".[87]

Na mesma época, na França, um padre católico reunia uma coleção de epitáfios desse gênero, com a finalidade de mostrar-lhes o ridículo além do seu paganismo. A sentimentalidade do século XIX era assim ridicularizada e até mesmo denunciada como máscara da vaidade burguesa e do espírito de classe. No anúncio publicitário, o editor, também católico, não tinha hesitado diante de um jogo de palavras: "A realidade ultrapassa a aflição". Para os leitores estrangeiros: *l'affliction = la fiction* [aflição = ficção].[88] A aliança espontânea do século XIX entre o culto laico dos mortos e os cleros das Igrejas está hoje novamente posta em causa.

---

86 Gaume, *Le Cimetière au XIXᵉ siècle.*

87 Correspondência de Londres no jornal *Le Monde* do dia 18 de dezembro de 1962.

88 Ferran, *Le Livre des épitaphes.*

Philippe Ariès

O *rural cemetery.* O cemitério construído

Os cemitérios novos tinham-se tornado locais de visita, onde parentes e amigos gostavam de se recolher junto ao túmulo dos seus mortos. Foi, portanto, preciso adaptá-los a essa função e, em consequência, planejá-los. Foram criados então dois modelos, bem próximos um do outro no espírito dos promotores, porém suas diferenças deviam aumentar em seguida, a ponto de caracterizarem duas grandes áreas culturais.

O primeiro, bem conhecido, é o Père-Lachaise: o terreno de Mont-Louis tinha sido adquirido em 1803, para substituir o cemitério de Sainte-Marguerite. Naturalmente, ele era então situado fora de Paris, e foi concebido segundo o modelo dos Campos Elíseos, como um jardim inglês ondulado e coberto de bosque, onde os belos monumentos estavam envoltos em verdura. Para ali foram transportados alguns despojos ilustres, como os que presumivelmente pertenciam a Abelardo e Heloísa; desde o início, o Père-Lachaise, com os outros cemitérios novos de Montmartre e de Montparnasse, figurou nos guias de Paris, entre as curiosidades da capital. Ainda hoje, ele mantém seu encanto romântico na sua parte mais antiga e mais escarpada. Sua história é bem conhecida e se encontra em todas as obras sobre Paris. Constitui o resultado final, no início do século XIX, das reflexões e dos projetos que se sucederam durante a segunda metade do século XVIII e que analisamos anteriormente.

O segundo modelo é americano e posterior, datando de 1831. Trata-se do Mount Auburn, em Massachusetts. Sua história era menos conhecida do que a do Père-Lachaise. Ela nos foi contada numa contribuição para a coletânea *Death in America* [Morte na América], de D. E. Stannard: *"The cemetery as a cultural institution: the establishment of Mount Auburn and the Rural Cemetery Movement"* [O cemitério como instituição cultural: o estabelecimento de Mount Auburn e o movimento pelo Rural Cemetery], por S. French.[89]

---

89 Stannard, op. cit., p.68-91.

O homem diante da morte

Desde os primeiros decênios do século XIX, os americanos da Nova Inglaterra, tal como os franceses do século XVIII, preocuparam-se com a situação de seus cemitérios, com a indecência das sepulturas e os perigos para a higiene pública. Particulares reuniram-se para criar cemitérios privados, que escapariam ao mesmo tempo aos inconvenientes do enterro na propriedade e aos do enterro no cemitério público, ambos expostos a violações. O cemitério não era, como na França, um monopólio municipal. Portanto, foi possível constituir sociedades civis para criar e gerir o cemitério como uma *non profit institution*, garantidas a ordem e a perenidade.

Em pouco tempo, as primeiras reações de decência e de higiene cederam lugar a um grande projeto, o de transformar a morada dos mortos numa "instituição cultural" para os vivos, que gostassem de visitá-la e ali meditar.

Foi então que o termo *cemetery* se impôs no lugar de *churchyard* ou *graveyard*. Como se disse no discurso de inauguração de 1831, "pode servir a alguns dos mais elevados desígnios da religião e da humanidade. Pode dar lições que ninguém pode se recusar a ouvir, que todo vivo deve escutar. É uma escola de religião e de filosofia".

Portanto, esse cemitério é, em primeiro lugar, filosófico. Ensina que a morte não se reduz a destruição, "mas que concorre para outro objetivo que é a reprodução: o ciclo da criação e da destruição é eterno" (1831).

Este o motivo pelo qual o cemitério é uma paisagem natural. Chamam-no *"rural cemetery"*, e o nome servirá para designar todos os cemitérios criados segundo o modelo de Mount Auburn.

Em seguida, esse cemitério passa a ser patriótico, cívico, sendo essa função lembrada com insistência no discurso de inauguração; como diz S. French, deve dar "um sentido de continuidade histórica e raízes sociais", ou segundo as palavras de um orador de 1848, *sense of perpetual home* [sentido de lar perpétuo]. "Ninguém esquecerá jamais o local onde o pai e os amigos estão enterrados, se esse local tiver o encanto que comove o coração e satisfaz o gosto, e se a terra que os contém não tiver outro atrativo, ela será sempre querida aos vivos por essa razão" (1855).

O *rural cemetery* é, enfim, uma escola de moral, tornará todos mais sensatos e mais sérios, principalmente os jovens.

Para falar a verdade, os propósitos dos fundadores do *rural cemetery* não estavam tão distantes daqueles dos autores de projetos e planos franceses do início do século XIX, e Mount Auburn não é muito diferente das primeiras concepções do Père-Lachaise; um e outro são jardins com monumentos. Mas vão se distanciar e dar origem a duas linhagens diferentes.

A relação entre a natureza e os monumentos vai mudar em sentido contrário. No antigo Mount Auburn, como nos *rural cemeteries* da época, os túmulos eram estelas neoclássicas, *headstones*, muitas vezes agrupadas no interior de uma cercadura metálica, como nos *country churchyards* ou nos cemitérios privados, ou então monumentos esculpidos como personagens realistas, semelhantes aos que se erigiam, a partir de meados do século XIX, nos cemitérios franceses e italianos: bustos de homens, crianças adormecidas, abraçadas por uma mãe triste, anjos, mulheres em oração...[90]

Na realidade, de início, os *rural cemeteries* pareciam-se muito com o Père-Lachaise e com os cemitérios europeus: os monumentos crivavam o tecido vegetal como buracos de traça. Mas durante a segunda metade do século XIX e início do século XX, a evolução se fez na América em proveito da natureza e em detrimento da arte. Renunciou-se às cercas metálicas que eriçavam o cemitério. Preferiram-se as *headstones*, que se acreditava serem indígenas, aos monumentos, que se julgava pretensiosos. Isso se fez pouco a pouco. No século XIX chegou-se a substituir as modestas *headstones* e *footstones* por uma discreta placa de pedra ou de metal que marcava simplesmente a localização do túmulo.

Desde então, nenhum obstáculo detinha o olhar e interrompia a continuidade do relvado. Passou-se, assim, do *rural cemetery* do século XIX ao *lawn cemetery* do século XX, isto é, ao grande relvado onde as pequenas placas funerárias são apenas perceptíveis.

Assim, na América, o cemitério passou a ter cada vez menos a aparência de um *churchyard* e cada vez mais a de um jardim. É por isso, aliás, que

---

90 Gillon, *Victorian Cemetery Art*.

O homem diante da morte

serviu de modelo aos parques urbanos, como o Central Park em Nova Iorque (1856).[91]

No Père-Lachaise, pelo contrário, foi a natureza que recuou diante da arte. Originariamente, os espaços do parque eram extensos como em Mount Auburn, mas, sem dúvida, os monumentos no Père-Lachaise já eram mais vistosos.

Embora na parte mais antiga e mais elevada, de relevo variado, o plano e o espírito do parque tenham sido resguardados, nas zonas mais planas e mais baixas, os túmulos foram colocados uns contra os outros e nada se parece menos com um parque.

A ocupação pela pedra já estava adiantada, em meados do século XIX, de modo que as pessoas da época compreenderam muito bem a oposição entre os dois modelos, os defensores dos *rural cemetery* censurando ao Père-Lachaise a pretensão dos seus monumentos.

Mount Auburn foi imediatamente imitado na América e na Inglaterra (Abney Park em Londres, no ano de 1840), estendendo a uma grande área geográfica o tipo do *rural cemetery* onde o túmulo se dissolve na paisagem, a ponto de se confundir com o relvado. É de notar que esse modelo continue – ou reencontre e reconstitua – o *churchyard* de Thomas Gray, que foi assim reabilitado. Uma bela pintura do novo museu de Brest representa a visita ao túmulo de Shelley no maravilhoso cemitério protestante de Roma, na Piazza Ostiense: oásis romântico da cidade barroca e clássica, um *rural cemetery* em miniatura.

A visita ao cemitério não é tema desconhecido na pintura americana. No museu Walters de Baltimore, um quadro ingênuo de meados do século mostra visitantes num *lawn cemetery,* com estelas verticais.[92] Observemos também que Mount Auburn foi representado em litografia e em pintura – por exemplo, numa bela tela de Thomas Chambers.

O modelo do *rural cemetery* é dominante na Inglaterra e na América do Norte. A parte mais recente do Père-Lachaise e os cemitérios parisienses de Montmartre e de Montparnasse, que se lhe assemelham, serviram,

---

91 French, op. cit., p.89.

92 Walters Gallery, Baltimore, n.1520.

mais ou menos, de modelo aos novos cemitérios urbanos da Europa continental, que sofriam também outras influências, como a do *campo santo* italiano, onde persiste a lembrança do claustro. Em toda essa grande área geográfica, católica e também protestante, os monumentos de pedra, pequenos e grandes, invadiram o espaço disponível.

Tais cemitérios edificados inspiraram mais os escultores de monumentos que os ornavam do que os pintores. Esses preferiam os cemitérios de campo ou *rural cemetery*. É por isso que a imagem mais popular do gênero na arte francesa do século XIX foi a da peregrinação coletiva de Toussaint: famílias em luto andam pressurosas sob a chuva de outono, ou, na gravura, a oração das viúvas diante do túmulo vazio dos marinheiros mortos no mar, depois da missa de domingo na Bretanha.

A diferença entre as duas áreas geográficas poderia ser devida a uma disparidade de atitude diante da natureza. Na América e na Inglaterra, a natureza comove sempre, e os seus elos com a morte são reais e profundos. Na França, pelo contrário, se a natureza pôde comover durante algum tempo no século XVIII e no início do século XIX, foi por acidente; tornou-se, em seguida, indiferente e o sentimento foi completamente absorvido pelo monumento. O cemitério é, portanto, uma pequena cidade de pedra, com casas encostadas umas às outras, onde dois ciprestes de circunstância têm o aspecto insólito de vassourinhas de privada: tal é, muitas vezes, pelo menos à beira do Loire, a aparência dos cemitérios de campo franceses, transferidos, conforme a lei, para fora da aldeia, numa espécie de subúrbio triste.

Não é fácil hoje, para um francês ou um "europeu continental", compreender a relação que um homem do final do século XVIII mantinha com a natureza. Tende a taxá-la de literatura, de esteticismo e para dizer tudo, porque essa é hoje a injúria por excelência, a de romantismo.

Um texto de *Jacquou le Croquant* (1899) nos mostra esse sentimento em estado nascente, num francês nascido em 1836. Eugène Leroy tornou-se testemunha das ideias de seu tempo num meio republicano, hostil à Igreja. No seu livro, a morte e o enterro ocupam um lugar importante; seus camponeses os consideram momentos fortes que se devem descrever, para ser um observador fiel. "La Bertille desolava-se por sua mãe ter

O homem diante da morte

sido enterrada sem orações", porque ela não as podia pagar. A mãe de Jacquou foi rejeitada pelo pároco na porta da igreja, sob pretexto de ser huguenote: seus despojos foram lançados num buraco (*imblocata*, teriam dito da Idade Média). Mais tarde, Jacquou aproveita um enterro ao qual assiste,

para ir ao lugar onde minha mãe estava enterrada. Que direi eu? Não tem importância, não é verdade, se por cima de 6 pés de terra que recobrem os ossos de uma pobre criatura [não havia qualquer monumento de pedra] há flores ou ervas selvagens, mas [isso nos faz, assim mesmo, alguma impressão] nós nos deixamos facilmente atrair pelos olhos sem escutar a razão. Assim, quando eu vi esse canto cheio de pedras [...] invadido pelos espinhos [...], fiquei ali um instante, muito triste, olhando fixamente aquele lugar abandonado, de onde qualquer traço de sepultura da minha pobre mãe tinha desaparecido. E ao sair passei perto de um túmulo quebrado pelo tempo [...] e me disse como era vão procurar perpetuar a memória dos mortos [vão, contudo inextirpável]. A pedra dura mais tempo do que uma cruz de madeira, porém o tempo que tudo destrói a destruirá também.

Aqui encontramos novamente o tema antigo da Vaidade. Mais novo e, penso eu, mais sentido, é o texto seguinte:

"Não será afinal preciso que a lembrança do defunto se perca nesse *mar imenso e sem praia* de milhões de bilhões de seres humanos desaparecidos desde as primeiras eras". Imagem do "mar constantemente recomeçado", que notamos nos poemas de Emily Brontë e no diário de Albert de La Ferronays. "Desde então, o abandono à natureza que tudo recobre com seu manto verde, vale mais do que esses túmulos onde a vaidade dos herdeiros se esconde sob o pretexto de homenagear os defuntos." É quase a linguagem dos partidários americanos do *rural cemetery* nos seus requerimentos contra o Père-Lachaise. O homem do século XIX não suporta o abandono dos mortos como se eles fossem animais; quer meditar no lugar das sepulturas que é preciso, portanto, identificar, por mais discreto que seja o sinal. Então, renunciando à arte, a solução é a do *rural* ou *lawn cemetery,* onde a arte pede que a natureza lhe tome o lugar.

O túmulo visível tem cada vez menos sentido no *rural cemetery*. Pelo contrário, na Europa continental ele se excede. Já vimos, no Capítulo 5, que a cruz, outrora rara, se espalhara por toda a parte – cruzes de pedra, cruzes de madeira, imagem simbólica de uma morte mais ou menos (conforme as opiniões) distinta da morte biológica, cercada de um halo de esperança e de incerteza.

Os primeiros monumentos funerários que queriam impressionar foram imitados seja dos belos túmulos de igrejas, seja de alguns edifícios privados que se encontravam nos cemitérios, uns e outros se inspirando, então, na Antiguidade e no neoclassicismo: estelas com urnas, pirâmides, obeliscos, colunas completas ou quebradas, e também pseudossarcófagos.

Esses tipos subsistiram por muito tempo. A arte funerária do século XIX é muito variada; rejeita as convenções maciças do costume, que a Idade Média e os tempos modernos tinham, pelo contrário, aceitado.

Entretanto, um tipo novo nasceu no início do século XIX, tornando-se popular, a ponto de se manter pelo menos até o fim do século: o túmulo--capela. Deve-se estar lembrado de que, nos séculos XVII e XVIII,[93] as capelas laterais serviam de capela aos vivos e de túmulos aos mortos; o caixão era enterrado justamente embaixo, num jazigo abobadado, mas podia haver, além disso, um monumento na capela. Essa constituía, na realidade, o verdadeiro túmulo visível.

Não existiam (salvo raríssimas exceções, como certas capelas particulares de castelo – a de Trémoille em Niort – ou capelas de irmandade) capelas funerárias fora das igrejas.

Então, quando não se pôde mais enterrar nas igrejas, teve-se a ideia de transportar a capela lateral funerária para o cemitério e dela fazer um túmulo. Uma das primeiras foi construída no Père-Lachaise, por volta de 1815: é "a capela sepulcral da família Greffulhe", descrita e reproduzida nos guias da época. Esse monumento notável era como uma pequena igreja. Depressa se adquiriu o hábito de ter uma capela no cemitério, miniaturizada nas dimensões normais de uma concessão perpétua. Existem quantidades delas, encontrando-se disseminadas e vulgarizadas na

---

93 Capítulo 5.

segunda metade do século XIX: uma pequena *cella* com um altar encimado por uma cruz, recoberto com uma toalha, candelabros e vasos de porcelana. Diante do altar, um ou dois genuflexórios; os nomes dos defuntos e os epitáfios estão nos muros interiores da *cella,* ela própria fechada por uma grade, originariamente envidraçada. A capela é, em geral, de estilo neogótico; no seu frontispício está inscrita a expressão Família X. Porque, como as capelas laterais das igrejas, esses túmulos não eram individuais, mas familiares. O túmulo já não constitui, mesmo em aparência, aquele monumento comemorativo que perpetuava uma lembrança; tornou-se um local de visita e de peregrinação, organizado para a oração e a meditação, com alguma coisa em que se assentar ou pelo menos se ajoelhar.

Nos túmulos-capelas, não há lugar privilegiado para o retrato, salvo quando o morto é ilustre, como o general Chanzy, representado então como jazente à moda medieval, e voltado para o altar de sua capela.

Retratos e cenas de gênero

Na segunda metade do século XIX, pelo contrário, as estátuas-retratos tornam-se muito frequentes e se organizam, por vezes, como verdadeiras cenas de gênero. As mais patéticas são, nesse caso, as de túmulos de crianças ou de adolescentes. São numerosos porque a mortalidade das crianças e dos jovens ainda era elevada, mas ao vê-las hoje, como também lendo a literatura americana de consolação da mesma época, sente-se quanto elas se tornaram dolorosas. Esses pequenos seres, durante tanto tempo negligenciados, eram reproduzidos como personagens ilustres, com tamanho realismo e movimento, que davam ao visitante em pranto a ilusão de sua presença.

No cemitério de Nice (maravilhoso museu funerário, cujos túmulos mais antigos – e os mais ameaçados – são de 1835), uma menina de 8 anos recebe no céu seu irmãozinho, que a ela vai se reunir no Além. As duas crianças, em tamanho natural, estendem-se os braços, e o menino em camisa se lança para a irmã que o espera (final do século XIX e início do século XX). Encontrei a mesma cena, da mesma época, no cemitério de San Miniato, perto de Florença, a ponto de se ter vontade de perguntar se não seriam do mesmo artista ou se o tema era banal: Emma e Bianca se reencontram no céu. Correm uma para a outra, igualmente com os braços estendidos. Mas a menor está cercada de rosas e em parte transformada em rosa. Uma primeira inscrição nos diz que as duas menininhas deixaram este mundo com pequeno intervalo. Uma segunda inscrição, ao lado, dá a palavra a Emma e a Bianca que recomendam a seus pais não chorarem, porque elas estão agora entre os anjos no céu, onde cantam a glória de Deus e rezam pelos sobreviventes.

Essas meninas, dirão, provinham de famílias ricas que podiam pagar bons escultores e obedeciam às conveniências de classe. Mas se encontram testemunhas populares do mesmo sentimento. No cemitério de Aureilhan, nas charnecas da Gasconha, perto da pequena igreja, à esquerda da entrada, fica-se impressionado por uma estatueta de criança, toscamente feita, ou ingênua, sem pedra tumular: a criança está de joelhos e segura uma coroa com as duas mãos, como uma oferenda. Não existe data, mas a obra é, sem dúvida, do final do século passado ou do início deste.

Outra cena, em geral representada sobre os túmulos pelos escultores do século XIX, é a morte no leito. Essa imagem, muito rara antes do final do século XVIII, deve ser comparada à grande exaltação dos últimos momentos, tal como a encontramos nos Brontë, nos La Ferronays: na igreja de Santa Maria Novella, em Florença, um túmulo de 1807 põe em cena uma jovem. Ela não está mais morta: já entrou no Além; levanta-se acima do leito e estende os braços para a eternidade bem-aventurada que lhe é prometida. Venceu a morte, cujo esqueleto com a foice a espreitava ao lado: *transitum vici*.

É a boa morte. Em Saint-Clément, em Roma, um túmulo de 1887 representa o conde de Basterot estendido no leito de morte. Uma mulher chora, representando a fraqueza humana, enquanto um anjo, um *putto* sorridente, toma-lhe a mão que se abandona: ele simboliza a imortalidade.

A revista *Traverses* ilustrou a capa do seu primeiro número (1975) com uma soberba fotografia realizada por Gilles Ehrmann, tomada em algum campo-santo do século XIX, melhor ou mais eloquente que o original.[94]

---

94 A mesma imagem serviu para ilustrar a capa da edição alemã do meu *Essais sur l'histoire de la mort*, publicado em Munique em 1976.

O homem diante da morte

Devemos estar aproximadamente no final do século. O momento é do último suspiro, a família está agrupada em torno do leito, o moribundo encontra-se calmo, sereno, sua mulher inclina-se para ele, bem perto do seu rosto, que ela fixa com intensidade. Uma jovem apoia a cabeça sobre o travesseiro num gesto de ternura. Só ela não olha para o moribundo, sem dúvida era a mais moça. Outra estende as duas mãos para a frente, como para abraçar mais uma vez seu pai que se vai. No fundo, um genro com a tristeza de circunstância e também a discrição de um quase estranho.

Sejam quais forem as variações do gosto e da moda, é uma escultura de grande beleza. Não tem, no entanto, o monopólio do túmulo. Na segunda metade do século XIX, artistas locais não representaram defuntos em cenas tão animadas e patéticas, e sim com a imobilidade dos ingênuos. Existe, em Loix-en-Ré (Ilha de Ré), uma sepultura de família dessa época que se chama, no lugarejo, "o túmulo célebre", o túmulo Fournier. É bem digno da celebridade! Constitui-se de um pilar central, encimado por uma figura nua de joelhos, mãos juntas, coberta por uma pequena edícula pseudogótica. Em torno do pilar central, quatro estelas como altares romanos, ligadas ao pilar central por longos braços esculpidos. Sobre o pilar central e as estelas periféricas estão gravados epitáfios e na frente veem-se bustos ou estátuas dos membros da família. O pai é soberbo: tem os braços cruzados, com uma das mãos segura um caderno e com a outra um lápis. Ao lado, uma simples pedra e uma cruz para a fiel servidora.

Fournier ainda é um personagem ilustre, embora local. No século XX, o papel da estatuária diminuiu e, mesmo nas grandes famílias, a moda do retrato passou. Na capela da família de Orléans em Dreux, fundada por Luís Felipe, os túmulos mais recentes são nus. Em compensação, a fotografia permitiu que o retrato, abandonado pelas classes superiores, conquistasse os meios populares: uma fotografia inalterável, graças ao esmalte. Na França, pergunto-me se as mais antigas imagens desse gênero não teriam sido as dos soldados da guerra de 1914, "mortos no campo de honra". Seu heroísmo os tinha feito sair mais especialmente do anonimato. O uso tornou-se em seguida generalizado, mais frequente, entretanto, nos túmulos de mulheres e jovens, objetos de uma solicitude especial, já observada no guia de 1836 do Père-Lachaise. Difundindo-se principalmente nos cemitérios do Mediterrâneo, onde os túmulos são muitas vezes de superfície, como gavetas de uma cômoda, sendo cada gaveta ilustrada. Vai-se de um a outro como se viram as páginas de um álbum de fotografias.

Paris sem cemitério?

Podia-se pensar, no início do século XIX, que a questão das sepulturas tinha sido definitivamente resolvida na França, graças às três decisões de criar novos cemitérios fora das cidades, de justapor as sepulturas em vez de sobrepô-las, e de conceder aos mortos direito prolongado de ocupação do solo.

Os outros países seguiram a mesma política de abandono das antigas práticas fúnebres em proveito das novas: criação de Necrópoles em Glasgow, no ano de 1833, conforme o modelo do Père-Lachaise; de Abney Park em Londres, no ano de 1840, seguindo o modelo de Mount Auburn, comissão inglesa *ad hoc* que deu entrada ao seu relatório em 1851, criação em seguida de uma série de cemitérios fora de Londres...

De fato, o problema deveria ressurgir em Paris, no final do século XIX, mas num clima sentimental muito diferente daquele do século XVIII, e a medida dessa diferença permite avaliar a mudança das mentalidades.

Bem cedo, os administradores encarregados da polícia, como se dizia outrora, preocuparam-se com a situação. Um memorial do prefeito do Sena, de 1844, expõe as dificuldades consecutivas ao decreto do ano XII que ele bem gostaria de modificar.[95] Ataca o "sistema" da concessão perpétua, "cujos efeitos não podiam ser previstos na origem" e à pressão "de uma população sempre crescente e [infelizmente!] cada dia mais tendente, *mesmo entre as classes menos abastadas* [grifo meu], ao culto das sepulturas". Esse sistema termina por congelar o terreno, ao mesmo tempo, pela duração das concessões e pela acumulação de monumentos ou "ambientes".

---

95 Memorial apresentado pelo prefeito do Sena ao Hôtel de Ville (sobre os cemitérios de Paris), 1844.

O homem diante da morte

Os Innocents tinham suportado um empilhamento de vários séculos; nos novos cemitérios, depois de uma trintena de anos, já não havia lugar. A razão disso era a extraordinária mania dos túmulos visíveis e duráveis.

De um lado, a cidade galopara, atingindo os cemitérios que com tanto cuidado tinham sido afastados. Em 1859, as comunas suburbanas foram anexadas à capital, de tal modo que o Père-Lachaise e os cemitérios do início do século encontravam-se no interior da atual Paris com seus vinte distritos. Catástrofe para a administração: a situação do Antigo Regime da França encontrava-se reconstituída; os mortos tinham voltado para o meio dos vivos.

Situação intolerável para o prefeito e os administradores que herdaram as preocupações dos seus predecessores do século XVIII, os parlamentares e seu estado de espírito.

Essa a razão por que o prefeito Haussmann quis recomeçar a operação dos Innocents, fechar os cemitérios criados por volta de 1800 e tomar precauções para afastar o novo cemitério a uma distância tal que não corresse o risco de ser apanhado pelo desenvolvimento urbano. Propôs Méry-sur-Oise a uns 30 quilômetros de Paris por estrada de ferro, que depressa recebeu o apelido de trem dos mortos.

Deve-se lembrar o que se disse no início deste capítulo: no fim do século XVIII, os Innocents foram brutalmente transferidos, sob a indiferença geral. O culto dos mortos ainda não tinha nascido. Em 1868, o simples projeto de fechamento (e não de mudança) provocou uma tempestade. O populacho de Paris "gosta de visitar os cemitérios com a família [...]. É seu passeio preferido nos dias de descanso. É o seu consolo nos dias de aflição".

Toda a opinião pública se comoveu. Uma carta ao *Siècle* (7 de janeiro de 1868) expressa o sentimento geral: "Os instintos populares revoltam-se ao pensamento de que os mortos serão transportados às dúzias nos vagões de estradas de ferro [...]. Serão tratados como simples pacotes".[96]

A administração parisiense volta à carga no início da III República, de 1872 a 1881, encontrando sempre a mesma oposição. Guarda-se a

---

96 Chenel, *Sur un projet de cimetière et de chemin de fer municipal ou mortuaire.*

Philippe Ariès

lembrança desses debates no Conselho Municipal, na imprensa, nas brochuras. "Paris não é uma cidade cética", escrevia-se em 1889;

> o culto dos mortos [a expressão tornara-se corrente] ali se perpetuou de geração para geração. A prova: durante o Império quis-se criar uma imensa necrópole em Méry-sur-Oise. Todos os parisienses indignados protestaram porque, segundo o antigo costume [nem tão antigo assim], já não podiam acompanhar a pé seus queridos mortos aos campos de repouso, onde os conduziriam dali em estrada de ferro.

A administração abandona a disputa quando percebe que os sábios não a apoiam. Em 1789, o Conselho Municipal encarregava uma comissão de peritos, na tradição dos médicos e de parlamentares do século XVIII, de examinar até que ponto e por quanto tempo se poderiam sanear os cemitérios atuais. Esperavam-se, sem dúvida, novas denúncias de focos de pestilência.

Ora, a resposta dos engenheiros arruína, muito simplesmente, um século de argumentos científicos; assegura que os "pretensos perigos da vizinhança do cemitério são ilusórios, [...] que a decomposição dos corpos era completamente efetuada no período legal de cinco anos".

Já se tinham feito experiências, desde 1850, que derrubavam as ideias existentes.[97] Guérard, que tinha examinado a água de um poço do cemitério do Oeste, descobriu que ela podia "produzir bons efeitos". "Em vez de ser salobra, como a matéria calcária do solo devia fazer supor, ela [graças a certos produtos da decomposição] dissolvia o sabão, cozinhava os legumes. Era límpida, inodora e de bom gosto."

O professor Colin, da escola de veterinária de Alfort, matou animais através da inoculação de carvão e líquidos sépticos.[98] Enterrou-os a pouca profundidade (10 a 30 centímetros). "Em seguida juntou animais durante 4 a 15 dias no solo onde os outros tinham sido enterrados. Esses animais eram pesados todas as vinte e quatro horas. Os

---

97 Guérard, *Visite au cimetière de l'Ouest.*
98 Bertoglio, Les Cimetière.

O homem diante da morte

adultos permaneceram estacionários. Os jovens progrediram nos limites habituais."

M. Miguel

estabeleceu que, contrariamente à opinião de vários autores, o vapor da água que se eleva do solo, das flores e das massas em putrefação é sempre puro em uma dimensão micrográfica [...]. Os gases que provêm das matérias enterradas, em via de decomposição, são sempre isentos de bactérias. [...] No que se refere aos cemitérios de Paris, a saturação do solo pela matéria cadavérica não existe, nem do ponto de vista dos gases, nem do ponto de vista dos sólidos.[99]

"Se o solo de Paris não está, pois, envenenado, como também sua atmosfera...", é graças ao "maravilhoso poder de depuração que a terra possui, e que se pode considerar um filtro permanente".

Estamos longe do tempo em que os legumes dos vizinhos dos Innocents ficavam instantaneamente corrompidos pelo ar, onde os coveiros morriam como moscas. "Os coveiros também [como os funcionários dos esgotos, os tanoeiros, os coureiros], longe de estarem mais do que os outros homens sujeitos a quaisquer doenças ou a contrair no exercício de seus ofícios doenças especiais, foram conhecidos em todos os tempos, com ou sem razão, como gozando de uma espécie de imunidade para as doenças epidêmicas."[100]

Pode-se, portanto, sem receio aproximar-se das modestas cruzes fincadas na terra, para ali por vezes ler a ingênua expressão da dor do pobre, sem ser obrigado a perfumar o lenço, ou a reter a respiração, como costumam fazer certas pessoas delicadas.[101]

Os cemitérios já não são insalubres: os "engenheiros" assim o demonstraram. Sem dúvida, trabalharam com objetividade científica. Mas acontecia que sua ciência coincidia com a opinião do seu tempo, opinião não apenas moral, mas também religiosa.

---

99 Chardouillet, *Les Cimetières son-ils des foyers d'infection?*
100 Ibid.
101 Bertoglio, op. cit.

Philippe Ariès

A aliança dos positivistas e dos católicos para proteger os cemitérios de Paris

A polêmica em torno do projeto Méry nos esclarece sobre o que passara a ser o culto dos mortos nas mentalidades. Essa literatura expressa duas opiniões diferentes, mas coligadas no mesmo combate, a dos "positivistas" e a dos católicos. Vamos analisá-las sucessivamente.

Quem eram os positivistas? Discípulos de Auguste Comte, mas não puros teóricos, os animadores de um movimento de filosofia política que se dirigiam, se não às massas, pelo menos às elites populares ou burguesas, convidando-as a uma ação, ao mesmo tempo cívica e religiosa.

Desde 1869, um deles, o Dr. Robinet,[102] respondia a Haussmann num livro com título significativo: *Paris sans cimetière* [Paris sem cemitério]. Então, "Paris já não seria uma cidade e a França estaria decapitada". "Não há cidade sem cemitério." Em 1874, Pierre Laffitte, "diretor do positivismo", publicava suas *Considérations générales à propos des cimetières de Paris* [Considerações gerais acerca dos cemitérios de Paris], no qual afirmava que o cemitério "constitui uma das instituições fundamentais de todo tipo de sociedade". "Toda sociedade que resulta da evolução contínua de uma série de gerações ligadas entre elas, supõe passado, presente e futuro." Ao lado da Casa comum, "o cemitério [e não o túmulo] é a expressão do passado".[103]

Diz com certa emoção o Dr. Robinet:

> O homem prolonga para além da morte os que morreram antes dele [...], continua a amá-los, a conhecê-los, a *entretê-los* [grifo meu] depois que deixaram de viver, e institui em sua memória um *culto* [grifo meu] onde seu coração e sua inteligência se esforçam por assegurar-lhes a perpetuidade [...]. Essa propriedade da natureza humana [...] nos torna bastante afetuosos e inteligentes para amar seres que já não existem, *para arrancá-los do nada e para criar em nós mesmos essa segunda existência*, que sem dúvida é a única imortalidade verdadeira.

---

102 Robinet, op. cit.; Laffitte, *Considérations générales à propos des cimetières de Paris.*
103 Laffitte, op. cit.

O homem diante da morte

Acho que não se pode expressar melhor o sentimento da França laica do século XIX e do início do século XX. A intensidade da lembrança e sua manutenção constante tinham criado na alma dos vivos uma segunda existência dos mortos, menos ativa, mas tão real como a primeira. Laffitte sublinha: *"O túmulo prolonga a ação moralizadora da família para além da existência objetiva dos seres que dela fazem parte".*

Daí provém o culto dos túmulos, "é independente, no fundo, do estado dos dogmas e da forma dos governos. Surgiu do mais profundo da nossa natureza como o princípio que mais nos separa da animalidade [...], o selo da humanidade". Aqui, Robinet desenvolve uma ideia de Vico.

Laffitte, retomando A. Comte de forma mais vulgarizada, expõe os avatares históricos desse sentimento original.

A primeira fase fundamental é o fetichismo. "A morte não é senão uma passagem da vida imóvel", diríamos sedentária. "A conservação dos restos se impõe então... não se vê ali a morte, nem tampouco o cadáver, como o objeto dessa espécie de horror próprio das populações teológicas" e cristãs. O túmulo é, então, o "sinal representativo e impressionante dos que perdemos. E ainda, por conseguinte, se a lembrança dos nossos mortos é uma condição de toda existência social, por desenvolver o sentimento da continuidade, o túmulo permanece uma instituição necessária".

Um fetichismo espontâneo subsiste sempre em nós. É nele "que se baseia a conservação dos objetos que nos lembram pessoas amadas e respeitadas", lembranças, pulseiras feitas com cabelos do ente querido e, mais tarde, fotografias... "No sinal material, existe para nós e para toda a espécie humana [mais especialmente, porém, para o Ocidente cristão do século XIX, e é como analistas desse sentimento secular e passageiro que os positivistas de 1860-1880 nos interessam] sinal e animação do próprio sinal." Como é que o túmulo ou a lembrança fazem reviver o desaparecido, o desencarnado? "O espírito científico que se inicia desconhece tudo isso, mas o espírito científico completo e real que abrange e compreende tudo, explica e utiliza essa disposição da nossa natureza."

É preciso, portanto, incorporar o fetichismo ao positivismo. Esse último sanciona a grande inspiração que fez do túmulo não apenas uma instituição pessoal e de família, mas também uma instituição social pela fundação do cemitério que lhe dá um caráter coletivo. Então, o culto dos mortos adquire caráter público, o que lhe aumenta imensamente a utilidade, porque o túmulo desenvolve o sentimento de continuidade na família, e o cemitério o sentimento de continuidade na cidade e na humanidade.

Por essa razão, o cemitério "deve ser [...] instituído na própria cidade, de modo a ali permitir o culto dos mortos, que é um elemento cívico de primeira ordem", exatamente o contrário das ideias dos parlamentares de 1763, de Loménie de Brienne, do clero filosófico do século XVIII.

Quão insípido e equívoco nos parece o *Mémoire des curés de Paris,* de 1763, ao lado da teoria positivista dos cemitérios e de seu lugar na *cité!* Mais de meio século de evolução e de meditação precedeu e preparou, porém, essa teoria que expressa e conceitua a opinião mais disseminada e comum.

Os fiéis do positivismo sabiam que, desde as belas épocas fetichistas, o culto dos mortos se degrada por culpa dos deísmos e das Igrejas. A época teológica assinala um recuo da "espontaneidade fetichista". "A teoria teológica consiste em repor o túmulo e o cadáver sob a proteção dos deuses infernais e em obter para ambos o respeito pelo temor da cólera divina."[104]

Nossos autores destacam a responsabilidade do catolicismo na desativação do culto dos mortos: "Quanto ao catolicismo, apenas continuou o politeísmo e até mesmo, note-se bem, sua preocupação pela salvação eterna era muito mais intensa do que a do politeísmo. O catolicismo *antes levou ao abandono dos mortos* [grifo meu]".[105]

Autor de 1889, Bertoglio, antigo conservador do cemitério de Marselha, surpreende-se, também, com a indiferença da Igreja medieval: "Temos base para acreditar que ele [o clero] se absteve intencionalmente [de reverenciar os cemitérios], persuadido de que o horror do campo comum devia aumentar o número dos que solicitavam lugar nos jazigos dos monumentos dedicados a Deus".

---

104 Ibid.
105 Ibid.

O homem diante da morte

Foi o povo de Paris, a grande cidade, que primeiro reabilitou os mortos:

Os progressos impressionantes que se realizaram na França, principalmente há duas gerações, no culto dos mortos são devidos à admirável influência de Paris. Porque, como já constatamos, o teologismo, principalmente o monoteísta, não leva de modo algum, por si mesmo, ao culto dos mortos nem aos cuidados especiais dos cemitérios; no fundo, *que importam os cuidados a dar aos túmulos daqueles cujo destino está resolvido por toda a eternidade* [grifo meu]?

De novo se encontra aqui a censura constantemente feita à Igreja desde o final do século XVIII. Não só o culto dos mortos não foi favorecido pelas grandes confissões, como ainda aumenta enquanto a audiência dessas confissões diminui. Quando Deus morre, o culto dos mortos pode se tornar a única religião autêntica. Torna-se

observação constante que há duas gerações os cemitérios eram muito mal-cuidados na França, e que no Sul, tão católico como se pretende [à atenção de M. Vovelle], o abandono é quase absoluto [...]. Realizou-se uma grande e profunda mudança (que toma cada vez maior extensão) no cuidado dos cemitérios e no culto dos mortos. Pois bem, foi em Paris, há quase duas gerações, que tal movimento começou. Esse desenvolvimento crescente e admirável do culto dos mortos, na grande cidade religiosa do Ocidente [religiosa, mas não teológica], acabou por impressionar todos os observadores. Porém o que mais ainda os impressionou foi essa contradição aparente entre a crescente emancipação teológica de Paris [sua descristianização?] e o culto crescente dos mortos. À medida que Deus é eliminado e mesmo esquecido, o culto dos mortos se espalha sem cessar e *penetra nas mais modestas existências* [grifo meu].

É preciso reconhecer a exatidão dessa análise histórica: desde meados do século XVIII, ela corresponde a tudo o que por outro lado constatamos. *Em um século, o culto dos mortos tornou-se a religião comum a todos os franceses, a grande religião popular.*

Todavia, os positivistas têm consciência de um perigo; entre eles, o engenheiro Chardouillet, chama esse perigo, em 1881, de "o industrialismo feliz". Inquieta-se com o desenvolvimento demasiado rápido das cidades e de Paris em particular: enriquecimento brutal, confessa Laffitte, abandono das tradições da vida comum. Vemos nascer aqui, nos meios racionalistas e inovadores dos técnicos, engenheiros e artífices, uma inquietude diante das formas da vida industrial. Laffitte afirma:

> Daí resulta uma cidade imensa, constituída no centro principalmente pelos ricos e circunscrita essencialmente pelos pobres [o modelo da cidade do século XIX e do início do século XX que, com o automóvel, será invertido depois da Primeira Guerra Mundial], disposição tão perigosa política e socialmente, por ser verdadeiramente imoral [...]. Um dos graves inconvenientes dessa extensão é, atualmente, o de ter feito surgir e dado pretexto à questão dos cemitérios.

"O sentimento da continuidade foi, portanto, atingido por essas reviravoltas e, em consequência, o nível humano baixou." "Eis aí como a questão dos cemitérios de Paris se liga intimamente à de sua transformação", e a seu gigantismo.[106]

O engenheiro Chardouillet vai mais longe no seu livro *Les cimetières sont-ils des foyers d'infection?* [Seriam os cemitérios focos de infecção?] (não, evidentemente!) Ele estabelece uma correlação entre a expulsão dos cemitérios, a industrialização, e uma ideia de felicidade; sem dúvida, uma análise então prematura, mas que poderia ser verdadeira para o nosso tempo. Seria um profeta o engenheiro? "Que acabem com essa declaração de que os cemitérios são verdadeiros focos de infecção." Não é por essa razão que se quer afastar da vista os cemitérios; que haja a coragem de confessar a verdadeira razão: "Diga-se, se não se tem a coragem de suportá-lo, que o espetáculo da morte é entristecedor, que numa vida de *industrialismo feliz*, não se tem tempo para se ocupar dos mortos". Mas os efeitos morais do "industrialismo feliz" ainda são evitáveis: "Esperamos que, em uma questão de tal importância, tendo sido afastado o ponto de vista higiênico, as considerações do *perfeito bem-estar material do industrialismo atual* [grifo meu]

---

106 Laffitte, op. cit.

O homem diante da morte

cederão o passo ao progresso moral [...], que o culto dos nossos mortos venerados nos proporciona a todos".

Como conclusão dessa troca de ideias, Laffitte dirigia no dia 29 de maio de 1881, ao Conselho Municipal de Paris, uma mensagem que resumia a teoria positivista de uma religião familiar, cívica e popular dos mortos:

> Pela segunda vez [depois da tentativa de abril de 1879], o Conselho Municipal de Paris vai ser chamado a votar sobre uma das mais graves questões que podem ser submetidas a suas deliberações, a do estabelecimento de uma necrópole para a capital em Méry-sur-Oise, fora do departamento do Sena, a sete léguas do centro da cidade. Pela segunda vez, os abaixo assinados, pertencendo ao grupo positivista, suplicam aos representantes dos interesses da cidade que lhes conservem esses lugares de sepultura.

A mensagem estava assinada: P. Laffitte, diretor do positivismo; F. Magnin, operário marceneiro; I. Finance, pintor de construção; Laporte, operário mecânico; Bernard, contador; Gaze, presidente do Círculo de Estudos Sociais e Profissionais dos Cozinheiros de Paris.[107]

Os católicos estavam unidos aos positivistas nesse combate contra os que chamaríamos, hoje, de tecnocratas da administração.

Os bons republicanos criticavam essa aliança contra a natureza. P. Laffitte defendia-se sem dificuldade. Constata que os católicos pedem "atualmente" – não o tinham feito sempre! – para Paris a manutenção dos seus locais de sepultura. "Afirmamos que para os republicanos sérios [os católicos, em 1881, não eram considerados republicanos] a consideração de estarem de acordo com eles, sobre esse ponto essencial, não deve de modo algum fazê-los mudar de opinião." Aliás, "a sabedoria sacerdotal [...] corrige, por meio de um conhecimento empírico da natureza humana", os riscos teológicos da doutrina católica – já era o estilo Maurras! De modo

---

107 Brunfaut (partidário da transferência para Méry-sur-Oise), *La Nécropole de Méry-sur-Oise. De nouveaux services à créer pour les inhumations parisiennes.*

735

que, se o arcebispo de Paris tomou em mão a defesa dos cemitérios, suas razões são "puramente humanas ou positivas".

Os católicos, por sua vez, tinham de fato adotado o culto dos mortos e o defendiam como se eles o tivessem sempre praticado, como se fosse um aspecto tradicional de sua religião.

Existia, em 1864, uma *Oeuvre des sépultures* [Obra das sepulturas] que tinha por finalidade não apenas dizer missas pelas almas, mas também ajudar as famílias a enterrar os mortos, a pagar as concessões e a manter os túmulos.

"A religião conta, entre as obras mais meritórias, o sepultamento dos mortos [já era há muito tempo o objetivo das irmandades] e o cuidado dos túmulos[108] [nova preocupação]."

O culto do túmulo é, daí em diante, considerado como um elemento do cristianismo. "É para ele [o cristão] uma consolação ver que cuidados religiosos as nações civilizadas dispensam às cinzas dos mortos, e nesse culto do túmulo ele encontra uma garantia do respeito que a religião inspira pela vida dos homens."

Não insistirei nos argumentos, porque são quase os mesmos dos positivistas, tendo além disso algumas referências à tradição cristã. Mas o leitor que me tiver seguido até aqui ficará surpreendido pela desenvoltura com a qual os autores católicos dessa época concebiam a história recente das atitudes *diante da sepultura*. Essa desenvoltura tem um sentido: a Igreja cristianizou então (ou tornou católica) uma devoção que lhe era antes estranha, como tinha assimilado, durante a alta Idade Média, os cultos pagãos. Fez isso espontaneamente, provando assim que ela nada perdera de sua capacidade de criar mitos e de neles crer.

No seu livro *Le cimetière au XlX^e siècle* [O cemitério no século XIX], escrito por volta de 1875 no estilo fulminante dos clérigos desse tempo, monsenhor Gaume pretende afirmar que, no cristianismo antigo, se enterrava nas igrejas. Mas a verdade é que havia as catacumbas! Monsenhor afasta o argumento:

"O costume de enterrar na entrada das cidades [isto é, fora delas] não durou muito tempo, pelo menos entre os cristãos". Compraram-se

---

108 Lenoir (do Instituto), *Cimetières de Paris. Oeuvre des sépultures.*

ou receberam-se, em doação, terrenos suficientes, e os corpos dos fiéis foram depositados na terra que cercava o santo edifício e, em primeiro lugar, no interior das igrejas. Nenhuma palavra a respeito das interdições do direito canônico. No século IX reservaram-se as igrejas para as pessoas de alta categoria. Em seguida,

> pouco a pouco, o costume primitivo se restabeleceu e, quase sem distinção, enterrou-se nas igrejas e nas capelas [...]. Mas *se* [o grifo é meu] os templos, os claustros e seus jazigos não são suficientes para a sepultura de numerosas populações, a Igreja [...] ainda assim quis que seus túmulos fossem situados o mais próximo possível dos edifícios sagrados.

O enterro *ad sanctos* é apresentado como uma regra absoluta, um costume imutável, e o autor o confunde com a veneração do túmulo no século XIX. Para ele existe identidade entre os dois sentimentos. Essa associação do culto divino e da piedade pelo local onde "repousam" os mortos durou, segundo ele, toda a Idade Média e o Antigo Regime da França.

> Foi no último século que começou a guerra contra os cemitérios. Filhos de sua educação pagã, os sofistas dessa época vergonhosa [os filósofos] pediram com grandes gritos o afastamento dos cemitérios das habitações dos vivos. O interesse da saúde pública foi a máscara com que se cobriram [...]. A remoção dos cemitérios, reclamada pelos ímpios do último século, não passava então, como hoje, de um vão pretexto [...]. Sob o véu da salubridade pública, escondia-se uma censura à Igreja católica [culpada de imprevidência]. [...] O afastamento era um bom meio de extinguir prontamente o sentimento da piedade filial para com os mortos [...]. Separar o cemitério da igreja era romper uma das mais belas e mais salutares harmonias que a religião pudera estabelecer. Num pequeno espaço encontravam-se reunidas as três igrejas, a Igreja do Céu, a Igreja da Terra e a Igreja do Purgatório, que tocante lição de fraternidade!

Com o decreto do Pradial no ano XII, "o espírito pagão por meio de duas penadas aboliu o costume secular". Pode-se pensar que o culto antigo se tivesse reconstituído no que outro autor católico chamará, depois da secularização, "o cemitério reabilitado"; reabilitado pelas visitas piedosas. Nosso monsenhor o admite implicitamente, mas o perigo reaparece com o projeto de Méry-sur-Oise. É a franco-maçonaria que solicita o "afastamento do cemitério para dez léguas da capital com o estabelecimento de uma estrada de ferro dos mortos". Seus adversários opunham-lhes os costumes antigos. Ela se irrita, então, com a influência da Antiguidade sobre os epitáfios: "E obstinam-se a negar a influência desastrosa dos estudos clássicos". "De fato, o cemitério do século XIX é o último teatro da luta encarniçada do satanismo contra o cristianismo." A revolução, ou a filosofia,

espezinha tudo que há de mais sagrado, de mais tocante e de mais moral, não apenas entre cristãos, mas entre os próprios pagãos [piscar de olhos em direção aos incrédulos de boa fé]. O que acontece então ao culto dos antepassados, à piedade filial para com os mortos, quando, para se ir rezar junto aos túmulos, é preciso fazer expressamente uma viagem mais ou menos longa [...]. Ora, todo povo que esquece os mortos é um povo ingrato.

As cóleras eclesiásticas se apaziguarão. O cristão não mais deverá desertar os cemitérios, ainda que secularizados:

Reabilitemos nossos cemitérios. Embora já não sejam consagrados de acordo com as regras da Igreja, vamos neste mês de novembro lembrar-nos de que cada túmulo bento é como uma laje consagrada, perdida num templo pagão, e que é tanto mais digna das nossas orações, quanto mais as querem separar de nós. Vamos com mais zelo ornar as sepulturas, *multipliquemos nossas visitas* [grifo meu], a fim de protestar contra o esquecimento que nos querem impor.

A luta não é somente contra o ateísmo e a secularização, mas contra o esquecimento dos mortos, cujo culto é comum a toda a sociedade do século XIX.[109]

---

109 Tomamos nossos exemplos de Paris. A mesma história poderia ter sido escrita nas grandes cidades da província. R. Bertrand dedicou à mesma situação, mas em

O homem diante da morte

Os monumentos aos mortos

Nas páginas precedentes, ressaltei, como fizeram as pessoas da época, o aspecto privado e familiar do culto dos mortos. Mas, desde o início, esse culto encerrava outro aspecto, nacional e patriótico; os primeiros projetos de cemitério de 1765-1780 já pretendiam oferecer uma representação da sociedade inteira e de seus homens ilustres. Os regimes revolucionários franceses conservaram a ideia e transformaram a abadia parisiense Sainte-Geneviève em um Panteão das glórias nacionais: ainda existe, mas quase já não é visitado pelos franceses como santuário. Durante os dois primeiros terços do século XIX, parece-me que prevaleceu o aspecto privado, como o analisamos com algum detalhe, sem que, contudo, a função coletiva tenha sido completamente negligenciada.

Essa função reaparece com verdadeira emoção, o que nunca foi o caso do Panteão, exceto por ocasião dos funerais de Marat e nos túmulos dos soldados mortos na guerra. A sorte destes últimos não era outrora das mais invejáveis: os oficiais eram enterrados na igreja vizinha ao campo de batalha, ou conduzidos para a capela familiar, onde o heroísmo deles era comemorado por longos epitáfios. Assim, a capela do hospital de Lille conservou uma lista de oficiais mortos por ferimentos de guerra no século XVII: já era um memorial que respondia aos sentimentos de honra numa sociedade militar em vias de se constituir. Os soldados eram enterrados no local, depois de serem despojados de suas roupas e objetos pessoais. Uma absolvição coletiva, às pressas, era a diferença em relação ao monturo. Um guache do século XVIII, no museu de Grasse, representa a cena depois da batalha.

Não há dúvida de que houve, na História, algumas tentativas de homenagear, no local de sua morte, os soldados mortos. As mais antigas são

---

Marselha, no seu mestrado sob a direção de P. Guiral. Um resumo desse trabalho foi publicado em *Les Conférences de l'Institut historique de Marseille,* edição de jan.-fev. de 1970: "Une contribution à l'histoire du sentiment Cimetières et pratiques funéraires à Marseille du milieu du XVIIIe siècle à la fin du XIXe", p.264-7. "Assim, esse lugar de horror do século XVIII tornou-se, menos de um século mais tarde, Objeto de orgulho e de respeito."

equívocas. Em 6 de janeiro de 1477, Carlos o Temerário finava-se miseravelmente, com os seus borguinhões, nos pântanos perto de Nancy. Ora, foi o seu adversário, o duque de Lorena, quem fez construir, no local do combate e da vala dos mortos, uma capela – a de Notre-Dame-de-Bon-Secours: Notre-Dame tinha libertado Nancy de seus inimigos. Em 1505, a capela recebeu uma Virgem de Misericórdia; essa se tornou, em breve, objeto de veneração, e a capela, um local de peregrinação para os Lorenos. Stanislas Leszczynski a restaurou e mandou erigir os suntuosos túmulos para ele próprio e para a mulher. O local era antes de uma vitória providencial do que de uma sepultura coletiva. E, em pouco tempo, a piedade esqueceu as origens da fundação, em proveito do culto popular da Virgem de Misericórdia. A lembrança dos mortos apagava-se depressa na memória pouco sentida dos vivos.

Ainda durante as guerras de Napoleão III, os cadáveres dos soldados eram tratados com a mesma indiferença que predominava nas valas comuns do Antigo Regime da França. Os corpos que não tinham sido transportados pelos seus camaradas, e rapidamente recuperados pela família, continuavam sendo enterrados no campo de batalha, e essas inumações maciças levantavam os mesmos temores de insalubridade que as sepulturas nos Innocents, no final do século XVIII. Foi assim que, depois da batalha de Sedan, causa da queda de Napoleão III, "as valas cheias quase até à flor da terra começaram a exalar odores pestilentos. O governo belga, cujas populações mais próximas estavam em maior perigo, mandou ao local uma comissão que [...] nada achou de mais expedito, mais seguro e econômico do que o emprego do fogo". Recorreu-se a um químico, chamado Creteur, muito seguro de si, que certamente não devia ser "positivista". Ele abriu as valas, despejou em cima alcatrão e acendeu-o com óleo combustível. Uma hora bastou. Fora pena ter esperado tanto tempo: a despesa não teria ultrapassado 15 cêntimos, se a incineração tivesse sido feita imediatamente depois da batalha. Os alemães também quiseram sanear os campos de batalha da Lorena anexada.

Parece que tiveram mais repulsa por essa maneira de se desvencilhar dos mortos, porque, como eles ainda dominavam Sedan quando M. Creteur ali

O homem diante da morte

praticou suas operações, manifestaram formal intenção de oposição à crema-
ção dos cadáveres dos seus compatriotas [...], e M. Creteur, apesar do apoio
do governo e das populações, teve de se abster.[110]

Dr. F. Martin, de quem tomo essas citações, teria preferido uma inumação mais decente e não menos eficaz. "Com 1 metro de espessura de
terra, uma semeadura de alfafa e depois uma plantação de acácias tenras,
evitam-se todos os inconvenientes. Com duas camadas de cadáveres, podem-se amortalhar, sem perigo nem dificuldades graves, 20 mil homens
em 1 hectare." Por que se privar desse recurso? Além disso, pode-se acrescentar à homenagem da natureza reconstituída a homenagem da arte,
erigindo um monumento.

Sem dúvida, os primeiros soldados mortos a serem homenageados com
um túmulo comemorativo foram os vitimados nas guerras civis da Revolução Francesa: monumento da Lucerna aos Suíços massacrados em 10 de
agosto de 1792, capela expiatória e cemitério de Picpus em Paris. Contudo, o monumento mais significativo é o de Quiberon. Os emigrados que
tinham tentado desembarcar foram fuzilados e enterrados no próprio local, conforme o costume. Durante a Restauração, o campo de inumação foi
comprado, retirado do cultivo e transformado em local de recolhimento.
Entretanto, os ossos haviam sido retirados e depositados num convento vizinho, numa capela onde foram gravados os nomes dos fuzilados. O ossário
é visível por uma abertura: algo que fica entre os carneiros dos cemitérios de
múmias do século XVIII e os ossários da guerra de 1914. O túmulo no local do martírio é objeto de culto, não mais familiar e privado, mas coletivo.

Os túmulos transformam-se em monumentos; os monumentos são
forçados a serem túmulos. Rémusat[111] nos conta como, em julho de 1837,
os restos dos parisienses mortos dos Três Gloriosos[112] foram transferidos para debaixo da coluna comemorativa do acontecimento.

---

110 Martin, *Des Cimetières de la crémation*.
111 Ch. F. M. Rémusat (1797-1875), político e jornalista francês, ministro do Interior e das Relações Exteriores, escreveu obras de história, filosofia e as *Mémoires*.
(N. T.)
112 *Les trois glorieuses*. Referência aos dias 27, 28 e 29 de julho de 1830. (N. T.)

Todavia, não é surpreendente que tenha sido justamente na França pós 1870 que se mantiveram, com mais objetividade, a lembrança e a veneração dos mortos. Conhece-se, de fato, o enorme trauma que sacudiu a sociedade francesa. A sensibilidade coletiva fora ferida por muito tempo, até à "desforra" de 1914. Naturalmente, esse fato não impediu que no início se enterrassem, sem muitos cuidados, os soldados mortos, embora também com um pouco de vergonha. Não se gabaram disso. Em compensação, e é uma novidade, teve-se a ideia de elaborar quadros de honra, em pedra ou metal, como outrora em Quiberon, afixando-os, em geral, na igreja (por exemplo, na igreja de Noyon) e, por vezes, no cemitério. No Père-Lachaise existe um monumento aos mortos de 1870: um túmulo vazio com função comemorativa.

É muito significativo que a igreja e o cemitério tenham sido os dois lugares de acolhida dos primeiros monumentos aos mortos. A igreja, porque os católicos e o clero discretamente equiparavam aos mártires os mortos de uma guerra tão justa, e também porque a igreja considerava sua vocação homenagear os mortos e manter-lhes o culto. O cemitério, por ser o local onde os vivos se lembravam dos mortos e, na realidade, constituía uma espécie de concorrência à igreja, desde o tempo em que dela fora separado por lei.

Em 1902 contavam-se 350 mil visitantes aos cemitérios de Paris no dia de Todos os Santos. Um "republicano" ressalta aqui a unanimidade do sentimento nacional em relação aos mortos, principalmente os mortos da guerra:

> Destaquemos [...] nesse movimento [de peregrinação aos cemitérios] algumas das principais manifestações para melhor julgar se a superstição participa de alguma maneira dessa comemoração universal. [...] São, em primeiro lugar, as paradas diante de todos os monumentos que ostentam algum nome célebre e popular do Estado, da arte ou da literatura, ou que revelam algum pensamento grande e generoso. São os sobreviventes dos nossos memoráveis combates [os antigos de guerra de 1870, das guerras coloniais] e até os das nossas guerras civis [revoluções, comuna de Paris], esquecidos, nesse dia, das divergências de opinião, que vêm saudar os restos

O homem diante da morte

de seus companheiros de outrora. São as próprias autoridades locais que vêm render homenagem a todos os heróis.[113]

A guerra de 1914 deu ao culto cívico dos mortos "de nossos memoráveis combates" uma difusão e um prestígio que nunca antes conhecera. Já não se suportava a ideia de enterrar ou queimar os mortos no campo de honra. Cemitérios concebidos, aliás, como paisagens arquitetônicas foram-lhes consagrados, com as suas fileiras infinitas de cruzes idênticas; porque a cruz foi escolhida como sinal comum da morte e da esperança, mesmo por aqueles que até então não a tinham adotado, como os americanos.

E, em cada comuna da França, em cada distrito de Paris, erigiu-se um túmulo aos soldados mortos, um túmulo vazio: o *Monumento aos mortos,* em geral diante da Prefeitura. Disputou com a Igreja a função de centro de gravitação. E realmente foi, quase até os nossos dias, o símbolo do sentimento nacional.

O Arco do Triunfo, que Napoleão I erigira na encruzilhada da Étoile, também se tornou um túmulo, desde que ali foi inumado um soldado desconhecido. O aniversário da vitória de 1918, em vez de ser celebrado como dia de triunfo, transformou-se num dia dos mortos. Em cada cidade ou aldeia, as autoridades locais e as associações patrióticas reúnem-se em torno do túmulo vazio, do monumento aos mortos. Soam os clarins, como também na igreja, no mesmo dia, o canto fúnebre: "Por ela [a pátria], um francês deve morrer". Onde não há monumento aos mortos, também não há comemoração possível e, portanto, nenhuma festa.

Essa confluência do culto dos mortos e do sentimento nacional, no final do século XIX e início do século XX, é presente tanto nos Estados Unidos como na França. Se Washington tivesse sido fundada antes do século XVII-XVIII, essa capital seria, como Paris, uma cidade de estátuas reais: estátuas dos presidentes da União. Ela se edificou no século XIX e princípio do século XX, sendo por isso uma cidade de túmulos vazios, a comemorar seus homens de Estado, como o obelisco funerário

---

113 Faucheux (Paris) e Revel (Lyon), *Des Tombes des pauvres,* 1903.

de Washington, que a domina de longe. Foi a vontade dos descendentes de Washington que manteve seu túmulo na sua fazenda de Virgínia: mas os americanos gostariam que ele fosse transportado para o Capitólio. Os gigantescos tapetes verdes que o arquiteto da capital, o major L'Enfant, desenhara estão pontuados de monumentos à memória de Lincoln, de Jefferson, esse último monumento muito recente, datando da era do presidente Roosevelt: verdadeiros mausoléus concebidos à maneira dos grandes monumentos clássicos. Do ponto alto de Arlington, os túmulos escorrem sobre a cidade. O cemitério onde estão enterradas as glórias nacionais, os grandes servidores da União, forma o fundo da paisagem urbana.

São esses locais funerários que as multidões de americanos visitam todos os anos, da primavera ao outono, como os católicos em peregrinação a São Pedro de Roma.

O caso de um cemitério de campo: Minot

Nas páginas precedentes, mal deixamos as grandes cidades. Ali nasceu e se desenvolveu a nova religião dos mortos. O que aconteceu nos campos? Algumas aldeias imitaram as cidades e deslocaram o cemitério para fora da aglomeração, tendo o cemitério antigo sido desativado e recoberto pela praça que se estende perto da igreja. Muitas outras, pelo contrário, conservaram o cemitério no seu antigo lugar ao lado da igreja mas, nesse caso, nenhum túmulo remonta a muito antes dos primeiros decênios do século XIX, prova de que um cemitério novo, estabelecido segundo as regras novas, substituiu o antigo no mesmo lugar.

Podemos seguir o que aconteceu graças a um excelente estudo de Françoise Zonabend, sobre um cemitério de Châtillonais, em Minot.[114] Esse estudo nos mostra como se combinam, numa aldeia de província, os diferentes modelos que destaquei neste livro, da mais remota Idade Média até os nossos dias.

Existe, primeiramente, a necrópole merovíngia, anterior às práticas de enterro *ad sanctos* e, por conseguinte, fora da aglomeração primitiva.

---

114 Zonabend, Les Morts et les Vivants, *Études rurales,* n.52, p.23.

O homem diante da morte

Uma capela foi ali construída. Um *castrum* foi edificado ao lado. Era um vasto espaço como a necrópole de Civeaux em Poitou. As populações das cercanias eram ali enterradas como, sem dúvida, teriam sido batizadas na capela.[115] Uma nova igreja, dedicada a São Pedro, foi construída em 1450, no povoado vizinho de Minot, e então a necrópole de origem merovíngia foi abandonada em proveito da igreja e de seu adro. Contudo, continuou--se, por muito tempo, enterrando as vítimas das pestes num dos cantos do velho cemitério, porque era preciso justamente afastá-las das casas.

A partir do século XV instalou-se em Minot, tardiamente como se vê, o modelo clássico do par medieval e moderno da igreja e de seu adro--cemitério. Em torno da igreja e do cemitério, o presbitério, a granja dos dízimos, os fornos comunais, o galpão do mercado, o auditório para a justiça senhorial e as assembleias de habitantes. O castelo ficava distanciado, no lugar do *castrum* e da antiga necrópole abandonada.

Os castelões eram enterrados no coro de São Paulo, diante do altar.

Os registros paroquiais examinados por Zonabend assinalam, no século XVII, sepulturas de pessoas ilustres (um notário real, a viúva de um copeiro do Monsenhor o Príncipe) no exterior da igreja, mas encostadas aos seus muros: o lugar privilegiado, ocupado pelos jogos ou pelas galerias. Os padres tinham lugar ao pé da grande cruz triunfal, a única cruz do cemitério. As outras sepulturas não apresentavam sinais visíveis, dispersas em qualquer lugar e no campo. O campo, evidentemente benzido no dia da dedicação da igreja, não era cercado e ficou mesmo aberto até meados do século XIX.

Aberto a quem viesse, pessoas e animais, das vastas proporções [destacamos, no Capítulo 2, dois tipos de cemitério: o adro-carneiro, com galerias, e o cemitério-praça ou campo de feira, como em Antigny], situado na praça da aldeia [e com ela se confundindo], perto dos outros edifícios públicos, o cemitério era o centro da vida paroquial. Não longe das sepulturas

---

115 Esse aspecto lembra Saint-Hilaire com a sua igrejinha e seu cemitério antigo, ao lado de Marville, no Mosa (Capítulo 5). (N. A.)

reunia-se, comerciava-se, dançava-se e um rebanho perdia-se, às vezes, entre os túmulos. Os mortos estavam estreitamente ligados à vida.

Encontro aqui, sem recorrer ao autor que pela sua parte ignorava minha periodização, meu primeiro modelo da morte domada e do: "Nós morremos todos". Não se ficará surpreendido com a ausência, nessa comunidade rural, do segundo modelo: a morte de si mesmo.

Mas vemos, no fim do século XVII, chegar o padre tridentino e reformador. Ele reduziu o cemitério às dimensões existentes e decidiu fechá-lo: na realidade, a cercadura só se efetivou em 1861, mas já existia a vontade de separar o cemitério da praça comum, de fazer dele um espaço à parte, interditado aos animais, esvaziado de todos os objetos que o atulhavam, desembaraçado de todas as reuniões profanas que ali se faziam. Tratava-se de restituir à igreja – como também, simultaneamente, ao cemitério – sua decência comprometida. Outrora, na Idade Média, adquirira-se o hábito de construir, encostados na igreja, depósitos para os cofres e mobiliário que se queria proteger em tempos de perturbação; o novo pároco fez desaparecer esses remanescentes do direito de asilo. Em compensação, teve a ideia de preparar um espaço especial para a sepultura de criancinhas, esses anjinhos. É fácil reconhecer aí as influências purificadoras e a vontade de despojamento que marcaram os séculos XVII e XVIII e que agrupei com outros caracteres menos morais (mas afinal, concordantes), sob o título de "morte próxima e longínqua", na terceira parte deste livro.

O cemitério do inquérito etnológico de F. Zonabend já não é do Antigo Regime da França, sem também ser completamente o de hoje. Corresponde, parcialmente, ao meu quarto modelo: o da invasão da afetividade e do culto dos mortos.

Naturalmente permaneceu ao lado da igreja. O Conselho Municipal recusou deslocá-lo para fora dos muros. "Pensou em transferi-lo para Fontaine-Condrez, mas então não se iria lá com muita frequência." É em escala menor a mesma resistência à "estrada de ferro dos mortos" de Haussmann e ao projeto de Méry-sur-Oise.

Contudo, se o cemitério não foi deslocado fisicamente, foi moralmente posto a distância, afastado da vida cotidiana pelo novo respeito

O homem diante da morte

que se lhe dedicava. Já não se ousa dançar nos pavilhões do mercado como outrora, porque eles estão muito perto dos mortos: "Não fica bem, é preciso respeitar". Os velhos se espantam com esse rigor, que não aprovam. Como disse Zonabend: "Em vez de uma tranquila coabitação, encontra-se hoje matéria de conflito [se a sala de festas é perto demais do cemitério], a *familiaridade com o sagrado tornou-se separação respeitosa, distanciamento* [grifo meu]". Em Paris, nas grandes cidades, o culto dos mortos sucedera a um período intermediário, longo e confuso, em que a familiaridade medieval tinha insensivelmente se transmutado em indiferença brutal. Daqui se passou diretamente da era da familiaridade para a do respeito, considerando demasiadamente superficial a ação dos párocos reformadores dos séculos XVII e XVIII. Esse respeito dos séculos XIX e XX foi acompanhado de distância e temor: uma velha casa contígua à igreja ficou muito tempo sem comprador. "É perto demais do cemitério", dizia-se. O temor nasceu com o respeito. O respeito atenuar-se-á, o temor aumentará... Mas não antecipemos. "Esse encerramento dos mortos", observa bem Zonabend, "esse desejo confuso de afastá-los no espaço [...] [não] correspondem a uma desativação do cemitério ou a uma indiferença em relação à lembrança dos mortos." Diria de bom grado: pelo contrário! A antiga familiaridade não conhecia o culto da lembrança, a visita ao túmulo.

> *Cotidianamente* [grifo meu], os velhos vêm se recolher junto ao túmulo de um cônjuge ou de um filho [...]. As mulheres ali passeiam no domingo ou em belas noites de verão [...]. Ao passar de túmulo em túmulo, os mais velhos leem as inscrições e recordam a vida dos defuntos: é ao sabor desses passeios que se forja a memória da comunidade, que se transmite a todos na história das famílias da aldeia.

Porque o espaço dos mortos é dividido em "porções familiares", segundo a palavra de um preceptor de 1912, relatada por Zonabend. Cada túmulo é o avesso de uma casa. Diz-se "para a casa dos nossos túmulos", como se diz "para *nossa casa*". "Designa-se o conjunto dos túmulos de uma família pela mesma locução genérica 'em casa', que qualifica a moradia."

747

Também fiz a mesma observação.[116] Uma velha lavadeira, numa pequena vila da região parisiense, preparara um belo túmulo para ela e sua família, que talvez não possuísse casa própria. No dia em que brigou com o genro, ela o expulsou de seu túmulo, como se fosse de *sua casa*.

"Por vezes", diz Zonabend, "figura, no ato de venda da casa, uma cláusula que traz a obrigação para os novos proprietários de zelar pelos túmulos dos predecessores." Esses túmulos-casas estavam agrupados em porções familiares, de modo geral, por linhagens. O cemitério é uma imagem esquemática da sociedade classificada por grupos familiares. Essa organização do espaço é extremamente notável por ser absolutamente nova: o cemitério do Antigo Regime da França ignorava essas relações de parentescos; os mortos eram ali indistintamente encaminhados à Igreja e aos santos.

A comunidade rural teve, assim, a força de criar um sistema de símbolo tão semelhante aos códigos das culturas tradicionais, que se fica tentado a confundir os dois e considerar o sistema de símbolos muito antigo, embora date apenas do século XIX.

Reconhecemos, nessa aldeia de Châtillonnais, nosso modelo parisiense de culto aos mortos. Esse não se limitou às grandes cidades, mas atingiu as províncias em geral, onde se tinha dificuldade de admitir essa novidade, de tal modo se reveste de uma aparência tradicional. Com a sua teoria do fetichismo e do culto dos mortos, o positivismo deu uma coerência conceitual a um conjunto de sentimentos banais e de opiniões comuns, que tinham invadido nossa sociedade desde o fim do século XVIII, e nela penetrado profundamente.

Existe, porém, na descrição dos costumes funerários de Minot, alguma coisa que já não corresponde ao nosso modelo parisiense e que me parece mesmo em contradição com o famoso decreto do Pradial: em Minot, nunca deixaram de sobrepor os corpos, não evidentemente no amontoamento das valas comuns, que jamais devem ter existido na aldeia, mas na intimidade reconstituída da primeira infância. "A mamãe, colocou-se em cima da sua mamãe, Albert [filho] sobre a mamãe e, quando a filha [neta]

---

116 Ariès, op. cit., p.141-2.

O homem diante da morte

de Germain morreu, puseram-na em cima de tudo." Uma bela acumulação, de fazer estremecer os filósofos higienistas de 1800.

Outra grande diferença no tocante à situação criada pelo decreto do Pradial foi o fato de o local das sepulturas de Minot não ser concedido individualmente. Era um bem comunal, que cada um usufruía temporariamente. Não difere do Estado do Antigo Regime da França, o prefeito e a comuna fazendo o papel do pároco e da fábrica da igreja. Como outrora, a sepultura não é uma propriedade definitiva; ela não é, aliás, nem mesmo uma propriedade. Reencontraram-se, pois, nesse cemitério dos séculos XIX e XX, características muito antigas que coexistiam sem qualquer divergência com inovações do século XIX. Como os cemitérios antigos, esse também se encontra em perpétuo remanejamento. Para enterrar um novo defunto, "levanta-se um túmulo" (ainda não havia jazigo na época do inquérito), o que é proibido pelos regulamentos. O coveiro explica: "Para substituir os caixões, abro o túmulo; se encontro um caixão intacto, não toco em nada e ponho o outro em cima [segundo o desejo do defunto]. Mas, na maioria das vezes, encontro ossadas, objetos de metal, de madeira; apanho tudo isso, ponho num canto em um montinho e, depois que o novo caixão baixou, coloco tudo em cima." A mãe não está exatamente em cima, mas embaixo! Era preciso, para facilitar esse remanejamento, que os corpos fossem rapidamente consumidos; por essa razão, fala-se em Minot a velha linguagem da Idade Média até o século XVII. "Não é desejável permanecer intacto; é sinal de que o ritual funerário não foi corretamente cumprido, ou sinal de um destino fora do comum; o defunto será um santo ou um danado."

Resulta uma mistura de ossadas incompatível com o novo respeito, por outro lado testemunhado. O predecessor do atual coveiro "abria covas em qualquer parte e, quando encontrava ossos, punha-os num túmulo ao lado; coloca os crânios sobre os monumentos [como na primeira versão do *Ego in Arcadia,* de Poussin]; as pessoas que vinham para o enterro viam tudo isso". E riam. E Zonabend conclui: "Existe, em Minot, uma linguagem da morte; fala-se dela sem embaraço, sem reticências; descreve-se, com simplicidade, o destino terrestre dos corpos. O silêncio não amortalhou aqui, como na cidade, entre outros grupos sociais, essa última etapa do ciclo da vida. Na aldeia, a morte permanece familiar, sempre presente".

Assim aconteceu porque houve um enxerto do modelo romântico sobre o modelo arcaico. Esse último não desapareceu completamente. Aquele não desenvolveu todas as suas consequências. O cemitério medieval foi reabilitado e não destruído pela religião, ao mesmo tempo secular e cristã, do século XIX. A familiaridade ingênua e superficial, que ele supunha entre os vivos e os mortos, mudou de sentido: tornou-se mais consciente e mais ritual, uma linguagem simbólica e costumeira que permite expressar pública, mas discretamente, sem atitude patética e sem improvisação, as novas relações de sentimentos entre os membros de uma mesma família e entre as famílias de uma mesma comunidade.

Falamos no presente porque era o tempo gramatical do inquérito. Mas esse presente se torna um passado sob os olhos dos investigadores: está decidido que o cemitério será dividido e vendido em concessões como qualquer cemitério urbano do século XIX. Não se substituirão os túmulos. Finalmente, muitas vezes serão trazidos, de Dijon, jazigos em blocos inteiros, "como uma fossa séptica". Eis a palavra final, melancólica, de Zonabend: "Os defuntos ficarão então totalmente isolados, protegidos da terra que, outrora, mortos após mortos modelavam e fecundavam".

"Em casa"

O culto dos cemitérios e dos túmulos é a manifestação litúrgica da nova sensibilidade que, a partir do final do século XVIII torna intolerável a morte do outro. Esse culto persiste ainda, pelo menos na França e na Itália e, em especial, nos meios populares. Dois fatos da crônica jornalística ilustram essa fidelidade na França.

Um foi extraído do *L'Aurore* de 19 de setembro de 1963. Situa-se numa aldeia da alta Provença que vai ser evacuada para permitir a instalação, pelo exército, de um campo de tiro: "Meu pai, quando soube disso, teve um desgosto de morte, não quis que o enterrassem aqui para não ficar sozinho no cemitério abandonado. Vocês me enviarão a X, disse ele, não quero ficar aqui".

O homem diante da morte

O outro fato da crônica foi tomado do *Le Monde* de 30 de abril de 1963: o sargento Aimé Druon foi morto na Indochina, em 18 de janeiro de 1952. Uma lei de 1946 previu a transferência gratuita e a restituição, pelo exército, do corpo dos combatentes e vítimas de guerra às famílias: a opinião pública francesa, depois da Segunda Guerra Mundial, mostrou aversão a confiar seus soldados mortos às grandes necrópoles, como as de 1914-1918, preferindo conservá-los nos túmulos de família.

No caso que nos interessa, o corpo do sargento foi disputado por duas famílias, a dos pais naturais e a dos que o tinham acolhido aos 15 anos, sem o adotar legalmente. Em 1959, o tribunal de apelação de Douai rejeitou o pedido dos pais adotivos, embora o inquérito judicial tivesse mostrado que os camaradas de guerra do morto os consideravam "como os verdadeiros [pais] e que ele só se correspondia com eles". Em abril de 1963, o tribunal de cassação anulou o julgamento. É, portanto, possível que o corpo tenha sido entregue aos pais adotivos.

Assim, durante mais de dez anos, as duas famílias travaram uma batalha de processos, com tudo o que isso significa de despesas, para dispor de um cadáver e poder enterrá-lo "em casa".

Fato notável, o culto dos mortos, o apego que ele atribui ao corpo passou do velho Ocidente para outras culturas contemporâneas. A história extraída de um artigo de Josué de Castro, "Sete pés de terra e um caixão", é prova desse ocorrido.[117]

> Em 1955, João Firmino, arrendatário da região chamada Galileia, fundava a primeira das ligas camponesas no Nordeste do Brasil. Seu principal objetivo não era, como muitos acreditavam, melhorar as condições de vida dos camponeses [...], nem defender os interesses desse resíduo humano esmagado pela roda do destino, como a cana é esmagada pela roda das moendas. De início, as ligas tinham por objetivo defender os interesses dos mortos e não dos vivos, os interesses dos camponeses mortos de fome e de miséria [...], dar-lhes o direito de dispor de sete pés de terra, para ali repousar os

---

117 *Esprit*, 1965, p.610.

ossos [...], e o direito de baixar o corpo ao túmulo dentro de um caixão de madeira que lhe pertencesse, para lá apodrecer lentamente junto com ele.

Anteriormente, o caixão era coletivo, como os caixões de caridade do Antigo Regime da França, e servia apenas para o transporte. "Por que", pergunta Josué de Castro, "essa vontade desesperada de possuir um caixão próprio para nele ser enterrado enquanto que durante a vida esses deserdados do destino nunca foram proprietários de nada?" E a resposta desse autor talvez valha, também, para os pobres e os humildes da Europa Ocidental do século XIX, tão ávidos, também, de possuir um caixão e um túmulo só deles:[118] "Para a região do Nordeste do Brasil, é a morte que conta e não a vida, já que praticamente a vida não lhes pertence". A posse da morte é "o seu direito de escapar um dia ao constrangimento da miséria e das injustiças da vida". A morte lhes restitui a dignidade.

---

118 E para os escravos e os pobres da Roma antiga: "Quando um homem do povo tinha podido resolver a necessidade mais urgente, a do pão cotidiano, as duas necessidades mais imperiosas que vinham em seguida eram a dos banquetes [o indispensável supérfluo] [...] e *a dos túmulos*", Veyne, *Le Paint et le Cirque*, p.291. (N. A.)

Quinta parte
A morte invertida

XII.
A morte invertida

Onde a morte se esconde

Ainda no início do século XX, digamos até à guerra de 1914, em todo o Ocidente de cultura latina, católica ou protestante, a morte de um homem modificava solenemente o espaço e o tempo de um grupo social, podendo se estender a uma comunidade inteira, como, por exemplo, a uma aldeia. Fechavam-se as venezianas do quarto do agonizante, acendiam-se as velas, punha-se água benta; a casa enchia-se de vizinhos, de parentes, de amigos murmurantes e sérios. O sino dobrava na igreja de onde saía a pequena procissão que levava o Corpus Christi...

Depois da morte, afixava-se na entrada um aviso de luto (que substituía a antiga exposição do corpo ou do caixão na porta, costume já abandonado). Pela porta entreaberta, única abertura da casa que não fora fechada, entravam todos os que, por amizade ou convenção, se sentiam obrigados a uma última visita. O serviço na igreja reunia toda a comunidade, inclusive os retardatários que esperavam o fim do ofício para se apresentar; depois do longo desfile de pêsames, um lento cortejo, saudado pelos passantes, acompanhava o caixão ao cemitério. Mas as coisas não acabavam aí. O período de luto era cheio de visitas: da família ao cemitério; dos parentes e amigos à família... Depois, pouco a pouco, a vida retomava seu curso normal e já não restavam senão visitas espaçadas ao cemitério. O grupo social tinha sido atingido pela morte e reagira coletivamente, a começar pela família mais próxima, estendendo-se até o círculo mais amplo das relações e das clientelas. Não só todos morriam em público, como Luís XIV, mas também a morte de cada um constituía acontecimento público que comovia, nos dois sentidos da palavra – o etimológico e o derivado – a sociedade inteira: não era apenas um indivíduo que desaparecia, mas a sociedade que era atingida e que precisava ser cicatrizada.

Todas as mudanças que modificaram a atitude diante da morte, durante um milênio, não alteraram essa imagem fundamental, nem a relação permanente entre a morte e a sociedade, pois a morte foi sempre um fato social e público. Ela assim permaneceu até hoje, em vastas áreas do Ocidente latino, e não é certo que esse modelo tradicional esteja condenado a desaparecer. Contudo, já não possui o caráter de generalidade absoluta que já tivera, fossem quais fossem a religião e a cultura. Uma forma absolutamente nova de morrer surgiu durante o século XX, em algumas das zonas mais industrializadas, urbanizadas e tecnicamente adiantadas do mundo ocidental – e, sem dúvida, estamos presenciando apenas os seus primórdios.

Dois traços saltam aos olhos do menos atento dos observadores: a novidade, certamente o caráter de oposição a tudo o que precedera, de que é a *imagem invertida,* o negativo: a sociedade expulsou a morte, salvo a dos homens de Estado. Nada mais anuncia que alguma coisa aconteceu na cidade: o antigo carro mortuário negro e prateado transformou-se numa limusine banal cinza, que passa despercebida no fluxo da circulação.

A sociedade já não faz uma pausa, o desaparecimento de um indivíduo não mais lhe afeta a continuidade. Tudo se passa na cidade como se ninguém morresse mais.

O segundo aspecto não é menos surpreendente. Sem dúvida, a morte mudou num milênio, porém com que lentidão! As pequenas mudanças eram tão lentas, distribuídas por várias gerações, que as pessoas da época não as percebiam. Hoje se consumou uma inversão completa dos costumes, ou tal parece ter ocorrido, numa geração. Na minha juventude, as mulheres enlutadas desapareciam debaixo dos crepes e dos grandes véus negros. Entre a burguesia, as crianças pequenas que tinham perdido a avó eram vestidas de violeta. Minha mãe usou luto desde 1945, durante os vinte anos que ainda viveu, um luto pelo filho morto na guerra. E hoje...

A rapidez e a brutalidade da mudança tornaram-na consciente. Esses fenômenos, que os memoriais do passado não percebiam, tornaram-se de repente conhecidos e discutidos, objetos de pesquisas sociológicas, emissões de televisão, debates médicos e judiciários. Expulsa da sociedade, a morte volta pela janela; volta tão depressa como desaparecera.

Mudança rápida e violenta, isso é certo; mas será ela tão recente como parece ao jornalista, ao sociólogo e a nós mesmos, ofuscados pela aceleração do tempo?

O início da mentira

Desde a segunda metade do século XIX, algo de essencial mudou a relação entre o moribundo e o seu ambiente.

Evidentemente, a descoberta pelo homem de que o seu fim estava próximo sempre foi um momento desagradável! Mas se aprendia a vencê-lo. A Igreja velava, tornando obrigatório ao médico desempenhar o papel do *nuncius mortis*: a missão não era desejada, sendo preciso o zelo do "amigo espiritual", para ser bem-sucedido ali onde o "amigo carnal" hesitava. O aviso, quando não era espontâneo, fazia parte dos procedimentos habituais.

Ora, na segunda metade do século XIX, esse aviso se tornará cada vez mais penoso, e um conto de Tolstói, *Les Trois Morts* [Três mortes], publicado em 1859, nos mostra como.[1]

A mulher de um rico homem de negócios fora atacada de tuberculose, como era comum na época. Os médicos a condenaram. Chegou, portanto, o momento de avisá-la. Não era possível evitá-lo, ainda que fosse apenas para lhe dar tempo de tomar "suas últimas disposições". Mas eis o que é novo: a aversão dos familiares em cumprir esse dever aumentou. O marido não quer de modo algum "falar-lhe do seu estado", e dá suas razões: "Seria matá-la". "Aconteça o que acontecer, não serei

---

1 Tolstói, Les Trois Morts. In: _____, *La Mort d'Ivan Ilitch et autres contes.*

eu a lhe dizer." A mãe da moribunda também se esquiva. Na verdade, a mulher desenganada só fala de novos tratamentos, parece estar apegada à vida e temem-se suas reações. No entanto, é preciso decidir. Lançam mão, então, de uma velha prima, parente pobre e mercenária, que aceita a incumbência. "Sentada perto da doente, esforçava-se por encaminhar habilidosamente a conversa, no sentido da preparação para a ideia da morte." Mas a doente subitamente a interrompe e diz: "Ah, minha querida... não procure me preparar. *Não me considere criança". Sei de tudo. "Sei que não vou durar muito tempo." Pode, então, começar a encenação clássica da boa morte em público, que por um momento fora perturbada pelas dificuldades do aviso.

Na origem desse sentimento, mesmo quando ele geme sob o estilo amargo de Tolstói, existe o amor do outro, o temor de magoá-lo e desesperá-lo, a tentação de protegê-lo, deixando-o na ignorância do fim próximo. Se ainda não se contesta que ele deva saber, recusa-se a cumprir pessoalmente a tarefa desagradável sendo passada a outrem tal obrigação. Na França, o padre estava perfeitamente pronto para isso, pois o aviso se confundia com a preparação espiritual da última hora. Por essa razão, sua chegada ao quarto passará a ser o próprio sinal do fim, sem que seja preciso dizer mais nada. Por sua parte, e isso é muito bem descrito por Tolstói, o doente não precisa realmente ser avisado. Ele já sabe. Mas o reconhecimento público destruiria a ilusão que ele deseja prolongar ainda por algum tempo, sem o que passaria a ser tratado como moribundo, e obrigado a se comportar como tal. Essa a razão por que se cala.

Cada um é, portanto, cúmplice de uma mentira que acaba levando a morte à clandestinidade. O moribundo e seus familiares representam, entre eles, a comédia do "nada mudou", da "vida continua como antes", do "tudo ainda é possível". Trata-se da segunda etapa da tomada de responsabilidade do moribundo pela família, que começara, muito antes, nas classes superiores desde o fim do século XVIII, quando o moribundo renunciou a impor, por um ato de direito, suas últimas vontades e as confiou diretamente aos herdeiros, isto é, deu-lhes um crédito de confiança.

Estabelecera-se uma nova relação, aproximando o moribundo de seus familiares pelo sentimento, mas a iniciativa, senão o poder, ainda ficava com o moribundo. Aqui subsiste a relação, porém ela se inverteu, e o morto pôs-se sob a dependência dos familiares. Por mais que a heroína de Tolstói proteste contra a maneira de a tratarem como criança, foi ela própria quem se colocou nessa condição. Posteriormente o moribundo aceitará essa tutela seja porque ele está resignado a sofrê-la, seja porque a deseja. Então, e essa é a situação atual, admitir-se-á que o dever dos familiares é mesmo manter o moribundo na ignorância do seu estado. Quantas vezes não teremos ouvido um esposo, um filho, um parente dizerem: "Pelo menos tenho a satisfação de ele (ou ela) não se ter sentido morrer em momento algum". O "não se sentir morrer" substituiu o "sentindo a morte próxima".

Tinha-se instalado, portanto, a dissimulação. Essas proezas de imaginação inspiraram a Marc Twain o conto em que descreve a rede de mentiras mantida por duas generosas senhoras de idade, para esconderem a cada uma das duas doentes graves sob seus cuidados, mãe e filha de 16 anos, que a outra está morrendo.[2]

Essa dissimulação tem por efeito prático afastar ou retardar todos os sinais que alertavam o doente, e em especial a encenação do ato público que era a morte antigamente, a começar pela presença do padre. Mesmo nas famílias mais religiosas e praticantes, tornou-se hábito, no início do século XX, não chamar o padre senão quando o seu aparecimento, à beira da cama do doente, não pudesse impressioná-lo, seja por ele já ter perdido consciência, seja por estar definitivamente morto. A extrema-unção deixou de ser o sacramento dos moribundos, para ser o dos mortos! Na França essa situação já existia nas décadas de 1920 e 1930, tendo sido reforçada na de 1950.

Já se foi o tempo da procissão solene do Corpus Christi, precedida do sacristão que tocava a sineta! Há muito tempo terminada a época do seu acolhimento patético pelo moribundo e seus familiares. Compreende-se que os párocos tenham ficado, afinal, cansados de administrar cadáveres, recusando-se, por fim, a representar essa comédia, mesmo quando

---

2 Twain, Was it heaven? or hell? ("you hold a lie?"). In: *The Complete Short stories of Mark Twain*, p.474-91.

inspirada por amor. Tal revolta explica, em parte, por que a Igreja, após o Concílio Vaticano II, substituiu o nome tradicional de extrema-unção pelo de "sacramento dos doentes", pois que nem sempre é concedido a doentes desenganados: ocorre, atualmente, ser distribuído em série, na igreja, a anciãos perfeitamente válidos. Com isso, a Igreja vai mais longe do que lembrar a obrigação de se ter plena consciência, ao receber as unções; o sacramento fica desligado da morte, de que já não é a preparação direta. Admite, implicitamente, sua ausência no momento da morte, a inutilidade de "chamar o padre"; veremos, entretanto, que a morte deixou de ser um momento.

No século XIX, o desaparecimento das cláusulas piedosas do testamento havia aumentado a importância do último diálogo: a hora do derradeiro adeus, das recomendações finais, na intimidade ou em público. Essa intercomunicação íntima e solene foi suprimida pela obrigação de manter o moribundo na ignorância. Este terminava por partir sem nada ter dito. Foi quase sempre assim que morreram os anciãos, mesmo conscientes e piedosos, durante os anos 1850 e 1860, na França, antes da chegada maciça dos modelos da América e do Noroeste da Europa. "Ela nem chegou a nos dizer adeus", murmurava, à cabeceira da cama da mãe, o filho ainda não habituado a esse silêncio obstinado e, talvez, também a esse novo pudor.

O início da medicalização

Continuemos, entretanto, com a leitura de Tolstói, passando agora para *A Morte de Ivan Ilitch,* escrita 25 anos mais tarde que o relato precedente.[3] Entramos num novo mundo, um mundo em início de "medicalização". Ivan Ilitch é um homem de 45 anos, casado há dezessete com uma mulher medíocre. Teve quatro filhos, dos quais lhe resta apenas um, pois os outros três morreram com pouca idade, sem que por isso ele tenha ficado muito afetado. Levara a vida banal e sem brilho de um funcionário capaz e ambicioso, obcecado com promoções, preocupado em se mostrar "*comme*

---

3 Tolstói, *A morte de Ivan Ilitch,* op. cit.

il faut" [como convém, em francês no texto russo]. É bem verdade que ele traz uma pequena medalha com uma inscrição inesperada na Rússia: *Respice finem*, um pequeno *memento mori* à maneira do Ocidente, do final do século XV ao XVII. Sua religião, porém, parece superficial e não lhe altera o egoísmo. "Exigência fácil, agradável, alegre, sempre correta, aprovada pela sociedade", mas deteriorada pelas preocupações de dinheiro e as cenas domésticas por ela provocadas. O êxito vem, contudo, com uma promoção e a escolha consecutiva de uma nova casa, onde ele poderá receber "a melhor sociedade", "pessoas importantes".

É então que começa a doença: mau hálito, dor de lado, nervosismo. Justifica uma consulta; o recurso ao médico tornou-se, na década de 80 do século XIX, uma providência necessária e séria, o que não acontecia 50 anos antes, no tempo dos La Ferronays. Foi somente *in extremis* que a mulher de Albert de La Ferronays se preocupou em saber o nome da doença do marido. Embora permanecendo objetos de atenção, a doença e a saúde ainda não estavam necessariamente ligadas à ação e ao poder do médico. *Le Journal d'un bourgeois de Paris* [Diário de um burguês de Paris],[4] durante a Revolução Francesa, mostra até que ponto se podia ter preocupação com o corpo: cada dia, o redator anotava, simultaneamente, o tempo que fazia e seu estado fisiológico, se utilizava rapé ou escarrava, e se estava com febre: a natureza externa e a natureza interna eram verificadas. Mas nunca tem a ideia de consultar ou de anotar que consultara um médico ou cirurgião, embora contasse vários deles entre os seus bons amigos. Ele se trata por si mesmo, isto é, confia na natureza.

Nos romances de Balzac, o médico representa um papel social e moral considerável; ele é, com o pároco, o tutor dos humildes e o conselheiro de ricos e pobres. Cuida um pouco do doente, mas não cura e ajuda a morrer. Ou então prevê um curso natural que não lhe compete modificar: quando Albert de La Ferronays tiver passado dos 30 anos, como se acreditava, ficará bom naturalmente. Até lá permanecerá doente... E talvez o médico acrescente *in petto*, se ele sobreviver! No entanto, quando a doença se agrava e o médico sente sua incapacidade, apela para uma personalidade

---

4 Guittard, *Journal d'un bourgeois de Paris sous la Révolution.*

Philippe Ariès

que já não é a de um dispensador de cuidados e de boas palavras, mas a de um homem da Ciência, que chega de Paris num carro com parelhas rápidas, como um *deus ex machina*. Poderá a Ciência tentar, talvez, o impossível? O médico parece, então, o último recurso reservado aos ricos. Só bem raramente e muito tarde se torna aquele que revela a natureza e o nome da doença. Interessa-se pelos sintomas (febre, expectoração), prescreve (sangria, lavagens), não procurando situar, ainda, o caso numa classificação. Aliás, ainda não existe caso, apenas uma série de fenômenos.

Para Ivan Ilitch, sua doença transforma-se, imediatamente, num caso que tem unidade e deve ter nome. Qual? Cabe ao médico dizer, para que se saiba, então, se é grave ou não. Porque existem categorias perigosas e outras benignas. Depende do diagnóstico.

A partir dessa primeira consulta, Ivan Ilitch agarra-se ao médico como um parasita. Seu pensamento acompanha as hesitações do médico. "A vida de Ivan Ilitch não estava em causa, mas se tratava de um debate entre um rim flutuante e o apêndice." Ele tenta interpretar as falas do clínico, adivinhar o que ele esconde. Do resumo do doutor, conclui que está mal; para o médico, para todo o mundo, talvez isso não tivesse importância, mas para ele, pessoalmente, isso era muito ruim. Seu destino depende, daí por diante, do diagnóstico, um diagnóstico difícil que ainda não fora feito.

Voltando para casa, conta a visita à mulher, que aparenta indiferença e otimismo. Ela é tola e egoísta, porém outra, mais afetuosa, teria tido o mesmo comportamento: o essencial é tranquilizar. "Ele soltou um profundo suspiro, quando ela saiu: 'E então!' disse ele, 'talvez não seja mesmo nada de fato'."

A partir daquele momento, Ivan Ilitch entrou no ciclo médico. "Desde a sua visita ao doutor... [sua] principal preocupação era de seguir estritamente as suas recomendações em relação à higiene e aos medicamentos, e observar atentamente sua dor [sintomas necessários ao diagnóstico]. Os interesses de Ivan Ilitch concentram-se nos doentes e na saúde." Interessa-se pelos doentes com casos semelhantes ao seu. Lê os tratados de Medicina, multiplica as consultas. Ao longo desse percurso, a angústia insinua-se nele com o conhecimento ou a incerteza do conhecimento. "Esforçava-se por se persuadir de que estava melhor, e conseguia *mentir a si mesmo* [grifo meu], enquanto nada o viesse perturbar." Mas, ocorrendo qualquer aborrecimento em casa ou no escritório, a vaga inquietude reaparecia.

Sua angústia ou satisfação dependem de duas variáveis: o conhecimento do mal e a eficácia dos cuidados. Ele vigia os efeitos do tratamento, e seu humor acompanha os seus altos e baixos. Um conhecimento comprovado dá segurança. O médico fica em dúvida se é o rim ou o apêndice que está em causa, e Ivan Ilitch desespera e se entrega a qualquer charlatão que cura com o auxílio de ícones, ele, o alto funcionário, instruído e sensato. A doença aprisiona Ivan Ilitch como um esquilo na sua gaiola.

O progresso da mentira

Entrementes, a dor aumenta. "Era impossível se enganar, alguma coisa terrível se passava nele, algo novo e mais importante do que tudo que acontecera até então a Ivan Ilitch. *E ele era o único a saber"* [grifo meu]. Ele, contudo, não se entrega e guarda em segredo seu sofrimento, com medo, ao mesmo tempo, de inquietar seus familiares e conferir, à coisa que ele sente crescer dentro dele, mais consistência ao dar-lhe um nome. Do mesmo modo como o diagnóstico reduz a angústia, a confidência pode aumentá-la. O poder das palavras na solidão moral em que o doente se coloca! "Os que o cercavam não o compreendiam ou não queriam compreendê-lo e imaginavam que tudo corria como no passado." Importa, de fato, afastar as ocasiões de manifestar emoção, as trocas patéticas; é preciso manter um clima de banalidade cotidiana; só assim, o doente poderá conservar a moral. Tem necessidade de todas suas forças para chegar a tanto. Não o enfraqueçamos.

Os familiares mantêm-se, então, num clima de comédia: "Seus amigos põem-se a zombar de seus temores, como se essa coisa atroz e horrível, essa coisa inaudita que se instalara e que o roía sem cessar, levando-o irresistivelmente não se sabe para onde, não passasse de um assunto divertido, de brincadeira". A mulher finge acreditar que ele esteja doente por não estar tomando os medicamentos com rigor, não seguir o regime. Trata-o como criança.

Isso poderia ter durado ainda muito tempo se um dia, por acaso, Ivan Ilitch não tivesse surpreendido uma discussão entre a mulher e o cunhado a propósito do seu estado: "Você não vê que ele está morto", grita o irmão brutalmente. Foi uma novidade. Ilitch não sabia, nem tampouco sua mulher, que os outros o viam assim. Será que vai desmoronar? Não, ele reage de início como se não tivesse realmente captado o sentido do aviso. Retira-se sem manifestar sua presença, "volta para o quarto, deita-se e começa a refletir". A refletir em quê? Na morte que tem dentro de si e que todo mundo pode ver? Não, no rim flutuante, "no rim, no rim flutuante", repete ele como para cobrir o ruído da pequena frase venenosa que se infiltrara nele. "Lembrou-se de tudo o que lhe tinham explicado os médicos, como [o rim] se soltara e como flutuava. E, por um esforço de imaginação, procurava segurá-lo e mantê-lo no lugar, fixá-lo."

Levanta-se e vai imediatamente ver um novo médico. Eis a sua reação: recusa a morte, disfarçando-a com a doença.

"Na sua imaginação operava-se a cura tão desejada do apêndice [...], o funcionamento dos órgãos restabelecia-se." Sentia-se melhor.

Assim, desta vez o aviso viera por acaso, mas sempre haverá um aviso desse tipo, o isolamento do doente nunca é tão hermético que ele não possa perceber algum sinal. Os médicos de hoje sabem disso e contam com o acaso para evitar intervir diretamente. O aviso fora reprimido, mas ele continua seu caminho na consciência bloqueada, e basta o retorno da dor para que a ilusão se dissipe e que a verdade entre pelos olhos. Ivan Ilitch compreende de repente que é a morte: "O rim, o apêndice, pensou ele. Não, não se trata disso, mas da vida... e da morte". "É a morte e eu penso no apêndice! [...] Sim, eu vivia e a minha vida se vai, ela se vai e eu não posso retê-la. Sim, por que mentir a mim mesmo? Não é evidente para todo o mundo e para mim, que estou morrendo e que se trata apenas de uma questão de semanas, de dias, talvez agora mesmo?" Estava nesse ponto de suas reflexões, quando a mulher entrou... Ela sabe, mas não sabe que ele sabe. Desde que o irmão lhe abriu os olhos, ela mostra a Ivan Ilitch "uma expressão singularmente triste e doce que não lhe era habitual". Os dois seres poderiam então se encontrar numa verdade compartilhada. Mas Ivan Ilitch já não tem força para pular o muro que ele próprio levantara

O homem diante da morte

com a cumplicidade da família e dos médicos. "Desesperado, ofegante, deixou-se cair de costas esperando a morte", e contenta-se em dizer à mulher, para lhe explicar sua atitude transtornada: "Não foi nada... eu... desequilibrei-me..." "Para que falar, ela não compreenderia nada." A mentira tinha-se abatido definitivamente entre eles.

O médico presta-se à comédia, "parece dizer [ele também]: você está se preocupando à toa. Vamos tratar disso". Ainda depois de uma última consulta a grandes especialistas, e apesar do agravamento do estado, "todo o mundo tinha medo de dissipar subitamente a mentira, corrigindo-a, e de fazer aparecer assim a clara realidade".

Começa, então, uma longa noite em que Ivan Ilitch terá de assumir em silêncio os sofrimentos, os horrores do mal físico, e a angústia metafísica. Ninguém o ajuda na travessia desse túnel, salvo o jovem mujique que dele cuida.

O principal tormento de Ivan Ilitch era a mentira, essa mentira admitida por todos não se sabe por que, de que ele estava apenas doente e não moribundo, e de que ele só tinha de ficar calmo e se tratar para que tudo arranjasse [persistência da convenção que trata o doente como criança, corolário da recusa em admitir a gravidade do seu estado]. Enquanto que ele *sabia muito bem* que, por mais que fizesse, só chegaria a sofrimentos ainda mais terríveis e à morte. E essa mentira o atormentava; sofria por não quererem admitir o que todos viam perfeitamente, como ele próprio, e por mentirem obrigando-o a tomar parte naquele embuste. Essa mentira que praticavam a seu respeito, na véspera de sua morte, essa mentira *que rebaixava o ato formidável e solene da morte* [...] tornara-se atrozmente penosa para Ivan Ilitch.

Coisa estranha! Muitas vezes ele está a ponto de lhes gritar, enquanto elaboram em torno dele suas pequenas histórias: "'Basta de mentiras, vocês sabem e eu também que estou morrendo! Parem pelo menos de mentir!' Mas ele nunca teve coragem de assim agir". Ele próprio está prisioneiro do personagem que se deixou impor e que ele se impusera a si mesmo. A máscara está colada pelo uso, já não a pode arrancar. Está assim condenado à mentira. Comparemos a frase, escrita nos anos 1880, "Essa mentira que rebaixava o ato formidável e solene da sua morte", com as últimas palavras do padre F. Dainville a seu confrade padre Ribes, em 1973, quando se encontrava estendido, eriçado de tubos num serviço de reanimação intensiva: "*Frustram-me a minha morte*".[5] Como se parecem próximas, a quase um século de intervalo!

A morte suja

O outro fenômeno novo que aparece nas descrições de Tolstói, depois da ocultação da morte pela doença e pela instituição da mentira em torno do moribundo, é a morte suja e inconveniente.

Nos longos relatos de morte dos La Ferronays ou dos Brontë, a sujeira das grandes doenças mortais nunca aparece. Pudor vitoriano que se recusava a evocar as excreções do corpo, e também a condescendência com os maus odores e com a fealdade do sofrimento.

Em Tolstói, a morte é suja. Ela já o era, e é de notar que assim fosse desde 1857, em Flaubert, que não nos perdoa qualquer náusea, nenhuma purgação ulcerosa de madame Bovary, moribunda e desfigurada. As náuseas foram tão súbitas que

ela mal teve tempo de apanhar o lenço debaixo do travesseiro [...]. Charles observou que havia no fundo da cuba [onde ela vomitara] uma espécie de areia branca agarrada às paredes da porcelana [...]. Pousou-lhe a mão no estômago e ela lançou um grito agudo [...] tornava-se mais pálida do que os lençóis onde afundava os dedos crispados. [...] Algumas gotas ressumavam no seu rosto azulado [...], os dentes batiam, os olhos dilatados fitavam vagamente em torno [...]. Pouco a pouco, seus gemidos foram mais fortes. Um uivo surdo escapou-lhe [...]. Os lábios apertaram-se ainda mais. Tinha os membros crispados, o corpo coberto de manchas castanhas e o pulso fugia sob os dedos dele. *Depois, ela se pôs a gritar horrivelmente* [E a agonia é descrita sem qualquer concessão]. Emma, com o queixo contra o peito, abria

---

5 Ribes, Éthique, science et mort, *Études*, nov. de 1974, p.494, citado por Ariès, op. cit., p.208.

O homem diante da morte

desmedidamente as pálpebras, e suas pobres mãos arrastavam-se pelos lençóis naquele gesto hediondo e doce dos agonizantes que já parecem querer se cobrir com o sudário [...]. O peito começa a ofegar rapidamente. A língua sai-lhe inteira da boca; os olhos se revirando empalidecem como dois globos de lâmpada que se apagam...

A agonia de Emma Bovary é breve. A doença de Ivan Ilitch, pelo contrário, é longa; os odores e a natureza dos tratamentos a tornam, além de repugnante, inconveniente e inoportuna, aspecto que nunca tivera entre os La Ferronays, os Brontë, em Balzac (mais ou menos como se lida com um homem que espalha mau cheiro quando entra num salão), e tudo isso em nome dessa "correção" a que ele servira durante toda a existência.

É porque a limpeza se tornou um valor burguês. A luta contra a poeira é o primeiro dever de uma dona de casa vitoriana. Os missionários cristãos impõem aos seus catecúmenos a limpeza do corpo tanto quanto a da alma da qual ela é o símbolo. Ainda hoje, a caçada aos cabelos compridos dos jovens recorre, ao mesmo tempo, ao argumento da higiene e da ordem moral. Um rapaz limpo tem probabilidade de apresentar boas ideias: é *são*.

Durante a segunda metade do século XIX, de forma bastante geral, a morte deixa de ser vista sempre como bela, sendo realçados até os seus aspectos repugnantes. Sem dúvida, os poetas macabros dos séculos XV e XVI, Ronsard e outros, sentiram repulsa diante da decrepitude da velhice, dos estragos da doença, da insônia que afunda os traços, dos dentes que caem, do mau hálito; eles, porém, ampliavam apenas o tema do declínio num tempo em que uma imaginação mais brutal e realista descobria o cadáver decomposto e o interior ignóbil do homem. Esse interior parecia mais repugnante que o exterior do ancião e do doente.

Entretanto, no século XVIII e início do século XIX, o belo patriarca de Greuze substituiu o velho decrépito do fim da Idade Média, pois está mais de acordo com o tema romântico da bela morte. Mas, no final do século XIX, veem-se refluir as imagens hediondas da era macabra que tinham sido reprimidas desde o século XVII, com a diferença de que tudo o que fora dito na Idade Média, sobre a decomposição depois da morte, ficou desde então transferido para a pré-morte, para a agonia.

A morte já não causa medo apenas por causa de sua negatividade absoluta, provoca náuseas como qualquer espetáculo repugnante. Torna-se *inconveniente* como os atos biológicos do homem, as secreções do corpo. É *indecente* torná-la pública. Já não se tolera deixar entrar qualquer um no quarto com cheiro de urina, suor, gangrena, ou com lençóis sujos. É preciso impedir o acesso, exceto a alguns íntimos, capazes de vencer o nojo, e aos que prestam serviços. Uma nova imagem da morte está se formando: a morte feia e escondida, e escondida por ser feia e suja.

A partir dos esboços já consistentes de Flaubert e Tolstói, o tema vai se desenvolver em três direções tão diferentes, que se tem dificuldade de admitir sua origem comum. A primeira direção termina num modelo excepcional e escandaloso, que se teria limitado a uma literatura de contestação, se as guerras e as revoluções, de 1914 aos nossos dias, não o tivessem proposto aos combatentes com alguma verossimilhança. É um modelo de literatos e de soldados.

Em Flaubert e Tolstói, a doença era suja numa morte devida à doença. No modelo dos escritores da guerra como Remarque, Barbusse, Sartre ou Genet, a ideia da morte, o medo que ela inspira abrem os esfíncteres e reconstituem, assim, em plena saúde do corpo, as realidades sórdidas da doença. A cela do condenado à morte ou do supliciado torna-se tão nauseabunda como o quarto do doente em estado grave. O modelo é devido à impossibilidade de aplicar as convenções da bela morte patriótica, a do jovem tambor da ponte de Arcole,[6] às hecatombes do século XX, aos massacres das grandes guerras, às caçadas ao homem, às lentas torturas fatais. Os heróis presumíveis "borram as calças", e os verdadeiros heróis estão principalmente ocupados em não fazerem o mesmo.[7]

Na literatura dramática dos anos 1960, o oficial dos *Paravents*, de Jean Genet, sob as flatulências dos seus soldados e o eremita do inglês Saunders, soltando os seus próprios ventos. O modelo termina, na literatura,

---

6 Referência à lenda do soldado porta-bandeira que, em 28 de julho de 1830, ao se lançar à frente de uma coluna na ponte que liga a Cité à antiga Place de Grève em Paris, em que choviam as balas, teria dito: "Meus amigos, se eu morrer lembrem-se de que me chamo Arcole". Caiu morto e a ponte foi batizada de Arcole. (N. T.)

7 Sarte, *O muro.*

em escândalo e desafio. Mas pertence, também, a um folclore de antigos combatentes, nos quais os escritores talvez se tenham inspirado.

A transferência para o hospital

A segunda direção indicada por Tolstói termina na morte escondida no hospital, que começou muito timidamente nos anos 1930 e 1940, e se generalizou a partir de 1950.

No início do século XX, nem sempre era fácil resguardar o quarto do moribundo contra as simpatias desastradas, as curiosidades indiscretas de tudo o que ainda persistia fortemente nas mentalidades, em matéria de participação pública na morte. Era difícil, enquanto o quarto fosse na casa, pequeno mundo privado, longe das disciplinas burocráticas, as únicas verdadeiramente eficazes. E, no entanto, os próprios ocupantes da casa, família e serviçais, suportavam menos bem a promiscuidade da doença. Quanto mais se avança no século XX, mais essa promiscuidade se torna pesada. Os rápidos progressos do conforto, da intimidade, da higiene pessoal e das ideias de assepsia tornaram todo o mundo mais delicado; sem que nada se possa fazer contra isso, os sentidos já não suportam os odores nem os espetáculos que, ainda no início do século XIX, faziam parte, com o sofrimento e a doença, da rotina diária. As sequelas fisiológicas saíram do cotidiano para passar ao mundo da assepsia e da higiene, da medicina e da mortalidade inicialmente confundidas. Esse mundo tem um modelo exemplar – o hospital e sua disciplina celular.

Além disso, o peso dos cuidados e das repugnâncias fora outrora suportado e compartilhado por toda uma pequena sociedade de vizinhos e amigos, mais extensa nas classes populares e no campo, porém existindo ainda na burguesia. Ora, essa pequena sociedade participante não deixou de se retrair para se limitar, afinal, aos mais próximos parentes e mesmo apenas ao casal, excluídos os filhos. Enfim, nas cidades do século XX, a presença de um doente grave num pequeno apartamento tornou heroica a busca simultânea dos cuidados e do trabalho.

Aliás, os progressos tardios da cirurgia, os tratamentos médicos prolongados e exigentes, o recurso aos aparelhos pesados conduziram, com mais frequência, o doente em estado grave a permanecer no hospital. Desde então, e embora nem sempre se confesse, o hospital ofereceu às famílias o asilo onde elas puderam esconder o doente inconveniente, que nem o mundo nem elas próprias já não podiam suportar, entregando a outros com boa consciência, uma assistência aliás desajeitada, a fim de continuarem uma vida normal.

O quarto do moribundo passou do lar para o hospital. Por razões de ordem técnica e médica, essa transferência foi aceita, estendida e facilitada pelas famílias com a sua cumplicidade. O hospital se torna, daí em diante, o único local onde a morte pode certamente escapar a uma publicidade – ou o que dela resta –, considerada, portanto, uma inconveniência mórbida. Eis por que o hospital se torna o local da morte solitária: na sua pesquisa de 1963 sobre as atitudes inglesas, G. Gorer mostrou que apenas um quarto dos *bereaved* (os que perderam um ente querido) de sua amostragem tinha assistido à morte do parente próximo.[8]

A morte de Mélisande

Depois da morte suja e da morte no hospital, uma terceira direção nos leva de Tolstói a Maeterlinck, a Debussy e a seu comentador de hoje, V. Jankélévitch. Morte pudica e discreta, mas não envergonhada, tão distante da morte de Sócrates e de Elvira, como da morte do herói do *Muro*: a morte de Mélisande.

Jankélévitch não gosta da bela morte dos românticos.

> Entre os músicos românticos [porque a música é um de seus meios favoritos de atingir o fundo das coisas] que fazem honra, sobretudo, à majestade da morte, *inflação e a ênfase* [grifo meu] dilatam o instante até dele fazer uma eternidade. [...] A grande cerimônia fúnebre, com seus cortejos solenes e suas pompas, permite logo ultrapassar a sua instantaneidade, *irradiar como um sol,* em torno do seu instante máximo. Em vez de um instante imperceptível, há um instante *glorioso.*

---

8 Gorer, *Death, Grief and Mourning in contemporary Britain.*

Sim, é bem isso, e Jankélévitch viu igualmente bem a relação histórica entre essa glorificação da morte e uma escatologia antropomórfica que "povoa o nada com sombras, torna a janela mortal tão transparente quanto uma noite clara, faz do Além um pálido *duplicatum* do Aquém, imagina não sei que intercomunicações absurdas entre vivos e almas do outro mundo".[9]

Encontramos, também, em Jankélévitch o sentimento, dali em diante banal, da inconveniência da morte, que descobrimos em Tolstói. Mas essa inconveniência mudou de natureza: ela não é a náusea diante dos sinais da morte que não ignora; ela não é alguma coisa que não se faça, que choca a conveniência e que é preciso esconder, transformou-se em *pudor*.

A espécie de pudor que a morte inspira está em grande parte ligada a esse caráter impensável e inenarrável do estado letal. Porque há pudor da cessação metaempírica como há um pudor da continuação biológica. Se a repetição das necessidades periódicas tem qualquer coisa de indecente, o fato de um coágulo de sangue interromper subitamente a vida é, por sua vez, *inconveniente* [grifo meu].

Essa inconveniência, abrandada pelo pudor, parece-lhe estar na origem do interdito contemporâneo que atinge a morte. A relação é muito interessante para o historiador. "A palavra tabu da morte não é, entre todos, o termo impronunciável, inominável, inconfessável, que um homem mediano, adaptado a uma situação intermediária tem obrigação de envolver pudicamente nas circunlocuções convenientes e bem-pensantes." Não é preciso levar muito longe o sentido para supor uma relação entre o interdito contemporâneo e a ênfase romântica ("as circunlocuções"), primeira tentativa para mascarar a realidade inominável. A primeira tentativa utilizou a retórica, e a segunda, no século XX, o silêncio.

A inconveniência de Ivan Ilitch transformou-se, portanto, em pudor, e o modelo da morte pudica é a de Mélisande. Não é morte solitária. Encontram-se pessoas no quarto que dá para o mar, o velho rei cheio de

---

9 Jankélévitch, *La Mort*, p.229.

sabedoria e de eloquência; ele fala muito; inesgotável como os verdadeiros vivos. E durante o seu discurso Mélisande morre, sem que ele se aperceba: "Nada vi... nada ouvi. .. Tão depressa, tão depressa... subitamente... Ela se foi sem nada dizer".

Mélisande foi, sem dúvida, uma das primeiras a partir, como diz Jankélévitch, *pianissimo*, e, por assim dizer, nas pontas dos pés. "Morrer não faz barulho. Uma parada do coração não faz barulho. Para Debussy, poeta do *pianissimo* e da extrema concisão, o instante foi, na verdade, um minuto fugidio."[10] Para Debussy ontem, para Jankélévitch e para os intelectuais agnósticos de hoje, mas também para alguns de nossos contemporâneos, homens medianos, crentes ou não, que põem a sua coragem no silêncio.

Foi no início dos anos 1960. Um filho confiava sua preocupação ao padre que assistia à sua mãe, septuagenária, atacada de câncer adiantado. Ele não tinha consciência da evolução dos sentimentos diante da morte, da exacerbação do interdito; guardava a lembrança da morte manifesta e ainda pública dos seus avós, a que tinha assistido por volta de 1930-1940. E se inquietava com o silêncio por trás do qual sua mãe parecia se proteger. Nada permitia pensar que ela conhecesse o seu estado. Ele não compreendia esse silêncio e nunca o compreendeu completamente. Lembrava ao confessor a missão tradicional do *nuncius mortis*. Mas o padre, antigo médico, replicou-lhe: "Vê-se que o senhor não tem a experiência das mulheres idosas, como as que eu conheci no asilo, que passam o tempo a gemer e a chorar porque vão morrer". Ele pensava que era preciso respeitar essa decisão de silêncio, que ela era corajosa, e que havia meios de dialogar a meias palavras, sem romper a cumplicidade do segredo. Mais tarde, depois da sua morte, encontraram-se, de efeito, papéis que provavam que a velha senhora não tinha qualquer ilusão. À sua cabeceira, o filho lamentava-se: "Ela não nos disse adeus", como o velho rei desabafava depois do último suspiro de Mélisande: "Ela parte sem nada dizer".

---

10 Ibid., p.202.

O homem diante da morte

Os últimos momentos ainda permaneciam tradicionais

Na época em que Tolstói escrevia, a burguesia começava, portanto, a descobrir a inconveniência da morte sob a ênfase romântica. Ainda era cedo demais para que as aversões prevalecessem sobre os costumes de publicidade e conseguissem isolar o moribundo até o seu último suspiro como aconteceu depois, especialmente no hospital. Assim, no final do século XIX, estabeleceu-se um compromisso entre a morte pública do passado e a que se tornaria a morte oculta – compromisso que deveria permanecer no primeiro terço do século XX, e com o qual se relaciona a morte de Ivan Ilitch.

Na solidão em que a mentira o encerrava como num retiro estudioso, Ivan Ilitch refletia. Repassava o filme de sua vida, pensava na morte que não conseguia admitir e que, pouco a pouco, se impunha como uma certeza.

Sem dúvida, hoje ainda, quando o silêncio se estende até o final, os moribundos seguem o mesmo caminho de Ivan Ilitch.

Inquéritos sociológicos recentes mostram que a crença na sobrevivência diminui muito mais depressa do que a fé em Deus, nas populações de cultura cristã, e principalmente entre os jovens. E, no entanto, as observações feitas, entre 1965 e 1972, em 360 *moribundos* estabeleceram que 84% deles admitiam uma possibilidade de sobrevivência, contra 33% apenas na amostragem.[11] Certamente é nesse período silencioso de recapitulação que a esperança num Além reaparece. Tal período é bem longo com Ivan Ilitch. Ele sofre, mas não o mostra. Afunda-se na sua solidão e seu sonho, e não se comunica mais com os familiares. Volta-se para o muro, deitado de lado, uma das mãos sob a face, reproduzindo instintivamente a posição dos antigos moribundos, quando eles já tinham rompido com os homens. Assim jaziam os judeus do Antigo Testamento; assim, na Espanha do século XVI, reconheciam-se, por esse sinal, os marranos mal convertidos; assim morreu Tristão: "Voltara-se para a parede". Hoje, as enfermeiras dos hospitais da Califórnia, estudadas por B. G. Glaser e A. L. Strauss,

---

11 Witzel, *British Medical Journal*, 1975, n.2, p.82.

veem nesse gesto ancestral apenas uma recusa inamistosa de os doentes se comunicarem com elas.[12]

E é verdade que a atitude de Ivan Ilitch passa à agressividade. Seu estado piora, o sofrimento aumenta. Certa manhã chega a mulher, fala-lhe de remédios, ele se volta e responde *com olhar de ódio:* "Em nome de Cristo, deixem-me morrer em paz". Os médicos psicólogos, como E. Kubler-Ross, que estudam o comportamento dos moribundos, reconheceram a existência dessa fase agressiva, que desejam canalizar e utilizar. Ivan Ilitch expulsa mulher, filho e médico, e entrega-se à dor que antes se esforçava por esconder. "Gritou sem parar três dias seguidos, era de não se aguentar", confessa a mulher a um amigo. E depois sobreveio uma trégua, reconhecida também pelos médicos como fenômeno geral. "Imediatamente antes da morte, a necessidade de analgésicos [diminui] nos moribundos, como observam hoje os médicos. Muitos doentes mostram então breves melhoras, uma vitalidade acrescida, tornam a pedir alimento com prazer e o estado geral parece melhorar."[13] Ivan Ilitch durante sua caminhada solitária percebe, como moribundo da *ars moriendi* do século XV, que "sua vida não fora o que deveria ter sido", mas se persuade de "que isso ainda podia ser reparado".

Emma Bovary também passara por trégua semelhante. Pareceu cheia de alegria ao ver o padre. "Certamente reencontrava-se no meio de um *apaziguamento extraordinário,* a volúpia perdida dos primeiros impulsos místicos, com visões de beatitude eterna." O padre administrou-lhe a extrema-unção. "O rosto dela expressava serenidade, como se o sacramento a tivesse curado."

Do mesmo modo, quando Ivan Ilitch sai do seu silêncio agressivo de vários dias ou semanas, abre os olhos, volta-se para os familiares, vê o filho que lhe beija a mão, a mulher "de boca aberta, nariz e face banhados em lágrima". A situação fica então invertida em relação ao que era no início do século XIX. É ele que tem piedade dos outros, compreende que deve partir. Pede que retirem o filho, porque a visão do sofrimento

---

12 Glaser, Strauss, *Awareness of Dying*; Ariès, op. cit., p.173.

13 Witzel, op. cit.

e da morte pode impressionar as crianças, e a presença dele nesse espetáculo hediondo e quase obsceno já não é admissível. (Quando Emma Bovary reclamou a presença da filha pequena: "Estou com medo", disse a menina recuando [no momento em que a mãe quis beijar-lhe a mão]. [...] "Basta! Levem-na!", gritou Charles...)

Ivan Ilitch ainda diz à mulher: "Também tenho pena de ti". Quer acrescentar "perdão", mas já não consegue falar. A agonia dura duas horas. Tolstói assegura-nos que ele estava feliz! Todo esse último período da morte com diferença de pequenos detalhes, como a retirada dos filhos, está de acordo com o modelo romântico.

A contradição psicológica dos dois modelos da morte oculta e da morte pública, justapostos aqui antes e durante a agonia, aparece claramente na atitude dos sobreviventes. Durante a primeira fase representaram a comédia e esconderam a verdade de Ivan Ilitch. Deveriam perseverar e lamentar que Ivan Ilitch tivesse tido depois consciência suficiente para conhecer a morte e seguir para a fase final. Aliás, é isso que se desejará em meados do século XX: "Temos pelo menos a satisfação de que ele não se tenha visto morrer", subentendendo-se: a angústia mortal lhe foi assim poupada.

Pelo contrário, a mulher de Ivan Ilitch, no dia dos pêsames, responde solícita a uma visitante que pergunta se Ivan Ilitch conservou a consciência: "Conservou-a até o último instante... *Ele nos disse adeus* [grifo meu. Ainda não estamos em Mélisande], um quarto de hora antes do fim pediu que fizéssemos sair Valadi".

Funerais muito discretos

Desde o início do século XX, havia o dispositivo psicológico que retirava a morte da sociedade, roubava-lhe o caráter de cerimônia pública, fazendo dela um ato privado, reservado principalmente aos próximos, de onde, com a continuidade, a própria família foi afastada quando a hospitalização dos doentes em estado grave se tornou regra geral.

Subsistiam, ainda, dois períodos de comunicação entre o moribundo – ou o morto – e a sociedade: os últimos momentos em que o moribundo retomava a iniciativa que perdera, e o luto. O segundo grande acontecimento na história contemporânea da morte é a rejeição e a supressão do luto. Foi completamente analisado, pela primeira vez, por G. Gorer. O tema lhe fora inspirado por uma série de experiências pessoais.

Perdera, quase ao mesmo tempo, o pai e o avô. O pai morrera na catástrofe do *Lusitania* em 1915 e, portanto, ele não o pôde ver, como era o costume então. Aliás, só em 1931 viu um cadáver pela primeira vez. Ainda foi submetido às convenções do luto, embora tenham começado, diz ele, a se atenuar durante a guerra, por causa da enorme mortalidade na frente de batalha, e também porque as mulheres trabalhavam no lugar dos homens. A morte de uma cunhada e, em 1948, a de um amigo deram-lhe a conhecer a nova situação dos sobreviventes, seu comportamento e o da sociedade em relação a eles. Compreendeu que a função social do luto mudava e que essa mudança revelava uma transformação profunda na atitude diante da morte. Foi então que publicou, em 1955, no *Encounter*, seu famoso artigo: "Pornography of Death", onde mostrou que a morte se tornara vergonhosa e interdita como o sexo na era vitoriana, ao qual sucedia. Uma interdição era substituída por outra.

Em 1961, morria de câncer o irmão. Ele tinha voltado a se casar e deixava mulher e filhos. Gorer cuidou do enterro, da cunhada e dos sobrinhos, e mais uma vez ficou impressionado pela rejeição dos comportamentos tradicionais na circunstância e por seus efeitos nocivos. Contou todo esse drama no seu livro. Decidiu, então, estudar o fenômeno não já como memorialista, mas como sociólogo, de maneira científica. Empreendeu, em 1963, uma pesquisa sobre o luto que constitui o material do seu grande livro: *Death, Grief and Mourning* [Morte, dor e luto].[14]

Em primeiro lugar constata que a morte se afastou; não só já não se está presente à cabeceira do leito de morte, como o enterro cessou de ser um espetáculo familiar: entre as pessoas interrogadas, 70% não tinham assistido a um enterro há cinco anos. As crianças não acompanham nem mesmo o enterro dos pais. Gorer diz de seus sobrinhos: "A morte do pai quase não lhes marcou a vida; foi tratada como um segredo, porque foi só depois de muitos meses que Elizabete [sua cunhada] pôde suportar

---

14 Gorer, op. cit.; Ariès, op. cit., p.180-9.

O homem diante da morte

falar e ouvir falar no assunto". Foi assim que, ao voltar à casa da cunhada depois da incineração do irmão, ela contou-lhe, muito naturalmente, que havia passado um dia agradável com as crianças: tinham feito um piquenique e, em seguida, cortado a grama.

Assim, mantêm-se as crianças afastadas; não são informadas ou então lhes dizem que o pai partiu em viagem, ou ainda que Jesus o levou; Jesus tornou-se uma espécie de Papai Noel, de que se servem para falar às crianças da morte, sem acreditarem nele.

Um inquérito realizado em 1971, pela revista americana *Psychology Today*, provocou a seguinte carta de uma mulher de 25 anos: "Eu tinha 12 anos quando a minha mãe morreu de leucemia. Ela ainda estava ali quando à noite eu fui me deitar. No dia seguinte de manhã, meus pais tinham saído. Meu pai voltou, nos pôs a mim e a meu irmão nos seus joelhos e irrompeu em soluços. Disse-nos: 'Jesus levou a vossa mãe'. Depois disso, nunca mais falamos no assunto. Fazia sofrer demais a todos".[15]

Na maioria das sondagens, o índice de crença na vida futura estava compreendido entre 30% e 40%. Isso é apenas uma indicação, pois torna extremamente difícil concentrar, nas palavras de um questionário, noções mais sentidas que definidas. A crença diminui nos jovens, enquanto aumenta, como vimos, nos doentes em estado grave.

É bastante impressionante encontrar em 1963, no levantamento de Gorer, e apenas entre os velhos, a escatologia antropomórfica do século XIX. Os entrevistados reveem seus mortos e falam com eles. "Os mortos nos olham e nos dão ajuda e conselho. Um pouco antes de morrer, meu pai viu nossa mãe à cabeceira do seu leito."

> Meu filho mais moço foi morto na *Air Force*. Mas ele volta muitas vezes e me fala. Um dia, na cama, quando ela pensava no filho e se inquietava, uma voz lhe respondeu: *"It is all right, Mun"* [está tudo bem, mamãe], e então eu pensei: Graças a Deus, ele está bem, mas foi-se embora. Penso sempre que um dia irei revê-lo. É o que me permite continuar.

---

15 *Psycology Today*, jun. de 1971, p.43-72.

O Paraíso é "um lugar onde já não se tem preocupações e onde reveremos parentes e amigos".

Observa-se, também, o completo desaparecimento do Inferno; mesmo os que acreditam no diabo limitam sua ação ao mundo terreno e não creem na condenação eterna. Isso não nos deve espantar; já o tínhamos observado pelo menos desde o início do século XIX.

As respostas ao inquérito mostram, igualmente, o abandono pelo clero de seu antigo papel: não que seja afastado; agora é ele que se torna reticente.

Mas o grande fenômeno ressaltado pela pesquisa de Gorer é o declínio do luto, a começar pelas solenidades dos funerais.

A incineração prevalece, desde então, sobre a inumação: entre 67 casos, 40 incinerações e 27 enterros. O mais extraordinário, porém, é o sentido dado à escolha. Escolher a incineração significa que se recusa o culto dos túmulos e dos cemitérios, tal como se vinha desenvolvendo desde o início do século XIX. "Tem-se a impressão de que o morto é mais completo e definitivamente liquidado do que no caso do enterro." Por essa razão, certas pessoas interrogadas a recusam como *too final* [definitiva demais]. Essa atitude não é prescrita pela própria natureza do ato (os antigos veneravam as cinzas dos defuntos), mas por oposição ao túmulo. Com efeito, apesar dos esforços dos responsáveis pelos crematórios, as famílias dos incinerados esquivam-se a erigir um monumento. Entre as 40 incinerações do inquérito, só uma é acompanhada de uma placa comemorativa, e 14 por uma inscrição no *book of remembrance,* disponível à consulta dos visitantes. Mas não existem visitantes... Alguns mandam dispersar as cinzas, o que ainda é mais radical.

Inversamente, o cemitério permanece o local da lembrança e da visita. Entre os 27 enterrados, 4 apenas não têm monumentos. O sobrevivente vai ao túmulo para flori-lo e se recordar.

Seria um engano, entretanto, interpretar o desaparecimento do corpo consumido como um sinal de indiferença e de esquecimento. O parente do incinerado recusa, ao mesmo tempo, a materialização do local, seu elo com o corpo que inspira repugnância, e o caráter público do cemitério. Mas admite a natureza absolutamente pessoal e privada do pesar.

Foi assim que o culto do túmulo foi substituído pelo culto da lembrança em casa: "Não sou pessoa de continuar indo ao cemitério. Creio na ajuda aos vivos [oposição, frequente nas novas mentalidades religiosas, entre o ato útil e a contemplação ou liturgia]. Nos dias do aniversário ponho um buquê de flores diante de suas fotografias" (mulher de 44 anos). Depois da incineração, "penso que é o fim. Quero dizer que se pode conservar melhor memória deles em casa que no lugar onde são enterrados. Direi uma coisa que faço sempre – talvez seja absurdo –, ofereço-lhe sempre pelo Natal uma azaleia; sinto que ela está sempre em casa" (mulher de 35 anos). O culto pode, aliás, tender à mumificação: a casa ou o quarto do defunto é conservado exatamente no estado em que se encontrava durante a sua vida. Assim, um grande desespero é perfeitamente compatível com a negligência do túmulo, que fica sendo, por vezes, o lugar detestado do corpo.

Portanto, existem desde então duas maneiras de cultivar a lembrança dos falecidos: uma tradicional desde o fim do século XVIII, no túmulo, e que regride mais depressa na Inglaterra do que no continente, e a outra, na casa. Um sociólogo canadense, Fernando Dumont, relata a propósito de seu pai uma história que deve se situar no início do século XX:

> Na minha infância, recitávamos em casa uma longa oração em família. [...] Depois da oração [...] meu pai ficava [só] algum tempo de joelhos, a cabeça enfiada nas mãos. Essa atitude me intrigava num homem que nunca fora "piedoso", no sentido habitual do termo. A uma pergunta que lhe fiz a esse respeito [...], meu pai confessou-me que se dirigia frequentemente ao pai dele, morto há muito tempo.[16]

A indecência do luto

Depois dos funerais e do enterro, o luto propriamente dito. A dor da saudade pode permanecer no coração do sobrevivente, não devendo ser manifestada em público, segundo a regra atualmente adotada em quase todo o Ocidente. Exatamente o contrário do que exigiam dele

---

16 *Religions populaires,* Colloque international, 1970, Québec, p.29.

anteriormente. Hoje, na França, há menos de um decênio (por volta de 1970) foi suprimido o desfile das condolências à família no final do serviço religioso. Do mesmo modo, na província, o aviso da morte, que ainda se mantém, é acompanhado de uma fórmula seca, quase incivil: "A família não receberá", meio de evitar as costumeiras visitas dos vizinhos e amigos longínquos, antes dos funerais.

Mas, em geral, a iniciativa da recusa não cabe à família do morto. Essa, retraindo-se, afirma a autoridade da sua dor, que não sofre qualquer comparação com a solicitude das boas relações, e adota o comportamento discreto que a sociedade exige dela.

Gorer distingue três categorias de enlutados: aquele que consegue esconder completamente a sua dor; o que a esconde dos outros, guardando-a para si mesmo; e o que a deixa aparecer livremente. No primeiro caso, o enlutado se obriga a proceder como se nada tivesse acontecido, continuando a sua vida normal sem qualquer interrupção: ocupa-se, *keep busy*, dizem-lhe seus interlocutores raros e apressados, o médico, o padre, alguns amigos... No segundo caso, *quase* nada transparece externamente e o luto subsiste em particular, "como as pessoas se despem e repousam na intimidade".[17] O luto é uma *extension of modesty* [extensão da modéstia]. Constitui, sem dúvida, a atitude mais aprovada pelo senso comum, que admite ser necessário tolerar algum desabafo, contanto que permaneça secreto. No último caso, o enlutado obstinado fica impiedosamente excluído como um louco.

O próprio Gorer teve ocasião de sentir o julgamento da sociedade depois da morte do irmão.

Várias vezes recusei convites para coquetéis explicando que estava de luto. As pessoas então me respondiam com embaraço, como se lhes tivesse dito alguma incongruência obscena. Realmente tinha a impressão de que se eu tivesse alegado algum encontro equívoco, para declinar do convite, teria sido melhor compreendido e receberia um jovial estímulo. Pelo contrário, essas pessoas, embora bem educadas, murmuravam algumas palavras e tratavam de se retirar.

---

17 Gorer, op. cit.

O homem diante da morte

Ficavam sem saber como se comportar numa situação que se tornara insólita. "Não tinham indicações tiradas de um ritual sobre a maneira de se comportar em relação a uma pessoa que dizia estar de luto. [...] Temiam, segundo penso, que eu não me controlasse e me entregasse à minha dor, levando-os, então, a um acesso de emoção desagradável."

A morte excluída

De fato, a passagem da rotina diária, repetitiva e calma, para a interiorização patética não se faz espontaneamente e sem auxílio. A distância entre as linguagens é grande demais. É preciso, para estabelecer a comunicação, o intermédio de um código recebido de antemão, de um ritual que se aprende pelo hábito, desde a infância. Assim existiam, outrora, códigos para todas as ocasiões, para a manifestação de sentimentos geralmente inexpressivos – fazer a corte, dar à luz, morrer, consolar os enlutados. Esses códigos já não existem. Desapareceram no final do século passado. Assim, os sentimentos fora do comum ou não encontram sua expressão e são reprimidos, ou se expandem com uma violência insuportável, sem nada mais para canalizá-los. Neste último caso, comprometem a ordem e a segurança necessárias à vida cotidiana, convindo, pois, reprimi-los. É aí então que as coisas do amor, de início, e da morte, em seguida, foram interditadas. Tal interdição se impunha desde que as comportas e barreiras, que há milênios canalizavam essas forças selvagens, foram abandonadas. Nasceu um modelo, especialmente nas *public schools* inglesas, de coragem viril, de discrição e boa educação, que interditava a alusão pública aos sentimentos românticos, só os tolerando no segredo do torreão familiar.

Como diz Gorer, "hoje, a morte e o luto são tratados com a mesma pudicícia que os impulsos sexuais há um século". É preciso, pois, aprender a dominá-los:

Hoje se admite, ao que parece, como perfeitamente normal, que homens e mulheres sensíveis e razoáveis possam perfeitamente se dominar durante o luto pela força de vontade e caráter. Já não têm, portanto, necessidade de manifestá-lo publicamente [como nos tempos em que não tinham vontade de controlá-lo e retê-lo], tolerando-se apenas que o façam na intimidade e furtivamente, como um equivalente da masturbação.[18]

É bem evidente que a supressão do luto não se deve à frivolidade dos sobreviventes, mas a um constrangimento impiedoso da sociedade; essa se recusa a participar da emoção do enlutado: uma maneira de recusar, de fato, a presença da morte, mesmo que se admita, em princípio, sua realidade. Foi, na minha opinião, a primeira vez que a recusa se manifestou assim tão abertamente. Desde algum tempo, subia das profundezas onde fora reprimida, para a superfície, sem ainda atingi-la. A partir de então, manifesta-se em plena luz do dia como um traço significativo da nossa cultura. Agora, as lágrimas do luto se equiparam às excreções da doença. Umas e outras são repugnantes. A morte é excluída.

Uma situação nova aparece, portanto, por volta de meados do século XX, nos lugares mais individualizados e mais aburguesados do Ocidente. Estamos convencidos de que a manifestação pública do luto, e também sua expressão privada muito insistente e longa, é de natureza mórbida. A crise de lágrimas transforma-se em crise de nervos. O luto é uma doença. Aquele que o demonstra prova fraqueza de caráter. Essa atitude de descrédito começa com remoques no sarcasmo pós-romântico, misturado ainda às crenças românticas em Mark Twain, por exemplo, atitude que as demonstrações teatrais irritam, mas também comovem, e que se defende dos sentimentos muito antiquados. Hoje se tornou comum. O período de luto já não é o do silêncio do enlutado no meio de um ambiente solícito e indiscreto, mas do silêncio do próprio ambiente: o telefone deixa de tocar, as pessoas o evitam. O enlutado fica isolado em quarentena.

Já não é, aliás, o único objeto de exclusão. A recusa da morte ultrapassou a pessoa dos enlutados e a expressão do luto, para se estender a tudo que toca à morte e que se torna infeccioso. Pode-se dizer que o luto, ou o que se lhe assemelha, é uma doença contagiosa, que se corre o risco

---

18 Ibid., p.128.

de apanhar no quarto de um moribundo ou de um morto, mesmo esses sendo indiferentes, ou num cemitério, ainda que não contenha túmulo algum querido. Existem lugares que são focos de luto, como outros o são de gripe.

É importante notar que, no momento mesmo em que essa atitude emergiu, os psicólogos imediatamente a consideraram perigosa e anormal. Até os nossos dias, não deixaram de insistir na necessidade do luto e os perigos da repressão como começara a se organizar. Freud e Karl Abraham esforçaram-se por mostrar que o luto era diferente da melancolia. Hoje multiplicam-se os estudos sobre o tema: Colin Murray Parkes e, muito recentemente, Lily Pincus em dois belos livros cheios de casos.[19]

Ora, a apreciação que eles fazem do luto e do seu papel é exatamente o oposto daquela da sociedade. Esta considera o luto mórbido, enquanto que, para os psicólogos, é a repressão do luto que é mórbida e causa morbidez.

Essa oposição mostra a força do sentimento que leva a excluir a morte. De fato, todas as ideias dos psicólogos e dos psicanalistas sobre a sexualidade e o desenvolvimento da criança foram rapidamente vulgarizadas e assimiladas pela sociedade, enquanto as ideias deles sobre o luto ficaram completamente ignoradas e mantidas de lado da vulgata que os meios de comunicação de massa difundem. A sociedade estava pronta a aceitar umas, porém rejeitou as outras. A recusa da morte pela sociedade não sofreu o menor abrandamento pela crítica dos psicólogos.

Sem querer, eles fizeram de suas análises do luto um documento histórico, uma prova de relatividade histórica. Sua tese é de que a morte de um ser querido provoca um dilaceramento profundo que, no entanto, se cura naturalmente, com a condição de que nada se faça para retardar a cicatrização. O enlutado terá de se habituar à ausência do outro, anular a libido, ainda obstinadamente fixada sobre o vivo, "interiorizar" o defunto. Os distúrbios do luto surgem quando não se faz essa transferência: a "mumificação" ou, ao contrário, a inibição da lembrança. Pouco importam aqui os mecanismos. O que nos interessa é que os nossos psicólogos

---

19 Parkes, *Bereavment Studies of Grief in adult life*; Pincus, *A família e a morte*.

os descrevem como fazendo parte, desde sempre, da natureza humana; na qualidade de fato natural, a morte provocaria sempre, entre os mais próximos, um traumatismo de tal natureza, que só uma série de etapas permitiria curar. Cabe à sociedade ajudar o enlutado a vencer essas etapas, porque ele não tem forças para fazê-lo sozinho.

Mas esse modelo que parece natural aos psicólogos não remonta senão ao século XVIII. É o modelo das belas mortes românticas e das visitas ao cemitério, que chamamos a "morte do outro". O luto do século XIX responde bem, com excessiva dramatização, é verdade – mas não tão séria –, às exigências dos psicólogos. Assim, os La Ferronays tiveram todas as possibilidades de se desfazer da sua libido, de interiorizar sua lembrança, e dispuseram de todos os auxílios que podiam esperar do ambiente.

Essas torrentes de luto não poderiam ser interrompidas sem risco, no século XIX. Foi exatamente o que compreenderam os psicólogos. Mas o estado a que se referem não é um estado da natureza, data apenas do século XIX. Antes do século XVIII, o modelo era, ao contrário, diferente, e é este que poderia, por assim dizer, pela sua duração milenar e sua imobilidade, ser considerado um estado da natureza.

Nesse outro modelo, a afetividade não ocupava o lugar que tomou no século XIX. Não é que a morte de um ser amado não fosse sentida. O primeiro choque era amortecido pela atitude solícita tradicional do grupo que assistia à morte, mas muitas vezes era, em seguida, vencido rapidamente: não raro via-se um viúvo tornar a se casar meses mais tarde. Isso não significava que ele estivesse esquecido, mas antes que o pesar logo se abrandara.

O limiar de abrandamento rápido era, por vezes, ultrapassado e o enlutado não conseguia vencer o seu desgosto: casos aberrantes, que anunciam, aliás, o modelo do século XIX e a grande revolução do sentimento; assim, H. de Campion já não suportava morar na casa cheia de lembranças de sua esposa, morta de parto em 1659; só voltou um ano depois, inconsolável.[20]

Em geral, quando se era infeliz, não se perdia a cabeça por isso. Por um lado, toda a afeição disponível em cada indivíduo não estava concentrada

---

20 Campion, *Mémoires*.

num pequeno número de cabeças (o casal e os filhos), distribuía-se antes por um grupo mais extenso de parentes e amigos. A morte de um, mesmo entre os mais próximos, não destruía toda a vida afetiva; eram possíveis substituições. Enfim, a morte nunca era a surpresa brutal em que se transformou no século XIX, *antes* dos progressos espetaculares da longevidade. Fazia parte dos riscos diários. Desde a infância esperava-se mais ou menos por ela.

Nessas condições, o indivíduo não ficava acabrunhado como no século XIX. Não esperava tanto da vida. A oração de Jó pertencia, pelo menos, tanto a uma sabedoria popular, a uma resignação banal, como a uma piedade ascética. A morte tomava o que a vida dera: assim é a vida! Poderíamos, desse modo, transpor muito banalmente o belo poema.

O indivíduo não ficava aniquilado e, no entanto, o luto existia, um luto ritualizado. O luto medieval e moderno era mais social do que individual. O socorro do sobrevivente não era a sua única finalidade, nem sua finalidade principal. O luto expressava a angústia da comunidade visitada pela morte, manchada pela sua passagem, enfraquecida pela perda de um dos seus membros. Vociferava para que a morte não voltasse, para que ela se afastasse, como as grandes rezas em ladainha deveriam afastar as catástrofes. A vida parava aqui, tornava-se mais lenta ali. Gastava-se o tempo com coisas aparentemente inúteis, improdutivas. As visitas do luto refaziam a unidade do grupo, recriavam o calor humano dos dias de festa; as cerimônias do enterro tornavam-se, também, uma festa onde a alegria não estava ausente, onde o riso rapidamente prevalecia às lágrimas.

Sem que fosse percebido, foi esse luto que se encarregou, no século XIX, de outra função. Conservou ainda por algum tempo seu papel social, mas apareceu cada vez mais como meio de expressão de uma dor imensa, e a possibilidade, para os familiares, de participar dessa dor e de socorrer o sobrevivente. Essa transformação do luto foi de tal ordem que depressa se esqueceu como era recente: tornou-se, em pouco tempo, uma natureza, e é como tal que serviu de referência aos psicólogos do século XX.

Compreende-se, então, o que se passa sob nossos olhos. Fomos todos, de bom grado ou à força, transformados pela grande revolução romântica do sentimento. Entre nós e os outros, criou-se elos cuja ruptura nos parece impensável e intolerável. É, pois, essa primeira geração romântica a primeira a recusar a morte. Exaltou-a, hipostasiou-a e simultaneamente fez, não de uma pessoa qualquer, mas do ser amado, um imortal inseparável.

Esse apego ainda dura, apesar de alguma aparência de relaxamento, que está ligado principalmente a uma linguagem mais discreta, a mais pudor, o pudor de Mélisande. E ao mesmo tempo, por outras razões, a sociedade não suporta mais a visão das coisas da morte e, por conseguinte, nem a do corpo do morto, nem a dos próximos que o choram. O sobrevivente fica, portanto, esmagado entre o peso da sua dor e o interdito da sociedade.

O resultado é dramático, e os sociólogos ressaltaram especialmente o caso dos viúvos. A sociedade estabelece o vazio em torno deles, velhos ou jovens, porém ainda mais quando são velhos (acumulam, então, duas repulsas). Já não têm ninguém com quem falar sobre o único assunto que lhes interessa: sobre o desaparecido. Só lhes resta morrer por sua vez, e é o que eles costumam fazer, sem necessariamente se suicidarem. Um inquérito de 1967, no País de Gales, mostrou que a mortalidade dos parentes próximos de um falecido era de 4,76% no primeiro ano depois do falecimento, contra 0,68% na amostra-testemunha, enquanto que, no segundo ano, ficava apenas um pouco superior ao grupo-testemunha (1,99% contra 1,25%). A mortalidade dos viúvos subia a 12,3% no primeiro ano, contra 1,2% da amostra-testemunha; isto é, era dez vezes superior.[21]

O triunfo da medicalização

Tudo se passa como se o modelo romântico, tal como existia em meados do século XIX, tivesse sofrido uma série de desmantelamentos sucessivos. Houve inicialmente, no final do século XIX, os que modificaram o primeiro período do morrer, o da doença muito grave, durante a qual o doente era mantido na ignorância e posto à parte: o caso de Ivan

---

21 Rees, Lutkins, Mortality of Bereavment, *British Medecine Journal*, 1967, n.4, p.13-6, comentado por Lasagna, In: Brim (org.), *The Dying Patient*, p.80.

O homem diante da morte

Ilitch. Ocorreu em seguida, no século XX, a partir da guerra de 1914, a interdição do luto e de tudo o que na vida pública lembra a morte, pelo menos a morte considerada como normal, isto é, não violenta. A imagem da morte se contrai como o diafragma de uma objetiva fotográfica ao se fechar. Persistia o momento da morte que, na época de Ivan Ilitch e durante muito tempo ainda, conservara suas características tradicionais: revisão da vida, publicidade, cena do adeus.

Essa última sobrevivência desapareceu desde 1945, em razão da medicalização completa da morte. É o terceiro e último episódio da inversão.

O fato essencial é o progresso bem conhecido das técnicas cirúrgicas e médicas, que utilizam material complexo, pessoal competente, intervenções frequentes. As condições de sua plena eficácia só se encontram reunidas no hospital; pelo menos assim se acreditou com convicção, até os nossos dias. O hospital não é apenas um lugar de grande saber médico, de observação e de ensino; é também o lugar de concentração de serviços auxiliares (laboratórios farmacêuticos), aparelhos aperfeiçoados, dispendiosos e raros, que dão ao serviço um monopólio local.

Logo que uma doença parece grave, o médico tende a mandar o doente para o hospital. O progresso da cirurgia trouxe processos de reanimação, de atenuação ou supressão do sofrimento e da sensibilidade. Esses processos já não são aplicados apenas antes, durante e depois de uma cirurgia; estendem-se a todas as agonias, com a finalidade de aliviar o sofrimento. Por exemplo, o moribundo era hidratado e alimentado por perfusões intravenosas, o que lhe poupava o sofrimento da sede. Um tubo ligava a boca a uma bomba, que aspirava as mucosidades e não o deixava sufocar. Os médicos e as enfermeiras administravam calmantes, cujos efeitos podiam controlar, variando também as doses. Tudo isso é hoje bem conhecido e explica a imagem deplorável, que passou a ser clássica, do moribundo eriçado de tubos.

Por uma tendência insensível e rápida, um moribundo qualquer era equiparado a um operado grave. Por essa razão, principalmente nas cidades, deixou-se de morrer em casa — como também de ali nascer. Na cidade de Nova Iorque, em 1967, 75% das mortes ocorreram no hospital ou em instituições análogas, contra 69% em 1955 (60% no conjunto dos

Estados Unidos). A proporção nunca deixou de crescer desde então. Em Paris, é comum um velho cardíaco ou pulmonar ser hospitalizado para terminar suavemente. Por vezes, os mesmos cuidados poderiam ser dispensados com auxílio uma enfermeira a domicílio, mas esse serviço não é tão bem reembolsado – quando o é – pela Previdência Social, e impõe à família fadiga e encargos que ela não pode suportar (lavagem de roupa, presença, corridas à farmácia etc.), principalmente quando a mulher trabalha e se já não há filho, irmã, prima ou vizinha disponíveis.

A morte no hospital é, ao mesmo tempo, consequência do progresso das técnicas médicas de abrandamento de sofrimento e da impossibilidade material de aplicá-las em casa, de acordo com os regulamentos atuais.

Lembremos, enfim, o que foi dito no início deste capítulo, sobre a inconveniência da doença grave, da repugnância física que provoca, da necessidade de escondê-la aos outros e a si mesmo. Na sua consciência moral, a família confunde sua intolerância inconfessada aos aspectos sórdidos da doença, com as exigências da limpeza e da higiene. Na maioria dos casos, e principalmente nas grandes cidades como Paris, a família nada tentou para manter os moribundos em casa, nem para inspirar uma legislação social menos favorável à sua partida.

O hospital já não é, pois, apenas um lugar onde se cura e onde se morre por causa de um fracasso terapêutico; é e lugar da morte normal, prevista e aceita pelo pessoal médico. Na França, isso não acontece nas clínicas particulares, que não querem assustar sua clientela e também talvez suas enfermeiras e médicos, pela vizinhança da morte. Quando acontece, e não foi possível evitá-la, reconduz-se depressa o cadáver para casa, onde supostamente teria morrido aos olhos do estado civil, do médico legista e do mundo.

Essa recondução para casa não é possível nos hospitais públicos, que se arriscam, portanto, a ficar atulhados de anciãos incuráveis e de moribundos conservados em vida. Por essa razão pensa-se, em certos países, reservar-lhes hospitais especializados em morte suave e sua preparação, onde seriam evitados os inconvenientes de uma organização hospitalar e médica concebida com outra finalidade, a de curar a qualquer preço. É uma nova concepção do *"hospice"*, cujo modelo é o hospital de Saint Christopher, num subúrbio de Londres.

O homem diante da morte

Hoje, Ivan Ilitch teria sido tratado num hospital. Talvez ficasse curado e não haveria romance...

Essa transferência teve grandes implicações. Precipitou uma evolução que começara, como já vimos, no final do século XIX, e levou-a às mais extremas consequências.

A morte mudou de definição. Deixou de ser o instante em que se tornara, desde aproximadamente o século XVII, mas sem a pontualidade que antes possuía. Nas mentalidades tradicionais, a instantaneidade era atenuada pela certeza de uma continuação: não necessariamente a imortalidade dos cristãos (dos cristãos de outrora!), mas um prolongamento atenuado, ainda assim alguma coisa. A partir do século XVII, a crença mais disseminada na dualidade de corpo e alma, e na sua separação pela morte, suprimiu a margem do tempo. O trespasse tornou-se instantâneo.

A morte médica de hoje reconstituiu essa margem, mas ganhando tempo aquém e não além da morte.

O tempo da morte prolongou-se e se subdividiu ao mesmo tempo. Os sociólogos têm a satisfação de poder, daí em diante, aplicar seus métodos classificatórios e tipológicos. Há a morte cerebral, a morte biológica, a morte celular. Os sinais antigos, como a parada do coração e da respiração, já não bastam. São substituídos por uma medida da atividade cerebral, o eletroencefalograma.

O tempo da morte pode ser prolongado conforme a vontade do médico: este não pode suprimir a morte, mas pode regular-lhe a duração, de algumas horas como antigamente, a alguns dias, semanas, meses, ou mesmo anos. Tornou-se realmente possível retardar e momento fatal; as medidas tomadas para acalmar a dor têm como efeito secundário prolongar a vida.

Ocorre que esse prolongamento se tornou um objetivo e que a equipe do hospital se recusa a interromper os cuidados que mantêm artificialmente a vida. O mundo sempre se lembrará da agonia shakespeariana de Franco, em meio a seus vinte médicos. O caso mais sensacional é, sem dúvida, o de Karen Ann Quinlan, jovem americana de 22 anos, que na hora em que escrevo é mantida viva há treze meses, por um respirador, sendo alimentada e preservada de infecções por perfusões. Tem-se a

789

certeza de que jamais recuperará a consciência. O hospital persiste, apesar da pressão da família e mesmo diante de decisão da justiça, em mantê-la viva. A razão disso é o fato de ela não se encontrar em estado de morte cerebral, isto é, seu eletroencefalograma não ser plano. Não nos cabe discutir aqui o problema ético que levanta esse caso raro de "obstinação terapêutica". O interessante é que a medicina pode, assim, permitir a um quase morto sobreviver por tempo indeterminado. Mas não apenas a medicina: a medicina *e* o hospital, ou seja, toda a organização que faz da produção médica uma administração e uma empresa que obedece a regras estritas de método e de disciplina.

O caso de Karen Ann Quinlan é um fato excepcional, devido especialmente à persistência de uma atividade cerebral. É habitual interromper os cuidados quando se verifica a morte cerebral [*brain death*]. Os médicos sustam a alimentação ou ainda a defesa contra a infecção, permitindo à vida vegetativa se extinguir por sua vez. Em 1967, descobriu-se, com indignação, que num hospital da Inglaterra afixava-se, aos pés do leito de certos velhos, um aviso: NTBR, isto é, não reanimar.[22]

A duração da morte depende, assim, de um acordo entre a família, o hospital, e até mesmo a justiça, ou de uma decisão soberana do médico: o moribundo, que já tomara o hábito de confiar nos seus próximos (confiava-lhes as últimas vontades, que já não impunha no testamento), abdicou pouco a pouco, abandonando à família a direção do fim de sua vida e da sua morte. A família, por sua vez, desfaz-se dessa responsabilidade, confiando-a ao sábio taumaturgo, possuidor dos segredos da saúde e do sofrimento, que sabia melhor do que ninguém o que era preciso fazer, e a quem cabia, por conseguinte, decidir com total soberania.

Observou-se que o médico em casa é menos sigiloso e menos absoluto do que no hospital. É porque no hospital ele pertence a uma burocracia cujo poder reside em disciplina, organização e anonimato. Nessas condições, apareceu um novo modelo da morte medicalizada, a morte no hospital, um *style of dying* [estilo de morrer].

---

22 Harsenty, Les survivants, *Esprit*, mar. 1976, p.478.

A morte deixou de ser admitida como fenômeno natural, necessário. Ela é um fracasso, um *business lost* [negócio perdido].[23] Essa é a opinião do médico que a reivindica como sua razão de ser. Mas ele próprio é apenas um porta-voz da sociedade, mais sensível e mais radical do que a média. Quando a morte chega, ela é considerada um acidente, um sinal de impotência ou de imperícia que é preciso esquecer. Ela não deve interromper a rotina hospitalar, mais frágil do que a de qualquer outro meio profissional. Deve, portanto, ser discreta: "na ponta dos pés". Que pena Mélisande não ter morrido no hospital! Teria sido uma moribunda exemplar, que os médicos e enfermeiras teriam acarinhado, de quem guardariam boa lembrança. Sem dúvida é desejável morrer sem se perceber, mas também convém morrer sem que os outros o percebam.

A morte muito aparatosa, muito teatral, muito ruidosa, e mesmo – principalmente – se ela permanece digna, suscita no ambiente uma emoção que não é compatível com a vida profissional de cada um e, ainda menos, com a do hospital.

A morte foi, portanto, preparada para conciliar um fenômeno acidental, por vezes inevitável, com a segurança moral do hospital.

O pessoal hospitalar definiu um *acceptable style of facing death* [estilo aceitável de encarar a morte]:[24] a morte daquele que faz de conta que não vai morrer. Dissimulará melhor se ele próprio não o souber. Sua ignorância é, portanto, mais necessária do que no tempo de Ivan Ilitch. É para ele um fator de cura, e para a equipe de enfermagem uma condição de sua eficácia.

O que chamamos hoje de boa morte, a bela morte, corresponde exatamente à morte maldita de outrora, a *mors repentina et improvisa*, a morte não percebida. "Ele morreu essa noite durante o sono: não acordou. Teve a mais bela morte que se possa ter."

Ora, hoje, uma morte tão suave é muito rara, por causa dos progressos da medicina. É, por conseguinte, conveniente aproximar, com alguma habilidade, a morte lenta do hospital com a *mors repentina*. O meio mais seguro é,

---

23 Morrison, In: Brim, op. cit.

24 Glaser, Strauss, op. cit.

sem dúvida, a ignorância do doente. Mas essa estratégia é por vezes frustrada pela habilidade diabólica do doente interpretar as atitudes do médico e das enfermeiras. Então, instintivamente, inconscientemente, esses obrigam o doente, dominado por eles e buscando agradá-los, a fingir ignorância. Em certos casos, o silêncio se transforma em conivência; em outros casos, o receio de uma confidência ou de um apelo proíbe qualquer comunicação.

A passividade do moribundo é mantida pelos calmantes, especialmente no fim, quando os sofrimentos que se tornaram intoleráveis provocam "gritos horríveis", tal como os de Ivan Ilitch e de Madame Bovary. A morfina vence as grandes crises, mas diminui, também, a consciência, que o doente não recupera senão intermitentemente.

Tal é o *acceptable style of death* [estilo aceitável de morte]. O contrário é o *embarrassingly graceless dying* [morrer embaraçosamente sem graciosidade],[25] a morte má, a morte feia, sem elegância nem delicadeza, a morte perturbadora. Ela é sempre a morte de um doente que sabe. Num primeiro caso, ele se revolta, grita, torna-se agressivo. No outro caso, que não é menos temido pela equipe que o trata, aceita a morte, concentra-se nela, volta-se para a parede, desinteressa-se do mundo que o cerca, não se comunica com ele. Médicos e enfermeiras, por sua vez, rejeitam essa recusa, que os elimina e desestimula os seus esforços. Reconhecem, nessa atitude, a imagem detestada da morte, fenômeno natural, quando eles já haviam feito dela um acidente da doença que se pode vencer, ou que se deve acreditar nisso.

No caso da boa morte, felizmente mais frequente, chega-se a não se saber em que ponto se está da morte ou da vida. Esse, aliás, é o alvo almejado. Assim, D. Sudnow conta que uma jovem estagiária, num hospital americano, não conseguia que um grande ferido bebesse pelo canudinho. Chama a supervisora em socorro. *"Well, honey! Of course! He won't respond, he's been dead for twenty minutes."*[26] Teria sido uma bela morte para todo o mundo, se a jovem estagiária não tivesse tido então uma crise de nervos.[27]

---

25 Ibid.

26 Ora, minha filha! Naturalmente! Ele não vai reagir, está morto há vinte minutos.

27 Brim, op. cit., p.207.

O homem diante da morte

Nos hospitais de pobres, aproveita-se essa indeterminação para escolher o momento mais favorável a certos atos: assim, os olhos dos moribundos são fechados um pouco antes da morte; é mais fácil. Ou ainda, dá-se um jeito para que morram de preferência de madrugada, pouco antes da saída da equipe da noite: comportamentos desenvoltos e caricaturais, nos serviços mal vigiados e sem prestígio, em asilos de velhos abandonados. Tornam, porém, manifestos, pelas suas características grosseiras, aspectos da "burocratização" e da *management of death* [gestão da morte] inseparáveis da instituição hospitalar e da medicalização da morte, e que se encontram em toda a parte. A morte já não pertence ao moribundo – de início irresponsável, em seguida inconsciente –, nem à família persuadida da própria incapacidade. Está regulada e organizada por uma burocracia, cuja competência e humanidade não podem impedir de tratar a morte como coisa sua, uma coisa que deverá incomodá-la o menos possível, no interesse geral. "A sociedade, na sua sabedoria, produ-ziu meios eficazes de se proteger das tragédias diárias da morte, a fim de poder continuar suas tarefas sem emoção nem obstáculo".[28]

A volta do aviso. O apelo à dignidade. A morte hoje

Essa era a situação no fim dos anos 1950. Ela mudou, principalmente no mundo anglo-saxão, e em um ponto essencial: a ignorância do mori-bundo. A atitude do início do século XX ainda continua na França. Em 1966, a revista *Médecine de France* publicava uma conversa entre o filósofo Jankélévitch e os médicos J. R. Debray, P. Denoix, P. Pichat. "O menti-roso é o que diz a verdade", afirmava Jankélévitch, "sou contra a verdade, apaixonadamente contra a verdade". (Posição que se acompanha de res-peito escrupuloso da vida e de sua prolongação: "Ainda que fosse para prolongar a vida do doente só por vinte e quatro horas, valeria a pena. Não existe razão para privá-lo. Para um médico, viver é um bem, seja para quem for: mesmo um ser diminuído, um pobre ser enfermo".)

Robert Laplane enquadra a complexidade do problema:

---

28 Levine, Scotch, In: Brim, op. cit., p.214.

Philippe Ariès

M. Denoix teve razão em ressaltar que existem casos em que a verdade deve ser dita para aliviar o doente. Eu disse que no fundo o doente pede apenas para *não ser confrontado com a sua verdade: é exato na maioria dos casos,* mas também nos acontece [a nós médicos], reconheçamo-lo, fugir dessa verdade, entrincheirarmo-nos por trás da nossa autoridade e brincar de esconde-esconde. Existem médicos que nunca dizem nada. Essa mentira de condescendência, muitas vezes, toma a forma do silêncio.

Nos Estados Unidos assiste-se, pelo contrário, há alguns anos, a uma reviravolta completa das atitudes. Essa mudança não é devida à iniciativa do corpo médico: foi-lhe antes imposta por um meio paramédico de psicólogos, de sociólogos e mais tarde de psiquiatras, que tomaram consciência da grande piedade pelos moribundos e resolveram, então, desafiar a proibição. Não foi fácil. Quando Feifel, antes de 1959, quis, sem dúvida pela primeira vez, interrogar moribundos sobre eles mesmos, as autoridades hospitalares indignaram-se, parecendo-lhes o projeto *cruel, sádico, traumático.* Quando Elizabeth Kübler-Ross, em 1965, procurou moribundos para interrogá-los, os chefes de serviço, aos quais ela se dirigia, protestaram: moribundos? Mas eles não os tinham! Nem podia haver, num serviço bem organizado e bem atualizado: era o grito do coração.

Essa resistência do meio hospitalar não conseguiu deter o interesse e a simpatia de alguns pioneiros que rapidamente fizeram escola. A primeira manifestação foi o livro coletivo, editado por H. Feifel, em 1959, *The Meaning of Death* [O sentido da morte]:[29] Dez anos mais tarde, outra obra coletiva, *The Dying Patient* [O paciente moribundo], continha uma bibliografia de 340 títulos posteriores a 1955 e somente de língua inglesa, sobre "o morrer", deixando de lado os funerais, o cemitério e o luto. O volume dessa literatura dá uma ideia do movimento que sacudiu o pequeno mundo dos silêncios humanos, que acabava por atingir a fortaleza médica e hospitalar. Uma mulher representou, sem dúvida, um papel essencial nessa mobilização, porque ela era médica e soube se impor a seus pares, apesar de muitos desânimos e humilhações: Elizabeth

---

29 Feifel, *The Meaning of Death.*

Kübler-Ross, no seu belo livro, *Sobre a morte e o morrer*, publicado em 1969, sacudiu a América e a Inglaterra, onde foi impresso mais de um milhão de exemplares.[30]

A corrente de opinião nascida da piedade, para com o moribundo alienado, orientou-se para melhores condições "do morrer", restituindo ao moribundo sua dignidade negligenciada.

Excluída do saber médico, salvo em casos de medicina legal, considerada fracasso provisório da Ciência, a morte não fora estudada por ela mesma; tinham-na afastado como um tema filosófico que não pertencia à Ciência. As pesquisas recentes tentam restituir-lhe uma realidade, reintroduzi-la nos estudos médicos, de onde ela desaparecera desde o fim do século XIX.

O médico, que durante muito tempo fora, com o padre, a testemunha e o anunciador da morte, só a conhece agora no hospital. A prática da medicina não hospitalar já não lhe dá a experiência da morte. Desde então, o médico mais bem informado poderá, como se acredita, preparar melhor seus doentes, e ficará menos tentado a se refugiar no silêncio.

A questão essencial é a dignidade da morte. Essa dignidade exige, em primeiro lugar, que a morte seja reconhecida não apenas como um estado real, mas como acontecimento essencial, que não se permite escamotear.

Uma das condições desse reconhecimento é que o moribundo seja informado do seu estado. Muito rapidamente, os médicos ingleses e americanos cederam à pressão, sem dúvida para poder assim dividir uma responsabilidade que começavam a achar insuportável.

Estaremos nós, portanto, às vésperas de uma mudança nova e profunda diante da morte? A regra do silêncio estaria começando a se tornar caduca?

No dia 29 de abril de 1976, uma rede de televisão americana projetava um filme de cerca de uma hora, intitulado *Dying* [Morrendo], que teve grande repercussão, especialmente na imprensa, embora muitos americanos se tenham recusado a vê-lo ou fingissem ignorá-lo.

---

30 Kübler-Ross, *Sobre a morte e o morrer*; Thomas, op. cit.

O realizador, M. Roemer, observou a morte na América pós-industrial como um etnólogo que estuda uma sociedade selvagem. Viveu muito tempo, com a sua câmera, na intimidade dos grandes doentes cancerosos e suas famílias. O documento que daí resultou é extraordinário e perturbador. Melhor que toda a literatura publicada durante estes últimos anos, indica o estado atual da opinião pública.

Um traço é comum nos quatro casos apresentados e corresponde bem ao que por outro lado sabemos: o médico avisa, com *exatidão*, o doente e a família acerca do diagnóstico e da evolução provável da doença.

O primeiro caso é reduzido ao monólogo, diante da tela, de uma mulher de 30 a 40 anos que conta a doença e a morte do marido. Sabiam ambos de que se tratava. Ora, a consciência que os dois tinham da situação, longe de traumatizá-los, permitiu-lhes expandirem-se nesse período, aproximarem-se mais em sua comunhão. Os últimos dias, disse ela, por mais surpreendente que pareça, foram os mais belos e felizes da vida. Com mais de um século de intervalo parece-me ouvir Albert ou Alexandrine de La Ferronays: reconheço aí, em pleno século XX, o modelo romântico da bela morte.

O quarto e último caso é a longa paixão de um pastor negro de cerca de 60 anos. Desta vez, a câmera nos faz viver no seu modesto lar, em meio de uma família numerosa e unida: a mulher, cujos gestos mais simples têm a nobreza natural de uma grande artista trágica, seus filhos casados, seus netos, ainda jovens. Ele está com câncer do fígado. Assistimos à consulta durante a qual o médico revela-lhe, assim como à mulher, que ele está condenado: adivinhamos os movimentos rápidos de seus pensamentos, mistura de tristeza e de resignação, de piedade e ternura, e de fé também. Estamos no domingo, quando o reverendo dá o seu adeus à comunidade paroquial que interrompe o seu sermão com breves melopeias à maneira africana. Seguimo-lo quando o filho o leva em peregrinação ao lugar de sua infância, no extremo Sul, ao túmulo dos pais. Estamos à sua cabeceira quando a morte se aproxima, no quarto cheio de gente, em meio a toda a família reunida, pequenos e grandes, e quando os filhos vêm beijar pela última vez seu rosto cavado, mas pacífico. Vamos, enfim, à cerimônia dos funerais, à igreja, onde a comunidade desfila diante do caixão aberto, no meio das lágrimas e dos cantos. Não podemos nos enganar, é a morte domada, familiar e pública.

Os dois outros casos nada mais têm de comum com os modelos antigos ou conhecidos. Caracterizam, pelo contrário, a morte muito nova de hoje, entre jovens adultos no ambiente abastado dos *golden suburbs* [subúrbios dourados].

Em primeiro lugar, o caso de uma moça de cerca de 30 anos, que morava com a mãe e que sofria de câncer no cérebro. O crânio raspado ficou afundado pela operação que sofrera, o corpo semiparalisado, a elocução difícil. Contudo, ela nos fala muito livremente, de forma quase despreocupada, de sua vida, da morte que ela espera dia após dia: não tem medo, é preciso morrer, pouco importa quando, contanto que seja na inconsciência do coma.

Impressiona-nos pela coragem, mais ainda, porém, pela ausência completa de emoção, como se a morte fosse uma coisa qualquer, sem importância. Essa *mors ut nihil* assemelha-se à *omnia ut nihil* do século XVII,[31] com a diferença de que o *nihil* perdeu seu sentido trágico e se tornou perfeitamente comum.

A doente estaria muito só sem a presença muda e solícita da mãe: piorando, a doença reconduz ao estado de dependência de uma criança pequena ou de um pequeno animal alimentado a colher, e que só sabe abrir a boca. Para além da cumplicidade que liga mãe e filha acima das lágrimas e das confidências, estende-se a solidão das belas casas vazias e dos grandes jardins desertos. Ninguém, absolutamente ninguém.

O outro caso passa-se num ambiente semelhante, com um homem da mesma idade, também atacado de câncer do cérebro, mas casado, pai de dois garotos de cerca de 10 anos. A mulher, muito traumatizada (e talvez impressionada pelo olhar da câmera), esforça-se por evitar qualquer emoção e finge um comportamento realista e eficaz. Certa noite, telefona ao marido, então no hospital, para informá-lo de que conseguira uma concessão no cemitério, num tom despreocupado, como se se tratasse de uma

---

31 Capítulo 7.

reserva de hotel: nem mesmo tomara o cuidado de afastar as crianças que continuam brincando, como se nada ouvissem...

Na realidade, a infeliz encontra-se prestes a explodir por trás dessa fachada. Um dia, não aguentando mais, vai ao médico – com a câmera – para gritar-lhe sua revolta: o marido, muito enfraquecido, tornou-se indiferente e já não intervém na vida familiar. E, contudo, esse prolongamento interminável a impede de se tornar a casar, de dar outro pai aos seus filhos e amanhã talvez seja tarde demais! Adivinha-se o seu desejo, que o médico se recusa a entender.

Revemos, nas últimas imagens, o doente depois do seu último tratamento hospitalar, de volta à bela casa e lindo jardim, fechado num silêncio de onde não sairá mais. A comunicação muda que existia no caso precedente, entre mãe e filha, está ausente. A solidão é aqui absoluta.

O fato novo revelado por *Dying* não é tanto essa solidão, como a vontade de divulgar as coisas da morte e de falar delas naturalmente, em vez de escondê-las. Mas, na realidade, a diferença é menor do que parece e a exibição atinge o mesmo objetivo que o silêncio da interdição: abafar a emoção, dessensibilizar o comportamento. E então, o impudor de *Dying* parece mais eficaz do que a vergonha do interdito. É mais bem-sucedida em suprimir toda a possibilidade de comunicação; assegura o isolamento perfeito do moribundo. As duas atitudes, na realidade muito vizinhas, respondem igualmente ao mal-estar provocado pela persistência da morte num mundo que elimina o mal: o mal moral, o inferno e o pecado, no século XIX; o mal físico, o sofrimento e a doença, no século XX (ou XXI). A morte deveria seguir o mal ao qual sempre esteve ligada nas crenças, e desaparecer, por sua vez: ora, ela persiste e até mesmo já nem recua. Sua persistência aparece, então, como um *escândalo* diante do qual se tem a escolha entre duas atitudes: uma é a do interdito, que consiste em fazer como se ela não existisse, expulsando-a para fora da vida diária; a outra é a de *Dying* – aceitá-la como um fato técnico, mas a reduzindo ao estado de uma coisa qualquer, tão insignificante quanto necessária.

Todavia, mesmo nesse último caso, alguns pensam que o estado do moribundo, descrito em *Dying*, tornou-se intolerável à força de insignificância. Convém torná-lo suportável, seja deixando reaparecer a dignidade natural, a de Mélisande, seja graças a uma preparação que se aprende como uma arte e que Kübler-Ross ensina na Universidade de Chicago. Ali, os estudantes podem ouvir e ver, sem serem vistos, por trás de um espelho sem aço, os moribundos – consentidos – que falam de sua condição com homens de coração e de Ciência, novos professores do morrer.

Assim conseguir-se-á atenuar alguns efeitos da passagem da morte pelo mundo das técnicas, mas o fato de suavizar a sua dureza não a fará desaparecer.

No debate de ideias contemporâneas, aqueles para quem esses abrandamentos não satisfazem, e que chegam mesmo a rejeitá-los como compromissos equívocos, são então levados a contestar a medicalização da sociedade. Esse é o caso de Ivan Illitch, que tem coragem de ir até o fim da sua lógica. Para ele, a medicalização da morte é um caso particular, mas especialmente significativo e grave, da medicalização geral. Ele considera que a melhora da morte passa necessariamente por sua desmedicalização e pela da sociedade inteira.[32]

Mas Ivan Illitch é um homem só. No conjunto, o debate aberto, em 1959, por Feifel permanece confinado a uma *intelligentsia,* extensa é bem verdade, apresentando, de tempos em tempos, projeções para o grande público que deixam aflorar, nessas raras ocasiões, um fundo de mal-estar e de angústia.

É digno de nota que a retomada do discurso sobre a morte não tenha abalado a determinação da sociedade de afastar a imagem real da morte. Tenho exemplos muito recentes que mostram a persistência da recusa ao luto. Uma jovem senhora europeia que vivia nos Estados Unidos, tendo perdido subitamente a mãe, partiu para enterrá-la no seu país, mas teve que voltar logo que pôde, atordoada e ferida, para a companhia do marido e dos filhos; ela desejava, de início, que a confortassem, mas o telefone não soou. Como a cunhada de G. Gorer, estava em quarentena: o luto ao inverso. Atitude muito pouco comum numa sociedade pronta à piedade e sempre disponível.

---

32 Illitch, *La Némésis médicale.* [Aqui, trata-se do pensador austríaco Ivan Illitch (1926-2002) e não do personagem de Tostói. (N. E.)]

Deseja-se melhorar a morte no hospital e fala-se dela de bom grado, mas com a condição de que ela não saia de lá. Existe, no entanto, uma brecha na fortaleza da medicalização, por onde a vida e a morte, tão cuidadosamente separadas, poderiam muito bem se reunir num fluxo de tempestade popular: é a questão da eutanásia e do poder de interromper ou prolongar os cuidados médicos.

Hoje ainda ninguém se sente responsável pela própria morte. Mas a imagem apresentada por Épinal, do moribundo eriçado de tubos respirando artificialmente, começa a romper a couraça dos interditos e a abalar uma sensibilidade por muito tempo paralisada. Era possível que a opinião pública se comovesse, que ela se apoderasse, então, do tema com a paixão que demonstrou em outros combates da vida, notadamente no que se refere ao aborto. Muitas coisas estariam mudadas. É o que sugere C. Herzlich.

> Iremos assistir a uma ressurreição mais ampla dos problemas da morte, ultrapassando os círculos de peritos e eventualmente portadora de movimentos sociais tão importantes quanto o do aborto? [...] Sabemos hoje que, em certos casos pelo menos [Franco, Karen Ann Quinlan...], as pessoas morrem [ou não] porque se decidiu [no hospital] que chegara a sua hora. Irão eles exigir morrer quando quiserem morrer?[33]

Ainda não sabemos, mas o fato da questão poder ser assim apresentada é significativo. O modelo mais recente da morte está ligado à medicalização da sociedade, isto é, a um dos setores da sociedade industrial onde o poder da técnica foi melhor acolhido e ainda é menos contestado. Pela primeira vez duvidou-se do benefício incondicional desse poder. É nesse lugar da consciência coletiva que uma mudança bem poderia intervir nas atitudes contemporâneas.

---

33 Herzlich, Le Travail de la mort, *Annales ESC*, 1976, p.214.

O homem diante da morte

A geografia da morte invertida

Descrevemos o modelo da morte invertida e seus progressos sucessivos no tempo. Esse modelo possui, no entanto, um espaço geográfico e um espaço social bem próprios dele.

Existe, sem dúvida, uma pré-história na sociedade burguesa, europeia e cosmopolita do final do século XIX, à qual pertencia a nobreza russa, apesar de seu forte caráter étnico. É por isso que a descobrimos em Tolstói. Ela adquire sua consciência atual nos Estados Unidos e na Inglaterra do século XX. É ali que se enraíza, porque encontrou condições mais favoráveis ao seu desenvolvimento.

A Europa continental apresenta-se, pelo contrário, como um dique de resistência onde persistem as atitudes antigas. Há um ou dois decênios, o interdito da morte invertida estendeu-se além do seu berço, em vastas províncias da morte tradicional e romântica. Seria interessante definir a fronteira atual: uma boa parte do Noroeste da Europa foi ganha. Surgem *funeral homes* [casas funerais] à moda americana, até mesmo nas margens do Mediterrâneo francês.

Em compensação, partes da sua zona de origem escapavam ainda ao interdito no momento da pesquisa de Gorer: a Escócia presbiteriana, onde os corpos dos mortos no hospital ainda são reconduzidos à casa para uma cerimônia muito tradicional. O que prova como seria falso fazer do modelo anglo-saxão um modelo protestante, oposto a um modelo católico tradicional.

O espaço social é tão circunscrito quanto o espaço geográfico. O inquérito de Gorer, em 1963, mostrou seu caráter burguês ou *middle-class* [classe-mediano]. O luto, pelo contrário, era mais frequentemente usado na classe operária.

Nos Estados Unidos, uma pesquisa da Universidade de Chicago, dirigida principalmente para a significação da morte, comentada por J. W. Riley,[34] mostra igualmente grandes diferenças segundo as classes sociais. A imagem tradicional do *requies*, do repouso, que se acreditava

---

34 Riley, In: Brim, op. cit.

desaparecido, fora escolhida por 54% das pessoas da amostra. Em 1971, numa pesquisa da revista *Psychology Today* junto aos seus leitores que pertencem à *intelligentsia* americana, atingia apenas 19%. A diferença entre os dois valores é devida ao peso da classe operária.

Outro tema da mesma investigação de Chicago era a natureza ativa ou passiva da atitude diante da morte. É fácil distinguir duas categorias: os mais ricos e os mais instruídos, que são ao mesmo tempo ativos (fazem testamentos, subscrevem seguros de vida) e não preocupados com o assunto (tomam precauções a favor da família, mas essas precauções os permitem esquecer). Em compensação, as classes populares hesitam em assumir compromissos que impliquem seu desaparecimento; são passivas e resignadas, mas para elas a morte permanece algo de presente e de sério que não depende do fato de ter aceitado ou não: reconhecem-se ali os sinais da "morte de outrora".

Essa distribuição geográfica e social permite estabelecer algumas correlações. É notável que o berço da interdição contemporânea corresponda à zona de extensão do *rural cemetery* e que, em compensação, o dique da resistência coincida com os cemitérios urbanizados, em que os túmulos monumentais, por vezes iluminados à noite, se juntam ao longo das aleias como as casas de uma rua. No capítulo precedente reconhecemos, nessa oposição, uma diferença de atitude existencial e quase popular diante da natureza. Os cemitérios rurais testemunham uma religião de fato da natureza, enquanto os cemitérios urbanizados testemunham uma real indiferença. Uma crença vaga, mas poderosa, na continuidade e na bondade da natureza parece-me ter impregnado a prática religiosa e moral nos países de cultura inglesa, e tornada popular a ideia de que o sofrimento, a desgraça e a morte deviam e podiam ser eliminados.

Surge uma segunda correlação entre a geografia da morte invertida e a do que se pode chamar a segunda revolução industrial, isto é, a dos funcionários burocráticos das grandes cidades e das técnicas refinadas.

No capítulo precedente, encontramos nos escritos de um positivista dos anos 80 do século XIX a expressão "industrialismo feliz", para definir e denunciar uma recusa hedonista da morte, que parece anunciar o meado do século XX. Saint-simonianos e positivistas pressentiam uma relação entre o progresso das técnicas e o da felicidade e a eliminação máxima da morte para fora da vida cotidiana. Mas, nos anos 1880, a relação era teórica, ou não aparecia senão em casos isolados e extremos, e era preciso grande perspicácia para percebê-la.

Ganhou realidade ao mesmo tempo que aumentava a influência da técnica, não apenas na indústria e na produção, mas na vida pública e privada, a partir do primeiro terço do século XX – um pouco antes dos Estados Unidos. Difundiu-se, então, a ideia de que não havia limite ao poder da técnica, nem no homem nem na natureza. A técnica corrói o domínio da morte até à ilusão de suprimi-la. A zona da morte invertida é também a da crença mais forte na eficácia da técnica e de seu poder de transformar o homem e a natureza.

O nosso modelo atual da morte nasceu, pois, e se desenvolveu ali onde se sucediam duas crenças: primeiro, a crença em uma natureza que parecia eliminar a morte; em seguida, a crença numa técnica que substituiria a natureza e eliminaria a morte com mais segurança.

O caso americano

Do ponto de vista exclusivo das atitudes diante da morte, a área cultural assim constituída não é homogênea, mesmo no seu berço anglo-saxão. Existe grande diferença entre a Inglaterra e os Estados Unidos.

Na Inglaterra, a finalidade era a eliminação mais completa da morte na superfície aparente da vida: supressão do luto, simplificação dos funerais; incineração dos corpos e dispersão das cinzas. Algumas resistências subsistem na Escócia presbiteriana, entre os católicos romanos e os judeus ortodoxos, e também entre alguns indivíduos considerados aberrantes (são encontrados nos relatos de Lily Pincus). No conjunto, a finalidade foi atingida. A morte foi expulsa com propriedade e perfeição.

Nos Estados Unidos e também no Canadá, a eliminação é menos radical; a morte não desapareceu por completo da paisagem urbana. Não que ali se veja qualquer coisa que se assemelhe aos antigos cortejos dos enterros, mas grandes tabuletas não hesitam em anunciar, em plena rua, as palavras que se acreditava interditas: *funeral home, funeral parlour.*

Aconteceu como se todo um lado de sua cultura impelisse a América a eliminar os traços da morte e outro retivesse e mantivesse a morte em lugar ainda bem visível. A primeira corrente, como sabemos e acabamos de analisar aqui mesmo, é a que estende pelo mundo contemporâneo a interdição ou a insignificância da morte. A segunda só poderia ser, como vamos ver, a antiga corrente romântica transformada: a morte do outro.

Entre essas duas tendências contraditórias, foi de fato preciso que se estabelecesse um compromisso. O tempo da morte foi dividido entre elas. A interdição reina, como na Inglaterra, até à morte inclusa, e retoma depois a sepultura, ficando também proscrito o luto. Mas entre a morte e a sepultura ela fica suspensa, e o antigo ritual subsiste, irreconhecível, aliás, sob seus remanejamentos. Tão irreconhecível que enganou os observadores mais perspicazes como R. Caillois[35] ou os mais tradicionalistas como E. Waugh.[36] Só viram ali modernidades, quando essa não passa de um verniz sobre um fundo antigo.

A análise dos costumes fúnebres é fácil porque os funerais constituem uma indústria e os chefes dessa indústria, os *Funeral Directors* [Diretores funerais], falam com facilidade. Suas manifestações foram honestamente relatadas por J. Mitford no seu livro *The American Way of Death* [A maneira americana de morrer], embora com intenção crítica.[37] Ao lê-los percebe-se que derivam diretamente da literatura de consolação de meados do século XIX que estudamos no Capítulo 10 ("As belas mortes"), baseando-nos na coletânea editada por D. Stannard: *Death in America,* e sobre a contribuição de A. Douglas para esse livro. Os *Funeral Directors* substituíram os pastores daqueles tempos.

Tomemos o exemplo do caixão. Esse não fora outrora objeto de grande consideração, salvo em casos muito particulares: caixões vagamente antropomórficos da Inglaterra do final do século XVI; caixões-sarcófagos dos Habsburgos em Viena, sempre de chumbo; caixões poloneses do século XVIII, por vezes decorados com retratos pintados do defunto.

---

35 Caillois, *Quatre Essais de sociologie contemporaine.*
36 Waugh, *The loved one.*
37 Mitford, *The American Way of Death.*

Além disso, a maioria dos caixões de chumbo eram simples cofres, destinados apenas a assegurar melhor conservação e a permitir o transporte a longas distâncias, sem intenção estética.

Ora, um dos livros utilizados por Ann Douglas tem por título *Agnes and the Key of her Little Coffin by Her Father* [Agnes e a chave de seu pequeno caixão, por seu pai] (1857).[38] Esse *little coffin* não é um caixão como os demais. Já não se dão formas geométricas banais aos caixões de crianças. "Parecem", diz o nosso autor, "qualquer outra coisa menos um caixão, e não aquilo que só se parece com um caixão." Tem aspecto agradável: "Gostar-se-ia de um modelo desse gênero para guardar objetos em casa". Fecha com fechadura de chave e não com os sinistros parafusos e porcas. Não é de madeira, mas de metal. Em resumo, esse caixão é sempre chamado de *coffin,* mas já é um cofre esculpido, decorado, um *casket.*

O velho caixão de outrora pertencia ao arsenal macabro tradicional, tanto entre os puritanos como entre os católicos, com o esqueleto, o crânio, a foice, a ampulheta e a pá do coveiro. Representara o papel de *memento mori.* Seu simbolismo tornava-se insuportável num mundo em que a morte já pretendia não ser temível, mas bela e fascinante.

Por outro lado, o luxo no novo caixão, o *casket,* compensava a banalidade do túmulo, reduzido a uma pequena placa de pedra ou menor ainda, de bronze, nos cemitérios gramados que começavam a substituir os *rural cemeteries.* Como o túmulo de ontem, o caixão de hoje devia ser um objeto de arte. É preciso que em torno da morte nada mais haja que seja triste. Trata-se de uma atitude do século XIX romântico que anuncia a do século XX tecnicista, com a pequena diferença de estar ainda associada ao pesar dos vivos: naquela ocasião, o luto não era incompatível com o embelezamento da morte feliz. Felizes os mortos, mas infelizes os vivos, privados de seus entes mais caros, até o dia, tão esperado (em princípio) da eterna reunião.

Foi também por volta da mesma época que o embalsamamento reapareceu. Se interpreto bem o que diz J. Mitford,[39] o embalsamamento teria

---

38 Apud Douglas, op. cit., p. 61.
39 Mitford, op. cit., p.200-1.

sido muitas vezes, utilizado durante a Guerra de Secessão, para repatriamento de soldados mortos, porque as famílias abastadas não admitiam os enterros coletivos no campo de batalha.

Como na Idade Média, o embalsamamento permitia transportar os corpos. Conta-se que certo Thomas Holmes tratou assim 4.028 soldados durante quatro anos, ao preço de 100 dólares por cadáver. Pode-se supor que o embalsamamento pareceu, então, uma maneira não só de transportar, mas também de homenagear os restos de um ente querido, e que a prática persistiu depois da guerra, a tal ponto que essa sociedade estava apegada aos seus desaparecidos e desejava se comunicar sempre com eles.

Essa piedade foi, portanto, reforçada pela Guerra de Secessão, o primeiro dos grandes massacres da Era contemporânea. Às necessidades que suscitava, correspondeu a criação de uma nova indústria. As coisas da morte ocupavam tanto lugar na sensibilidade do final do século XIX que se tornaram um dos objetos de consumo mais apreciados e rendosos. O fenômeno é geral em todo o Ocidente. Na França, as companhias funerárias substituíram os "pregoeiros", as irmandades e os fabriqueiros do Antigo Regime. Tiveram, porém, ação mais discreta do que no outro lado do Atlântico (uma discrição que não lhes prejudicou a prosperidade); nos Estados Unidos foram mais francamente adotados os métodos espalhafatosos de comércio, com tudo o que comportam de competição e de publicidade. Assim, podia-se ler em 1965, nos ônibus de Nova Iorque, cartazes gabando os serviços de uma dessas sociedades e convidando os viajantes a utilizá-los.

A profissão mudou no final do século XIX. Os primeiros empresários, *undertakers* [agentes funerários], eram certamente artífices, ou alugadores de carruagens que asseguravam a remoção e providenciavam o caixão. Tornaram-se importantes homens de negócio, os *Funeral Directors*, de que já se falou. Entretanto, pesquisando e explorando o mercado da morte, como qualquer outro mercado econômico, e adotando os costumes do capitalismo, afirmaram-se, desde o início, como espécies de padres ou de médicos, investidos de uma função moral. A National Funeral Directors Association, criada em 1884, adotou um código deontológico desde sua criação que afirmava "não haver, sem dúvida alguma, outra profissão que não a do *Funeral Director,* depois do ministério sagrado, em que um grau tão elevado de moralidade seja tão absolutamente necessário. Os altos princípios morais são os únicos seguros".[40]

Como se vê, os *Funeral Directors* sucediam simplesmente aos pastores e autores de livros de consolação analisados por A. Douglas. Abandonavam aos espíritas as comunicações com o Além e se encarregavam das cerimônias materiais que expressavam uma vontade de prolongar a presença dos mortos. Nessa época, ao que parece, as Igrejas, mesmo as protestantes, começaram a julgar excessiva a parte tomada pelos mortos no sentimento religioso. Esse retraimento favoreceu os *Funeral Directors*: insinuaram-se no lugar dos padres e exploraram as necessidades psicológicas negligenciadas.

Em seguida, com notável agilidade, utilizaram as indicações dos psicólogos sobre o luto; esses insistiam desde Freud, como vimos, na necessidade natural do luto e do reconforto coletivo que a sociedade burguesa das grandes cidades recusava aos sobreviventes. Assim, os *Funeral Directors* supriram o que faltava à sociedade insatisfeita. Quiseram ser *Doctors of Grief* [Doutores do luto], com uma vocação de *Grief Therapy* [Terapia do luto]. A eles cabia, a partir daí, o cuidado de suavizar a dor das famílias de luto. Desviaram o luto da vida cotidiana, de onde fora excluído, para o curto período dos funerais, em que ainda era admitido.

Foram assim levados a organizar um espaço especial, inteiramente consagrado à morte, morte não mais vergonhosa e clandestina como a do hospital, mas visível e solene. A igreja nunca fora o lugar da morte. Os mortos passavam por ela e, às vezes, ali ficavam, não sem irritar os clérigos depuradores. Seu destino principal era o culto divino, e depois o de acolher a comunidade nos momentos em que ela se reconstituía, nas fases da vida e da morte.

O espaço laico reservado à morte chama-se *Funeral Home, Funeral Parlour*. Essa especialização aliviou tanto o clero e a família como os médicos ou enfermeiras, liberados, graças a ela, do morto na igreja, em casa e no hospital. Era-lhes assegurado um lugar onde continuaria a receber as atenções que a sociedade lhe recusava e que as igrejas hesitavam em prestar-lhe. Essa casa dos mortos poderia ser associada a um cemitério,

---

40 Ibid., p.233

como em Los Angeles. De fato, nos Estados Unidos, os cemitérios são particulares, pertencem a associações sem lucro como as igrejas, ou então a empresas comerciais. Existem, também, cemitérios municipais, mas estes ficaram, em geral, reservados aos pobres ("o campo do oleiro").

O *Funeral Home* não precisa se esconder. Tem nome bem explícito. Por vezes, na entrada da cidade ou do bairro, um grande cartaz proclama suas vantagens com um pôster do *Funeral Director*.

Nesse espaço, os ritos evoluíram nos últimos decênios, sob a influência das ideias dominantes, mas sem ruptura com o espírito do século XIX.

Os costumes do século XIX (o *casket*, o embalsamamento, a visita ao defunto) foram conservados, aos quais se acrescentaram novos hábitos trazidos pelos emigrantes recentes de origem mediterrânea e bizantina: o costume de descobrir o rosto do defunto até baixar à terra, o que permite a venda de *caskets* muito engenhosos, com uma abertura na parte superior. Mas o conjunto desses costumes foi realizado ao gosto do tempo em que a morte deixou de ser bela e teatral, para se tornar invisível e irreal.

Toda ação concentrou-se na visita ao morto: *viewing the remains* [ver os restos]. Muitas vezes, o morto é apenas exposto na sala do *Funeral Home*, como em casa, e as pessoas vêm vê-lo pela última vez, segundo o rito tradicional, cujo local foi apenas mudado. Por vezes, ele é apresentado numa encenação, como se estivesse ainda vivo, no seu escritório, numa poltrona e – por que não? – com um charuto na boca. Imagem caricatural, mais frequente no cinema e na literatura do que na realidade. Contudo, mesmo fora desses casos excepcionais e pouco representativos, procura-se sempre eliminar, pelo artifício do *mortician*, os sinais da morte, maquiando o morto para fazer dele um quase vivo.

É muito importante, com efeito, dar a ilusão de vida. Permite ao visitante vencer sua intolerância, comportar-se em relação a si mesmo e à sua consciência profunda, como se o morto não estivesse morto e não houvesse qualquer razão para não se aproximar dele. Ele pôde assim enganar a interdição.

Portanto, o embalsamamento serve menos para conservar e homenagear o morto do que para manter por algum tempo as aparências de vida, para proteger o vivo.

O homem diante da morte

A mesma intenção de conciliar as tradições da morte e as interdições da vida animou os proprietários de cemitérios como Forest Lawn (Los Angeles). O cemitério permanece o que ele era no século XIX, o local pacífico e poético em que os mortos são depositados e onde são visitados; o belo parque onde as pessoas passeiam e se comunicam com a natureza. Além disso, será feito dele um lugar de vida, um teatro de atividades diversas, ao mesmo tempo museu, centro comercial de arte e de objetos de lembrança, local de celebrações serenas e alegres, batismos e casamentos.

O aluguel do *Funeral Home*, os preparativos do corpo e os acessórios são dispendiosos; sua venda garante bons lucros a uma indústria bem organizada. Hoje, essa situação provoca muitas críticas e não somente nos Estados Unidos. Denuncia-se a exploração comercial da morte e da dor, e também da superstição e da vaidade.

Nos quadros vivos do *Funeral Parlour*, a opinião pública reconheceu os efeitos da rejeição sistemática da morte numa sociedade dedicada à técnica e à felicidade. Nem sempre viu o que esses ritos de aparência futurista continham de tradicional – por exemplo, a visita ao defunto e ao túmulo no cemitério. Nessa sociedade que excluiu a morte, a metade dos nossos falecidos em um ano, 1960, havia reservado seu túmulo ainda em vida (como tinham subscrito um seguro de vida, isto é, apressando-se em seguida por esquecer). Sem dúvida, os *Funeral Directors* temem que, como na Inglaterra, se generalize a incineração, operação muito menos rentável para eles, mas são apoiados, na sua oposição, pela repugnância da opinião pública.

Os aspectos mais ridículos e irritantes do ritual americano, como a maquiagem e a simulação da vida, traduzem a resistência das tradições românticas às pressões das interdições contemporâneas. Os empresários apenas utilizaram essa resistência em proveito próprio e apresentaram soluções mercantis, cuja extravagância lembra certos projetos franceses dos anos 1800.

Seus adversários, J. Mitford e a *intelligentsia* americana, propuseram uma reforma dos funerais que os simplificaria, suprimindo, ao mesmo tempo, as sobrevivências tradicionais e pervertidas bem como os especuladores que as exploraram. A inspiração já não provém dos ritos religiosos de outrora, mas do modelo inglês de hoje, a versão mais radical da morte invertida: ampliar o costume da incineração, reduzir a cerimônia social a um *Memorial Service* [Serviço memorial]. No *Memorial Service,* os amigos e parentes do defunto reúnem-se, na ausência do corpo, para pronunciarem seus elogios, confortarem a família, entregarem-se a considerações filosóficas e, sendo o caso, rezarem algumas preces.

Por sua parte, nestes últimos anos, as Igrejas tentam realizar o compromisso que extravagâncias mercantis desviaram. Os cleros têm em comum, com os intelectuais incrédulos das *Memorial Associations* [Associações memoriais], a desconfiança em relação a superstições e ao fato de elas se referirem ao corpo ou uma sobrevivência por demais realista. Têm aversão a uma sentimentalidade que julgam pouco sensata e não cristã. Contudo, ela é bastante poderosa para sustentar a indústria dos funerais.

Hoje mesmo, é sob a variedade americana que o modelo da morte invertida se introduziu em França. Instalam-se *"Athanées"* perto dos cemitérios; querem que seja uma casa como as outras, sem qualquer sinal distintivo que permita reconhecê-la, salvo o murmúrio incomum do ar-condicionado, uma diferença em relação ao modelo espalhafatoso americano. Em outros lugares, pelo contrário, no Noroeste da Europa, é o modelo inglês que se impõe: pode-se observá-lo pelo progresso da incineração.

Em um dos casos, não existe em toda a sociedade senão um lugar para a morte, o hospital. No segundo caso existem dois, o hospital e a casa dos mortos.

Conclusão
Cinco variações sobre quatro temas

Disse, na Introdução de *Essais sur l'histoire de la mort* [Ensaios sobre a história da morte], como fui levado progressivamente a escolher e a estabelecer (sem a pretensão de esgotá-los) certos conjuntos documentários: literários, litúrgicos, testamentários, epigráficos e iconográficos... Mas não os explorei separada e sucessivamente – pronto a fazer, em seguida, um balanço geral –, e sim os interroguei simultaneamente, segundo um questionário que as primeiras sondagens me tinham sugerido: a hipótese, já proposta por Edgar Morin, era de que existia uma relação entre a atitude diante da morte e a consciência de si mesmo, do seu grau de ser, mais simplesmente, de sua individualidade. Foi essa linha que me dirigiu através da massa compacta e ainda enigmática dos documentos traçando o itinerário que segui até o fim. Foi em função das questões assim estabelecidas que os dados armazenados nos conjuntos tomaram forma e sentido, continuidade e lógica. Esse foi o critério que permitiu decifrar dados de outro modo ininteligíveis ou isolados, sem relação entre si.

No livreto americano *Western Attitudes toward Death* [Atitudes ocidentais diante da morte] e na versão francesa de *Essais sur l'histoire de la mort*, detive--me nesse único método de interrogação e de explicação. Conservei-o ainda na apresentação geral deste livro. Inspirou-me os títulos de três das cinco partes: "Todos nós morremos", "A morte de si mesmo", "A morte do outro", títulos sugeridos por V. Jankélévitch no seu livro sobre a morte.

Philippe Ariès

Mas essa primeira leitura criou, por si mesma, maior familiaridade com os dados, familiaridade essa que confundiu um pouco a hipótese de origem, levantou por sua vez outros problemas e abriu perspectivas. A consciência de si mesmo, do destino... já não era o único critério possível. Outros métodos de interrogação e de explicação apareceram durante o percurso, tão importantes como aquele que eu escolhera como linha mestra, e que também teria servido para organizar, em seu lugar, a matéria informe do conjunto de documentos. Deixei-os emergir à superfície da minha exposição, à medida que os descobria na análise dos documentos, enquanto progredia na pesquisa e na reflexão. Espero que o leitor os tenha percebido de passagem.

Hoje, no fim desse itinerário demasiado longo, as certezas da partida perderam a exclusividade. Na hora de concluir, viajante entregue às etapas de sua bagagem, volto-me sem segundas intenções e percorro, com um simples olhar, a paisagem milenar como o astronauta vê a Terra do seu observatório interplanetário, e esse imenso espaço parece-me então ordenado pelas simples variações de quatro elementos psicológicos. Um foi o que dirigiu nossa pesquisa, a consciência de si mesmo (1). Os outros são: a defesa da sociedade contra a natureza selvagem (2), a crença na sobrevivência (3), e na existência do mal (4).

Para terminar, procuremos mostrar como a sucessão de modelos distintos durante o curso deste livro (*todos nós morremos*, ou *a morte domada, a morte invertida*) se explica pelas variações desses parâmetros, numerados de 1 a 4.

I

Os quatro parâmetros aparecem todos no primeiro modelo da morte domada e contribuem igualmente para defini-lo.

Parâmetro 1. A morte, tal como a vida, não é um ato apenas individual. Por essa razão, à semelhança de cada grande passagem da vida, ela é celebrada por uma cerimônia sempre mais ou menos solene, que tem por finalidade marcar a solidariedade do indivíduo com a sua linhagem e comunidade.

O homem diante da morte

Três grandes momentos dão sentido principal a essa cerimônia: a aceitação, pelo moribundo, do seu papel ativo, a cena do adeus e a cena do luto. Os ritos do quarto, ou os da mais antiga liturgia, expressam a convicção de que uma vida humana não é um destino individual, mas um elo do *phylum* fundamental e ininterrupto, biologicamente continuado de uma família ou de uma linhagem, que se estende ao gênero humano inteiro, desde Adão, o primeiro homem.

Uma primeira solidariedade submetia, assim, o indivíduo ao passado e ao futuro da espécie. Uma segunda o mergulhava em sua comunidade. Essa se reunia em torno do leito onde ele jazia e, em seguida, manifestava toda inteira, nas cenas de luto, a angústia que provocava a passagem da morte. Enfraquecia-se com a perda de um de seus membros. Proclamava o perigo que ressentia; era-lhe preciso reconstituir as forças e a unidade por meio de cerimônias, as últimas das quais tinham sempre um caráter de festa, até mesmo alegre.

A morte não era, portanto, um drama pessoal, mas a prova da comunidade encarregada de manter a continuidade da espécie.

Parâmetro 2: Se a comunidade temia a passagem da morte e sentia assim a necessidade de se recuperar, era não só porque a perda de um de seus membros a enfraquecia, como também porque a morte, a de um indivíduo ou aquela, repetida, de uma epidemia, abria uma brecha no sistema de proteção erguido contra a natureza e sua selvageria.

Desde as mais antigas eras, o homem não recebeu o sexo e a morte como dados brutos da natureza. A necessidade de organizar o trabalho, de assegurar a ordem e a moralidade, condição para uma vida pacífica em comum, conduziu a sociedade a se pôr ao abrigo dos impulsos violentos e imprevisíveis da natureza: a natureza exterior das estações loucas e dos acidentes súbitos; o mundo interior das profundezas humanas, equiparado, por sua brutalidade e irregularidade, à natureza; o mundo dos delírios passionais e dos dilaceramentos da morte. Obteve-se e foi mantido um estado de equilíbrio graças a uma estratégia refletida que reprimia e canalizava as forças desconhecidas e formidáveis da natureza. A morte e o sexo eram os pontos mais fracos da muralha de defesa, porque a cultura ali prolongava a natureza sem descontinuidade evidente. Por essa razão foram cuidadosamente controlados. A ritualização da morte é um caso particular da estratégia global do homem contra a natureza, feita de interdições e concessões. Por isso, a morte não foi abandonada a si mesma e à sua desmedida, mas, ao contrário, aprisionada dentro de suas cerimônias, transformada em espetáculo. Também por esse motivo não podia ser uma aventura solitária, e sim um fenômeno público comprometendo toda a comunidade.

Parâmetro 3: O fato da vida ter um fim não é excluído, mas esse fim jamais coincide com a morte física, e depende de condições mal conhecidas do Além, da densidade da sobrevida, da persistência das lembranças, da usura das reputações, da intervenção e seres sobrenaturais... Entre o momento da morte e o fim da sobrevivência, existe um intervalo que o cristianismo, como as demais religiões de salvação, estendeu à eternidade. Contudo, na sensibilidade comum, a noção de imortalidade importa menos do que a de um prolongamento. No nosso modelo, a sobrevivência é essencialmente uma espera [*et expecto*], e uma espera em paz e repouso. Ali os mortos esperam, segundo a promessa da Igreja, o que será o verdadeiro fim da vida, a ressurreição na glória e a vida do século por vir.

Os mortos vivem uma vida atenuada, cujo sono é o estado mais desejável, o dos futuros bem-aventurados que tiveram a precaução de ser enterrados perto dos santos.

O sono deles pode ser perturbado pela própria impiedade passada, pelas faltas de habilidade ou pelas perfídias dos sobreviventes, ou, ainda, por leis obscuras da natureza. Esses mortos então não dormem, vagueiam e voltam. Os vivos toleram bem a familiaridade com os mortos nas igrejas, nas praças e mercados, mas com a condição de que eles repousem. Todavia, não é possível proibir tais retornos. É preciso então regulamentá-los, canalizá-los. Assim sendo, a sociedade permite-lhes voltar, mas só em certos dias previstos pelos costumes, como o carnaval, tomando o cuidado de lhes controlar a passagem e de conjurar os efeitos. Os mortos pertencem ao fluxo da natureza, ao mesmo tempo reprimido e canalizado: o cristianismo latino da alta Idade Média enfraqueceu o antigo risco de sua volta, instalando-os no meio dos vivos, no centro da vida pública. As larvas cinzentas do paganismo passaram a ser os jazentes repousantes, cujo sono tinha pouca chance de ser perturbado graças à proteção da Igreja e dos santos, e, mais tarde, graças às missas e às orações rezadas em sua intenção.

Essa concepção da sobrevivência como um repouso ou um sono pacífico durou muito mais tempo do que se poderia pensar. É, sem dúvida, uma das formas mais tenazes das velhas mentalidades.

Parâmetro 4: A morte pode muito bem ser domada, despojada da cega violência das forças da natureza ritualizada; nunca é sentida como um fenômeno neutro. Permanece sempre um *mal-heur* [má hora]. Esse aspecto é notável nas antigas linguagens românticas, a dor física, a dor moral, o desespero do coração, o pecado, a punição e os revezes da sorte expressam-se pela mesma palavra derivada de *malum,* seja isolada, seja associada a outras ou modificada, como *malheur* [desgraça], *maladie* [doença], *mal-chance* [má sorte], *Malin* [Maligno]. Só mais tarde se tentou separar melhor os diversos sentidos. Originariamente, havia apenas um único mal, cujos aspectos variavam: o sofrimento, o pecado e a morte. O cristianismo o explicava de um só golpe e todo junto, pelo pecado original. Certamente, nenhum mito teve raízes mais profundas nas mentalidades comuns e mesmo populares; respondia a um sentimento absolutamente geral da presença constante do mal. A resignação não era, pois, submissão, como é hoje, como era entre os epicuristas ou os estoicos, de boa natureza, uma necessidade biológica — mas o reconhecimento de um mal inseparável do homem.

II

Tal é a situação de origem, definida por certa relação entre as quatro unidades psicológicas que já distinguimos. Mudou, em seguida, na medida em que um ou vários desses elementos básicos variaram.

O segundo modelo, *a morte de si mesmo,* foi obtido bem simplesmente, por deslocamento do sentido do destino para o indivíduo.

Lembremo-nos de que o modelo foi de início limitado a uma elite de *litterati,* de ricos e de poderosos, a partir do século XI, e ainda mais cedo no mundo à parte, organizado e exemplar, dos monges e cônegos. Nesse meio, a relação tradicional entre a própria pessoa e as outras se inverteu uma primeira vez: o sentido de sua identidade prevaleceu sobre a submissão ao destino coletivo. Cada um se separava da comunidade e da espécie, na medida da consciência que tomava de si mesmo. Obstinou-se em reunir as moléculas de sua biografia, mas só a centelha da morte lhe permitiu soldá-las num bloco. Uma vida assim unificada adquiria uma autonomia que a punha de lado; suas relações com os outros e com a sociedade ficaram modificadas. Os amigos carnais tornaram-se submissos e possuídos como objetos, e, reciprocamente, os objetos inanimados foram desejados como seres vivos. Sem dúvida, o balanço da biografia teria de ser interrompido na hora formidável da morte, mas foi em breve transferido para o Além, sob a pressão de uma vontade de existir por mais tempo, que a morte não atingia. Então, esses homens decididos colonizaram o Além como às Índias ocidentais, a golpes de missas e de fundações piedosas. O instrumento essencial desse empreendimento, que lhes permitiu assegurar a continuidade entre o Aquém e o Além, foi o testamento. Serviu, ao mesmo tempo, para salvar o amor à Terra e investir no Céu, graças à transição de uma boa morte.

Triunfo do individualismo nessa época de conversões, de penitências espetaculares, de mecenatos prodigiosos, mas também de empreendimentos lucrativos, ao mesmo tempo refletidos e audaciosos, numa época de gozos inauditos e imediatos, e de um louco amor pela vida.

Eis a relação com o parâmetro I. Era inevitável que tal exaltação do indivíduo, mesmo sendo mais empírica que doutrinária, tenha feito variar o parâmetro 3, a natureza da sobrevivência. A paixão de ser a si mesmo e de ser mais, manifestada durante a vida, atingiu por contágio a sobrevivência. O indivíduo forte da baixa Idade Média não podia se satisfazer com a concepção pacificada, mas inativa, do *requies*. Deixou de ser o *homo totus* prolongado e adormecido. Tornou-se duplo: por um lado, o corpo gozador ou sofredor; por outro, a alma imortal que a morte libera. O corpo desapareceu, então, sob reserva de uma ressurreição admitida como um dogma imposto, mas estranho à sensibilidade comum. Em compensação, a ideia de uma alma imortal, sede do indivíduo, já cultivada há muito tempo no mundo clerical, estendeu-se, pouco a pouco, do século XI ao século XVII, conquistando finalmente quase todas as mentalidades, salvo alguns bolsões subterrâneos. Essa nova escatologia provocou a substituição da palavra morte por perífrases banais como "entregou a alma" ou "Deus tenha sua alma".

Essa alma alerta já não se contentava com dormir o sono da espera, como o *homo totus* de outrora – ou como o pobre. Sua existência, ou ainda, sua atividade imortal, traduzia a vontade do indivíduo de afirmar sua identidade criadora num e no outro mundo e sua recusa a deixá-la se dissolver em qualquer anonimato biológico ou social: uma transformação da natureza do ser humano que talvez esteja na origem do impulso cultural do Ocidente na mesma época.

O modelo da morte de si mesmo difere do modelo anterior, e ainda contemporâneo, da morte domada, pela variação de dois parâmetros, o do indivíduo (1) levando consigo o da sobrevivência (3).

Os dois outros parâmetros (2) e (4), pelo contrário, quase não se alteraram. Essa relativa imobilidade defendeu o modelo contra uma mudança muito brutal. Assegurou-lhe uma estabilidade secular que pode iludir e deixar crer que as coisas permaneceram no mesmo estado tradicional.

O sentido do mal (parâmetro 4) permaneceu realmente semelhante ao que sempre fora. Era necessário à economia do testamento e à manutenção de um amor pela vida, baseado em parte na consciência de sua fragilidade. É evidentemente um elemento capital de permanência.

A defesa contra a natureza, parâmetro (2), poderia ter sido afetada pelas variações do sentido do indivíduo e da sobrevivência. Sem dúvida, ela foi ameaçada, mas o seu equilíbrio se restaurou por outro viés. Eis como se passou.

O desejo de afirmar a identidade e de transigir com os gozos da vida deu uma importância nova e formidável à *hora mortis*, como diz a segunda parte da *Ave-Maria*, oração para a boa morte, que data do fim desse período. Essa importância poderia e deveria transtornar as relações do moribundo e dos sobreviventes ou da sociedade, tornar a morte patética como na época romântica, e solitária como a de um eremita, aniquilando o ritual pacificador que os homens tinham oposto à morte natural.

Então a morte poderia ter ficado selvagem, ou mesmo desesperada, à força de atitudes patéticas e de medo do Inferno. Mas assim não aconteceu, porque um cerimonial novo e contrário veio compensar o que o individualismo e suas angústias tinham ameaçado.

A cena da morte no leito, que anteriormente constituíra o essencial da cerimônia, subsiste, por vezes, com apenas um pouco mais de patético, até os séculos XVII e XVIII, época em que o patético recuará sob a influência de uma atitude mista de aceitação e de indiferença. Uma série de cerimônias vão se intercalar entre a morte no leito e a sepultura: o cortejo – que se tornou uma procissão eclesiástica –, os serviços na igreja, o corpo presente, obra do movimento reformador urbano do fim da Idade Média e das ordens mendicantes. A morte não foi abandonada à natureza de onde os antigos a tinham retirado para domá-la; ela foi, pelo contrário, ainda mais dissimulada, porque aos ritos novos veio se juntar um fato que pode parecer negligenciável, mas cujo sentido é considerável: o rosto do cadáver – que era exposto aos olhares da comunidade, e que assim ficou por muito tempo nos países mediterrâneos e ainda permanece nas culturas bizantinas – foi recoberto e encerrado sob as máscaras sucessivas do sudário, do caixão e do catafalco ou "representação". O envoltório da morte tornou-se, desde o século XIV pelo menos, um monumento de teatro como se construía para o cenário dos Mistérios ou das *Grandes Entrées*.[1]

O fenômeno da ocultação do corpo e do rosto do cadáver intervém na mesma época que a das tentativas das artes macabras para representar a corrupção subterrânea dos corpos, o avesso da vida; um avesso tanto mais amargo, quanto esta vida era amada. Essas tentativas serão passageiras, mas a ocultação do cadáver será, pelo contrário, definitiva. Os traços do morto, antes tranquilamente aceitos, foram desde então interceptados porque corriam o risco de comover, isto é, de causar medo. A defesa contra a natureza selvagem deixou, então, surgir um novo medo, porém este foi imediatamente vencido, graças à interdição que provocara em resposta: uma vez o cadáver escamoteado pelo catafalco ou a "representação", a antiga familiaridade com a morte fora restabelecida e tudo se passava como dantes.

---

1 Ocasiões em que certas pessoas tinham o privilégio de entrar no quarto do rei. (N. T.)

A ocultação definitiva do corpo morto e o costume muito prolongado do testamento são, portanto, os dois elementos mais significativos do modelo da morte de si mesmo. A primeira compensa o segundo e mantém a ordem tradicional da morte, ameaçada pelo patético e pelas nostalgias do individualismo testamentário.

III

Esse modelo da morte de si mesmo, com tudo o que conservava de defesas tradicionais e do sentido do mal, persistiu na realidade dos costumes até o século XVIII. Todavia, profundas modificações se preparam a partir do século XVI, um pouco nos costumes vividos e nas ideias claras, muito no segredo do imaginário. Isso é apenas perceptível e, contudo, muito grave. Uma imensa mudança da sensibilidade começa a caminhar. Um início de inversão – longínqua e imperfeita, anúncio da grande inversão de hoje – foi então esboçado nas representações da morte.

Esta, no que ela tinha antes de próximo, de familiar, de domado, foi aos poucos se afastando para o lado da selvageria violenta e dissimulada, que provoca medo. Como se viu, a antiga familiaridade só era mantida graças às intervenções tardias da baixa Idade Média: ritos mais solenes, camuflagem do cadáver sob a "representação".

Na época moderna, a morte, no que ela tinha então de longínquo, foi aproximada e fascinou, provocando as mesmas curiosidades estranhas, as mesmas imaginações, os mesmos desvios perversos que o sexo e o erotismo. Tal foi a razão de chamarmos esse modelo diferente dos outros, a *morte longa e próxima*, segundo uma expressão de Madame de La Fayette, citada por M. Vovelle.

O que variava na obscuridade do inconsciente coletivo é o que quase não mudara há milênios, o segundo parâmetro, a defesa contra a natureza.

A morte domada de outrora preparava a sua volta ao estado selvagem: um movimento ao mesmo tempo lento e brutal, descontínuo, feito de sacudidelas violentas, longos impulsos imperceptíveis e recuos, ou o que assim parecia.

À primeira vista, pode parecer surpreendente que esse período de volta à selvageria seja também o de crescimento racional, do progresso da

Ciência e de suas aplicações técnicas, da fé no progresso e o seu triunfo sobre a natureza.

Porém, foi então que os diques pacientemente levantados durante milênios, para conter a natureza de outra forma que não pela ciência moderna, arrebentaram em dois pontos muito próximos e, em pouco tempo, confundidos: a brecha do amor e a da morte. Para além de certo limiar, o sofrimento e o prazer, a agonia e o orgasmo reuniram-se numa única sensação, que o mito da ereção do enforcado ilustra. Essas emoções à beira do abismo inspiram o desejo e o medo. Surge, então, uma primeira forma do grande medo da morte: o medo de ser enterrado vivo, que implica a convicção de que existia um estado misto e reversível, feito de vida e morte.

Esse medo poderia ter se desenvolvido e estendido, e associado a outros efeitos da civilização das Luzes, ter feito nascer com mais de um século de avanço a nossa cultura. Não é a primeira vez que, no fim do século XVIII, tem-se a impressão de tocar no século XX. Mas não, alguma coisa se produziu que a ucronia não podia prever e que restabeleceu a cronologia real.

IV

Se o declive foi de fato do século XVIII ao século XX, o observador ingênuo mal o percebe. A continuidade existe em profundidade, mas só excepcionalmente vem à superfície. É porque no século XIX, em que triunfam as técnicas da indústria, da agricultura, da natureza e da vida, nascida do pensamento científico do período anterior, o romantismo – palavra cômoda – faz surgir uma sensibilidade de paixões sem limites nem razão. Uma série de reações psicológicas percorre o Ocidente e o agita como nunca acontecera. As luzes piscam na bancada de controle, as agulhas das registradoras deitam-se. Todos os nossos quatro parâmetros alteram-se fortemente.

O elemento determinante é a mudança do primeiro parâmetro do indivíduo. Até o presente, ele tinha variado entre dois limites: o sentido da espécie e de um destino comum (*todos nós morremos*) e o sentido de sua biografia pessoal e específica (*a morte de si mesmo*). No século XIX enfraquecem-se um e outro em proveito de um terceiro sentido, anteriormente confundido com os dois primeiros: o sentido do Outro, e não de um outro qualquer. A afetividade, outrora difusa, concentrou-se, desde então, sobre alguns seres raros, cuja separação já não é suportada, e desencadeia uma crise dramática: *a morte do outro*. É uma revolução do sentimento, tão importante para a história geral como a das ideias ou da política, da indústria ou das condições socioeconômicas e da demografia: todas elas são revoluções que devem ter entre si relações mais profundas do que uma simples correlação cronológica.

Um tipo original predomina, então, sobre todas as outras formas de sensibilidade – o da vida particular, bem expressa pela palavra inglesa *privacy* [privacidade]. Encontrou seu lugar na família "nuclear", remodelada pela sua nova função de afetividade absoluta. A família substituiu, ao mesmo tempo, a comunidade tradicional e o indivíduo do final da Idade Média e do início dos tempos modernos. É nesse ponto que a *privacy* se opõe tanto ao individualismo como ao sentido comunitário, e expressa um modo de relação muito particular e original.

Nessas condições, a morte de si mesmo já não tinha sentido. O medo da morte, gerado pelos fantasmas dos séculos XVII e XVIII, foi desviado de si mesmo para o outro, o ser amado.

A morte do outro suscitava um patético outrora reprimido; as cerimônias do quarto ou do luto, que antes eram opostos como uma barreira a um excesso de emoção – ou de indiferença –, foram destituídas de ritualismo e reinventadas como expressão espontânea da dor dos sobreviventes. Mas esses deploravam a separação física do trespassado, e não mais o fato de morrer. Pelo contrário, a morte deixou de ser triste. Ela é exaltada como um momento desejável. *Ela é a beleza*. A natureza selvagem penetrou no torreão da cultura, nela encontrou a natureza humanizada e com ela se fundiu no compromisso da beleza. A morte já não é familiar e domada como nas sociedades tradicionais, mas também já não é absolutamente selvagem. Tornou-se patética e bela, bela como a natureza, como a imensidão da natureza, o mar ou a charneca. O compromisso da beleza é o último obstáculo inventado para canalizar o patético desmedido que havia arrastado os antigos diques. Um obstáculo que é também uma concessão: dá ao fenômeno que se queria diminuir um brilho extraordinário.

Mas a morte não poderia ter aparecido sob os traços de beleza suprema se não tivesse deixado de ser associada ao mal. A antiquíssima relação de identidade entre a morte, a dor física, a dor moral e o pecado começa a se deslocar: é o nosso quarto parâmetro. O mal, durante muito tempo imutável, prepara-se para a retirada; retira-se em primeiro lugar, do coração e da consciência do homem que, segundo se acreditava, era a sede original e inexpugnável do mal. Enorme falha no *continuum* mental! Fenômeno tão grave como o retorno da natureza selvagem ao interior da natureza humanizada, estando, aliás, um ligado ao outro, como se o mal e a natureza tivessem trocado de lugar.

O primeiro baluarte que caiu, desde o século XVIII (XVII na Inglaterra?), foi o da crença no Inferno e no elo entre a morte e o pecado ou a pena espiritual – não sendo contestado ainda o mal físico. O pensamento erudito e a teologia levantaram o problema pelo menos desde o século XVIII. No início do século XIX, era coisa consumada tanto nas culturas católicas como nas puritanas: o medo do Inferno cessara. Já não se podia admitir que os queridos entes desaparecidos pudessem estar expostos a riscos. Quando muito, entre os católicos, subsistia ainda um processo de purificação: a passagem pelo Purgatório, que a piedosa solicitude dos sobreviventes abreviava.

Nenhum sentimento de culpabilidade, nenhum temor do Além evita ceder à fascinação da morte, transformada em beleza suprema.

Se já não existe Inferno, o Céu também mudou: é o nosso terceiro parâmetro, a sobrevivência. Seguimos a lenta passagem do sono do *homo totus* para a glória da alma imortal. No século XIX triunfa outra representação do Além. Esse tornou-se, principalmente, o lugar dos reencontros dos que a morte separou e que nunca aceitaram essa separação. É a reconstituição dos sentimentos da Terra, liberados de suas escórias, seguros da eternidade. Tal é o Paraíso dos cristãos ou o mundo astral dos espíritos dos metapsíquicos. Mas esse é também o mundo de lembranças dos incrédulos e livres-pensadores que negam a realidade de uma vida depois da morte. Na piedade de sua fidelidade, mantêm a memória de seus desaparecidos com uma intensidade que equivale à sobrevivência realista dos cristãos ou dos metapsíquicos. A diferença das doutrinas pode ser grande entre uns e outros. Torna-se fraca na prática do que se pode chamar de culto dos mortos. Todos eles construíram o mesmo castelo à semelhança das moradas da Terra, onde eles reencontrarão — se em sonho ou na realidade, quem o saberá? — os seres que eles nunca deixaram de amar apaixonadamente.

V

Assim, no século XIX, a paisagem psicológica foi completamente subvertida. A natureza e as relações dos quatro elementos que a compunham já não eram as mesmas de outrora. A situação assim criada não devia durar mais de um século e meio, o que é pouco. Mas o modelo que a sucedeu, que chamamos de *morte invertida*, não repõe, em causa, a tendência profunda e o caráter estrutural das mudanças do século XIX. Ele os continua mesmo quando parece contradizê-los nos seus efeitos mais espetaculares. Tudo se passa como se, para além de um limiar de crescimento, as tendências do século XIX tivessem provocado fenômenos inversos.

Hoje, o modelo da morte permanece determinado pelo sentimento de *privacy*, porém tornado mais rigoroso, mais exigente.

Contudo diz-se, muitas vezes, que está enfraquecendo.

É porque se lhe exige a perfeição do absoluto e não se tolera qualquer dos compromissos que a sociedade romântica aceitava ainda sob sua retórica — ou, para falar como hoje, sob a sua "hipocrisia". A confiança entre os seres deve ser total ou nula. Já não se admite situação intermediária entre o sucesso e o fracasso. É possível que a atitude diante da vida seja dominada pela certeza do fracasso. Em compensação, a atitude diante da morte é definida na hipótese impossível do sucesso. É por isso que ela já não faz sentido. Situa-se, pois, no prolongamento da afetividade do século XIX. O último achado dessa afetividade inventiva consistiu em proteger o moribundo ou o doente em estado grave contra sua própria emoção, escondendo-lhe, até o fim, a gravidade do seu estado. Do seu lado, o moribundo, quando adivinhava a representação piedosa, respondia-lhe com a cumplicidade, para não desapontar a solicitude do outro. As relações em torno do moribundo eram, desde então, determinadas pelo respeito a essa mentira de amor.

Para que o moribundo, seus familiares e a sociedade que os controlava consentissem nessa situação, era preciso que o benefício da proteção do moribundo prevalecesse sobre as alegrias da última comunhão com ele. Não esqueçamos que no século XIX a morte se tornara, graças à sua beleza, ocasião da união mais completa entre o que partia e os que ficavam: a última comunhão com Deus e – ou – com os outros era o grande privilégio do moribundo. Durante muito tempo, nem se pensou em retirar-lhe tal direto. Ora, a proteção pela mentira – quando mantida até o fim – suprimia essa comunhão e suas alegrias. A mentira, mesmo recíproca e cúmplice, tirava a liberdade e o patético das comunicações da última hora.

É que, na verdade, a intimidade dessas últimas comunicações já estava envenenada pela feiura da doença, e depois, pela transferência para o hospital. A morte tornou-se suja, e em seguida medicalizada. O horror e a fascinação da morte tinham sido, por um momento, fixados sobre a morte apenas aparente, depois sublimados pela beleza da última comunhão. Mas o horror retornou, sem a fascinação, sob a forma repugnante da doença grave e dos cuidados que exige.

Quando cederam as últimas defesas tradicionais contra a morte e o sexo, a Medicina poderia ter substituído a comunidade. Ela o fez contra o sexo, como testemunha a literatura médica sobre a masturbação. Também tentou contra a morte, fechando-a num laboratório científico, no hospital, de onde as emoções deviam ser banidas. Nessas condições, mais valia se entender em silêncio, na cumplicidade de uma mentira recíproca.

Concebe-se bem que o sentido do indivíduo e de sua identidade, o que se designa hoje como posse da própria morte, tenha sido vencido pela solicitude familiar.

Mas como explicar a demissão da comunidade? E, ainda mais, como ela conseguiu inverter o seu papel e interditar o luto, que lhe cabia fazer respeitar até o século XX? É porque se sentia cada vez menos comprometida com a morte de um dos seus membros. Em primeiro lugar, porque ela não mais julgava necessário se defender contra uma natureza selvagem, desde então abolida, humanizada de uma vez por todas pelo progresso das técnicas, particularmente as médicas. Em seguida, ela já não possuía suficiente sentido de solidariedade e, de fato, abandonara a responsabilidade e a iniciativa da organização da vida coletiva; no sentido antigo do termo, ela deixara de existir, substituída por um imenso aglomerado de indivíduos atomizados.

Mas, ainda uma vez, se esse desaparecimento explica uma demissão, não explica o retorno da influência de outras interdições. Esse aglomerado maciço e informe que chamamos hoje de sociedade é, como sabemos, mantido e animado por um sistema novo de constrangimentos e de controles ("vigiar e punir", de Michel Foucault); ela é, além disso, percorrida por correntes irresistíveis que a põem em estado de crise e lhe impõem uma unidade passageira de agressividade ou de rejeição. Uma dessas correntes levantou a sociedade de massa contra a morte. Mais precisamente, fez com que tivesse *vergonha* da morte, mais vergonha do que horror, que se comportasse como se a morte não existisse. Se o sentido do outro, uma forma do sentido do indivíduo, levado às suas últimas consequências, é a primeira causa da situação atual da morte, a vergonha — e a interdição por ela causada — é a segunda.

Ora, essa vergonha é a consequência direta da retirada definitiva do mal.

Começara-se, desde o século XVIII, a corroer o poder do Maligno, a contestar sua realidade. O Inferno fora abandonado, pelo menos para benefício dos parentes e amigos queridos, as únicas pessoas que importavam. Com o Inferno desapareceram o pecado e todas as variedades do mal espiritual e moral: já não eram considerados como dados do velho homem, mas como erros da sociedade que um bom sistema de vigilância (e de punição) eliminaria. O progresso da Ciência, da moralidade e da organização conduziria muito suavemente à felicidade. Todavia, ainda restava, em pleno século XIX, o obstáculo do mal físico e da morte. Não se pensava em eliminá-lo. Os românticos o contornaram, ou antes, o assimilaram. Embelezaram a morte, porta de um Além antropomórfico. Conservaram a coexistência imemorial com a doença, o sofrimento e a agonia: despertavam piedade e não repugnância. Tudo começou com a repugnância: antes que se pensasse no poder de abolir o mal físico, começou-se por não mais tolerar sua visão, seus estertores, seus odores.

Assim, a Medicina diminuiu o sofrimento, chegou mesmo a suprimi-lo completamente. O objetivo pressentido no século XVIII estava quase atingido. O mal deixava de estar aderido ao homem e de se confundir com ele, como acreditavam as religiões, principalmente o cristianismo. Por certo ainda existia, mas fora do homem, nos espaços marginais que a moralidade e a política ainda não tinham colonizado e nos desvios que ela ainda não corrigira: guerras, crimes, não conformidade, a serem um dia eliminados pela sociedade, como a doença e o sofrimento haviam sido pela Medicina.

Mas então, se já não existe o mal; o que fazer da morte? A essa pergunta, a sociedade propõe hoje duas respostas: uma banal, a outra aristocrática.

A primeira é uma confissão eloquente de impotência: não admitir a existência de um escândalo que não se pôde impedir, fazer como se ele não existisse e, por conseguinte, constranger sem piedade os familiares dos mortos a se calarem. Um pesado silêncio estendeu-se, assim, sobre a morte. Quando ele se rompe, como por vezes na América do Norte, hoje, é para reduzir a morte à insignificância de um acontecimento qualquer, de que se finge falar com indiferença. Nos dois casos, o resultado é o mesmo: nem o indivíduo, nem a comunidade têm bastante capacidade para reconhecer a morte.

E, contudo, essa atitude não aniquilou a morte, nem o medo dela. Pelo contrário, ela deixou retornar sorrateiramente as velhas selvagerias, sob a máscara da técnica médica. A morte no hospital, eriçado de tubos, está prestes a se tornar hoje uma imagem popular mais terrífica que o trespassado ou o esqueleto das retóricas macabras. E que faz surgir uma correlação entre a "evacuação" da morte, último reduto do Mal, e o retorno dessa mesma morte tornada selvagem. Isso não nos surpreende: a crença do Mal era necessária para domar a morte. A supressão da primeira levou a segunda ao estado selvagem.

É por isso que uma elite de antropólogos, mais psicólogos ou sociólogos que médicos ou padres, ficou impressionada por essa contradição. Eles se propõem menos, segundo suas palavras, a "evacuar" a morte do que a humanizá-la. Querem conservar uma morte necessária, mas aceita e não mais envergonhada. Mesmo que recorram à experiência das antigas sabedorias, não se trata de voltar atrás, de reencontrar o Mal, abolido de uma vez por todas. Sempre se propõe reconciliar a morte com a felicidade. A morte deve apenas se tornar a saída discreta, mas digna, de um vivo sereno, de uma sociedade solícita que não esfacela nem perturba demais a ideia de uma passagem biológica, sem significação, sem esforço nem sofrimento e, finalmente, sem angústia.

Referências bibliográficas

AGULHON, M. *Penitents et Francs-Maçons dans l'ancienne Provence*. Paris: Fayard, 1967.

ARIÈS, P. *Essais sur l'histoire de la mort*. Paris: Éd. du Seuil, 1975. [Ed. bras. *História da morte no Ociente*. São Paulo: Editora Saraiva, 2012.]

AUBERT, R. (Ed.). *Journal de Célestin Guittard de Floriban, bourgeois de Paris sous la Révolution*. Paris: France Empire, 1974.

AULARD, C. *Paris pendant la réaction thermidorienne*. Paris, 1898-1902. p.698-99

AUTRAND, F. Offices et Officiers royaux sous Charles VI. *Revue d'Hisioire*, Paris, dez. 1969.

BABEL, I. *Contes d'Odessa*. Paris: Gallimard, 1968.

BALTRUSAITIS, J. *Le Moyen Age fantastique*. Paris: A. Collin, 1955.

BARTHÉLÉMY, C. *Liturgie sacrée*. Paris, 1854.

BEATY, N. L. *The craft of dying*. New Heaven: Yale University Press, 1970.

BÉDIER, J. (Org.). *Le Roman de Tristan et Yseult*. Paris: H. Piazza, 1946. [Ed. bras.: *O romance de Tristão e Isolda*. São Paulo: Martins Fontes, 2012.]

BELLARMIN. *De arte bene moriendi, Opera omnia*. Paris. 1975.

BERNARD, A. *La sépulture en droit canonique*. Paris. 1933. Tese em Direito.

BERTOGLIO. *Les Cimetières*. Paris, 1889.

BOUCHOT, E. *Traité des signes de la mort et des moyens de prévenir les inhumations prématurées*. Paris, 1883. p.402.

BOULANGER, J. (Org.). *Les Romans de la Table Ronde*. Paris: Plon, 1941. [Ed. bras.: TROYES, C. *Romances da Távola Redonda*. São Paulo: Martins Fontes, 1998.]

BOURGET. *Outre-Mer*. Paris: A. Lemerre, 1895.

BRIM, O. G. (Org.). *The Dying Patient*. Nova Iorque: Russel Sage Foundation, 1970.

BRONTË, C.; BRANWELL, P. *Écrits de jeunesse* (Seleção). Ed. francesa de R. Bellour. Paris: Pauvert, 1972.

BRONTË, C. *Jane Eyre*. Londres: Penguin Books, p.108-114. [Ed. bras.: *Jane Eyre*. Itatiaia, 2011.]

BRONTË, E. *Poèmes*. Paris: Gallimard, 1963. [Ed. ingl.: The complete Poems of Emily Jane Brontë. Nova Iorque: Columbia University Press, 1941.]

_____. *Wuthering Heights*. Londres: Penguin Books, 1965, p.65. [Ed. bras.: *O morro dos ventos uivantes*. Rio de Janeiro: Record, 1996.]

BRUNFAUT, J. *La Nécropole de Méry-sur-Oise. De nouveaux services à créer pour les inhumations parisiennes*. Paris, 1876.

BURGESS, F. *Churchyard and English Memorials*. Londres, p.50, 1963.

CABROL, F; LECLERCQ, H. *Dictionnaire d'archéologie chrétienne et de liturgie*. Paris: Letouzey, 1907.

CAILLOIS, R. *Quatre Essais de sociologie contemporaine*. Paris: Perrin, 1951.

CAMPION, H. *Mémoires*. Ed. Marc Fumaroli. Paris: Mercure de France, 1967.

CASTAN, N. *Criminalité et Subsistances dans le ressort du Parlement de Toulouse (1690-1730)*. Tese do 3° ciclo, Universidade de Toulouse–Le Mirail, 1966.

CERVANTES, M. *Don Quichotte*. Paris: Gallimard. [Ed. bras.: *Dom Quixote*. São Paulo: Cia das Letras, 2012.]

CHARDOUILLET, J. F. E. *Les Cimetières son-ils des foyers d'infection?* Paris, 1881.

CHARTIER, R. Les arts de mourir (1450-1600). *Annales ESC*, n.1, 1976,p.71-75.

CHASTEL, A. L'art et le sentiment de la mort au XVIIe siècle. *Revue du siècle*, n.36-37, p.293 1957.

CHATEAUBRIAND, R. de. *Mémoires d'Outre-Tombe*. Paris: Garnier, 1925.

CHAUNU, P. Mourir à Paris. *Anales ESC*, 1976, p.29-50.

CHEDEVILLE, A (Ed.). *Liber controversiarium Sancti Vincentii Cenomannensis* ou *Second Cartulaire de l'abbaye Saint-Vincent du Mans*. Paris: Klincksieck, 1968.

CHENEL. *Sur un projet de cimetière et de chemin de fer municipal ou mortuaire*. Paris, 1867.

CHEVALIER, L. *Classes laborieuses et Classes dangereuses à Paris*. Paris: Plon, 1958.

CHRIST, Y. *Les Cryptes mérovingiennes de Jouarre*. Paris: Plon, 1961.

CORVISIER, A. Les Danses macabres. *Revue d'histoire moderne et contemporaine*, 1969.

COYER, G. F. *Étrennes aux morts et aux vivants*. Paris, 1768.

CRAVEN, P. *Récit d'une souer, Souvenirs de famille*. Paris: J. Clay, 1866-7.

DANTE. *La Divine Comédie*. Paris: Albin Michel, 1945. [Ed. bras.: *A Divina Comédia*. São Paulo: Editora 34, 2010.]

DAUVERGNE, R. Fouilles archéologiques à Châtenay-sous-Bagneux. *Mémoires des sociétés d'histoire de Paris et d'Ile-de-France*, Paris, p.241-70, 1965-1966.

O homem diante da morte

DAVIS, N. Z. Holbein Pictures of Death and the Reformation at Lyons. *Studies on the Renaissance*, v.8, 1956.

DELAUNAY, L. *La vie médicale des XVIe, XVIIe, XVIIIe siècles*, Paris, 1935.

DELUMEAU, J. *La Civilisation de la Renaissance*. Paris: Arthaud, 1967. [Ed. port.: *A civilização do Renascimento*. Lisboa: Edições 70, 2007.]

DECHAMBRE. *Dictionnaire encyclopédique des sciences médicales*. Paris, 1876.

DRAPER, J. W. *The Funeral Elegy and the Rise of English Romanticism*. Nova York, 1929.

DUBRUCK, E. *The Theme of Death in French Poetry*. Londres/Paris: Mouton, 1964.

DUBY, G. *L'An mil*. Paris: Julltard, 1967. [Ed. bras.: *O ano mil*. São Paulo: Almedina, 2002.]

DUCANGE, C. *Glossarium mediae et infimae latinitatis*. Paris: Didot, 1840-1850.

DUCROCQ, T. De la variété des usages funéraires dans l'Ouest de la France [memória lida no dia 18 de abril]. *22° Congrés des Sociétés savantes*, secção das Ciências Econômicas e Sociais. Paris: E. Thorin, 1884.

DUNOYER, Mme. *Lettres et Histoires galantes*. Amsterdam, 1780.

DUPARC, P. Le Cimetière séparé des vivants. *Bulletin philologique et historique du Comité des travaux historiques et scientitiques*, p.483-509, 1964.

DUPONT. La Salle du Trésor de la cathédrale de Châlons-sur-Marne. *Bulletin des monuments historiques de la France*, 1957.

DUPOUY, A. (Org.) *Extraits des Mémoires*. Paris: Larousse, 1930.

DURAND DE MENDE, G. *Rationale divinorum officiorum*, (tradução para o francês de C. Barthélémy), Paris, 1854.

ERASMO DE ROTERDÃ. *Premier Livre des Colloques*, ed. francesa. Jarl-Priel: Paris, 1934.

ERLANDE-BRANDENBURG, E. Le roi, la sculpture et la mort (gisants et tombeaux de Saint-Denis). *Archives départementales de la Seine-Saint-Denis, Bulletin*, n.3, p. 12.

ETLIN, R. A. Landscapes of Eternity: Funerary Architecture and the Cemetery 1793-1881. *Oppositions*, n.9, 1977.

_____. L'air dans l'architecture des Lumières. *Dix huitième siècle*, n.9, 1977.

EYGUN, F., LEVILLAIN, L. *Hypogée des Dunes à Poitiers*. Poitiers: Ed. pela cidade de Poitiers e pela Sociedade dos antiquários do Oeste, 1964.

FEIFEL, H. *The Meaning of Death*. Nova Iorque: McGraw-Hill, 1959.

FERRAN, P. *Le Livre des épitaphes*. Paris: Éd. Ouvrières, 1973.

FERRONAYS, M.me F. *Mémoires*. Paris, 1899.

FLEURY, A. *Le testament dans la coutume de Paris au XVIe siècle*. École Nationale des Chartes, position des thèses, Nogent-le-Rotrou: Imprimerie Daupeley, 1943.

FLICHE, A; MARTIN, V. *Histoire de l'Église*. Paris: PUF, 1930.

831

FOEDERE. *Dictionnaire médical*. Paris, 1813.

FOIZIL, M. Les attitudes devant la mort au XVIII^c siècle: sépultures et supressions des sépultures dans le cimetière parisien des Saints-Innocents. *Revue historique*, n.510, p.303-30, abr.-jun. 1974.

FOSTER, C.W. (Ed.) *Lincoln Wills*, 24 v. Lincoln: Lincoln Record Society, 1914.

FOUCAULT, M. *Naissance de la Clinique*. Paris: PUF, 1963. [Ed. bras.: *O nascimento da clínica*. Rio de Janeiro: Forense Universitária, 2012.]

FOUGERE, A. P. (Ed.) *Journal d'un voyage à Paris*. Paris, 1862.

FUMAROLI, M. Les Mémoires du XVII^c siècle. *Revue du XVII^c siècle*, n.94-5, p.7-37, 1971.

GADENNE, R. Les spectacles d'horreur de P. Camus. *Revue du XVII^c siècle*, n.92, p.25-36.

GANNAL, Dr. *Les Cimetières de Paris*. Paris, 1884.

GIESEY, R. E. *The Royal Funeral Ceremony in Renaissance France*. Genebra: Droz, 1960.

GILLON, E. V. *Victorian Cemetery Art*. Nova Iorque: Dover Press, 1972.

GIRARD, J. *Des tombeaux et de influence des institutions funèbres sur les moeurs*. Paris, 1801.

GLASER, B. G.; STRAUSS, A. L. *Awareness of Dying*. Chicago: Aldine, 1965.

GORER, G. *Death, Grief and Mourning in Contemporary Britain*. Nova Iorque: Double-day, 1965.

GUÉRARD. *Visite au cimetière de l'Ouest*. Paris, 1850.

GUITTARD, N. *Journal d'un bourgeois de Paris sous la Révolution*. (Publicado por R. Aubert). Paris: France-Empire, 1974.

GUITTON, J. *M. Pouget*. Paris: Gallimard, 1941.

HANNAWAY, O. e C. La fermeture des Innocents: le conflit ente la Vie et la Mort. *Dix-huitième siècle*, n.9, 1977.

HARSENTY, S. Les survivants. *Esprit*, p.478, mar. 1976.

HEERS, J. *Annales de démographie historique*. Paris, 1968.

_____. *L'Occident aux XIVe-XVe siècles*. Paris: PUF, 1966. [Ed. bras.: *O Ocidente nos séculos XIV e XV*. São Paulo: Edusp, 1981.]

HEROLD, J. C. *Germaine Necker de Staël*. Paris: Plon, 1962.

HERZLICH, C. Le Travail de la mort. *Annales ESC*, 1976, p.214.

HOFFBAUER, F. *Paris à travers les âges*, 2 v. Paris, 1875-1882.

HUBERT, J. *Les Cryptes de Jouarre*. 49º congresso da arte da alta Idade Média. Melun: Imprensa da prefeitura de Seine-et-Marne, 1952.

HUGUES, F. *Histoire de la restauration du protestantisme en France au XVIIIe siecle*. Paris, 1875.

HUIZINGA, J. *Le Déclin du Moyen Age*. Paris: Payot, 1975 [Ed. bras.: *O outono da Idade Média*. São Paulo: Cosac Naify, 2010.]

O homem diante da morte

ILLICH, I. *La Némésis médicale*. Paris: Seuil, 1975.

JANKÉLÉVITCH, V. *La Mort*. Paris: Flammarion, 1966.

JONIN, P. (Org.). *La chanson de Roland*. Paris: H. Plazza, 1922. [Ed. bras.: *A canção de Rolando*. São Paulo: Martins Fontes, 2002.]

JUNGMANN, J. A. (Trad.). *Missarum Solemnia*, 3 v. Paris: Aubier-Montaigne, 1964.

KÜBLER-ROSS, E. *On Death and Dying*. Nova Iorque: McMillan, 1969. [Ed. bras.: Sobre a morte e o morrer. São Paulo: Martins Fontes, 2008.]

LABROUSSE, M. Les fouilles de la Tour Porche carolingienne de Souillac. In: *Bulletin monumental*, n.159, 1951.

LAFFITTE, P. *Considérations générales à propos des cimetières de Paris*. Paris, 1874.

LANOIRE, M. *Réflexions sur la survie*. Paris: Nouvelle Édition Debresse, 1971.

LANZAC DE LABORIE, L. *Paris sous Napoléon. La vie et la mort*. Paris, 1906.

LASTEYRIE, F. de. Un enterrement à Paris en 1697. *Bulletin de la société d'histoire de Paris et de l'Ie-de-France,* Paris, 1877.

LE BRAS, G. *Études de sociologie religieuse*. Paris, PUF, 1955.

LE BRAZ, A. *La légende de la mort chez les Bretons armoricains*. Paris: Champion, 1902.

LEBEUF, C. *Histoire de la ville et de tout le diocese de Paris*. Paris, 1754.

LEBRUN, F. *Les Hommes et la Mort en Anjou*. Paris: Mouton, 1971.

LE GOFF, J. Culture cléricale et Traditions folkloríques dans la civilisation mérovingienne. *Annales ESC,* Paris, jul.-ago. 1967.

_____. *La Civilisation de l'Occident médiéval*. Paris: Arthaud, 1964. [Ed. port. *A Civilização do Ocidente Medieval*, 2 v. Porto: Estampa, 1995.]

LEFEVRE, Y (Ed.). *L'Elucidarium et les Lucidaires. Mélanges d'archéologie et d'histoire des Écoles françaises d'Athênes et de Rome*, n.180. Paris: de Boccard, 1954.

LELY, G. *Sade, étude sur sa vie et son oeuvre*. Paris, Gallimard, 1966.

LENOIR, A. *Cimetières de Paris. Oeuvre des sépultures*. Paris, 1864.

LEROUX DE LINEY, L.; TISSERAND, L. *Histoire générale de Paris,* Paris, 1867.

LESNE, E. *Histoire de la propriété ecclésiastique en France*. 3v. Lille: Desclée de Brouwer, 1936.

LESTOCQUOY, J. *Les Villes de Flandre et d'Italie*. Paris: PUF, 1952.

MAGNE, É. *La fin trouble de Tallemant des Réaux*. Paris: Émile-Paul Frêres, 1922.

MÂLE, É. *L'art religieux de la fin du Moyen Age*. Paris: A Colin, 1931.

_____. *L'Art religieux du XIIe siècle*. Paris: A. Colin, 1940.

_____. *La fin du paganisme en Gaule*. Paris: Flammarion, 1950.

_____. *L'Art religieux de la fin du XVIe siècle*. Paris: A. Colin, 1951.

MALKIEL, M. R. L. de. *L'idée de la gloire dans la tradition occidentale*. [ed. francesa] Paris: Klincksieck, 1969.

MARET. *Mémoire sur l'usage où l'on est d'enterrer les morts dans les églises et dans l'enceinte des villes*. Dijon, 1773, p.36.

MARMIER, J. Sur quelques vers de Lazare de Selve. *Revue du XVIIe siècle*, n.92, p.144-5, 1971.

MARTIN, F. *Des Cimetières de la crémation*. Paris, 1881.

MARTINO, E. *Morte e pianto rituale nel mondo antico*. Turim: Einaudi, 1958.

MARY, A. (Org.). *Anthologie poétique française, Moyen Age*. Paris: Garnier-Flammarion, 1967.

MERCIER, S. *Tableaux de Paris*. Paris, 1789.

MESLIN, M.; PALANQUE, J.-R. *Le Christianisme antique*. Paris: A. Colin, 1967.

MICHEL, P. A. *Fresques romanes des églises de France*. Paris: Éd. du Chêne, 1949.

MICHELET, J. *La Sorciére* [Introdução de R. Mandrou]. Paris: Julliard, 1964. [Ed. bras.: *A feiticeira*. São Paulo: Círculo do Livro, 1974.]

MITFORD, J. *The American Way of Death*. Nova Iorque: Simon e Schuster, 1963.

MOLLAT, M. *Ex-voto des marins du Ponant*. (Catálogo de exposição). Nantes-Caen, 1975-1976.

MONTAGNE, M. de. *Les essais*. Paris: Abel l'Angelier, 1595. [Ed. bras.: *Os ensaios*. São Paulo: Penguin Cia das Letras, 2010.]

MORICE, H. *Mémoires pour servir de preuves à l'histoire civile et ecclésiastique de Bretagne*. Paris, 1742.

NTEDIKA, J. *L'Évocation de l'au-delà dans les prières pour les morts*. Louvain: Nauwelaerts, 1971.

PANOFSKY, E. *Tomb Sculpture. Its Changing Aspects from Ancient Egypt to Bernini*. Londres: Phaidon, 1992.

PARKES, C. M. *Bereavment Studies of Grief in adult life*. Nova Iorque: International Universities Press, 1973.

PAYEN, J.-C. *Les Tristan en vers*. Paris: Garnier, 1974.

PETER, J.-P. Malades et Maladies au XVIIIe siècle. *Annales ESC*, 1967.

PICARD, J. C. *La Carthage de saint Augustin*. Paris: Fayard, 1965.

———. Étude sur l'emplacement des tombes des papes du IIIe au Xe siècle. *Mélanges d'archéologie et d'histoire*, École Française de Rome, t.81, 1969.

PILLET, M. *L'Aître de Saint-Maclou*. Paris: Champion, 1924.

PINCUS, L. *Death and the family*. Nova York: Vintage Book, 1975. [Ed. bras.: *A família e a morte*. São Paulo: Paz e Terra, 1989.]

POMES, M. de (Trad.). *Le Romancero*. Paris: Stock, 1947.

PORÉE. *Lettres sur la sépulture dans les Églises*. Caen, 1745.

POTOCKI, J. *Manuscrit trouvé à Saragosse*. Paris: Gallimard, 1958.

PREVOST, G. A. *L'Église et les campagnes au Moyen Age*. Paris, 1892.

RANUM, O. *Les Parisiens du XVII* siècle*. Paris: A. Colin, 1973, p.320.

RAUNIE. *Épitaphier du vieux Paris. Histoire générale de Paris*. Paris: Imprimerie nationale, 1890.

RÉAU, L. *Iconographie de l'art chrétien*, 6 v. Paris: PUF, 1955-1959.

RETTENBECK, L. K. *Ex-voto*. Zurique: Atlantis, 1972.

RIBEYROL, M., SCHNAPPER, D. Cérémonies funéraires dans la Yougoslavie orthodoxe. *Archives européennes de sociologie*, n.17, p.220-46, 1976.

ROBINET. *Paris sans cimitieres*. Paris, 1869.

ROCHE, D. La mémoire de la mort. *Annales ESC*, n.1, p.76-119, 1976.

RONSARD, P. *Derniers vers. Oeuvres complètes*. Paris: P. Laumonnier, 1967.

ROTH, C. *A History of the Marranos*. Filadélfia: Jewish Publication Society of America, 1941.

ROUSSET, J. *La Littérature à l'âge baroque en France*. Paris: J. Corti, 1954.

SADE. *Juliette*. Paris: Pauvert, 1954.

————. *La Marquise de Ganges*. Paris: Pauvert, 1961.

SALIN, É. *La civilisation mérovingienne*. Paris, Picard, 2 v., 1949.

SAUGNIEUX, J. *Les Danses macabres de France et d'Espagne*. Paris: Les Belles Lettres, 1972.

SAUMAGNE, C. Corpus christianorum. *Revue internationale des droits de l'Antiquité*, 3a série, t.57, p.438-478, 1960; t.58, p.258-279, 1961.

SAUVAL, H. *Histoire et Recherches des antiquités de Paris*. Paris, 1724.

SCHMITT, J.-C. Le suicide au Moyen Age. *Annales ESC*, 1973.

SCHNEIDER, J. *La Ville de Metz aux XIII* et XIV* siècles*. Nancy, 1950.

SIRAL, J. *Guide historique de Guiry-en-Vexin*. Guiry: Éd. du Musée archéologíque de Guiry, 1964.

SOLJENÍTSIN, A. *Le pavillon des cancéreux*. Paris: Julliard, 1968. [Ed. port.: *O pavilhão dos cancerosos*. Lisboa: Circulo de Leitores, 1975.].

SPENCER, T. *Death and Elizabethan tragedy*. Cambridge: Harvard University Press, 1936.

SPONDES, H. *Les cimetières sacrez*. Bordeaux, 1598.

STANNARD, D. E. *Death in America*. Philadelphia: University of Pennsylvania Press, 1975.

————. *Puritan Way of Death*. Nova Iorque: Oxford University Press, 1977.

STEVENSON, L. G. Suspended Animation and the History of Anesthesia. *Bulletin of the History of Medicine*, n.49, p.482-511, 1975.

STONE, L. *The Crisis of Aristocracy*. Oxford: Clarendon Press, 1965.

————. *The Family, Sex and Marriage in England (1500-1800)*. Londres: Weidenfeld e Nicholson, 1977.

TENENTI, A. *Il Senso della morte* e *l'amore della vita nel Rinascimento.* Turim: Einaudi, 1957.

———. *La vie et la mort à travers l'art du XVe siècle.* Paris: A. Colin, 1952.

THOMAS, V. *L'Anthropologie la mort.* Paris: Payot, 1975.

THOMASSIN, L. *Ancienne et Nouvelle Discipline de l'Église.* Paris, 1725.

TISSERAND, L.-M. Les îles du fief de Saint Germaín-de-Prés et la question des cimetières. *Bulletin Soc. hist. Paris,* t.4, p.112-31, 1877.

TOLSTÓI, L. Les Trois Morts. In: *La Mort d'Ivan Ilitch et autres contes.* Paris: Colin, 1958. [Ed. bras.: *A Morte de Ivan Ilitch.* São Paulo: Editora 34, 2006.]

TOUSSAINT NAVIER, P. *Réflexions sur le danger des exhumations précipitées et sur les abus des inhumations dans les églises, suivies d'observations sur les plantations d'arbres dans les cimetières.* Paris: Scipion Piattli, 1775.

TROÏEKOUFOFF, M. V. *Les Anciennes Églises suburbaines de Paris (IV-X siècle).* Paris: Mémoires de la Fédération des sociétés d'Hístoire de Paris et de l'Ile de France, 1960.

TROYAT, H. *Vie de Tolstoi.* Paris: Fayard, 1965.

TUETEY, A (Org.). *Testaments enregistrés au Parlement de Paris, sous le règne de Charles VI.* Paris: Imprimerie Nationale, 1880.

TWAIN, M. *The Complete Short stories of Mark Twain.* Nova Iorque: Bantam Books, 1984.

VALLANCE, A. *Old Crosses and Lynchgates.* Londres: Batsford, 1930.

VAN GENNEP, A. *Manuel du folklore français contemporain.* Paris: Picard, 1946.

VAUCHEZ, A. Richesse spirituelle et matérielle du Moyen Age. *Annales ESC,* p.1566-73, 1970.

VEYNE, P. *Le Pain et le Cirque.* Paris: Éd. du Seuil, 1976.

VICQ D'AZYR. Essais sur les lieux et les dangers des sépultures, 1778. In: *Oeuvres completes,* t.6. Paris.

VILLON, F. *Les Regrets de la belle Heaumiére. Le Testament.* Paris: La Cité des Livres, 1930.

VIOLLET-LE-DUC, E. *Dictionnaire raisonné de l'architecture française,* 10 v. Paris, 1868.

VIRET, F. (Ed.), *Miroir de l'âme du pêcheur et du juste pendant la vie et à l'heúre de la mort. Méthode chrétienne pour finir saintement la vie.* Lyon: chez F. Viret, 1752.

VORAGINE, J. *La Légende dorée.* Paris: Garnier-Flammarion, 1967. [Ed. bras.: *Legenda Áurea – vidas de santos.* Franco Hilário Júnior (Trad.). São Paulo: Cia das Letras, 2003.]

VOVELLE, M. La mort et l'au-delà en Provence d'après les autels des âmes du Purgatoire. *Cahier des Annales,* n.29. Paris: A. Colin, 1970.

———. *Mourir autrefois.* Paris: Gallimard, 1974.

VOVELLE, M. *L'Irresistible Ascension de Joseph Sec, bourgeois d'Aix*. Aix-en-Provence: EDISUR, 1975.

WEBER, M. *Aspects of Death*. Londres, 1918.

_____. *L'Éthique protestante et l'esprit du capitalisme*. Paris: Plon, 1964. [Ed. bras. *A ética protestante e o espírito do capitalismo*. São Paulo: Cia das Letras, 2004.]

WINSLØW, J. B. *Dissertation sur l'incertitude des signes de la mort et de l'abus des enterrements et embaumements précipités*. (Tradução para o francês de J. J. Bruhier). Paris, 1740.

ZONABEND, F. Les morts et les vivants. *Études Rurales*, n.52, 1973.

SOBRE O LIVRO

Formato: 16 x 23 cm
Mancha: 27 x 44 paicas
Tipologia: Venetian 301 12,5/16
Papel: Off-White 80 g/m² (miolo)
Cartão Supremo 250 g/m² (capa)
1ª edição: 2014

EQUIPE DE REALIZAÇÃO

Capa
Marcelo Girard

Imagem de capa
Govardhan, *A morte de Inayat Khan*, c.1618

Edição de texto
Maria Angélica Beghini Morales (Copidesque)
Otavio Corazzim, Cristiane Yagasaki, Hamilton Fernandes e
Glaiane Quinteiro / Tikinet (Revisão)

Editoração eletrônica
Sergio Gzeschnik (Diagramação)

Assistência editorial
Jennifer Rangel de França

Rua Xavier Curado, 388 • Ipiranga - SP • 04210 100
Tel.: (11) 2063 7000 • Fax: (11) 2061 8709
rettec@rettec.com.br • www.rettec.com.br